피스빌딩(PEACEBUILDING)

가톨릭 신학, 윤리, 그리고 실천

피스빌딩(PEACEBUILDING)

가톨릭 신학, 윤리, 그리고 실천

1판 1쇄 | 2022년 11월 3일
교회인가 | 2022년 10월 25일
엮 은 이 | 로버트 슈라이터, 스콧 애플비, 제라드 파워즈
옮 긴 이 | 가톨릭동북아평화연구소 번역팀
펴 낸 이 | 강주석
펴 낸 곳 | 가톨릭동북아평화연구소
편 집 | 김영희, 장은희
주 소 | 경기도 파주시 탄현면 성동로 111
전 화 | 031-850-1501~3
팩 스 | 031-850-1581
전자우편 | publ-cinap@daum.net
등 록 | 제406-2018-000071 (2018년 6월 18일)

ISBN 979-11-92063-02-7 (93330)

이 책의 한국어판 저작권은 Orbis사와 독점 계약한 가톨릭동북아평화연구소에 있습니다. 신저작권법에 의해 한국 내에서 보호를 받는 저작물이므로 무단 전제와 무단 복제를 금합니다.

Copyright © 2010 by Robert J. Schreiter, R. Scott Appleby, and Gerard F. Powers. Published by Orbis Books, Maryknoll, New York 10545-0302.

Manufactured in the United States of America.

Manuscript editing and typesetting by Joan Weber Laflamme.

All rights reserved. No part of this publication may be reproduced or transmitted in any form or by any means, electronic or mechanical, including photocopying, re- cording or any in- formation storage or retrieval system, without prior permission in writing from the publisher.

Queries regarding rights and permissions should be addressed to: Orbis Books, P.O. Box 302, Maryknoll, New York 10545-0302.

피스빌딩(PEACEBUILDING)

가톨릭 신학, 윤리, 그리고 실천

로버트 슈라이터, 스콧 애플비, 제라드 파워즈 편저
천주교의정부교구 가톨릭동북아평화연구소 번역

가톨릭동북아평화연구소

저자와 편집자 소개

◉ 편집자(Editors)

- 스콧 애플비(R. Scott Appleby)

노틀담대학의 역사학 교수이다. 2000년부터 크록 국제평화학연구소에서 존 M. 레건 주니어(John M. Regan Jr.) 원장을 역임했다. 역사학자이자, 종교 폭력과 종교 피스빌딩을 연구하는 비교연구자로서, 아래 도서를 포함하여 11권을 저술하거나 편집했다. The Ambivalence of the Sacred: Religion, Violence and Reconciliation (Rowman and Littlefield, 2000), Strong Religion: The Rise of Fundamentalism around the World (co-author, University of Chicago Press, 2003), Spokesmen for the Despised: Fundamentalist Leaders of the Middle East (editor, University of Chicago Press, 1997), The Fundamentalism Project (co-editor, five volumes, University of Chicago Press, 1991-95). 미국 인문과학 아카데미 선임 연구원이며, 리처드 시직(Richard Cizik)과 더불어 종교에 관한 국제문제 테스크포스와 미국 외교정책 기획에 관한 시카고 위원회 공동의장이다.

- 제라드 파워즈(Gerard Powers)

노틀담대학 크록 국제평화연구소의 가톨릭 피스빌딩 연구 책임자이다. 2004년 크록 연구소 교수진에 합류하기 전에는 미국 가톨릭 주교회의 국제 정의와 평화 사무국에서 선임 고문(1987-98)과 이사(1998-2004)를 역임했다. 공동 편집한 저서로, 『평화 전략 : 폭력적인 세계에서의 갈등 전환(Strategies of Peace: Transforming Conflict in a Violent World)』(Oxford University Press, 2010)과 『피스메이킹: 새로운 세상을 위한 도덕과 정책적 도전 과제(Peacemaking: Moral and Policy Challenges for a New World)』(U.S. Catholic Conference, 1994)가 있다.

- 로버트 슈라이터(Robert J. Schreiter)

시카고 가톨릭신학대학 버나딘센터 제2차 바티칸 공의회 신학 교수이다. 교회와 토착화와 세계 선교 분야의 전문가인 그의 17권의 저서 중에는 임상필 역, 『세계화 시대의 교회와 신학』(패스터스하우스, 2007 The New Catholicity: Theology between the Global and the Local [Orbis Books, 1997]), 임상필 역, 『화해의 사역』(한국장로교출판사, 2004, The Ministry of Reconciliation: Spirituality and Strategies [Orbis Books, 1998]), Reconciliation: Mission and Ministry in a Changing Social Order (Orbis Books, 1992) 이 있다. 그는 미국 선교학협회와 미국 가톨릭신학협회의 전 회장을 역임했다.

◉ 저자(Writers)

- 존 폴 레더락(Jouh Paul Lederach)

노틀담대학 크록 국제평화학연구소 소속 국제 피스빌딩 교수이다. 갈등 전환에 관한 선구적 작업으로 널리 알려진 레더락은 동·서 아프리카 여러 나라에서 뿐만 아니라 콜롬비아, 필리핀, 네팔, 타지키스탄에서 중재 활동에 관여했다. 5대륙 25개국에서 훈련 프로그램을 기획하고 실행하는 활동을 도왔다. When Blood and Bones Cry Out (University of Queensland Pres, 2010), The Moral Imagination: The Art and Sould of Building Peace (Oxford University Press, 2005), The Journey toward Reconciliation (Herald Press, 1999), Building Peace: Sustainable Reconciliation in Divided Societies (U.S. Institute of Peace, 1997), Preparing for Peace: Conflict Transfornmation across Cultures (Syracuse University Press, 1995)의 공저자이다.

- 매리앤 쿠시마노 러브(Maryann Cusimano Love)

미국 가톨릭대학 국제정치학 조교수이다. 저서로는 Beyond Sovereignty: Issues for Global Agenda(Wadsworth, 4th ed., 2010)와 Morality Matters: Ethics and the War on Terrorism(Cornell University Press, forthcoming)가 있다. 미국 예수회 난민봉사회 이사이자 국제종교자유에 관한 미국 위원회 Crapa fellow, 미국 가톨릭 주교회의 국제정책위원회 고문이다. 학술적인 저술 작업뿐만 아니라, 워싱턴 Sursum Corda 주택프로젝트 활동에서 만난 아이들로부터 영감을 받아 6권의 동화책을 쓰기도 했다.

- 다니엘 필포트(Daniel Philpott)

노틀담대학 정치학, 평화학 조교수이다. 연구 테마는 정치적 화해, 더 넓게는 세계 정치에서의 종교에 초점을 둔다. 카슈미르와 부룬디에서 신앙에 기반을 둔 화해 활동을 펼친 활동가이기도 하다. 저서로 Revolutions in Sovereignty (Princeton University Press, 2001)가 있고, The Politics of Past Evil: Religion, Reconciliation, and the Dilemmas of Transitional Justice (University of Notre Dame Press, 2006)의 편집자다.

- 윌리엄 헤들리(William R. Headley)

성령수도회(CSSp) 사제이며, 샌디에이고 대학의 조앤 B. 크록 평화학과(Joan B. Kroc School of Peace Studies)를 설립한 학장이다. 사회학자인 그는 신학과 갈등해결 연구로 박사후 과정을 마치고, 듀케인대학에서 갈등 해결과 평화학 연구로 대학원 과정을 시작했다. 샌디에이고 대학에서 일하기 전에는 가톨릭 구제회 선임고문으로 전 세계적인 피스빌딩 사업을 조직했다.

- 레이나 노이펠트(Reina C. Neufeldt)

아메리칸대학 국제대학의 조교수이다. 가톨릭 구제회와 함께 피스빌딩을 위해 많은 활동을 해 왔다. 논문으로는 "Tolerant Exclusion: Expanding Constricted Narratives of Wartime Ethnic and Civil Nationalism" (Nations and Nationalism, 2009) 과 "Frameworkers and Circlers'—Exploring Assumptions in Peace and Conflict Impact Assessment" (Berghof Handbook for Conflict Transformation, 2007) 이 있다.

- 토드 휘트모어(Todd D. Whitmore)

노틀담대학 신학과 조교수이자, 가톨릭 사회전통 프로그램 연구 책임자이다. 2005년부터 북우간다와 남수단에서 민족지 현지 연구를 신학적 분석과 결합시켜 진행했다. 이 방법론을 활용한 논문으로, "Crossing the Road: The Case for ethnographic fieldwork in Christian Ethics"(2008); "Whiteness Made Visible: A Theo-critical Ethnography of Acholiland", "If They Kill Us at least the Others Will Have More Time to Get Away: The Ethics of Risk in Ethnographic Practice", "Religion, Ethics, and Armed Conflict: The Case of Uganda's 'War in the North'" 등이 있다. 2010년 If They Kill Us at least the Others Will Have More Time to Get Away: An Anthropological Theology 라는 제목의 저서를 집필했다. [출간된 책의 제목은 Imitating Christ in Magwi : An Anthropological Theology] 우간다와 남수단에서 농업 훈련과 피스빌딩을 연결하는 비정부기구, PeaceHarvest (peaceharvest.org)의 공동 창립자이자 회장이기도 하다.

- 피터-존 피어슨(Peter-John Pearson)

남아프리카공화국 주교회의 의회 연락사무소(Parliamentary Liaison Office) 소장이다. 교구 본당 사제이자 정의평화 직무를 담당하는 주교 대리로서, 아파르트헤이트 투쟁에 깊이 관여했다. 네덜란드 틸부르크 대학에서 신학 초빙 강사로서, 반-아파르트헤이트 운동에서 가톨릭 사회교리의 역할과 그것이 화해에 시사하는 내용에 대해 강의했다. 케이프타운 대학에서 법학을 가르쳤다.

- 토마스 미셸(Thomas Michel)

예수회(SJ) 인도네시아 관구 신부이다. 교황청 종교간대화평의회 이슬람 담당 사무국장, 아시아 주교회의 (FABC) 세계종교와 종교간대화 총무, 로마 예수회 종교간대화 총무 등을 역임했다. 워싱턴 조지타운대 이슬람-그리스도교 이해 센터 학술협의회(ASC) 회원이자 같은 대학 우드스톡신학센터 연구위원이다. 인도네시아, 말레이시아, 필리핀에서, 유럽과 미국의 여러 대학에서 이슬람학을 가르쳤고, 현재 터키에서 그리스도교 신학을 가르치고 있다.

- 케네스 하임즈 (Kenneth R. Heims,)

작은형제회(OFM) 사제이자, 보스턴대학의 사회윤리학 교수, 신학부 학과장이다. 이전에는 워싱턴 신학유니언대학 교수였다. 저서로는 Modern Catholic Social Teaching: Commentaries and Interpretations (editor, University of Georgetown Press,

2005); Responses to 101 Questions on Catholic Social Teaching (Paulist Press, 2001); An Introduction to Christian Ethics (co-editor, Paulist Press, 1989); and Fullness of Faith: The Public Significance of Theology (co-author, Paulist Press, 1993) 등이 있다. 미국 가톨릭 신학회 회장(2000-2001)과 New Theology Review(1998-2002) 편집장을 역임했다. 미국 가톨릭 주교회의 사회개발과 세계평화국의 신학 자문위원으로 활동했다.

- 리사 소울 케이힐(Lisa Sowle Cahill)

보스턴 칼리지 신학과의 J. 도널드 모난 교수로, 이곳에서 1976년부터 가르쳐 왔다. 사회윤리학자로서, 저서로 Modern Catholic Social Teaching: Commentaries and Interpretations(공동 편집자, Georgetown University Press, 2005); Theological Bioethics: Participation, Justice and Change(Georgetown University Press, 2005); Family: A Christian Social Perspective(Fortress Press, 2000); Love Your Enemies: Discipleship, Pacifism and Just War Theory(Fortress Press, 1994) 등이 있다. 미국 가톨릭 신학연구회 회장(1992-93년)과 그리스도교 윤리학회장(1997-98년)을 지냈으며, 미국 예술과학 아카데미 연구원이다.

- 피터 판(Peter C. Phan)

조지타운대학 가톨릭 사회사상 엘라쿠리아 회장이다. 베트남 출신으로 1975년에 미국에 난민으로 이주한 그는 애국 신학(Social Thought, Michael Glazier, 1983; Grace and the Human Condition, Michael Glazier, 1993), 아시아 선교사(Mission and Catechesis: Alexandre de Rhodes and Inculturation in Seventeenth-Century Vietnam, Orbis Books, 1998), 해방, 교회, 그리고 종교간대화(Christianity with an Asian Face, Orbis Books, 2003; In Our Own Tongues, Orbis Books, 2003; Being Religious Interreligiously, Orbis Books, 2004) 등의 주제와 연관된 저작물을 내놓았다. 피터 판은 오르비스(Orbis Books)에서 나온 총서 시리즈 Global Perspective in Global Perspective의 총괄 편집자이기도 하다. 그는 미국 가톨릭신학회 회장을 역임한 최초의 비백인(non-Anglo)이다.

- 데이비드 오브라이언(David J. O'Brien)

성 십자가대학의 로마 가톨릭학 원로 교수이다. 현재 데이턴대학에서 신앙과 문화 분야 교수로 재직중이다. 그는 미국 가톨릭교회 역사가톨릭 사회·정치 담론, 가톨릭 고등교육 관하여 광범위한 저술 활동을 해왔다. 주요 저서로, Public Catholicism (Macmillan, 1988), Renewing the Earth; Catholic Document on Peace, Justice, and Liberation (co-editor, Doubleday, 1977), The Renewal of American Catholicism (Oxford University Press, 1972) 그리고 American Catholic and Social Reform: The New Deal Years (Oxford University Press, 1968) 등이 있다. 미국 가톨릭 역사협회 의장을 역임했다.

◉ 대담자(Interlocutors)

• 토마스 바맷(Thomas Bamat)

가톨릭 구제회의 정의와 피스빌딩 선임 고문이다. 가톨릭 구제회에 합류하기 전에는 뉴욕 메리놀회에 있는 피스빌딩 교육과 미션 연구센터를 맡았었다. 사회학자로 에콰도르, 볼리비아, 칠레, 브라질에서 생활하며 활동했다. 인권, 종교운동, 민중적 가톨리시즘, 폭력 갈등 대응에 관한 책을 저술했다. 공동 편집된 두 권의 책, 『정의로운 평화 추구하기(Pursuing Just Peace, Catholic Relief Services, 2008)』와 『평화의 장인: 크리스찬 공동체에서 풀뿌리 평화만들기(Artisans of Peace: Grassroots Peacemaking among Christian Communities, Orbis Books, 2003)』가 있다.

• 드류 크리스천슨(Drew Christiansen, 예수회)

가톨릭 주간지 『아메리카(America)』의 편집장이다. 이전에는 조지타운대 우드스톡 신학 선임연구원, 미국 가톨릭 주교회의 국제정의평화실장, 노틀담대학 크록 국제평화학연구소 부교수 등을 지냈다. 그는 『국제 정치에서의 용서 Forgiveness in International Politics, U.S. Catholic Conference, 2004)』의 공동 저자, 『피스메이킹: 새로운 세계를 위한 도덕적, 정책적 도전(Peacemaking: Moral and Policy Challenges for a New World, U.S. Catholic Conference, 1993)의 공동 편집자이다.

• 헥토르 파비오 헤나오 가비리아(Héctor Fabio Henao Gaviria) 몬시뇰

콜롬비아 주교회의 사회사무국과 카리타스 콜롬비아 국장으로, 콜롬비아 교회의 사회 정의와 피스빌딩 노력의 선두 주자이다. 활동은 구호와 개발 문제, 인권, 그리고 평화 프로세스를 망라한다. 콜롬비아에서 게릴라 단체들과의 인질 협상을 성공적으로 중재했다. CELAM(the Latin American Bishops' Council), 카리타스 인터내셔널, 그리고 수많은 교회 단체의 고위직책을 역임했다.

• 마일라 레구로(Myla Leguro)

가톨릭 구제회 아시아 지역 피스빌딩 전문가이며, 이전에는 필리핀 민다나오 가톨릭 구제회에서 피스빌딩 프로그램을 담당했다. 민다나오 가톨릭교회와 시민 사회단체 등과 긴밀히 협력하면서 민다나오 등지에서 수천 명의 민중 지도자를 양성한 민다나오평화연구소부터 지역 종교간 이니셔티브와 평화 지대에까지 혁신적인 피스빌딩 프로그램을 개발해 왔다.

◉ 교회 참고문헌 – 아래 문헌의 번역문은 한국천주교주교회의 번역본을 인용한다.
성경 역시 한국천주교주교회의 가톨릭 성경에서 인용한다.

교황 레오 13세, 『새로운 사태(Rerum Novarum)』(1891)

교황 비오 11세, 『사십주년(Quadragesimo Anno)』(1931)

교황 비오 11세, 『하느님이신 구세주(Divini Redemptoris)』(1937)

교황 요한 23세, 『어머니요 스승(Mater et Magistra)』(1961)

교황 요한 23세, 『지상의 평화(Pacem in Terris)』(1963)

제2차 바티칸 공의회, 『교회에 관한 교의 헌장, 인류의 빛(Lumen Gentium)』(1964)

제2차 바티칸 공의회, 『사목 헌장(Gaudium et Spes)』(1965)

제2차 바티칸 공의회, 『종교 자유에 관한 선언, 인간 존엄성(Dignitas Humanae Personae)』

교황 바오로 6세, 『민족들의 발전(Populorum progressio)』(1967)

교황 바오로 6세, 『80주년(Octogesima Adveniens)』(1971년)

교황 요한 바오로 2세, 『자비로우신 하느님(Dives in Misericordia)』(1980) 있음

교황 요한 바오로 2세, 『사회적 관심(Sollicitudo Rei Socialis)』(1987)

교황 요한 바오로 2세, 『백주년(Centesimus Annus)』(1991)

교황 베네딕토 16세, 『진리 안의 사랑(Caritas in Veritate)』(2009)

『가톨릭교회 교리서』(Catechism of Catholic Church) (2001)

『간추린 사회교리(Compendium of the Social Doctrine of the Church)』(2004)

| 차례 |

한국어판 추천의 말 : 천주교 의정부교구장 이기헌 주교 • **13**

한국어판 추천의 말 : 제라드 파워즈 • **15**

추천의 말 : 존 오나이예칸 대주교 • **20**

서문 : 제라드 파워즈 • **26**

1부 가톨릭이 다른 활동가들과의 관계 맺기

정치 공동체

1장 피스빌딩과 가톨리시즘 - 관련성, 수렴성, 가능성 • 스콧 애플비 • **35**

2장 인간성으로 돌아가는 긴 여정 • 존 폴 레더락
     - 무장 세력과 이루는 가톨릭 피스빌딩 • **73**

3장 우리는 어떤 종류의 평화를 추구하는가? • 매리앤 쿠시마노 러브
     - 주요 정치 기관의 새로운 피스빌딩 규범 • **135**

4장 화해 - 정치 질서에서 피스빌딩을 위한 가톨릭 윤리 • 다니엘 필포트 • **197**

5장 가톨릭 구제회 - 가톨릭 피스빌딩 실천 • 윌리엄 헤들리 · 레이나 노이펠트 • **259**

6장 피스빌딩과 그 도전 과제 • 토드 휘트모어
     - 정의, 인권, 개발, 그리고 연대 • **315**

7장 남아프리카공화국에서의 진실, 화해, 인간 존엄성 추구 • 피터-존 피어슨
     - 가톨릭 피스빌딩에 대한 교훈 • **381**

종교와 문화

8장 가톨릭의 사회적 상상과 피스빌딩 - 의식, 성사, 영성 • 로버트 슈라이터 • **436**
9장 종교간 피스빌딩에 대한 가톨릭의 접근법
    - 인도네시아의 '슬픈 시기'로부터 배운 몇 가지 교훈 • 토마스 미셸 • **474**

2부 가톨릭 피스빌딩이 성장해 가야 할 분야

10장 피스빌딩과 가톨릭 사회교리 • 케네스 하임즈 • **521**

11장 피스빌딩을 위한 신학 • 리사 소울 케이힐 • **583**

12장 피스빌딩과 화해 - 종교간 대화와 가톨릭 영성 • 피터 판 • **642**

13장 치유, 용서, 화해의 실천 신학 • 로버트 슈라이터 • **699**

14장 연대의 이야기들 - 가톨릭 피스빌딩의 도전 • 데이비드 오브라이언 • **754**

15장 가톨릭 피스빌딩의 미래 방향 • 로버트 슈라이터 • **798**

한국어판 추천의 말

천주교 의정부교구장 이기헌 주교
(Bishop Peter LEE Ki-heon, Uijeongbu Diocese)

가톨릭동북아평화연구소의 번역팀이 미국 천주교주교회의 문헌 『평화의 도전』을 번역한 데 이어 또다시 『피스빌딩』을 번역하여 내놓았습니다. 전쟁과 평화에 대한 소중한 가톨릭 사상을 담은 책이기에 감사드립니다.

이 책은 미국의 가톨릭 피스빌딩 네트워크(CPN)와 노틀담대학의 크록 국제평화학연구소, 그리고 시키고 가톨릭신학대학교의 버나딘 신학사목 센터가 공동으로 진행한 프로젝트의 결과물로 갈등 전환, 정치적 화해, 종교간 대화 등 다양한 주제를 연구하는 신학자, 역사학자, 평화학자, 사회학자들의 소중한 글들을 묶은 것입니다.

특히 저자들 가운데 상당수는 이론가일 뿐 아니라 갈등과 분쟁의 현장에서 오랜 세월 평화를 중재하기 위해 노력한 활동가들이기도 합니다. 우리는 이들의 사상과 삶이 닮긴 글에서 아직 전쟁과 폭력의 상처가 아물지 않은 세계 각지에서 그리스도가 선포하신 화해와 평화의 길을 추구하는 가톨릭교회의 노력을 발견할 수 있습니다.

우리가 사는 한반도는 세계에서 평화의 도전을 받는 대표적인 곳이

기도 합니다. 한반도의 북쪽 수도인 평양에서 태어난 저는 어린 시절부터 평화와 자유를 갈망하는 부모님 밑에서 태어나 자랐습니다. 또한 두 누나가 아직 북쪽에 살고 있는 이산가족이기도 하기에 한반도 평화가 실현되기를 그 누구보다도 간절히 바라고 있습니다.

주교회의에서 오랜 기간 민족화해위원장을 맡아 오면서 남과 북뿐만 아니라 남쪽 사회도 평화의 여정을 향해 나가기에는 많은 갈등과 분열이 있음을 마음 아프게 생각합니다.

우리 교회가 평화를 위해 해야 할 최우선적인 일은 평화를 위한 교육이라고 생각합니다. 평화 교육을 위해 중요한 자료가 될 이 책을 번역해 주신 가톨릭동북아평화연구소 번역팀에게 감사드리며 아울러 전 세계 분쟁 지역의 평화를 위해 노력하는 가톨릭 피스빌딩 네트워크(CPN)가 아직 전쟁이 끝나지 않은 한반도 평화에도 더 깊은 관심을 가져 주시기를 바랍니다.

한국어판 추천의 말

제라드 파워즈

(Gerard F. Powers)

책이 출간된 2010년 존 오나이예칸 대주교(현재는 추기경)는 서문에서, "이 책은 교회의 피스빌딩 사명에 대한 대화의 시작이나 끝이 아닙니다. 하지만 이 책은 그 대화에 매우 중요한 기여를 할 것입니다"라고 썼다.

신학적, 윤리적, 그리고 사목적 관점에서 피스빌딩을 폭넓게 검토했다는 점에서 이 책은 일정한 기여를 보여주었다. 5년이라는 과정을 통해 주교님들, 피스빌딩 전문가들, 그리고 학자들이 깊이 관여했다는 점에서도 그렇다. 가톨릭 가르침과 살아 있는 가톨리시즘이 갈등, 평화, 화해라는 문제를 다루는 데 어떤 기여를 할 수 있을지 고심하는 사람들에게 이 책이 중요한 참조 점이 되어 온 것이 사실이다.

하지만 이 책이 피스빌딩의 모든 과제를 포괄한 것은 아니었다. 무엇이 빠진 걸까? 이 책이 강조하는 핵심적인 가정은 피스빌딩이 그리스도인의 부르심(소명)과 사명에 필수 요소라는 점이었다. 가톨릭 피스빌딩 네트워크가 20년 동안 전 세계 피스빌더들과 함께 활동한 것은 소명의 핵심적인 중요성을 강화시킨다. 그러나 그 주제가 깊이 탐구되지는 못했다. 현재 진행되고 있는 시노드 과정에 내가 단 하나를 추천한다면, 그것은 가톨릭 공동체를 복음화하는 데 훨씬 큰 영향을 줄 것이고, 피스빌딩에 대한 깊고 지속적인 헌신을 통해 가톨릭 공동체는 더 활기를 띠게 될 것이다. 피스빌딩을 가톨릭의 정체성과 실천의 주변으로부터 중심으로 옮겨 놓는 일은 가장 시급한 전 지구적 과제를 해결하기 위해 다양한 종교적, 세속적 행위자들과 어울려 활동할 능력을 위해서 뿐만 아니라, 가톨릭 공동체의 온전성을 위해서도 필수적이다. 피스빌딩은 우리가 소명으로 부여받은 일이다. 보다 정의롭고 평화로운 세상을 건설하는 데 도움이 되는 모든 잠재력을 실현하고자 한다면, 가톨릭 신자인 우리는 피스빌더가 되어야 한다.

피스빌딩이라는 소명에 개인적으로나 기관으로서 깊이 헌신하는 일은 문해력과 조직력의 격차를 극복하는 일을 요구한다. 성직자와 정식으로 신학 훈련을 받은 평신도들을 포함하여, 더 많은 가톨릭 신자들이 교회의 풍부한 평화 전통을 어떻게 이해하고 참여를 심화할 것인지, 또 그 전통을 어떻게 자신들의 삶에 적용할 수 있는지 이해해야 한다. 가톨릭 기관과 단체들도 피스빌딩이 자신들의 임무에 핵심적이라는 사실을 확실히 하기 위해 모든 자원을 활용해야 한다. 전쟁으로 파괴된 콜롬비아와 콩고 민주공화국 같은 지역이 가톨릭 피스빌딩이 가장 잘 진행된 두 나라가 되었듯이, 피스빌딩은 그저 평화와 정의 관련 기관이나 단체가 관할해야 하는 일에 그치지 않고 교회 전체가 헌신해야 할 일이다.

피스빌딩의 소명을 강화하는 일은 근본적인 도전 과제다. 또 이 책에서는 다뤄지지 못했지만, 한국과 다른 나라들의 시급한 현안인 핵군축에 대한 관여를 강화하는 일도 중요하다. 핵군축이라는 주제에 대해서는 많은 시도가 이루어졌기에 이 책에서는 그 주제를 다루지 않았다. 그러나 전 세계가 이 문제에 대해 정신분열증적인 상태에 이른 바로 지금이 가톨릭의 참여를 활성화해야 할 때다. 저명한 정치, 군사 전문가들은 2017년 핵무기 금지에 관한 조약(TPNW)으로 추가적인 추진력이 부여된 목표인 핵군축을 받아들이는 데 의견을 일치시켰다. 하지만 다른 한편에서 핵보유국들이 추진하는 대규모 핵 현대화 프로그램, 대부분의 핵무기 조약의 폐기, 그리고 핵을 둘러싼 벼랑 끝 전술과 무력 충돌은, 러시아와 북한에서만 특별하게 일어나는 일이 아니라 냉전의 가장 어두운 시절을 상기시킨다.

교황청, 한국 주교단, 그리고 여러 나라 주교회의는 비핵지대의 필요성과 핵군축으로 나아가야 한다는 의견을 점점 더 담대하게 표명해 왔다. 프란치스코 교황은 핵무기 사용뿐만 아니라 핵무기를 보유하는 일 자체에 대해서까지 비난하면서, 핵 보유의 현상 유지를 정당하지 못한 것으로 규정하고 핵군축을 촉진하려는 교황청의 오랜 노력에 새로운 중요성과 명확성을 부여했다.[1] 교회는 현재로서는 거의 상상할 수 없는 가능성에 대해 도덕적 비전을 제시하고 있다. 그 비전의 신뢰성은 윤리적인 괴리에 담긴 두 측면을 어떻게 다룰지에 달려 있다. 하나는, 핵 보유는 불법이지만 핵군축이 가까운 장래에 실현될 수 없다면, 핵을 보유한 국가에서 국방 예산을 승인하고, 핵을 다루는 군대에서 일하고, 강력한 핵 억지력을 옹호하는 정치인에게 투표하는 가톨릭 정치가와 군인, 시민의 도덕적 책무는 무엇일까? 다른 하나는, 전 지구적으로 핵 제로를 향해 나아가는 일은 냉전 시기 동안 발전된 핵의 사용과 억지력 윤리[2]에 못지않게 핵군축의 윤리 역시 정교하게 발전시킬 필요가 있다는 새로운 도덕적 도전 과제를 수반한다. 그런 의미에서 한국 주교들이 부르짖는 한반도 비핵화는 세계적인 핵군축이 제기하는 도전 과제들을 다루기 위한 시험 사례가 될 수 있다.

피스빌딩과 핵군축이라는 소명이 바로 이 책에서 다뤄지지 못한 가톨릭 피스빌딩 퍼즐의 두 조각이다. 『모든 형제들(*Fratelli tutti*)』에 비추어 특히 중요한 것은 정당한 전쟁 전통, 비폭력, 그리고 피스빌딩 사이의 관계이다. 또 다른 이슈는 채굴산업에서 기후변화 이슈와 관련된 환경적 피스빌딩이다.3) 이런 이슈들과 또 다른 긴급한 이슈들은 지리적, 부문별 분리를 가로지르며 피스빌딩에 참여하고 있는 모든 수준의 가톨릭 활동가들의 폭넓은 참여와 협력을 필요로 한다.

한국 천주교 의정부교구 가톨릭동북아평화연구소는 한국에서 필요한 작업이 무엇인지를 보여주는 대표 기관이다. 가톨릭동북아평화연구소는 분단된 나라인 한국 상황에서 평화와 화해에 대한 가톨릭의 개념을 실현하고 있다. 학문과 실천을 연결하는 학제 간 접근법과 헌신은 이 책이 취한 접근 방식을 따른 것이다. 가톨릭 피스빌딩 네트워크는 한국어를 사용하는 독자들이 이 책을 쉽게 접할 수 있도록 고된 번역작업에 나서 준 동북아평화연구소에 깊이 감사드린다. 이 책이 동북아평화연구소, 더 넓게는 한국 가톨릭교회가 한국의 평화와 화해를 도모하는 활동을 이끄는 데 조금이나마 기여할 수 있기를 바란다.

1) 교황 프란치스코, 국제 심포지엄에서 한 연설, "핵무기 없는 세계와 완전한 군축 전망 (Prospects for a World Free of Nuclear Weapons and for Integral Disarmament)," The Vatican, November 10, 2017.

2) 크리스천슨과 캐롤 싸전트(Christiansen and Carole Sargent), Forbidden: Receiving Pope Francis's Condemnation of Nuclear Weapons, eds D. (Washington, D.C.: Georgetown U. Press, 2023) 참조.

3) 캐사르 몬테베치오와 제라드 파워즈(Caesar Montevecchio and Gerard Powers), eds, Catholic Peacebuilding and Mining: Integral Peace, Development, and Ecology (London: Routledge, 2022).

추천의 말

존 오나이예칸 대주교
(Archibishop John O. Onaiyekan)

나는 주교로서 피스빌딩이 늘 내 사목의 핵심이라고 생각해 왔습니다. 예언직으로서, 나는 하느님의 메시지, 특히 평화와 화해의 메시지를 하느님 백성들에게 선포할 의무와 특권을 지니고 있습니다. 이것은 전쟁 시기에는 상당히 위험할 수 있는 메시지입니다. 영적으로 탁월한 역할을 해야 할 사제직, 즉 하느님이 저희에게 베풀어주신 은총으로, 특히 우리는 성체성사를 통해 화해와 평화를 이룰 수 있다고 확신하면서, 가톨릭 신자들의 정신과 마음을 평화로 향하게 하기 위해 내가 할 수 있는 모든 것을 하도록 요청받고 있습니다. 목자나 섬기는 지도자로 정의되는 왕직으로, 나는 때때로 갈등을 겪고 있는 당사자들 사이의 중재자, 평화와 화해를 향한 안내자로 불리기도 합니다.

물론 피스빌딩이 주교나 성직자들만 책임질 일이 아니며, 그들에게만 주도적인 책임이 있는 것도 아닙니다. 피스빌딩은 그리스도교 신앙의 필수 요소이므로, 교회 전체의 임무입니다. 실제로 제2차 바티칸 공의회는 복음에 비추어 사회 질서를 변화시키는 데 앞장서는 것이 평신도의 소명이라고 말했습니다. 다시 말해, 피스빌딩의 최전선은 주로 평신도가 차지하게 될 것입니다.

주교로서, 나는 가톨릭 피스빌딩을 구성하는 광범위한 활동들을 접하고, 어떤 경우에는 가까이에서 관여하는 특권을 누렸습니다. 북우간다나 콜롬비아처럼 노골적인 분쟁 상황에서, 주교와 사제들은 개인적으로는 엄청난 위험을 감수하면서 국가와 지역 차원에서 평화 협상을 촉진함으로써 장기간에 걸친 갈등을 해결하려 노력했습니다. 콩고민주공화국처럼 전쟁으로 갈가리 찢긴 여러 나라에서, 교회는 피스빌딩의 필수 활동으로서 그 나라의 막대한 천연자원을 부당하게 훔쳐 가는 행위에 맞서고 있습니다. 르완다에서처럼 갈등이 가라앉은 곳에서, 가톨릭 지도자들은, 평신도든 성직자든, 재건과 재활, 화해 사업을 촉진함으로써 보다 안정적인 평화를 구축하려고 노력해 왔습니다. 내 조국인 나이지리아처럼 노골적인 갈등이 빚어지는 여러 사례에서, 다행스럽게도 새로운 충돌이 일어나고 있지 않습니다. 한편으로는 사람들이 비아프라(Biafra : 나이지리아 동부에 있는 주로, 전쟁을 통해 1967년에 분리 독립을 선언했다. 이그보족을 주체로 한다.)를 기억하고 있기 때문이고, 또 한편으로는 가톨릭 공동체와 여러 사람이 부패와 불의, 환경 파괴, 그리고 지역 차원에서의 극악무도한 종교적 갈등에 맞섬으로써 갈등 예방을 추구해왔기 때문입니다.

교회의 피스빌딩 사업은 교회가 일치될 때 가장 효과적입니다. 주교도 평신도도 혼자 활동해서는 안 됩니다. 피스빌딩이 단독 기획으로는 평화를 만들어 낼 수 없습니다. 주교 혼자서 아무리 평화를 이루기 위해 최선을 다한다 해도 주교회의의 일치된 행동에 비하면 별로 중요하지 않습니다. 주교회의의 행위도 전체 가톨릭 공동체 전체가 평화를 위한 공동 행동에 나서는 것에 비하면 상대적인 중요성밖에 갖지 못합니다.

분열된 교회가 평화를 구축할 수도 없습니다. 비극적인 경우는 국가, 민족, 부족 정체성을 두고 갈등할 때 생기는 공통의 문제로, 가톨릭 공동체가 적대적인 노선에 따라 크게 분열될 때입니다. 이런 경우 지역 교회는 해결책이 되기보다는 많은 문제를 지닌 대상이 됩니다. 나이지리아는 비아프라 전쟁 동안 그런 고통스러운 분열을 경험했고, 이로 인해 교회가 갈등 상황에서 이렇다 할 중재 역할을 할 수 없게 만들었습니다. 평화를 위한 일치된 활동은 가톨릭 신자들뿐만 아니라 더 넓은 사회도 포함해야 합니다. 가톨릭 피스빌딩에서 교회 일치의 노력이나 종파를 넘어서는 차원은 아주 중요합니다. 경험상 피스빌딩에서 이루어진 종교 간 협력은 특히 갈등이 종교적 차이로 인해 일어났을 때 매우 강력하다는 걸 알 수 있습니다. 나는 나이지리아에서 폭발 가능성이 있는 기독교-무슬림 갈등을 분산시키기 위해 무슬림 지도자들과 함께 일하는 것이 가톨릭 혼자 일하는 방식으로는 얻을 수 없는 차이를 만들었다는 것을 알게 되었습니다. 더 넓은 아프리카 전체 차원에서 나는 평화를 위한 세계 종교회의와 새로운 아프리카 종교 지도자 협의회와 긴밀히 협력하여, 다른 종파와 다른 신앙 전통의 지도자들과 함께 갈등 해결에 나섰습니다. 아프리카에서는 정치, 외교적 시도가 실패한 곳에서 여러 종교가 협력한 팀들이 성공했다는 사실을 발견하곤 합니다.

이 프로젝트와 가톨릭 피스빌딩 네트워크(Catholic Peacebuilding Network - 약칭 CPN)의 여러 기획이 내 피스빌딩 사목에 어떻게 도움이 되었는지 여러분의 이해를 돕기 위해, 가톨릭 피스빌딩의 성격에 대해 말씀드리겠습니다.

첫째로, 가장 중요한 것으로, CPN의 이 책 프로젝트는 피스빌딩에 관한 풍부한 가톨릭 전통을 상세히 설명하고 피스빌딩을 탄탄히 하는 데 도움을 줍니다. 무엇보다 가톨릭 전통이 피스빌딩에 구체적으로 기여하는 것은 무엇일까? 라는 중요한 질문에 대한 답을 찾으려 합니다. 이 질문과 다른 여러 질문에 답하기 위해 CPN은 갈등 상황에서 활동하는 피스빌더들과 피스빌딩 연구자들을 연결함으로써 귀중한 서비스를 제공합니다. 소명으로서의 피스빌딩에 관한 이론적 또는 신학적 기초를 기술함으로써 피스빌딩에 대한 실무 훈련과 연결하는 것은 매우 중요합니다. 이 책의 기획을 의논했던 CPN 회의들은 가톨릭 사회교리가 사람들의 실생활에서 어떻게 생기를 얻었는지를 확인할 기회를 제공했습니다. 그 회의들은 피스빌더들에게 그들의 노래를 부르고, 그들의 이야기를 말하고, '모범 사례(best practices)'에 관한 기록을 비교할 수 있는 소중한 포럼을 제공했습니다.

이 책에 수록된 글의 필자들은 거의 미국인입니다. 따라서 분명히 미국 중심의 관점을 제공하겠지만, 전 세계의 절반을 차지하면서 매우 다른 정치, 사회, 경제적 맥락에 있는 우리 모두가 배울 수 있는 관점입니다. 어쨌든 피스빌딩은 언제나 전 지구적입니다. 세계에서 가장 강력하고 영향력 있는 국가로서, 미국이 담당하는 활동은 좋든 나쁘든 전 세계에 영향을 줍니다. 정도는 덜하겠지만, 미국 가톨릭교회도 마찬가지입니다. 주교회의부터 신학자에 이르기까지 미국 가톨릭교회가 행동하고 말하는 것은 멀리 떨어진 곳에 있는 우리 모두에게 중요합니다. 이 프로젝트에 참여한 미국 학자들과 피스빌딩 활동가들에 대해, 더 일반적으로는 CPN 사업에 대해 내가 크게 감명을 받은 것은 민다나오, 부룬디, 콜롬비아에 있는 가톨릭교회가 평화를 건설하기 위해 무엇을 하고 있는지 그들이 기꺼이 직접 와서 보려 했다는 것입니다. 그들은 미얀마, 모잠비크, 엘살바도르, 수단, 그리고 북우간다 같은 다양한 장소에 있는 교회에 개입함으로써 기꺼이 배우려 했습니다. 그들은 세계에서 가장 다루기 힘든 갈등이 벌어지고 있는 지역에서 교회가 진행하고 있는 사업을 관찰함으로써, 피스빌딩에 대한 그들의 신학적, 윤리적 관점을 기꺼이 재고했습니다. 그리고 많은 사람이 자주 필요하다고 말하는 것, 즉 정의로운 평화를 위한 더 발전된 신학과 윤리를 만들어 가는데 기여하려고 기꺼이 시간을 냈다는 점입니다.

이 책은 교회의 피스빌딩 사명에 대한 대화의 시작이나 끝이 아닙니다. 하지만 이 책은 그 대화에 매우 중요한 기여를 할 것입니다. 이 책은 관심을 받을 가치가 있는 많은 문제를 다룹니다. 우리가 어떻게 정의와 평화에 대한 교회의 가르침을 그 둘의 중요성을 축소하지 않으면서 연결시킬 수 있을까? 어떻게 특히 가장 잔인한 폭력의 피해자인 우리가 용서할 수 있을까? 폭도들, 테러리스트들과 관계를 맺기 위한 신학적, 실제적인 근거는 무엇일까? 갈등과 피스빌딩의 세계화는 어떻게 우리에게 이런 문제에 대한 접근 방식을 재고하게 할까?

내가 처한 상황에서, 내 나름의 방법으로 나이지리아와 아프리카의 여러 지역에서 평화에 기여하고자 노력하는 주교로서, 유감스럽게도 갈등과 분쟁에 직면했을 때 내가 무엇을 해야 하는지 그리고 교회는 어떤 도전에 직면하는지에 대해 원하는 만큼 신학적으로 깊이 성찰할 시간이 없습니다. 이 책은 나에게 그런 작업을 하도록 도와주었습니다. 이것은 나름대로 일종의 연대 행위입니다. 예언자, 성직자, 왕이 되라는 소명에 따라 생활하고, 피스빌딩이라는 그리스도인의 소명을 실천하려는 우리가 그 거룩한 사업에서 혼자가 아니라는 것을 아는 일은 나에게 엄청난 힘을 줍니다. 이 책을 읽고 나면, 누구나 피스빌딩이 예수 그리스도를 믿는 교회의 당연한 활동이라는 것을 배우게 되리라는 사실은 의심의 여지가 없습니다.

- 나이지리아 아부자(ABUJA)에서

서문

제라드 파워즈

(Gerard F. Powers)

　이 책은 가톨릭 피스빌딩 네트워크(CPN)의 후원을 받아, 노틀담 대학 크록 국제평화학연구소와 시카고 가톨릭 신학대학 버나딘 신학 사목센터가 4년에 걸쳐 집중적으로 협력한 연구 프로젝트의 결과물이다.
　이 프로젝트의 목표는 전쟁과 평화의 윤리에 대한 가톨릭 사상의 정교함을 보완하고 일치시킬 수 있는, 개념적으로 일관성 있고, 신학적으로 정확하며, 영적으로 활기차고, 실질적으로 효과적인 가톨릭 피스빌딩에 대한 접근법을 발전시키는데 기여하려는 것이었다.
　이 프로젝트의 실무 집단에는 학제 간 학자 집단 (대부분 신학자, 사회 윤리학자들이지만, 정치학자, 역사학자, 사회학자들도 있다) 뿐만 아니라, 소수지만 피스빌딩 활동가 집단이 포함되어 있었다. 2005년에서 2008년까지, 이 실무 집단은 프로젝트를 설계하고 논문 초안을 논의하기 위해 하루나 이틀 동안의 학회(colloquia)를 네 차례 가졌다. 게다가 실무 그룹 참가자들은 2005년 필리핀, 2006년 부룬디, 2007년 콜롬비아에서 CPN이 후원하는 1주일 동안의 컨퍼런스에 참여함으로써 피스빌딩 활동가들과 교류했다. 출간을 앞두고 마무리 작업 중이던 마지막 초안이 2008년 4월 노틀담대학에서 열린 컨퍼런스에서 발표되었다. 이런 행사는 저자들에게 3개의 갈등 지역에서 이루어지고 있는 가톨릭 피스빌딩에 직접적이고 심층적으로 접할 기회를 주었을 뿐만 아니라, 대개 전쟁의 상흔을 지니고 있는 30여 개 나라에서 온 학자, 교회 지도자, 그리고 피스빌딩 전문가들과 '모범 사례(best practices)'에 대해 논의하는 이례적인 기회를 제공했다. (여기서 발표된 논문과 영상은 CPN 홈페이지 http://cpn.nd.edu/ 에서 열람 가능하다.)

따라서 이 책은 단지 컨퍼런스에서 발표한 논문을 편집한 것에 그치지 않는다. 이 책은 저자들 자신이, 가장 중요하게는, 용기 있고, 창의적이며, 깊이 헌신적인 (그리고 대부분 알려지지 않은) 사람들인 저자들과 가톨릭 피스빌더들이 전 세계 가장 힘든 갈등이 벌어지는 상황 속에서 평화, 정의, 화해에 관한 복음적 메시지를 목격하고, 긴 시간에 걸쳐 집중적으로 참여한 결과물이다.

이 책의 출판은 CPN의 1단계 정점을 나타낸다. 2년 동안의 폭넓은 논의 끝에 지난 2004년에 설립된 CPN은 가톨릭 피스빌딩의 연구와 실천을 향상시키기 위해 노력하는 학자들과 활동가들의 네트워크로, 다음 4가지 필요성, (1) 학자와 실무자들 간의 교류 심화 (2) 피스빌딩에서의 모범적 실천 사례에 대한 이해 증진 (3) 평화 신학과 윤리의 발전 심화 (4) 갈등 지역에서 교회의 피스빌딩 역량 향상을 목적으로 한다. CPN의 2단계 활동은 특히 필리핀, 콜롬비아, 아프리카의 대호수(빅토리아호와 탕가니카호 등을 포함한 동아프리카 지구대 주변에 위치한 호수들을 말한다.) 부근 지역에서 교회의 피스빌딩 역량 향상에 기여하기 위한 지속적인 노력을 포함시킬 것이다.

처음에 7개의 협력 기관으로 시작한 CPN의 회원 기관은 (2010년 현재) 20개 기관이 함께 한다. 20개 기관은 다음과 같다. 노틀담대학의 크록 국제평화학연구소, 가톨릭 구제회(Catholic Relief Services, 약칭 CRS), 보스턴 대학의 인권과 국제정의센터, 카리타스 인터내셔널, 필리핀 가톨릭 주교회의의 종교간 대화 주교위원회, 파리 가톨릭 연구소, 가톨릭 신학대학 버나딘 신학사목센터, 미국 가톨릭대학 국제사회발전센터, 콜롬비아 주교회의 국가사회사목회의 사무국/카리타스, 부룬디 가톨릭 주교회의, 조지타운 대학 종교평화국제문제연구소, 독일 신학평화연구소, 세계적 관심사를 위한 메리놀 사무국, 팍스 크리스티 인터내셔널, 미국 산테지디오 공동체, 남아프리카공화국 가톨릭 주교회의 의회 연락사무소, 미국 가톨릭 주교회의 국제 정의와 평화 담당국, 노틀담대학의 가톨릭 사회전통 프로그램, 샌디에이고 대학의 조앤 크록 평화학부, 그리고 워싱턴 신학대학.

이 야심찬 연구 프로젝트에는 감사 인사를 드리는 이 자리에서 언급한 것보다 훨씬 많은 사람이 관여했다. 저자들 서로에게 또 세계 각지에서 온 피스빌딩 활동가들과 기꺼이 만나려는 의지 덕분에, 이 책 저자들은 각자 맡은 부분을 쓰는 데만 시간을 할애한 것은 아니라고 해도 무방하다. 실무 집단의 대담 상대가 되어 주신 토마스 바맷(Thomas Bamat), 드류 크리스천슨 신부(Fr. Drew Christiansen, 예수회), 헥토르 파비오 헤나오 몬시뇰(Msgr. Héctor Fabio Henao), 그리고 마일라 레구로(Myla Leguro)도 마찬가지였다.

크록 연구소는 이 연구 프로젝트에 필요한 주요 자금과 인력을 제공했다. 제라드 파워즈가 프로젝트를 이끌고 회의와 관련 학회를 조율했다. CPN 회의를 조직하는 데 도움을 준 크록 연구소의 캐시 스마렐라(Kathy Smarrella), 콜레트 스감바티 포츠(Colette Sgambati

Potts,) 캐시 라아케(Cathy Laake), 메그 토일(Meg Towle)에게 특히 감사드린다. 캐시 스마렐라는 캐시 라아케와 크록 학생 연구 조수인 안나 자로스(Anna Zaros)와 크리스티 하스(Kristi Haas)의 귀중한 도움을 받아 이 책의 제작을 맡았다.

버나딘 센터는 학회 개최를 위해 상당한 자금을 제공했고, 센터 감독인 쉐일라 맥러플린(Sheila McLaughlin)과 직원들이 친절하게도 학회를 기획하고 주최하는 데 도움을 주었다.

CPN과 관련된 여러 사람, 특히 운영위원회 위원들은 이 연구 프로젝트에 대한 조언을 제공하고, 그것에 관련된 CPN 회의를 계획하는 데 많은 시간을 보냈다. 존 폴 레더락(Paul Lederach), 다니엘 필포트(Daniel Philpott), 토드 휘트모어(Todd Whitmore), 노틀담 크록 연구소의 조셉 보크(Joseph Bock), 팍스 크리스티 인터내셔널의 마리 데니스(Marie Dennis), 메리놀회, 미국 가톨릭 주교회의의 스티브 콜레치(Steve Colecchi)와 스티브 힐버트(Steve Hilbert), 보스톤 대학의 인권과 국제정의 센터의 데이비드 홀렌바흐(David Hollenbach), 미국 가톨릭 연합의 매리앤 쿠시마노 러브(Maryann Cusimano Love), 미국 산테지디오의 안드레아 바르톨리(Andrea Bartoli), 조지타운 대학 버클리 센터의 토마스 반초프(Thomas Banchoff), 그리고 카리타스 인터내셔널의 조셉 도넬리(Joseph Donnelly)는 시간, 영감, 그리고 갖가지 지원을 아끼지 않았다. CPN과 연관된 이 여러 기관이 없었더라면 컨퍼런스가 가능하지 않았을 것이다.

가톨릭 구제회의 재정과 실무 계획 지원, 현장에서 쌓은 피스빌딩 전문성, 그리고 계획은 회의를 성공적으로 운영하는 데 필수적이었다. 특히 토마스 바맷, 윌리엄 헤들리 신부(Fr. William Headley, 성령

수도회), 마이클 페리 신부(Fr. Michael Perry, 작은형제회), 마일라 레구로, 마이클 프랭크(Michael Frank), 루크 피카드(Luc Picard), 데이비드 로스록(David Rothlock), 도로시 매디슨-섹(Dorothy Madison-Seck), 마사 이네스 로메로(Martha Ines Romero), 매리 들로리(Mary Delorey), 폴 타운센드(Paul Townsend), 레이나 노이펠트(Reina Neufeldt), 그리고 많은 CRS 관계자들께 감사드리고 싶다.

이 프로젝트의 성공에 가장 필수적인 것은 특히 필리핀, 콜롬비아, 오대호 지역에 있는 교회들의 관대한 협력이었다. 특히 안토니오 레데스마 대주교(Archbishop Antonio Ledesma), 페르난도 카팔라 대주교(Archbishop Fernando Capalla), 필리핀의 CRS 민다나오 참모들, 헥토르 파비오 헤나오 몬시뇰(Héctor Fabio Henao), 사라 콘수에로 모라(Sara Consuelo Mora), 콜롬비아에 있는 사회사목사무국/카리타스의 참모들, 그리고 콜롬비아의 장 은타그와라라 주교(Bishop Jean Ntagwarara)와 폴 갤라거 대주교(Archbishop Paul Gallagher), 에바리스테 느고야고예 대주교(Archbishop Evariste Ngoyagoye), 엠마누엘 은타카루티마나 신부(Fr. Emmanuel Ntakarutimana, 도미니코회), 그리고 부룬디 컨퍼런스에서 협조해 준 미세레오(Misereor)의 실비아 세르바에스(Sylvia Servaes)에게 감사드린다. 또한 CPN 창설 이후 줄곧 열렬하게 지원해 주신 미국 가톨릭 주교회의 존 오나이예칸 대주교(Archbishop John Onaiyekan)와 존 리카드 주교(Bishop John Ricard, 세인트조셉 성심회)께 감사를 표하고 싶다.

마지막으로, 이 책을 출판하는 데 노력과 전문성을 아끼지 않으신 로버트 엘스버그(Robert Ellsberg)와 오르비스 출판사 관계자 여러분께 진심으로 감사드린다.

● 약칭 번역어

- 중앙아프리카 지역 주교회의 | ACERAC | Association of Episcopal Conferences of the Central African Region
- 아시아 무슬림행동 네트워크 | AMAN | Asian Muslim Action Network
- 아촐리 종교지도자 평화이니셔티브 | ARLPI | Acholi Religious Leaders Peace Initiative (Uganda)
- 연합자위대 | AUC | United Self-Defense Forces (Colombia)
- 주교-울라마 회의 | BUC | Bishops-Ulama Conference (formerly BUF)
- 주교-울라마 포럼 | BUF | Bishops-Ulama Forum
- 국가조정위원회 | CCN | National Conciliation Commission (Colombian Bishops' Conference)
- 부룬디 가톨릭 교회일치회의 | CECAB | Catholic Episcopal Conference of Burundi
- 시민 원정대 | CEW | Civilian Expeditionary Workforce
- 카리타스 인터내셔널 | CI | Caritas Internationalis
- 평화의 문화 | COP | Culture of Peace
- 가톨릭 피스빌딩 네트워크 | CPN | Catholic Peacebuilding Network
- 가톨릭 구제회 | CRS | Catholic Relief Services
- 해를 끼치지 않기 | DNH | Do No Harm
- 미국 국방부 | DoD | U.S. Department of Defense
- 미국 국무부 | DoS | U.S. Department of State
- 콩고민주공화국 | DRC | Democratic Republic of Congo
- 민족해방군 | ELN | National Liberation Army (Colombia)
- 아시아 주교회의 | FABC | Federation of Asian Bishops' Conferences
- 콜럼비아 혁명무장세력 | FARC | Revolutionary Armed Forces of Colombia
- 국내 난민 | IDP | internally displaced person
- 정부간기구 | IGO | intergovernmental organization
- 국제 구호 위원회 | IRC | International Rescue Committee
- 인도네시아 주교회의 | KWI | Indonesian Bishops' Conference
- 신의 저항군 | LRA | Lord's Resistance Army
- 타밀 엘람 해방호랑이 | LTTE | Liberation Tigers of Tamil Eelam
- 메노나이트 중앙위원회 | MCC | Mennonite Central Committee
- 모로이슬람해방전선 | MILF | Mindanao (or Moro) Islamic Liberation Front (Philippines)

- 모로민족해방전선 | MNLF | Moro National Liberation Front
- 민다나오 피스빌딩 연구소 | MPI | Mindanao Peacebuilding Institute
- 민다나오-술루 사목회의 | MSPC | Mindanao-Sulu Pastoral Conference
- 비정부기구 | NGO | nongovernmental organization
- 민족저항군 | NRA | National Resistance Army (Uganda)
- 민족저항운동 | NRM | National Resistance Movement
- 인도네시아 주교회의 위기와 화해센터 | PKR-KWI | Crisis and Reconciliation Center of the Indonesian Bishops' Conference
- 참여형 학습과 행동 | PLA | Participatory Learning and Action
- 참여형 농촌 평가 | PRA | Participatory Rural Appraisal
- 지방재건팀 | PRT | provincial reconstruction team
- 남아프리카공화국 교회협회 | SACC | South African Council of Churches
- 국무부 재건과 안정화 협력실 | S/CRS | State Coordinator for Reconstruction and Stabilization
- 피스빌딩 하계 연수 | SIP | Summer Institute on Peacebuilding
- 전국 사회사목실 | SNPS | National Social Ministries Secretariat (Caritas Colombia)
- 안정, 안보, 전환, 재건 | SSTR | Stability, security, transition, and reconstruction
- 수바넨 무슬림 바사야 | SUMBIS | Subanene-Muslim-Basaya (Dinas Interfaith Movement)
- **진실화해위원회 | TRC | Truth and Reconciliation Commission**
- 유엔 개발 프로그램 | UNDP | United Nations Development Programme
- 유니세프 | UNICEF | United Nations Children's Fund
- 남아프리카공화국 대학교 | UNISA | University of South Africa
- 유엔 피스빌딩 위원회 | UNPBC | United Nations Peacebuilding Commission
- 우간다 인민민주군 | UPDA | Uganda People's Democratic Army
- 우간다 인민방어군 | UPDF | Uganda Peoples Defense Forces
- 미국 국제개발처 | USAID | U.S. Agency for International Development
- 미국 가톨릭 주교회의 | USCCB | United States Conference of Catholic Bishops
- 미국 평화연구소 | USIP | United States Institute of Peace
- 세계식량프로그램 | WFP | World Food Program
- 세계보건기구 | WHO | World Health Organization

1부

가톨릭이 다른 활동가들과의 관계 맺기
(Catholic Engagement with Other Actors)

1장   피스빌딩과 가톨리시즘

- 관련성, 수렴성, 가능성

스콧 애플비(R. SCOTT APPLEBY)

> 노틀담 대학의 역사학 교수. 2000년부터 크록 국제 평화학연구소에서 존 M. 레건 주니어(John M. Regan Jr.) 원장을 역임했다. 역사학자이자, 종교 폭력과 종교 피스빌딩을 연구하는 비교연구자, 미국 인문과학 아카데미 선임 연구원이며, 리처드 시직(Richard Cizik)과 더불어 종교에 관한 국제문제 테스크포스와 미국 외교정책 기획에 관한 시카고 위원회 공동의장이다.

전쟁으로 찢긴 나라 콜롬비아는 최소 반세기에 걸친 긴 기간 동안, 내전부터 일상 범죄에 이르기까지, 마약 거래 관련 암살, 정부 부패, 좌파 게릴라의 납치와 테러, 우익 준군사조직의 살인, 갖가지 인권 유린 사건을 포함하여 수많은 형태의 갈등으로 고통받았다. 갈등은 콜롬비아 사회 모든 부문을 치명적인 폭력으로 뒤덮고, 국가를 초월한 활동가, 우호 국가들뿐만 아니라 적대 국가들, 그리고 국제적인 공동체까지도 뒤엉키게 했다.[1]

현대적 의미에서의 피스빌딩은 이런 특정한 종류의 인간 불행에 대응하면서 진화해 왔다. 역사적으로 깊은 뿌리를 지닌 무자비한 인격적, 사회적, 경제적, 정치적 관계가 끔찍한 폭력을 부채질하는 것이기에, 갈등의 전체 시간과 초세대적 범위로 볼 때 갈등 전환이란 정확하게는 장기간에 걸친 갈등을 이해하고, 그에 걸맞은 '해결책'을 모색해 내려는 방식을 말한다. 피스빌더들은 이 장기화된 갈등의 모든 단계를 다루려 애쓰지만, 폭력 발생 전, 폭력 상황, 그리고 폭력 발생 후의 시기를 구분하기도 어렵다. 따라서 피스빌딩은 폭력 가해자와 폭력의 직접 피해자처럼 지역 공동체에서 함께 생활하는 사람들, 정부, 기업, 교육, 종교, 여러 분야에서 활동하는 국가 엘리트, 갈등으로부터 지리적으로 떨어져 활동하는 외교관, 정책 입안자, 학자, 국제 변호사, 종교 지도자, 그 밖의 여러 전문가 등, 사회의 모든 분야와 그 사회와 관련된 모든 협력자가 관여하는 활동이다.[2)]

  이 책은 세계적으로 진행되는 피스빌딩 활동과 사업에서 가톨릭교회가 개입하는 다양한 방식을 기술한다. 그렇게 함으로써 교회가 갈등을 전환시키고 지속 가능한 평화를 구축하는 과정에 기여한 독특한 자원, 개념, 그리고 실천 행위를 탐구하고, 가톨릭의 참여와 리더십이 정의와 평화 활동에 대한 교회의 역사적 투신을 어떤 방식으로 시험하고 도전하며 새롭게 했는지 성찰한다. 가난, 억압, 질병, 처참한 갈등에 짓눌려 고통받는 국가와 사람들에 대한 교회의 현존과 봉사는 이미 잘 알려져 있다. 하지만 평화 프로세스를 중재하고, 폭력 피해자를 동반하며, 전쟁으로 파괴되었거나 무능하고 부패한 정부로 인해 약화된 정치, 사회 기관을 유지시키거나 재건하는 일에서 교회의 역할을 규정하는 작업은 아직 명확하게 이해되지 못했다. 수많은 국가와 지역에서 피스빌더로서 가톨릭교회의 현존은 지난 수십 년에 걸쳐 그 빈도나 강도에서 확장되었고, 사회 안정, 갈등 해결, 경제 발전을 위한 전망에서도 그 중요성이 입증되고 있다. 따라서 이런 현존에 대해 더 많은 관심을 갖고 분석하고 성찰할 필요가 있다. 그런 목적을 위해 이 책은 가톨리시즘*, 피스빌딩 그리고 공동선에 관한 활발한 대화를 시작하려 한다.

> * 가톨리시즘(Catholicism) : 예수 그리스도에 의해 계시되고 세상 끝까지 존속하도록 정해진 역사적 현실로서의 로마 가톨릭의 믿음, 전례, 도덕을 말한다. 이 말은 영혼의 구원과 성화(聖化)를 위해 믿고 실천해야 하는 가톨릭교회의 모든 가르침을 포함한다. 이 가르침과 전례, 실천의 모든 것이 가톨릭(보편적인 것)이라고 불리는 것은 그것이 전 인류를 위하고 모든 시대를 위한 것이며 필요한 모든 것을 포함하고 있을 뿐 아니라, 인간 생활의 모든 상황에 알맞은 것이기 때문이다. 프로테스탄티즘(protestantism, 개신교 사상)이라는 말에 대응하는 용어로, 가톨릭교회의 외부적인 여러 활동(정치, 경제, 사회, 문화적 활동)을 가리키기도 한다.

가톨릭교회의 피스빌딩 참여 : 최근의 변화

몬시뇰 헥토르 파비오 헤나오 가비리아(Msgr. Héctor Fabio Henao Gaviria)는 콜롬비아 가톨릭교회가 지난 25년 동안 평화와 화해를 탐구하는 일에서 드러낸 리더십을 성찰하면서, 콜롬비아의 영구적 평화 정책에 대해 주교회의가 내놓은 강령의 종합적인 성격을 이렇게 강조했다.

(강령의) 기본 개념은 평화 정책의 개발과 시행 모든 분야에 참여한다는 것이다. 수십 년에 걸쳐 수백만 명의 피해자를 낳은 대립 이후 평화를 구축하는 일은 사회 모든 방면에서의 참여 과정과 교육방법론을 필요로 한다. 참여 과정과 그 과정에 동반되어야 할 교육방법론 모두 수많은 사람과의 만남과 공동체 경험을 바탕으로 점진적으로 윤곽을 갖춰 왔다.

시민의 참여와 평화 교육 방법론을 촉진하는 교회는 피스빌딩에 다양한 시나리오가 있으며, 이 시나리오들이 서로 동떨어진 게 아니라 긴밀하게 연관되어 있다는 사실을 깨닫고 있다. 우선 무력 분쟁에서의 협상 시나리오가 있는데, 이 시나리오에는 정부 관계자, 법 테두리 밖에 있는 단체, 다른 기관과 촉진자들이 참여한다. 또 다른 시나리오는 사회에 영향을 미치는 온갖 갈등에 직면하여, 대화 역량을 갖춘 조직화된 시민 사회의 양성과 강화를 추구한다. 또 세 번째 시나리오에는 풀뿌리 민중의 사회 정의와 평화 공존 활동을 보장하는 구조를 구축하는 일이 포함된다. 이런 직무에 참여하는 모든 사람은 공존 관계의 가장 깊은 측면이 표현되고 전달될 수 있도록 어떻게 대화 방법을 전환해야 할지의 과제에 직면한다.3)

콜롬비아 '내부 갈등'의 비극적 요소는 장기화된 갈등과 광범위한 피스빌딩을 연구하는 사람들에게는 이상에 가까운 사례를 제공하지만, 그 갈등이 드러낸 몇 가지 특징은 콜롬비아에서 얻은 교훈을 다른 상황에 적용하기 어렵게 만든다. 가톨릭교회의 특징적이고 영향력 있는 역할이 유독 콜롬비아에서만 두드러졌던 것은 아니다. 가톨릭 신자인 피스메이커만이 아니라 가톨릭 신자인 전투원이 전 세계 수많은 갈등 상황에서 그 흔적을 남겨 왔기 때문이다. 하지만 콜롬비아 사회에서 가톨릭 활동가들의 파급력과 교회의 영향력 있는 역할은 주목해야 할 정도로 두드러진다. 군인, 게릴라, 불법 무장 단체, 정부 관료, 피해자 대다수가 가톨릭 배경을 지니고 있고, 교회는 옹호, 교육, 동반, 협상, 중재, 그리고 연민과 치유, 화해의 사목을 통해 갈등 전환에서 핵심적인 역할을 한다. 그리고 공적이고 대중적인 상징과 의식(ritual)도 가톨릭의 성사와 육화라는 상상력으로 가득 차 있다. 무장 세력과 대화하는 가톨릭교회의 동반에 대해 다룬 장(2장)에서 존 폴 레더락(John Paul Lederach)은 콜롬비아에서의 가톨릭교회의 역할에 대해 '어디에나 있는 존재'*라는 단어를 사용했는데, 아주 적확한 표현이다.

> * 어디에나 있는 존재(ubiquitous presence) : 이 책에서 가톨릭의 보편성을 나타내기 위해 도입된 용어로, '세상 어디에나 있는 존재'라는 의미이다. 2장, 5장, 9장, 11장, 14장 필자들이 자주 활용했다. ubiquity 는 번역자에 따라 도처에 있음, 편재(遍在) 또는 편재성으로 번역했다.

다른 곳에도, 즉 가톨릭교회가 국가와 관계를 맺고 시민 사회 안에서 활동하며 종교와 문화 영역에 영향을 미치는 활동가 가운데 하나로 존재하는 사회 어디에서나, 가톨릭 평화와 정의 옹호자들이 존재하며 활발하게 움직인다. 가톨릭의 존재와 '영향력'은 사회마다 또 지역마다 엄청난 차이를 드러내는데, 그 차이가 피스빌딩 활동과 사업을 위해 교회가 활용할 수 있는 자원과 선택지를 결정한다. 이렇게 상이한 존재감과 가능성에 대한 세세한 목록을 만들고 각 유형을 설명하는 것이 이 책의 목적은 아니다. 그러나 이 책 필자들은 풍부한 사례를 도입하여 다양한 범위의 가톨릭 피스빌딩 실천을 보여 준다.

만약 콜롬비아에서 평화를 건설하려는 가톨릭의 현존이 우리가 성찰하려는 피스빌딩에 대한 탄탄한 정의에 접근한 거라면, 현재 다른 환경에서 살고 있는 가톨릭 신자들은 '어디에나 있는 존재'이자 조정자로서의 영향력을 주장할만한 입장에 놓여 있지 않다. (콜롬비아 사례에서조차 주교회의는 당연하게 누렸던 정치적 영향력은 말할 것도 없고, 문화적 패권을 누리던 시대가 끝났음을 인정했다4)). 따라서 가톨릭 신자들이 평화 구축에 관해 전략적으로 생각하려면, 다른 종교와 민족, 시민 활동가들과의 동맹을 만들어 지속하는 일이 중요하다는 사실을 깊이 인식해야 한다. 이런 전략과 가톨릭 현존이라는 영향을 최대화하기 위한 또 다른 전략을 발전시키는 동시에, 가톨릭 신자들은 가톨릭 공동체 자체의 내적인 욕구를 (그리고 상대적인 취약성까지를) 간과하지 않아야 한다.

사하라 사막 이남 아프리카 국가에서 가톨릭교회는 아주 소수에 불과해서, 발전, 거버넌스(지배구조), 평등, 평화 그리고 갈등에 관련한 대화에서 독점적이기는커녕 지배적인 목소리를 내지도 못한다. 세속적인 정권과 권위적인 통치자, 부족과 민족 지도자, 인구 대다수를 차지하는 이슬람교 공동체가 이 지역 사회와 정치 문화라는 거대한 이불보를 구성하는 조각들이다. 이런 상황에서 탄탄한 의미의 피스빌더로서 활동하는 교회의 능력은 가톨릭 신자들이 자신의 영향력을 지렛대로 삼기 위해 얼마나 성공적으로 생각하고 전략적으로 행동하느냐에 달려있다. 어떻게 그리고 사회의 어떤 분야에서 이 지렛대가 작동하는지는 이 책에서 탐구한 예시들이 나타내듯이 국가마다 다르다. 실패했거나 실패하고 있기에 고통받고 있는 국가에서 거버넌스는 무능력이나 부패 또는 그 둘 모두로 위태로운 상태에 놓여 있기에, 교회는 국가의 정치적 지도력과 기본적인 서비스를 갈망하는 사람들에게 빠르게 국가를 대신하는 대안이 될 수 있다. 이 책을 시작하게 된 가톨릭 피스빌딩 네트워크(Catholic Peacebuilding Network) 컨퍼런스의 성실한 참가자이자, 추천사를 써 주신 나이지리아의 존 오나이예칸 대주교(Archbishop John Onaiyekan)는 교계에서 그와 비슷한 위치에 있던 여러 사람(주교들)이 국가적인 사건에 휘말리고 싶어 하지 않았음에도 불구하고, 자주 준정치적인 역할을 떠맡을 수밖에 없었다는 위태롭고도 희망적인 사실을 인정한다. 국가 기구로서의 실천 행위가 피스빌딩의 활동 범위에 포함된 것이기에, 그런 활동에 참여하도록 요청받은 주교들은 사목자이자 교사, 교회 통치자로서의 소명과 더 넓은 사회에 대해 그들이 지녀야 할 책임감의 본질 사이의 관계를 끊임없이 조율하면서, 길을 더듬어 앞으로 나아갈 방법을 찾아야 했다.

그 밖의 지역에서도, 가톨릭 신자들은 주로 시민 사회 안에서 가장 효율적으로 활동해 왔다. 대학살의 역사를 저술한 윌리엄 헤들리와 레이나 노이펠트(William Headley and Reina Neufeldt)는 국가 부도와 무정부 상태라는 위태로운 지경에 빠진 가난한 아프리카 국가 부룬디에서 가톨릭 피스빌딩을 발전시켰던 기회에 대해 언급한다(5장). 다른 많은 지역에서와 마찬가지로, 부룬디에서 가톨릭교회는 폭넓게 존경받는 비정부 대화 상대로서 반란 집단 지도자, 정당 지도자 그리고 국제 공동체 사이의 대화를 촉진하도록 요청받았다. 헤들리와 노이펠트의 보고에 따르면, 세속적인* 시민 사회 협력 기관들과 함께 활동하면서, 교회는 아루샤 평화협정* 조항을 널리 알렸고, 화해와 대화를 촉진하기 위해 기획된 다양한 프로그램을 공동 후원했다. 교회 내적으로, 부룬디 교회는 사회 분석 작업을 수행하고, 비폭력 방법론에 따라 피스빌더들을 양성하고, 인권을 증진하기 위해 교구와 본당 차원에서 센터와 위원회를 만들었다.

> * 세속적인 : secular를 번역한 것으로, 종교적인(religious) 배경을 갖고 있지 않다는 의미를 담고 있는 어휘이다.

> * 아루샤 평화협정(Arusha peace accord) : 15세기 르완다 투치(Tutsi)족이 나일강 유역으로부터 아프리카 중앙에 위치한 르완다 지역으로 이동하면서, 이전부터 그곳에 살고 있던 후투(Hutu)족과 갈등이 빚어졌다. 이 갈등은 1919년부터 시작된 벨기에 식민지 시절, 두 종족을 분리하는 정책으로 심화되었다. 1962년 독립 이후, 권력을 잡은 투치족은 후투족에 대한 억압을 이어나갔는데, 후투족이 이에 대한 반발로 투치족을 학살하는 사건이 발생했고, 이후 후투족이 쿠데타를 통해 정권을 잡아 투치족을 탄압했다. 이때부터 시작된 내전은 2년간 계속되었고, UN과 아프리카단결기구(OAU)를 통해 1993년 8월, 두 부족 간의 '아루샤 평화협정'이 이루어졌다. 하지만 후투족 출신의 하비아리마나 대통령이 약속을 지키지 않아, 두 부족 사이의 대립은 지속되었다.

교회가 피스빌딩 노선을 따라 영향력을 행사할 수 있는 가장 직접적이고도 어쩌면 유일한 기회는 한 사회의 종교적, 문화적 지형에서 교회가 차지하고 있는 역할에 의해 주어진다. 예를 들어 톰 미셸(Tom Michel)은 어지러울 정도로 다양한 무슬림과 수많은 민족과 종교에 속해 있는 다양한 토착 활동가들로 안 그래도 작은 가톨릭의 존재를 한층 위축시키는 인도네시아에서, 교회가 보여준 선택적이고 기민한 피스빌딩의 존재감에 대해 보고한다(9장). 민족 사이에, 그리고 이슬람교와 그리스도교 사이에 벌어진 폭력의 끔찍한 파급력에 대응하여, 인도네시아 가톨릭 주교들은 성직자가 관장을 맡고 무슬림과 개신교 신자들을 직원으로 채용한 위기 센터를 설립했다. 또 주교들은 갈등을 분석하고 정의와 함께 하는 평화(때로 ***정의평화** justpeace*로 불리는)로 나아가는 단계를 알려주는 사목 서한을 발표했다. 미셸은 이 서한이 소수인 가톨릭 신자들에게 먼저 발표되었지만, 당파에 구애되지 않고 다양한 종교적, 민족적 감수성을 포용했으며, 미디어를 통해 널리 전파되었다는 사실에 주목한다. 이런 전략을 통해 가톨릭 신학과 사회 윤리 주제가 갈등을 전환시키는 일에 적용되면서 제도 교회를 넘어 확산되었다.

갈등 전환과 평화 구축에 대해 전략적으로 사고할 때 가톨릭 신자들이 지닌 가장 큰 이점 중 하나는 가톨릭교회의 국제적이고 초국가적인 성격이다. 어디에나 있는 존재까지는 아니더라도 전 세계적인 기관이자 여러 네트워크를 지닌 로마 가톨릭은, 인구나 자원 그리고 문화, 종교, 정치 차원에서 별다른 영향력이 없어 활동이 제한적일 수밖에 없는 맥락을 포함하여, 마을, 지역, 국가 차원에서 피스빌딩의 존재감과 교회의 효율성을 강화할 역량을 지니고 있다.

가톨릭교회의 존재감과 영향력을 강화하는 것은 어렵고 섬세한 작업이다. 가톨릭과 규모가 더 큰 개신교라는 존재 자체가 둘 다 위기에 처해있고, 주요 종교 지도자와 정치인들로부터 의혹의 시선을 받는 중동 같은 지역에서는 특히 더 그렇다. 게다가 어떤 측면에서는 중앙집권화된 단일 조직이라는 평판을 받고 있지만, 사실 가톨릭교회는 중심이 없이 널리 퍼져있으며, 있는 그대로의 상태로 보자면 엄청나게 지역적이기도 하다. 교회가 충분히 활기차고 통일적으로 기능하며, 반응성이 뛰어난 초국가적 행위자로서의 엄청난 잠재력을 실현하기 위해서는 상당한 정도의 집중적이고 조정된 노력이 필요하다. 빛의 속도로 흐르는 정보와 경제, 군사, 환경 또는 종교적인 차원에서의 외적 변화 요인으로 취약한 인구가 점점 더 많아지는 세상에서, 가톨릭교회가 이런 발전을 잘 따라잡고 있는지, 따라잡고 있다면 교회의 보편적 가르침과 실천을 적용하기 위해 최상의 효율성을 발휘하고 있는지, 동시에 지역 교회들을 지원하고 시대에 발맞춰갈 수 있도록 돕고 있는지 질문해보면 좋겠다. 사실 이것은 정말 어려운 요구이다.

이 책의 필자들은 몇 차례의 진행 보고서를 제공했다. 토드 휘트모어(Todd Whitmore)가 우간다 농촌 지역에서 벌어진 전쟁, 트라우마, 박탈, 참혹한 가난에 대해 분석한 연구(6장)는 가톨릭 사회 윤리에 바탕을 두고 있고, 그 지역에서 가톨릭 평화 시도가 증대되고 있다는 면도 인정한다. 그러나 휘트모어의 분석은 가톨릭 사회교리의 일부 내용이 우간다 상황에 적용하기에 부적절하다는 날카로운 비판도 포함한다. 가톨릭 사회교리가 산업화된, 도시 중심의, 유럽적인 환경에 기반을 두고 발전된 것이고, 그것이 지닌 도전 과제와 가능성 역시 오늘날 많은 개발도상국들에서 발생하는 난민과 이민자들, 전쟁 피해자들을 마주하는 것과는 동떨어진 세상에 대한 것이기 때문이다. 휘트모어는 바오로 6세나 요한 바오로 2세처럼 '인간 발전'을 둘러싼 일련의 사안에 대해 직접적이고 지성적으로 언급한 선구자적인 교황들조차, 풍토병, 구조적인 가난 그리고 끊임없는 저강도 전투라는 삼중의 감옥으로부터 문자 그대로 수십억 명이나 되는 사람들을 해방시키기 위해 활용될 수 있는 어휘나 일련의 구체적인 명령을 발전시키는데 실패했다고 주장한다. 화해와 회복적 정의 같은 긴급한 사안에 대한 최선의 사고를 통합함으로써 가톨릭 사회교리를 새롭게 하고 확장시킬 수 있도록 피스빌딩에 관한 교황 회칙이 나오기를 요청하는 다니엘 필포트(Daniel Philpott, 4장)와 마찬가지로, 휘트모어는 유사한 지향을 지닌 신학자, 윤리학자, 교도권자들에게 빈곤한 농촌 사람들의 구체적인 욕구에 시선을 돌리기를 촉구한다.

가톨릭 피스빌딩이라는 유리잔은 다른 사안들로 이미 반 정도 차 있다. 가장 희망을 주는 사안은 필리핀에서 이루어진 탄탄하고 광범위한 피스빌딩으로의 진전일 것이다. 필리핀 민다나오는 콜롬비아처럼 뿌리 깊은 갈등의 역사를 지니고 있지만, 이 지역에서 피스빌딩은 비교적 잘 구축되어 있고 일련의 인상적인 활동과 프로그램을 통해 표현되고 있다. 가톨릭 주교들은 가톨릭 신자 비율이 높은 국가 안에서 중요한 문화적, 정치적 역할을 맡고 있다. 그러나 콜롬비아보다도 훨씬 더 다원주의적인 환경을 지닌 민다나오에서, 교회는 수세기에 걸친 투쟁의 결과로 강력한 정치적 주체가 된 무슬림, 토착민들과의 다양한 연대체와 파트너십을 결성함으로써, 더 최근에는 필리핀 정부와 평화협정을 체결함으로써, 사회 안에서 교회가 차지하는 상대적인 영향력을 지렛대로 활용하기 위해 상당한 시간과 힘을 쏟았다. 이런 시도를 통해 가톨릭 신자들이 평화 프로세스에 발을 들여놓을 수 있었고, 콜롬비아에서와는 달리 '현장에서 만날 수 있는 사실'에 대응하도록 도전받았다. 민다나오 교회에 가장 필요했던 것은 종교간 대화에 관한 신학과 실천 그리고 평화에 관한 종교 내 교육이었다. 그리고 이것은 교황청이 현지 상황에 맞춰 제시한 모델인 "생명의 대화, 행동의 대화"를 적용함으로써 발전될 수 있었다.

이렇게 초국가적 가톨리시즘은 최선의 발걸음을 앞으로 내디뎠다. 헤들리와 노이펠트가 이야기했듯이, 민다나오 피스빌딩 시도에서의 중요한 활동 주체는 가톨릭 구제회(Catholic Relief Service)였는데, 가톨릭 구제회는 모로민족해방전선과 정부 사이의 평화협정 서명이라는 구체적인 결과를 낸 평화와 화해 프로그램을 수립했다. 가톨릭 구제회의 피스빌더인 마일라 레구로(Myla Leguro)는 이 협정이 "430년이라는 시간 동안 진화해 온 여러 사안을 염두에 두고 20년 동안 확장된 평화 프로세스"를 마무리했다고 말한다. 모로민족해방전선은 오랜 시간 종교적 편견, 경제·정치·사회적 소외와 인권 침해, 군사화, 그리고 선조들이 남긴 땅에 대한 불법적이고 (때로는 폭력적인) 점거를 경험해야 했던 방사모로족과 다른 토착민들의 투쟁을 대변했다. 이 고통스러운 기억은 이 지역에서 가톨릭 피스빌더들이 활동을 시작하게 된 계기였다. "우리는 민다나오 지역의 문제가 그저 구호와 개발 사업만으로 논의될 수 없고, 무슬림, 그리스도인 그리고 토착민 사이의 더 깊은 정의와 구조적인 사안이 다뤄져야 한다는 사실을 알게 되었다. 그리고 이런 작업이 민다나오에서 평화와 화해 프로그램을 시작하는 가톨릭 구제회의 계획 일부가 되었다는 것에 마음이 한결 놓였다."5)라고 레구로는 기록했다.

평화와 화해 프로그램은 처음부터 민다나오의 '세 배경의 사람들(the tri-people : 무슬림, 그리스도인, 토착민)' 사이의 올바른 관계를 만드는 작업을 강조했다. 평화협정이 역사적 사건으로서 어느 정도는 찬사를 받았지만, "현장의 현실과 분위기는 상당히 달랐다."라고 레구로는 지적한다. 그리스도인 대다수가 평화와 발전을 위한 필리핀 남부 협의회, 곧 평화협정의 조항을 시행하기 위해 만들어진 행정 기구가 무슬림에게 민다나오의 주도권을 주지 않을까 우려하면서, 협정에 의구심을 드러냈다. 반면에 많은 평범한 가톨릭 신자들은 평화협정에 대해 알지도 못했다. 이것은 이해관계자들, 특히 지역 정부가 협정의 이행 과정에서 자신의 역할을 파악하는데 어려움을 갖고 있었음을 의미했다. 그럼에도 불구하고 가톨릭 구제회는 전쟁에 지칠 대로 지쳐 평화협정을 "생계에 집중하고 자녀들을 학교에 보내고 가족을 돌볼 수 있는"[6] 기회의 창구로 환영한 여러 공동체와 협력자들의 개방성에 바탕을 두고 대화와 협력 과정을 구축할 수 있었다.

민다나오에서 '평화의 문화(Culture of Peace)'를 건설하기 위해 기획된 프로그램의 의제는 서로에 대한 편견과 선입견을 해소함으로써 그리스도인과 무슬림 사이의 건설적인 관계를 조성하는 것이었다. 가톨릭 구제회는 민다나오의 갈등이 복잡한 정치적, 경제적, 사회적 차원을 포함하고 있다는 것을 파악했지만, 종교적 차원이 '가장 분명하고 관찰 가능한 갈등의 핵심'이었다. 따라서 종교간 대화가 핵심 전략이 되었는데, 무슬림과 그리스도교 종교 지도자들이 평화의 문화 프로세스[7]의 주요 협력자로서 임무를 맡았다. 피스빌딩은 당시 새로운 개념이었고, 민다나오에서 활동하는 비정부기구들은 종교간 대화나 더 일반적인 차원에서의 피스빌딩을 감당할 역량이 없었다. 그들은 그저 인권과 개발 활동 전문가였다. 가톨릭 구제회는 그동안의 구호와 개발 경험을 통해, 특히 무슬림과 토착민 공동체에서 빈곤이 종교적 긴장을 악화시키는 역할을 하고 있다는 사실을 발견했다. 그래서 평화의 문화 프로그램은 '갈등 이후 공동체'[8]로 묘사되는 선별된 상황에서, 작은 규모의 지역 이니셔티브를 통해 이루어진 발전과 긴밀하게 관련되어 있었다. 이런 공동체 속에서 '공동체 행동을 통한 화해'라는 슬로건을 내건 가톨릭 구제회는 핵심 협력자들을 훈련시키고 그들에게 기술적인 지원을 제공하기 위해 고안된 역량 강화 프로그램을 구축했다. 이 프로그램의 목적은 프로젝트 운영 기술, 종교간 대화 그리고 무슬림과 그리스도인들이 함께 참여하는 상징적 공동체 개발 프로젝트를 발전시키는 것이었다.

이런 시도를 바탕으로 가톨릭 구제회는 가톨릭 주교, 몇몇 성직자 그리고 1970년대에 이미 무슬림 공동체들에 손을 내밀었던 여성 수도 공동체의 선구자적인 종교간 대화의 기반도 마련할 수 있었다. 1996년, 7개의 비정부기구 협력자들이 평화와 화해 프로그램을 구축하기 위해 가톨릭 구제회에 동참했다. 이 프로그램은 대통령 산하 평화 프로세스 자문관실과 국가 사회행동 사무국, 그리고 시민 사회 평화 네트워크인 카리나오 민다나오*와의 관계를 구축했다. 그러나 이 조합에 '평화 교육'이 빠져 있다는 사실이 확인되었다. 이에 따라 가톨릭 구제회는 평화 교육 프로그램의 선구자였던 노틀담 대학과 접촉했고, 피스빌딩 훈련 프로그램을 강화하기 위해 메노나이트 중앙위원회와 협력 관계를 수립했다.9)

* 카리나오 민다나오(Kalinaw Mindanaw) : 어린이와 젊은이와 시민들의 피스빌딩 지지단체로, 종교간 대화와 평화의 문화 구축을 목표로 하는 운동을 전개한다.

콜롬비아에서와 마찬가지로, 피스빌딩 협력 단체의 범위를 확장하는 일은 필수적이고 중요한 전략이었다. 하지만 민다나오에서 무슬림과 다른 종교 지도자들을 피스빌딩을 위한 교육과 양성뿐만 아니라 대화에 참여시켜야 할 필요성은 더욱 절박했다. 대통령 산하 평화 프로세스 자문관실과 국가 사회행동 사무국과의 연계를 통해, 가톨릭 구제회 프로그램은 1996년, 세부에서 주교들과 울라마의 역사적인 첫 모임*을 주선할 수 있었다. 이 모임은 민다나오의 가톨릭과 무슬림 종교 지도자들 사이의 장기 협력을 위한 길을 닦았는데, 고위 수준의 네트워크라는 형태를 취했다. 종교를 초월한 워크숍과 연수가 잇따라 진행되었고, 여기에는 비정부기구, 학계, 교회 기반 조직, 시민단체, 정부로부터 온 많은 사람이 참여했다. 이 과정은 평화의 문화 매뉴얼 출판으로 이어졌고, 민다나오 교육 체계에서 평화 교육이 주류가 되게 했다. 가톨릭 구제회는 이 과정에 모로민족해방전선 전투원과 군사 관계자도 포함해 교육하기 시작했다. 주교-울라마 포럼에 가톨릭 구제회가 수행한 주요 공헌 중 하나는, 1998년에 처음으로 갈등 전환 워크숍을 몇 차례 진행한 일이었다.

---

* 주교-울라마 모임(Meeting of bishops and ulama) : 그리스도교가 다수 종교인 나라 필리핀에서, 1960년대 후반부터 무슬림과 그리스도교 지도자들은 서로간의 오해와 불신에 대해 진지하게 고민하기 시작했다. 1970년대와 1980년대 필리핀 개신교 전국위원회는 그리스도인들의 무슬림에 대한 교육 지원 프로그램을 구축했다. 무슬림을 이해하기 위한 노력이었다. 하지만 쉬운 길은 아니었다. 평화적인 방법을 모색하고자 1996년, 세부에서 주교-울라마 포럼(Bishops-Ulama Forum)이라는 이름으로 공식적으로 시작된 이 모임은(연 3회 정기 모임) 대통령 산하 평화 프로세스 자문관실, 국가 사회행동 사무국, 가톨릭 구제회의 조직적인 지원을 받아 개최되었다. 울라마는 이슬람 교리와 법을 포함한 이슬람 종교 지식의 전달(해석)하는 지도자를 의미한다.

이런 작업을 시작으로, 민다나오의 피스빌딩은 비정부기구 협력자들을 아공(Agong)이라 알려진 조직으로 구성함으로써 급격하게 성장했다. 가톨릭 구제회는 아공을 피스빌딩과 조직 관리 교육을 제공하기 위한 플랫폼이자 메커니즘으로 활용했다. 레구로는 "아공이 각자의 지역에서 다른 조직들과 함께 평화 워크샵/프로세스라는 문화를 주류로 만드는 데 참여했기 때문에, 갈등 전환은 민다나오에서 하나의 패러다임으로 떠오르기 시작했다."10)고 말했다. 1999년 민다나오 평화 주간은 지역 사회, 교구, 선거구 내 폭넓은 평화의 문화 활동과 프로그램을 통해 무슬림과 그리스도교 공동체가 피스빌딩 후속 단계를 만드는 데 함께 힘을 쏟음으로써, 그리스도교-무슬림 네트워크를 탄탄히 하는데 큰 진전을 이루었음을 축하했다.

2000년, 민다나오 피스빌딩 프로그램은 평화협정을 시행하는 과정에서 발생한 장애물에 (예컨대 모로민족해방전선의 부패, 협정 사항에 대한 정부의 방해 등) 대처하며 두 번째 단계에 돌입했다. 이 단계는 평화 합의문을 작성한 피델 라모스(Fidel Ramos) 정권이 조지프 에스트라다(Joseph Estrada) 정권으로 바뀌는 시점과 일치했다. 2000년에 고조되었던 정부와 모로민족해방전선 사이의 긴장은 민다나오 중부에 있는 수천 가구에 영향을 미친 전쟁으로 이어졌다. 그런 일이 없었더라면 탄탄했을 가톨릭, 이슬람교 그리고 토착민 공동체의 피스빌딩 시도가 여전히 주변으로 밀려나 있다는 사실에 좌절한 가톨릭 구제회와 협력자들은 구조적인 문제(통치, 가난, 토지 등)를 해결하기 위해, 또 피스빌딩 프로세스에 민다나오 새로운 인구층을 포함하기 위해, 세 배경의 사람들의 관계상에 생긴 변화를 활용하려 했다.

민다나오 중부에서 진행되던 관계 구축 과정을 지연시킨 것은 전쟁 발발이었다. 피스빌더들은 정치 엘리트와 정부 구조에 접근할 수 없었고, 피스빌딩 프로세스는 권력 핵심 인물들의 변덕과 계속되는 폭력으로 인한 파괴에 대응하기에는 취약했다. 필리피노(Filipino, 필리핀 토착민)의 리더십 개발과 첫 단계의 성과를 제도화할 필요가 있었지만, 동시에 '긴급 구호'와 '위기 관리'가 피스빌더들의 목표를 혼란스럽게 만들었다. 국제 협력자와 신앙에 기반을 두고 피스빌딩에 참여하는 지역 활동가 사이에 적절한 균형을 찾을 필요도 있었다. 민다나오에서 발생한 갈등을 넓은 윤곽에서 바라볼 때 이런 상황의 전개가 특별한 것은 아니었지만, 평화와 화해 프로그램의 초기 단계에서 구축해 온 신뢰와 대화의 유대를 뒤흔들 위험이 있었다.

가톨릭 구제회는 메노나이트 협력자들과 연계하여 민다나오 피스빌딩 연구소를 구축하는 것으로 대응했다. 연구소는 처음으로 9개국으로부터 백 명이 넘는 피스빌더들을 불러 모아 하계 연수를 진행했다. 레구로는 "민다나오 피스빌딩 연구소는 민다나오 최고의 피스빌딩 연구소로서 2000년부터 2003년까지 85개가 넘는 국제, 지역조직으로부터 550명이 넘는 피스빌더를 훈련시킬 수 있었다"[11)]고 말한다. 민다나오 피스빌딩 연구소의 국제적 성공은 민다나오 민중 지도자들의 역량을 키우기 위한 훈련 연수를 시작하도록 영감을 주었다. 2003년 9월, 민중평화학습센터가 세워졌고, 이 센터에는 6개월 동안 6개의 피스빌딩 세션에 참여하는 포괄적인 프로그램이 마련되었다. 이 프로그램은 내용, 방법론, 전반적인 기획에 대해 귀중한 의견을 내놓은 세 배경의 사람들로 이루어진 자문 위원회와 협력하여 진행되었다.

물론 민다나오 사례는 이렇게 간단히 살펴본 것보다 훨씬 복잡하다. 하지만 민다나오 사례는 피스빌딩의 전체 척도에 접근하고 근사치에 도달하려는 시도로서, 가톨릭 신자들이 어떻게 다른 조직과 동맹을 맺고 자신의 존재감을 지렛대로 활용할 수 있는지에 대한 모델을 제시한다. 민다나오 사례에서 다시 한번 강조하고 싶은 것이 '초국가적 가톨리시즘'의 중요성으로(이 사례에서는 초국가적 가톨릭 비정부기구인 가톨릭 구제회라는 형태를 취하여), 가톨릭은 현지 가톨릭 피스빌더들의 효율적 능력을 강화하는 지렛대로 작용했다는 점이다.

피스빌딩과 가톨릭 세계관

피스메이킹, 갈등 해결, 또 관련되어 있으면서도 다른 몇몇 개념과 뚜렷한 차이를 보이는 *피스빌딩(peacebuilding)*이라는 용어가 사용된 것은 최근의 일이다. 이 용어가 평화 공동체를 넘어 광범위하게 사용되기 시작한 것은 1992년 UN 사무총장 부트로스 부트로스-갈리(Boutros Boutros-Ghali)가 「평화」12)를 발표한 이후였다. 그 이후 캐서린 모리스(Catherine Morris)가 그 상황을 요약했듯이, *피스빌딩*은 "널리 사용되게 되었지만, 종종 장기간에 걸친 발전, 거버넌스 구조와 기관의 구축처럼 위기 개입을 넘어서는 활동을 함축하는 용어로 잘못 정의되어"13) 왔다. UN 코피 아난(Kofi Annan)의 지휘 아래 피스빌딩은 주로 제도적인 개혁에 중점을 둔, 분쟁 이후의 구조적 전환 활동으로 이해되었다. 2005년 유엔은 정부간 자문기구로 평화구축위원회(the United Nations Peacebuilding Commission)를 설립했다. 이 위원회는 관련된 모든 활동가들(예를 들어 국제 원조

공여국, 국제 금융 기관들, 각국 정부, 군대 파병 국가들)을 불러 모으고 자원을 동원하고, 분쟁 이후 피스빌딩과 회복을 위한 통합된 전략을 제안함으로써 갈등으로부터 벗어나려는 여러 나라의 평화 시도를 지원한다.14)

하지만 대부분의 현대 평화 신학자들과 평화 활동가들과 마찬가지로, 이 책의 필자들은 이 장 서두에 기술한 *피스빌딩*에 대해 보다 포괄적이고 탄탄한 정의를 채택한다. 이렇게 된 데는 평화 활동가이자 이 책 저자 가운데 한 사람인 존 폴 레더락 덕분이기도 하다. 레더락은 시간이 흘러도 지속가능하고, 정의로운 평화를 구축하는데 필수적인 폭넓은 실천을 포괄하는 것으로 피스빌딩의 이해를 발전시키기 위해, 중재와 조정 분야에서 30년 넘도록 쌓아온 풍부한 경험을 쏟아냈다.15) 피스빌딩에는 *갈등 해결*(conflict resolution - 대개 협상, 중재, 조정 그리고 가장 근접한 원인을 다룸으로써 폭력을 끝내기 위해 마련된 여러 조치들), *평화유지*(peacekeeping - 갈등 순환고리의 특정 단계에서 대개 군사력이나 경찰력이라는 다양한 조직에 의해 수행되는 활동), *전후 사회 재건*(postwar social reconstruction - 기관 설립, 트라우마 치유, 진실 말하기, 화해, 그리고 장기화된 억압과 폭력으로부터 벗어날 때 전형적으로 생겨나는 여러 회복적인 정의 실천 행위들이 포함되며, 이것은 또 다른 특정 활동 조직과 기관들에 의하여 수행됨)이라는 활동이 모두 포함된다.16)

이 일련의 활동에, 가톨리시즘은 일군의 뚜렷한 가르침, 실천 행위, 감수성, 그리고 제도적 자원을 부여한다. 교회는 그리스도교 성경과 전통, 신학에서 파생된 근본적인 도덕 원리를 표명하는데, 이 원리가 가톨릭의 사회적 실천을 이끈다. 평화와 정의, 전쟁과 무력의 사용에 관한 구체적인 교회의 가르침, 통합적 인간 발전에 대한 요청이 이 근본 원리에 적용된다. 가톨릭 사회 윤리의 초석에는, **_인간 생명의 신성함_**과 **_각 개인의 본질적인 존엄_**, 특정 계급, 인종, 민족 또는 종교에 특권을 부여하지 않으면서 **_공동선_** 추구에 투신하기, 그리고 **_가난한 이를 위한 우선적 선택_**이 포함된다. 가톨릭 신자들에게 특히 권위를 지닌 것이지만, 이런 원리와 가르침은 선의를 지닌 모든 사람을 향한 것이고, 그렇기에 세속적 대화 상대자나 종교적 대화 상대자 모두가 똑같이 접근할 수 있는 2차(신학적이지 않은) 언어로 전달된다.

가톨릭 주교, 성직자, 평신도 그리고 수도자들 역시 예전부터 끔찍한 갈등 현장에서 사회적, 사목적 활동을 실천해 왔다. 예컨대 어린이, 청소년, 청년들의 교육과 도덕적 양성, 신체적인 상처뿐만 아니라 심리적이고 감정적인 상처까지 돌보는 전인적 보건과 치유, 피해자를 위한 서비스와 가해자의 화해라는 종종 고통스럽기까지 한 일상에 투신해 온 사람들을 지원하기 위한 영적 훈련 등이다.

그런 가르침과 실천 행위가 피스빌딩 활동에 적합하다는 사실은 가톨릭 신자들과 비가톨릭 신자들 모두에게 널리 인정되었다. 사실, 가톨릭 세계관과 다른 피스빌더들이 지닌 가치와 감수성 사이의 몇 가지 뚜렷하게 구분되는 지점, 때로는 심각한 차이도 있긴 하지만, 우리는 세속 활동가와 종교 활동가 사이에, 기관과 국제기구(예를 들어 UN과 같은)와 공식적인 가톨릭 가르침과 실천 행위 사이에 존재하는 강한 관련성을 관찰할 수 있다. (물론 가톨릭 신자들은 당연히 세속적인 평화와 정의 관련 조직과 기구뿐만 아니라 다른 종교의 평화와 정의 관련 조직과 기구에도 큰 영향을 미쳤다.) 피스빌딩의 특정 차원과 관련하여, 우리는 단지 관련성만이 아니라 가톨릭으로 수렴되는 특성이 있다고까지 말할 수 있다.

수렴성이라는 측면에 대해, 이어지는 논문들은 세계 곳곳에 있는 가톨릭 활동가들이 국가 차원(몇몇 상황에서는), 시민 사회, 문화 영역, 그리고 풀뿌리 차원에서 피스빌딩 기술을 수행하고 있다는 사실을 기록한다. 상황에 따라 다르겠지만 가톨릭 신자들은 평화를 건설하는 일에 포괄적인 아니 거의 포괄적인, 또는 선택적이고 전략적인 접근을 채택할 수 있다. 앞으로 이어지는 장은 가톨릭이 다양한 차원에서 다양한 모습으로 개입해 왔음을 반영하는 내용으로 전개된다.

지금까지 살펴보았듯이, 피스빌딩 자체는 교회 안에서나 밖에서 여전히 진화하고 있다. 역사의 지금 이 순간에, 피스빌딩은 세상을 향하여 불완전하게 실현된 선물로 남아 있다. 비록 씨앗을 틔우고 상상력에 불을 붙인 징표가 풍부하게 있긴 하지만, 아직까지 교회가 자신의 언어로 이 선물을 충분히 발전시키지 못한 것도 사실이다. 실천이라는 차원에서 수렴성을 드러내는 영역에 주목하는 일과 더불어, 가톨릭 세계관과 세속적이고 종교적인 피스빌딩의 도덕적 명령과 그 바탕이 되는 가치, 이 둘 사이의 관련성을 탐구하는 일 역시, 비록 후자의 내용이 언제나 완전하게 표현되거나 인정되거나 발전되지 못하더라도, 유용할 것이다.

가톨릭 세계관은 당연히 사회의 다양한 차원에서 가톨릭의 제도적 현존을 알리고, 정치 지도자, 시민 사회, 종교 그리고 문화와 교회의 교류를 형성한다. 나는 '가톨릭 세계관'이라는 표현으로, 하느님의 창조 행위 안에서 예견되었으며 예수 그리스도의 복음 안에서 결정적으로 계시되었듯이, 세상에 대한 전망, 인간 본성에 대한 전망, 그리고 두 가지 모두를 제대로 실현하시려는 하느님의 계획이라는 유기적이고 일치된 전망을 구성하는, 교의, 상징, 의식, 윤리적 원리와 이 모두를 실례로 드러낸 실천 행위의 집합체를 의미하려 한다.

가톨릭 세계관과, 세속적이든 종교적이든 최근의 피스빌딩 실천을 알려주지만 때로 분명하게 표현되지 않는, '교의, 상징, 의식, 윤리적 원리와 이 모두를 실례로 드러낸 실천 행위들' 사이에 많은 관련성이 있다는 증거는 이 책 전체에 걸쳐 발견된다. 예컨대, 세속적 인권 옹호자, 유대인, 복음주의 그리스도인 그리고 가톨릭 신자들은 인간 개인의 본질적인 존엄에 관한 도덕적 신념을 공유한다. 각 공동체는 각자가 지닌 깊은 믿음을 극적으로 표현하거나 행동으로 옮기기 위해 그들만의 의식, 신화 그리고 '성인'을 끌어들인다. 인도주의 활동가와 구호와 개발 활동가는 그들의 종교적 배경이 무엇이든 인간 고통의 완화를 최우선 순위에 두고, 영양, 교육, 깨끗한 물, 건강관리 그리고 공평한 일자리 기회 제공을 위해 노력한다. 따라서 이들은 가난한 이를 위한 우선적 선택, 연대, 노동의 우선권, 환경 보호 같은 가톨릭 사회교리 조항에 대해서도 기꺼이 공감할 수 있을 것이다.

그러나 관련성은 깊어질 수도 있지만, 피상적인 수준에 머물 수도 있다. 예컨대, 인간 존엄의 궁극적 원천과 의미는 무엇일까? 인간 존엄을 옹호하는 사람에게 부여되는 특정한 윤리적 명령은 무엇일까? 가난한 이를 위한 선택이나 정의를 위해 싸운다는 것은 구체적으로 무엇을 의미할까? (레더락은 콜롬비아의 어떤 준군사조직이 자신의 폭력 행위를 정당화하기 위해 신학 용어를 사용한 것에 대해 냉소적으로 지적한다.) 치유, 참회, 화해는 어떻게 이해되고 측정될 수 있을까?

로버트 슈라이터(Robert Schreiter)가 쓴 마지막 15장에서, 슈라이터는 이미 여러 장에서 다룬 요점과 자료를 종합하면서, 피스빌딩의 개념과 실천에 이미 영향을 미치고 있거나 더 충분히 알릴 수 있었던 가톨릭 세계관의 여러 요소를 끌어들여 성찰한다. 이런 요소는 가톨릭 신자들의 종교적 상상 안에서 독특한 방법으로 작동하고, 그렇게 작동한 요소는 가톨릭 신자들이 평화와 정의를 어떻게 이해하고 추구하는지에 대한 깊은 의미를 담고 있다. 신학적인 내용으로 채워진 가톨릭적 상상의 성사적, 공동체적 그리고 영적 차원은, 인간 존엄에 대한 가톨릭의 이해와 고통 받고 박탈당한 사람들과 연대하라는 윤리적 소명에 초월적인 깊이를 제공하기 위해 서로를 보완하고 강화하면서 유기적으로 연관되어 있다. 영원한 생명에 대한 믿음, 모든 이를 성화하고 구원하는 성령의 활동, 그리고 그리스도께서 교회에 하신 약속의 효과는 피해자와의 동반, 치유와 용서를 위한 의식과 기도, 그리고 '평화 교육' 같은 피스빌딩 실천을 향한 가톨릭의 이해와 접근 방식과 연관된다. 가톨릭적 상상의 특징들은 선한 지배방식, 인권을 수호하는 정의로운 체제, 법치주의를 구성하는 것이 무엇인지를 판단하는 다양한 역할을 수행한다.

슈라이터가 더 자세히 기술하겠지만, 이런 주제는 우리가 이 책에서 읽게 될 내러티브, 연구, 분석에서 반복적으로 등장한다. 예를 들어 케네스 하임즈(Kenneth Himes, 10장)는 분쟁이 국내에 한정되어 있고 침략이 합법적인 자기 방어와 쉽사리 구분될 수 없는 때에 정당한 전쟁 원리를 제기하는 것이 과연 적절한가와 같이, 현대 전쟁의 성격으로 인해 가톨릭 신자들이 마주하게 되는 어려운 질문들을 제기한다. 또한 윤리학자의 관점에서 쓴 글에서 휘트모어는 장기화된 전쟁이 드러내는 도덕적 모호성과 혼란을 강조하면서, 직접 살인과 간접 살인 사이의, 생명권과 생명의 질 사이의 관습적인 구분에 도전한다. 리사 케이힐(Lisa Cahill, 11장)은 현대 전쟁에서의 여성의 경험을, 정확하게는 신학적이고 그리스도론적인 자산으로써 더 깊이 헤아리도록 교회를 초대한다. 미셸과 피터-존 피어슨(Peter-John Pearson, 7장)은 인종-종교적 폭력과 아파르트헤이트*에 관해 숙고하면서, 신앙보다 인종과 혈연이 더 우선순위에 있다고 이야기되는 상황에 서로 다른 방식으로 직면한다. 피터 판(Peter Pan, 12장)은 가톨릭 신자들이 가톨릭의 종교적 전통, 그리고 인간 조건을 바라보는 가톨릭 전통의 통찰력과, 특히 평화와 전쟁의 의미에 대해 다른 (종교) 전통 속에서 발견되는 깊은 지혜 사이를 때로는 너무 단호하고 빠르게 구분지어 버린다는 점에 의문을 제기한다. 물론 필자들은 가톨릭 세계관에 깊이 뿌리를 내리고 그로부터 자양분을 취하면서도, 피스빌딩을 추구하는 가톨릭 신자로서 지적, 도덕적, 정신적으로 양성되어 온 자신의 틀을 초월하려는 내부자로서 글을 쓴 것이다.

* 아파르트헤이트(Apartheid) : 남아프리카공화국의 백인 정권에 의해 1948년에 법률로 공식화된 인종분리 즉, 유색인종에 대한 인종차별주의 정책이다.

책이 나오게 된 계기, 방법론 그리고 열망

1983년 미국 주교회의는 당시 논란의 중심에 있었던 핵무기 확산에 관한 획기적인 사목 서한『평화의 도전 : 하느님의 약속과 우리의 응답』*을 발표하고, 평화 신학의 발전을 위해 활동하기를 요청하여 국내는 물론 국제적으로 널리 주목받았다. 데이비드 오브라이언(David O'Brien)이 미국 교회에 관해 다룬 14장에서 주목했듯이, 그 서한의 발표는 세속적 차원과 교회적 차원 모두에서 평화와 비폭력 그리고 공동선에 관한 대화를 증진시키는 일에서 종교 공동체의 역할에 대한 관심을 촉발시켰다. 실천 측면에서는 교회가 오랫동안 참여해 온 평화와 정의 옹호와 활동을 의식적으로 육성하기 위한 프로그램의 확산으로 이어졌다. 1980년대에서 1990년대까지 가톨릭 피스메이커들은 세계화되어가는 탈냉전 세상에서 평화와 정의를 향한 구체적인 접근법으로 이해되는, 피스빌딩의 개념과 용어를 채택하기 시작했다. 그 예로 가톨릭 구제회는 광범위한 피스빌딩 프로그램을 개발했고, 카리타스 인터내셔널*은 널리 사용되던 피스빌딩 훈련 매뉴얼(여러 저자 가운데서도 레더락이 초안을 잡은)을 계속해서 제작했으며, 미국의 많은 주요 교회와 학술 단체들이 모여 가톨릭 피스빌딩 네트워크를 만들었다.

---

* 『평화의 도전(The Challenge of Peace)』: 미국 가톨릭 주교회의가 1983년에 내놓은 사목 서한이다. 핵무기와 군비경쟁에 몰두하는 미국을 중심으로 한 패권적 세계 질서를 향해 평화와 전쟁에 대한 가톨릭의 가르침을 선포했다. 흔히 가톨릭 사상이 정당한 전쟁(Just War) 이론을 발전시켜 왔다고 알려져 있는데, 그 이론에도 얼마나 많은 고뇌가 담겨 있는지를 배울 수 있다. 40년 전에 나온 서한이지만, 오늘을 살아가는 모든 시민이 평화에 대해 고민하게 해 준다. 가톨릭동북아평화연구소 번역팀의 수고로 한국어본이 번역, 출간되었다(2020년 6월).

* 카리타스 인터내셔널(Caritas Internationalis) : 세계에서 가장 큰 인도주의 네트워크 중 하나로 198개 국가와 지역에서 활동하는 구호, 개발, 사회 복지 기관으로 167개의 가톨릭 회원기구의 연합체이다. 카리타스 조직의 협력자인 가톨릭 구제회는 카리타스의 교육 자원을 개발하는데 힘써, 교육 자료(material)에 접하는 참가자들이 늘어났다. 헤들리와 노이펠트의 5장, 각주 14에서 가져온 내용이다.

  이 책은 종교가 평화와 화해의 원천이 아니라 분쟁과 분열의 근원으로 널리 여겨지던 무렵, 학자, 실천 활동가 그리고 가톨릭 평화와 정의 활동의 연구와 실천의 강화를 추구하는 기관의 연대체인 가톨릭 피스빌딩 네트워크 활동으로부터 직접적으로 성장했다. 이 책은 특정 분쟁 속에서 교회가 수행한 피스빌딩 역할에 대한 이전의 사례 연구에 기반을 두었을 뿐만 아니라, 세계적으로 이루어지고 있던 교회의 구체적인 피스빌딩 경험으로부터 생겨났으며, 그런 경험을 알리기도 한 신학적, 윤리적 통찰에 대한 일련의 독창적인 분석과 성찰도 제공한다. 평화와 화해의 영성, 신학, 윤리에 관한 문헌들이 늘어나고 있지만, 이런 문헌은 전쟁과 평화의 윤리에 관한 문헌만큼 잘 계발되어 있지 않다. 게다가 우리는 신학적이고 윤리적인 문헌이 피스빌딩 실천에 관여했던 사람들과 깊이 있는 대화로부터 도움을 받을 수 있으리라 판단했는데, 이 책을 준비하면서 그런 분들을 만나 이야기를 나눴고, 그 가운데 몇 분은 이 책의 필자로 참여해 주셨다.
  연구를 시작하면서 우리는 몇 가지 가정을 내놓았다. 첫째로 앞에서 이미 시사했듯이, 우리는 피스빌딩이라는 분야가 20여 년 전쯤부터 생겨나 진화해 왔지만, 평화유지, 외교, 사회 윤리, 인도주의적 구호와 개발, 평화학, 갈등 해결 등과 관련되어 있으면서도 그것들과는 뚜렷이 다른, 하늘 아래 새로운 것이라고 확신했다. 게다가 연민을 지닌 다른 종교와 세속 활동가들뿐만 아니라 부분적으로는 가톨릭 신자들의 실천, 가르침, 학문을 통해 생겨났지만, 피스빌딩은 교회가 복음에 비추어 세상에 대한 자신의 소임을 심화시킬 새로운 기회를 제공했다. 더욱이 우리가 알기로는, 가톨릭 신자들이 수행하고 (그러나 언제나 다른 활동가들과 함께하는) 가톨릭 세계관 안에 뿌리내리고 있는 '가톨릭 피스빌딩'이라는 새로 생긴 분야는 현재 가톨릭 사회교리를 구성하는 내용과 거의 동일하다고 할 수는 없지만, 많은 부분이 그 내용에 바탕을 두고 있다.

직접적이고 대담하게 요점을 말하자면, 우리는 가톨릭 신자들과 다른 사람들이 열렬히 받아들이고 있는 새로 생긴 피스빌딩 이론, 실천, 그리고 원리들이 가톨릭교회에 신선한 도전과 풍부한 기회를 제공하리라 확신한다. 피스빌딩은 계속해서 복음을 반영하고, '가장 오래되었지만 가장 새로운' 거룩한 선물인 계시의 신비에 대한 이해와 공감을 심화시키기 때문이다. 우리는 교회가 앞으로 계속해 나갈 피스빌딩 활동과 사업이 가톨릭 사회교리가 더 발전해 나가야 할 부분이라고 믿으며, 이 책을 그 가능성에 관해 대화하게 하는 소박한 출발점으로서 내놓았다. 더 큰 규모의 가톨릭 피스빌딩 프로젝트에 의해서는 다뤄졌지만, 이 책에서는 잠정적으로만 제기된 몇 가지 주제는 (예컨대 용서에 대한 정치 윤리) 가톨릭 신학이나 사회 윤리학에서는 제대로 발전되지 못하고 있다. (화해의 사목 신학 같은) 다른 주제도 이미 존재하는 가톨릭 신학과 윤리라는 깊은 샘으로부터 나온 것이지만, 피스빌딩 실천에 적용하기 위해서는 더 발전시켜야 할 필요가 있다.

대담한 마음으로 분명히 해 두고 싶다. 이 책에 담긴 내용은 '제3차 바티칸 공의회를 향한 기록'으로 해석되어서는 안 된다. 그저 선의 본질과, 주어진 역사적 순간에 어떻게 하면 그 선에 가장 잘 봉사할 것인지에 관한 필수적인 '대화'로 이해되는 전통을 발전시키기 위해 내놓은 하나의 소박한 기여로 해석되면 좋겠다.17) 사실 피스빌딩의 정의를 둘러싼 부정확성과 갖가지 논쟁은 우리에게는 사회 전통이 발전의 한순간에 서 있으며, 자기 이해의 '중간에 낀' 모델임을 나타내는 표지(sign)처럼 보인다. 안정된 언어와 우선순위가 분명한 진술을 선호하는 사람들에게는 그렇지 않을지도 모르지만, 사실 이것은 흥분되는 순간이다.

평화에 관한 대화의 출발점, 또는 대화를 시작할 수단이 무엇이냐가 '가톨릭 피스빌딩'이 어떻게 이루어지느냐를 확인하는데 결정적이다. 만일 누군가 세속적, 정부, 비정부, 종교적인 *기관(institutions)*과 *기구(agencies)*의 역할에 관해 질문함으로써 대화를 시작하고 싶다면, 핵심 정치 기관 안에서 새로 생겨나는 피스빌딩 규범에 관해 논의한 매리앤 쿠시마노 러브(Maryann Cusimano Love)의 글(3장)이 *전쟁 후 사회 재건(전쟁 종식 정당성 jus post bellum)*에 꼭 필요한 조건이 무엇인지 강조한 내용으로 이끌어 줄 것이다. 가톨릭 사회교리의 유산을 알고 싶어 하는 사람에게는, 케네스 하임즈의 글이 (10장) 피스빌딩으로 가는 훨씬 광범위한 지도를 제시한다. 그 지도는 가톨릭 신학에서 말하는 *평화*의 의미에서부터 평화와 정의 사이의 적절한 관계, 용서와 배상에서 더 발전되어야 할 지점에 이르기까지 갈등과 피스빌딩이라는 순환 고리를 따라 다양한 출발점을 보여준다. 국제관계, 정의로 향하는 정치적 행로, 세계 윤리를 올바르게 정렬하는 데 관심이 있는 사람은, 화해를 둘러싼 대화를 위해 세속적인 자료뿐만 아니라 성경적 자료까지 복원한 정치과학자 필포트의 글(4장)을 보면 된다. 신학자들은 의식, 기억 그리고 트라우마 치유(13장 슈라이터), 그리스도론(11장 케이힐) 그리고 종교간 대화(12장 피터판)에 관해 성찰하면서, 화해에 관한 대화를 마련한다.

정의로운 평화, 전쟁 종식 후 정당성, 과도기적 정의, 회복적 정의, 화해 같은 동일한 용어도 필자에 따라 명암을 달리하여 사용된다. 하임즈는 평화학자들이 적극적 평화 또는 인간 번영이 이루어지는 조건이라 부르는 것에 관해 명확하게 썼지만, 휘트모어는 처참한 폭력과 고문의 중단이 긴급하게 요청되는 북우간다 지역처럼 전쟁 지역에 소극적 평화의 필요성에 대한 숙고에 집중한다. 이 모든 목소리가 프로젝트를 펼쳐나가는 대화 속에 담겨 있고, 모든 필자는 이 대화가 이제 막 시작했을 뿐이라는 사실을 알고 있다.

우리의 대화는 몇 번의 초기 모임과 컨퍼런스에서 시작되었는데, 그 과정에서 제기되고 논의된 몇 가지 질문은 다음과 같다. 어떤 피스빌딩 실천 행위(새로운 형태의 거버넌스, 중재, 갈등 이후의 화해, 종교간 협력)가 앞으로의 신학적, 윤리적 성찰에 정보를 제공하고 또 그로부터 도움을 받을 수 있을까? 가톨릭 신학과 윤리학의 어떤 주제가 피스빌딩 실천에 정보를 제공할까? 이런 주제, 규범, 실천의 어느 범위까지가 뚜렷하게 가톨릭적이고, 어느 범위까지 더 폭넓게 공유되고 받아들여질 수 있을까? 가톨릭 공동체의 사명이 피스빌딩의 소명이라는 측면에서 더 명확하게 정의된다면 (예컨대, 개발, 인권, 공공정책, 사목적 실천에 대한 가톨릭적 접근처럼) 어떤 영향을 받게 될까? 평화에 대한 더 넓은 탐구를 위해 피스빌딩의 신학과 윤리학이 지닌 중요성은 무엇일까?

이 책은 이런 문제들에 대한 탐구의 시작일 뿐이라는 점을 깨달으면서, 우리는 갈등 상황에서 가톨릭 피스빌딩의 존재 범위를 전체적으로 드러낼 수 있는 글들을 포함하기로 했다. 따라서 우리는 '아래로부터의' 귀납적 신학을 파악하는 자료로서 현장 차원에서의 구체적인 사례 분석을 포함했다. 인도네시아의 종교적, 민족적 폭력에 대한 가톨릭의 대응에 관한 미셸의 연구(9장), 남아프리카공화국 가톨릭 주교회의의 관점에서, 아파르트헤이트로부터 온전한 참여 민주주의로 전환되는 남아프리카공화국의 거대한 정치적, 문화적, 종교적 도전에 대한 피터-존 피어슨의 고찰(7장), 우간다 농촌 지역에서 전쟁과 고문, 질병, 저개발로 고통 받는 피해자들과 연대를 실천하는 데 필요한 조건에 관한 휘트모어의 논의(6장), 그리고 콜롬비아 무력 분쟁에 개입한 병사와 피해자를 동반하는 레더락의 여정(2장)이 그것이다.

현장에서 나온 생생한 견해는 콜롬비아, 부룬디, 민다나오, 차드, 카메룬에서 가톨릭 구제회가 세속적인 개인, 비정부기구 그리고 여러 기관뿐만 아니라, 수많은 종교적인 기관들과 협력하여 피스빌딩 사업을 수행한 사실을 분석한 헤들리와 노이펠트의 글(5장)을 통해서도 드러난다. 이 책의 초점은 비정부기구의 광범위한 대처에서 시작하여, 피스빌딩에 대한 유엔의 이니셔티브뿐만 아니라 미국 정부의 이니셔티브를 자세하게 분석한 쿠시마노 러브의 글에 나오듯이, 정부기구 그리고 정부간 기구로까지 옮겨간다.

이런 여러 실증적인 설명과 내러티브를 소개한 뒤, 이 책 2부는 공식적인 신학적, 윤리적 성찰을 제시한다. 피스빌딩에 친화적인 가톨릭 사회교리 주제에 관한 하임즈의 탐구, 그리스도론을 위해 풍요롭고 암시적인 자료들을 복원한 케이힐의 시도, 종교간 대화에 담긴 양가적 유산뿐만 아니라 그 대화가 전하는 약속에 대한 피터 판의 숙고, 화해의 정치적 윤리에 필요한 요소를 탐구한 필포트의 논문, 그리고 실천적이고 사목적인 신학 양식에서 화해, 의식, 성사의 뉘앙스를 살려낸 슈라이터의 연구 등이 그것이다.

오브라이언의 역사적 연구에는 일종의 사죄론인 내 탓이오(mea culpa)라는 태도와 겸손한 자기주장(이게 역설이다!)이 하나로 합쳐져 있는데(14장), 편집자들은 전 세계의 가톨릭 피스빌딩을 다룬 이 책에 이 내용을 포함하는 게 중요하다고 생각했다. 전부 다는 아니지만, 필자들이 백인, 남성, 미국인에 치우쳐진 경향이 있었기 때문이다. 오브라이언은 미국 가톨릭교회가 미국의 도덕적 책임과 독특한 역량, 나아가 미국 가톨릭 신자들의 도덕적 책임과 독특한 역량에 대해 점진적이지만 깨달음을 얻어가는 이야기를 다룬다. 세계 곳곳에서 끔찍한 갈등으로 위협받고 있는 공동체들, 그리고 그 공동체들에 봉사하며 고통받고 있는 동료 가톨릭 신자들과 연대를 실천하려면 문화적으로나 교회적으로 어떤 방법이 적절할지를 식별한다.

필자들은 부분적이고 불완전할지라도 이런 미국의 자각으로부터 도움을 받았고, 글을 작성하는 과정에서 다른 나라와 지역에서뿐만 아니라 가톨릭 피스빌딩 네트워크의 주요 컨퍼런스가 열렸던 부룬디, 민다나오, 콜롬비아의 갈등 상황 속에서 일하는 동료 가톨릭 신자들과의 상호작용을 통해 많은 것을 배웠다. 우리는 우리의 책임에 이런 지역에 있는 교회가 경험하는 너무나도 다른 현실을 통합하고 성찰하면서 우리의 사고를 신학적으로나 윤리적으로 전환하는 일까지 포함되어 있다는 점을 잘 알고 있다.

이 책을 읽을 독자에 대해 말하자면, 가톨릭 신학과 윤리에 새로운 지평을 열게 될 이 책이 정의로운 평화의 신학과 윤리학을 발전시키는 연구에 참여하는 학자들, 그리고 신학, 윤리학, 살아있는 그리스도교의 상호연관성을 이해하고 싶어 하는 학생들의 관심을 끌 수 있기를 희망한다. 하지만 여느 신학 서적들과 달리, 이 책은 신학자들을 위해 신학자들에 의해 저술된 것이 아니다. 오히려 모든 수준의 가톨릭 지도자들뿐만 아니라 다른 분야에서 훈련받은 학자들도 접근할 수 있기를 기대한다. 교회가 어떻게 피스빌더로서의 사명을 성취할 수 있을지 질문하면서, 우리는 평화 프로세스에 참여하고 있는 콜롬비아 주교, 르완다 주교회의나 평화와 정의에 관한 교구 부서 책임자, 북우간다 지역에서 트라우마 치유 프로그램을 구축하고 있는 카리타스 프로그램 담당자, 필리핀에서 피스빌딩 프로그램 기금을 담당하는 가톨릭 재단 직원 등도 우리의 독자가 되어 주시리라 기대한다. 이 모든 청중을 고려할 때, 이 책은 추상화의 중간 지점에 위치해 있는데, 거기서 피스빌딩의 실천이 신학과 만나게 될 것이다.

우리의 관심은 가톨릭 피스빌딩이지만, 가톨릭 신자들이 이 책을 유용하게 여기는 유일한 독자는 아닐 것이다. 점점 더 많은 수의 학자와 외교 문제 전문가들이 갈등 상황 안에서 종교가 지닌 정치적, 사회학적, 인류학적 그리고 역사적 차원에 관해 관심을 보인다. 이들 역시 세계에서 가장 크고 조직화된 종교 단체가 지닌 신학과 윤리학, 그리고 피스빌딩 실천의 역동적인 관계에 관해 설명한 이 책으로부터 많은 도움을 받게 되리라 믿는다. 9·11 테러 이후 더 분명해졌지만, 그 비극 이전에도 그랬듯이, 종교에 쏟아지는 관심 대부분은 종교를 가진 활동가들이 실행하고 정당화한 폭력, 전쟁, 테러 행위에 집중되어 있었다. 종교 기관의 건설적인 차원, 특히 신앙에 기반을 둔 개인, 조직, 공동체의 피스빌딩 잠재력에 대해서는 많은 힘을 기울이지 않았다. 가톨릭 피스빌딩의 역할을 이해하는 일은 그런 불균형을 바로잡는 한 가지 방법인데, 그것은 잘 알려져 있듯이, 가톨릭교회가 세상의 경제, 사회, 문화적 문제에 깊이 연루되어 있기 때문만은 아니다. 20세기 중반 교회는 정치적으로 개입하기를 거부했음에도 불구하고, 가톨릭 신자들은 세계 곳곳에서 정치적으로 중요한 역할을 했다. 많은 나라에서 가톨릭 공동체에 엄청나게 풍부한 피스빌딩 역량을 부여하는 신앙, 규범, 제도적이고 사목적인 실천 행위를 이해하지 않고서는 평화의 잠재력을 이해하는 일 자체가 불가능하다.

다른 종교 전통에 대해서도 똑같은 사실을 말해야겠지만, 가톨릭교회를 포함하여, 종교 공동체가 어떻게 정의를 옹호하는 피스빌더와 비폭력 활동가를 길러내는지 이해하려면, 신앙 공동체의 신학, 윤리학, 의식 그리고 영성을 이해해야 한다. 정치 또는 시민 사회 활동가를 판별하기 위해 적용하는 표준적인 사회과학 지표는 유용하긴 하지만, 궁극적으로 갈등 상황 속에서 종교가 담당해 온 적극적인 역할을 이해하기에는 충분하지 않기 때문이다. 각 종교 교단이 피스빌딩 프로그램을 구축하고 운영하지만, 대부분의 비정부기구와는 달리, 종교 교단의 핵심 사명과 정체성은 그런 사안과 프로그램으로만 정의되지는 않는다. 가톨릭, 이슬람, 불교 같은 종교 전통에는 수백만 명의 신자들이 있는데, 이들은 국제 앰네스티*나 무브온* 같은 기구의 회원과는 다르다. 유사하게도 이 전통들은 풍요로운 지적 전통을 자랑하고 학교, 단과대학, 종합대학을 후원하는데, 그들의 교육 사명은 더 많은 것을 포괄하며 두뇌집단이나 세속적인 교육 기관들의 사명과는 근본적으로 다르다. 사실 "종교적 피스빌딩은 종종 뚜렷하게 종교적이고 영적 자원 - 예컨대 의식, 기도, 영적 치유 - 을 포함하는데, 이런 자원은 세속적 비정부기구의 피스빌딩의 포트폴리오에는 들어있지 않으며, 사회학과 정치학의 표준적인 도구로 분석되거나 평가될 수 없다."18)

* 국제 앰네스티(Amnesty International) : 국제 비정부기구로 "중대한 인권 학대의 종식과 예방, 권리를 침해당한 사람들의 편에 서서 정의의 옹호, 행동, 연구 작업의 수행"이 운영 목적이다. 영국 페터 베넨슨 변호사, 에릭 베이커, 루이스 쿠트너에 의해 설립되었다. 사무총장을 역임한 마틴 에널스의 이름으로 1993년에 마틴 에널스상이라는 인권상을 제정하여 시상한다.

* 무브온(MoveOn) : 미국에서 디지털 수단에 대한 검열이 정치적으로 논란이 되던 때, 디지털 매체가 평범한 사람들이 자기 목소리를 내는 수단으로 사용될 수 있도록 혁신적인 방법을 찾기 위해 탄생한 기구이다. 이후 이라크 전쟁 종식, 오바마케어로 불리는 환자 보호와 부담적정보험법 지원, 각종 사회 정의(인종, 경제 등) 증진 등, 모든 이를 위한 세상을 방어하고 보호하는 활동을 하고 있다.

요컨대, 종교 활동가와 다른 시민 사회 활동가 사이의 가장 중요한 구분은 종교 단체가 종교단체*로서의* 사명과 자기 이해를 분명히 지니고 있다는 점이다. 종교적 피스빌딩에 관한 모든 분석은 정치적 효율성에 중점을 두는 기능주의적 접근을 뛰어넘어야 한다. 종교적 정체성과 사명이라는 더 큰 이슈에 대한 이해가 중요하다.

하지만 가톨릭 신자들은 세속 전문가들이 가톨릭 피스빌딩의 신학을 이해하기를 기대하기만 해서는 안 된다. 가톨릭 신자들은 이에 대한 번역 서비스를 제공해야 한다. 오브라이언은 가톨릭 성직자이자 대중 철학자인 브라이언 헤이어(J. Bryan Hehir)가 공공질서에 대한 종교의 개입에 관해 언급한 내용을 인용한다. "공공정책에 대해 이야기할 때, 종교 공동체는 공동체가 고수하려는 것을 합리적인 논쟁의 언어로 표현되도록 바꾸어 말할 방법을 찾아야 한다. 그래야 다른 사람들도 반드시 신앙적 투신을 받아들이지는 않더라도, 도덕적 지혜를 공유할 수 있을 것이기 때문이다." 헤들리와 노이펠트는 세계에서 가장 큰 구호 개발 단체 중 하나인 가톨릭 구제회의 피스빌딩 프로그램들이 가톨릭 구제회의 신앙적 관점과 동떨어져서는 이해될 수 없으면서도 어떻게 풍요롭게 발전해 왔는지 보여준다. 가톨릭 구제회 피스빌딩 활동 대부분은 '교리가 아니라 필요에 따라' 사회에 봉사할 수 있도록 가톨릭 원리를 이차적인 연결 담론으로 번역하는 작업을 포함하고 있었다. 쿠시마노 러브는 진화하는 가톨릭 사회교리의 원리들이 미국 정부와 유엔 내의 새로운 피스빌딩 이니셔티브에 어떻게 부합하고 또 어떻게 기여할 수 있었는지 보여준다. 필포트가 옹호하는 화해의 정치 윤리는 가톨릭 신학에 확고하게 뿌리를 두고 있지만, 그는 그리스도교 신념을 신학적 주장에 근거하지 않고도 신빙성을 지니는 윤리로 분명하게 번역한다.

   가톨릭 신자들은 이런 번역 프로세스가 쌍방향으로 진행된다는 점과 피스빌딩이라는 신앙 사명을 완수하려면 다양한 협력자가 필요하다는 점을 배워 왔다. 헤들리와 노이펠트는 그들이 주장한 10가지 피스빌딩 원리가 가톨릭 사회교리의 핵심 주제와 일치하지만, 10가지 원리가 어떤 부분에서는 가톨릭 구제회의 피스빌딩 체험으로부터, 그리고 레더락처럼 다른 종교 전통을 지닌 피스빌딩 전문가로부터 발전되어 온 것이라는 사실을 분명히 한다. 유사하게도 피터 판은 종교간 피스빌딩의 가톨릭 신학이 다른 종교 전통과의 대화를 통해 더 풍요로워진다고 주장한다. 아파트르헤이트 이후의 남아프리카공화국에서 화해를 촉진하던 사례에서, 피어슨은 어떻게 남아프리카공화국 가톨릭교회가 다른 종교 교단으로부터 만이 아니라 세속적 피스빌더들로부터 많은 것을 배웠는지를 추적한다.

이제 관련성과 수렴성 문제로 돌아가자. 나는 독자들이 끔찍한 갈등을 전환하고 상처를 치유하며 지속 가능한 평화를 구축하기 위해 세속 활동가와 종교 활동가가 역동적이고 창의적이며 효과적인 방식으로 함께 활동해 온 것에 대해 서술한 글을 읽고 난 뒤, 적어도 두 가지 결론에 다다르기를 바란다. 첫째, **피스빌딩**은 중요하다. 여러 도전 과제를 분석하고 피스빌딩이라는 렌즈를 통해 (예를 들어 순수하게 인권이나 개발이라는 렌즈와는 반대로) 공들여 대응 방법을 만드는 작업은 무엇이 이루어지는지, 어떻게 이루어지는지 그리고 어떤 결과가 나오는지에서 엄청난 차이를 만들어 낸다. 둘째, **가톨릭** 피스빌딩이 중요하다. 가톨릭 피스빌딩이 메노나이트, 무슬림 그리고 세속적 피스빌딩과 많은 공통점을 갖고 있지만, 가톨릭 공동체가 피스빌딩 사업에 고유한 특징을 부여하고, 그런 특징을 부여할 수 있는 역량은 가톨릭 이니셔티브를 가톨릭 신학과 윤리학에 더 깊이 뿌리내리게 함으로써 강화될 수 있고 더 강화되어야 한다.

이제까지 살펴보았듯이, 가톨릭 신자들과 다른 피스빌더 사이의 관련성과 수렴성은 아주 많다. 하지만 우리는 미래의 가능성도 꿈꾸어야 하지 않겠는가. 특히 이런 수렴성과 관련성이 피스빌딩을 더욱 탄탄하게 실현하는 일에 온 세상 사람을 더 가까워지게 하리라 희망하고 기대해야 하지 않겠는가.

(번역 양서희)

1) 허버트 브라운(Herbert Braun), *Our Guerrillas, Our Sidewalks: A Journey into the Violence of Colombia* (Boulder: University of Colorado Press, 1994). 로빈 커크(Robin Kirk), *More Terrible than Death: Massacres, Drugs and America's War in Colombia* (New York: Public Affairs, 2003).

2) 피스빌딩에 대한 이런 포괄적인 접근의 더 포괄적인 설명은, 존 폴 레더락과 스콧 애플비(John Paul Lederach and R. Scott Appleby), *Strategies of Peace: Transforming Conflict in a Violent World*, ed. Daniel Philpott and Gerard F. Powers (New York: Oxford University Press, 2010) 의 "Strategic Peacebuilding: An Overview," 참조.

3) 몬시뇰 헥토르 파비오 헤나오 가비리아(Msgr. Héctor Fabio Henao Gaviria), "The Colombian Church and Peacebuilding" in Colombia: *Building Peace in a Time of War*. CPN 제4회 정기 국제 컨퍼런스, 보고타, 콜롬비아, July 24-29, 2007.

4) 위 글. "콜롬비아에서 교회가 지녔던 역사적인 패권은 개방과 대화를 요구하는 더 다원주의적인 나라라는 현실에 의해 대체되었다. 그러므로 교회는 '공공질서', '무장 갈등의 정치적 협상', '민주주의적인 안보' 등과 같은 사안들에 다루기 위해서 뿐만 아니라 피스빌딩 안에서 교회의 역할을 정의하는 것을 돕고 교회가 할 수 있는 특별한 헌신을 명시하기 위해서, 다른 이들을 초대하는 도전을 받아들여 왔다. 콜롬비아가 그 복합성과 관련한 행동과 제안을 요청하는 복잡한 갈등을 체험하고 있다는 깨달음은 다양한 제안에 대한 합의에 도달하기 위해 온갖 다원주의적 이해 관계자들과 만나야 한다는 사실에 대한 강조로 이어졌다. 이런 만남 안에서 다루어진 복합성은 무장 세력의 다양성에서 비롯한 것일 뿐만 아니라, 마약 밀매, 무력 분쟁인 주요 갈등을 둘러싼 수많은 유형의 갈등들 그리고 그 무엇보다도 모든 문제의 근간에 자리 잡고 있는 불평등과 사회적 소외로부터 비롯한 것이다."

5) 가톨릭 구제회 평화와 화해 프로그램의 기원과 발전에 관한 내용은 2006년에 민다나오 프로그램 10주년을 기념하면서 작성된 마일라 레구로(Myla Leguro)의 미출간 원고, "민다나오에서 가톨릭 피스빌딩의 10년(A Decade of Catholic Peacebuilding in Mindanao)"에서 가져온 것이다. 원고를 공유해 준 마일라에게 감사드린다.

6) 위 글.

7) 안토니오 레데스마 주교 (Bishop Antonio J. Ledesma, S.J.), *Healing the Past, Building the Future: Soundings from Mindanao* (Quezon City: Jesuit Communications Foundation, 2005), 15-16 참조.

8) 레구로, "A Decade of Catholic Peacebuilding in Mindanao."

9) 코타바토시에 있는 노틀담 대학 프로그램은 민다나오를 황폐화시킨 6 종류의 폭력에 대한 대응에 기반을 둔 평화 교육 패러다임을 발전시켰다. 가정폭력에 대응하기 위한 개인의 영적 양성, 구조적 폭력을 마주하기 위한 경제 발전과 소액금융 교육, 정치적 폭력에 맞서기 위한 인권법 교육, 문화적 극단주의에 맞서기 위한 문화 간 연대 훈련, 군사화 폭력에 맞서는 비폭력 조치, 그리고 생태 파괴에 맞서 싸우기 위한 환경 연구가 그것이다. (레데스마 주교의 위 책, *Healing the Past, Building the Future*, 17 참조.)

10) 레구로, "A Decade of Catholic Peacebuilding in Mindanao."

11) 위 글.

12) 부트로스 부트로스갈리(Boutros Boutros-Ghali), *An Agenda for Peace: Preventive*

Diplomacy, Peace-making and Peace-keeping, Document A/47/277-S/241111, June 17, 1992 (New York: Department of Public Information, United Nations, 1992). 같은 곳, *Supplement to An Agenda for Peace: Position Paper of the Secretary-General on the Occasion of the Fiftieth Anniversary of the United Nations*, Document A/50/60-S/1995/1, January 3, 1995 (New York: Department of Public Information, United Nations, 1995). 두 문서 모두 웹사이트www.un.org 에서 열람 가능.

13) 캐서린 모리스(Catherine Morris), "What is Peacebuilding? One Definition" (New York: Peacemakers Trust, 2000), 웹사이트 www.peacemakers.ca 에서 열람 가능.

14) 유엔 정기총회, 60/180: "The Peacebuilding Commission" (December 30, 2005), 2.

15) 존 폴 레더락(John Paul Lederach), 『도덕적 상상력』 (김가연 역, 글항아리, 2016); 존 폴 레더락, *Building Peace: Sustainable Reconciliation in Divided Societies* (Washington DC: United States Institute of Peace Press, 1997). 또한 무엇보다도 *Peacebuilding: A Caritas Training Manual* (Vatican City: Caritas Internationalis, 2002) 참조. 리사 셔크(Lisa Schirch), *The Little Book of Strategic Peacebuilding* (Intercourse, PA: Good Boks, 2004). 리사 셔크, *Ritual and Symbol in Peacebuilding* (Bloomfield, CT: Kumarian Press, 2005).

16) 엘리자베스 커슨스(Elizabeth Cousens), *Peacebuilding as Politics: Cultivating Peace in Fragile Societies* (Boulder, CO: Lynne Rienner Publishers, 2001). 마이클 푸흐(Michael Pugh) *Regeneration of War Torn Societies* (New York: St. Martin's Press, 2000) 참조.

17) 알라스데어 매킨타이어(Alasdair MacIntyre), *After Virtue: A Study in Moral Theory*, 2nd ed. (Nortre Dame, IN: University of Notre Dame Press, 1984).

18) 제라드 파워즈(Gerard Powers), "종교와 피스빌딩(Religion and Peacebuilding)", in Philpott and Powers, *Strategies of Peace*, 324.

2장 인간성으로 돌아가는 긴 여정

- 무장 세력과 이루는 가톨릭 피스빌딩

존 폴 레더락(John Paul Lederach)

노틀담대학 크록 국제평화학연구소 국제 피스빌딩 교수. 갈등 전환에 관한 선구적 작업으로 널리 알려졌으며, 동·서 아프리카 여러 나라에서뿐만 아니라 콜롬비아, 필리핀, 네팔, 타지키스탄에서 중재 활동에 관여했다. 5대륙 25개국에서 훈련 프로그램을 기획하고 실행하는 활동을 도왔다.

언제나 되새깁니다.
어딘가를 겨눈 총부리 뒤에
한 사람, 한 명의 인간, 누군가의 아들이나 딸이 있다고요.
- 라파엘 신부

2007년 보고타에서 가톨릭 피스빌딩 네트워크(Catholic Peacebuilding Network) 참가자들과 함께한 워크샵에서, 나는 콜롬비아 거의 전 지역을 대표하는 10여 명의 주교와 함께 소모임을 진행하고 있었다. 우리가 집중한 주제는 교회 지도층이 무장 활동가들에게 어떻게 대응할 것 인가였다. 몇 가지 질문으로 토론을 시작했다. 이곳 콜롬비아에서 당신이 겪은 무장 세력과의 경험은 무엇인가? 어떤 작업이 효과가 있었는가? 무엇을 피해야 하는가? 나는 지난 8년 동안 콜롬비아 주교회의와 일했고, 같은 워크샵에 참여한 몇몇 주교들과는 그보다 더 심층적으로 협업해 왔다. 따라서 몇몇 주교들이 그들 교구에서 지난 50년 동안, 안데스산맥에서 맹위를 떨친 몇 차례의 전쟁으로 인해 발생하는 문제들을 광범위하게 겪었다는 사실을 잘 알고 있었다. 그들이 이 예민한 사안들을 얼마나 개방적으로, 또는 직접적으로 공유할지는 확신할 수 없었다. 한 시간 반 동안, 그 모임에 있던 모든 주교가 진심을 담아 발언했다. 교구에 따라 다른 상황은 물론, 무장 집단을 가로지르며 인질 협상으로부터 공동체 토론회에 이르기까지, 동원 해제에 관한 감시로부터 심야에 이루어진 토론까지, 폭발적인 긴장을 누그러뜨리려 가톨릭 상징과 전례를 혁신적으로 활용하는 일부터 수풀 속에 있는 고위 지휘관들과의 민감한 대치에 이르기까지, 수많은 이야기가 쏟아져 나왔다. 그로부터 배운 교훈과 피해야 할 함정도 공유되었다. 워크샵이 끝난 오후, 나는 뚜렷한 두 가지 사실을 관찰했다. 하나는 무장 세력과 만난 교회 지도층의 이런 특별한 경험이 실제로 얼마나 광범위하게 펼쳐져 있는가, 다른 하나는 주교들의 비범한 활약에 관해 어떤 형식으로든 남겨진 문헌이 얼마나 적은가 였다.

불과 몇 달 뒤 지구상의 완전히 다른 지역인 민다나오에서, 우리는 다시 탁자 주위에 모여 앉았다. 가톨릭 구제회(Catholic Relief Services) 프로그램에서 국제단체와 지역 평화 옹호자들이 만날 수 있도록 마련한 저녁 식사 자리였다. 내 식탁에는 필리핀 군대의 한 장군과 그곳 모로이슬람해방전선(Moro Islamic Liberation Front)의 지도자가 있었다. 50여 명의 사람이 모인 방에 최남단 섬들의 갈등과 화해가 거미줄처럼 이리저리 뒤얽혀 있었다. 그날 저녁, 장군은 짧은 발표를 했다. 그 장군과 대령 몇 사람이 흔치 않은 참가자로 민다나오 피스빌딩 연구소에 관여하고 있었는데, 반란군과의 공감대를 넓히고 역사적 무력 분쟁을 다루는 데 새로운 전략이 필요하다는 사실을 꽤 확신하고 있었다. 그들 곁에 조용히 자리한 사람들은 성직자와 가톨릭 평신도 지도자들로, 그들의 교사이자 '동반자'였다. 이들은 비단 교실에서뿐만 아니라, 더 중요하게는 납치, 잠재적인 교전의 재발과 같은 수많은 위기 상황, 그리고 끊이지 않는 보복 살인의 악순환 속에서 함께 지내 온 사람들이었다. 고향 피킷에 선포된 평화 선언 지대를 설정할 때 영적 지도를 맡았던 로베르토 '버트' 레이손(Roberto 'Bert' Layson) 신부는 언젠가 나와의 인터뷰에서 이렇게 설명했다. "인간으로서 그 군인들이, 단지 총기를 가지고 다닌다는 이유로 전적으로 나쁘다고는 할 수 없다는 사실, 그들도 가슴속에 선함을 지녔다는 사실을 깨달았습니다. … 반군들도 심장에 선의를 지니고 있었습니다. 그들 역시 상황이라는 올가미에 걸린 인간 존재입니다. 나는 그들이 적이 아님을 실감했습니다. 전쟁 속에서 진짜 적은 병사나 반란군이 아닙니다. 진짜 적은 전쟁 그 자체입니다."[1] 이어진 저녁 시간에 몇몇 참가자들은, 가톨릭 지도자들이 각자의 공동체와 마을에서 종교적으로 분리된 경계를 잇는 가교가 되었음은 물론, 장군들과 반란군 지휘자들 사이의 관계를 구축하는 데 도움을 준 일이 얼마나 특별한 것이었는지 이야기했다.

  이 장은 가톨릭 지도층이 무장 단체, 무장 활동가와 겪은 경험에 관한 탐구로 시작한다. 목적은 두 가지다. 첫째, 초기 실증 탐구로, 교회 지도자들이 무장 세력과 얼굴을 맞대고 접촉해야 했던 노골적인 폭력의 맥락에서 직면한 경험들, 접근법, 그리고 도전에 관한 개요를 제공하려 한다. 이 작업은 기껏해야 주로 콜롬비아, 필리핀, 우간다 지도자들과의 접촉과 토론에 기초한 것이기에, *하나의 조사이자 탐구를 시작한 것에 불과하다는 사실을* 강조해 둔다. 둘째로, 훨씬 다루기 어려운 사안으로, 교회 지도층이 무장 세력이라는 현상에 마주하여 교류하는 정통-*실천*(ortho-*praxis*)이 이를 지탱하는 신학과 신념 체계인 정통-*교리*(ortho-*doxa*)와 어떻게 정보를 주고받는지에 관한 초기 프레임으로, 피스빌딩 신학을 제안하고 탐구해 보려 한다. 이 책의 더 넓은 목적은, 과연 실천과 그 실천에 동기를 부여하는 신념에 특별히 가톨릭적인 측면이 있는지, 그리고 만약 있다면 그것은 무엇일지 끊임없이 질문하는 것이다.

접근법과 맥락

방법론

  이 주제는 일련의 어려운 문제를 제기하는데, 그 가운데 가톨릭 지도층과 평신도가 어떻게 그리고 왜 무장 세력과의 대화에 관여하는가에 관한 정식화된 신학이 부족하다는 점도 상당히 중요하다. 따라서 이 탐구적 장이 지닌 한계에 주목할 때, 방법론에 관해 먼저 이야기해 두는 게 정당성을 얻을 듯하다.

첫째로, 이 장은 토의, 개별 인터뷰, 콜롬비아의 한정된 지역 출판물에 주로 바탕을 두고, 북우간다와 필리핀, 구체적으로는 민다나오에서 일하는 동료들과의 대화로 내용을 보완했다. 무장 세력과의 관계 맺기에 대해서 가톨릭 피스빌딩 신학이라는 구체적 주제에 관한 어떤 체계적 문헌도 찾을 수 없었다. 개별 지도자가 개인적으로 기술한 자료와 화해, 평화, 갈등과 정당한 전쟁(just war)과 관련된 병행 문헌이 그나마 유용한 자료로 인용되었다. 하지만 이 장의 내용 대부분은 관찰과 직접 인터뷰에 기초한 초기 문화기술지* 형태의 접근법을 따랐다.

> * 문화기술지(ethnographic-like, 文化記述誌) : 인간 사회와 문화의 다양한 현상에 대해 정성적, 정량적 조사기법을 사용한 현장 조사를 통해 기술하여 연구하는 학문 분야다. 역사적으로 과거 여행을 통한 여행기나 제국주의 시대 식민지에 대한 공식 보고서에서 그 시발점을 찾을 수 있다. 특히 구조주의와 상대주의 입장에서 연구하는 학문 전통을 지니고 있으며, 다양한 관심을 가진 여러 분야의 유용한 1차 연구 방법으로 활용되고 있다. 민속지학(民俗誌學)이라 칭하기도 한다.

둘째로, 나의 개인적 신앙과 학문 배경도 투명하게 밝힐 필요가 있겠다. 그것이 이 장에서 제시하려는 종류의 관찰에 직접적으로 영향을 미친다고 믿기 때문이다. 나는 메노나이트이고, 실시간으로 피스빌딩이 이루어지는 현장과 학계 모두에서 가톨릭 신자인 동료들과 함께 활동하며 꽤 긴 시간을 보냈다. 1990년대 초부터는 라틴 아메리카, 아프리카, 아시아에 있는 가톨릭 구제회와 긴밀히 협력해 왔는데, 이들 지역에서는 주로 지역 프로그램을 통해 노골적인 폭력 환경에서 구호 원조, 개발, 피스빌딩을 연계해 왔다. 노틀담 대학 크록 국제평화학연구소에서 직책을 맡아 교회 일치와 종교간 대화를 도모하고 가톨릭 피스빌딩 네트워크를 구축하는 일에 긴밀하게 관여하기도 했다. 이 장의 주제와 관련해서 더 구체적으로는 1988년부터 필리핀과 콜롬비아에서 활동해 왔다. 지난 십여 년간 나는 콜롬비아 가톨릭 주교회의의 최고위 관계자들로부터 풀뿌리 차원의 아웃리치(적극적 대민 활동)에 이르기까지 광범위하게 협업해 왔다. 필리핀에는 1989년에 처음으로 갔는데 그때부터 가톨릭 이니셔티브의 평화 활동에 동반하여 고위급 협상과 지역 기반 활동 모두에 참여했다. 학문적 훈련 이력으로는 사회학자이고, 주된 연구는 사회적 갈등, 갈등 전환과 피스빌딩이다. 이 장의 내용은 폭력과 피스빌딩에 접했던 개인적인 경험, 제한적이지만 직접 만나 가진 일련의 인터뷰, 그리고 불충분하게나마 존재하는 기존의 문헌 모음에 의지한다. 이어 문화 기술지적 접근을 통해, 나는 행동에 관한 신학적 설명과는 반대 지점에 있는 것으로서 신학의 사회학적 위치를 제안한다. 이것은 이 주제에 관한 초기 탐구였으며 그렇게 남을 것이다.

맥락 설정 : 신학의 위치

간단한 말로 시작해야겠다. 우리는 신학을 어떤 신념 체계의 전체적 지도 원리와 교리라고 생각하는 경향을 보이지만, 하나의 믿음이 지닌 가치와 정신은 언어, 맥락, 행동이 역동적으로 결합하는 가운데 발견된다. 신학은 결코 구체적인 맥락 바깥에서 일어나지 않으며, 그것이 진술하는 믿음과 동기, 맥락에 주의를 기울이고 실천과 응답을 관찰하지 않고서는 완전히 탐구할 수도 없다. 이런 특징은 특히 신앙과 교리의 세부 사항이 제대로 발달되지 않은 맥락에서 벌어지는 삶과 행동에 잘 들어맞는다. 지금 논의하는 분야에 초점을 맞추자면, 가톨릭 지도층이 무장 세력에 어떻게 대응해야 할지를 말한 신학이나 구체적 지침이 기술된 공식적인 교리의 방향성은 존재하지 않는다. 하지만 우리는 지도층이 실제로 어떻게 대응하고 행동했는지, 그렇게 행동한 근거와 동기를 어떻게 표현했는지의 맥락 속에서 신학을 발견한다. 이런 점을 고려하면, 우리의 탐구는 맥락에 대한 더 날카로운 구체화를 요구한다. 대개의 경우 교회 지도층이 무장 세력과 조우하는 맥락은, 역사적이고 동시대적인 사회·정치 조건으로 볼 때, 그런 만남이 필연적이고 피할 수도 없는 예외적인 상황이 아니고서는, 그들의 표준적 삶의 자리가 아니기 때문이다. 맥락을 설정하는 요인은 **불가피성**이라는 무게인데, 분석적 목적을 위해 두 개의 넓은 범주로 나눠본다. 하나는, 현대 무력 분쟁의 성격과 맥락이고, 다른 하나는 그런 맥락 안에서 가톨릭교회가 놓인 독특한 위치이다.

현대 무력 분쟁의 본질

우선, 현대 무력 분쟁의 본질에 관해 빠르게 개관하며 시작하자.

지난 20년 사이 평화-연구 분야는 이 현상을 둘러싼 각계 각종의 자료와 유형을 제공했다.2) 소비에트 연방 해체 직전과 그 이후 시기, 지구상에는 30~40건 사이의 커다란 무장 갈등이 지속적으로 발생했다. 최근 10년간의 조사 자료는 이런 갈등이 느리지만 확실하게 감소하고 있음을 보여 주었다. 하지만 인간 안보에 관한 최근 연구가 밝혔다시피, 지구촌은 지금도 여전히 상당수의 무력 분쟁에 직면해 있다.3) 그렇게 가장 가혹하고도 가장 오래 지속되어온 갈등은 뿌리 깊고, 장기화된 또는 아주 다루기 힘든 갈등이라 불리며, 여러 세대까지는 아니라 하더라도 전형적으로 수십 년을 거슬러 오르는 역사를 지닌다. 특히 이 장에서는 이 범주에 들어맞는, 곧 콜롬비아, 민다나오, 북우간다에서 일어난 몇 개의 갈등을 살펴보면서 이곳 교회의 응답에 초점을 맞출 것이다.

뿌리 깊은 갈등과 노골적인 폭력의 핵심 패턴을 거칠게나마 기술하는 일은 중요하다. 이들 지역에서 벌어지는 갈등은 대내적(internal) 갈등이자 국제적(internalized) 갈등이다. 단일한 기술어를 찾기 위해 이 용어를 사용한다. 구체적으로 *대내적*이라는 말은, 지속되어온 갈등 대다수가 이미 존재하는 국민 국가의 국경 안에서 사람들의 충성, 영토, 그리고 정치권력을 정복하기 위해 싸우는 무장 세력을 포함한다는 사실을 가리킨다. 전형적으로, 여기에는 현존하는 국가의 합법성을 문제 삼는 반란, 무장 혁명 운동이 관계된다. 이 장기화된 갈등 대다수는 9·11 사태가 발생하기 몇십 년 전에 일어났지만, 9·11 이후 세계에서 이런 갈등을 일으킨 비정부 투사 가운데 대부분은 아니더라도, 다수가 국제 테러리스트 목록에 올라 있다. *국제적*이라는 말은 이 현상이 지역적이고 지구적인 맥락 속에서 발달한 내적 갈등,

즉 난민, 무기, 지원 자금 그리고 갈등과 관련된 생각들이 국가적 경계를 뛰어넘어 흐르고 있다는 개념을 담고 있다.

갈등의 대내적 특성은 우리 연구에 중요한 몇 가지 특징을 만들어 낸다. 첫째, 대내적 갈등은 한 나라 안의 첨예한 *정체성 분열*에 기초하며 또 그 분열을 심화시킨다. 이런 분열은 장소에 따라, 곧 어떤 민족적, 종교적, 언어적 체계에 있느냐에 따른 정체성 표현부터 지리적이고 이데올로기적 구성에 이르기까지 다르게 나타난다. 여기서 기인하는 양극화는 심각하고 *오래 지속된다*. 핵심 특징 중에서도, 장기화된 갈등은 몇 세대까지는 아니더라도 수십 년이나 지속되며, 이런 분열은 총성이 잦아든 뒤로도 한참이나 계속된다는 점을 알 수 있다. 이런 갈등은 *지역적(localized)*이다. 사람들이 폭력과 분열을 바로 집 근처에서, 그들이 사는 마을과 동네에서 겪는다는 의미이다. 이런 갈등 속에서 적은 먼 곳의 위협으로 그려지지 않는다. 적은 생각할 수 있는 모든 실질적 측면에서, 옆집에 존재한다. 반복되는 폭력의 형태는 한 세대 이상의 사람들이 그들 이전 세대들이 삶으로 겪었다고 전하는 증오와 적대감을 똑같이 경험하는 상황을 만들어 낸다. 대내적 갈등은 어마어마한 규모의 *추방된(displaced)* 인구를 낳는다. 예컨대, 수십 년에 걸친 총계가 거의 400만에 이르렀다는 사실로 보건대, 콜롬비아에서는 지난 10년 사이 약 30만 명의 국내 난민이 발생한 것으로 추정된다.4) 북우간다 굴루 주변 지역에서 노골적인 폭력이 일어났을 때는, ('야간 통행자'*라고 불린) 수천 명의 아동이 유괴를 피해 도심지 피난처로 이동하여 잠을 청해야 했다. 주로 농촌과 가장 가난한 공동체에 광범위하게 영향을 미치는 이 지속된 경험은, 많은 사람에게 *트라우마*, 잃어버린 유년기, 난민, 소중한 이들을 잃은 쓰라린 상처, 그리고 살아남으려는 몸부림을 마치 유산처럼 남겨 놓았다.

> * 야간 통행자(night commuters) : 북우간다 지역에서 2003년부터 일어난 현상으로, 지역 근본주의 군사 조직인 '신의 저항군'의 납치를 피해 고립된 지역에 있는 집에서 도심지로 피신해야 했던 아동을 일컫는 용어다. 이들은 밤에는 교회, 병원, 버스 정류장이나 임시 보호소를 피난처로 삼다가 아침에 집으로 돌아가곤 했다. 상황이 극심했을 때는 이런 야간 통행 아동의 수가 4만 명에 이르기도 했다고 전해진다.

가톨릭교회의 위치

이 맥락에 가톨릭교회의 독특한 위치를 덧붙여보자. 나는 가톨릭 주교, 성직자, 평신도 지도자들과 더불어 가톨릭교회가 다종교 가운데 하나이거나 소수 종교인 나라들(예컨대 버마, 서아프리카, 북아일랜드)에서도 피스빌딩을 한 경험이 있지만, 이 장의 초점은 일차적으로 콜롬비아이고 이차적으로 북우간다와 민다나오다. 콜롬비아와 필리핀은 인구 대다수가 가톨릭으로 대표되는 나라로, 각각 인구의 90%와 85%가 가톨릭으로 추산된다.5) 우간다는 60% 이상이 그리스도인이고 그 중 절반가량의 인구가 가톨릭이다.6) 이들 나라에서는 교회가 장기화된 갈등의 맥락 어디에나 현존한다는 사실로부터 도전에 직면한다. 가톨릭교회 그리고 가톨릭 신학이 생겨나고 표출되는 종교적 맥락이 존재하는 상황에 대한 몇 가지 관찰을 살펴보기로 하자.

첫째로, 교회 지도자들 스스로 주목했다시피, 대내적 갈등의 본질이 사회 전반에 걸쳐 사회·정치적 분열을 일으키지만, 교회는 양극화된 무력 분쟁으로 인해 만들어진 분열의 모든 진영에 지지자가 있는 매우 드문, 어쩌면 거의 유일하게 존재하는 기관으로 자리매김한다. 마강게의 호르헤 레오나르도 고메스 세르나(Jorge Leonardo Gómez Serna) 주교는 콜롬비아에 대해 이렇게 적었다. "우리는 총기를 집어 드는 남녀의 절대다수가, 합법적 테두리 안에 있든 무법자가 되었든 관계없이, 어린 시절부터 가톨릭 신자였다고 주장한다는 것을 알고 있다."7) 간단히 말해, 교회의 위치가 인구의 다수를 대표하며 그들에게 호소력을 지닌다는 바로 그 점이, 교회를 불가피하게 갈등에 관계된 모든 진영의 사람들, 다양한 집단 그리고 지도층과 관계를 맺어야 하는 입장에 놓이게 한다.

둘째로, 장기화된 갈등은 진공 상태에서 홀연히 발생하지 않는다. 그런 갈등은 주변화, 빈곤, 경제적 악전고투, 정치적 배제를 인식하고 경험하는 오랜 역사가 축적되어 발생한다. 교회의 가르침과 사목적 실천의 자취는 예수의 가르침 그리고 그보다 앞선 예언자적 전통으로 되짚어갈 수 있다. 예수와 예언자들은 그들 자신이 가난한 이들, 과부들, 고아들과 주변으로 내몰린 이들의 곤경에 함께해야 한다고 여겼다. 가난한 이를 위한 우선적 선택이라는 말로 표현되는 오랜 신학적 관심사는 이런 가르침에 뿌리내리고 있다. 가난한 이를 위한 선택은 해방 신학에서 특별히 부각되었다. 필립 베리만(Phillip Berryman)이 이 신학적 흐름에 관한 자신의 개론적 에세이에서 밝혔듯이, 해방 신학은 "그리스도교 신앙을 가난한 이들의 고통, 투쟁과 희망으로부터 해석해 내는 작업 … 사회와 그 사회를 존속시키는 이데올로기에 대한 비판 … 교회와 그리스도인의 활동을 가난한 사람의 입장에서 비판하는 작업이다."8) 신앙에 기반을 둔 이 물결로부터 우리는 깊은 역사적 불의를 변혁하려는 강한 추진력을 발견하며, 또 그런 변혁을 추구하기 위해 폭력 사용을 정당화하는 사람들과 비폭력 원리를 고수하는 사람들 사이의 중대한 차이를 발견한다. 이것은 우리의 연구에서 특히 중요하다. 가톨릭 신자가 다수인 국가들의 폭력적 혁명 운동 핵심 지도자들 자신이 가톨릭 신앙의 깊은 신심의 표현으로부터 운동을 시작했고, 여전히 그런 신앙의 한가운데 있다고 보는 한 중요할 수밖에 없다. 그들이 교계로부터 스스로 멀어졌거나 교계로부터 제거되었더라도 여전히 중요하다. 그 동전의 이면에, 같은 국가 안에서 혁명적 운동 투쟁을 벌이고 있는 국내 무장 세력의 절대다수가 스스로를 헌신적 가톨릭 신자라 여기는데, 이것은 특히 콜롬비아와 필리핀의 현실에 잘 들어맞는다. 그리고 좌익 성향 게릴라 운동에 대항한 반응으로서 준군사주의 현상이 나타나는 많은 사례에서, 우리는 다시 상당히 많은 사람이 신학적 개념과 신앙을 표출하는 행동으로 정당화된 반(反)-폭력에 기반을 둔 '질서 잡힌 상태로 돌아가기' '공동선의 보호' 그리고 '세속적 공산주의로부터의 자유 수호' 같은 담론을 원용하는 모습을 발견한다.

불가피하게, 이들 나라에서 위계 구조의 공식 지위를 차지하는 사람 대부분을 대표하는 로마 가톨릭교회 지도층은 자신의 위치가 갖가지 경쟁적 압박에 둘러싸여 있음을 알게 된다. 예컨대, 한편에서는 수만 명의 자국민 신자들이 다양한 무장 세력(혁명군, 정규군, 준법률적 군사력)이 촉발한 연쇄 폭력에 휘둘리고 있다. 대부분의 가톨릭 지도자가 가장 먼저 듣고 응답하려는 외침은 지속된 폭력의 순환고리에 갇힌 무고한 피해자들에게서 나온다. 다른 한편에서, 노골적인 폭력의 근원적인 원인을 다루는 작업은 더 공평하고 공정하며 정의로운 사회를 만들어야 할 필요성으로부터 나온다. 교회는 짓밟히고 억압받은 사람들, 가장 취약한 사람들의 고통을 대변하는, 긴 역사에 걸쳐 동기를 부여하는 신학을 지녀 왔는데, 이런 신학은 종종 적어도 수사학적으로는 현존 질서를 무력으로 전복해야 할 필요성을 옹호하는 반란 세력의 전망과 동일한 모습을 띤다.

인구 대다수가 가톨릭 신자인 곳에서 일어나는 장기화된 갈등 속에서, 우리는 가톨릭 지도층이 경험하는 핵심 딜레마가 펄펄 끓는 가마솥을 만난다. 그 딜레마란, 법의 테두리 안에서든 밖에서든, 같은 목표에 대한 경쟁적인 전망을 성취하기 위해 폭력의 사용을 정당화하는 지도자나 단체들과 **불가피한** 관계를 맺으면서도, 가장 취약한 사람들을 보호하고 그들의 곤경을 개선하는 철저한 사회, 경제, 정치적인 변화의 필요성을 어떻게 다뤄야 할까 하는 딜레마다. 우리는 이런 도전을 *어디에나 있는 존재(ubiquitous presence)*의 사회학으로부터 일어나는 딜레마라 명명할 수 있다. 이 내용은 피라미드로 도식화한 이미지(그림 2-1 참조)에서 가장 효과적으로 관찰할 수 있다. 이 그림은 몇 년 전, 가톨릭교회의 위계질서에 특히 잘 들어맞는 피스빌딩의 중층적 접근법을 언급하기 위해 내가 제안했던 것이다.[9]

양극화된 상황에서 서로 다른 수준에 있는 지도자들과 연결된 피스빌딩에 대한 동시다발적인 변화 전략과 접근법을 이해하기 위한 메커니즘으로 제안했던 이 피라미드는 3가지 리더십을 묘사하고, 중첩되는 분야를 보여준다. 첫째로, 수는 적지만 주목성이 높은 최상위 이니셔티브는 하향식 접근 전략을 사용하여 변화를 도모한다. 둘째, 장기화된 분쟁 지역 전반에 걸쳐 수적으로 방대한 풀뿌리와 공동체 수준의 이니셔티브는 즉각적인 갈등에 대한 책임과 대응력을 높이기 위해 지역 주민들의 더 많은 참여를 구상한다. 셋째로 최상위 지도층과 풀뿌리 사이의 연결 역량을 갖춘 중간 수준 인프라와 지도층 전략을 들 수 있다. 이것을 교회에 적용하면 인구 대다수가 가톨릭 신자인 지역의 장기화된 갈등 상황에서, 가톨릭 교회론의 사회학적 위치, 즉 내가 어디에나 있는 존재라고 일컬은 교회의 위치를 알 수 있다.

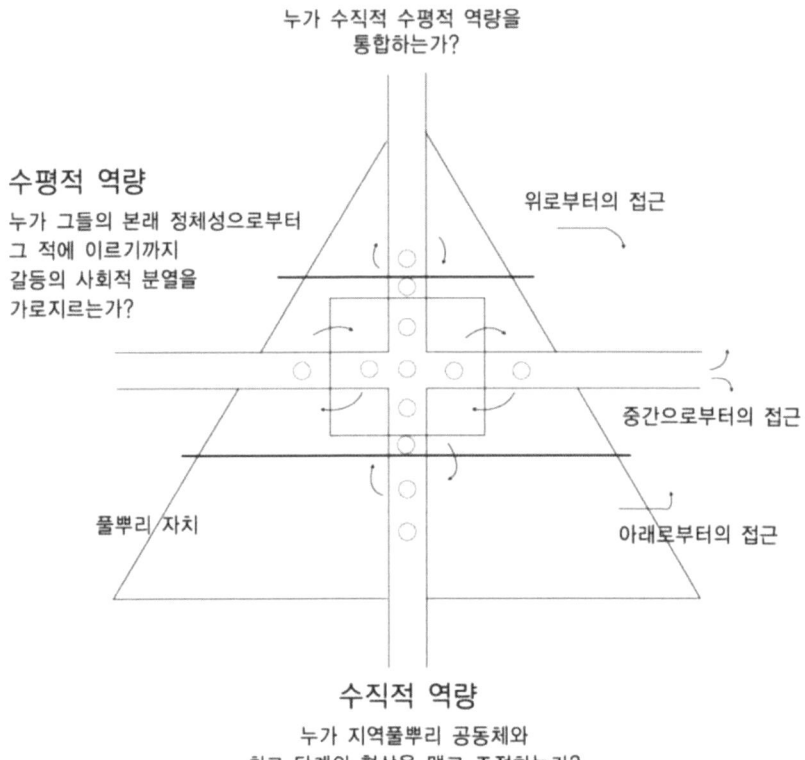

〈그림 2-1〉

(출처: 존 폴 레더락, 『도덕적 상상력』
[김가연 역, 서울, 글항아리, 2016년], 166쪽에서 가져옴)

각국의 전국 주교회의로 대표되는 최상위 수준은 상대적으로 수는 적지만 가장 눈에 띄는 지도층이다. 선택, 선호도, 동기 부여가 언제나 잘 되어 있어서 그러는 건 아니지만, 이 최상위 지도자들은 갈등과 국가적인 피스빌딩에 연관된 역할에 불가피하게 개입된다. 이들은 종종 갈등의 모든 측면에 자연스럽고 지속적이며 직접적으로 접근할 수 있는 최고 수준의 지도력을 발휘한다. 이들은 또 상당한 정도의 대중적 가시성을 띤다. 예컨대 이들이 내놓은 사목 서한은 신앙에 기반을 둔 미디어나 대중매체에 널리 보급된다.

중간 수준은 전국 교회의 지원 활동과 인프라를 나타낸다. 각국의 사정에 따라 다르겠지만 콜롬비아 같은 환경에서 중간 수준은 국가, 교구 그리고 본당 수준의 자선 프로그램과 사회사목국(또는 평화와 정의)과 위원회에 의해 만들어진 아웃리치 플랫폼으로 대표된다. 예수회, 프란치스코회 그리고 기타 종교 단체에도 자선과 사회 정의 프로그램이 있으며, 많은 대학에 사회 정의 기관들이 있다. 중간 수준은 또 교구 내에서 개별 주교가 어떤 대응과 지원 활동을 선택하느냐에 따라 다르게 나타난다. 가톨릭 교회론은 주교에게 그 교구에 대한 상당한 자율성을 주며, 이것은 가톨릭 사회교리에서 말하는 보조성 원리에 해당하는 자율성이다. 교회 구조는 행정 체계와 예산, 인력이 있다는 면에서 *제도적이며*, 동시에 전략, 지원 활동, 프로젝트를 개발한다는 면에서 *프로그램을 생성하는* 특징을 지닌다. 사회학적으로 교회 구조는 교구와 지역 본당을 연결하고 그들에게 방향성과 정당성을 제공하는 전국 수준의 지도층에 다시 도달한다. 조직과 피스빌딩 문헌 용어로 말하면, 우리는 이것을 *수직적 역량*이라 지칭한다.[10] 예를 들어, 마우리시오 가르시아 듀런(Mauricio Garcia Duran) 신부는 콜롬비아에서 이런 교회의 위치를 '전국구'라 지칭하며, 그가 연구한 기간 동안 가톨릭교회가 평화 활동에서 단일 조직으로는 가장 큰 공헌자였음을 강조한다. 나아가 듀런은 가톨릭교회가 32개 주 가운데 단 한 개 주를 제외한 모든 곳과 1,000개가 넘는 시 중 절반 이상에서 평화 활동을 장려했다고 말한다.11) 이런 폭넓은 지리적 지원 활동을 ***수평적 역량***이라 부를 수 있다.

지리적 범위에는 많은 의미가 함축되어 있다. 지역 차원에서 가톨릭교회는 이들 국가에서 발생하는 무력 분쟁의 영향을 가장 많이 받는 공동체 속에 존재한다. 콜롬비아처럼 갈등의 역사가 길고 무장 단체들 사이의 분쟁이 지역 내에서 일어나는 나라에서, 다수의 벽지 시골 지역에서는 제대로 기능하는 정부 체계가 거의 없다. 그러나 교회의 존재는 종종 본당 내의 여러 마을에서 봉사하는 지역 사제라는 형태로 폭력과 불안정성 속에서도 지속적이고 안정적인 특징으로 남아있다. 지역 주민들은 위기 상황에서 종종 교회 지도층을 처음이자 마지막 피난처이자 도움으로 여긴다.

이런 지원 활동과 현존은 교회가 수행하는 피스빌딩 역할의 다양성, 때로는 그런 교회 역할의 혼란스러운 범위와 관련된다. 혼란의 원인은 대체로 지역 사회와 지속적인 관계를 유지해야 하는 교회의 영적 역할이 피스빌더로서의 잠재력과 실제 역할로 개념화되어 있지 않기 때문이다. 콜롬비아를 예로 들면, 피스빌더의 역할과 활동에는 지역과 국가 지도자들이 수행하는 다양한 경험과 활동이 포함된다. 무장 단체와 정부 사이의 옹호, 관찰, 화해, 촉진 그리고 중재 역할이라는 형태에서부터 무력 분쟁으로 인해 체포된 가족 구성원을 보호하고 석방을 중재해야 하는 지역 본당 이니셔티브에 이르기까지 모든 것이 포함된다(도표 2-1 참조). 중재자 역할은 메시지를 전송하거나 기밀 회의를 위한 공간을 제공하는 등 눈에는 덜 띄는 '선한 직무'를 포함할 수 있다. 어떤 경우에는 교회가 훨씬 더 높은 수준의 중재에 참여하고, 타협안을 관찰하고 협정의 보증인 역할을 하는 등, 공식적으로 승인된 역할을 수행하기도 한다. 가끔은 이런 중재 역할이 교구 주교나 성직자, 지역 본당의 평신도에 의해 자발적으로 수행되기도 한다. 하지만 대개는 지역 활동가들이 취약한 사람들을 보호하고 납치 피해자 석방을 협상하며, 무장 활동가들에게 공동체에 영향을 미치는 폭력의 수준을 낮추도록 개입하는 역할을 한다. 중립적인 중개자 차원을 넘어서는 이런 역할에서 교회 활동가는 무장 활동가들에게 요청과 요구를 하는 활동가이자 옹호자이다. 내가 이 장의 폭넓은 목적을 염두에 두고 노골적으로 질문하자, 대부분의 가톨릭 지도자들은 이런 활동이 '동반'의 한 형태라고 대답했다. 쿠바의 협상 테이블에 앉은 교회 대표자든, 본당 신자들에게 피해를 주는 폭력의 감소를 옹호하는 지역 성직자든, 강제 이주를 겪은 공동체가 긴급 구호 식량과 대피소를 찾을 수 있도록 돕는 평신도든 말이다.

〈표 2-1. 교회의 역할과 활동: 콜롬비아의 사례〉

	최상위	중간	공동체
역할	촉진자 중재자 선한 직무 관찰자 도덕적 동반 중재 조정자 보증인	협상가 다자간 협업 조정자 옹호・지지자 의장/위원장	보호자 옹호・지지자 의장/위원장 교육자
활동	- 사목 서한 - 공적 성명 - 전국 캠페인 - 중재 행동: 　• 합의 사항의 관리 감독 관찰 　• 국가적 협상 장려, 조력 　• 중재적 노력 지휘 　• 인도주의적 합의 장려 　• 조직간 연락과 의사소통 제공 　• 평화 도모에 관한 국제적 협력 채널로서 봉사	- 메시지 수신과 전달 - 납치 피해자 석방 요청과 인계 - 폭력 절감 요구 - 전국 캠페인과 프로그램 개설 - (강제) 이주와 인권 침해 사례 기록 - 무장 해제 관리 감독 제공 - 시민 사회 네트워크 참여와 홍보	- 납치된 가족 구성원 석방과 지역 공동체 보호를 요청하는 지지 활동 - 지역 공동체 활동 동반과 포괄적 보호 제공 - 지역 내 무장 세력 소집과 모임 주선 - 지역 사회 평화 이니셔티브 촉진

　결론적으로 말해서, 가톨릭 신자가 다수인 국가나 심지어는 가톨릭 교회가 다종교 가운데 우위를 누리는 국가에서, 교회론과 교회의 위계 구조가 가톨릭 지도자들에게 피스빌딩을 위한 독특한 입장에 서 있게 한다는 사실을 확인할 수 있다. 최상위 수준의 지도자들은 종종 국가적 평화 프로세스의 일환으로 공식적이고 공무적인 역할을 맡는다. 지역 평신도 지도자, 성직자, 그리고 다양한 수도 공동체는 갈등으로부터 직접 영향을 받으면서 프로그램과 이니셔티브를 개발한다.

그들을 어떻게 정의해야 할지, 그들의 역할이 무엇인지에 대한 일관성은 없지만, 이런 가톨릭 환경에서 장기화된 갈등은 필요성에 대한 대응과 다양한 잠재적 활동을 만들어 낸다. 교회 지도층으로부터 생겨났고, 그들에 의해 부각되고 진화되고 있으므로, 이제 곧바로 이런 입장에 수반되는 신학으로 관심을 돌려 보자.

네 개의 단편

무장 세력과 관계 맺기를 시작한 가톨릭 지도자라 일컬어지는 사람들의 개인적 여정과 그 과정에서 직면하는 어려움이 어떤 것인지 독자들이 조금이나마 감을 잡을 수 있다면 도움이 될 것이다. 앞에서 이 글에서는 세 지역, 콜롬비아, 민다나오, 북우간다의 상황에 집중한다고 말했는데, 내가 이 세 지역에서 오랫동안 함께 작업해 온, 또 함께 작업하지는 못했지만, 최소한이나마 상호작용해 온 그리고 꽤 길게 인터뷰할 기회를 얻었던 사람들에 관한 네 편의 짧은 '전기'를 소개한다. 먼저, 이 전기들은 짧고 범위가 제한적이어서, 이 지도자들이 지닌 넓은 범위에 걸친, 다방면의, 다양한 경험을 최소한으로만 대변하는 데 불과하다. 하지만 이 짧은 전기들은 격렬한 전쟁이 지속되고 있는 맥락과 공동체에 갇힌 채 살아가고 있는 가톨릭 신자의 삶과 여정을 들여다보는 창을 대변하며, 또 제도 교회 내에서 다양한 층위의 책임을 지닌 사람들의 이야기를 대표한다.

다리오 에체베리 신부(Father Dario Echeverri)

보고타에 있는 주교회의 사무실에서, 다리오 에체베리 신부와의 인터뷰를 충분하게 완결하기란 거의 불가능했다. 나는 에체베리 신부가 주교회의 국가조정위원회(Comisión de Conciliación Naciona) 수장으로 임명된 뒤, 국가 평화 프로세스, 그리고 중단과 재개가 반복되는 협상에 깊이 관여하고 있다는 사실은 알고 있었지만, 2007년 2월 사무실에서 잠깐 만나 이야기 나눈 일이 그런 창을 제공하게 되리라고는 전혀 생각하지 못했다. 짧은 시간 사이에도 계속 전화가 걸려와 우리의 대화를 방해했다.

첫 번째 전화는 민족해방군 대표로부터 걸려 온 것으로, 당시 쿠바에서 진행 중인 회담에 대해, 또 다리오 신부가 몇 명의 주요 잠재적 대화 상대들이 수감되어 있는 교도소를 방문할 수 있는지에 대한 문의였다. 두 번째는 간단한 안부 전화였는데, 뒤에 다리오 신부가 더 긴 설명을 덧붙여 주었다. 콜롬비아 주요 준군사 조직의 한 사령관이 동원 해제를 진행하고 있었다. 그 과정의 타이밍, 정부의 요구 사항, 그리고 자신의 군부 조직으로부터 생명의 위협과 같은 상당한 압력을 받고 있던 사령관은 이 글라렛수도회 성직자에게 앞으로 며칠 동안 동행해 주기를 원했다. 쉬운 요청은 아니었으나, 준군사 세력인 콜롬비아 연합방어군의 동원 해제를 촉진하고 감찰하는 데 동의한 교회 입장에서 볼 때, 신부 개인에게나 조직 차원에 적합한 요청이었다. 세 번째 전화는 신부의 비서로부터 걸려 온 것으로, 사람들이 미사를 봉헌하기 위해 그를 기다리고 있다고 상기시켜 주었다. 다리오 신부의 집무실에서 몇 미터 떨어지지 않은 주교회의 성당에서 이루어진 이

미사는 일상적으로 이루어지는 미사가 아니었다. 미사 참석자들은 공산당에 관계된 가족이었고, 일부는 콜롬비아 무장혁명군과 가까이 지낸다는 비난을 받고 있던 사람들이었기 때문이다. 콜롬비아 분쟁 시기에 목숨을 잃은 아버지, 아들, 딸을 기억하기 위해 가족들이 요청한 추모 미사였다. 이 세 건의 전화는, 1950년대 게릴라 운동의 기원으로 거슬러 올라가는 좌익 성향의 콜롬비아 무장혁명군과 민족해방군으로부터 1980년대에 명성을 떨친 준군사 조직인 콜롬비아 연합방어군에 이르기까지, 콜롬비아에서 벌어진 치명적인 분쟁과 이데올로기의 폭넓은 스펙트럼 상에서 발견되는 세 집단과 연관되어 있었다. 공개적이지만 종종 조용하고 드러나지 않은 관계 속에 있는 분열을 이어주는 다리 역할을 해 온 사람들은 다리오 신부와 10년 이상이나 전국적인 활동을 벌여 온 주교회의의 핵심 주교 10여 명이었다.

1995년에 설립된 국가조정위원회는 콜롬비아에서 정부와 여러 무장 단체 사이의 정치적 협상을 위한 공식, 비공식 공간을 통해 교회 지도부를 지원하며 다방면의 시도와 요구를 조정하는 작업을 도맡았다. 다리오 신부의 직무는 콜롬비아의 여러 무력 분쟁을 종식하기 위한 협상 시도를 지원하고, 그의 말대로 '콜롬비아인 사이의 성공적인 화해 프로세스'를 만드는 일이었다.[12] 국가조정위원회는 '국내에 영구적인 평화의 정치'를 가능하게 할 구조를 제공하기 위해 설립되었는데, 다리오 신부가 말했듯이, '콜롬비아 분쟁의 복잡성을 더 포괄적인 방식으로 다뤄야'[13] 했다. 영구성이라는 관념에 대한 강조는 정확하게는 정권이 생겨났다가 없어지는 수십 년 사이 평화 프로세스도 부침을 겪으면서 생긴 것이다. 그 수십 년 동안 다양한 역할에 참여했던 교회 지도자들은 평화를 지탱하기 위한 더 지속적이고 영구적인 구조의 필요성을 깨닫게 되었다.

다리오 신부는 사제가 된 지 20년이 넘었다. 날마다 과정도 불투명한 상황에서 다루기 힘든 정치 게릴라 지도자들과 만나야 하는 활동에 관여하게 된 어떤 신학적 동기가 있느냐는 질문을 받자, 그는 웃으며 대답했다. "물어봐 주셔서 기쁩니다. 그저 상황이 요구하기 때문에 활동하는 것뿐이지, 왜 하는지 이유를 생각할 틈이 늘 생기는 건 아니죠."14) 이어 다양한 생각과 이유를 설명한다. 그가 몸담은 수도회의 소명은 가장 가난한 사람들에게 도움과 지원을 제공하는 것이다. 제2차 바티칸 공의회의 일관된 주제와 공의회 이후 교황들의 가르침은 대화가 필요하며, 그것이 현실주의자들이 인정하는 것보다 훨씬 더 현실적이라는 게 요지였다. 다리오 신부는 자기 나라(콜롬비아)에서 벌어지는 다양한 층위의 갈등 수준에 대응하고 평화를 구축할 능력을 갖춘 교회가 필요하다고 믿고 있었다. 그는 이렇게 말한다.

> 복음 선포는 사제 성소를 받은 사람인 저의 카리스마입니다. 저는 교회의 사람이며 우리는 콜롬비아를 평화로운 나라로 만들고자 노력하는 중입니다. 사제직에 충실하게 살아간다는 것은 제가 이 나라의 긴급한 필요에 부응해야 한다는 뜻이고, 가장 역사적이고 긴급한 요청은 오랫동안 지속되어온 무력 분쟁을 해소하는 것입니다. 우리가 어떻게 이 무력 분쟁에서 벗어날 것인가가 신부로서 해야 할 일입니다.15)

콜롬비아 무장혁명군과 민족해방군에서 콜롬비아 연합방어군에 이르기까지 콜롬비아의 다양한 무장 폭동 상황을 말해 주는 사람들로부터의 전화에 주목하면서, 나는 지휘관들, 경우에 따라서는 악명 높은 살인자들과도 대화를 모색하는 일에 대해 어떻게 생각하는지 물었다. "어떻게 그토록 많은 사람의 삶을 파괴하고 인권의 모든 의미를 잔인하게 부순 사람들과 눈을 맞추고, 대화를 시도할 수 있느냐는 거죠?" 그는 수사학적으로 되물으며 말을 이었다.

> 많은 밤, 거의 잠을 잘 수 없었다고 고백해야겠습니다. 때로는 화가 나서 또 때로는, 이런 말을 해서 미안하지만, 구토가 나올 것 같은 느낌 때문이었습니다. 그러나 그들을 향해 사람 대 사람으로서 나아가야 합니다. 인간적인 환경을 구축하고, 상대를 판단하지 않으면서 신뢰를 구축하고, 한 손에는 무기를 들었으나 내 묵주나 십자가를 갖고 싶다고 다른 손을 내밀고, 미사, 성체성사, 특히 고해성사를 청하는 게릴라를 만나기 위해서입니다. 나는 그들에게 묻습니다. "어떻게 여전히 총을 들고 누군가를 납치하면서 성사를 원할 수 있는 거죠?" 그러면 그들이 말합니다. "신부님, 그건 제가 아니라 조직의 결정입니다. 저는 조직에 갇혀 있어요. 명령을 따라야 합니다. 저도 이 분쟁이 끝나면 좋겠지만 제가 끝낼 수는 없습니다." 그러니 그런 갈등 양상과 제도의 악을 보면서, 그 사람만큼은 인격을 갖춘 한 인간이라고 간주합니다. 때로는 슬픈 마음으로 그들을 바라보지만, 그들이 경험하는 고통을 나누는 감각도 함께 얻었습니다. 이런 감각이 그들과 더불어 신뢰와 존중의 환경을 구축하게 하고, 이런 관계가 다시 그들에게 자신의 책임에 대해 더 직접적이고 깊이 이야기하도록 도와줍니다. 나는 교회의 사목자로서 그들에게 다른 사람을 존중하고, 그들이 피해를 준 사람들의 고통을 이해하고 존중할 것을 요청합니다. 그들이 개인적 평화를 진지하게 추구하고자 한다면, 책임과 배상, 진실을 향해 나아가야 합니다. 평화는 책임과 함께 오는 것이니까요.[16]

이런 과정에 내재된 역학을 탐구해 보자. 무장 세력과 처음으로, 그것도 그들이 선택한 환경에서 대면해야 하는 건 결코 쉬운 일이 아니다. 교회 대표들은 팀을 이루어 일하려고 노력한다. 수십 년 동안의 경험으로 보건대 교회는 거의 비공식적 만남을 통해 관계를 형성하고 발전시켜 왔지만, 이런 일에 주교가 한 사람 같이 간다면, 대화를 더 쉽게 만들고 교회에 거는 기대와 요청을 증가시킨다는 면에서 훨씬 좋을 것이다. 다리오 신부는 존중의 중요성을 여러 차례 강조했다.

"나는 그들에게 존중을 보여줄 방법을 찾으려 애를 씁니다. 나는 자신들에게 동조하지 않는다는 이유로 무장 세력을 모욕하는 경향이 있는 주교나 성직자들과 갈등을 겪기도 했습니다. 우월한 듯 행동하기보다, 상대를 존칭으로 부르는 등(Señores) 개방적인 태도와 존중하는 자세를 유지하는 게 중요합니다. 나는 이런저런 설득 방법을 동원해서, 무기를 가져오지 않는 한 미사에 와도 좋다고 그들을 초대했습니다. 죄는 거부할 수 있지만 사람에게는 열려 있어야 합니다."17) 50년이나 이어진 전쟁에서 가족을 잃은 사람들을 위해 미사를 봉헌하러 사무실을 떠나기 전에, 다리오 신부는 자신의 전망을 밝히며 인터뷰를 마무리했다. "평화를 추구하는 일은 콜롬비아에 부여된 하나의 명령입니다. 교회에 다니는 사람이든 일반 시민이든 모두 동참해야 합니다. 우리는 평화라는 강의 저마다 다른 기슭으로부터 다다를 수 있지만, 교회라는 기슭으로부터 나온 우리는 평화를 추구하는 일을 하나의 사목으로 떠맡아야 합니다."18)

호르헤 레오나르도 고메스 세르나 주교(Bishop Jorge Leonardo Gómez Serna)

1980년대 중반, 수르 데 산탄데르로 알려진 점령 지역에서 몇 차례의 대학살이 일어난 사실을 알게 된 세르나 주교는 그 영토와 지역 공동체의 충성도를 차지하려 투쟁하는 수많은 무장 단체의 지역 사령관을 찾아가 대화를 시작했다. 교구 내의 수백 가족이 강제 이주를 당했다. 그가 쓸 수 있는 무기라고는 성령의 능력과 예수가 선포한 복음의 빛이라 부르는 것 말고는 아무것도 없었지만, 세르나 주교는 콜롬비아 갈등사에서 가장 질기고 악랄한 행위자들을 대면하러 나섰다. 그가 염두에 둔 목표는 단순했다. 심화되는 위기와 증가하는 전쟁의 비인간화를 막을 방법이 필요했다. 25년이 지나고 콜롬비아 전역에서 온 15명의 주교로 가득 찬 컨퍼런스의 작은 방에서, 마강게 교구의 주교 호르헤 레오나르도 고메스 세르나는 콜롬비아의 지역적 폭력을 대면하는 일에 관한 짧은 발표를 했다. "개인적 경험으로 볼 때, 저는 주교가 된 뒤 거의 모든 시간을 노골적인 무력 분쟁 속에서 살아야 했습니다. 무장 단체에 맞서기란 참으로 어려운 도전 과제입니다."19)

그의 발표는 청년기부터 콜롬비아 가톨릭교회의 지도자 중 한 명의 지위에 이른 지금까지 긴 시간을 오가며 이어졌는데, 1950년대로 거슬러 올라가는 때부터 다양한 층위의 폭력을 경험해 왔다는 이야기였다. 그는 자신을 분쟁 중재자나 피스빌딩 전문가라고 생각한 적이 없지만, 콜롬비아의 상황은 그에게 자기 교구 내에서 또는 교구 밖에서 다양한 무장 단체와 대화하고 관계를 맺을 능력을 배우고 계발하게 했다. 이런 경험과 무력 분쟁에 자기 자신과 교구 전체를 건설적으로 개입시키려 한 동기를 탐구하면서, 그는 지속해서 네 개의 주제를 되풀이한다.

첫째로 고메스 세르나 주교는 이런 종류의 관계 맺기의 기초는 가톨릭 사회교리에서 발견되는 인간 존엄성의 원리로 거슬러 올라간다는 사실을 시사한다. 그런 관념이 시작되는 가장 깊은 뿌리는, 그 자신이 표현했듯이, '선하신 아버지이신 하느님께서 우리를 당신의 형상과 본성으로 창조하셨다는 사실'20)에 있다. 이 전체적 지도 원리는 존엄성을 동반하고, 개인과 공동체 둘 다를 파괴한 폭력 상황을 인간화하려는 노력을 반영한다. 총기를 사용하고 폭력을 정당화하는 사람들에 대해, 총을 든 사람들, 그들 중 최악의 인물에게서조차 신성의 불꽃, 하느님의 모상을 발견하는 '복음화' 행위로서 그들을 찾아내고 그들에게 개입하는 과정이 필요하다. 이런 관계 맺기는 기본적인 인간성으로 돌아가는, 곧 서로를 인간적 존재요 하느님의 자녀로 간주하는 방법을 발견하는 것으로 가장 잘 이해할 수 있다.

두 번째 단계로, 고메스 세르나 주교가 이해하듯이, 창조라는 최초의 신적 행위는 그저 고립된 개인을 지상에 내놓는 일이 아니었다. 오히려 하느님께서는 창조를 친교, 곧 지구와 인류 공동체와의 관계로 이끄는 행위로 그려 보이셨다.21) 그 공동체를 구성하는 전체 구조물 안에서, 가장 주요한 구성 요소는 사실로서나 은유적 의미에서 가족이다. 왜 무장 단체들과 접촉하고 대화를 추구하는지를 설명한 고메스 세르나 주교의 개인적인 문서 대부분은, 평화와 화해를 추구하는 일이 본질적으로 직계, 핵가족 또는 그가 때때로 '인류 대가족'22)이라고 부른 '가족을 수립하는' 하나의 형태라는 관념에서 시작한다. 그의 관점에서 볼 때, 지역 사회에서 지속적인 폭력이 일으킨 모든 파괴의 측면을 다루는 일은 깨어진 경험에 대한 치유와 대응이자 파괴를 대면하고 인간성과 인류 가족을 회복시키는 과정으로, 이 둘 다

를 파괴할 힘을 가진 사람들과의 대화에 임한다는 의미이다.23)

　세 번째 측면은 대화를 실천적 여정이자 예수의 삶과 그분의 가르침, 가톨릭교회의 핵심 문헌에서 우선적인 지위를 가진다고 이해되는 영적 훈련으로 받아들이는 것이다. 대화에 대한 우선적 선택은 고메스 세르나 주교의 교구에서 나온 많은 문헌에서 드러나며, 그중 한 장의 제목이 말하듯이, '대화는 가장 가치 있는 인간 경험'24)이라는 것이다. 이들 문헌은 예수님의 강생 가운데서 발생하는 대화를 그려 보이는데, 강생은 말씀의 육화이며 인류 공동체가 예수님 자신 안에서 그리고 하느님과의 관계에서 의미를 만들어 내는 유일한 방법이다. 이들 문헌은 '대화'가 너무나 '삶과 같아서' 둘을 구분하기가 어려울 정도라고 주장한다.25)

　네 번째로 세르나 주교의 시각을 알려 주는 마지막 측면은 하느님께서 인간 창조와 공동체에 의도하신 것으로부터 나온다. 고메스 세르나 주교가 표현하듯이, 교회는 친교와 평화를 구축한다는 전망을 따른다. 즉 "역사 전체에 걸친 교회의 사명 : 사회 정의와 함께 평화 구축하기"라는 전망이었다.26) 성경 본문, 교황 회칙들, 제2차 바티칸 공의회 문서, 콜롬비아 주교회의 사목 문헌들을 인용하면서, 주교는 기쁜 소식을 전하는 복음화란 가난하고 취약한 사람들에 대한 보호, 지역 사회의 안녕, 정의와 평등, 인권에 관한 관심과 연결된 평화의 '통합적' 이해를 촉진하는 것이라 강조한다.27) 그는 "'발전'은 '평화'의 새 이름"28)이라는 교황 바오로 6세와 "진정한 평화는 … 군사적 승리에서 오는 것이 아니라, 오히려 전쟁 원인의 제거와 민족들 간의 진정한 화해에서 오는 것"29)이라는 교황 요한 바오로 2세의 말을 자신의 언어로 풀어 쓴다. 주교의 말을 빌자면 이 전망은 '통합적 복음화'

를 제공하고, 본질적으로 평화는 그가 콜롬비아에서 맞닥뜨린 폭력의 맥락에서 볼 때 다음 두 가지 토대를 필요로 한다. (1) '인간과 공동체의 완전한 발전' (2) '무장 세력과의 사목적, 공동체적 대화'이다.30)

콜롬비아 마강게 교구에서 표현, 기록된 자료로부터, 우리는 두 가지 유형의 대화, 곧 사목적 대화와 공동체적 대화의 발전상을 발견한다. 고메스 세르나 주교는 「사목적 대화'(*dialogos pastorales*)」라 이름 붙여진 문서에 지침과 영감 둘 다를 제공했다.31) 1987년에 이에 관한 초기 개념이 생겨났는데, 고메스 세르나 주교와 그의 팀은 군대, 준군사 조직, 그리고 게릴라가 1980년대 내내 일으킨 엄청난 수준의 폭력을 경험하면서, 또 폭력에 동반된 살인과 비인간화 수준을 낮추려는 목적으로 여러 교구에서 활동하는 가운데 모이게 되었다. 1992년 당시 대통령 세사르 가비리아 트루히요(César Gaviria Trujillo)는 게릴라에 저항하는 전면전 정책을 대통령령으로 선언했으며, 시민들이 무장 단체와 직접 대화하는 것을 허용하지 않는다고 천명했다. 이 정책은 지역 차원에 개입하여 납치 피해자 구조에서 **캄페시노**(campesinos, 남미의 소작농을 일컫는 말 - 역자 주)와 지역 마을에 대한 폭력 수준을 낮추기 위한 옹호 활동에 이르기까지 모든 활동을 추구하는 사람들에 대한 심각한 도전이었다. 고메스 세르나 주교의 업적, 특히 M-19, 콜롬비아 무장혁명군, 준군사 조직과의 만남을 추진한 벨레스 지방에서의 업적이 알려지면서, 주교는 중앙 정부로부터 게릴라를 비호하고 대통령령을 어겼다는 혐의로 기소되었다. 주교는 공개적인 서면 답변에서 다음과 같이 진술했다. "정부는 어떤 대화든 원하는 대로 금지할 수 있지만, 교회의 사목자로서 수행하는 대화를 금지할 수는 없습니다."32) 이때로부터 이어지는 지역, 교구에 기반을 둔 무장 세력과의 이니셔티브는 사목적 대화라 일컬어졌다. 이후 상황을 검토한 헌법재판소는 이런 사목적 대화를 정부가 금지할 수 없으며, 이런 대화가 국내에서 일어나는 다른 종류의 협상과 혼동되어서는 안 된다는 공식 판결을 내렸다.

고메스 세르나 주교의 교구 보고서에 기술되어 있듯이, 사목적 대화는 무장 활동가들을 '복음화'하고 갈등을 '인도적인 것으로 만들' 실천적 방법을 찾을 목적으로, 지역 무장 단체들과 직접 토론하는 방법을 나타낸다. 이 대화는 관련된 모든 사람에게 도움이 된다. 그러나 여기서 쓴 **복음화**라는 말에는, 전통적인 의미에서 개종시키는 일과는 관련이 없는 특정 관념 체계가 들어 있는 듯하다. 콜롬비아의 무장 세력 가운데 대부분은 아니지만 많은 사람이 가톨릭 신자라고 실제로 공언하거나 자기 종교성의 기원이 가톨릭 신앙에 있다고 말한 것을 주목할 때, **복음화**라는 단어는 해방이라는 좋은 소식을 가져온다는 생각을 담고 있는데, 그에 상응하는 '선언(announcement)'과 마음과 방향의 변화를 요구하는 '비판(denouncement)'이 따른다. 그러나 더 나아가 복음화는 일방적 강압이 아니라 대화에 의해 인도되는 과정이라는 감각을 심화시킨다. 핵심은 경청, 즉 "우리 국민을 복음화하고, 봉사하고, 지키도록 돕는다."33)고 믿는 훈련에 투신한다는 데 있다. 그런 훈련은 타인에 대한 존중과 지속적인 관계를 통한 신뢰 구축을 요구하는데, 이것은 위기의 시기에 노골적인 폭력으로 영향을 받은 지역 사회에서 인권을 명확하게 이해하고 보호 활동을 추구하기 위해 요청될 수 있다. 이렇게 관계를 맺게 하는 공간들은 "납치, 갖가지 세금, 금품의 착취, 과장된 통제와 보안, 그리고 신병 모집을 포함한 전쟁의 강도와 타락상"34)을 낮추는 잠재적인 인도주의적 합의로 인도할 수 있다. 이렇듯 직접적이고 종종 위험할 수도 있는 만남을 받아들이는 지역 교회 지도자의 역할은 전체 공동체가 그들 지역에 있는 다양한 범위의 무장 활동가와 직접적인 대화의 장을 열고 참여하게 하는 길을 열었다. 이런 만남은 대화를 사목적 차원에서 공동체적 차원으로 옮겨 놓았고, 콜롬비아 일부 지역에서 평화 지대나 평화 영역의 수립을 협상하게 하는 공간이 되었다.

필요성에서 시작하여 복음화 전략을 개발한 고메스 세르나 주교는 지역 사회 기반의 사목적 대화를 무장 활동가들과 얼굴을 맞대고 개입하는 메커니즘으로 활용해 온 많은 주교, 지역 성직자와 평신도 지도자 가운데 한 명을 대변한다. 그들의 활동은 폭력의 최전선에서 이루어진 피스빌딩이며, 루이스 아우구스토 카스트로 끼로가(Luis Augusto Castro Quiroga) 대주교가 쓴 것처럼, 그것은 전쟁으로 인해 생긴 고립과 침묵을 향해 얼굴을 돌린 것이었다.35)

로베르토 레이손 신부(Father Roberto 'Bert' Layson, 오블라띠회)

버트 신부는 자신의 저서 첫머리에 이렇게 썼다. "나는 전쟁을 충분히 보았다. 1970년대, 민다나오에서 전쟁이 발발했을 때 나는 겨우 아홉 살이었다. 나는 전쟁의 모든 추악함을 목격했다. 30년 전 피로 물든 그 몹쓸 전쟁에서 나는 가장 친한 친구를 잃었다."36) 30년이 지난 지금 버트 신부는 민다나오에서 전쟁을 종식하는 일뿐만 아니라, 그가 사목하는 지역 사회의 분열을 극복하는 교회 일치와 종교간 대화가 이루어지는 세계를 구축하기 위한 운동을 이끌고 있다. 양측

고위 군사 지도자들과의 접촉은 그의 말대로 '공공연한 비밀'이다.37)

버트 신부는 오블라띠회 성직자다. 그는 평생 고향 민다나오에서 살았으며, 지난 몇 년 사이 그의 본당이 위치한 피킷에서 이룬 활동으로 가장 널리 알려졌다. 그는 지난 10년 동안 피킷에서만 네 번의 전쟁을 경험했다고 말했는데, 이것은 앞서 설명한 장기화된 갈등 상황에서 발생한 폭력의 순환 주기를 반영한다. 2003년에 피킷은 평화를 위한 공간, 어떤 사람은 평화 지대라고도 부르는 장소를 정의하고 개발하는 과정을 시작했는데, 여기서 지역 공동체들은 시민들을 위한 공간을 만들고 보호하기 위해 다양한 무장 활동가, 관료들 그리고 반란군들과 협상했다. 버트 신부는 무슬림 측 참여자들과 더불어 그 과정을 이끈 핵심 인물이다. 이런 여정에 대한 개인적인 성찰은 그의 책 『전쟁의 진정한 적은 전쟁 자체(*In War, the Real Enemy Is War Itself*)』에서 찾아볼 수 있다.

'신학적' 이해에 도달하려면 버트 신부의 개인적인 여정, 그리고 그가 무장 세력과의 피스빌딩 작업을 설명하기 위해 참조한 준거의 틀을 따르는 것이 유용하다. 신학적 이해는 버트 신부가 자신의 개인적인 변화를 인식하는 데서 시작되었다. 어렸을 때 마르코스 독재와 계엄령을 종식하려는 운동에 참여했던 버트 신부는 국군에 맞서는 고등학생 활동가로 자리매김했다. 다양한 상황에서 그는 병사들에게 모욕과 학대를 받았다. 그 시절의 경험은 군대에 대한 '증오'로 해석되었는데, 그가 군 세력을 적과 억압자로서 경험했기 때문이다. 사제가 된 1988년 그는 졸로에 배치되었는데, 이곳은 역사적으로 무슬림-그리스도인 적대감의 온상이자 이후 등장하게 될 아부 사야프 운동(the Abu Sayyaf movement)의 발상지였다. 젊은 사제로서 그는 군복을 입은 남성들과 만나 사목적 소임을 시작했다. 그는 이렇게 썼다.

내가 군대와 관계를 맺기 시작한 곳이 바로 졸로였습니다. 그들의 본부에서 그리고 외딴 마을의 군부대에서 나는 일상적으로 미사를 드렸고, 병사들의 고해를 들었습니다. 몇몇 병사와는 상담했는데 우는 병사들도 있었습니다. 제복을 입은 이들에 대한 나의 태도가 천천히 바뀌기 시작한 것은 이 기간을 통해서였습니다. 그러는 사이 나는 병사들도 다른 인간, 장교들, 남성들과 똑같은 사람이라는 사실을 발견했습니다.

코타바토시 피킷에 발령받은 1997년부터 지금까지 나는 이런 태도를 유지하고 있습니다. 장교와도 사병들과도 만나 교류하고 이야기를 나눕니다. 나는 그들의 심장 속에 무엇이 들어 있는지 알고 있습니다. 그들 심장 속에 있는 것은 평화로, 그들은 피난민을 돌보고 사람들이 고통받지 않기를 바랍니다. 하지만 상부로부터 명령이 내려오고 일반 병사인 그들로서는 선택의 여지가 없습니다. 선택권을 지니고 있다면, 그들 역시 전장에서 살지 죽을지 모르기에 전쟁을 원하지 않을 것입니다. 외딴 마을에 있는 병영을 방문해 보면, 병사들은 인간 이하의 환경에서 살고 있습니다. 그들은 가족을 걱정하고 전쟁이 끝나기를 바랍니다. 나는 그들 역시 상황과 소수 지휘관에 의해 내려진 결정의 피해자에 불과하다는 사실을 알고 있습니다.38)

민다나오의 많은 지역과 마찬가지로 졸로와 피킷에서도 무슬림-그리스도인 사이의 분열이라는 도전에 맞서 활동하는 것이 이 지역 공동체에 평화를 가져오는 열쇠이다. 최상위 수준에서 공식 협상이 이루어지고 협정에 도달하고, 그것이 또 새로운 라운드의 싸움으로 재생산되기도 하지만, 지역 공동체들은 나날의 어려움에 직면해야 한다. 피킷에서 버트 신부는 무슬림 반란군들, 모로이슬람해방전선의 지역 수준, 최상위 수준의 지도자들과 더 공개적이고 직접적으로 상호작용하기 시작했다. 가톨릭 성직자로서 그는 명백한 양극화와 적대감의 선을 가로질러 나아갔다. 이것은 또 새로운 배움과 관계 구축 과정이기도 했다.

> 나와 모로이슬람해방전선의 관계는 피킷에서 벌어진 1997년 전쟁 이후 시작되었습니다. 나는 지역 정부로부터 분쟁 피해 지역의 재활 프로젝트를 감시하는 활동단의 책임자로 선정되었습니다. 이 프로젝트는 반군 통제 지역에서 시행될 것이기에, 나는 특정 반군 캠프에서 모로이슬람해방전선 지도부를 만나고 싶다고 요청했습니다. 여기저기에서 무장 반란군 지도부들을 만났고 그것이 마지막이 아니었습니다. 그 뒤로 나는 그들과 좋은 관계를 맺기 위해 가끔 그들의 캠프를 찾아가기로 했습니다. 캠프에 갈 때는 무장한 사람을 대동하지 않았고 언제나 커피를 가져갔습니다. 대화 중에 그들은 내게 자신들이 왜 싸우고 있는지 털어놓았습니다. 남은 영토를 보호하려는 것이지 정부를 전복하려 하는 게 아니라거나, 전쟁을 시작한 쪽은 정부이지 자신들이 아니며, 동향인인 퇴거당한 피난민에게 연민을 느낀다고도 말했습니다. 그들 자신도 평화를 원한다고, 그래서 농장에서 일하고 자녀를 학교에 보내고 싶다고 했습니다.
> 나는 정부군과 관계를 맺고 있었고 반군도 그 사실을 알고 있었습니다. 나는 반군과도 관계를 맺고 있었고 정부군도 이를 알고 있었습니다. 이것은 지금까지 지속되고 있지만 양측은 내가 어느 쪽 편도 들지 않는다는 사실, 내가 하는 일이 민간인뿐만 아니라 그들 같은 전투원을 위한 일이라는 사실을 알고 있습니다.[39]

무장하고 군복을 입은 남성을 적으로 간주한 청년이었던 신부가 어떻게 병사들을 다른 존재로 바라볼 수 있게 되었는지 좀 더 구체적으로 말해 달라는 질문을 받자, 그는 병사들을 먼저 인간으로 바라보고, 그들의 공적인 역할과 선택한 행위의 어려움을 그다음으로 생각하는 여정으로 향하게 되었다고 설명했다.

> 그들[양측의 무장 세력] 둘 다에 개입하고 교류해 온 몇 년 사이, 나는 그들이 연민을 필요로 하는 다른 인간과 똑같다는 사실을 깨달았습니다. 그들이 진짜 누구인지 알기 위해서는 그들과 만나야 합니다. 그들의 마음속에 무엇이 있는지 알기 시작하려면 그들과 직접 접촉해야만 합니다. … 나는 그들이 적이 아니라는 사실을 깨달았습니다. 전쟁에서 진정한 적은 군인이나 반란군이 아닙니다. 진짜 적은 전쟁 그 자체입니다. 이것이 내가 피킷에서 일어난 네 번의 전쟁에서 본 것입니다. 전투원들도 피해자였습니다.[40]

가톨릭적이고 신학적인 이해가 이런 관점에 어떻게 기여하는지 질문했을 때, 버트 신부는 '인간성'과 무장한 군인과 반란군들이 놓인 '상황'을 바라보는 개념에 대해 다시 한번 언급했다.

> 사람은 하느님의 형상과 유사성에 기초하여 창조되었습니다. 본질적으로 사람은 선합니다. 때로 사람을 나쁘게 만드는 것은 상황입니다. 그러나 그것조차도 예수 그리스도에 의해 구원되었고, 그 사람이 변화하고 싶다면 하느님의 은혜로 충분합니다.
> 나에게 생명은 비전투원의 것이든 전투원의 것이든 소중하고 신성합니다. 예수님은 사회에서 소외된 사람들에게 손을 내밀었습니

다. 그들에게 연민을 보여주셨습니다. 예수님은 그들이 인간성을 회복하도록 도왔습니다. 도둑들에게도 천국을 제공하셨습니다. 사람들을 소외시키는 게 아니라 그들과 동반하여 보금자리로 돌아오도록 하는 것이 교회의 역할이어야 합니다. 그것이 교회가 화해를 가르치는 이유입니다.[41]

우리는 선한 의도가 담긴 말을 글로 읽을 뿐이지만, 버트 신부는 그 말을 실행에 옮겼다. 그는 지역에서 평화 지대를 시작했고, 때로 상황을 명확히 하고 폭력을 줄이는 데 도움이 되도록 양측 관계를 발전시키기 위해 무장 활동가들 사이를 오갔으며, 민다나오에서 새로운 방식으로 개입하기 위해 폭력 피해자와 가해자들을 동반했다.

메리 타르키시아 로콧 수녀(Sister Mary Tarcisia Lokot)

내가 이 글을 쓰던 때, 메리 타르키시아 로콧 수녀는 수녀원 중 한 곳을 그녀가 '청소년 엄마'라 부르는 200명 이상의 소녀들을 위한 훈련 학교로 바꾸고 있었다. 이 어린 여성들은 정말 어린 나이에 신의 저항군(Lord's Resistance Army)에 납치되어 '아내'로 잡혀 한 명 이상의 반란군에 의해 여러 자녀를 낳아야 했고, 남수단과 북우간다 사이에 있는 전쟁 지역의 숲속을 이동하는 힘겨운 생활을 하도록 강요당했다. "우리는 노력 중입니다." 메리 수녀가 말한다. "그들에게 가능성을 주고, 그들이 스스로를 다시 인격체라고 느끼게 하려고요."[42]

북우간다 킷굼 출신인 메리 수녀에게 전쟁 지역, 고난이나 숲속 생활 같은 이야기는 낯설지 않다. 15세 때 티 없으신 성모님의 작은 자매회(the Little Sisters of Immaculate Mary)에 입회한 그녀는 대부분 북우간다에서 살면서 동포가 겪은 압도적인 도전을 현장에서 경험했다. 수련기 초, 이디 아민(Idi Amin, 1971년 군사 쿠데타로 우간다 대통령이 된 군인 출신 정치인 - 역자 주) 정부의 병사들이 수녀원과 본당을 장악하자, 그녀는 주교의 인솔 아래 수풀 지대와 남수단으로 도망쳤다. 신의 저항군과의 30년 전쟁에서 폭력이 증가하면서 그녀의 공동체는 계속해서 공격당했다. 그녀의 친척 수십 명이 죽고 납치당했다. 신의 저항군은 그녀의 아버지, 형제들 그리고 수많은 사촌을 죽였다. 그녀의 제부는 정부군의 손에 목숨을 잃었다. 조카들은 유괴되어 사라져버렸다. 수녀회 공동체의 수많은 수녀가 사라졌다. 지금은 그녀의 여동생이 친족 가운데 과부와 고아가 된 이들을 돌보고 있다. "이곳이 우리 공동체입니다." 그녀가 말한다. "우리는 계속 살아가야 하니까요."43)

이 모든 상황과 상황이 초래한 괴로움과 어려움 속에서도, 메리 수녀는 처음이자 그 이후 오랫동안 아촐리 종교지도자 평화이니셔티브(Acholi Religious Leaders Peace Initiative)의 유일한 여성 회원이었다. 메리 수녀는 그런 자격으로 한 차례 이상 수풀 지대로 들어가 지휘관과 어린 소년병을 찾고, 만나고, 협상하는 자리에 참여했다. 그녀는 너무나 많은 것을 상실했다는 사실, 특히 아프리카인의 핵심을 이루던 도덕적 가치를 상실한 것을 애석해했다. 우리가 대화를 나누는 동안에도 그녀의 얼굴 위로 눈물이 쏟아지곤 했다. "치욕이 너무 컸습니다." 그녀가 말한다. "부모가 살해당하거나 강간당하는 것을 가족들이 지켜봐야 하고, 납치당한 아이들은 끔찍한 상황에 삽니다. 우리는 문화, 도덕성 등, 모든 것을 잃었습니다. 이건 인간의 삶이 아니다." 그녀가 주목하는 가장 중요한 점은 사람들이 존중심을 잃었다는 것이었다. "심지어 젖소들이 사람들보다 더 존중받았어요. 젖소는 우유를 주잖아요."44)

특히 지난 20년 동안 자행된 신의 저항군의 학대를 감안할 때, 이 모든 일을 저지른 사람들을 어떻게 대면하고 고향 공동체로 돌아오도록 수용할 수 있었는지 묻자, 그녀는 정말 마땅한 대답이 없다는 듯이 고개를 흔들며, "해야만 하기 때문이죠."라고 말문을 열었다. "그들이 돌아왔을 때 마을 사람들 모두가 그들을 투옥시키고 싶어 했지만, 동시에 사람들은 이런 죽음, 살상, 또 그에 이어지는 일들에 지쳐 있었어요." 그들을 만났을 때 그녀는 가슴이 찢어지는 것 같았다고 했다. "반란군이나 피해자 모두 내 민족의 일부이니, 나는 이 일에서 벗어날 수 없습니다." 중죄를 저질렀지만, 용서를 구하는 사람들과 함께하면서 어떤 일도 쉽지는 않았지만, 그녀는 "우리는 기억해야 합니다."라고 말한다. "자신의 삶과 그 모든 일이 얼마나 힘들었는지 기억해야 합니다."45)

> 나는 그 사람들을 한때 잘못된 길로 빠졌던 내 형제자매라고 생각합니다. 제 존재가 특히 신의 저항군 병사, 진자 지역 사람들, 납치되어 그런 일을 하도록 강요당한 아이들 가운데 일부라도 돌아오도록 인도할 수 있습니다. "당신이 이 일을 선택하지 않았다는 걸 압니다. 결단을 내려 돌아오십시오." 나는 그들을 사랑하고 용서하고 도와야 합니다.
>
> 소년병들은 "수녀님, 저를 수녀님 집으로 데려가 주세요. 제발 저를 그곳으로 데려가 주세요."라고 말합니다. 그들을 두고 돌아오면 마음이 아파서 밤잠을 이룰 수도 없습니다. 맨발인 그 아이들의

발은 돌처럼 딱딱합니다. 그들에게는 더 이상 감정이라는 게 없습니다. 나는 그게 어떤 상태인지 압니다. 제가 젊은 수련자였던 아민 통치 시기, 주교님께서 우리를 군인들 앞에 남겨 두지 않으려고 수단으로 향하는 숲속으로 우리를 데려가셨거든요. 군인들이 오면 우리는 도망쳤습니다. 부활절 일요일이었는데. 우리는 숲으로 도망쳐 며칠이나 숨어 지냈습니다. 숲에서의 생활은 정말 너무 힘들어요. 이 젊은이들은 하루에 수백 킬로미터를 이동합니다. 나는 내 동포들에 대해 정말로 강한 사랑을 느낍니다."46)

메리 수녀의 활동은 피해자들의 고통을 확실히 끝내는 옹호의 한 형태이며, 그것은 폭력을 저질렀던 사람들도 공동체 일부로 생각하면서 그들과 관계 맺도록 이끈다. "그들, 피해자들이 언제나 자신을 위해 목소리를 낼 수 있는 것은 아니기에, 나는 그들을 옹호해야 하고, 그들을 만나 위로하고, 언젠가는 '주님이 우리를 살려 주실 것입니다.'라고 말해야 합니다. 우리 수녀회와 장상들은 '메리 수녀님, 계속하십시오. 수녀님은 용기 있는 분이니까요.'라고 말씀해 주셨습니다. 그러니 해야 합니다."47)

지난 몇 년 동안 나는 종교 연합 이니셔티가 후원하는 프로세스에서 메리 수녀와 함께 활동했다. 5개국에서 온 종교간 팀이었다. 메리 수녀, 패트릭 루뭄바(Patrick Lumumba), 성공회 사제 한 분, 그리고 셰이크 칼릴(Sheik Khalil)이 아촐리 종교지도자 평화이니셔티브를 대표했다. 마닐라에서 열린 두 번째 회의에서, 나는 가끔 세미나와 피스빌딩 모임에서 하듯이, 대화로 이루어진 시를 경청하고 있었다.48) 북우간다 상황에 대한 그들의 팀 발표가 끝났을 때, 메리 수녀는 그녀에게 주어진 "어떻게 계속해 나갈 수 있었습니까?"라는 질문에 답했다. 몇 개의 짤막한 단어로 이루어진 그녀의 대답은 뜻밖에 마주친 행운과도 같이 완벽하게 짜인 하이쿠(俳句, 일본 정형시를 일컫는 말로, 시를 대신하여 쓴 용어 - 역자 주)를 만들어 냈다.

> 그 모든 아이들을 위해
> 우리는 고통 속에서도 미소 짓습니다.
> 그들에게 용기를 주기 위해

네 가지 기본 요소 : 무장 단체와의 만남에 관한 신학

신학적 뿌리는 인터뷰와 대화를 통해 생겨난다. 신학적 뿌리는 특히 인구 일반에 두터운 신자 층을 보유한 교회라는 배경에서, 어떻게 그리고 왜 이 특정 가톨릭 지도자들이 무장 세력과의 만남을 시작하고 그들과 관계를 맺기 시작했는지에 관한 질문을 제기한다. 신학적 뿌리는 회복을 추구하기 위한 복잡하고도 험난한 여정이라는 이미지를 둘러싸고 형성된다.

먼저, *여정*이라는 단어 선택에 관해 이야기하면, 인터뷰와 얼마 되지 않는 기록물 전체에 나타나는 인상적인 일관성은, 여정이라는 메타포가 사용되었다는 점이다. 카스트로 끼로가 대주교는, 대화에 관한 자신의 글에 제목을 붙이면서, 각각 '다리', '진실을 향한 오솔길', '정의로 가는 경로', 그리고 '도착 지점'이라 묘사했다.[49] 몬시뇰 헥토르 파비오 헤나오 가비리아(Héctor Fabio Henao Gaviria)는 '윤리적 로드맵'을 언급한다.50) 구두로든 기록물 형태로든 거의 모든 가톨릭 지도층이 자기 역할의 일차적 강조점을 '동반'에 두었는데, 이것은 그들이 여정을 나아갈 때 사람들 곁에 현존한다는, 사람들과 함께 있다는 특징을 나타낸다. 이 두 가지 핵심 이미지, 여정과 동반은 가톨릭 교회에 사회학적으로나 신학적으로 하나의 통찰을 제공한다. 사회학적으로 교회는, 문자 그대로, 폭력에 의해 가장 큰 영향을 받은 공동체 속에서 그리고 공동체와 함께 현존한다. 신학적으로, 교회 지도자들은 그들의 능동적 현존, 피해자와 가해자 모두와의 관계 맺기를 자신의 사목적 소명의 표현이라 여긴다.51) 이 관계 맺기의 목표는 회복, 또는 카스트로 끼로가 대주교가 폭력적 갈등의 순환을 거치며 부서져 버린 것의 '재구성'이라 부른 작업이다.52) 회복은 4가지 유형으로 파악되는데, 기본적 인간성 되찾기, 가족 재건하기, 하느님의 질서를 다시 세우기, 그리고 존중심 회복하기이다. 이것을 서로 연결된 공간으로 시각화했다(그림 2-2 참조). 이 그림에는 무력 분쟁 상황에서 더 충만한 의미의 인간성과 건강한 인류 공동체를 실현하려는 여정이 겹쳐져 있는데, 대화에 깊이 투신함으로써 서로 연결된다. 각 여정은 더 심층적으로 탐구할 가치가 있다.

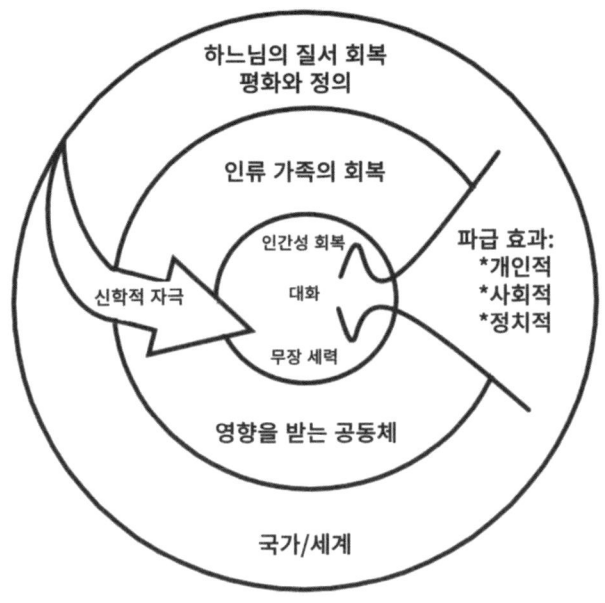

〈그림 2-2. 대화를 향한 신학적 자극〉

인간성 회복 : 인간 존엄을 향한 여정

먼저, 나와 이야기를 나눈 거의 모든 사람은 무장 세력과 관계 맺는 일이 함정, 갖가지 위험 요인이 뒤얽혀 있는 관계로 한 걸음 더 나아가기를 요구한다는 사실을 잘 알고 있었고, 여러 차례 강조했다. 다리오 신부가 표현했듯이, "때로 저 혼자 와서 누군가를 만나 달라는 요청을 받을 때, 저는 주교님이나 다른 신부가 저와 함께 가는 건 안 되는지 간청할 때도 있었어요. 무슨 일이 생길지 전혀 알 수가 없으니까요. 전혀 알 수 없다는 데서 기인하는 두려움이죠."53) 그런 걸음을 떼는 열쇠는 두 가지 원천으로부터 솟아난다. 황폐화, 특히 지역 공동체에서 의미 없는 고통으로 보이는 상태를 끝내고 싶다는 깊은 관심, 그리고 몇몇 사람들이 말했듯이, 상황을 '재인간화'해야 할 필요성이다. 우리는 재인간화라는 개념 속에서 근본적인 신학적 확언을 발견한다. 즉, 폭력 상황에 연루된 모든 사람은 인간성의 일부를 상실하게 되었다. 그들 모두는 인간 존재다. 따라서 기본적인 인간성을 회복하는 여정이 필요하며 그 여정은 하느님께서 부여하셨다는 것이다.

가톨릭 활동가를 위한 기본 뿌리는 가톨릭 사회교리에 기반을 둔 인간 존엄성이라는 원리다. 핵심 원리는 모든 개인이 하느님 모습으로 창조되었기에 지니는 기본적 존엄성이다. 인격적 존재인 인간의 초월적 존엄성에 대한 존중이 정의롭고 평화로운 사회의 근본이다.54) 인간의 존엄성은 권리와 책임 둘 다를 가져온다.

인터뷰로부터 가장 두드러진 측면은 무장 세력들을 찾아 나서는 일을 무장 세력의 인간성과 피해자들의 인간성 둘 다에 호소하는 행위로 위치 지운다는 것이다. 무자비한 폭력과 공동체 동료에 대한 멸시가 체계적인 패턴과 폭력적 구조를 구성하지만, 폭력의 최전선에서 그런 체계 속으로 들어가는 여정은 실존하는 사람들을 찾아 나서고 그들과의 관계를 만들어 내기를 요구한다. 대부분의 사람에게 이 활동은 알 수 없는 세계로 내딛는 한 걸음을 의미한다.

라파엘 까르데나스 오르띠스(Rafael Cárdenas Ortiz) 신부를 예로 들어 보자. 몇 년에 걸쳐 본당에서 학살과 강제 이주가 증가하자, 신부는 당시 활동 중이던 준군사 조직 콜롬비아 연합방어군 현지 사령관을 찾아가 만나보기로 결심했다. 라파엘은 산탄데르 교구에 있는 산 호세 데 미란다 본당의 주임신부였다. 인터뷰가 이루어지던 때 그는 사회사목 아웃리치 프로그램의 책임자였는데, 교구 내에서 폭력으로 가족을 잃은 고아와 과부 600여 명을 돌보는 일이었다. 신부는 아주 간단한 몇 마디 문장으로 말했다. "우리는 시체가 발견되는 일을 거의 매일 보았고, 3년 사이 상황은 악화되고 있었습니다. … 그래서 어느 날, 저는 그냥 위험을 무릅쓰고 이 사람들, 콜롬비아 연합 방어군에 속해 있었던 사람들을 찾아가, 도대체 무슨 일이 일어나고 있는 건지, 그저 이야기라도 나눌 수 없는지 알고 싶다는 결심을 했어요."55) 쉬운 일도 아니었고 상당한 위험 부담이 없지 않았지만, 라파엘 신부는 마침내 지역 사령관을 찾아냈다. 대화가 흘러감에 따라, 신부는 자신과 이야기를 나누고 있는 사람이 자기도 신앙인이며, 살상이 아니라 질서를 유지하고 싶어 한다는 걸 알게 되었다. "그래서 그에게 말했습니다. 우리 지역에서 너무 많은 사망자가 발생하여, 사람들이 겁에 질려 집 밖으로 나서려 하지 않습니다. 그게 우리 지역 전체를 망가뜨리고 있어요. 그런 뒤 나는 위험을 감수하고 말해 버렸습니다. 살상을 그만두어 달라고, 그만하면 충분하지 않으냐고요." 대화를 마무리할 무렵, 사령관은 지역 공동체에 공포와 파괴적 전략을 활용하는 일을 그만두겠다는 데 동의했다. "대단치 않은 대화였어요." 라파엘 신부는 말했다. "하지만 그때부터 살상이 눈에 띄게 줄어들었습니다." 엄청난 고통을 자아내고 신부를 쉽사리 죽일 수도 있었을 사령관 같은 사람을 어떻게 만날 수 있었느냐는 질문에, 라파엘 신부의 대답은 간단했다. "저는 언제나 되새깁니다. 어딘가를 겨눈 총부리 뒤에, 한 사람, 한 명의 인간, 누군가의 아들이나 딸이 있다고요."56)

무장 활동가와의 관계 맺기는 그 사람의 인간성을 향해 손을 내미는 행동인 동시에 갈등의 재인간화에 호소하는 과정이다. 근본적으로,

그 동기는 폭력의 모든 측면에서 인간의 존엄성을 회복하자는데 근거하는 듯하다. 다리오 신부가 기회 될 때마다 반복했듯이, 무장 활동가와 대화하게 하는 동기는 존중하는 자세로 사람들을 대하는 동시에 피해자들의 인간성과 공동체에 대한 책임이라는 감각을 일깨워야 할 필요성이었다. 본질적으로 이런 대화는 공감과 옹호 사이의 섬세한 선, 대화 참가자들이 폭력의 모든 측면에서 기본적인 인간성을 회복할 기회를 모색하는 공간을 걷는 일이다.

가정의 회복 : 부서진 공동체 재건을 향한 여정

무장 활동가들과의 직접적 만남은 보다 광범위한 공동체에 관한 관심에 바탕을 둔다. 만약 유엔이나 세속 비정부기구의 화법이었다면, 그런 관심은 인도주의나 인권 담론을 기반으로 틀이 짜였을 것이다. 이런 담론은 가톨릭 지도자들의 언어와 범주에도 존재하고 그것도 아주 정교한 형태로 존재하지만, 동기를 부여하는 신학은 가정과 공동체의 회복 자체에 뿌리를 둔다. 가톨릭 신앙 안에서 가정은 문자 그대로 또 비유적인 개념으로서, 하나의 패러다임으로 간주한다. 하지만 무력 분쟁 상황에서 이 개념은 더욱 큰 폭과 깊이, 그리고 의미를 지닌다.

이에 관한 가장 명료한 표현은 고메스 세르나 주교와 카스트로 끼로가 대주교의 글에서 나오는 것 같다. 이들은 친교, 회복, 그리고 가정을 호환 가능한 개념으로 사용한다. 특히 고메스 세르나 주교는 무장 세력과의 대화가 왜 필요한가에 관한 설명을 다음과 같은 선언과 함께 시작한다.57) "선하신 아버지이신 하느님께서는 우리를 당신의 모상과 유사성에 바탕을 두고 창조하셨습니다. 그분께서 우리를 하나의 커다란 가족으로, 사랑과 평화의 신비로 창조하셨다는 뜻입니다. … 그리고 그분께서는 우리에게 온 우주를 … 모두가 공유하도록 주셨습니다. 이에 더해 하느님께서는 우리에게 이 거대한 가정을 계속해서 건설할 능력을 주셨습니다."58) 글의 뒷부분에서, 세르나 주교는 폭력으로 상처 입은 가정이라는 단위에 대해, 그리고 사랑과 평화에 부합하는 가치가 가장 잘 전수되는 핵심 장소가 가정이라고 지칭하지만, 친교, 공동체, 책임이라는 신학에 틀을 부여하는 것은 하느님의 모상으로부터 가정, 거대한 가정을 건설할 능력이 끊임없이 흘러나오는 덕분이라고 말한다.

본질적으로, 무장 갈등 상황에 놓인 교회 지도층의 도전 과제는 가정을 어떻게 회복할 것인가이다. 이것은 어쩌면 보조성 원리를 통해 가장 잘 이해될 텐데, 그 원리에서는 언제나 최고 수준의 개입과 응답이 민중 그리고 피해를 입은 상황에 가장 먼저 도달해야 한다고 되어 있다. 가톨릭교회에서 보조성 원리는 종종 교구와 본당으로부터 자발적인 행동과 이니셔티브가 나와야 한다는 사실을 의미한다. 고메스 세르나 주교에게 이것은 교구 내 여러 본당에서 사목적 대화를 시작하게 했다. 주교의 핵심적인 말을 마음에 새긴다면, 그 전망은 엄청난 폭력으로 심각하게 손상당하고 부서진 가정을 회복시키는 일이다. 사목적 대화에 관한 교구 내 소책자의 서두에 표현했다시피, 무장 세력의 모든 진영이 공개적이고 적극적인 신앙은 아니더라도 스스로가 가톨릭의 유산을 물려받았다고 말하는 한, 가정의 회복이란 지역 교회의 몸을 재건하는 작업을 의미한다. 가정 회복이라는 전망은 폭력 피해를 본 더 넓은 공동체, 가해자와 그들이 저지른 손상의 피해자들 모두를 아우르는 공동체의 회복을 포함한다.

몬시뇰 헤나오 가비리아는 공동체 내에서 공동체와 함께하는 '동반'과 '사목적 경청'의 중요성에 주목하면서, 공동체 수준에 대해 반복해서 언급한다. 그는 전체 공동체의 해체와 가정생활의 파탄을 언급하는데, 이런 일은 "세대를 이어 대처해야 할 깊은 상처를 만든다. 사목적 동반이 이 일을 떠맡아, 이런 일을 예방하는데 필요한 공간을 만들고, 사람들의 권리를 회복시켜야 한다. 동반이란 수많은 위협으로 파괴된 인간 안보를 다시 회복하는 일이며, 그러려면 확실한 신뢰와 연대감을 만들어 내는 장소가 필요하다."59) 여기서 우리는 다시, 존재하기, 만남의 장소 만들기, 동반하기, 그리고 행동의 핵심 단위인 공동체 재건하기라는 지향을 내포한 신학을 발견한다. 이 신학은 주로 폭력에 의해 직접적으로 영향을 받은 공동체 수준에 초점을 맞춘다.

『도망을 멈추십시오(*Deja de Correr*)』에서, 카스트로 끼로가 대주교는 화해의 일차적인 임무가 **친교, 파열, 재구성**(*communion, rupture, and recomposition*)이라는 세 단어에 뿌리내렸다는 점을 되풀이해서 강조한다.60) 이 접근법은 지역 공동체의 회복이라는 관념을 특히 지역 공동체나 교구 내 가정에 초점을 맞춰 재차 언급하는데, 그 내용은 부분적으로는 이 책의 부제인, **피해자로부터의 화해**(*Reconciliation from Victims*)에 담겨 있다. 이런 방향성에서의 핵심은 일차적으로는 폭력으로 고통받은 사람들에게 강조점을 두지만, 특정 수준에서는 피해자, 가해자 그리고 포괄적 의미의 교회 가족이라는 추상적 개념을 발전시키기보다 교회 지도층을 직접적이고 구체적 상황에 배치하는 '공동체'로서의 개입 역시 중요하다. 다시 말하지만, 이런 내용은 메리 수녀의 간단한 문장에 담겨 있는데, 소년 병사들에 대해 "나는 내 동포들에 대해 정말로 강한 사랑을 느낍니다."라고 한 수녀님의 말씀은, 인간성, 공동체 그리고 동포 의식이라는 감각을 재건하는 일에 담긴 딜레마를 불러일으킨다.61)

하느님 질서의 회복 : 정의와 함께하는 평화, 평화의 결실인 정의

아우구스티누스는 평화를 질서, 곧 사물이 올바른 순서와 올바른 관계에 놓여 있는 상태라는 개념에 맞추어 설명한다. 어쩌면 가톨릭 지도자들이 무장 활동가들에게 다가가는 위태로운 여정을 아우르는 가장 넓은 원은 하느님께서 의도하신 질서라는 이 개념에서 발견된다.

인터뷰했던 거의 모든 분이 이 주제를 언급했다. 고메스 세르나 주교가 제안하듯이, 피스빌딩의 큰 그림은 "우리 교회가 평화는 언제나 정의의 열매(이사 32,7)라 이해하도록 한 하느님의 말씀 안에" 놓여 있으며, "이런 까닭에서 우리는 인간에 대한 전체론적 관점을 촉진하면서 사회 정의를 이루기 위해 노력해 왔고, 이런 작업이 진정한 평화로 가져오게 되리라 확신해 왔다."62) 이런 사고에 맞추어, 교회 문헌, 교황들이 공표한 회칙과 문서가 인용되었다. 평화의 새 이름은 발전이라 본 교황 바오로 6세의 개념, 진정한 평화란 "군사적 승리의 열매가 아니라 진정한 평화를 만들어 낸 원인을 탐구하는 데서 발견된다."라고 말한 교황 요한 바오로 2세의 의견, 그리고 소원해진 사람들 사이의 대화와 화해에 대한 교황 요한 바오로 2세의 반복적 강조가 그것이다.

콜롬비아 교회 문헌은 하느님의 질서와 관계의 재구조화에 관한 이런 이해에 구체성을 제공한다. 1980년대 중반부터 콜롬비아 주교회의는 갈등 상황, 과도한 폭력, 정의와 평화로운 갈등 해소의 필요성을 다룬 사목 서한을 발표하는 전통을 시작했다. 서한들은 무엇보다도 무고한 공동체들을 향한 폭력의 거부, 모든 진영에 타협안을 추구하도록 요청하기, 화해에 대한 도전과 명령, 영속적인 평화 이니셔티브의 수립, 콜롬비아 내 경제적, 구조적 불평등에 대한 관심 등을 거듭 촉구했다. 그의 책에서, 카스트로 끼로가 대주교는 화해의 다양한 차원에 초점을 맞추며 결론을 맺는다. 화해는, 콜롬비아 같은 맥락에서 요청되는 변혁의 일환으로서, 구조적, 정치적, 사회적, 국제적, 문화적, 윤리적, 영적 변화를 요청한다는 것이다.

주교회의 국가조정위원회는 1998년에 발표한 문헌에서 국가적이고 영속적인 평화 정치를 요청하며, 그 프로세스를 다음과 같이 제안한다.

> (그 프로세스는) 선출된 특정 정부를 넘어 광범위한 국가적 합의의 열매여야 하고, 한 집단의 이해에 의존하지 않아야 하며, 시간과 내용 면에서 연속성을 지니고, 지속적인 평화를 약속하며, 무력 분쟁에 대해 협상을 통한 정치적 해법을 도출하고, 문화적, 경제적, 정치적, 법적, 생태적 차원을 동반한 지속 가능한 인간 발전 요구를 고려해야 하며, 정의를 확립하는 국가 건설을 허용해야 한다.[63]

이 내용은, 고메스 세르나 주교가 "우리가 살아가야 할 평화는 창조 이래 우리에게 주어진 이 위대한 소명 안에서 우리가 건설해야 할 것"이라 말한 내용에도 나오듯이, 질서에 담긴 더 넓은 전망을 표현하며, 구체적 행동을 요청하는 넓은 우산을 펼친다.[64] 수십 년이나 이어진 무력 분쟁 상황에서 활동해 온 교회 지도자들의 실천적 소명이기도 한 광범위한 신학적 전망은 건강하고 번창하는 인류 공동체 안에서 질서를 회복하고, 하느님께서 원래 의도하신 관계라는 집으로 돌아가는 길을 발견하는 일, 바로 그것이다.

대화의 회복 : 신뢰와 존중을 재건하라는 명령

지금까지 논한 세 유형의 회복은 - 인간 존엄성 되찾기, 파괴된 공동체 재건하기, 올바른 관계에 기반한 질서 회복하기 - 폭력에 짓밟힌 상황에서 실천적이지만 예술이 담긴 방법론, 즉 이해에 기반을 둔 협상이라는 세속적인 기술의 한계를 넘어 더 깊은 내용을 담은 방법론을 요구한다. 이런 맥락에서 내가 만난 교회 지도자 대부분은 스스로를 전문적 협상가나 중재자로 바라보지 않는다. 사실 그들은 협상가나 중재자 같은 용어를 정치 세계에서 이루어지는 담론에 바탕을 둔 것으로 간주하기 때문에, 그런 용어를 사용하는 일 자체를 불편해 한다. 그들은 자신의 작업이 더 부드럽고 유동적이며 보다 모호한 용어로 묘사되기를 선호하는데, 예컨대 정치외교학자 조지프 나이(Joseph Nye)가 '소프트 파워'라 부른 것처럼 말이다.65) 가톨릭 피스빌딩이라는 이 독특한 틈새에서, 지도자들은 **촉진, 관찰자, 선한 직무** 같은 용어를 사용하는 경향을 보이며, 이 맥락에서 가장 특징적인 현상으로 **동반**이라는 개념을 선호한다. 이 모든 것은 하나의 확실한 문장에 바탕을 두는데, 대화는 무장 활동가들과 관계를 맺기 위한 목적이자 수단으로서 추구해야 할 도덕적이고 신학적인 필요성이 있다는 것이다. 세 지역 상황, 즉 콜롬비아 교회의 최상위 수준에서 본당과 교구가 펼치는 사목적 대화, 북우간다에서 아촐리 종교지도자 평화이니셔티브가 기울인 노력, 또 민다나오 평화 지대에서 견지해 온 입장은, 무력 분쟁을 지속하는 게 아니라 협상을 벌이는 게 필수라는 것이었다. 당시 콜롬비아의 라인디아 공동체 지도자들 가운데 한 사람은, "우리는 대화적 공동체이지 누군가를 탓하거나 거부하는 데 집중하는 공동체가 아니다."[66] 라고 진술했다.

콜롬비아에서 전국적으로나 교구 차원에서 무장 세력과의 대화에 참여하는 사람들은 일련의 원리와 지침을 세웠다. 여기에는 침묵과 고립의 법칙을 깨뜨리고, 두려움을 넘어서기 위해 팀을 이루어 작업하며, 세심하게 경청하고, 목표와 의제를 명확하게 표현하며, 투명성과 정직성을 추구해야 할 필요성이 포함된다. 그러나 서면과 구두 인터뷰 모두에서 가장 일관되게 언급된 것은, 존중과 신뢰의 원리였다. 다리오 신부는 이것을 설명 책무(accountability)와 책임감이라는 잠재력을 강화하기 위해, '신뢰와 존중을 구축해야 할' 필요성이라 지칭했다.[67] 버트 신부는 특히 타인에 대한 우월감을 넘어서려는 자신만의 여정에 관해, "어느 누구도, 심지어 교회조차도 선에 관한 독점권을 지니고 있지 않다"라는 것을 기억해야 한다고 이야기했다.[68] 아마도 가장 충격적인 말은 메리 수녀의 말이었을 것이다. 메리 수녀는 존중이 완전히 붕괴된 북우간다에서 공동체의 종말을 가장 분명하게 보았고, 그런 공동체의 재건을 관계 맺기, 대화, 그리고 공동체 구성원 각자가 자신을 위해 또 타인을 위해 존중심을 되찾도록 돕는 과정으로 생각한 사람이기 때문이다.

대화에 대한 신학적 견해는 하느님의 창조적 영과 그 영이 인간 공동체와 이루는 상호작용이 대화를 통해 이루어지며, 이때의 인간 공동체가 단지 신앙인들만을 의미하지 않는다는 이해로부터 솟아난다. 하느님은 낯선 이들, 당신을 외면한 사람들에게도 일관되게 관여하셨다. 고메스 세르나 주교는 이것을 하느님께서 육화된 말씀을 통해 선택하신 형태, '인류 가족의 가장 중대한 순간'이라고 말한다.69) 많은 측면에서 대화는 목적이자 수단으로서, 상호 신뢰와 존중에 근거한 관계와 공동체의 재건을 암시한다. 마강게 교구 지도자들은 이를 두고, 생명은 반드시 대화와 참여를 내포해야 한다는 하느님 의도를 비유적으로 나타낸 것이라고 말했다. 더 넓은 신학으로써 정의와 평화에 관한 하느님의 질서를 회복하려는 전망을 우산처럼 펼치는 일로부터, 무장 활동가 한 개인과 더 특별하게 관계를 맺게 하는 동인은 바로 하느님께서 명하신 이 생생한 대화의 형태다. 무장 활동가 한 개인과 관계를 맺는 일에서, *피해자와 무장 활동가 둘 모두에게 인간 존엄성을 되찾으려는 동기는, 가장 이해할 수 없고, 가장 두려워하며 손에 총을 든 이들을 향해 나아가는 여정을 요구한다.* 어쩌면 여기서 우리는 그림 2-2에 시각적으로 묘사된 신학적 실천의 역동적인 본질을 가장 잘 이해할 수 있다. *각자의 자리에서*(in situ) 아무 보호도 받지 못한 상태에서도 무장 활동가와 관계를 맺는 일에 나서는 신학적 자극과 윤리적 용기는 하느님의 보다 넓은 질서에 관한 이해와 부서진 공동체를 회복하라는 요청안에서, 또 그런 이해와 요청으로부터 흘러나온다. 관계 맺기는 투명성, 상호 존중과 신뢰에 바탕을 둔 실제적 관계의 발전을 요구하며, 그것은 다시 책임, 존중에의 호소, 갈등의 인간화와 배상과 같은 주제를 다룰 기회를 제공한다. 관계 맺기는 인간 존엄성, 공동체, 더 넓은 질서의 회복으로 돌아가는 흐름을 만들어 낸다. 다시 한번 다리오 신부의 말을 빌리면, 관계 맺기는 교회의 일차적 사명이다. "평화를 추구하는 일은 콜롬비아에 부여된 하나의 명령입니다. 교회에 다니는 사람이든 일반 시민이든 모두 동참해야 합니다. 우리는 평화라는 강의 저마다 다른 기슭으로부터 다다를 수 있지만, 교회라는 기슭으로부터 나온 우리는 평화를 추구하는 일을 하나의 사목으로 떠맡아야 합니다."[70]

가톨릭 피스빌딩의 고유성

이 책에 담긴 글들은 가톨릭 피스빌딩의 고유한 특질은 무엇인가 하는 질문에 관한 탐색을 제공한다. 이 장은 인터뷰와 기록물, 개인적 경험이라는 한정된 자료에 근거하여 표면만 훑었을 정도지만, 초창기에 관찰한 몇 가지 사례를 보면, 장기화된 무력 분쟁 상황에 놓인 가톨릭 신자가 대다수인 나라에서 가톨릭 피스빌딩은 잠재적으로 상당한 고유성을 지니고 있음을 알 수 있다.

첫째이자 가장 중요한 특징으로, 위계 조직을 지닌 교회론은 갈등 지형에서 전례 없는 존재감까지는 아니더라도, 고유성을 만들어 낸다. 나는 이것을 '어디에나 있는 존재'라 지칭해 왔다. 교회와 교회 지도자들은, 좋은 쪽으로든 나쁜 쪽으로든, 갈등이 맹위를 떨치는 거의 모든 지리적 장소에서, 모든 층위에 있는 이들과 관계를 맺을 공간을 마련하거나 직접적으로 인격적 관계를 맺어 왔다. 콜롬비아나 필리핀 같은 나라에는, 종교적으로든 세속적으로든, 가톨릭교회만큼의 접촉의 폭과 깊이를 가진 기관이 거의 없다. 이런 존재감을 어떻게 응집력 있고 조직화된, 전략적으로 탄탄한 피스빌딩 플랫폼으로 바꿀 수 있을지, 바꿀 수나 있는지 언제나 명료하지는 않다. 이 장은 각 나라에서 피스빌딩이 어떻게 발전했는지에 관한 세세한 연대기를 제공하려 하지 않았지만, 몇몇 상황에서 특히 콜롬비아와 필리핀의 경우처럼, 가톨릭이 무장 세력과 관계를 맺은 일은 노골적이고 장기화된 폭력 상황에서 처음으로 필수적인 실천 방식으로 작동하기 시작했음을 시사한다. 그리고 그 실천 방식이 더 넓은 층위에서 피스빌딩에 관한 신학적 이해와 토대를 심화시키기 시작한 성찰의 계기를 마련해 주었다. 결과적으로 특히 지난 10년에 걸쳐, 피스빌딩 언어의 깊이와 구체성, 신학적 뼈대의 풍요로움, 실제적인 실천 행위는 더욱 세련되고 명료해졌다.

이런 첫 번째 특징 속에서, 어디에나 있는 존재는 잠재력을, 어떤 사례에서는, 교회 구조를 종적으로나 횡적으로 더 튼튼하게 통합시킬 수 있는 효율적인 동원 능력을 만들어 낸다. 교회 지도자들은 정부와 반란군 사이라는 최상위 수준에서 이루어지는 국가적 정치 협상에 관여하고, 또 한편 현지의 성직자와 평신도 지도자들은 본당 현장에서 무장 집단들과 관계를 맺는 일에 관여한다는 의미이다. 종교 지도자와 단체들이 다른 상황에서 이런 요소를 제공한 적이 있긴 하지만(예컨대 1980년대 니카라과에서 모라비아 형제회와 침례교가 이룬 작업), 교회 구조의 기반 시설과 교회론이 피스빌딩이 해내야 할 활동을 이 정도로 깔끔하게 다층적이고 다면적으로 조정한 적은 거의 없다.

두 번째 특징으로, 교회의 긴 역사, 그리고 정의, 평화, 사회 질서라는 이슈에 대한 회칙과 교황 연설, 신학 문헌에 바탕을 두고 이루어진 교회의 내적 발전은, 대화의 신학과 무장 세력과의 관계 맺기를 피스빌딩 표현으로서 정당화하는 일련의 방대하고 풍요로운 원천을 제공한다. 이것은 특히 가톨릭 사회교리에 잘 들어맞는 내용으로, 사회교리는 현장에서 평화 실천 행위를 추구해야 할 동기가 무엇인지 알려주는 준거점을 만들어 낸다. 다른 교단과 교회 전통도 틀림없이 평화와 정의 문제를 다루는 나름의 원천을 갖고 있을 것이다. 그러나 나는 폭넓게 작성된 가톨릭 신학이 사람들을 인도하는 문헌을 제공하고, 사람들을 동원하며, 폭력을 조장하는 행위자들과 넓고도 깊게 관계를 맺음으로써, 폭력 상황을 다루는 신비에 발을 들여놓도록 격려하는 힘이 얼마나 큰지를 깨닫고 엄청나게 놀랐다.

세 번째 특징으로, 이 장의 일차적 초점을 넘어서는 내용이지만, 주교와 사제들이 내놓은 설명을 보면, 상징, 의식, 심지어 전례적 요소 같은 여러 방식은 가톨릭 신자가 대다수인 지역에서 무장 세력과 교섭할 때 연결과 보호의 거점으로 기능했다. 미사, 성체성사, 의복과 십자고상을 비롯한 교회의 상징물까지 이런 다양한 장치들은, 현장 사령관들과 교섭하기 위해 상당한 위험을 감수해야 하는 상황에서, 상징적이지만 강력한 보호와 존중의 방호-구조(para-structure)로 기능해 왔다. 다리오 신부는 그가 만난 몇몇 사령관이 신부가 지닌 묵주나 십자고상을 달라고 하거나 성체성사를 받고 싶어 했다며, 신부의 개인적 여정이자 공동체에 영향을 미치는 행동에 책임을 지는 여정으로서 평화를 추구하겠다는 더 넓은 목적을 위해 무장 세력과 관계 맺는 일에서 이 모든 방식을 활용했다고 말했다. 이런 상황에서 교회가 받는 존경은, 수많은 분쟁 지역에서 정부와 공무원들이 제 기능을 수행하지 못하고 있는데, 지역 본당과 교구의 봉사는 계속되었기에 더욱 빛을 발한다.

교회의 성사적 본질과 가톨릭 신자의 생활에서 성체성사가 지니는 중심성은 아무리 강조해도 지나치지 않을 것이다. 그 핵심에 있는 성체성사는 몸이라는 형태, 한곳에 모인 공동체로 재현되는 하느님과 공동체의 만남과 화해에 관한 근본적 이해를 표현하고 요구한다. 보통 사람에게는 하나의 습관 같은 의식에 불과할 수 있지만, 거듭 말하지만 장기화된 갈등 상황에서, 성체성사는 화해, 깨어진 공동체의 회복, 다른 이의 고통에 대한 개인적, 공동체적 책임지기에 관한 성사적 상상력과 도덕적인 상상력 둘 다를 동원할 잠재력을 잉태시키는 순간을 만들어 낸다. 바로 이런 점이 배상 개념을 탄탄하게 이해하게 하는 근거와 존중과 용서의 윤리를 제공한다. 이것은 가톨릭 전통의 아주 중요한, 어쩌면 고유하다고 말할 수 있을 만한 수준의 기여를 나타내며, 성사적 행위가 상징적으로나 현실적으로 광범위한 갈등으로 영향을 받았거나 그런 영향을 미칠 수 있는 사람들을 어떻게 서로 연결하고 치유하고 도전하게 하는지를 보여준다.

마지막 특징이자 결론으로서, 교회 지도층의 윤리적이고 사목적인 본질이 일련의 고유한 기회를 만들어 낸다. 정치적으로 제한될 때조차 종교 지도자들은 사목자에게 요구되는 일로서 적대자를 만난다. 이것은 특히 콜롬비아 상황에서 잘 드러나는데, 그곳의 사제와 주교들은 누구랄 것 없이 만남과 관계 맺기라는 사목적 책무로 고립이라는 정치적 전술을 물리쳤다. 이런 전략에 관해서는, 앞에서 이미 언급했듯이 9·11 이후 많은 무장 단체와 활동가들을 포함하여 테러리스트 목록을 지니고 살아가는 세계에서, 많은 이야기를 할 수 있다. 윤리적 수준에서, 교회 지도층은 사목자와 예언자 사이의 매우 흥미로운 지점에 있다. 사목자는 관계를 맺고, 이해하려 애쓰며, 경청하고,

정서적 지원과 동반을 제공한다. 예언자는 진리를 거리낌 없이 말하고, 허위와 거짓말을 비난하고, 설명해야 할 책무를 요청하고, 존중, 권리, 책임에 관한 윤리적 기준에 호소한다. 무장 세력과 관계 맺기에 나설 때 가톨릭 지도층은 이런 두 현실 사이를 걷는다. 피스빌딩에 관한 공식 문헌과 갈등 해결을 정치적으로 기술한 자료는 교회 지도층의 행위를 중재자, 촉진자, 보증인, 관찰자, 옹호자나 인권 활동가 등으로 묘사하지만, *에믹하게*(emic* - 내부자의 시각으로) 그리고 더 정확하게 이해하자면, 가톨릭 지도층은 갖가지 어려움과 약점, 잠재력까지 감당해야 하는, 사목자면서 예언자라는 영적이면서 교회론적인 역할 사이에 놓인 공간을 포용하는 존재이다.

> * 에믹 : 문화인류학, 민속학, 각종 사회과학에서 쓰이는 현지 조사 연구 방법론으로, 조사 집단을 집단 내부자의 시각으로 관찰하고 기술하는 방법을 가리킨다. 대조적으로 '에틱'(etic)은 조사 집단을 외부 관찰자의 시각에서 관찰하여 기술하는 방법이다. 에믹과 에틱을 간단하게 문화 내부적, 문화 일반적 조사 방법론이라 구분하기도 한다.

여기서 우리는 장기화된 폭력 분쟁 상황에서 무장 세력과 관계 맺기를 해야 할 때 제기되는 어쩌면 가장 중대한 윤리적 딜레마를 발견한다. 이런 갈등은 종교계 활동가가 주도하든 정치계 활동가가 주도하든 국가적 평화 프로세스에 의해 적절하게 다뤄지지 못했던, 긴 세월 동안 모든 차원에서의 인권 유린과 함께 일어난다. 폭력의 순환에 종결을 고하고, 피해자들에게 적절한 배상 형태를 개발하며, 폭력에 연루된 사람들을 재통합할 방법을 찾는 과정에서 발생하는 긴장은 다면적이고 기념비적인 도전 과제를 만들어 낸다. 이런 갈등이 가톨릭 교회가 주요 활동가인 곳에서 발생하면, 일련의 윤리적 도전 과제가 고개를 든다.

공동체로 돌아와 지난 세월 저지른 유린에 용서를 구하던 신의 저항군 병사들에 관해 이야기해 준 메리 수녀는 이런 도전 과제를 잘 표현했다. 그들을 받아들인 일에 대해 질문을 받자, 그녀는 답변했다. "해야만 하기 때문입니다. 그들이 돌아왔을 때, 마을 사람들 모두가 그들을 투옥시키고 싶어 했지만, 동시에 사람들은 이런 죽음, 살상, 또 그에 이어지는 일들에 지쳐 있었어요."71) 여기에 교회 지도층의 딜레마가 있다. 신뢰와 존중에 바탕을 둔 대화를 통한 관계 맺기는 적절한 표현을 찾는다면, 동반, 용서, 재통합을 지향하는 사목자로서의 역할을 만들어 낸다. 예언자로서의 역할은, 종종 관계 맺기로부터 생겨나는데, 진리, 책임, 배상, 설명 책무, 인권 보호를 요구한다. 장기화된 갈등이라는 맥락은 본질적으로 애매모호하고 혼란스럽다. 현재 진행 중인 콜롬비아 준군사주의의 무장 해체 과정에서도, 북우간다의 신의 저항군 전쟁 종식을 도모하는 과정에서도, 교회 지도자들은 이 두 가지 광범위하면서도 타당한 신학적 에너지를 한데 모으기가 쉽지 않다는 점을 체감한다. 특히 공식적인 정부 구조가 취약하고, 빈곤 수준이 어마어마하며, 돌아서기만 하면 반복되는 폭력 위협이 일어나는 맥락에서 그런 작업은 더욱 어렵다.

우리가 발견하는 것은, 가장 정확하게 진술하면, 공개적으로는 좀처럼 인정하지 않을지 몰라도, 교회 자체가 분열되어 있다는 점이다. 분열은 다각적이다. 어떤 사람은 폭력을 끝내는 일이 배상보다 더 중요하다고 주장한다. 배상이 이루어진다 해도 적절하지 않거나 기껏해야 상징적인 수준에 불과할 것이기 때문이다. 또 어떤 사람은 최소한 전적인 해명, 어떤 형태로든 진실의 공식적 규명과 시인이 이루어져야 한다는 점을 강력하게 주장한다. 정치적 프로세스가 이를 제공할 리 없어 보이는 만큼, 교회가 과거의 학대와 범죄에 관한 진실을 밝히고 그에 관해 말할 책임을 짊어져야 한다는 것이다. 과테말라 가톨릭교회가 쏟은 노력이 바로 이런 것으로, 그 노력은 엄청난 시련과 개인에게 미치는 갖가지 영향과 더불어 이루어졌다. 어떤 사람들은 피해자들에게는 배상을, 학대를 저지른 모든 진영의 핵심 지도자에게는 수감 형태로 책임을 물어야 한다고 주장한다. 그렇게 명확한 견해를 밝히지 않는다면, 교회가 과거사에 눈을 가리고, 처벌하지 않는 문화를 만들게 되고, 가장 강한 권력을 쥐고 권력을 남용하는 사람들의 이익에 봉사함으로써 소외되고 피해자가 된 사람들을 위한 우선적 선택을 무의미하게 만들게 되리라고 보기 때문이다. 또 어떤 사람은, 어쩌면 교회 지도층 대다수의 모습인데, 그처럼 복잡한 이슈에 관여하는 어려운 책무로부터 물러서려 할 것이다. 그런 이슈는 정치적이고 교회의 일차적 책임을 뛰어넘는 일이라고 강변하면서 말이다. 장기화된 갈등 상황에 휘말린 교회에서는 이런 모든 사람을 발견하게 될 것이다.

(번역 정승아)

1) 로베르토 레이손(Roberto Layson), 필리핀에서 이루어진 저자와의 인터뷰; 로베르토 레이손, *In War, the Real Enemy Is War Itself* (Davao City, Philippines: Initiatives for International Dialogue, 2005)도 참조.

2) 페테르 발렌스틴(Peter Wallensteen), *Understanding Conflict Resolution* (London: Sage Publications, 2007); 존 다비와 로저 맥긴티(John Darby and Roger MacGinty) 편, *Contemporary Peacemaking* (New York: Palgrave Macmillan, 2003); 앤드루 맥(Andrew Mack), *Human Security Report* (Vancouver, Canada: Human Security Centre, 2005) 참조.

3) 앤드루 맥, *Human Security Report*, 9.

4) 유엔개발계획(UNDP), "Evolution of Statistics on the Armed Conflict," *Hechos del Callejón Special Edition*(Bogota: UNDP Publications, September 2007), 4.

5) 매튜 번슨(Matthew Bunson) 편, *Our Sunday Visitor's Catholic Almanac* (Huntington, IN: Our Sunday Visitor, 2009), 304, 323.

6) 위 책, 332.

7) 호르헤 레오나르도 고메스 세르나(Jorge Leonardo Gómez Serna), *Diálogos Pastorales y Comunitarios* (Magangué, Colombia: Comisión Vida, Justicia y Paz, Diócesis de Magangué, 2005), 1.

8) 필립 베리만(Phillip Berryman), *Liberation Theology* (New York: Pantheon Books, 1987), 6.

9) 존 폴 레더락(John Paul Lederach), *Building Peace: Sustainable Reconciliation in Divided Societies* (Washington DC: U.S. Institute of Peace Press, 1997), 39; *The Moral Imagination: The Art and Soul of Building Peace* (New York: Oxford University Press, 2005), 79 참조. 한국어 번역본은 각각 김동진 역, 『평화는 어떻게 만들어지는가』(서울, 후마니타스, 2012년)과 김가연 역, 『도덕적 상상력』(파주, 글항아리, 2016년).

10) 레더락, *The Moral Imagination*, 79-85.

11) 마우리시오 가르시아 듀런(Mauricio Garcia Duran, SJ), "Peace Mobilization in Colombia and the Role of the Roman Catholic Church," 2007년 7월 24-29일 콜롬비아 보고타에서 열린 제4회 가톨릭 피스빌딩 네트워크 연례 국제 컨퍼런스에서 발표한 논문.

12) 다리오 에체베리(Dario Echeverri), "La iglesia católica en Colombia en los procesos de paz", 위 컨퍼런스 논문집, 21쪽.

13) 다리오 에체베리, 2007년 콜롬비아 보고타에서 가진 저자와의 인터뷰.

14) 위 인터뷰.

15) 위 인터뷰.

16) 위 인터뷰.

17) 위 인터뷰.

18) 위 인터뷰.

19) 호르헤 레오나르도 고메스 세르나, "El desafio de afrontar grupos armados en un contexto dinámico y cambiante, con poca protección del estado," 제4회 가톨릭 피스빌딩 네트워크 연례 컨퍼런스 발표 논문.

20) 위 글.

21) 위 글.

22) 고메스 세르나, *Diálogos Pastorales y Comunitarios*, 1.

23) 위 책.

24) 위 책.

25) 위 책.

26) 고메스 세르나, "El desafio de afrontar grupos armados en un contexto dinámico y cambiante, con poca protección del estado."

27) 위 글.

28) 교황 바오로 6세, 『민족들의 발전』, 1967년. 76.78항(회칙 영어 번역본 기준. 한국어 번역에서는 76-80항의 소제목이며 87항도 참조).

29) 교황 요한 바오로 2세, 『백주년』, 18항.

30) 고메스 세르나, "El desafio de afrontar grupos armados en un contexto dinámico y cambiante, con poca protección del estado."

31) 고메스 세르나, *Diálogos Pastorales y Comunitarios*, 1..

32) 고메스 세르나, "El desafio de afrontar grupos armados en un contexto dinámico y cambiante, con poca protección del estado."

33) 위 글.

34) 위 글.

35) 루이스 아우구스토 카스트로 끼로가(Luis Augusto Castro Quiroga), *Deja de Correr: La Reconciliación desde las víctimas* (Bogota, Colombia: Comisión de Conciliación Nacional, 2005), 47-50.

36) 로베르토 레이손, *In War, the Real Enemy Is War Itself*, 9.

37) 로베르토 레이손, 인터뷰.

38) 로베르토 레이손, 저자와의 개인 서신, 2007.

39) 로베르토 레이손, 서신.

40) 위 서신.

41) 위 서신.

42) 메리 타르키시아 로콧(Mary Tarcisia Lokot), 2006년 캘리포니아 샌프란시스코에서 가진 저자와의 인터뷰 중.

43) 위 인터뷰.
44) 위 인터뷰.
45) 위 인터뷰.
46) 위 인터뷰.
47) 위 인터뷰.
48) 레더락, *The Moral Imagination*, 71 참조.
49) 카스트로 끼로가, 『도망을 멈추십시오(*Deja de Correr*)』.
50) 헥토르 파비오 헤나오 가비리아, "Lecciones aprendidas en la construcción de la paz en Colombia in creando un clima de reconciliacion: scenarios para la verdad, la justicia, y la paz," 제4회 CPN 연례 국제 컨퍼런스 발표 논문집, 40.
51) 위 책.
52) 카스트로 끼로가, 『도망을 멈추십시오』, 35.
53) 에체베리, 저자와의 인터뷰.
54) *Pontifical Council for Justice and Peace, Compendium of the Social Doctrine of the Church*, English trans. (Washington DC: United States Conference of Catholic Bishops, 2004), 108항, 132-34항. 한국어 번역본은 천주교중앙협의회, 『간추린 사회교리』(개정판), 서울, 천주교중앙협의회, 2005년.
55) 라파엘 까르데나스 오르띠스(Rafael Cárdenas Ortiz), 2006년 7월 11일 콜롬비아 산 호세 데 미란다에서 릴리아나 말도나도(Liliana Maldonado)와의 인터뷰 녹화본.
56) 위 녹화본.
57) 고메스 세르나, "El desafio de afrontar grupos armados en un contexto dinámico y cambiante, con poca protección del estado" 와 카스트로 끼로가, 『도망을 멈추십시오』.
58) 고메즈 세르나, "El desafio de afrontar grupos armados en un contexto dinámico y cambiante, con poca protección del estado," 1.
59) 헤나오 가비리아, "Lecciones aprendidas," 48, 49.
60) 카스트로 끼로가, 『도망을 멈추십시오』, 35.
61) 타르키시아 로콧, 인터뷰.
62) 고메스 세르나, "El desafio de afrontar grupos armados en un contexto dinámico y cambiante, con poca protección del estado," 2.
63) 콜롬비아 가톨릭 주교회의 국가조정위원회, *National Conciliation Report of the Episcopal Conference* (Bogota, Colombia: CCN, 1998), 1-2.
64) 고메스 세르나, "El desafio de afrontar grupos armados en un contexto dinámico y cambiante, con poca protección del estado," 1.
65) 조지프 나이(Joseph Nye), *Bound to Lead: The Changing Nature of American*

Power (New York: Basic Books, 1990)와 *Soft Power: The Means to Success in World Politics* (New York: Public Affairs, 2004) 참조. *Soft Power* 의 한국어 번역본은 『소프트 파워』(홍수원 역, 서울, 세종연구원, 2004년).

66) 야네로 삐네로(Llanero Pinero), 2007년 콜롬비아 라인디아(La India)에서 가진 저자와의 인터뷰.

67) 에체베리, 인터뷰.

68) 로베르토 레이손, 서신.

69) 고메스 세르나, "El desafio de afrontar grupos armados en un contexto dinámico y cambiante, con poca protección del estado," 1.

70) 에체베리, 인터뷰.

71) 타르키시아 로콧, 인터뷰.

3장 우리는 어떤 종류의 평화를 추구하는가?
- 주요 정치 기관의 새로운 피스빌딩 규범

매리앤 쿠시마노 러브(Maryann Cusimano Love)

> 미국 가톨릭대학 국제정치학 조교수. 미국 예수회 난민 봉사회 이사이자 국제 종교자유에 관한 미국 위원회 Crapa fellow, 미국 가톨릭 주교회의 국제정책위원회 고문이다. 학술적인 저술 작업뿐만 아니라, 워싱턴 Sursum Corda 주택프로젝트 활동에서 만난 아이들로부터 영감을 받아 6권의 동화책을 쓰기도 했다.

평화를 만들어가는 일은 다른 선택지가 있는 투신이 아닙니다. 그것은 우리 신앙의 필수 조건입니다. … 날이 갈수록 상호의존성이 커지는 세상에서 전쟁을 피하는 일은 평화를 쌓아 올리려는 의지와 맞물려야 합니다.

- 미국 가톨릭 주교회의, 『평화의 도전』, 1983

서론 : 어떤 종류의 평화를 추구하는가?

정당한 전쟁(just-war) 전통 규범과 실천은 주요 정부기구, 정부간 기구(IGOs)*, 비정부기구(NGOs)1)에 잘 알려져 있고 깊이 제도화되어 있다. 반면에 정의로운 평화(just-peace) 규범은 그렇지 않은데, 최근 빠르게 변화하고 있다. 가톨릭교회는 잘 알려진 범주인 *전쟁 개시 정당성(Jus ad bellum), 전쟁 수행 정당성(Jus in bello), 전쟁 종식 정당성(Jus post bellum)*을 포함하여, 정당한 전쟁 규범2)을 국제적으로 만들어내고, 널리 알리고, 제도화하는데 일조했다. 오늘날 가톨릭교회는 다른 기관과 함께 정의로운 평화 규범을 널리 알리고 제도화하는 데도 유사한 역할을 할 수 있다.3)

> * 서구의 정당한 전쟁론 전통에서 중요하게 논의되는 세 개념이다. jus ad bellum 은 어떤 명분으로 전쟁을 시작할 수 있는가에 대해, jus in bello 는 전쟁 행위를 벌여 나가는 과정에서의 정당성에 대해, jus post bellum 은 전쟁을 어떻게 정당하게 마무리할 것인가에 초점을 맞춘다. 이 책 전체에 걸쳐 자주 등장하는 개념이기에, 전쟁 개시 정당성, 전쟁 수행 정당성, 전쟁 종식 정당성으로 통일하여 소개한다.

정의로운 평화의 원리는 정당한 전쟁 전통에 의해 암시되고 종종 참조되기도 했지만, 그와는 별개로 갈등 순환고리의 모든 단계에서 추구되어야 한다(1장에 설명된 가톨릭 피스빌딩에 대한 스콧 애플비 Scott Appleby의 정의와 일치). 이전의 분쟁이 상당히 정당하지 못했을 때는 특히 그래야 한다. 피스빌더, 특히 가톨릭 피스빌더와 교회의 가르침이 추구하는 새로운 원리는 정의로운 평화의 기준을 다음과 같이 제안한다.

정당한 명분	인간 생명의 근본적인 존엄성과 공동선의 보호, 방어, 회복
올바른 의도	적극적 평화의 창출
참여 과정	사회적 이해 당사자[국가, 비국가 활동가, 분쟁의 이전 당사자]를 포함한 인간 존엄성의 존중
올바른 관계	정당한 수직적, 수평적 사회적 관계의 창출이나 복원
화해	전쟁 상처의 전체적 치유를 상정하는 정의의 개념[4]
회복	물리적, 인적 인프라의 복구
지속가능성	시간이 지나도 평화가 지속될 수 있도록 돕는 구조의 개발[5]

정의로운 평화 규범은 *전쟁 종식 정당성* 규범보다 훨씬 광범위하고 포괄적이다. 정의로운 평화의 원리는 갈등 순환고리 전반에 걸쳐 분쟁 후 재건 단계 또는 주권 국가 활동가뿐만 아니라 다양한 이해관계자(분석의 각 단계에서)에게 적용된다. 정의로운 평화의 원리는 정당한 전쟁론과 *전쟁 종식 정당성*의 관심사를 포함하지만, 그것에 국한되지 않는데, 몇 가지 이유가 있다. 첫째, 대부분의 분쟁은 선형이 아니라 순환형이다. 분쟁이 일어났던 지역 가운데 50%가 5년 이내에 갈등이 재발하는데, '분쟁의 덫(conflict trap)'[6]이라 알려진 현상이다. 따라서 지속적인 분쟁의 순환고리에 갇힌 사회에 대해 분쟁 '전'과 '후'라는 선형적 범주로 나누어 규범을 분석하는 것은 적절하지 않다. 둘째, 많은 *전쟁 종식 정당성* 이론가들은 일어난 전쟁이 정당했다고 가정하지만, 현지에서 전쟁을 경험한 사람들의 기록을 보면 대부

분의 전쟁은 정당한 전쟁이 아니었다. 현재의 모든 주요 무력 분쟁은 내전으로, 심각한 *전쟁 수행 정당성* 위반이 전투원들에 의해 일상적으로 이루어지고 있다. 대부분의 분쟁에 적용되지 않는 규범 이론은 그다지 유용하지 않다. 더구나 대부분의 전쟁은 다양한 국가와 비국가 활동가 간의 내전이고, 내전은 국제전보다 훨씬 더 긴 기간에 걸쳐 발생하기 때문에 더 넓은 시간 범위와 다양한 활동가 유형에 적용할 수 있는 도덕적 기준이 필요하다. 따라서 정의로운 평화에 대한 가톨릭 개념은 종종 더 단기간에 초점을 맞추고 국가 기관의 안보를 우선시하는 다른 많은 활동가들이 추구하는 평화의 종류와는 다르다.

피스빌딩은 성장하고 있는 분야이다. 최근 주요 정치 기구에서 새로운 피스빌딩 기관이 폭발적으로 성장하고 있음을 확인할 수 있다. 유엔평화구축위원회(the United Nations Peacebuilding Commission, 약칭 UNPBC), 미 국방부(U.S. Department of Defense, 약칭 DoD), 미 국무부(Department of State, 약칭 DoS) 등이다. 이 장에서는 이런 영향력 있는 정치 기관에서 생겨나고 있는 피스빌딩 윤리와 실천의 제도화에 관련하여 3가지 사례를 조사하고, 이를 가톨릭에서 부상하는 정의로운 평화 규범, 특히 피스빌딩 사업에 활기를 불어넣고 있는 기관인 카리타스 인터내셔널(Caritas Internationalis)과 가톨릭구제회(Catholic Relief Services)의 가톨릭 규범과 비교하려 한다.

새로 생겨난 피스빌딩 기관과 그 기관의 실천 활동은 어떤 평화의 전망을 지향하는가? 필자는 이런 조직의 피스빌딩 전망이 어떤 연속성을 드러낸다는 사실을 알게 되었다. 어떤 조직은(미 국방부) 단기적 국가 안정화와 안보에 더 큰 관심을 두지만, 어떤 조직은(가톨릭교회) 공동체와 개인 차원에서의 정의와 화해라는 장기적인 문제를 다룬다.

또 어떤 조직은(유엔평화구축위원회와 미 국무부) 앞서 말한 두 극단 사이에서 국가 역량 구축과 물질적 재건 프로젝트에 더 중점을 둔다.

 기관에서 발전하는 규범을 왜 연구해야 할까? 기관은 새로운 규범이 자리 잡는 핵심 터전이다. 규범은 진공 상태에서, 또는 리더, 실무자, 학자 개인의 마음에만 존재하는 것이 아니다. 규범이 실행되고 사회적, 정치적 변화에 영향을 미치기 위해, 규범은 조직과 조직의 실천 안에 제도화되어야 한다. 새로 부상하는 피스빌딩 윤리를 분석하는 다른 프로젝트는 연역적이며 규범적인데, 피스빌딩 윤리는 어떠해야 하는가라는 첫 번째 원리로부터 시작한다.7) 대조적으로 이 장에서 관심을 두는 프로젝트는 귀납적, 경험적, 실천적, 정책 지향적이다. 주요 정부간기구와 정부 기관에서 나타나는 피스빌딩 규범과 실천은 무엇이며, 그들 사이의 공통점과 차이점은 무엇인가? 가톨릭 피스빌딩 규범은 새로운 국제 규범에 어떤 영향을 미치고 어떤 정보를 제공할 수 있는가? 역으로 기관을 통해 발전한 피스빌딩 경험이 가톨릭 규범 개발에 어떤 영향을 미칠 수 있는가? 기관의 변화는 수월하지도 않고 선형적으로 이루어지지 않지만, 기관은 변화하며, 특히 실천적 경험을 받아들이고 '실행을 통해 배우며'8) 변화한다. 새로운 신념과 규범은 추상적으로 구성되는 것이 아니라 변화된 환경에서 일정 기간의 수정과 실험을 거쳐 나타난다. 사람과 기관은 뭔가를 수행함으로써 배우고, 이런 새로운 개념과 실천은 정책 사업가(policy entrepreneurs, 자기 이해를 증진하기 위해 정책의 결과에 영향을 미칠 기회를 이용하는 사람을 말한다. - 역자 주)와 초국가적 옹호 네트워크의 활동을 통해 제도적인 변화를 만들어낼 수 있다. 따라서 중요한 국제기구의 새로운 피스빌딩 실천을 연구하는 것은 핵심 활동가가 무엇을 하는가를 이해하는 일일 뿐만 아니라, 그들이 무엇을 배우고 초국가적 사회와 정보 네트워크를 통해 다른 사람들에게 무엇을 전달하는지, 이런 실천 경험을 통해 어떤 정의로운 평화 규범을 신뢰하고 있는지 알 수 있다는 점에서 가치가 있다. 따라서 새로 부상하는 정의로운 평화 규범은 전통뿐만 아니라 기원으로 보아도 *실천 윤리학* 범주에 포함된다.

이 글에서 탐구 대상이 된 기관은 불완전한 샘플일 수밖에 없다. 이 책이 출판될 즈음 세 기관이 새로운 방향으로 발전해 있을 수 있겠지만, 발전 초기 단계에서 가장 중요한 규범적 결정을 내리는 경우가 많으므로 초기 단계에 대한 평가는 의미가 있다. 또 이 기관들은 피스빌딩과 관련한 미국 정부와 유엔 활동의 일부만을 대표한다. 세계에는 192개 국가, 300개 이상의 공식 정부간기구, 54,000개 이상의 비정부기구가 있다.9) 이 프로젝트에서 모든 활동가를 조사할 수는 없었다. 다음 몇 가지 이유로 세 기관을 선정했다. 첫째, 이 기관들은 신생 기관이고 아직 세부적으로 연구되지 않았다. 개념적으로 볼 때 이 기관들은 넓은 범위와 깊이, 그리고 파급 효과를 지닌다. 이 기관들은 광범위한 분쟁 상황에서 활동하고, 주요 비정부기구, 정부간기구와 관계를 맺고 있으며, 국가와 비국가 활동가를 모두 아우른다. 유엔, 국방부, 국무부, 그리고 가톨릭 구제회, 카리타스 인터내셔널처럼 피스빌딩의 최전선에 있었던 가톨릭 기관이 피스빌딩의 규범과 실천을 제도화하면, 다른 활동가들이 영향을 받고, 주목하고, 이런 단체들과 연계를 유지하면서 자원을 지원받을 수만 있다면 제도상의 모방이 이루어지게 된다. 마사 핀모어(Martha Finnemore)가 국제 규범이 어떻게 변화하는지에 관한 연구에서 언급했듯이, "중앙 정부나 법 집행 기관이 없는 국제 사회에서는, 그렇게 할 수 있는 수단을 지닌 활동가가 올바르고 허용되는 행위에 대한 이해를 강요한다."10) 이런 활동가들은 군사, 외교, 구호, 개발 분야를 포함한 여러 기능 영역에서 올바르고 허용될만한 행위에 대한 이해에 영향을 미칠 수단을 가지고 있다는 의미이다.

정부와 정부간기구는 분쟁의 덫으로 입증된, 분쟁 예방과 분쟁 후 재건에서의 확연한 실패에 대응하여 피스빌딩을 위한 제도적 역량을 구축하고 있다. 그러나 심각한 역량 격차와 규범 격차는 새로 생겨나는 세속적 기관의 활동을 제한한다.11) 이 기관들은 임무를 효과적으로 수행하기 위한 적절한 자원이 부족하며, 이 기관들이 준비를 갖추고 기능하기에 충분할 만큼 적절한 정치적 지원이 준비되어 있는지도 불분명하다. 규범적으로 이 기관들이 추구하는 평화는 국가의 통치권, 국익, 짧은 시간 지평에 의해 제약되기에, 물질적 국가 기반 시설 건설을 강조한다. 이것은 발전하고 있는 가톨릭 피스빌딩 규범과 실천과는 상당히 다르다. 가톨릭 피스빌딩은 인간의 근본적인 존엄성, 인적 기반 시설에 필요한 복원, 참여, 화해에 더 큰 강조점을 두기 때문이다. 교회는 주권의 보호와 회복을 뛰어넘어 적극적 평화라는 더 광범위한 개념을 지향하는 새로운 피스빌딩 규범과 실천을 만들어가는 일을 도울 수 있다. 가톨릭과 종교 단체들은 세계적인 규범을 구축하는 데 도움이 되는 확실한 실적을 보유하고 있다.12) 그러므로 현재 가톨릭과 종교 단체들은 세속 기관의 경험으로부터 배울 수 있을 뿐만 아니라, 역으로 세속 기관이 지닌 피스빌딩 규범에도 영향을 미칠 기회를 갖고 있다.

새로 생겨나는 피스빌딩 기관들

가톨릭 구제회와 그 상위 조직인 카리타스 인터내셔널은 르완다 학살에 대응하여 피스빌딩의 새로운 규범과 실천을 개발했다. 윌리엄 헤들리(William Headley)가 설명했듯이, 처음에 가톨릭 구제회는 피스빌딩 활동이 자신의 직무라고 생각하지 않았지만, 르완다 학살 이후 더 이상 피스빌딩을 무시할 수 없다는 사실을 깨닫게 되었다. 피스빌딩을 제대로 다루지 못하면 구호와 개발을 지속할 수 없고, 단체의 활동 기반이 약화하기 때문이다. 가톨릭 구제회는 2002년과 2006년에 피스빌딩 매뉴얼을 개발하고, 가톨릭 구제회와 협력자 조직의 직원을 대상으로 교육을 시행했으며, 가톨릭 구제회가 피스빌딩에 도움이 되도록 프로그램을 재평가했다.

여러 정부, 정부간기구, 비정부기구도 새로운 피스빌딩 기관을 만들어내고 있다. 르완다 학살에 대한 가톨릭 구제회와 카리타스 인터내셔널의 대응과 유사한 학습 곡선을 보여주듯이, 일련의 실패가 이렇게 새로운 기관을 만드는 자극제 역할을 했다. 유엔의 경우 유엔이 중재한 평화협정이 지속성을 입증하는 데 실패하자 유엔평화구축위원회가 창설되었다. 미 국방부와 국무부의 경우는, 이라크에서 분쟁 후 재건 사업이 실패한 뒤 새로운 분쟁 후 재건을 담당하는 부서가 창설되었다. 처음에 피스빌딩은 이런 조직의 규범과 실천의 주변부에 있었지만, 이제는 변화하고 있다. 이 모든 조직은 평화를 구축하기 위해 새롭고 보다 강력한 제도적 역량을 창출할 필요가 있다고 판단한 것이다.

유엔평화구축위원회(The UN Peacebuilding Commission)

냉전이 종식된 뒤, 초기에는 유엔이 평화를 진전시킬 새로운 기회를 마련하고, 더 이상 초강대국 사이의 냉전 경쟁에 휘둘리지 않으리라는 낙관적인 전망이 있었다. 부트로스 부트로스갈리(Boutros Boutros-Ghali) 전 유엔 사무총장은 그의 역사적인 보고서 「평화 아젠다(*An Agenda for Peace*)」에서 이런 낙관주의를 구체화했다. 보고서에서 그는 분쟁 후 피스빌딩이란 '갈등 재발을 피하기 위해 평화를 강화하고 굳건히 할 구조를 식별하고 지원하는 활동'13)이라 정의했다. 피스빌딩 활동에는 '전쟁 당사자들의 무장해제와 질서 회복, 무기 관리와 적절한 파기, 난민 송환, 보안 요원에 대한 자문과 훈련 지원, 선거 모니터링, 인권 보호 노력 강화, 정부 기관 개혁이나 강화와 공식·비공식 정치 참여 과정의 촉진'이 포함된다. 이 보고서는 '내전과 분쟁으로 분열된 나라의 여러 기관과 인프라 재건', 또 민주적 정치 제도 건설, 도로 복구, 기타 경제 개발 프로젝트에 중점을 두었다. 가톨릭 구제회와 카리타스 인터내셔널의 가톨릭 피스빌딩 접근 방식과 유사하게, 인간 존엄성과 공동선에 대한 광범위한 이해를 포함하는 시민 사회와 비정부적 접근 방식에도 열려 있었다.14)

1990년대 유엔 평화 작전은 증가했지만, 이런 활동은 냉전 이후 초기 낙관론에 부응하지 못했다. 르완다 같은 많은 나라가 평화협정이 체결된 뒤 다시 분쟁 상태로 돌아갔다. 유엔 정치부의 한 연구에 따르면, 1988년 이후에 분쟁 후 유엔 파견 지원을 받은 나라가 분쟁 상황으로 돌아갈 가능성은 유엔이 지원하지 않은 나라와 거의 같았다.15) 유엔은 분쟁 주기의 일부만 다루고 있었을 뿐, 지속 가능한 평화를 구축하거나 분쟁 후 재건에 참여할 역량, 또는 「2000년 브라히미 보고서(the 2000 Brahimi Report)」에서 설명했듯이, "평화의 토대를 다시 맞추고 그 토대 위에서 단순히 전쟁 부재 이상의 무언가를 만들 수 있는 도구를 제공하는, 분쟁을 넘어선 활동을 펼칠"16) 적절한 능력이 없었음이 분명해졌다.

코피 아난(Kofi Annan) 전 유엔 사무총장은 유엔 60주년과 2005년 유엔 세계정상회의를 위한 유엔 개혁 제안의 일환으로, 이런 결함을 해결하기 위해 유엔평화구축위원회, 지원 사무소, 지원 기금의 창설을 제안했다. 그는 "예컨대 1993년 앙골라 사태와 1994년 르완다 사태처럼 1990년대 가장 폭력적이고 비극적인 사건들이 평화협정 체결 이후에 발생"했지만, "유엔 체계의 어떤 부분도 그 나라들이 전쟁에서 지속적인 평화로 전환하도록 돕는 도전 과제를 효과적으로 다루지 못한다."17)고 지적했다.

유엔은 아난의 제안을 통과시켰지만, 위원회의 구성, 의무, 활용할 자원에 대한 전형적인 유엔 논쟁이 시작되었다. 어떤 나라들이 위원회를 대표할 것인가? 새로운 기관은 기존의 유엔 기구, 특히 안전보장이사회, 총회 등과 어떻게 상호 작용할 것인가? 유엔을 비판하거나 개혁을 요구하는 사람들이 예산 삭감을 요구하면, 새 기관이 어떻게 자금 지원을 받을 수 있는가? 결국 유엔평화구축위원회의 창설은 유엔 주요 국가 블록의 우려를 반영하고, 새로운 위원회가 막강한 유엔 활동가들의 심기를 거스르지 않도록 보장한 전형적인 유엔식 타협으로 가능했다. (비정부기구는 유엔에서 투표권이 있는 회원이 아니기 때문에, 유엔 활동은 비정부기구와 시민 사회보다 주권 국가 활동가와 그들의 관심사에 더 초점을 맞추는 경향이 있다.) 유엔평화구축위원회는

'유엔 총회와 안보이사회 자문 기관'이다. 피스빌딩을 위한 '통합 전략'을 제안하고, 필요한 재건과 역량 구축 전략에 초점을 맞추고, 활동가들 사이의 더 나은 협력과 모범적인 실천 사례 개발을 위한 권고 사항을 제공하고, 국제 사회에 분쟁에서 회복하고자 하는 사회의 피스빌딩을 위한 일관된 자금 조달과 지원의 필요성에 주의를 환기하게 시킬 임무가 있다. 위원회 회원으로는 유엔 주요 병력 기여국(5개국), 유엔 최다 재정 기여국(5개국), 안전보장이사회 회원국(7개국), 경제사회이사회 회원국(7개국)과 전체 총회에서 선출된 7개국이 뽑혔다. 각국은 분쟁 해결을 위해 유엔평화구축위원회에 청원할 수 있지만, 유엔평화구축위원회는 유엔 안전보장이사회가 검토 중인 국가의 분쟁을 처리할 수 없었다.18)

유엔평화구축위원회는 분쟁 후 평화 구축을 위한 자발적이고 강제력 없는 권고를 내놓으며 이런 제안이 국제적 지원을 결집하고 다양한 국내, 국제 이해관계자의 활동을 조정하고 통합하는 데 도움이 되기를 바랐다. 하지만 실행이나 운영 요소의 부족으로 기관 예산이 계속 낮게 책정되었는데, 이것만 보아도 새로운 위원회가 얼마나 효과적일 수 있는지 의문을 갖게 했다. 위원회는 분기별로 한 번씩 만날 뿐이었다. 위원회를 담당하는 유엔 평화구축지원사무소는 직원이 15명뿐인데, 이들은 주로 다른 유엔 기관에서 옮겨 온 사람들이었다. 유엔 총회에서 새로운 조직은 기존 기금으로 지원해야 한다고 결정했기 때문에, 초기 자금은 정치부 예산에서 전용되었다.

평화구축기금은 2006년 후반 내전에서 벗어나려는 나라에 한정된 지원금을 제공하기 위해 조성되었는데, "아직 다른 자금 조달 메커니즘을 사용할 수 없을 때 갈등과 회복 사이에 결정적인 다리를 마련하기 위한 … [그리고] 갈등 재발 위험을 최소화하기 위한"19) 것이었다. 이 기금은 자발적인 기부를 통해 지원되는데, 기금의 초기 목표인 2억 5천만 달러를 모으는 데 거의 3년이 걸렸다. 기니 비사우, 라이베리아, 중앙아프리카공화국, 부룬디, 시에라리온에 처음으로 기금이 할당되었다.

유엔평화구축위원회 회원 구조는 새로운 위원회에 유엔의 주요 재정과 병력을 기여한 국가의 참여를 보장한다는 (따라서 지원도 이루어지기를 바란다는) 면에서, 상당한 강점이 있었다. 이들 국가의 참여가 재정적 지원으로도 이어질 것으로 기대되었다. 그러나 위원회 구성에는 약점도 있었는데, 강대국에 편향되어 있고, 분쟁과 분쟁 후 피스빌딩에서 가장 직접적 경험과 이해관계를 가진 빈곤국과 개발도상국, 비정부 시민 사회 활동가는 과소 대표될 가능성 등이었다. 이것은 실질적인 문제를 야기했다. 위원회의 회원국 자격이 비정부기구, 시민 사회, 분쟁 후 피스빌딩 경험과 동떨어져 있다면, 분쟁 후 피스빌딩에 대한 이 기관의 권고가 얼마나 신뢰할 수 있고 합법적이며 정확할 것인가?

미국 국방부 안정, 안보, 전환, 재건 작전
(The DoD Stability, Security, Transition, and Reconstruction Operations, DoD SSTR)

2005년 후반 미 국방부는 분쟁 후 안정화와 재건에 대한 새로운 임무를 공식적으로 승인했다. 미 국방부 명령 3000.05 '안정, 안보, 전환, 재건 임무를 위한 군사 작전(SSTR)'은 처음으로 분쟁 후 재건 사업이 전통적 전투 임무와 같은 수준의 국방부 '핵심' 임무라고 언급했다. SSTR 작전은 "*국가와 지역의 질서를 확립하거나 유지하기 위해* 평화에서 분쟁까지의 스펙트럼 전반에 걸쳐 수행되는 군사적 그리고 민간의 활동"이자 "*미국의 이익을 증진하는* 동시에 지속 가능한 평화로 인도하는 미국 정부의 안정, 안보, 재건, 전환 사업 계획을 지원하는 국방부 활동"이라 정의된다. 미 육군은 2008년에 이런 임무들을 통합한 새로운 매뉴얼을 발표했다. 군사 지도자들과 부시 행정부가 몇 년 전까지 그런 작전을 바라보던 방식과는 실질적으로 달라진 것이다.

미군, 특히 미 육군과 해군은 '소규모 전쟁', '저강도 분쟁', '전쟁 외 군사 작전'이라는 이름 아래 안정과 분쟁 후 재건 사업에 오랫동안 관여해왔다. 그러나 그런 임무는 항상 기껏해야 2차적인 것으로, 전투에 참여하고 주요 전쟁을 억제하는 미군의 1차 임무와는 완전히 상반되는 것으로 여겨졌다. 냉전 이후 군부 내 일부 사람들은 이런 비전통적 군사 기능을 향후 진전되어야 할 방식으로 보고, 냉전 이후 국방 자원이 축소되는 시기에 전쟁 외 작전 수행 능력이 향상되면 대중과 의회의 지원을 강화하고 군사 예산을 정당화하는 데 도움이 될 수 있다고 주장했다. 1991년 페르시아 걸프 전쟁에서 미군이 거둔 성공은 일부 사람들에게 다른 작전에서도 군사적 성공이 쉬워질 것이며, 군사 능력이 전쟁 외 작전으로 쉽게 전환될 수 있다고 생각하게 했다. 그러나 1990년대 미국의 소말리아, 아이티, 발칸 반도 개입의 어려움과 인지된 실패 때문에, 전쟁 외 작전 비판자들이 우위를 차지하게 되었다. 여기서 얻은 주요 교훈은 전쟁 외 작전을 위한 미군의 이해, 훈련, 자원을 발전시켜야 한다기보다는 그런 작전을 피해야 한다는 것이었다. 군부 내 많은 사람이 '국가 건설'이라는 이름의 피스빌딩 기능에 반대했다. (그리고 지금도 반대한다.) 이런 활동은 국가가 벌이는 전쟁에서 싸우고 승리해야 한다는 핵심 군사 임무에 반하는 거라고 생각하기 때문이었다. 그들은 전쟁 수행('무언가를 파괴하는 것')을 위한 훈련, 개념적으로나 작전상의 필수 요건이 평화를 구축하는 일과는 직접적으로 반대되는 것으로 간주하고, 평화 구축을 강조하는 만큼 전쟁 수행에 관한 관심은 줄어든다고 믿었다. 미 육군 참모총장 조지 케이시(George Casey) 장군은 "요지는 '우리는 국가 건설을 하지 않는다.'는 것이다"[20]라고 언급했다. 2000년 조지 부시(George W. Bush)는 대통령 선거에 출마하면서 이렇게 말했다.

> 나는 우리 군대가 국가 건설이라고 불리는 것에 활용되어야 한다고 생각하지 않는다. 나는 우리 군대가 전쟁에서 이기고 싸우는 데 활용되어야 한다고 생각한다. 미국에 국가 건설 부대 같은 게 있어야 하는가? 절대로 아니다. … 나는 전 세계에 우리 군대를 과도하게 투입하게 되는 것에 우려한다. 나는 군대 활용에 신중하고 싶다. … 미국이 오만한 태도를 보이면 전 세계인들은 우리를 원망할 것이고, 우리가 겸손한 국가여야 그들이 우리를 존경할 것이다.[21]

그러나 이라크와 아프가니스탄의 전후 재건 과정의 심각한 장애물은 정치적, 제도적 기반을 바꾸었다. 이라크 전쟁 전, 미 국무부는 시민 사회 전문가를 비롯한 여러 전문가가 참여한 '이라크의 미래' 연구 그룹과 함께, 이라크 전쟁 후 재건의 모든 측면에서 무엇이 필요할지에 대한 평가를 실시했다. 그러나 미 국무부는 전후 재건에 대한 구체적인 운영의 청사진을 가지고 있지 않았고, 연구 평가를 수행할 능력이 거의 없었으며, 연구 결론에 대한 기관 간 동의도 얻지 못했다. 이라크 재건 시기 통제권을 어느 기관이 가질 것인가에 대한 격렬한 투쟁 끝에, 그 역할은 결국 "국무부와 정보국 간, 부통령실과 국방부 간의 매우 악랄한 관료 파벌주의에 부딪혀"22) 국방부에 주어졌다. 국무부의 충성도와 능력에 대한 신뢰 부족이(국무부의 많은 사람이 이라크를 침공하고 아메드 찰라비Ahmed Chalabi와 이라크 국회의원과 동맹을 맺는 결정에 반대했으며 많은 사람이 전후 재건이 어려울 것이라고 믿었기 때문에) 부시 행정부가 이라크 분쟁 후 재건을 군이 주도하게 한 이유 중 하나였다.23) 이 프로젝트에 참여한 한 외국 근무 장교가 외교적으로 표현했듯이, "냉소적으로 말해서 그 계획은 이라크를 침공하고 점령하려는 시도로부터 주의를 분산시키기 위해서만 국무부에 주어질 것이다."24)

  2003년 1월, 국방부는 제이 가너(Jay Garner) 장군이 이끄는 국방부 직원만으로 구성된 이라크 재건과 인도주의 사무소를 개설했다. 가너 장군에 따르면, 도널드 럼스펠드(Donald Rumsfeld) 국방장관이 국무부의 이라크의 미래 프로젝트를 보류하라고 지시했다고 한다.25) 가너 장군은 분쟁 후 피스빌딩을 위한 미 국방부의 계획이 불충분하다고 지적했다. 국방부를 이끄는 부시 행정부의 많은 정무관은 미군의 압도적인 우월성 때문에 전쟁과 전후 상황이 쉬울 것이며, 미군은 환영받을 것이고, 민주주의와 자유시장은 건설되어야 하는 것이 아니라 이라크 사회가 사담 후세인의 독재정권이 제거되면 돌아갈 자연스러운 상태이자 기본 조건으로 보았다. 가너 장군에 따르면, "나는 전쟁 계획을 세우기 시작한 날이 전후 계획을 시작하는 날이라고 생각하는데, (국방부는) 그렇게 하지 않았다."26)는 것이다.

이라크의 전후 재건에 따른 문제들은 문서로 잘 기록되어 있다. 이라크와 아프가니스탄에서의 실패는 기존의 사업 방식의 신빙성을 떨어뜨렸고, 제도적 변화에 대한 새로운 개념이 생길 여지를 만들었다. 몇 가지 교훈이 도출되었다.27)

(1) 우리는 더 이상 즉흥적(ad hoc) 접근 방식을 취할 수 없다. 만일의 사태에 대비한 상설 계획 프로세스가 필요하다.
(2) 군대는 안정화 사업에 더 집중해야 한다.
(3) 국방부가 신뢰할 수 있는 상대 역할을 할 민간인 역량이 필요하다.28)

분쟁 후 재건에 관해 미국 정부를 재조직하기 위한 개념은 1990년대 인도주의적 개입 이후 싱크탱크에서 널리 퍼졌다. 루거 상원의원과 대외관계위원회 위원장이자 중진 위원이었던 바이든 상원의원의 정치적 압력이 그 이슈를 진전시켰다. 2005년 12월에 국방부 SSTR 작전이 승인되었고, 국무부의 재건과 안정화 협력실이 민간 활동을 조정하는 주요 정부 기관이 되었다.29)

이런 명령은 2004년 8월 국방과학위원회 태스크 포스 팀에서 발행한 229쪽 분량의 내부 보고서 「적대 행위 작전에서 적대 행위에서 벗어나는 작전으로의 전환(The Transition to and from Hostilities)」을 기반으로 한다. 이 보고서는 "냉전 이후 미국 정부는 18개월에서 24개월마다 안정화와 재건 작전을 시작했다."30)는 점을 지적했다. 보고서는 이런 작전에서 미국 정부의 역량에 대한 비판을 아끼지 않았으며, 국방부와 국무부가 재조직, 더 나은 교육, 인력, 예산과 이런 임무에 관한 관심을 통해 안정화와 재건의 핵심 역량을 개발할 것을 촉구했다. 보고서는 장기간에 걸친 상당한 미국 자원과 이를 구현하기 위한 조직 문화와 구조의 중대한 변화를 필요로 하는 분쟁 후 재건 활동을 구상했다. 부시 행정부는 새로운 조정과 통합 메커니즘을 만들어낼 수 있도록 재구성하라는 이 권고안을 채택했는데, 변화를 이행하는 데 필요하다고 보고서가 제안한 여분의 투자는 이루어지지 않았다.

이런 변화 조치가 발표된 뒤, 변화는 기대한 만큼 제도화되지 않았다. 긍정적인 면은 군에서 2006년 SSTR 사업에 대한 광범위한 일반 비전 선언문인 합동작전 개념(Joint Operating Concept)을 발표했다는 점이다.[31] 부정적인 면은 안정 작전에 관한 합동 독트린(Joint Doctrine on Stability Operations)(JP 3-07)이 여전히 나오지 않았다는 점이다.[32] 하지만 이라크와 아프가니스탄 작전의 영향을 가장 많이 받은 전투 근무 지원병과인 육군은 한 걸음 더 나아갔다. 육군 안정 작전 사무소는 안정 작전에 필요한 육군 임무와 그들의 성취에 관한 분석을 상세히 설명하는 보고서를 내놓았고, 현재 시행 계획이 실행되고 있다.[33] 육군은 2008년 10월에 안정 작전에 관한 새로운 육군 야전 매뉴얼 'FM 3-07'을 발표했다.[34] 이 문서는 민간인, 군인, 정부, 비정부기구, 민간 부문과 정부 전체의 협력을 통한 대응을 옹호한다. 그러나 이 매뉴얼은 육군에만 적용되고 있었고, 합동 독트린은 아직 개발 중이었다. 평화 작전에 대한 합동 독트린은 존재하며, 여기에 처음으로 피스빌딩에 관한 한 장이 포함되어 있다. 미군은 피스빌딩을 '정부 기반 시설과 기구를 재건하고'[35] 강화하는 것을 목표로 하는 분쟁 후 안정 작전이라 정의했다. 육군과 합동 독트린의 발전은 군에서 SSTR을 제도화하는 데 필요하지만 충분하지는 않다. 매뉴얼은 전략이 아니며, 교육, 훈련, 정책을 충분하게 시행하는 데는 여러 장애물을 지니고 있기 때문이다.

군부 내 많은 사람은 미국이 안정 작전과 비정규전을 너무 강조하면 재래식 전쟁 준비에 어려움을 겪을 것이라고 주장하면서 이런 새로운 임무와 기능에 여전히 반대하고 있었다. 그들은 미래의 갈등이 아프가니스탄과 이라크의 현재 분쟁과 같지 않을 수 있으므로, SSTR을 통합하기 위해 군대 구조, 교육, 훈련을 너무 많이 변경해서는 안 된다고 주장했다. 또 다른 사람들은 미국이 현재 참여하고 있는 분쟁에서 군대를 조직, 교육, 훈련해야 하며, 안정 작전과 비정규전이 미래 분쟁의 지속적인 특징이 될 것이라고 주장했다. 로버트 게이츠(Robert Gates) 국방부 장관은 SSTR의 더 폭넓은 제도화를 원했지만, 그는 짧은 임기를 가진 임명자일 뿐이었다. 이런 논쟁은 게이츠 장관이 퇴임한 후에도 오랫동안 출세를 원하는 사람들 사이에서 계속될 것이었다.36)

임무, 기능, 프로그램이 국방부에서 제도화될 방법은 많았지만, 이런 방법이 SSTR에는 적용되지 않았다. 일반적으로 새로운 임무는 그 임무를 수행하기 위해 육해공군에 이미 존재하는 역량은 무엇인지, 어떤 새로운 역량이나 변화가 필요한지를 결정하는 합동 참모에 의해 평가된다. 새로운 역량이나 변화는 합동 소요(Joint Requirements, 2개 이상의 국방부 산하 조직에 영향을 미치는 소요를 가리키는 군사 용어 - 역자 주)로 제도화된 뒤, 국방부 예산 계획과 의회 요청에 포함되는 예산 필요 사항으로 전환된다. SSTR 임무는 이 과정을 거치지 않았기 때문에, 정규 합동 기관 프로그램 편성과 예산 채널에 포함되지 못했다. 게이츠 장관은 재래식 무기 시스템과 관련 전투 훈련, 연습에 대한 자금은 풍부하지만, SSTR 같은 새로 생겨난 군사 임무와 기능에 대해 정규 예산과 훈련 편성 채널은 여전히 불안정하다고 반복적으로 경고했다. 이 이니셔티브를 다루는 의회 법안이 없으면 이런 작전은 생존하지 못할 것이었다.37) 국방부 장관실의 한 관리는 이 새 임무를 수행하는데, "우리는 10마일의 여정에서 1인치 나아갔다."라고 말했을 정도였다. 국방 예산 6,000억 달러 중 2억 달러만 SSTR에 직접 할당되었다. SSTR 자금 지원과 제도화가 느린 이유 중 하나는 이런 프로그램이 새로운 주요 무기 시스템이나 기술과 관련이 없었기 때문이다. SSTR은 기존 군대 구조의 방향을 고치고 재훈련하도록 요구한다. 이런 이유로 게이츠 장관은 SSTR에 더 많은 자금을 지원할 가능성이 작다는 사실을 분명히 했다.38)

분쟁 후 피스빌딩 사업을 군대가 더 잘해 내야 한다고 믿는 국방부 내 옹호자들조차도, "만약 우리가 한다면, 아무도 그 일을 하지 않을 것"이라는 딜레마를 지니고 있었다. 명령 3000.05는 "많은 안정화 작전 임무가 토착 전문가나 외국 전문가, 미국 민간 전문가에 의해 가장 잘 수행된다. 그럼에도 불구하고 민간인이 그렇게 할 수 없을 때, 미군은 질서를 확립하거나 유지하는 데 필요한 모든 업무를 수행할 준비가 되어 있어야 한다."는 점을 지적한다. RAND(미국의 대표적인 비영리 싱크탱크 중 하나로, 군사 문제를 중점으로 연구하는 연구소 - 역자 주) 보고서는 이렇게 지적한다.

> 이것은 국방부와 육군의 근본 딜레마로 연결된다. 국방부, 그리고 주로 육군이 SSTR 작전에서 미국의 목표를 이행하는 역량을 계속 개발한다면, 민간 부서와 기관이 잠재적 SSTR 작전 운영에 필요한

전문성과 인력을 제공하는 데 참여할 인센티브가 감소하고, 또 국무부 재건과 안정화 협력실(S/CRS) 같은 직무는 역량이 중복된 것으로 보일 수 있기에 그 필요성이 불명확해질 수 있다.39)

미국 회계감사원이 보고서에서 국방부가 SSTR 작전을 운영하고 제도화하는 데 충분한 조치를 취하지 않았다고 결론짓고, 국방부에 이행을 의무화하고 이행 상황에 대해 의회에 정기적으로 보고할 것을 요구하는 의회 입법을 권고한 것은 놀랍지 않다.40) 육해공군(특히 육군)은 SSTR의 변경 사항을 이행하고 있지만, 국방부는 육해공군과 기타 기관 사이의 협력과 소통하는 일에서, 또 임무의 완료와 성공에 대한 명확한 기준을 만드는 일에서, 효과적이고 통합된 방식으로 이런 변경 사항을 수행하고 있지는 않았다.41)

SSTR과 관련 국방부 활동의 잠재력을 과소평가해서는 안 된다. 지금까지의 노력은 지리멸렬하고 불완전하긴 했지만, 이것이 꼭 향후 성과의 지표는 아니기 때문이다. 연간 6천억 달러의 예산을 사용하는 국방부는 피스빌딩 활동 수행에 전용할 수 있는 대규모 자원을 가지고 있다. 분쟁 후 재건을 위한 군사 활동과 자원은 긴급 상황에서 유용하지만, 이라크의 경우에서처럼 민간인의 역할과 자원을 압도하면 왜곡될 수도 있다. 국방부가 어느 정도로 그런 활동이 향후의 분쟁에서 불가피하고 작전의 성공과 병력과 자산의 보호에 필요하다고 믿느냐에 따라, 조직 변화를 위한 상당한 인센티브가 생긴다. 의회나 대통령이 이 문제를 추진하면, 국방부의 인센티브와 활동은 계속 늘어날 것이다.

미국 국무부 재건과 안정화 협력실
(The DoS Office of the Coordinator for Reconstruction and Stabilization, S/CRS)

미국 국무부는 국가 안보 대통령 지침 44에서 안정화와 재건에 관한 미국 정부의 민간 활동을 조정하고 주도할 권한을 부여받았다.42) 재건과 안정화를 위한 국무부 협력실(S/CRS)은 "미국 정부와 세계 공동체가 합심하여 정부의 실패를 예측하고, 가능하다면 실패를 방지하며, 분쟁 후 정부들이 지속적인 평화, 좋은 거버넌스, 지속 가능한 발전을 위한 토대를 마련하도록 돕는 활동을 하기" 위해 만들어졌다. 새 협력실이 만들어진 이유는 다음과 같다.

> 미국 정부가 가능하면 분쟁을 방지하고, 필요할 경우 분쟁이나 내전에서 벗어나려는 나라의 안정화와 재건을 위한 사업에 더 강한 역량이 필요하다는 데 의견의 일치가 있었다. … 지금까지 국제사회는 위기가 발생할 때마다 즉흥적으로 방법과 관계를 재창조하는 방식으로 안정화와 재건 작업을 수행했다. 이 나라들이 평화, 민주주의, 시장 경제를 향한 지속 가능한 경로를 설정하도록 보장하려면, 새롭고 제도화된 외교 정책 도구가 필요하다.43)

S/CRS 협력실은 의회가 그 직무를 만들기 위한 자금 재계획을 승인한 2004년 7월에 설립되었다. 유엔평화구축위원회와 국방부 3000.05와 마찬가지로, 새로운 임무와 부서에 새로운 자금이 할당되지 않았기 때문에, 국무부는 할당된 자금을 다른 부서에서 빼앗는 논

쟁적인 과정을 거쳐야 했다. 이 일은 순조롭게 진행되지 않았다.44) 2004년에 8개 직위와 53만 6천 달러가 재할당되었다. S/CRS는 의회로부터 충분한 자금을 받지 못하다가 2009년 예산에서 7천 5백만 달러, 2010년 예산에서 1억 5천만 달러가 충당되었는데, 이것은 전체 민간 역량에 필요한 자금을 충당하기에는 충분하지 않았다.

인력과 자금 부족은 국무부뿐만 아니라 (많은 피스빌딩 활동이 군인이 아니라 민간인에 의해 더 적절하게 수행되지만) 민간 기관이 필요를 충족할 수 없을 때 개입하는 것이 임무인 국방부의 주요 관심사이기도 하다. S/CRS 협력실의 성공은 최고 국방부 관료들이 국무부의 민간 역량과 국무부 S/CRS 협력실에 자금을 지원해야 할 필요성에 대해 의회에서 반복적으로 증언하고, 의회의 S/CRS 협력실 자금 지원이 적절하지 않을 때 군비를 국무부로 조달하는 이례적 행동을 취하는 등의 관심을 보인 결과였다.45)

S/CRS는 5가지 중요한 기능을 담당한다. "1) 모니터링과 계획 2) 동원과 배치 3) 기술과 자원 준비 4) 경험에서 배우기 5) 국제 협력자들과의 협력"46) 등이다. 국무부 외교연구원의 로즈 리킨즈(Rose Likins) 수석은 "S/CRS는 창설 이래로 조기 경고 매트릭스, 필수 임무 매트릭스, 월간 교훈 라운드테이블 개발을 비롯하여 큰 성공을 거두었다."47)고 주장한다. 이것은 국무부의 곤란한 위치에 긍정적인 영향을 미쳤다. 더 현실적인 평가는 모든 조직이 활동에 필요한 적절한 자금과 인력이 없어도 계획의 전개를 개시할 수 있었지만, 국무부는 위기 상황에서 배치할 수 있는 운영 요소가 많지 않았다는 사실일 것이다. 국무부의 이라크 연구 그룹 프로젝트는 계획을 시행하는데 기관 사이의 충분한 동의나 운영 능력이 없었음에 대해 경고하는 역할을 했다.

S/CRS의 허브스트(Herbst) 대사는 민간인에게도 육군의 '안정화 작전' 매뉴얼과 유사한 전략 독트린, 계획, 훈련 매뉴얼이 필요하다는 사실을 인정한다. 그는 이렇게 발표했다.

> '안정화와 재건을 위한 지침'은 피스빌딩 임무에 참여하는 민간인 계획자와 실무자를 위해 만든 최초의 전략적 '독트린'으로 … 이것은 폭력 분쟁에서 평화로 전환하려는 나라들을 돕는 실용적 로드맵이며 … 재건과 안정화 작전의 바이블이다.

중요한 점은, S/CRS가 '미국 정부의 민간 역량을 주도, 조정, 제도화하는' 기관으로 지정되었음에도, 피스빌딩에 관여하는 미국 정부의 민간 기관들을 안내하는 이 동반 매뉴얼이 S/CRS에 의해 만들어지지 않았다는 것이다. 이 민간 매뉴얼은 미 육군의 평화유지와 안정 작전 연구소와 미국 평화연구소에 의해 작성되었다.[48]

계획 이외에도 S/CRS는 민간인 재건단을 출범시켜 운영 능력을 지속적으로 늘리려 노력했다. 이 개념은 싱크탱크, 군대, 국무부, 부시 전 대통령과 오바마 대통령, 그리고 의회의 많은 사람이 널리 지지했지만, 의회 양원을 통해 이니셔티브에 자금 전액을 조달하려는 의안은 거듭 좌절되었다. 민간 안정화 이니셔티브는 분쟁 후 재건을 위해 훈련받고 장비를 갖춘, 충분한 역량을 제공할 준비가 된 세 종류의 민간 인력 풀을 만들어, 미국 정부가 민간인을 안정과 분쟁 후 재건 작전에 쉽게 배치할 수 있도록 준비했다. 이 풀은 "경찰관, 판사, 변호사, 교정 공무원, 법치에 관련된 사람들, 경제학자, 공공 행정관, 공중 보건 공무원, 농업경제학자, 도시 계획가 등 기본적인 정부

서비스를 감독하거나 실제로 제공할 수 있는"49) 사람으로 구성될 것이었다. 현재 고용, 훈련되고 있는 유효 대응단은 주로 국무부와 미국 국제개발처(U.S. Agency for International Development) 직원 250명이며, 이들은 안정과 분쟁 후 재건 작전에 대해 훈련받고 2~3일 이내에 배치되도록 준비되었다. (입법 전에는 이 부서에 그런 직원이 11명밖에 없었다.) 대기 대응단은 같은 기관의 2천 명으로 구성된 더 큰 인력 풀이지만, 다른 기관 직무 때문에 불과 10~25%(민간인 200~500명)만 45일 이내에 다른 직무에서 분리되어 배치될 수 있다. 세 번째 그룹은 (아직 의회에서 승인되지 않은 제안으로) 민간인 예비군단으로 대기 군단과 유사하지만, 현재 연방 정부 직원이 아닌 민간인, 퇴직자, 주, 지방 정부 직원 중에서 끌어온 인력이다.50) 그래서 의회는 2008년과 2009년에 군단의 유효 대응단, 대기 대응단에 대한 초기 자금을 제공했고, 오바마 대통령은 이니셔티브에 대한 자금 전액을 요청했다. 그러나 충분한 자금이 지원된다고 하더라도, 이것은 군사 능력에 비하면 매우 적은 민간 역량을 창출하게 될 것이었다.

그럼에도 불구하고 이들은 현재 군대 위주의 불균형을 대체해, 분쟁 후 재건에서 더 강한 민간 역할을 만드는 데 도움이 될 것이다. 현재 아프가니스탄에서 근무하는 민군 지방 재건팀에서는 민간 기관 인력 부족으로 직원 80명 중 2명만 민간인이며, 이들은 종종 국무부 또는 국제개발처 계약자다. (나머지는 군인이다). 민군 지방 재건팀은 이 불균형에 대해 애석해하기보다는 미래 위기에서 민군 관계의 모델로 제시되고 있다. 민간인을 제공하지 못하는 것은 미국의 피스빌딩 노력이 주로 군사적 면모를 지니고 있으며, 민간이 군부를 통제하고 있다고 미국이 전 세계에 발표한 규범을 훼손하고 있음을 의미한

다.51)

　국방부가 국무부보다 자금을 얻는 것이 더 쉬우므로, 의회가 국무부 자금을 계속 보류한다면, 국방부가 운영하는 민간인 군단을 만드는 방법이 하나의 선택지가 될 수 있다. 게이츠 국방부 장관이 피스빌딩 노력은 국무부 민간인에 의해 진행되어야 한다고 반복해서 증언했지만, 그럼에도 불구하고 그런 민간 역량은 국방부가 만들고 있었다. 2009년 1월 23일 고든 잉글랜드(Gordon England) 국방부 차관은 안정 작전(과 기타 국방부 임무)에 배치할 수 있는 민간 원정 인력을 설립하는 국방부 명령 1404.10을 승인했다. 새로 승인된 국방부의 민간 원정 인력이 어떻게 S/CRS와 연관되거나 상호작용할지는 지켜봐야 한다. S/CRS에게 이 인력은 의회가 S/CRS에 충분한 자금과 인력을 충당하지 못하는 실패를 '종결 짓는' 것으로 생각된다. 이것은 그 프로그램을 실행하는 그다지 효율적인 방법이 아니며, 후임 국방부 장관이 취소할 수도 있다.

나쁜 소식 : 여전히 심각한 역량 격차

　지금까지 다룬 모든 기관에는 심각한 역량 격차가 존재한다. 어느 기관에도 임무, 권한, 레토릭을 효과적으로 추구할 수 있는 충분한 자원이 없다. 이것은 예견된 일이었다. 정치 기관은 느리게 변화하고52), 이런 기관이 만들어진 방식은 그 기관을 운영하는 데 이용할 수 있는 자원을 더욱 제한한다. 이런 문제가 이들 피스빌딩 기관에만 고유하게 드러나는 특징은 아니다. 마이클 바넷(Michael Barnett)이 24개 정부와 정부 간 피스빌딩 기관을 평가한 논문에서 제기했듯이, "피스빌딩에 대한 관심은 많지만, 대부분 자원을 제공하는 차원이 아니라 레토릭 차원에 머물고 있다. 따라서 피스빌딩이 서류상으로는 큰 후원을 받는 것처럼 보이지만, 실제로는 분쟁 재개에 따른 비용에 비해 의미 있는 재정적, 정치적 지원을 거의 받지 못한다는 데 위험성이 있다."53)

새로 생겨나는 이 모든 피스빌딩 기관들은 새로운 예산이 할당되지 않은 상태로 만들어졌다. 그들은 각각 다른 부서의 자금과 인력을 끌어오기 위해 씨름하고, 기관의 역사를 조직 내 다른 부서와 다투며 시작했다. 자금, 인력, 훈련 문제는 계속해서 기관을 괴롭혔고, 피스빌딩에 참여하고 더 긴 기간에 걸쳐 비정부기구와 시민 사회 활동가와 함께하는데 쓸 수 있는 실질적 역량을 제한했다. 유엔평화구축위원회는 시민 사회 활동가들을 충분히 포함하지 않는다는 비판을 받아왔다.54) 위원회가 첫 번째 조치인 '부룬디에서의 피스빌딩을 위한 전략적 프레임워크'에 대한 협의(2007년 6월 20일)에서 피스빌딩에 관여하는 주요 기관인 가톨릭교회를 포함시키지 못한 것이 한 예이다. 이 프레임워크에서 부룬디 정부는 민주적이고 효율적인 거버넌스, 휴전 협정, 사회경제적 회복, 사법 개혁을 포함한 여러 분야에서 피스빌딩을 진전시키겠다고 약속했다. 그러나 실행 가능한 기준과 전략적 프레임워크 우선 사항을 완료하기 위한 명확한 일정에 대한 논쟁이 해결되지 않아, 그 내용은 문서에서 제외되었다.55) 유엔평화구축위원회는 "피스빌딩 우선 사항을 지원하기 위해 부룬디를 위한 자원 동원에 지속적인 관심과 지원을 제공하겠다."56)고 약속했다. 하지만 위원회가 이런 서약을 이행할 능력이 있는지는 불분명하다. 자원이 거의 없는 상황에서, 전략적 프레임워크가 완성되었는데 유엔평화구축위원회가 얼마나 오래 부룬디에 집중할 수 있을까? 위원회의 효율성이나 부룬디 프레임워크의 영향을 평가하기에는 너무 이르다. 그러나 유엔평화구축위원회가 특정 방법이나 자원, 이를 구현하기 위한 강한 의지, 후속 조치, 다른 사람들이 후속 조치를 취하도록 장려하는 큰 영향력 없이, 단순히 일반적 피스빌딩 목표를 설명하는 문서를 발행한 다음 다른 분쟁 후 국가를 위해 다른 문서를 발행하는 것으로 이어진다면, 이런 노력은 효과적이거나 지속 가능하지 않다. 이해 관계자 간 국가적 협의를 개최하고 부룬디의 피스빌딩에 대한 국제적 관심을 갖는 것이 유익한 효과를 낼 수 있다. 그러나 위원회가 시간이 지나도 탁상공론이나 하는 것으로 인식되면, 자발적인 기부를 끌어낼 가능성이 낮아질 것이다.

비슷한 역량 문제가 S/CRS 협력실을 괴롭힌다. 예를 들어 가톨릭구제회와 미국 가톨릭 주교회의는 부룬디 교회와 협력하여 미국 국제개발처로부터 상당한 자금을 지원받은 피스빌딩 프로그램을 개발했다. 윌리엄 헤들리와 레이나 노이펠트(William Headley and Reina Neufeldt)가 5장에서 설명했듯이, 프로그램에는 부룬디에서 열린 피스빌딩 훈련 워크숍과 부룬디 가톨릭 평화화해위원회를 위한 미국에서의 3주간의 피스빌딩 훈련과 전략 세션이 포함되었다. 세션의 일환으로 이 단체는 학교를 위한 평화, 화해 교육 프로젝트, 트라우마 치유, 청소년을 위한 피스빌딩 스포츠와 문화 활동을 포함한 피스빌딩 행동 계획을 개발했다.[57] 하지만 S/CRS 협력실은 그런 프로젝트를 지원할 예산이 거의 없었다. 내부 장애물도 남아있었다. 미국 국제개발처와 해외 근무 경력이 있는 관료 가운데 많은 사람은 S/CRS에 회의적이었다.

분석된 기관 가운데, 국방부가 분쟁 후 재건 역량을 높이기에 가장 좋은 태세를 갖추고 있었다. SSTR의 효과를 개선하기 위해 더욱 효과적으로 활용할 수 있는 계획, 훈련, 예산, 전략 포착, 교육과 운영 구조를 갖추고 있을 뿐만 아니라, 전반적으로 자원이 풍부한 환경을 갖추고 있었다. 장애물은 주로 내부에 있었다. SSTR을 기존 군사 프로그램에 피상적으로 제도화하는 것만으로는, 훈련, 교리, 계획, 필요한 조건, 인력, 자금 흐름이 SSTR 작전을 지원하기에 충분하지 않다. 국방부는 (육군이 이런 목적으로 더 많은 모집을 시도하고 있음에도 불구하고) SSTR 업무를 성공적으로 수행하기 위한 민간 문제 전문가, 언어학자, 분쟁의 문화적, 종교적 측면에서 훈련된 인력이 부족했다. 전통적으로 예비군에서 이런 전문가들을 많이 제공했지만, 예비군은 전투 작전을 위해서도 필요하고 예비군과 정규 부대(특히 육군)가 이라크와 아프가니스탄에서 요구하는 높은 작전 속도로 인해 한계점까지 압박을 받기 때문에 공급이 수요를 따라갈 수 없다. 역량 부족 때문에 많은 SSTR 기능은 (종종 적절한 감독 또는 책임 없이) 계약자에게 떠넘겨지거나, 즉흥적으로 임무에 대처해야 하는 분쟁 지역에서 군대와 지휘관의 짧은 순회 기간 동안 '즉석에서' 수행되었다. 작전이 성공했는지의 기준이 국방부 SSTR 활동의 영향, 효과 또는 지속가능성을 판단하는 실질적인 방법론이 아니라, 지출된 비용과 시작된 이니셔티브로 설정되는 일이 너무 잦았다. 군사 문화와 제도적 인센티브는 여전히 SSTR에서 최고 수준의 전문가가 자신들의 경력을 확장하는 장애 요인이었다. 군사 문화는 전투 수행자를 선호하고, '승진 못하면 퇴출되는' 경쟁적인 승진 시스템에서는 전투 수행자가 승진한다. SSTR 직책을 맡은 한 장교는 "내 경력은 끝났다"라고 한탄했다. 인센티브 구조의 변경 없이, 추가 채용과 교육만으로는 장기적 SSTR 인력 역량 격차를 해결할 수 없다.

국방부의 SSTR 활동은 전략적이기보다는 즉석에서, 기회에 기반을 두고 이루어졌다. 아프가니스탄의 한 미군 여단 사령관은 이렇게 말했다. "우리는 기회가 주어지면 개발합니다. 우리는 수리가 필요한 우물을 보면 수리하지만 이건 전략적인 접근 방식이 아닙니다."58) 이것은 또한 국방부가 운영하는 민간 커뮤니티를 참여시키는 접근 방식도 아니다. 미군의 세계적 족적과 영향력이 너무 커서, 미 국방부의 분쟁 후 재건 과정의 실수는 전 세계 다른 곳에서 복제되기 때문에 특히 위험하다. 예를 들어 민간 역량의 부족으로, 이라크와 아프가니스탄의 군사 지휘관들은 적절한 인권 상황에 대한 검토 없이 즉석에서 분쟁 후 재건 임무에 착수해야 했다. 2006년 국가 방어권 법안 1,206항에 따른 지출 승인이 나서 처음으로 국방부에 자금을 제공하여 이라크와 아프가니스탄에서 국무부의 개입 없이 군대와 경찰을 훈련하고 전투에 대비하도록 지원했는데, 따라서 거기서는 국무부와 함께하는 인권 보호와 민간 감독도 없었다. 이 자금 승인은 나중에 알제리, 차드, 도미니카 공화국, 인도네시아, 레바논, 모로코, 나이지리아, 파키스탄, 파나마, 세네갈, 스리랑카, 태국, 예멘, 상투메 프린시페 같은 이라크의 연합국들을 위한 보안과 훈련 비용을 지급하도록 확장되었다.

군사령관 비상 대응 프로그램은 군사령관이 학교와 도로 재건과 같은 건설 프로젝트에 다른 사전 승인이나 검토, 감독 없이 사용할 수 있는 '자유재량' 자금(수만 달러에서 수백만 달러)을 제공한다. 이런 긴급 회생 프로젝트는 의도하지 않게 치명적 영향을 미친다. 해당 지역에서 군사령관이 짧게 머무르는 사이 프로젝트를 신속하게 마치기 위해, 지역 주민들의 신뢰와 의견을 구하지 않는 경우가 많았기 때문이다. 프로젝트는 분쟁을 가라앉히기보다는 고조시킴으로써, 부패한 개인이나 전쟁 단체에 도움이 될 수도 있었다. (이라크는 현재 세계에서 두 번째로 부패한 국가로 평가받는다.) 따라서 분쟁 후 재건으로 인한 이익은 종종 내국인에게 돌아가는 게 아니라, 인권과 관련된 행위에 대한 책임을 지지 않으며 자주 지역 사회와의 관계를 긴장시키는 미국 민간 기업에 돌아간다.

새로 생겨나는 기관이 추구하는 평화는 우리가 추구하는 평화와 다르다

피스빌딩과 분쟁 후 재건에 더 많은 관심과 자원을 전달하기 위한 합의 외에도, 기관에 따라 추구하는 평화의 종류와 규범은 매우 다양하다. 피스빌딩에 대해서도 동일한 의미로 이야기하지 않는다. 새로 생겨나는 기관의 기초가 되는 규범과 가치는 무엇이며, 그것은 그들이 참여하는 실천의 종류에 어떤 영향을 미칠까?

새로 생겨나는 기관들은 일반적으로 오랜 가톨릭 규범을 반영한다. 유엔평화구축위원회의 창설은 국제법과 제도 강화의 중요성을 강조하는 가톨릭 사회교리의 강조와 일맥상통한다. 교황 요한 23세의 『지상의 평화(*Pacem in Terris*)』에서 교황 베네딕토 16세의 『진리 안의 사랑(*Caritas in Veritate*)』까지, 교회는 점점 더 상호 의존적인 세계에서 공동선을 달성하려는 방법으로 더 강한 유엔을 지지해왔다. 미국 주교들은 오랫동안 미국 정부가 유엔평화구축위원회와 같은 유엔 프로그램에 대해 "이 기관들이 함께 세계적인 문제를 해결하는 데 더 책임감 있고 관심 있는 단체가 될 수 있도록"59) 정치적, 재정적 지원을 제공할 것을 촉구했다. 국무부와 국방부의 피스빌딩에 대한 새로운 초점은 군사 지출을 분쟁 예방, 분쟁 해결, 분쟁 후 재건과 화해 프로그램으로 자원을 지원하도록 전환하라는 미국 주교들의 오랜 요청과 일치한다. 『평화의 도전(*Challenge of Peace*)』에서, 주교들은 군 예산의 일부를 피스빌딩에 사용하는 것을 포함해, "모든 시민에게 분쟁 해결, 비폭력 저항, 평화를 위한 사업과 교육 프로그램을 지원" 하도록 촉구했다.60)

하지만 유엔평화구축위원회, 국방부, 국무부가 겪은 역량 격차는 규범상의 격차도 드러낸다. 인권 관심사가 국가 안보 부서와 관련되어 있음에도 불구하고, 이런 기관들은 우선 정부의 역량, 특히 국가 안보 조직의 역량을 강화하기 위해 노력한다. 이런 기관들은 비정부기구, 시민 사회 단체와 충분한 관계를 맺지 않고, 따라서 종종 지역 공동체가 주도하거나 지휘하지 않는 피스빌딩 프로젝트를 수행한다. 이 기관들이 추진하는 프로젝트는 장기적으로 인간 공동체와 개인들을 재건하는 일이 아니라, 단기적으로 물질적 인프라를 재건하는 일에 가장 먼저, 확실하게 초점을 맞춘다.

국방부와 국무부는 SSTR 사업에서 평화를 추구할 때, 올바른 관계의 정립이 아니라 폭력 중단과 우월한 군사 정치적 힘에 기반한 팍스 아메리카나(Pax Americana, 로마 중심의 평화 Pax Romana에서 변용된 개념으로, 제2차 세계대전 이후 미국의 강력한 국력을 바탕으로 이루어진 국제 질서를 의미한다. - 역자 주)에 초점을 맞춘다. 군은 "미국의 이익과 가치를 향상시키는 질서를 확립하기 위해 안정화 작전을 수행한다."61)고 밝혔다. 2009년 1월에 나온 '4년간의 역할과 임무 검토 보고서'에서는 SSTR을 국방부 핵심 임무로 다루지만, 그 정의는 (가톨릭 피스빌딩 접근 방식과는 반대로) 전적으로 국가 중심적이다. "안정화, 안보, 전환, 재건 작전에 대한 군사적 지원은 심각한 부담을 진 *정부*에 대한 지원이다."62) 육군의 안정 작전 매뉴얼의 초점은 다른 활동가의 중요성을 인식하지만, 주로 국가 중심, 안보 중심, 미국 중심적이다. 카를로스 파스쿠알(Carlos Pascual) 대사에 따르면, "이 매뉴얼은 평화와 피스빌딩을 촉진하는 데 미국의 힘이 우세한 환경에서 매우 미국 중심적인 접근법을 취한다. 국제 사회에서 우리가 마주하게 될 대부분 사례는 그런 범주에 속하지 않을 것이다."63)

국방부가 SSTR 작전을 수행할 때, 작전은 분쟁 후 국가에서 군대와 안보군의 역량을 확대하는 것에 먼저 주의를 기울이고, 시민 사회의 참여나 인권 보호를 통합하는 일에는 거의 관심이 없었다. 군부는 종종 피스빌딩을 인간과 지역 사회의 장기적 복원보다 단기적 물질적 기반 시설 수리에 초점을 맞춘, 주로 안보이자 공학기술 임무로 간주한다.64) 적절한 민간 기관이나 통제, 인권 보호가 마련되지 않은 채, 이런 군사력이 유입되면 가톨릭 평화 기관이 추구하는 평화의 핵심인 사람과 지역 사회, 시민 사회의 발전에 큰 손상을 입힐 수 있다. 효과적인 민간 기관 건설은 피스빌딩과 인간 발전의 핵심이다. 국방부가 창설하는 기관은 일반적으로 민간 기관이 아니라 군사 안보 기관이다. 이런 기관에서 진행하는 프로그램은 그로부터 뜻하지 않게 발생한 결과에 대해 평가받기는커녕 다른 곳에서 모방할 만한 성공으로 간주된다. 효과적인 정부 기관이 없는 불안정한 국가에서 군사 지출은 분쟁의 덫을 악화시킨다. 민간 당국과 인권 보호가 빈약한 곳에서, 더 큰 힘을 지닌 안보 기관은 공동선에 이바지하는 게 아니라, 인권을 침해하고 갈등을 악화시킬 수 있다. 이라크 경찰이 미 국방부와 국무부의 재정 지원과 훈련을 받아 종파적 폭력에 가담한 일이 바로 그런 경우였다.

국가 주권과 국익의 원칙은 국방부와 국무부 모두에서 지배적인 방침으로, 국가 수준의 활동가와 단기간에 물질적 기반 시설 재건과 (민주주의적, 자본주의적, 주권 국가의 정치 경제 제도를 만드는) 국가 건설 기능에 중점을 둔 피스빌딩에 매진하게 한다. 유엔평화구축위원회는 국방부와 국무부의 단기적, 국가 중심적 견해와 가톨릭교회의 더 장기적이고 인간 중심적 견해 사이에 끼어 있다. 유엔평화구축위원회의 임무는 지속 가능한 평화를 만드는 것이며, 그 임무는 위원회 업무에 대한 국가와 비국가 이해당사자의 권고를 포함하여 더 광범위하고 개방적이어야 한다. 그러나 실제로 유엔평화구축위원회는 (이 기구가 속해 있는 유엔과 마찬가지로) 정부 관계자들의 이익과 재정 지원에 의해 엄청나게 제약받고 있으며, 그 결과 위원회 프로그램은 정부 활동가의 (단기간의) 역량 구축에 초점을 맞추고 있고, 비국가 활동가의 참여는 제한된다.

미국 정부와 유엔평화구축위원회의 피스빌딩 프로그램에 담겨 있는 규범은 특히 평화와 국가 주권 개념과 관련하여 가톨릭 피스빌딩 규범과 다르다. 특히 미국 정부 기관은 소극적 평화, 즉 질서로서의 평화 또는 폭력의 부재로서의 평화를 강조한다. 토드 휘트모어(Todd Whitmore)가 북우간다에 대해 언급한 글(6장)에서 지적했듯이, 많은 분쟁 상황에서 소극적 평화를 달성하는 것은 충분하지는 않지만, 긴급한 도덕적 명령이 될 수도 있다. 그러나 『가톨릭교회 교리서』는 "인간 생명의 존중과 증진에는 평화가 필요하다. 평화는 단순히 전쟁이 없는 것만도 아니고, 적대 세력들 사이의 균형을 보장하는 데 그치는 것도 아니다."65)고 말한다. 가톨릭의 가르침은 언제나 적극적 관점에서 평화를 이해한다. 교황 요한 바오로 2세는 1982년 5월 30일 성령강림대축일 강론에서, "평화는 단순히 전쟁이 없는 것이 아니다. … 평화는 대성당처럼 끈기 있게 그리고 흔들리지 않는 믿음으로 건설되어야 한다."라고 말했다. 미국 가톨릭 주교들은 『평화의 도전』에서 평화에 대한 적극적인 견해를 다음과 같이 설명했다.

> 평화는 질서의 열매입니다. 인간 사회의 질서는 하느님의 초월성과 각 개인의 고유한 존엄성에 대한 존중을 바탕으로 형성되며, 자유와 정의, 진리와 사랑이라는 이름으로 이해됩니다. 날이 갈수록 상호의존성이 커지는 세상에서 전쟁을 피하는 일은 평화를 쌓아 올리려는 의지와 맞물려야 합니다.66)

가톨릭 구제회와 카리타스 인터내셔널의 피스빌딩 원리는 인간의 기본적 존엄성, 올바른 관계, 공동선, 참여에 중점을 둔 보다 전체론적이고 지속 가능한 평화의 전망을 반영한다.67) 이런 원리는 개인과 지역 사회 수준의 화해와 복구, 시민 사회와 비정부기구 활동가의 참여, 장기적으로 공동선을 제공할 수 있는 견고하고 지속 가능한 국제

기관과 국가 기관의 창설을 강조하는 피스빌딩 실천으로 이어진다.

미 국방부, 국무부, 유엔평화구축위원회는 국가가 만든 기관이므로 국가 주권과 국가 역량을 우선시하는 것은 놀라운 일이 아니다. 대조적으로 오늘날 가톨릭교회는 주권에 대해 미묘하게 다른 시각을 지니고 있다. 가톨릭교회는 주권 국가 체제가 등장한 16세기 이전에 주권 국가가 되었고, 군대를 보유하고 있지는 않지만 주권 국가 체제 안팎에서 운영되고 있다. 교황청은 작은 정부로 인정받으며, 177개 주권 국가와 외교관을 교환하며 유엔에서 영구 참관인 지위를 갖고 있다. 이렇게 얽힌 주권 국가의 망은 가톨릭교회에 종교 기관이면서 비정부 기구라는 독특한 지위를 부여한다. 가톨릭교회는 두 진영 모두에 발을 디디고, 모든 주권 국가의 경계를 가로지르며 기능하는 초국가적 활동가로서 광범위한 사업과 네트워크를 유지하면서 주권 국가와 어울려 수월하게 활동하고 협상할 수 있다. 가톨릭교회는 주권 국가가 인간과 인간 공동체를 위해 존재한다고 믿는다. 따라서 교회는 국가 기관이 인간을 보호할 수 있고 보호하는 일에 관심이 있는 주권 국가와 협력한다. 교회의 사업은 국가가 약탈적이거나, 적대적이거나, 실패한 곳에서도 계속된다.

세계에서 가장 취약한 많은 사람에게 주권 통치는 부재하거나 또는 약탈적이다. 전 세계 인구의 거의 1/3, 오늘날 지구상 60억 명 이상의 인구 중 20억 명은 인간 발전을 가능하게 하는 법과 질서, 즉 **평화로운 질서**(tranquillitas ordinis)가 없는 취약한 국가나 실패한 국가에서 살고 있다.[68] 프리덤 하우스(Freedom House, 1941년 당시 미국 대통령 프랭클린 루스벨트의 후원 아래 설립된 워싱턴에 위치한 비정부기구로, 민주주의, 정치적 자유, 인권을 위한 활동을 한다 - 역자 주)에 따르면, 국가가 기본 인권과 자유를 박탈한 43개국에 20억 인구가 살고 있다.[69] 오늘날의 수단이나 1994년의 르완다처럼 최악의 국가는 약탈적이며 집단 학살로 자국민을 죽인다. 가톨릭교회는 주권 국가가 인간의 생명과 존엄성, 공동선을 보호할 수 없거나 보호하려 하지 않을 때 옆에서 방관하지 않는다. 비정부기구 용어로 말하자면 교회는 국제 적십자보다 국경없는의사회와 유사해서, 주권 국가의 사전 승인 여부와 관계없이 사람들이 필요한 곳에서 행동할 준비가 되어있다(국제 비정부기구와 비교할 때 가장 큰 차이는 교회가 이미 전 세계에 있으며, 따라서 외부 활동가만은 아니라는 점이다). 제2차 바티칸 공의회 문헌 『사목 헌장(*Gaudium et Spes*)』은 다음과 같이 언급했다. "사회 질서와 그 발전은 언제나 인간의 행복을 지향하여야 한다. 사물의 안배는 인간 질서에 종속되어야 하며 그 반대가 되어서는 안 되기 때문이다. 주님께서 친히 '안식일이 사람을 위해 생긴 것이지, 사람이 안식일을 위해 생긴 것은 아니다.' 하셨을 때에 이를 가리키신 것이다."[70] 가톨릭교회는 인간 생명을 보호하고 주권의 존엄성을 보호하는 일에서부터 활동을 시작한다.[71] 유엔과 미국 정부는 보호 책임의 원리를 채택하면서 이 입장을 향해 나아가고 있지만, 이 원리를 실행에 옮기는 일은 국익과 국가 주권에 대한 우려로 제한되어 왔다.[72]

가톨릭 규범은 변화하는가? 정의로운 평화의 원리들

미 국방부, 국무부, 유엔평화구축위원회는 피스빌딩에 관한 규범적 변화를 겪는 유일한 기관이 아니다. 가톨릭교회 역시 부분적으로는 가톨릭 피스빌더의 통찰로부터 비롯된 *전쟁 종식 정당성*[73]을 포함한 정당한 전쟁 전통을 정의로운 평화에 대한 강력한 지침과 개념을 포함하는 방향으로 변화시키고 있다. 정의로운 평화는 언제나 정당한 전쟁 전통의 토대였다. 튼튼한 평화가 모든 행동의 목표여야 하며, 전쟁은 갈등 예방, 해결, 중재 같은 다른 방법이 실패한 뒤 최후의 수단으로서만 간주될 수 있다. 그러나 역사적으로 이런 개념과 실천을 구체화하기 위한 체계적 작업은 거의 수행되지 않았다.[74] 한 비평가가 말했듯이, 정당한 전쟁 이론가는 너무 자주, 전쟁이 임박할 때만 참여하고, 특정 군사 개입이나 실천이 정당화되는지에만 관여하며, '평화로운 세계를 구축하기 위한 더 크고 광범위한 임무를 인식하지 못한 채 안이하게'[75] 지낸다. 미국 가톨릭 주교들은 『평화의 도전』에 동의했는데, 이 서한에서 주교들은 정당한 전쟁 전통이 여전히 필요하지만 충분하지 않으며, 교회는 평화를 구축하고 윤리, 신학, 평화 실천을 발전시키기 위해 다른 사람들과 함께할 도덕적 책임이 있다고 언급한다.[76]

신학자와 윤리학자들은 역사적으로 누락된 이런 내용을 바로잡기 위해 노력하고 있다. 시카고 신학교의 수잔 브룩스 티슬트웨이트(Susan Brooks Thistlethwaite)와 풀러 신학교의 글렌 스타센(Glen Stassen)은 『정의로운 평화만들기(*Just Peacemaking*)』에서 정의로운 평화가 정당한 전쟁 전통과 유사한, 그러나 이를 넘어서는 새로운 패러다임으로 부상하고 있다는 데 동의한다.77) 그들이 내놓은 길잡이 프로그램은 유엔 지원부터 전쟁에 대한 대안을 제공하는 공격용 무기와 무기 거래 감소에 이르기까지, 10가지 정책을 제안한다. 이 프로젝트는 매우 유용하고, 화해의 필요성처럼 이 책에서 제기하는 몇 가지 요점과 유사하다. 그러나 이것은 기본적으로 폭력에 대한 대안을 목록화하는 연역적 훈련이다. 대조적으로 아래에서 논의되는 정의로운 평화의 윤리적 원리는 카리타스 인터내셔널, 가톨릭 구제회 같은 가톨릭 피스빌딩 기관의 통찰에서 발전했다.

특히 1990년대 인도주의적 개입, 2001년 아프가니스탄 개입, 2003년 이라크 전쟁에 대한 논쟁 이후, 정당한 전쟁 사상가들은 정의로운 평화 문제를 검토하고 있다. 그러나 이런 논의는 기본적으로 정당한 전쟁 전통의 세 번째이자 충분히 발전되지 못한 개념인 *전쟁 종식 정당성* 기준에 중점을 둔다. *전쟁 종식 정당성*은 정의로운 평화 원리에 포함된 더 광범위한 분쟁 주기보다는 분쟁 후 재건에 초점을 맞춘다. 정당한 전쟁론을 펴는 중진 이론가 마이클 왈저(Michael Walzer)는 "*전쟁 종식 정당성*이 *전쟁 개시 정당성*에서 완전히 독립적일 수 없다."78)고 주장한다. 개리 배스(Gary Bass)와 몇몇 다른 사람들은 이 의견에 동의하며, 전쟁을 정당화하는 명분이 "호전적 국가에게, 전쟁이 끝난 후에라도 바람직한 결과를 끌어낼 수 있도록, 의무를 부과한다."79)는 점을 지적한다. 대부분의 이론가는 전후 상황에서 *전쟁 개시 정당성* 유형의 기준을 적용하는 것으로 시작해 다른 사람을 따라 한다. 브라이언 오렌드(Brian Orend) 같은 몇몇 연구자는 전적으로 이 기준에 머무른다. 오렌드는 정당한 명분, 올바른 의도, 공권력, 차별, 그리고 비례성이 갈등 종식과 평화 정착이라는 용어를 지배해야 한다고 제안한다. 분쟁 후 재건 맥락에서 *전쟁 종식 정당성*을 고려하며 시작하는 것은 적절하지만, 이 용어는 피스빌딩 관심사의 전체 범위와 인간과 공동체의 완전한 복구에 대한 적절한 고려를 제공하지 않기 때문에 그렇게 말하는 것만으로는 충분하지 않다.

오렌드의 기준은 *전쟁 종식 정당성*에 대한 다양한 접근 방식 가운데 현재 가장 널리 인용되고 있다. 모든 기준은 정당하지 않은 침략자가 패배했고, 분쟁 후 기간에 앞서 정당한 전쟁이 있었다는 가정에서 시작된다.80) 이것은 첫째, 침략 행위는 되돌려져야 하며('침략 행위로 인한 부당한 이득'을 포함하여), 둘째, 침략자는 처벌을 받아야 하며(전범 재판과 피해자에 대한 보상을 포함하여), 셋째, 잠재적인 침략자는 억제되어야 함을 의미한다.

한쪽은 침략자이고 다른 쪽은 피해자이며, 정당한 전쟁이 갈등에 선행했다는 이런 법률주의적 가정은 상당한 문제를 불러일으킨다. 대부분의 전쟁은 정당하지 않다.81) 더욱이 대부분의 전쟁은 부룬디에서처럼 침략자와 피해자를 명명하기 어려운 내전이며(국제전은 거의 드물기에), 모든 면에서 도덕적 침해가 발생한다. 40년간의 콜롬비아 분쟁에서 많은 국가와 비국가 활동가 중 어느 쪽이 침략자인가? 아무도 정당한 전쟁을 수행하지 않았다. 전 세계 대부분 분쟁의 현실을 다루지 않는 *전쟁 종식 정당성* 기준은 특별히 도움이 되지 않는다. 선행 분쟁이 정당한 전쟁이 아닐 때는 더 많은 윤리적 기준이 필요하다. 2003년 미국의 이라크 침공은 정당한 전쟁 기준을 충족하지 못했지만, 국방부와 국무부, 분쟁 후 재건에 관여한 다른 사람들에게는 분명히 도덕적 의무가 있으며 피스빌딩 행동을 인도하기 위한 도덕적 기준이 필요하다.

전쟁 종식 정당성 기준을 개발하기 위한 노력은 필요하고 반가운 일이다. 그러나 지금까지 대부분의 노력은 피스빌딩의 좁은 측면에 초점을 맞추었다. 전쟁 종식과 평화 정착 윤리(오렌드), 전쟁 범죄 재판(켈로그Kellogg) 같은 특정 분쟁 후 활동의 윤리와 중요성을 포함한 점령 세력의 윤리(이아지엘로Iasiello, 배스, 왈저), 주 정부기관 공직자의 정화 또는 숙청(메르헨리치Meierhenrich), 분쟁 후 지역의 법률 제정과 입법 개혁(분Boon), 전쟁 포로 처리와 배상과 같은 분쟁 후 활동(커츠Kutz) 등이다.82) 이들 중 다수는 국제법에서 시작된 '법률주의 패러다임'과 '국가의 주권과 영토 보전이 국제 관계의 기반' 이라는 가정에 바탕을 두고 정당한 전쟁처럼 정의로운 평화에 접근한다. 이것은 몇 가지 왜곡을 초래한다.83) 승자의 윤리적 고려에서 시작되는 하향식 *전쟁 종식 정당성* 기준은 종종 피해자 또는 분쟁으로 인해 가장 큰 피해를 본 사람들의 인권을 온전히 인식하지 못한다. 이런 논리는 종종 분쟁 후 재건에서 승자의 단기적인 시야와 제한된 책임(배스), 민주 정부의 촉진(왈저)을 강조하는데, 이렇게 왜곡된 논리가 국방부, 국무부, 유엔평화구축위원회에 의해 공유된다. 이런 *전쟁 종식 정당성* 기준은 외부의 간섭을 제한하고, 승리자의 정복을 억제하며, 승리자의 복수나 약탈 기회를 제한하는 등의 중요한 가치에서 비롯된다. 그러나 이런 기관의 짧고 제한적인 분쟁 후 재건 의무는 피스빌더의 현장 경험과 뜻이 맞지 않는다, 항구적이고 지속 가능한 평화를 구축하는 데는 많은 시간과 (국방부, 국무부, 유엔평화구축위원회에서 강조하는) 주권 국가와 국가 기관뿐만 아니라 개인과 지역 사회 모두의 지속적인 관심이 (화해와 복구에 관한 관심을 포함하여) 필요하기 때문이다.

*전쟁 종식 정당성*을 옹호하는 몇몇 종교 이론가는 법률주의적, 통계주의적, 하향식 접근 방식에서 벗어나 현장에서 활동하는 가톨릭 피스빌더의 방향을 따르고 있다. 1994년에 작성된 간략한 연구에서 시카고 로욜라 대학 마이클 셔크(Michael Schuck) 교수는 *전쟁 종식 정당성* 활동의 일환으로, 다른 여러 가톨릭 사상가들이 반복적으로 강조한 주제인 회개, 명예로운 항복, 회복이라는 3가지 원리로 시작할 것을 제안했다. 마이클 셔크 교수에게, 회복은 전쟁 도구, 특히 지뢰 제거에 초점이 맞춰져 있었다.84) 하지만 가톨릭 피스빌더에게 회복은 더 많은 것을 의미한다.

케네스 하임즈(Kenneth Himes)는 "도로, 전기, 통신 등의 물질적 인프라뿐만 아니라 평화로운 공동생활을 위한 인간 인프라도 포함되어야 한다."라며 회복의 관점을 적절하게 확장한다. 그는 네 번째 기준인 '시민 사회 구축'85)을 남녀가 국가의 생명을 회복하는 일을 시작하는 데 필요한 사회적 공간을 조성하는 작업이라 부른다.

어떤 면에서 *전쟁 종식 정당성* 원리에 대한 이런 첫 시도를 비판하는 일은 다소 부당해 보인다. 어떤 논의도 이 주제에 대한 결정적인 언급은 아닐 것이다. 오히려 그런 논의들은 토론을 시작하기 위한 시도로 제안되었고, 그런 점에서 성공적이었다.86) 그러나 우리는 정의로운 평화에 대한 통계주의적, 법률주의적, 하향식, 점령자 중심의 윤리의 개념을 넘어서야 한다. 정의로운 평화에 관한 가톨릭의 접근은 인간의 근본적인 존엄성을 포함하는, 스펙트럼의 반대편에서 시작한다. 20세기는 전쟁과 분쟁으로 약 2억 명이 사망한 가장 치명적 시기였다.87) (20세기 초 민간인 사상자가 15%였던 것에 반해) 역사상 최초로 전쟁 사상자의 90%가 민간인이었다.88) 이 사실만으로도 정의로운 평화 기준의 토대가 모든 인간 생명의 근본적인 존엄이어야 한다는 걸 알 수 있다. 피스빌딩은 분쟁을 예방하고 분쟁을 종식하며 분쟁 후 사회를 복원하려는 연속적인 활동이다. 정의로운 평화의 기준은 이라크 주둔 미군이 처음 채택한 *전쟁 종식 정당성* 타임라인에만 국한되지 않는다.

피스빌더, 특히 가톨릭 피스빌더와 교회 가르침이 추구하는 원리는 정의로운 평화의 기준을 제시한다. 정당한 명분, 올바른 의도, 참여 과정, 올바른 관계, 화해, 회복, 지속가능성(표 3-1 참조)이 그것이다.89)

정당한 명분은 해당 지역과 외부 활동가 모두의 피스빌딩에 동기를 부여한다. *전쟁 종식 정당성*에서 말하는 정당한 명분은 공격에 대한 방어로 제한되는 *전쟁 개시 정당성*의 정당한 명분보다 훨씬 광범위하다. 활동가들은 모든 인간의 삶과 공동선의 근본적인 존엄성을 보호, 방어, 복원하기 위해 피스빌딩에 참여한다. "공동선은 사람들이 폭력에서 자유로운 삶을 살 수 있을 때 마련된다. 따라서 더 오래가고 지속 가능한 평화는 정당한 명분이라는 원리에 따라 (사적 자경단이 아닌) 합법적인 공권력에 의한 정의와 생명 보호에 기초한다." 국방부 SSTR의 정의와 달리, 정당한 명분은 국익 추구와 동일하지 않다. 토마스 아퀴나스가 지적했듯이, 공동선은 "이 일이 모든 사람과 많은 국가를 위해 행해지는 것이 훨씬 낫고 신성하기" 때문에 '한 사람의 선'이 아니라 다른 국가를 포함한 더 큰 공동체의 선이다.90) *전쟁 종식 정당성*은 (정당한 전쟁 전통처럼) 공동선에 대해 보다 세계적인 관점을 취하는데, 우리 모두가 보편적 인류 가족의 구성원이기에 국가적 재화와 국제적 재화는 분리될 수 없다는 관점이다.

올바른 의도는 정당한 명분과 연관되어 있지만 구분된다. 앞서 제기된 '정당한 명분'이 피스빌딩에 진정으로 동기를 부여하는지 질문하는 것이다. 분쟁 후 개입에 대한 여러 이유가 제시될 때, 올바른 의도는 그 이유가 정당한 의도에서 나오는 것인지의 근거를 찾는 데 도움을 줄 수 있다. 행위가 (단순히 적대 행위의 중단이나 우월한 군사력에 의해 부과된 평화가 아닌) 적극적인 평화, 즉 공동선(국가적으로나 국제적으로)과 정의를 보호하는 평화를 창출하는지가 판단 근거이다.

이런 조건은 기본적 또는 개인적 이유로, 영토 또는 개인적 지위 확대(예를 들면 석유나 군사 기지, 선거 승리나 땅을 확보하려는 욕망)를 추구하거나, (해묵은 원한을 정리하려는) 복수를 위한 분쟁 후 재건을 허용하지 않는다. 의도는 외적인 행동으로 판단할 수 있다. (따라서 내적인 심리적 역학보다 판단하기 쉽다). 올바른 의도는 순수한 의도나 자기 부정을 의미하지 않는다. 우리의 행동에는 여러 개의 동기가 작용할 수 있고, 평화를 통해 틀림없이 실용적이거나 경제적 이익을 얻을 수도 있다. 올바른 의도가 주요 동인인 한, 또 자기 이해가 공동선이나 더 큰 국제사회의 이익과 분리되지 않는 한, 사적 이익은 올바른 동기와 공존할 수 있다. 다만 올바른 의도에 대해 주의해야 할 점은, 탐욕과 국가적인 이익처럼 숨겨져 있고 덜 고상한 의제와 연결되어 있지 않은지 살펴야 한다.91) 프란치스코회 사제이자 전 미 해군 사제인 루이스 이아지엘로(Louis V. Iasiello)는 "전쟁의 발발(*전쟁 개시 정당성*)과 수행 기간(*전쟁 수행 정당성*)에서 모든 사람의 목표는 정의롭고 지속적인 평화를 수립하는 것이어야 한다. 따라서 정당화된 무력 사용도 장기적인 영향력을 고려할 때 그 올바른 의도를 *전쟁 종식* 단계까지 확장할 필요가 있다."92)고 언급한다. 올바른 의도의 결핍은 이라크와 아프가니스탄에서 분쟁 후 재건 시도를 했던 미국을 한동안 괴롭혔다. 계약 내용과 자금은 이라크 사회가 아닌 미국 국방부와 계약한 이들에게 전달되었기 때문이다. 이라크인 대부분은 미국이 공동선을 보호하는 적극적인 평화가 아니라 이라크 군사 기지와 석유 접근권을 원했을 뿐이라고 믿고 있었다.

참여 과정은 정의로운 평화 구축에 꼭 필요한 요소다. 정당한 전쟁 전통에서는, 오직 올바른 공권력 (주권과 동의어가 아닌) 만이93) 전쟁을 결정할 수 있다. 정의로운 평화의 원리는 국가와 비국가 활동가뿐만 아니라, 이전 분쟁 당사자를 포함한 사회적 이해관계자의 광범위한 참여를 요구한다. 종종 전쟁은 누가 올바른 공권력을 구성하는지에 대한 갈등과 사회적, 통치적 과정의 참여 부족 때문에 발생한다. 이런 문제는 일반적으로 분쟁 후 재건 속에서도 계속 발생한다. 따라서 스콧 애플비가 1장에서 언급했듯이, 피스빌딩은 정부 지도자들이 하는 일 또는 심지어 엘리트가 하는 일이라고 생각하거나 제한될 수 없다. 너무 자주 국가 활동가에게만 집중되어 비국가 활동가의 참여를 배제했던 국방부, 국무부, 유엔평화구축위원회의 시도와는 달리, 사회 모든 차원의 사람들에게 평화를 구축할 의무가 있다. 피스빌딩의 일차적 책임은 분쟁 지역 사람, 즉 전쟁으로 황폐화되어 종종 스스로 평화를 구축할 능력과 자원이 부족한 지역 사회에 있다. 전쟁 지역 바깥에 있는 사람은 피스빌딩을 도울 의무가 있는데, 이것은 이웃을 우리 자신처럼 사랑해야 할 의무(황금률)가 있기 때문이고, 전쟁은 전쟁 지역 밖에 있는 사람들에게도 부정적 영향을 미치기 때문이며, 우리에게 도움이 필요한 사람들을 도울 도덕적 의무(가난한 이를 위한 우선적 선택)가 있기 때문이다.94)

국방부, 국무부, 유엔평화구축위원회가 자주 그래왔듯이, 참여를 거부하는 일은 그저 실질적인 필요에서 생긴 문제가 아니라, 인간의 존엄성을 부정하는 규범의 문제이다.95) 교황 요한 바오로 2세가 언급했듯이, "평화는 가족으로부터 학교, 다양한 기관과 국가적, 국제적 조직에 이르기까지 모든 사회 계층을 포함하는 장기간에 걸친 역동적이고 참여적인 과정이다. 우리는 함께 평화의 문화를 구축할 수 있으며, 또 그렇게 해야 한다."96) 참여는 동반이라는 개념과 실천 행위는 물론, 분쟁으로 가장 큰 피해를 입은 가난하고 취약한 사람과의 보조성과 연대에 관한 가톨릭 사회교리 내용을 중시한다.

전쟁 후 사회를 어떻게 재구성할 것인가에 대한 결정은 원칙적인 이유와 실제적인 이유 모두에서 폭넓은 사회적 참여가 필요하다.97) 합의, 정당성, 신뢰성, 소유권을 만들어내고, 인구 전반으로부터 지지를 얻고, 갈등의 순환고리로 되돌아가지 않도록 미연에 방지하기 위해서는 반드시 의미 있는 참여 과정을 추구해야 한다. 참여 과정의 부족과 엘리트의 평화 협상에 너무 많은 관심을 기울이는 일은 지속가능한 평화 구축에서의 실패를 초래하여, 결국 유엔평화구축위원회, 국방부, 국무부에게 분쟁 후 재건 조직을 창출하게 할 것이다. 아이러니하게도 이런 조직은 국가와 엘리트 수준에서의 피스빌딩을 계속 강조하고, 그 과정에 비국가 행위자와 비엘리트 행위자를 참여시키려고 고군분투하면서 이런 실패를 되풀이한다. 존 폴 레더락(John Paul Lederach)이 카리타스 인터내셔널의 피스빌딩 훈련 매뉴얼에서 언급했듯이, 지속가능하고 적극적인 평화는 위에서 아래로 부과하거나 국가 기관만으로는 구축할 수 없다.98) 헥토르 파비오 헤나오 가비리아(Héctor Fabio Henao Gaviria) 몬시뇰은 "수십 년간 수백만 명의 피해자를 낳은 대립 이후, 평화를 수립하기 위해서는 사회의 모든 영역에서 참여적인 과정과 교육이 필요하다"99)는 데 동의한다.

올바른 관계는 정의로운 피스빌딩과 적극적 평화의 개념 모두의 핵심이다. 올바른 관계는 인간의 존엄성과 인류의 사회적 본성에서 비롯되며, 인간의 존엄성과 공동선을 보호하고 증진하는 데 필요하다. "인간은 신성하고 사회적이다. 우리는 다른 사람과의 관계, 지역 사회에서 우리의 존엄성과 권리를 실현한다. 인간은 공동체에서 성장하고 성취를 이룬다. 인간의 존엄성은 더 넓은 사회와의 관계 속에서만 실현되고 보호될 수 있다."100)

정당한 전쟁 전통은 상대적 정의와 비례성을 고려하지만, 올바른 관계는 수직적, 수평적 측면 모두에서 정당한 사회적 관계의 생성이나 회복을 고려한다. 로버트 슈라이터가 13장에서 지적했듯이, 신학적으로 올바른 관계는 "하느님, 동료 인간, 모든 피조물과 올바른 관계에 사는 성경적 **샬롬** 상태"라는 모델에서 영감을 받은 목표이다. 사회과학적으로는 엘리트와 사회 사이의 수직적 관계와 더 넓은 사회 간의 수평적 관계를 의미한다. 또 올바른 관계는 단순한 목표가 아니라 과정을 의미한다. 그러므로 가톨릭 구제회는 각 피스빌딩 프로그램이 "모든 프로그램에 통합되어야 하는 올바른 관계를 달성하기 위한 방법론을 제공한다."101)고 주장한다. 반면, 유엔평화구축위원회, 국방부, 국무부에는 올바른 관계를 달성하기 위한 방법을 강조하는 프로그램이 없다.

화해는 올바른 관계를 이루기 위한 다양한 수단을 의미한다. 다니엘 필포트(Daniel Philpott)가 4장에서 설명했듯이, 화해는 "전쟁과 독재가 남긴 상처에 대한 전체적이고 통합적인 회복을 상정하는 정의와 피스빌딩" 개념이다. 정당한 전쟁 전통이 정당한 목표와 더불어 정당한 목적을 다룬 것처럼, 정당한 전쟁의 과정, 정의로운 평화의 기준 역시 평화를 구축하기 위한 과정을 다룬다. 필포트에 따르면 6가지 실천 행위가 정치 제도에서 화해를 표현한다. "사회 정의, 인정, 배상, 처벌, 사과, 용서를 위한 제도 구축이다. 각 실천 행위는 정치적 불의가 비교적 훨씬 더 큰 인간의 번영 조건에 야기한 부상, 트라우마, 무지, 무관심, 멸시, 설명 책임의 결여, 시민권 박탈, 그리고 수많은 침해를 나름의 방식으로 변형시킬 것을 목표로 한다." 대중적 개념과는 반대로, 가톨릭 구제회는 화해가 개인이나 영적 실천일 뿐만 아니라, 사회의 모든 수준과 구조에서 발생하는 사회적, 정치적 행위라고 지적한다. 가톨릭 구제회는 화해를 "분쟁 중 서로 소외되고 분리된 사람들 간의 올바른 관계를 회복하는 것"이라 정의한다. 화해는 관계뿐만 아니라 영적, 개인적, 사회적, 구조적, 생태적 수준에서도 발생한다.102)

슈라이터가 13장에서 언급했듯이, 대중적으로 화해라는 용어는 종종 남용되고 정의에 대한 포기로 오해되기도 한다. "그런 일은 화해가 피해자가 겪은 고통을 잊고 정의 요구를 포기해야 한다는 의미로 사용될 때 가장 자주 일어난다. 피해자가 잊음으로써 가해자는 자신의 행동에 대한 책임을 지지 않게 되고, 사회는 마치 아무 일도 일어나지 않았던 것처럼 지속된다. 그런 행위는 전혀 화해가 아니다." 휴먼라이츠워치(Human Rights Watch, 국제 인권 감시기구)에 따르면, 정의를 포기하는 수단으로 화해를 사용하는 것은 현재 부룬디의 여당이 취하는 접근 방식이다.

정부는 화해가 이루어지지 않거나 참여자들이 협조를 거부한 사례만 법원에 보내지도록 애쓴다. … 집권 정당인 민주주의의 방어를 위한 국가위원회는 모든 범죄에 대해 기소보다 화해를 선호하는데, 이것은 집단 학살, 전쟁 범죄, 반인륜적 범죄를 저지른 사람은 반드시 기소되어야 한다는 국제 원칙에 위배되는 입장이다.103)

잘못된 일에 대해 편의적으로 망각하는 일과는 대조적으로, 필포트와 슈라이터는 화해를 위해 정의 개념을 응보적 정의로 보는 차원을 (일반적으로 국가, 정부간기구, 인권과 국제법 관련 비정부기구에서 강조하는) 뛰어넘어, 회복적 정의, 분배적 정의, 구조적 정의 개념으로 확장해야 한다고 지적한다. 장기적으로 피스빌딩 노력의 성공 가능성을 높이기 위해서는 올바른 관계와 화해가 필요하다. 이라크 정부와 시민 사회의 지도자들은 이라크에 이런 요소가 현저하게 부재하여, 분쟁이 연장되고 국가 기관을 만들고 인프라를 복구하는 모든 진전이 방해받았다고 지적한다.104)

*회복*이나 복구는 정의로운 피스빌딩의 목적이자 실천 행위이기도 하다. 복구는 피스빌딩 작업에서 가장 분명하고, 가시적이며, 실용적인 측면이다. 그러나 너무 빈번하게, 특히 국방부, 국무부, 유엔평화구축위원회는 인프라와 국가 구조의 물질적 복원을 분쟁 후 활동의 **유일한** 목적으로 간주한다.

그러나 가톨릭과 다른 종교의 피스빌더는 하임즈가 '인간 기반시설'105)이라고 부르는 것에 적용되는 회복에 대한 보다 넓은 견해를 가지고 있다. 마크 올먼(Mark Allman)에 따르면, 회복은 "사람들이 의미 있고 존엄한 삶을 추구할 수 있는 사회, 정치, 경제적 환경을 구축한다. 요컨대 전쟁의 종착점은 단순히 평화가 아니라, 시민이 개인적으로나 공동체의 일원으로서 번영할 수 있는 조건의 회복이다."106) 비정부기구 피스빌딩 기관은 회복의 사회적, 경제적 회복의 공간을 의료 서비스로부터 트라우마 치유까지 개인과 공동체의 복구뿐만 아니라 비국가 행위자와 사회 기반 시설을 포함하는 것으로까지 확장한다. 종교에 기반을 둔 피스빌더는 복구의 실천에 정신, 영혼, 사회적 관계를 포함시키고, 세속적인 피스빌더에게는 없는 회복의 도구와 방법을(예컨대 종교적 의식과 상징, 용서, 화해와 참회 등) 활용하여 회복의 틀을 더욱 넓힌다. 회복은 더 크게 생각하고 실천해야 한다. 도로, 교량, 공중 보건 시스템, 주 정부 구조뿐만 아니라 몸, 마음, 영혼, 관계까지 회복되어야 한다. 미국 정부의 이라크 분쟁 후 재건 실패는 여러 면에서 재건의 초점을 사회 기반 시설의 물질적 복구로만 좁게 맞추고, 복구와 화해의 더 넓은 필요를 배제한 것에서 비롯한다. 이런 왜곡은 지속되는 갈등으로부터 갖가지 이득을 얻는 사람들에게만 매력적인 대상을 만들고, 그렇게 엄청난 돈과 생명을 낭비하고 말았다.

　　지속 가능성. 레더락은 그의 저서 『피스빌딩(*Peacebuilding*)』에서, 지속 가능성을 피스빌딩 핵심 원리 가운데 하나로 설명한다. "피스빌딩은 장기적 전망이다. 폭력 분쟁은 여러 세대에 걸쳐 발생하며, 우리는 피스빌딩이 분쟁 기간보다 짧은 시간이 걸리기는 어려울 것이라고 미루어 짐작할 수 있다."107) 지속 가능성이란 시간이 지남에 따라 평화가 지속되도록 도울 수 있는 새로운 사회와 국제 구조를 개발하는 것을 의미한다.

　　새로 생겨나는 모든 피스빌딩 기관은 지속 가능한 평화 구축의 중요성을 언급하지만, 이들이 실제로 수행하는 행위는 선언과는 눈에 띄게 상충된다. '지속 가능한 평화'의 달성은 유엔평화구축위원회의 본질적 목표이기도 했다.108) 그러나 현재 위원회의 구조는 (위원회의 임의적 권고에 대한 후속 조치가 거의 없던 1년간의 갈등을 고려하면 자원 부족이 결정적인 요인인데) 이 목표를 달성하는 데 적합하지 않다. 마찬가지로 국무부와 국방부 모두 지속 가능한 평화에 대한 약속을 표명하지만, 담당 직원, 예산, 프로젝트에 대한 단기적인 시야는 이 목표를 약화시킨다. 대조적으로 가톨릭 피스빌더와 이론가는 지속 가능성 문제를 간단히 넘기려 하지 않는다. 단기간 슬쩍 개입하는 것은 도덕적 의무와 일치하지 않는다.109) 교황 요한 바오로 2세가 지적했듯이, 평화를 구축하려면 장기적인 투신이 필요하다.110)

〈표 3-1〉

정당한 전쟁(Just War)	정의로운 평화(Just Peace)
(전쟁 개시 정당성, 전쟁 수행 정당성)	*(전쟁 종식 정당성을 포함하여 분쟁 주기 전체)*
정당한 명분	정당한 명분 - 생명 보호, 공동선
올바른 의도	올바른 의도 - 적극적 평화, 올바른 관계
올바른 권위	참여 과정
비례성/상대적 정의	올바른 관계(수직적, 수평적)
성공 가능성	화해
최후의 조치	회복 - 물질적, 심리적, 영적
차별과 비례성	지속가능성

결론 : 우리는 어떤 종류의 평화를 추구하는가?

가톨릭 피스빌딩 규범은 (훨씬 협소한 국가 이익과는 대조적으로) 적극적 평화와 인간 생명의 보호, 참여 과정, 올바른 관계, 화해, 회복, 지속 가능한 구조에 대한 개념을 통해 새롭게 등장하는 평화 구축 기관에 가장 쉽게 정보를 제공할 수 있다. 교회 역시 이렇게 새로 생겨나는 기관과 협력하여 사회의 다양한 수준에서 또 정부 구조 밖에서 어떻게 평화를 구축할 수 있는지 보여줄 수 있다. 교회는 국가 주권을 넘어서는 적극적 평화에 대한 더 광범위한 개념을 향해 새로운 피스빌딩 규범과 실천을 형성하도록 도울 수 있다. 유엔, 미국 국무부, 국방부 내에서 피스빌딩 기관을 발전시키는 일은 분쟁의 순환 주기 모든 단계에서 장기적으로 역량 격차를 극복하고 인류의 생명을 더 잘 보호하기 위해 지원되고 강화되어야 한다. 이에 대해 교황 베네딕토 16세는 『진리 안의 사랑(*Caritas in Veritate*)』에서 다음과 같이 언급한다.

> 그런 노력들이 지속적인 효과를 내려면 인간 삶의 진리에 뿌리박고 있는 가치에 바탕을 두어야 합니다. 관련 민족들의 요구를 올바로 이해하려면 그들의 주장을 듣고 그들의 사랑을 고려하여야 합니다. 말하자면, 민족들을 화합시키고 사랑과 상호 이해를 바탕으로 한 발전을 촉진하는 일에 깊이 투신하고 있는 수많은 사람의 숨은 노력들을 지지하여야 합니다.[111]

(번역 고민정)

1) *기구(organization)* 는 공식적 기관부터 널리 퍼진 사회적 의식까지 모든 것을 의미할 수 있지만, 이 글에서는 (주소가 있는) 특정 시간과 공간에 있는 조직을 의미한다. 매리앤 쿠시마노 러브, *Beyond Sovereignty: Issues for a Global Agenda*, 4th ed. (New York: Thomson/Wadsworth Publishing, 2010). 정당한 전쟁 규범의 제도화에 대해서는. 매리앤 쿠시마노 러브, "Globalization, Ethics and the War on Terrorism," *Notre Dame Journal of Law, Ethics, and Public Policy* 16 (May 2002), 101-15, 참조.

> * IGO(Inter-Governmental Organization) : 정부간기구 또는 정부간국제기구. 공공 국제법의 중요한 측면으로, 여러 주권 국가(구성원 국가)의 합법적 대표들이 국제법적 성격을 띠는 조약(헌장)을 비준하여 설립된 기구이다. 조약이나 헌장에 서술된 다양한 목표와 범위를 가지고 있는데, 갈등 해결과 더 나은 국제 관계를 통해 평화를 유지하고, 환경 보호 같은 문제에 대한 국제 협력을 증진하고, 인권을 증진하고, 사회 발전을 촉진하고, 인도적 지원을 하고, 경제를 위해 공동의 이익을 수행하기 위해 개발되었다. 대표적으로 유엔과 그 전문 기관, 북대서양조약기구, 석유수출국기구(OPEC), 인터폴, 세계무역기구, 국제통신연합(ITU), 세계관세기구, 국제통화기금(IMF), 월드뱅크 등이 있다.

2) 제임스 터너 존슨(James Turner Johnson), *Just War Tradition and the Restraint of War: A Moral and Historical Inquiry* (Princeton, NJ: Princeton University Press, 1981); 그레고리 라이히버그, 니콜라스 터너와 베셀린 포포브스키(Gregory M. Reichberg, Nicholas Turner & Vesselin Popovski), *World Religions and Norms of War* (New York: United Nations University Press, 2009); 매리앤 쿠시마노 러브 (Maryann Cusimano Love), *Morality Matters* (Ithaca, NY: Cornell University Press, forthcoming).

3) 가톨릭교회가 피스빌딩을 발전시킬 수 있는 독특한 능력을 가지고 있기에, 또 피스빌딩이 가톨릭 신앙의 도덕적 의무이며 다른 사람들이 가톨릭교회에 판에 올라설 것을 요구하고 있기에, 이 책은 피스빌딩에 가톨릭이 어떻게 기여하는지를 탐구한다. 그러나 이것은 결코 성공적이거나 배타적인 접근을 암시하지 않는다. 부정적 측면을 말하자면, 가톨릭교회와 개별 가톨릭 신자들은 종종 자신에게 부여된 소명에 부응하지 않는다는 점이다. 그러나 긍정적으로 보면 가톨릭 사회교리는 폭넓은 인권 언어로 쉽게 번역되고, 이 사업에서 이미 잘 준비된 세속 단체와 연대할 수 있다. 로버트 윌리엄스와 댄 콜드웰이 "기본 원칙은, 정의로운 평화는 분쟁에 관여하는 모든 사람의 인권을 보장하는 것이어야 한다"고 제안한 것처럼, 가톨릭 전통 밖에 있는 일부 사람들은 '인권을 *전쟁 종식 정당성*의 토대'로 인식한다. 로버트 윌리엄스와 댄 콜드웰(Robert E. Williams and Dan Caldwell), "*Jus Post Bellum*: Just War Theory and the Principles of Just Peace," *International Studies Perspectives* 7, no. 4 (2006년 11월), 312.

4) 다니엘 필포트(Daniel Pillpott), 이 책 4장.

5) 카리타스 인터내셔널(Caritas Internationalis), *Peacebuilding : A Caritas Training Manual*, 2nd ed. (2006), 특히 "Peacebuilding Principles and Framework." 웹사이트 caritas.org 에서 열람 가능; 가톨릭 구제회, "Peacebuilding: Statement of Purpose," 웹

사이트 crs.org 에서 열람 가능; 톰 바맷, 마크 로저스와 줄리 이데(Tom Bamat, Mark Rogers and Julie Ideh), *Just Peace* (Baltimore: CRS, 2008), 특히 개요와 종합 장 참조.

6) 매리앤 쿠시마노 러브, "Peace on Earth," *America*, 2007년 1월 1일.

7) 피에르 알란과 알렉시스 켈러(Pierre Allan and Alexis Keller), eds., *What Is a Just Peace?* (New York: Oxford University Press, 2006); 수잔 브룩스 티슬트웨이트와 글렌 스타센(Susan Brooks Thistlethwaite and Glen Stassen), "Abrahamic Alternatives to War: Jewish, Christian, and Muslim Perspectives on Just Peacemaking," Special Report no. 214 (Washington DC: United States Institute of Peace, October 2008), 웹사이트 usip.org 에서 열람 가능; 수잔 브룩스 티슬트웨이트(Susan Brooks Thistlethwaite), *A Just Peace Church* (Cleveland, OH: United Church Press, 1986); 글렌 스타센(Glen Stassen), ed., *Just Peacemaking: Ten Practices for Abolishing War* (Cleveland, OH: Pilgrim Press, 1998); 알렉산드라 알터(Alexandra Alter), "Just War and Just Peace: Christian Ethicists Advocate Just Peacemaking as Corollary to Just War," *Religion and Ethics Newsweekly*, January 14, 2005.

8) 기관의 학습(institutional learning)에 대한 이 토론은 쿠시마노 러브, *Beyond Sovereignty*, 309-18 에서 발췌했다.

9) 위 글.

10) 마사 핀모어(Martha Finnemore), *The Purpose of Intervention : Change Beliefs about the Use of Force* (Ithaca, NY: Cornell University Press, 2003), 18쪽.

11) 역량 격차(capacity gaps)란 문제에 효과적으로 대응할 수 있는 역량을 방해하는, 기관이 지닌 여러 약점 또는 기관의 힘, 자원, 인력, 능력 또는 표준 운영 절차의 부족을 말한다.

12) 그레고리 라이히버그, 니콜라스 터너와 베슬린 포포브스키, W*orld Religions and Norms of War*, 쿠시마노 러브(Cusimano Love), *Beyond Sovereignty*; 마크 재니스(Mark W. Janis), ed., *The Influence of Religion on the Development of International Law* (London: Martinus Nijhoff Publishers, 1991); 매리 앤 글랜던(Mary Ann Glendon), *A World Made New: Eleanor Roosevelt and the Universal Declaration of Human Rights* (New York: Random House, 2002); 알렌 헤르츠케(Allen D. Hertzke), *Freeing God's Children: The Unlikely Alliance for Global Human Rights* (Lanham, MD: Rowman and Littlefield, 2004).

13) 부트로스 부트로스갈리(Boutros Boutros-Ghali), *An Agenda for Peace: Preventive Diplomacy, Peacemaking and Peace-keeping Document* A/47/277-S/241111 (New York: Department of Public Information, United Nations, June 17,1992), section 21.

14) 위 글, 55-59; 카리타스 인터내셔널, *Peacebuilding: A Caritas Training Manual*; Catholic Relief Services, "Ten Principles of Peacebuilding"; 톰 바맷, 마크 로저스와 줄리 이데, *Just Peace*.

15) 찰스 콜(Charles T. Call), "Institutionalizing Peace: A Review of Post-Conflict Peacebuilding Concepts and Issues for DPA," 유엔 정치부 보고서(2005년 1월 31일).

16) 브라히미 보고서(Brahimi Report), "UN Report of the Panel on United Nations Peace Operations" (August 23, 2000).

17) 코피 아난(Kofi Annan), "In Larger Freedom: Towards Development, Security, and Human Rights for All, Addendum 2: Peacebuilding Commission: Explanatory Note by the Secretary General: Background" (2005년 3월 21일), section 114.

18) UN Security Council, Letter from the President of the Security Council to the Secretary General, S/2006/25 (January 17, 2006); UN Security Council, Resolution 1645 (2005), S/RES/1645 (2005) (December 20, 2005); UN Security Council, Resolution 1646 (2005), S/RES/1646 (2005) (December 20, 2005); UN General Assembly, Resolution 60/180, "The Peacebuilding Commission," A/RES/60/180 (December 30, 2005); UN General Assembly, "The Peacebuilding Commission: Programme budget implications," A/RES/60/598 (December 30, 2005); Annan, "In Larger Freedom."

19) 유엔, "United Nations Peacebuilding Fund: Bridging the Gap between Conflict and Recovery."

20) 조지 케이시 장군과 앤드류 그레이(General George Casey and Andrew Gray), "Iraq Prompts US Army Rethink on Nation-building,"에서 인용. *Reuters*, 2007년 6월 24일.

21) 조지 부시(George W. Bush), 2000년 10월 11일 노스캐롤라이나주 윈스턴 세일럼의 웨이크 포레스트 대학의 앨 고어 부통령과의 2000년 대선 토론. 웹사이트 cbsnews.com 에서 기록을 확인할 수 있다.

22) 프랜시스 후쿠야마(Francis Fukuyama), "Addressing State Failure: The Evolving U.S. Government Response," address, Johns Hopkins University School of Advanced International Studies, Washington DC, 2006년 4월 6일, 4쪽. http://www.cgdev.org/doc/events/TranscriptSAIS1.pdf

23) 국방부 고위 정치 지명자들은 국무부의 시도를 의심했지만, 현역에 있던 많은 사람들은 그것을 환영했다. 가너 장군은 이라크 연구 그룹 프로젝트 결과를 사용하고 싶어 했지만, 럼스펠드 장관은 사용하지 못하게 했다. 그럼에도 불구하고 현역에 있던 많은 사람들은 이라크에 배치되었을 때 그 연구 결과를 '성경처럼' 사용했다.

24) 찰스 패터슨(Charles Patterson), "Preparing for Post-Saddam Iraq: Plans and Actions," lecture, MIT Security Studies Program Seminar, Cambridge, Massachusetts, 2004년 10월 27일; http://web.mit.edu/ssp/seminars/wed_archives_04fall/patterson.htm.

25) "Turf Wars and the Future of Iraq," *Frontline*, PBS, 2003년 10월 9일.

26) 제이 가너 장군 인터뷰, "What Went Wrong? Is This Victory?" *Frontline*, PBS, October 9, 2003.

27) Special Inspector General for Iraq Reconstruction, "Testimony before the House Armed Services Committee" (Washington DC, 2009년 3월 29일); Special Inspector General for Iraq Reconstruction, "Hard Lessons: The Iraq Reconstruction Experience" (2009년 2월). 웹사이트 www.sigir.mil 에서 열람 가능.

28) 스튜어트 패트릭(Stewart Patrick), "Addressing State Failure: The Evolving U.S. Government Response," lecture, Johns Hopkins University School of Advanced International Studies, Washington DC, 2006년 4월 6일, 9쪽; http://www.cgdev.org/doc/events/TranscriptSAIS1.pdf.

29) 국방부 명령 3000.05와 국가안보 대통령령 지침-44; "Management of Interagency Efforts concerning Reconstruction and Stabilization." 패트릭(Patrick) 의 "Addressing State Failure," 9쪽 참조

30) Defense Science Board Task Force, "The Transition to and from Hostilities," supporting paper, Office of the Under Secretary of Defense for Acquisition, Technology, and Logistics, Washington DC, August, 2004, 5. 웹사이트 www.au.af.mil 에서 열람 가능.

31) 에드먼드 지암바스티아니 제독(Admiral E. P. Giambastiani), USN Vice Chairman of the Joint Chiefs of Staff, statement before the 109th Congress House Armed Services Committee, 2006년 4월 4일.

32) "The Military Support to Stabilization, Security, Transition, and Reconstruction Operations Joint Operating Concept (JOC), Version 2.0, U.S. Joint Forces Command, J-9 (August 2006)는 향후 SSTR 작전에서 군사적 역할의 장기적 개념을 설명한다 … .비록 합동작전 개념의 많은 세부사항이 수정될 예정이지만 전체적 개요는 S/CRS에서 승인한 내용과 기본적으로 유사하며 그대로 유지될 가능성이 높다." 토마스 셰이나, 데릭 이튼과 에이미 리차드슨(Thomas S. Szayna, Derek Eaton and Amy Richardson), "Preparing the Army for Stability Operations" (Rand Corporation, 2007). 웹사이트 www.rand.org 에서 열람 가능.

33) 닐 피츠패트릭 중령(Lt. Colonel Neil Fitzpatrick), "The Challenges of Modeling and Analyzing Stability Operations," lecture, U.S. Army War College, Carlisle Barracks, Pennsylvania, 2009년 2월 17일.

34) 미국 육군, "Field Manual 3-07 Stability Operations" (2008년 10월 6일). 웹사이트 usacac.army.mil 에서 열람 가능.

35) Joint Publication JP 3-07, "Stability Operations,"은 2010년 5월에도 개발 중이었다. JP 3-07.3 "Peace Operations" (2007년 10월 17일), x, I, and IV 1. 웹사이트 www.dtic.mil 에서 열람 가능.

36) 저자 인터뷰, 2009년 10월 1일; 폴 맥러리(Paul McLeary), "U.S. Army Future Follows New Doctrine," *Aviation Week* (2009년 10월 9일).

37) "위의 모든 사항에도 불구하고 STR 운영에 대한 미국의 접근 방식을 재정의하려는 노력은 아직 개발 초기 단계에 있다 … .자원의 가용성, 적절한 직원, 기관 역할 정의와 공통 조치 범위와 같은 가장 중요한 문제가 있다. 우리는 이런 문제의 대부분이 주요 이해 관계자들에 의해 인식된다는 점에 주목한다. 그 자체가 반드시 문제를 쉽게 해결하거나 해결 방법에 대한 견해의 통일성을 의미하는 것은 아니다." 셰이나, 이튼과 리차드슨, "Preparing the Army for Stability Operations," 9쪽.

38) 로버트 게이츠(Robert M. Gates)의 2008년 9월 30일 노틀담 대학 연설; idem, "Report to Congress on the Implementation of DoD Directive 3000.05 Military Support for Stability, Security, Transition and Reconstruction (SSTR)

Operations" (2007년 4월 1일).

39) 셰이나, 이튼과 리차드슨, "Preparing the Army for Stability Operations," 9쪽.

40) "우리는 국방부가 명확한 방법론과 완료 시간 프레임을 포함하여 전투 지휘관과 필요한 능력을 식별하고, 우선순위를 정하고, 효과 측정을 개발하는 방법에 대한 서비스를 포함하여보다 포괄적인 지침을 제공할 것을 권고한다." United States Government Accountability Office, "Military Operations: Actions Needed to Improve DOD's Stability Operations Approach and Enhance Interagency Planning" (2007년 5월). 웹사이트 www.gao.gov 에서 열람 가능.

41) 그레고리 캔트웰(Gregory L. Cantwell), "Nation-building: A Joint Enterprise," Parameters (2007년 가을). 캔트웰에 따르면, 군대는 "SSTR 작전과 관련된 자원 요구 사항을 해결해야 한다 … .현재 군대.. 용어와 정의는 SSTR 작전을 수행하는 데 필요한 특정 교육을 다루지 않는다. 군대는 현재 거버넌스, 사법 시스템을 구축하거나 경제 성장을 창출하기 위한 대규모 훈련을 받지 않았다. 이런 제도적 전문 지식의 부족은 SSTR 운영의 영향에 대한 철저한 평가의 필요성을 강화한다."

42) 콘돌리자 라이스(Condoleezza Rice), "Transformational Diplomacy," 2006년 1월 18일 워싱턴 DC 조지타운 대학 연설. 웹사이트 www.crs.state.gov 에서 열람 가능.

43) 미국 국무부, "About S/CRS." 웹사이트 www.crs.state.gov 에서 열람 가능.

44) 관료적 내분은 특히 미국 국제개발처(USAID)와 자주 있었는데, 국제개발처는 피스빌딩을 '자기 영역'라고 믿고 있었다. 그러나 국제개발처는 자금을 조달하는 기관이다. 부룬디의 가톨릭 피스빌딩 청소년 프로그램처럼 다른 활동가들이 실행하는 개발 프로젝트에 자금을 지원한다. 국제개발처는 현장에서 별다른 존재감이 없었고, 새로운 S/CRS 사무국을 위해 계획된 국가 안보 책임자로서 정부의 전체적인 피스빌딩 전략을 고안하거나 다른 기관 간 참여자를 소집할 권한도 없었다.

45) Center for Science and International Studies, "Organizing American Peacebuilding Operations" (May 26, 2009); 니나 세라피노(Nina M. Serafino), "Peacekeeping, Stabilization and Conflict Transitions," Congressional Research Service Report RL32862 (2009년 2월 5일); 데인 스미스(Dane Smith), "U.S. Peacefare: Organizing American Peacebuilding Operations" (Washington DC: Center for Strategic and International Studies, 2010). 이 글에서 발췌한 내용은 웹사이트 http://csis.org/files/media/csis/pubs/090423_smith_expandedmandate_web.pdf 에서 열람 가능. 프레드릭 바톤과 노암 웅거(Frederick Barton and Noam Unger), "Civil-Military Relations: Fostering Development and Expanding Civilian Capacity" (Washington DC: Brookings Institution, 2009년 4월); http://www.brookings.edu/~/media/Files/rc/reports/2009/04/development_unger/04_development_unger.pdf; 존 케리(John Kerry), "Diplomacy and Development in the 21st Century" (panel discussion, Brookings Institution, Washington DC, 2009년 5월 21일). http://www.brookings.edu/~/media/Files/events/2009/0521_foreign_assistance/20090521_foreign_assistance.pdf.

46) 미국 국무부, "About S/CRS."

47) 로즈 리킨스(Rose Likins), "Remarks on SSTR to the U.S. Army Peacekeeping and Stability Operations Institute," Issue Paper no. 2006-10 (2007년 1월).

48) 존 허브스트(John Herbst)의 코멘트, "Guiding Principles for Stabilization and Reconstruction," *Dipnote: U.S. Department of State Official Blog*, comment posted October 7, 2009. 웹사이트 blogs.state.gov 에서 열람 가능. 어떤 연구자는 계획과 통합 프로세스가 지금까지 얼마나 성공적이었는지 비판한다. (Serafino, "Peacekeeping, Stabilization and Conflict Transitions"). 랜드 연구소의 연구에 따르면 "NSPD-44 프로세스의 성공을 촉진하는 기본 요소는 아직 마련되지 않았다." 특히, 초기의 4가지 '핵심 사례'는 아직 충분히 개발되지 않았다. 이런 주요 실천은 (1) 공통 결과를 정의하고 설명하고, (2) 상호 강화 또는 공동 전략을 수립하고, (3) 자원을 활용하여 요구 사항을 식별하고 해결하며, (4) 역할과 책임에 동의한다. (셰이나, 이튼과 리차드슨, "Preparing the Army for Stability Operations," 10쪽).

49) 재건과 안정화 사무국 코디네이터 존 허브스트, "Briefing on Civilian Stabilization Initiative," State Department, Washington, DC, 2008년 2월 14일. 웹사이트 www.crs.state.gov 에서 열람 가능.

50) Stimson Center, "Crucial Differences between the FY2010 House and Senate State/Foreign Operations Appropriations Bills" (2009년 9월 14일); 존 허브스트, "2009 Year in Review" (2010년 3월 1일).

51) 카를로스 파스쿠알(Carlos Pascual), "FM3-07 Stability Operations: A Comprehensive Approach to the 21st Century," panel discussion, Brookings Institution, Washington DC, 2009년 3월 27일, 17쪽. 웹사이트 usacac.army.mil 에서 열람 가능.

52) 쿠시마노 러브, *Beyond Sovereignty*, 304-323쪽.

53) 마이클 바넷, 김헌준, 마달렌 오도넬과 로라 시테아(Michael Barnett, Hunjoon Kim, Madalene O'Donnell & Laura Sitea), "Peacebuilding: What Is in a Name?" *Global Governance* 13 (2007), 36.

54) 바네사 호킨스 와이어스(Vanessa Hawkins Wyeth), "Getting the Peacebuilding Commission off the Ground: Including Civil Society," 컨퍼런스 리포트, Global Partnership for the Prevention of Armed Conflicts, New York, 2006년 9월 5일. 웹사이트 library.fes.de 에서 열람 가능.

55) Center for UN Education, "Peacebuilding Commission Adopts Strategic Framework for Burundi," 애슐리 디투스(Ashley Dittus)의 요약(2007년 6월). 웹사이트 www.centerforunreform.org 에서 열람 가능. 모니터링과 추적 메커니즘이 2007년 11월 27일에 채택되었다. 이것은 중요한 성과이며 모니터링과 추적 메커니즘이 없는 것보다 낫다. 그러나 이 문서는 대개 일반적인 목표에 대해서만 설명합니다. 대개 특정 일정이 없고 목표를 달성하기 위한 수단이나 불이행에 대한 불이익을 나열하지 않는다. 예를 들어, 이 문서는 "2008년까지 주요 쟁점과 국가 전략에 대한 문화의 제도화와 대화의 실천을 통해 정치적 갈등의 평화적 해결에 도움이 되는 정치적 환경의 존재"를 목표로 삼는다. (UNPBC, "Monitoring and Tracking Mechanism of the Strategic Framework for Peacebuilding in Burundi" UNDOC/GEN/NO7/615/60 [2007년 11월 27일], 7쪽) 이것은 칭찬할 만한 중요한 목표이지만 이것이 어떻게 달성되어야하는지 또는 유엔평화구축위원회가 이를 위해 어떤 자산을 가져올 수 있는지는 분명하지 않다.

56) 유엔평화구축위원회, "Strategic Framework for Peacebuilding in Burundi," 15.

57) 가톨릭 구제회, "Creating a Culture of Peace through the Catholic Church in Burundi," project proposal (2004).

58) 파스쿠알, "FM3-07 Stability Operations," 23쪽에서 인용.

59) 미국 가톨릭 주교회의(U.S. Conference of Catholic Bishops), "Forming Consciences for Faithful Citizenship" (Washington DC: USCCB, 2007), 27.

60) 미국 가톨릭 주교회의 저, 가톨릭동북아평화연구소 번역팀 역. 『평화의 도전: 하느님의 약속과 우리의 응답』, 가톨릭동북아평화연구소. 223항. National Conference of Catholic Bishops (NCCB), *The Challenge of Peace: God's Challenge and Our Response* (Washington DC: USCCB, 1983), 229항.

61) DoD Directive Number 3000.05, "Military Support for Stability, Security, Transition, and Reconstruction (SSTR) Operations."

62) DoD, "Quadrennial Roles and Missions Review Report" (Washington DC, January 26, 2009), 5.

63) 파스쿠알, "FM3-07 Stability Operations," 17쪽.

64) 갈랜드 윌리엄스 대령(Colonel Garland Williams), *Engineering Peace* (Washington DC: United States Institute of Peace Press, 2005). 피스빌딩에 대한 이런 흔한 군사적 개념은 인간과 지역 사회의 수리보다는 물질적 인프라 보수에 초점을 맞추고 있다. 그는 "평화 유지 파견대에 동행하는 군사공학여단은 분쟁이 끝난 직후에 주요 인프라와 사회 제도를 복원하기 위해 사용될 수 있다."고 주장한다. 윌리엄스는 군사공학여단을 분쟁 후 재건에 통합하도록 미국 국가 안보 의사 결정의 변화를 제안한다." (인용은 미국 평화연구소의 윌리엄스 책 광고에서 발췌했다. 웹사이트 www.usip.org 에서 열람 가능.

65) 주교회의 교리교육위원회. 『가톨릭교회 교리서』. 한국천주교중앙협의회. 2304항. *Catechism of the Catholic Church* (2001), 2304항.

66) 미국 가톨릭 주교회의, "Summary," *Challenge of Peace*. 한국어 번역본, 『평화의 도전: 하느님의 약속과 우리의 응답』, "요약." 가톨릭동북아평화연구소 번역팀, 14쪽 참조.

67) 카리타스 인터내셔널, *Peacebuilding: A Caritas Training Manual*.

68) 쿠시마노 러브, *Beyond Sovereignty*, 324-345쪽.

69) 아치 퍼딩턴(Arch Puddington), "Freedom in Retreat: Is the Tide Turning? Findings of Freedom in the World 2008" (Freedom House, 2008년 1월 18일). 웹사이트 www.freedomhouse.org 에서 열람 가능.

70) 『사목 헌장』 (1965), 26항.

71) 이것은 배타적이거나 승리적인 입장이 아니다. 다른 비국가 활동가들 (종교적 기관과 세속적 기관 모두)은 원칙과 실천 모두에서 주권 국가의 이익보다 인간과 공동체에 관심을 기울일 특권을 가진다. 가톨릭교회는 규모가 크고 유엔 참관자 지위와 외교적 사명을 가지고 있기 때문에 교회의 상위 계층 (바티칸과 여러 주교 회의)은 국가와 관계를 유지해 왔다. 그러나 교회 사업의 주된 초점은 국가가 아니라 공동체 수준이다.

72) 인권의 중요성을 인식하고 있지만 미국 정부와 유엔은 정부가 자국민을 어떻게 대하는지와 무관하게 주권 국가를 인정한다는 기본 입장에서 시작한다. 대량 학살, 전쟁 범죄,

인종 청소, 반인도적 범죄의 경우 인도주의적 대응을 정당화하기 위해 유엔과 미국 내에 '보호 책임' 규범이 등장하지만, 실행 상에서 그 규범은 논란의 여지가 있고 부분적이며, 다르푸르에서 자행된 대량 학살에 대한 빈약한 반응에서 알 수 있듯이 이행하기 어렵다. 2001년 유엔 사무총장에게 제출한 국제 중재 주권위원회 보고서는 '보호 책임'을 "주권 국가는 피할 수 있는 재앙으로부터 자국 시민을 보호할 책임이 있다. 그러나 그렇게 하기를 원하지 않거나 할 수 없는 경우, 그 책임은 국가들이 모인 더 큰 공동체가 져야 한다"고 언급한다.(http://www.iciss.ca/report-en.asp) 이 원칙은 2006년 4월 28일 채택된 유엔 안전 보장 이사회 1674에서 제정되었으며, '인류 학살, 전쟁 범죄, 인종 청소, 반인도 범죄로부터 인구를 보호할 책임'을 받아들였다. UNDOC/GEN/N06/331/99. 이것은 유엔과 미국을 교회와 다른 비국가 활동가들의 입장에 한 걸음 더 가까워지게 한다. 그러나 그런 원칙이 최근에 등장하고 필요하다는 사실은 확립된 기본 입장이 인간 보호에 대한 국가 주권을 연기하는 것임을 보여준다.

73) 마이클 왈저(Michael Walzer), *Arguing about War* (New Haven, CT: Yale University Press, 2004); 마이클 셔크(Michael Schuck), "When the Shooting Stops: Missing Elements in Just War Theory," *The Christian Century* 111 (1994년 10월 26일), 982-83; 브라이언 오렌드(Brian Orend), "Justice after War," *Ethics and International Affairs* 16 (2002): 43-56; 로버트 윌리엄스 주니어와 댄 콜드웰(Robert Williams, Jr. and Dan Caldwell), "Jus Post Bellum: Just War Theory and the Principles of Just Peace," *International Studies Perspectives* 7, no. 4 (November 2006), 309-20; 루이 이아지엘로(Louis Iasiello), "Jus Post Bellum: Moral Obligations of the Victors of War," *Naval War College Review* (여름/가을 2004); 마크 알만(Mark J. Allman), "Postwar Justice," *America* (2005년 10월 17일), 9-13; 시갈 벤-포라스(Sigal Ben-Porath), "Care Ethics and Dependence—Rethinking Jus Post Bellum," *Hypatia: A Journal of Feminist Philosophy* 23, no. 2 (April-June 2008), 61-71; Gary J. Bass, "Jus Post Bellum," *Philosophy and Public Affairs* 32, no. 4 (2004년 10월), 384-412; 아날리사 쿠만(Annalisa Koeman), "A Realistic and Effective Constraint on the Resort to Force? Pre-commitment to Jus in Bello and Jus Post Bellum as Part of the Criterion of Right Intention," *Journal of Military Ethics* 6, no. 3 (2007), 198; 맥스 스택하우스(Max Stackhouse), *The Ethics of Necropolis: An Essay on the Military-Industrial Complex and the Quest for a Just Peace* (Boston: Beacon Press, 1971).

74) 쿠시마노 러브, *Morality Matters*, 2장.

75) 마크 밴더베넨(Mark VanderVennen), "Followers of Jesus, Doers of Justice," lecture, Calvin Seminary, Grand Rapids, Michigan, 2004년 4월 29일

76) 『평화의 도전』, 11-13, 85-113항; 존 리카드(John H. Ricard), "The Engagement of the Catholic Church in Peacebuilding: Burundi and Beyond," Washington Theological Union Conference on Religious Organizations and Peacebuilding, Washington DC, 2005년 10월 12일.

77) 티슬트웨이트(Thistlethwaite), *A Just Peace Church*; 티슬트웨이트와 스타센(Thistlethwaite and Stassen), "Abrahamic Alternatives to War"; 스타센, *Just Peacemaking*.

78) 왈저, *Arguing about War*, 167.

79) 배스, "Jus Post Bellum," 386.

80) 브라이언 오렌드, "Jus Post Bellum," *Journal of Social Philosophy* 31, no. 1 (2000년 2월), 128; 2010년 4월 22일 조지타운 대학에서의 발언.

81) 쿠시마노 러브, *Morality Matters*, 2장.

82) 월저, *Arguing about War*; 이아지엘로, "Jus Post Bellum"; 배스, "Jus Post Bellum," 384-412; 오렌드, "Justice after War," 43-56; 다비다 켈로그(Davida E. Kellogg), "Jus Post Bellum: The Importance of War Crimes Trials," *Parameters* (2002년 가을), 87-99; 옌스 메르헨리치(Jens Meierhenrich), "The Ethics of Lustration," *Ethics and International Affairs* 20, no. 1 (2006년 4월), 99-120; 크리스틴 분(Kristen Boon), "Legislative Reform in Post-Conflict Zones: Jus Post Bellum and the Contemporary Occupant's Law-Making Powers," *McGill Law Journal* 50 (2005); Christopher Kutz, "Justice in Reparations: The Cost of Memory and the Value of Talk," *Philosophy and Public Affairs* 32 (2004년 여름), 277-313.

83) 배스, "Jus Post Bellum," 386.

84) 셔크, "When the Shooting Stops."

85) 케네스 하임즈(Kenneth R. Himes), "The Case of Iraq and the Just War Tradition" (2002); available at www.jknirp.com/himes2.htm.

86) LCDR Camilla Bosanquet, "Refining Just Post Bellum, International Symposium for Military Ethics (2007년 1월); www.usafa.e-du/isme/ISME07/Bosanquet07.html.

87) 밀턴 레이텐버그(Milton Leitenberg), "Deaths in Wars and Conflicts between 1945 and 2000," 3rd ed., Occasional Paper no. 29 (Ithaca, NY: Cornell University Peace Studies Program, 2006년 6월). 웹사이트 www.cissm.umd.edu 에서 열람 가능; 매튜 화이트(Matthew White), "Wars, Massacres, and Atrocities of the Twentieth Century: A Conservative Estimate"; 웹사이트 http://users.erols.com 에서 열람 가능.

88) 댄 스미스(Dan Smith), "War, Peace, and Third World Development," Occasional Paper no. 16, International Peace Research Institute (Oslo: UNDP, 1994). 웹사이트 hdr.undp.org 에서 열람 가능.

89) 다음 내용의 일부는 쿠시마노 러브, *Morality Matters* 에서 발췌했다.

90) 토마스 아퀴나스(St. Thomas Aquinas), *Commentary on Ethics* I, Lect. 11, in An Aquinas Reader, ed. Mary T. Clark (New York: Fordham University Press, 2000), 304-5.

91) 조지 루카스(George R. Lucas), "The Role of the International Community in the Just War Tradition: Confronting the Challenges of Humanitarian Intervention and Preemptive War," *Journal of Military Ethics* (2003).

92) 이아지엘로, "Jus Post Bellum."

93) 쿠시마노 러브, *Morality Matters*, 3장.

94) 미국 가톨릭 주교회의, "Forming Consciences for Faithful Citizenship," 20-21. 문서 어딘가에서 주교들은 다음과 같이 썼다. "공동선은 모든 것을 포용하지만 약하고 취

약하며 가장 도움이 필요한 사람들은 우선적인 관심을 받을 자격이 있다. 우리 사회의 기본적인 도덕적 시험은 우리 가운데 가장 취약한 사람들을 어떻게 대하는가이다. 부자와 가난한 사람의 격차가 심화되는 사회에서 성경은 최후의 심판 (마태 25,31-46 참조)에 대한 이야기를 듣고 '우리 중 제일 어려운 사람'에 대한 우리의 반응으로 심판을 받게 될 것임을 상기시켜준다. 『가톨릭교회 교리서』는 다음과 같이 설명한다. "그러므로 인간의 비참에 짓눌리는 사람들은 교회의 우선적 사랑을 받는 대상이 된다. 교회는 그 초기부터 많은 지체들의 과오에도 아랑곳하지 않고 끊임없이 그들을 구제하고, 보호하고, 해방시키려고 노력해 왔다. 교회는 갖가지 자선 사업을 통해서 이 일을 해 왔다. 자선 사업은 지금도 여전히 어느 곳에서나 필수적인 일이다." (2448) (위 글, 14-15).

95) "궁극적 불의는 적극적으로는 어떤 사람이나 집단이 마치 인류의 구성원이 아닌 것처럼 대하거나 소극적으로는 방치하는 것이다. 사람들을 이런 식으로 대하는 것은 결국 그들을 인간으로 간주하지 않는다고 말하는 것과 같다." 미국 가톨릭 주교회의, *Economic Justice for All* (Washington DC: United States Catholic Conference, 1986), 77.

96) 교황 요한 바오로 2세, 제90차 세계 이민의 날 담화, "평화의 관점에서 본 이주." 2003년 12월 15일.

97) 가톨릭 구제회, "Ten Principles of Peacebuilding" 참조. 이 중 여섯 가지 원리는 사회의 모든 수준에서 참여 프로세스를 사용하여 평화를 구축하는 것과 관련이 있다.

98) 카리타스 인터내셔널, "Five Operating Principles for Peacebuilding," *Peacebuilding: A Caritas Training Manual*, 95.

99) 헥토르 파비오 헤나오 가비리아 몬시뇰(Msgr. Héctor Fabio Henao Gaviria), "The Colombian Church and Peace Building," in *Colombia: Building Peace in a Time of War*, ed. Virginia M. Bouvier (Washington DC: USIP Press, 2009). 헤나오 가비리아는 이 장을 2007년 7월 24일에서 29일까지 열린 제4차 가톨릭 피스빌딩 네트워크 국제 평화구축 컨퍼런스(콜롬비아, 보고타)에서 발표했다.

100) Office for Social Justice, St. Paul and Minneapolis Dioceses, "Major Themes of Catholic Social Teaching." 웹사이트 www.osjspm.org 에서 열람 가능.

101) 가톨릭 구제회, "Ten Principles of Peacebuilding."

102) 위 글.

103) 휴먼라이츠워치, "Donors Should Push for an End to Impunity," 2007년 5월 22일.; idem, "Burundi: Seek Justice for War Crimes Victims," 2009년 8월 13일. 모두 웹사이트 www.hrw.org 에서 열람 가능.

104) 다니엘 서워와 랜드 알 라힘(Daniel Serwer and Rend al-Rahim), "Iraq: Politics Unfrozen, Direction Still Unclear," USIP (United States Institute of Peace) briefing (Washington DC: USIP, 2008년 1월); 랜드 알 라힘(Rend al-Rahim Francke), "Political Progress in Iraq during the Surge," Special Report no. 196 (Washington DC: USIP, 2007년 12월). 모두 웹사이트 www.usip.org 에서 열람 가능.

105) 하임즈, "The Case of Iraq and the Just War Tradition."

106) 올먼, "Postwar Justice," 12.

107) 카리타스 인터내셔널, "Five Operating Principles for Peacebuilding," 95.

108) 유엔 총회, Resolution 60/180, "The Peacebuilding Commission."
109) 쿠시마노 러브, *Morality Matters*, 2장에서 인용.
110) 교황 요한 바오로 2세. "평화의 관점에서 본 이주"
111) 베네딕토 16세.『진리 안의 사랑』, 72항.

4장 화해

- 정치 질서에서 피스빌딩을 위한 가톨릭 윤리

다니엘 필포트(Daniel Philpott)

> 노틀담 대학 정치학, 평화학 조교수. 연구 테마는 정치적 화해, 더 넓게는 세계 정치에서의 종교이다. 카슈미르와 부룬디에서 신앙에 기반을 둔 화해 활동을 펼친 활동가이기도 하다.

가톨릭 철학자와 신학자들이 국제 전쟁, 내전, 대량 학살, 침략, 독재, 그리고 무정부 상태로 고통받아온 사회를 회복시키는 일에 큰 관심을 갖는 것은 아주 적절하다. 예수의 결정적 '시간' 그리고 교회가 '그리스도교 생활 전체의 원천이며 정점'[1]이라 일컫는 성체성사를 통해 신자들이 그 시간에 참여하는 행위는 본질적으로 회복적 사건이다. 죄, 악, 죽음은 패배하고, 아직 완전한 승리는 아니더라도 하느님과의 우애와 정의가 회복되기 때문이다. 피스빌딩은 바로 이런 변형의 *모방(imitatio)*이 아닐까? 20세기가 시작되면서부터 두 번의 세계대전, 홀로코스트, 캄보디아, 르완다, 방글라데시, 수단, 콩고, 인도의 분할, 1965년 인도네시아 대학살, 스탈린의 러시아, 아르메니아, 동티모르, 그리고 보스니아 등지에서 악과 죽음이 득세를 했으니, 그런 관심은 더욱 적절하게 되었다. 이 기간에, 교회는 놀랍게도 전쟁, 경제 정의와 발전, 인권, 노동, 민주주의 윤리에 대한 가르침과 연대, 보조성, 가난한 이를 위한 우선적 선택, 생명의 복음 같은 개념들을 연이어 제안했지만, 부서진 사회에서 평화를 회복하는 일에 대한 회칙은 발표하지 않았다. 지금이 바로 그때가 아닐까?

지난 4반세기에 걸쳐, 산발적으로 분쟁의 종식이 이어지자 피스빌딩은 전 세계 정치 행위자들의 마음을 사로잡았다. 민주화의 '제3의 물결'은 동유럽, 라틴 아메리카, 아프리카, 동아시아의 독재정권에 마침표를 찍었고, 평화 정착의 물결이 세계 곳곳에서 벌어지고 있던 내전을 종식시켰다. 이 두 종류의 종식은 후계자들에게 과거의 불의에 대처하고 새로운 정권을 구축하게 했다.2) 소말리아, 보스니아, 코소보, 이라크, 아프가니스탄과 그 밖의 여러 곳에서 냉전이 종식된 뒤, 피스빌딩은 유엔 그리고 틀림없이 미국의 외교정책에서 가장 어려운 도전 과업이 되어왔다. 이 책에 실린 매리앤 쿠시마노 러브(Maryann Cusimano Love)의 글(3장)이 보여주듯이, 미국 국방부, 국무부, 국제개발처, 또 세계은행과 수십 개의 비정부기구 역시 피스빌딩을 중요한 우선순위로 삼았다. 가톨릭교회에서는 칠레, 브라질, 과테말라, 엘살바도르, 콜롬비아, 북아일랜드, 보스니아, 동티모르, 필리핀, 르완다, 부룬디, 남아프리카공화국 등의 사목자와 고위 성직자들이, 그리고 세계적으로 활동하는 가톨릭 구제회(Catholic Relief Services), 카리타스 인터내셔널(Caritas Internationalis), 산테지디오(the Sant'Egidio) 공동체* 같은 기관들 역시 피스빌딩에 큰 관심을 보이고 있다.

* 산테지디오 공동체 : 제2차 바티칸 공의회 직후인 1968년에 안드레아 리까르디를 중심으로 로마 근교에서 열린 소모임에서 시작된 국제 가톨릭 평신도공동체다. 교황청의 인준을 받은 교회평신도협의회로, 현재 70개국에 공동체 센터가 있고 회원 수는 약 5만 명에 이른다. 회원들은 한곳에 모여 살지는 않지만, 함께 모여 기도하고 나눔을 실천하는 삶을 지향한다. 12장 저자 피터 판도 주석 14에서 이 공동체에 관한 설명을 달았다.

하지만 이런 피스빌딩 활동을 좌우하는 정의 개념은 어떤 것일까? 여기에는 지침이 절실하게 필요하다. 물론 교회가 평화라는 주제에 대해 침묵하고만 있었던 것은 아니다. 케네스 하임즈(Kenneth Himes)는 이 책 10장에서 적어도 교황 요한 23세가 1963년에 회칙 『지상의 평화(Pacem in Terris)』를 발표한 이래, 교회가 평화 개념을 어떻게 열렬히 발전시켜 왔는지 기술한다. 그러나 그 개념은 북아일랜드에서 사용되는 문구를 빌자면, '과거에 대처하기'라는 딜레마에 직면한 사회, 보다 정의로운 미래를 만들려는 사회에 대해서는 체계적인 윤리적 지침을 제공하지 못했다. 인권을 침해한 사람들은 어떤 처벌을 받는 게 합당한가? 사면은 정당화될 수 있는가? 평화협정을 이뤄내기 위해 재판이 포기되어도 괜찮은가? 지도자가 국가를 대신해서 사과해도 되는가? 지난 세대를 대표하는 사람들이 배상받을 자격이 있는가? 누가 그들에게 빚을 진 것인가? 국가가 용서를 실천할 수 있는가? 대량 살상 범죄를 용서해야 하는가? 용서는 부당한 정권에 저항하는 투쟁이나 정당한 전쟁을 일으킨 것과 타협하는 것을 의미하는가? 이런 질문들이 인권 침해를 당한 피해자, 가해자, 시민, 시민 사회 지도자, 그리고 과거에 대처하고 있는 사회의 정치인에 의해, 그리고 그런 시도에 영향을 미치기 위해 노력하고 있는 국제기구, 외부 국가(outside states), 비정부기구에 의해 자주 제기된다. 이런 질문들이 과도기 정의*에 대한 가톨릭 윤리의 의제를 형성한다.

> * 과도기 정의(transitional justice) : 권위주의나 전체주의 체제의 국가가 민주 체제로 전환하거나 내전이나 분쟁이 종식되고 새로운 체제가 들어설 경우, 과거 체제 아래 또는 내전이나 분쟁 중에 발생한 각종 인권 유린이나 전쟁 범죄 등을 어떻게 처리하고, 관련국과 그 국민이 항구적 평화, 화해·통합으로 나갈 수 있을지에 대한 방안을 고민하기 위해 고안된 개념이다. 형사 처벌, 진실 규명(진실화해위원회), 피해자 구제, 기관 개혁(공직 참여 배제 범위 설정 포함) 차원 등의 과도기 정의 장치들이 어떻게 조화롭고 균형 있게 적용되어야 실질적 통합이 촉진될 수 있을지가 주요 논제이다.

그렇다고 교회가 과거의 악과 마주하고 있는 사회를 위해 어떤 가르침도 제공하지 않았다는 건 아니다. 교황 요한 바오로 2세의 덜 알려진 회칙 가운데 하나로 1980년에 발표된 『자비로우신 하느님』(*Dives in Misericordia* - Rich in Mercy)은 이런 관점에서 혁명적이었다. 이 회칙은 자비가 용서와 화해를 통해 실천되어야 할 사회적, 정치적 질서를 위한 미덕이라고 가르쳤다. 정치적 용서는 국정 운영 기술에서도 전례가 없었고, 교황의 가르침에서도 찾아볼 수 없던 개념이었다. 교황 베네딕토 15세가 제1차 세계대전이 끝났을 때 정치적 용서를 추천한 것이 그 이전에 유일하게 나타난 사례였다. 그러나 교황 요한 바오로 2세의 가르침은 어쩌다 나온 묘수가 아니었다. 교황 요한 바오로 2세는 몇 개의 후속 연설에서 이 말을 되풀이했고,

9·11 테러 이후, 그는 교황 바오로 6세의 유명한 격언인 "정의 없이 평화 없다"의 당연한 귀결인 "용서 없이 정의 없다"3)를 첨부하여 가장 유명해졌다. 교황 베네딕토 16세는 이 주제들을 계속 언급했는데, 교황 자신의 이름에 베네딕토를 붙인 이유 가운데는 평화와 화해를 위한 증인이었던 교황 베네딕토 15세를 기리기 위함도 있었다. 가톨릭과 다른 그리스도교파에 속하는 여러 신학자도 자주 용서를 강조하면서 오늘날의 정치에 화해를 제안해 왔고, 화해를 위한 신학적 기반을 구축하려고 노력해왔다.4)

그러나 이런 신학에서 발전된 원리가 새로운 길을 개척하는 것이긴 했지만, 과거사를 다뤄야 하는 사회가 직면한 특정한 윤리적 질문에 대해서는 대체로 아무 대답도 주지 못했다. 이런 윤리적 질문 각각의 이면에는 피스빌딩의 특정 차원인 처벌, 용서, 정의로운 제도 구축, 배상 등을 실행하라는 요구가 들어 있다. 하지만 이런 차원들은 따로따로 고려되면 종종 불완전하다. 그것들은 상호 보완적이다. 그들 사이에 긴장이 생길 수도 있고, 모순적으로 보이기도 한다. 그래서 반드시 통합되어야 한다. 예를 들어, 교황 요한 바오로 2세는 무력의 정당한 사용을 포함하면서 용서가 정의를 부정하지 않는다는 사실을 강조했다.5) 피스빌딩에 대한 가톨릭 윤리는 각 차원의 특수성에 주의를 기울이면서도 이 모든 차원을 통합시켜야 한다.

이 글에서는 그런 통합된 윤리에 대한 제안, 또는 적어도 핵심 내용을 담은 하나의 윤리를 개진하려 한다. 신학, 피스빌딩, 교회의 역할에 관해 이 책에 실린 다른 글들의 우려를 공유하면서, 이 글에서는 특히 정치 질서*에 초점을 맞춘다. 교회는 종종 과도기 정의의 참여자 가운데 하나지만, 이 글에서는 교회를 정치 당국에 의해 실행되어야 할 윤리의 발화자로 상상한다. 이 윤리가 지향하는 개념은 화해이다. 필자는 화해를 전쟁과 독재가 남긴 상처에 대한 전체적이고 통합적인 회복을 상정하는 정의와 피스빌딩 개념으로 이해한다. 정의와 피스빌딩에 대해 이런 식으로 생각하는 것은 오늘날 세계 정치에서 흔한 경우가 아니다. 계몽주의 철학에 뿌리를 두고 있는 패러다임인 '자유주의 평화'가 국제기구, 비정부기구, 기부금 공여 기관, 그리고 세계 곳곳의 정치적 전환에 가장 많이 관여하고 있는 외부 국가들의 사고방식을 지배하기 때문이다. 이와는 대조적으로, 화해는 주로 성경 텍스트에 뿌리를 둔 것으로, 가톨릭 신학자들은 전통에 더 친숙한 자연법뿐만 아니라 과거 세대에게만 알려졌던 사회 윤리를 위해 화해 문제를 체계적으로 언급하기 시작했다. 이런 다른 사고의 뿌리는, 부분적으로 겹치는 면도 있지만, 다른 윤리적 접근을 낳는다.

* 정치 질서(political order) : 정치 체제(political system)의 다른 표현으로 국가라는 틀을 갖추고 있거나 그런 체제로 나아가기 위한 구성체를 지칭하는 어휘이다. 정치 질서를 구성하는 요소는 일반적으로 3가지, 즉 State building (국가의 수립), Rule of law(법치주의), Accountable government(책임성 있는 정부) 이다.

화해 : 정의의 개념

거대한 불의가 판을 치는 세상에서, 정의에 대한 이야기는 놀랍게

들릴지도 모른다. 그러나 정의에 대한 논의는 심지어 악이 급격히 증가하는 곳에서조차 벌어진다. 피해자, 정치인, 그리고 전쟁과 권위주의로부터 사회를 탈바꿈시키려는 사회 구성원, 이런 사회 전환에 영향을 미치는 외부 국가, 비정부기구, 그리고 국제기구, 그리고 사회 전환에 대해 논평하는 분석가와 학자들은 길거리에서의 총기 금지와 안정 이상의 것을 요구하고 있다. 그들의 요구는 두 가지 패러다임으로 나뉠 수 있다. 첫 번째 요구는 유엔, 세계은행, 비정부기구, 미국 정부와 그 관계 기관, 그 밖의 서방 정부, 과도기 사회 내의 이런 조직들과 이념적으로 연대하는 기관들 사이에서 널리 주장되고 있기 때문에, 분석가들 사이에는 '자유주의 평화'[6]로 알려지게 되었다. 홉스를 계승한 자유주의 전통에서 집중적으로 다룬 주제는 평등한 자유, 선거, 공정한 법원, 법치주의, 분배 정의, 경제 발전 등으로, 존 로크(John Locke), 임마누엘 칸트(Immanuel Kant), 존 스튜어트 밀(John Stuart Mill), 존 롤스(John Rawls)를 비롯하여 최근에는 자유주의 사상가들에 의해 다양하게 언급되었다. 이런 합의로부터 나오는 필연적 결과로, 특히 과거의 불의한 행위를 다루는 일은 인권 옹호자와 변호사에게서 생겨나는데, 가해자에 대한 처벌과 피해자에 대한 배상 논의이다. 그들이 가장 극찬한 일은 전범에 대한 성공적 재판으로, 가장 상징적인 성취 사례는 국제 형사재판이다. 반면에 그들이 가장 비난한 일은 사면으로, 최악의 실패 사례는 1980년대 라틴아메리카에서 이루어진 일괄 사면이다.

그러나 대참사가 벌어진 지역의 주민이나 외부 지지자들은 매우 다른 요구를 내놓았는데, 피해자의 고통에 대한 인정, 가해자의 고백과 변형(태도 변화), 공식 사과, 용서 행위, 공적 추모, 광범위한 상처의 치유, 그리고 증오와 적대감 극복 등이다. 서로 결합되고 연결되어 있는 이런 요구는 화해라는 두 번째 패러다임을 구성한다. 가장 간결하고도 전통적인 의미에서 '올바른 관계의 회복'으로 정의되는 이 개념은 최근에 또 과거에 (때로는 현재 진행 중이기도 한) 전쟁과 독재 체제가 존재했던 무수한 상황에서 강력하게 등장했다. 이 패러다임은 칠레, 남아프리카공화국, 페루, 시에라리온 그리고 그 밖의 지역에 있는 진실위원회와 동의어였고, 이라크에서의 미국 정책에 대한 최근의 논쟁에서 중요한 준거점이 되기도 했다. 다 그렇지는 않지만, 화해를 주장하는 사람은 종교인에게 편중되어 있다. 화해를 설파하는 종교 지도자들은 남아프리카공화국, 시에라리온, 동티모르, 페루, 칠레, 과테말라, 그리고 통일 이후 독일에서 과도기 정의를 실현하기 위해 두드러진 지도력을 행사했다. 여러 교회와 종교에 기반을 둔 비정부기구는 르완다, 보스니아, 카슈미르, 그리고 파키스탄에서 시민 사회의 화해 시도를 주도해 왔다. 최근 들어서는 수많은 신학자가 화해에 대한 성찰을 이어 오고 있다.

그러나 화해가 대안적 패러다임이라 하더라도, 특히 정치 차원에 적용되기 위해 화해는 더 발전되어야 할 필요가 있다. 필연적으로, 몇몇 신학자는 깊고 세련된 화해의 신학을 제시했는데, 이 책에서는 리사 케이힐(Lisa Cahill, 11장)과 로버트 슈라이터(Robert Schreiter, 13장)가 그 논의에 기여했다. 그러나 정치에서 화해는 어떤 실천 행위를 통해 수행되고 있을까? 정부기구, 국제기구, 시민 사회 단체들은 어떻게 화해를 추구하려 할까? 이런 실천 행위는 윤리적으로 어떻게 정당화될 수 있을까? 어떤 딜레마가 생길 수 있고 그런 딜레마는 어떻게 해결되어야 할까? 철학적이고 신학적인 기반을 갖춘 화해의 개념과 실제

정치적 실천 행위를 연결할 윤리, 즉 정치적 화해의 윤리가 필요하다.

필자는 그런 윤리가 사실상 정의의 개념이라 주장한다. 이런 발상은 현대 자유주의자들에게는 이상하게 들릴 것이다. 그들에게 정의란 권리와 의무, 자유와 평등, 계약의 이행, 분배적 요구, 또는 이런저런 종류의 사법적 정의를 의미하기 때문이다. 비평가들은 말할 것도 없고, 심지어 화해를 옹호하는 많은 사람조차, 화해에 대해 정의가 아닌 다른 어떤 것으로 말한다. 많은 사람이 화해를 정의와 긴장 관계에 있는 것이거나, 정의를 보충하는 것, 또는 그저 일반적인 자유주의 정의 형태의 회복 정도로 간주한다. 하지만 이 글에서는 정치적 불의라는 상처로 갈가리 찢긴 사회 질서 속에서 올바른 관계의 총체적 회복을 구상하는 정의의 개념을 옹호하려 한다. 화해는 과거를 다루는 일에서 자유주의적 접근과 전적으로 반대되는 것이 아니다. 왜냐하면 화해는 (물론 다른 정당성에 근거한 것이지만) 사회를 복원하는 데 필요한 차원들이기도 한 인권, 배상, 처벌을 포함할 수 있기 때문이다. 하지만 화해는 전체론* 그리고 광범위한 회복적 조치들의 통합으로 특징지어진다. 화해는 현대 자유주의적 이상을 아우르면서도 그것을 뛰어넘는 개념이다.

---

* 전체론(holism) : 생명 현상의 전체성을 강조하고, 한 기관(생물, 화학, 사회, 경제, 정신, 언어 등)이 그것의 구성 요소들을 통해 설명될 수 없다고 보는 사상이다. 현대 전체론은 존재의 본래 모든 연관성을 전제로 하는 입장으로, 자연과학과 사회과학에서 사용된다. 근대 과학은 자연 현상을 최대한 부분으로 나누어 분석하고 법칙 등을 끌어내고 거기서 세계를 재구성하는 방식을 취해 왔는데, 전체론은 그런 전통적 과학 기술에 반하는 입장이라 할 수 있다. 사회학에서도 전체론의 영향을 받아, 사회는 개인의 집합이 아니라 사회 자체의 사고 방식이 있고 사회가 개인을 규정하는 측면이 많다고 생각하는 입장을 보인다.

가톨릭 신학은 이런 윤리를 발전시키기 위한 준비가 잘 갖춰져 있다. 정의의 개념으로서의 화해의 핵심 사상은 성경에서 그 지지체계를 찾을 수 있는데, 제2차 바티칸 공의회 이후 가톨릭 신학자들은 그런 윤리의 원천에 대해 체계적으로 손대기 시작했다.7) 인간의 권리와 정치적 권위의 기반 같은 윤리의 다른 요소들은 자연법에 뿌리를 두고 있으며, 제2차 바티칸 공의회 이후 교황 회칙들에서 새롭게 언급되었다. '원천으로 돌아가기'*라는 공의회 프로젝트의 정신에 따라, 이 글의 목적은 성경 본문으로부터 정의에 대한 사유 방식을 되찾는 일이다. 인권과 국제법에 대한 현대의 투신과 결합할 때, 그런 사유 방식은 과거를 다루려는 현대 국가들에게 피스빌딩 윤리의 핵심을 마련해 줄 것이다.

---

* 프랑스어 'ressourcement'는 영어로 번역하면 'return to the sources'다. 제2차 바티칸 공의회가 지닌 정신을 표현하는 단어 중 하나로, 현대의 여러 도전에 맞서 그리스도 신앙의 원천으로 되돌아감, 그 원천이 지닌 진리와 참된 의미를 재발견하자는 의미를 담고 있다.

성경 언어에 담겨 있는 논의

히브리 성경의 영어 번역본은 정치적 화해에 대한 가톨릭적 접근에서 어떤 결정적인 언어적 특징을 담고 있다. '정의'로 번역되는 히브리어 어휘는 *세데크(sedeq*, 또 그 여성형 *sedeqah)*와 *미슈파트(mishpat)*로, 자주 '올바름(righteousness)'으로도 번역된다. 의미상

서로 비슷해서 종종 같이 사용되는데, 하나는 '정의'로, 다른 하나는 '올바름'으로 표기된다. "구름과 먹구름이 그분을 둘러싸고 정의(*미슈파트*)와 올바름(*세데크*)이 그분 어좌의 바탕이라네"(시편 97,2).8) 그러나 구약 성경이 정의라는 어휘로 올바름에 가까운 어떤 것을 의미한다면, 올바름이란 무슨 의미일까? 이 용어가 여러 차례 사용된 대목을 연구한 성경학자 엘리자베스 아크테마이어(Elizabeth Achtemeier)는 그 용어가 언제나 올바른 관계를 의미한다고 설명한다. 부모와 자녀, 형제자매 사이의 관계, 사제와 신자, 상인과 구매자, 왕과 신하, 판사와 피고, 공동체 구성원들과 미망인, 고아, 가난한 사람, 거주자, 그들 사이에 어울려 사는 이주민들과의 관계, 그리고 각 개인과 하느님의 관계, 특정한 관계에서 생기는 요구에 부응하여 생활하는 각각의 관계, 이 모든 관계가 전체 공동체 내에서 그리고 전체 공동체와 하느님 사이의 관계를 포괄하여 올바른 관계로 종합된다.9) 자주, 특히 두 단어를 연결하여 하나의 의미를 나타내는 어휘로 사용될 때, *세데크*와 *미슈파트*는 세속 왕들이 모방해야 할 신적 행동 패턴을 표현하는 정치적이고 사회적인 정의의 의미를 담고 있기도 하다.10)

올바름을 반영하는 이런 정의는 사법적 규범을 포함하면서 그것을 넘어선다. 정치적 화해에도 적용된다는 점을 설명하겠지만, 이때의 정의는 하나의 사태뿐만 아니라, 가난한 사람들, 아무것도 소유하지 못한 사람들의 곤경을 바로잡는 일, 가난과 빚, 노예 상태에 놓여 있는 사람들을 자유롭게 하는 일, 굶주린 사람들에게 빵을 주는 일, 빚을 탕감해 주고, 압제자들을 심판하여 처벌하는 일을 포함하는 회복의 과정이다.11) 제2 이사야 40-55장은 궁극적으로 메시아이자 고난받는 종의 이미지를 통해 길을 잃은 사람들에 대한 하느님의 포괄적 회복을 묘사하기 위해 그 용어를 반복해서 사용함으로써, 정의의 회복적 성격을 가장 명확하게 드러낸다. 여기에서 정의는 '구원하는 정의로, 하나의 역동적 전환 과정이다.

정의와 올바름 사이의 긴밀한 유대는 그리스도교 경전에서 보강되는데, dik- 으로 시작되는 그리스어 단어군은 보통 'just'로 시작되는 영어 어군이나 'right'가 붙은 단어로 번역된다.12) 사도 바오로는 정의라는 어휘를 특히 그리스도의 십자가를 통한 구원 활동을 묘사하기 위한 정당성 개념으로 사용한다. 정당성에 대한 가톨릭 관점은 (많은 개신교 관점에서도 마찬가지인데) 그것이 죄인을 명시할 뿐만 아니라 죄인을 정의롭게, 즉 올바르게 만든다는 개념이다.13) 정당성은 공동체적 결실을 보기도 하는데, 약자와 가난한 사람에 대한 보살핌, 부담을 서로 나눠지려는 태도, 그리고 평화와 조화가 그것이다.14)

이런 언어학적 성찰의 결론은 화해의 의미가 정의의 의미와 상당히 가깝다는 것이다. 화해의 핵심인 올바른 관계라는 개념은 두 가지 의미로 이해될 수 있다. 첫째로, 올바른 관계를 회복하는 과정을 의미할 수 있다. 둘째로는, 그런 회복에서 비롯되는 올바른 관계의 상태 또는 조건을 의미할 수 있다. 결국 정의가 폭넓게 올바른 관계나 올바름을 의미하는 거라면, 우리는 더 나아가 화해를 정의를 회복하는 과정이나 그런 회복에서 비롯되는 정의의 상태로 이해할 수 있다. 이런 의미에서 화해는 정의의 개념이라는 것이, 가톨릭이 성경에 기초하여 정치적 화해의 윤리에 대해 밝히는 핵심 주장이다.

화해(또는 *화해시키기*)라는 단어는 신약 성경에 15번 등장한다. 그 중 12번이 바오로 서간에 나오는데, 바오로는 화해를 그리스도교 복음을 설명하는 핵심 은유로 채택한다.15) 이 단어의 그리스어 어원은

*카탈라지(katallage)*와 *카탈로소(katallosso)*다. 이 말은 상품이나 금전을 교환하는 일 또는 사람들 사이의 적대감과 소외를 우정과 평화, 즉 올바른 관계로 변형시키는 일을 의미한다.16) 이 두 가지 의미는 신약 성경으로 수렴되는데, 신약 성경은 하느님이 인간과 자리를 바꾸고, 인간의 죄를 자기 자신에게 씌우고, 십자가에서의 죽음을 통해 죄를 물리치고, 그렇게 함으로써 자유로워진 인간에게 하느님과 또 다른 인간 동료와의 우정을 누리게 한다는 점을 묘사한다.

정의와 더불어, 현대 용어로는 화해와 별개의 것처럼 보이지만, 성경적 의미에서는 실제로 화해로 수렴되는 다른 두 가지 개념이 있다. 두 개념 중 첫 번째인 평화는 그것이 정의의 상태, 올바른 관계의 상태라는 의미에서 화해로 수렴된다. 당면한 논의에서, 이것은 특히 의미심장한 수렴인데, 평화가 정치 질서를 위한 피스빌딩의 윤리로서 화해의 역할과 평행을 이루고 있기 때문이다. 평화를 의미하는 히브리어 *샬롬(shalom)*은 유대 공동체의 삶을 특징짓는다. 유대 공동체에서 샬롬은 건강과 번영, 경제, 정치적 정의, 그리고 사람 간의 관계에서 정직과 도덕적 통합성, 즉 포괄적 올바름과 매우 유사한 내용을 의미한다.17) 히브리어 성경은 포괄적 올바름의 상태인 정의와 평화 사이의 친밀한 연계를 뚜렷하게 만든다.18) 신약 성경에서 평화를 의미하는 단어 '*에이레네(eirene)*'는 유대 경전을 그리스어로 번역한 칠십인 역 성경에 나오는 *샬롬*의 직역어로, 여기서 그 말은 다시 공동체에서의 물질적 복지, 정의, 올바른 질서의 의미를 담고 있다.19)

화해로서의 정의와 밀접하게 수렴되는 또 하나의 개념으로, 화해가 올바른 관계를 회복하는 과정이라는 의미에 상응하는 개념이 바로 자비다. 자비에 그런 야심찬 역할을 부여하는 것은 계몽주의 후계자들에게는 이상하게 보일 것이다. 그들은 자비를 벌 받아 마땅한 이들에 대한 방면이나 정의로부터의 예외적인 출발점 정도로 훨씬 좁고 조건적으로만 이해하기 때문이다.20) 그러나 『자비로우신 하느님』에서 교황 요한 바오로 2세는 자비에 대해, "세계와 인간에게 존재하는 온갖 형태의 악으로부터 자비가 선을 끌어내고 선을 촉진하고 회복시켜 줄 때, 자비는 그 참모습을 드러내는 것입니다."는 내용을 성경으로부터 도출했다. 자비는 사실상 화해와 닮아 있는 훨씬 더 폭넓고 변혁적인 미덕이라는 것이다. 이 회칙에서 교황은 몇 번이나 자비는 사실상 정의를 보완한다고 주장한다. 『자비로우신 하느님』의 다른 곳에서, 교황 요한 바오로 2세는 자비는 정의를 보완할 뿐만 아니라 정의를 '성취하고', '회복하고', '정의의 완성을 드러내고', '정의에 새로운 내용을 부여하고', '정의의 가장 심오한 근원'으로 작동한다고 말해, 더욱 급진적인 관계를 암시한다. 정의와 자비 사이의 이런 훨씬 더 친밀하고 서로를 정의하는 관계는 정의가 화해와 거의 같은 것일 때, 즉 파열된 관계를 올바른 관계로 전체론적으로 변형시킨다는 의미일 때만 가능하다. 교황 요한 바오로 2세가 아주 흥미롭고도 혁신적으로 자비를 정치 질서에 적용한 것도, 회칙 『자비로우신 하느님』 끝부분에서다. 만일 자비가 정말로 정치에 적용된다면, 자비는 정치적 화해를 활기차게 만들 미덕이 될 것이다.21)

  그렇다면 성경의 언어는 화해가 자비에 의해 활력을 얻은 올바른 관계의 회복, 그 결과 평화로 특징지어지는 올바른 관계의 상태라는 의미를 내포하는 정의의 개념이라는 점을 뒷받침한다. 성경적 의미에서, 이 개념들은 현대 서구에서 사용되는 의미보다 서로 훨씬 더 가까운데, 실제로 거의 수렴한다고 말할 정도로 가깝다.

- 화해 = 포괄적으로 올바른 관계를 회복하는 과정 = 정의를 회복하는 과정 = 자비
- 화해 = 올바른 관계 또는 올바름의 상태 = 정의의 상태 = 평화

성경 내러티브에 나오는 악에 대한 하느님의 대응

화해로서의 정의의 개념도 성경 내러티브에서, 특히 악에 대한 하느님의 대응을 표현한 대목에서 찾아볼 수 있다. 정치적 화해의 윤리와 유사하게, 하느님의 반응은 상처 입힌 행위와 불의의 인정, 물질적 보상, 자유와 평등의 회복, 참회, 그리고 용서를 포함한다는 면에서 전체적으로 회복적이다. 그것은 부당한 행위에 대한 처벌도 포함한다. 뒤에서 다시 말하겠지만, 처벌도 회복적인 것으로, 한 신학자가 말했듯이 '회복적 처벌'로 이해될 수 있다.22) 성경에는, 적어도 종합적으로 고려할 때, 악과 불의에 대해 '대가를 치르게 하려는' 식의 처벌, 앙갚음(measure for measure)으로 화해를 조건적으로 내세우는 하느님의 모습은 발견되지 않는다.

이런 모든 차원을 고려했을 때, 악에 대한 하느님의 반응은 악의 문제에 대해 논리적이고 철학적인 '해법'을 찾으려 했던 계몽주의 철학자와 그 후계자들의 시도와는 상당히 다르다.23) 성경 속의 하느님은 심지어 욥의 간청에 반응할 때조차도, 결코 그런 해답을 내놓지 않는다. 오히려, 유대학자 존 레벤슨(Jon Levenson)이 주장하듯이, 하느님의 해결책은 악을 길들이고 억제하는 행위, 그리고 하느님이 올바른 관계의 성격을 확립한 약속의 회복에 있다. 마찬가지로, 이 글에서 제시하려는 정치적 화해의 윤리는 정치적 불의로 인해 상처 입

은 사람과의 관계를 회복시키는 특별한 의미에서의 실천 행위로 이루어진다. 그런 회복은, 하느님의 회복과 마찬가지로, 실제로 일어나지만 부분적이다. 회복의 절정을 이루는 마지막 승리는 지연되는데, 성경 저자들의 눈에는 고통스러울 정도로 지연된다. "주님, 당신께서 듣지 않으시는데 제가 언제까지 살려 달라고 부르짖어야 합니까? 당신께서 구해 주지 않으시는데 제가 언제까지 '폭력이다!'하고 소리쳐야 합니까?"(하바 1,2).24)

구약 성경에서, 몇 번이고 하느님을 외면하는 백성들의 태도에 대해 하느님은 '우주를 회복하기'라는 의미의 ***티쿤 올람***(tikkun olam)을 포함하는 약속을 계속해서 복원하는 것으로 대응한다. 그 땅으로 돌아오기, 유배로부터 돌아오기, 생명의 보장, 포로, 노예, 억압받는 상태로부터의 해방, 채무의 취소, 장님에게 주어진 시력, 가난한 자, 미망인, 고아에게 주어진 위안, 악인의 패배, 그리고 정의와 올바른 관계의 광범위한 회복 등, 유대교 경전은 그 모든 일에서의 보수(repair)를 묘사한다.

신약 성경의 복음서들은 예수를 고난받는 종에 대한 이사야의 예언을 성취시키는 존재와 동일시한다. 마태오 복음서에 따르면, 예수가 제2 이사야서에서 직접 인용한 '정의를 승리로 이끄는' 바로 그 종이다25) 예수의 많은 행위와 가르침은 이런 정의의 회복적 특징을 드러낸다. 루카 복음서에 나오는 99마리의 양을 뒤에 남겨두고 잃어버린 한 마리 양을 되찾자 기뻐하는 양치기, 집을 샅샅이 뒤져 잃어버린 동전 하나를 되찾고 크게 기뻐하는 부인, 되찾은 아들에 대한 자비의 3가지 비유, 마태오 복음서에 나오는 용서해 주지 않는 종과 포도밭 일꾼에 대한 예수의 비유들, 요한 복음서에서 예수가 돌 맞는 간음한 여인을 구해주는 비유, 심신을 약화하는 질병으로부터 사람들을 치료하고, 그들의 죄를 용서하며, 라자로를 죽음에서 일으켜 세우시기까지 하는 많은 이야기가 그것이다. 예수의 회복적 정의는 그의 죽음과 부활의 '시간'에서 절정에 이른다.

　수 세기에 걸쳐 그리스도교 신학자들은 이 시간과 그 의미에 대해 여러 이론, 은유, 모델, 그리고 교리를 통해 성찰해 왔다. 가톨릭교회는 정통파 그리고 많은 주요 개신교 교파처럼26) 이런 개념 중 어느 하나를 공식적인 것으로 높이 평가하지 않지만, 그리스도의 속죄에 대해 가르치기 위해 항상 그중에서 이런저런 요소를 인용해 왔다. 이들 중 다수는, 비록 그것들 모두 다 그렇지는 않지만, 회복적 정의의 논리를 지니고 있다.

　첫 천년기 교부들은 (가장 선명하게는 성 아타나시우스와 리옹의 성 이레네우스) 널리 알려진 은유로 전투에서와 같은 승리 이미지를 채택했다. 온몸을 부서뜨릴 듯 옥죄어 오는 죄, 악, 그리고 죽음, 생명의 하느님에 의해 성취되는 훨씬 더 극적이고 철저한 해방, 회복 그리고 정복을 암시하면서, 승리의 트로피는 깨어진 상태의 실질적 변형을 강조한다.

　그리스도의 죽음과 부활을 회복적 승리로 해석하는 것으로부터 결정적으로 거리를 두고, 이후 몇 세기 동안 엄격한 법적 해석을 시작하게 만든 것이 성 안셀모의 **쿠르 데우스 호모**(*Cur Deus Homo* - "왜 하느님이 인간이 되었는가")였다. 말하자면 성 안셀모와 동시대 비평가인 피에르 아벨라르(Peter Abelard)*에서 시작하여 오늘날의 신학자들에 이르기까지 8세기에 걸쳐 성 안셀모의 논리를 비판하는 흐름이 이어졌다. 보속에 대한 그의 중심 사상이 죄에 대해 대가를 치러야 하는 처벌을 암시한 것으로 보아, 성 안셀모는 실제로 법률주의적 태도를 취했다. 그러나 최근의 신학자들은 성 안셀모가 일련의 존경할 만한 비평가들이 주장한 것보다 덜 응보적(retributive)이고 더 회복적(restorative)이라고 재해석한다. 이 책 11장에서 케이힐은 성 안셀모의 논리에 대한 재해석과 더불어 공감을 표현한다. 그리스도는 십자가에서의 죽음을 통해 하느님에게 보속하는 동시에, 우주의 사회적 구조를 포함하여 우주의 아름다움, 질서, 설계를 회복시킨다. 성 안셀모가 그런 회복이 자비와 정의 모두를 실현한다고 주장했다는 것이다.

* 피에르 아벨라르 : 중세 프랑스 철학을 대표하는 철학자이자 신학자로, 중세 철학사 전체를 지배한 보편 논쟁에서 빠질 수 없는 인물이다. 흔히 스콜라 철학의 아버지라 불린다.

훨씬 더 법률적, 거래적, 응보적 사고를 드러내고, 승리라는 비유로부터 더 직접적으로 벗어난 것은 성 안셀모의 후계자들이었다. 법률주의와 체계에 치중하는 성 안셀모의 경향에 기반을 두긴 했지만, 그들은 상당히 다른 것을 발전시켰는데, 그것은 속죄의 형벌 대체론*으로 알려지게 되었다. 이 이론은 개신교 개혁가, 특히 장 칼뱅(John Calvin)과 그의 신학적 후계자들의 사유에서 가장 두드러지게 나타난다. 그리스도 자신이 하느님 아버지의 분노에 속죄할 조건으로 인간의 죄를 대신하여 벌 받는 거라는 이 논리는 속죄가 하느님의 법을 정당화하고 인류를 위해 무죄 평결을 얻지만, 실제로는 사람과의 관계를 회복시키지 못하는, 따라서 성화(sanctification)는 이와는 별개로 그 이후에 나오는 과정으로 만들고 만다. 이런 견해는, 신학자 티모시 고린지(Timothy Gorringe)가 주장한 것처럼, 공공 법규를 파괴하는 사람들은 피해자, 범죄자, 그리고 공동체 구성원들 내에서 그리고 그들 사이에 일어날 수도 있는 그 어떤 회복과도 무관하게, 그들의 잘못된 행동에 대해 균형을 맞추기 위해 잘못에 비례하는 고통이라는 혹독한 형벌을 감내해야 한다는 신념으로 손쉽게 전환되었다.27)

* 속죄의 형벌 대체론(the penal substitution theory of the atonement) : 형벌 대체(더 오래된 글에서는 법의학 이론[forensic theory]이라 불리기도 함)는 그리스도교 신학 내의 속죄 이론으로, 그리스도가 자신의 희생적인 선택으로 죄지은 인간을 대신해서 벌을 받았고, 하느님께서 죄를 용서하실 수 있도록 정의의 요구를 충족시켰다고 주장한다. 예수의 죽음을 처벌을 대체하는 의미로 이해하는 것이다. 다른 속죄 이론에 존재하는 주제를 공유하기도 하지만, 속죄에 대한 로마 가톨릭과 동방 정교회의 이해와는 달리, 속죄에 대한 개신교적 이해, 주로 복음주의 신앙의 특징으로 간주된다.

20세기 들어 부각된 하나의 고무적인 반전으로, 정치적 화해의 윤리를 수립하는 데 훨씬 더 희망적인 일은 초기 교회 때 나왔던 승리라는 접근법을 따라 사고하는 태도가 부흥했다는 점이다. 그리스도의 승리라는 개요를 사회, 정치 영역에 더욱 명확하게 적용하는 것이다. 칼 바르트(Karl Barth), 미로슬라브 볼프(Miroslav Volf), 위르겐 몰트만(Jürgen Moltmann) 같은 개신교 연구자들이 이런 사상을 표현했고, 교황 요한 바오로 2세와 구스타보 구띠에레즈(Gustavo Gutiérrez) 같은 가톨릭 연구자들도 마찬가지였다.28) 그들의 사상은 현대 정치 질서에 대한 정치적 화해의 전체론적 신학, 즉 여러 실천 행위들을 정의라는 공통 개념으로 통합시키는 신학의 가능성을 제기한다.

현대 정치에서의 화해

성경적 정의 관념, 즉 자비에 의해 활성화된 올바른 관계, 포괄적 평화 상태인 *샬롬*으로의 전체적 회복이라는 관념이 현대 정치에서 어떻게 실현될 수 있을까? 정치적 권위(political authority, 정치적 실체가 자신의 법과 명령에 복종하고 행동할 것을 요구하는 힘을 말한다. - 역자 주) 자체가 핵심 요소이다. 현대 가톨릭 사회사상은 오랫동안 정치적 권위를 인간 공동체에서의 올바른 관계를 형성하는 데 없어서는 안 될 요소로 간주해 왔다. 현재의 윤리는 정치 권력을 화해를 실천하는 현장이라고 보는 넓은 시각을 취한다. 실천 행위는 한 국가 안에서 일어날 수도 있고, 전쟁을 치른 국가들 사이에서, 또 미국과 이라크처럼 전쟁에 개입한 국가와 그 목표 국가 사이에서도 일어날 수 있다. 하지만 국가들이 정통성을 지니고 화해를 추구한다 해도, 적절한 한계를 지니고 그렇게 한다. 각 정부 자체가 법에 종속된 객체, 즉 정치 질서의 시민이자 인권을 지닌 외부자인 사람들 사이에 이루어야 할 올바른 관계에 관심을 갖는다. 정치적 화해 윤리에서, 이것이야말로 회복되어야 할 '올바른 관계'의 주된 의미로, 시민과 정부

가운데 그리고 시민과 정부 사이에서 인권에 대한 상호 인식과 실천이다. 현대 교회는 인권, 민주주의, 그리고 법치주의의 핵심을 공동선으로 단언하기에 이르렀다. 그러나 정치 질서 내에, 정치 질서 속에서의 올바른 관계인 공동선은 한 공동체 내에서, 그 구성원들과 하느님 사이에서의 올바른 관계에 대한 성경적 정의의 한 부분일 뿐이라는 점을 강조할 필요가 있다. 시민으로서의 자신의 역할을 전혀 떠맡으려 하지 않는, 예컨대 그저 친구의 역할이나 가족, 공동체, 교회, 그리고 기타 시민단체 구성원의 역할만 하고, 시민의 역할을 떠맡지 않으려는 사람들 사이에서 화해를 촉진하는 일은 국가 권력이나 종종 국가의 역량을 넘어서는 일이다. 국가는 시민들 사이의 화해를 촉진할 수도 있고, 현대 자유민주주의가 상정하는 것처럼 여전히 한계를 지닌 채 기능할 수도 있다.

역으로, 교회 스스로가 화해를 포함하여 정치 질서에 정당하게 기여하지만, 교회 자체가 국가의 통치 임무를 수행하는 일은 삼간다.29) 최근 수십 년 동안 교회와 가톨릭 구제회 같은 단체들은 이 책에서 존 폴 레더락(2장)과 데이비드 오브라이언(14장)이 논의한 것처럼, 르완다, 콜롬비아, 부룬디, 과테말라 등지에서 발생한 갈등으로 시민들이 겪은 감정적, 정신적, 심리적 상처를 치유하는 활동에 직접 나서면서 이 모델을 따라왔다. 그들은 또 그 모델에 따라, 동티모르, 남아프리카공화국, 칠레, 엘살바도르, 그 밖의 여러 지역의 정부에 과거에 자행된 불의에 대해 다루기를 공개적으로 촉구하고, 나아가 과테말라에서 후안 제라디 코네데라(Juan Gerardi Conedera) 주교가 그랬듯이 진실위원회 위원이나 심지어 진실위원회의 조직위원으로 고위 성직자를 참여시키기도 했다.30) 그리고 마침내 그들은 그 모델을 따라, 필자의 글과 토드 휘트모어(6장), 피터-존 피어슨(12장), 케네스 하임즈(10장)의 글이 추구하려는 것, 즉 국가의 활동을 위한 정의의 규범을 제시하려 했다.

그러나 국가의 역할이 교회 같은 여러 행위자의 정치 활동으로 보완될 뿐만 아니라 제한된다고 하더라도, 국가가 적절하게 수행하는 화해는 권리와 법치주의만의 회복보다 훨씬 포괄적일 수 있다. 국가가 지닌 특징적 목적인 바로 이 권리의 회복과 법치주의는 정치 질서의 이름으로 권리의 침해로 인한 피해자들의 광범위한 상처들을 다루고, 정당한 정치 질서를 실현하여 이런 상처를 치유하는 것을 목표로 광범위한 실천 행위를 수행할 것을 요구한다. 비록 성경의 *세데크*나 *샬롬*보다 제한적이긴 하지만, 그런 풍부한 회복 활동은 성경적 관념에 따라 정식화되고, 어느 정도 그런 개념에 근접해 있다.

화해라는 정의는 회복적 정의로 알려진 것과 정말 많이 닮았다. 이 개념은 1970년대에 뉴질랜드, 호주, 미국, 캐나다에서 형사적 정의를 위한 접근법으로 생겨났다. 미국 가톨릭 주교들은 회복적 정의를 범죄와 처벌에 대한 그리스도교적 접근법으로 지지했다.31) 회복적 정의를 정치 질서에 가장 잘 적용한 사람은 1990년대 중반 남아프리카공화국 진실화해위원회 위원장을 맡았던 성공회 대주교 데스몬드 투투(Desmond Tutu)였다. 이 개념을 옹호하는 사람들이 회복적 정의가 의미하는 모든 내용에 동의하는 건 아니지만, 3가지 주제는 공통적으로 등장한다. (1) 범죄 또는 정치적 불의는 범죄자, 피해자, 지역 사회에서의 관계의 파탄이다. (2) 범죄에 대한 대응은 범죄에 연루된 사람들의 관계와 가해자가 남긴 여러 상처와 해악을 치유(보수)하는 방향으로 이루어져야 한다. (3) 치유는 피해자, 범죄자, 그리고 공동체

구성원 모두의 적극적 참여를 동반해야 한다.32)

　화해가 회복하려는 것은 정확히 무엇일까? 현대 정치 공동체에서, 올바른 관계는 정치적 불의, 즉 사람들이 정치 프로그램과 이상이라는 이름으로 수행하거나 구축한 부당한 행위나 구조로 인해 파괴된다. 가해자로는 정부 요원들과 그와 반대되는 세력 구성원 둘 다가 포함된다. 여기서 윤리적으로 관심을 두어야 할 것은 체계적인 정치적 불의로, 그것은 대규모로 발생하며 어떤 방식으로든 한 사회의 거의 모든 사람에게 영향을 미친다. 그러나 정확히 어떤 종류의 행위와 법이 불의일까? 진실규명위원회, 특별재판소, 정화 계획, 보상 합의안, 그리고 정치적 사과는, 마치 신탁에다 하듯이, 수많은 국제 문서에 내재된 인권과 전쟁 법규를 규정하는 규범에 반복적으로 호소해 왔다. 여기서 말하는 인권과 전쟁 법규에 위반되는 불의로는, 전쟁 범죄, 인류에 대한 범죄, 대량 학살, 고문, 최근 들어서는 강간, 때로는 경제적 불의뿐만 아니라 그 밖의 정치적 권리와 시민권에 대한 범죄 등이 포함된다.

　하지만 만일 정치적 불의가 인권이나 전쟁 법규의 침해로 정의된다면, 불의가 사람들에게 상처를 입히는 차원은 훨씬 더 구체적이고, 특별한 질감을 지니고, 형태도 여러 가지일 것이다. 올바른 관계를 심각하게 손상하는 상처에는 적어도 6개의 차원이 있다.

1. 첫 번째 차원은 바로 정치적 불의에 대한 정의에 가까운데, 피해자에 대한 기본 인권의 침해다. 시민이란 법에 의해 권리가 보장되고 유지되는 존재라는 사실이 인간 번영의 한 측면이기에, 이에 대한 침해는 상처 입은 상태의 한 형태를 구성할 수 있다.

2. 정치적 불의는 단지 피해자가 보장받아야 할 법적 지위를 부정하는 일일 뿐만 아니라, 피해자 본인에게 더 직접적이고 눈에 띄는 해를 끼친다는 것이 상처 입은 상태의 두 번째 차원이다. 신체적으로나 정신적으로, 한 개인의 가장 기본적인 번영을 축소하는 일에는 그 개인의 죽음, 사랑하는 사람들의 죽음, 고문 또는 폭행으로 인한 영구적 부상, 슬픔, 굴욕감, 트라우마, 재산이나 생활수단의 상실, 한 사람의 인종, 민족, 종교, 국적, 또는 젠더, 성에 대한 침해, 한 개인이 속한 공동체의 정복과 속박, 토지의 침탈 그리고 그 밖의 수많은 해악이 포함된다. 이 모든 것들이, 가톨릭 교리에서 국가가 보장할 의무를 져야 한다고 가르치는 인간 존엄성을 침해한 행위다.

3. 상처 입은 상태의 세 번째 차원은 피해자가 자신을 해친 정치적 불의의 근원과 상황을 알지 못하는 상태, 피해 자체를 더 악화시키는 무지이다. 무지에 대해 가장 공통적으로 목소리를 내는 사람들은 실종자와 사망자의 친척들이다. 이들의 증언은 전 세계 진실위원회 보고서에서 찾아볼 수 있다. "내 아이의 뼈라도 볼 수만 있다면 … 도대체 그들은 내 아이의 뼈를 어디에 둔 걸까?" 한 실종자의 어머니가 남아프리카공화국의 정치 활동가에게 한 질문이다.[33]

4. 이런 해악을 심화시키는 것은 무지나 무관심으로 지역 공동체 구성원들이 피해자의 고통을 인식하지 못하는 상태다. 이것이 상처 입은 상태의 네 번째 죄악이다. 남아프리카공화국의 정치 철학자 앙드레 뒤 뚜아(André du Toit)는 "피해자들에게, 사실 이것이 기본적인 침해를 배가시킨다. 문자 그대로의 침해는 피해자가 겪는 실제 아픔과 고통, 트라우마로 구성되어 있다. 정치적 침해는 그런 사실을 (공공연히) 인정하기를 거부하는 것으로 이루어진다."라고 썼다.[34] 가톨릭 관점에서, 그런 인정의 결여는 고통당하는 사람, 즉 가난하고 상

처 입은 사람과 그리스도와의 연대를 이루는 데 실패한 것이다.
5. 상처 입은 상태의 다섯 번째와 여섯 번째 차원은 가해자에게 초점을 맞춘다. 다섯 번째 차원은 가해자가 행한 정치적 불의의 지속적 승리라 일컬어지는 것이다.35) 이런 불의는 물질적, 심리적, 정신적 해악을 끼칠 뿐만 아니라 가해자의 행위를 특징짓는다. 피해자의 존엄성을 무시하는 메시지를 남기고, 가해자가 아무 도전도 받지 않고 승리를 거두었다는 승리감을 느끼게 되기 때문이다. 그 자체가 피해자에게 그리고 공동체가 공유하고 있는 가치에 끼치는 해악이며, 침해 그 자체로 더 부각된 존엄성에 대한 폭력을 증폭시킨다.
6. 정치적 불의는 피해자에게 상처를 줄 뿐만 아니라, 발사된 대포처럼 되돌아가 가해자에게도 상처를 입힐 수 있다. 그런 악은 잘못을 저지른 사람의 영혼에도 심각한 심리적 손상으로 드러나는 상처를 입힌다. 이것은 인간의 죄는 그저 '부채를 적는 칸'에 표시 하나를 남기는 일에 그치지 않고 죄인의 삶에 정말로 실질적인 결과를 낳는다고 보는 가톨릭 전통의 내용과 깊이 공명한다.

상처 입은 상태의 모든 차원은 정치적 불의가 직접적으로 가한 피해를 반영하며, 그래서 *1차적 상처*라 불릴 수 있다. 체계적 불의의 사례를 보면, 그런 사례는 수천, 때로는 수백만 번이나 반복된다. 그러나 시민들에게 학살, 대량 살상, 고문, 다른 전쟁 범죄, 그리고 국제적 침략과 같은 더 많은 불의를 저지르게 하거나, 헌법 질서가 발효되는데 실질적으로 요구되는 정통성을 보류하도록 오도하여 피해를 준다는 의미에서 2차적이고 간접적인 상처도 있다. 더 심한 불의라고 불릴 수도 있을 이 2차 상처는 원래의 불의 자체에 대한 기억에 동반되는 두려움, 증오, 원망, 복수라는 감정으로부터 비롯된다.36) 르완다, 북아일랜드, 보스니아, 코소보, 바스크 국가, 이라크, 이스라엘과 팔레스타인, 카슈미르, 난징에서의 강간, 히로시마, 드레스덴 같은 이름들은 2차 상처가 국가 내에서 또는 국가 사이에서 때로는 몇 세대 걸쳐 정의로운 정치 질서를 손상시킬 수 있다는 사실을 확인시킨다.

정치적 화해는, 1차적이든 2차적이든 정치적 불의가 상처를 입힌 뚜렷한 방식과 관련하여, 사람들 사이의 관계 회복을 목표로 한다. 정치적 불의가 다양한 상처를 만들어낸다는 점, 상처가 피해자, 범죄자, 다른 시민, 그리고 국가 사이에서의 다양한 유대와 의무에 분열을 초래한다는 점, 상처가 정치 질서와 그 질서 속에 들어 있는 관계를 분열시키는 판단과 행위를 강화한다는 점을 인식하면서, 정치적 화해는 그에 걸맞는 다양한 회복적 실천 행위를 제안한다. 여섯 가지 실천 행위에는 사회적 정의, 인정, 배상, 처벌, 사과, 그리고 용서라는 조치를 담당할 기관의 구축이 포함된다. 각 실천 행위는 정치적 불의가 비교적 훨씬 더 큰 인간 번영의 조건에 야기한 부상, 트라우마, 무지, 무관심, 멸시, 설명 책임의 결여, 시민권 박탈, 그리고 수많은 침해를 나름의 방식으로 변형시킬 것을 목표로 한다.

이런 회복에 담긴 본질적 가치가 이 실천 행위들의 첫 번째 정당성이다. 인정을 통해서 공동체는 피해자들의 고통을 알아차리고, 시민권을 회복할 피해자의 권리를 확인하고, 때로는 피해자들에게 고통을 경감시킬 정보를 마련하고, 때로는 가해자들에게 그들의 범죄를 인정하고 회한의 감정을 느끼게 한다. 다른 실천 행위들은 특정 방식으로 특정 상처를 다루면서 병렬적 형태로 작동한다. 한 국가의 수장은 집단적 사과를 통해 국가의 이름으로 전쟁 범죄를 저지른 사람들이 드러내는 지속적인 승리의 정당성을 박탈하고, 국가 피해자들이 입은 피해 사실을 인정하게 하고, 공동체 구성원에게 이런 사과와 인정에 참여하도록 초대할 수 있다. 책임성, 배상, 용서, 그리고 공정한 기관을 구축하는 일은 특정 상처를 특정한 방식으로 다루는 일이기도 하다. 이 모든 실천 행위는 정치적 불의가 직접적으로 가한 상처를 다루기 때문에, *1차적 회복*으로 간주될 수 있다.

이런 회복은 이어 정치 공동체의 성격에 대한 대중의 판단을 변형시키는 추가적인 결과를 만들어 낼 수 있다. 회복이 증대되고 축적되면, 회복은 정치 질서, 그리고 전쟁과 독재에 이어진 정치 질서 사이의 관계를 회복하려는 더 넓은 프로젝트를 발전시키는 일종의 '사회적 자본'으로 기능할 수 있는 것이다. 피해자들이 인정, 배상, 사과, 기본권의 회복, 가해자의 불의가 전달하려는 메시지의 무효화를 얻게 될 때, 가해자들이 양심의 가책을 느끼고 그들 자신이 만들어낸 메시지의 무효화를 목격하게 될 때, 공동체 구성원들이 전쟁이나 독재 기간 일어난 범죄와 현 정권이 그 범죄 사실을 다루는데 헌신한다는 사실을 깨닫게 될 때, 어느 편에 있는 사람이든 이 모든 실천 행위를 통해 인간의 기본권에 기초한 새로운 정권에 정당성을 부여하고, 정권의 안정성과 수명을 강화하고 연장하게 될 것이다. 사람들은 또 서로에 대한 신뢰감을 증진시키고, 국가 정체성에 대한 인식을 새롭게 하며, 동료 시민들과 더 기꺼이 의논하게 될 것이다. 정통성, 신뢰, 강화된 국가 정체성, 그리고 민주적 숙의에 대한 승인 같은 사회적 자본은 2차 상처를 불러일으킬 수 있는 모멘텀에 맞서, 정치적 화해 윤리에 대한 두 번째 정당성이며 *2차적 회복*으로 생각될 수 있다.

두 가지 정당성은 정치적 화해가 회복 작업을 수행하는 측면에 상응하여 드러난다. 요컨대 정치적 화해 윤리는 다음과 같이 정의될 수 있다. 정치적 화해는 정의의 한 개념으로, 정치적 불의에 연루된 피해자, 가해자, 공동체 구성원, 그리고 국가를 정치 질서에서 또는 정치 질서 사이에서 올바른 관계라는 조건으로, 가장 근본적으로 기본권의 보장과 인정으로 특징지어지는 조건으로 회복시키려는 의지를 포함한다. 정치적 화해는 정치적 불의가 초래한 뚜렷한 상처에 대해 사람과 관계를 회복할 것을 목표로 6가지 실천 행위로 구성된다. 이런 회복은 정치 질서의 정당성, 신뢰, 국민의 충성, 그리고 다양한 형태의 사회적 자본 - 정의로운 제도의 안정성, 경제 성장, 국가 간의 평화, 여러 사회적 재화를 촉진하는 - 에 영향을 미치는 감정과 판단을 낳을 수 있다.

다시 말하지만, 정치적 권위와 그 법률은, 국내적으로든 국제적으로든, 정치적 화해의 근본 요소이다. 법률은 한 공동체 내에서의 올바른 관계와는 아무 관계가 없는 추상적이고 비인간적인 규칙이 아니라, 실제로 공동체 구성원들 내에 필요한 올바른 관계의 조건을 제시한다. 이어 현대 국가는 법률을 제정하고 집행하고 심판을 내린다. 국가는 징역형, 배상금의 제기와 지불, 합당한 과정에 따른 사법 절차, 증언 규칙, 수색과 압수, 소환장, 취업의 금지, 국가의 이름으로 내놓는 사과 발표 같은 행위를 포함하여 6가지 실천 행위를 이행할 때만이 아니라, 본질적으로 법률에 얽매여 있다. 또 다른 근거에서 국가가 해야 할 역할이 있다. 정치적 불의는 정치 질서를 유지하기 위해서든 전복시키기 위해서든 정치 질서의 이름으로 자행되기 때문에, 이 질서를 대변할 권위를 지닌 국가는 그들의 메시지를 무효화하고, 새로운 정치적 가치의 승리를 선언하며, 정치적 불의를 특정하여 해체 작업을 수행함으로써, 정치적 불의로 인해 생겨난 상처를 치유할 특별한 의무를 지닌다.

현재의 정치적 화해 윤리에서 두드러지는 마지막 특징은 회복적 정의에 관한 논쟁에서 반복되는 주제인, 상처를 치유하는 일에 정치적 불의에 관여한 당사자들을 적극적으로 참여시키는 일이다. 만약 화해가 통합적으로 국가를 포함하면, 화해는 공식적인 법적 절차를 통해서만이 아니라, 다양한 방식으로 반성하고, 비난하고, 방어하고, 요구하고, 말하고, 깨닫고, 배우고, 경청하고, 확언하고, 뉘우치고, 인정하고, 용서하고, 공감하는 피해자, 범법자, 그리고 공동체 구성원들을 통해 수행된다. 화해를 위한 두 가지 정당성을 반영하면서, 참여는 정치적 불의가 일으키는 상처 대부분을 치유하는 데 필수적이다.

화해를 향한 이런 열망과는 달리, 권력 정치의 냉엄한 현실은 지속된다. 실천 행위들은 언제나 부분적으로만 성취된 채 남게 될 것이고, 권력에 의해 타협될 수도, 피해자, 가해자, 그리고 다른 시민들이 지닌 정의에 대한 서로 다른 견해에 의해 방해받을 수도, 그들이 지닌 복합성으로 인해 부담을 지게 될 수도, 심각하게 파괴되었다가 부분적으로만 또는 전혀 복원되지 못한 정치 제도에 의해 약화될 수도 있을 것이다. 잊어서는 안 될 것은 가톨릭 윤리에 담겨 있는 원죄, 즉 인간이 원죄를 지니고 있다는 현실이 그런 편파성을 놀랍지 않게 만든다. 평화를 전체론적으로 생각하는 것은 평화가 정치 영역에서 전체적으로 성취되리라고 주장하는 게 아니라, 평화를 구성하는 요소들이 상호 의존적이며 따라서 통합되어야 한다고 주장하는 것이다. 부분적으로, 그 윤리는 어떤 평화의 정의든 평가할 수 있는 일련의 기준을 제공한다. 그러나 그것은 단순한 이상이나 하나의 제안이 아니다. 사실, 실천 행위들은 뒤얽혀 일어난다. 실천 행위 속에는, 시인

셰이머스 히니(Seamus Heaney, 아일랜드 시인이자 교수 - 역자 주)가 '희망과 역사가 어우러진다'고 말한 순간뿐만 아니라, 붕괴와 돌파구, 끔찍한 실패가 뒤섞인 순간도 들어 있다. 회복적 실천 행위가 수행되는 곳에서 갖가지 결함이 생겨 곤경에 빠질 수도 있다. 정확히 그런 곤경이 윤리를 필요로 한다. 만일 실천 행위가 비효율적이라면, 윤리가 있어도 별 소용이 없을 것이다. 하지만 실천 행위는 편파성, 타협 가능성, 다루기 힘든 딜레마를 내포하고 있기에, 윤리가 필요하다.

정치적 화해 윤리의 실천 행위들

정치 질서 속에서 화해를 실행하는 일은 6가지 실천 행위로 나타난다. 성경에 나오는 정의 개념을 모방하는 이 6가지 실천 행위는 다중적, 상호 의존적, 전체론적인데, 각 행위는 정치 질서 내에서 또는 정치 질서 사이에서 올바른 관계를 이끌어낼 수 있도록 한 차원 또는 그 이상의 차원에서 상처를 치유한다. 실천 행위들은, 한 행위가 다른 행위에 부족한 것을 완성하면서, 서로 보완한다. 이 실천 행위 모두가 악에 대해 하느님이 드러내는 대응의 특징, 즉 여러 차원에서 정의를 회복시키는 행위를 모범으로 삼는다.

각 실천 행위에 참여하는 일은 그에 상응하는 일련의 윤리적 기준을 찾고, 그 기준의 정당한 실행과 일련의 윤리적 딜레마를 설명하고, 각 실천 행위가 유발하는 문제를 식별하는 일을 포함한다. 딜레마는 윤리가 부분적으로 성취될 때 심화된다. 실제로, 어떤 실천 행위는 다른 것보다 더 충분하게 실현될 것이고, 또 어떤 것은 전체적으로 일어나지 못할 수도 있다. 실천 행위들이 어떤 특정한 순서에 따라 실행될 수도, 그렇지 못할 수도 있다. 실천 행위들은 특정 상황에 따라, 많은 경우 *브리콜라주*(bricolage, 닥치는 대로 아무거나 써서 만드는 기법 - 역자 주) 방식으로, 언제나 가능할 수도, 제한될 수도 있고, 조정되어야 할 필요도 있다. 여기서 이런 딜레마를 자세히 다루는 것은 불가능한데, 다만 그것들을 식별하고 그것들을 다루는 방안을 암시할 수 있을 뿐이다. 이것이 제공되어야 할 정치적 화해 윤리의 틀이다.

사회적으로 정당한 기관 구축하기

독재나, 국지적 또는 국제적 전쟁이 종식되고 나면, 인권, 입헌 민주주의, 국제법에 대한 존중, 그리고 정당한 경제적 분배에 대한 투신에 기반을 둔 하나의 정권이나 하나의 합의로 대체되어야 한다. 사회적으로 정당한 기관의(국가 그리고 국가 간의 관계) 설립, 합법화, 운영, 시행은 화해에 없어서는 안 될 실천 행위다. 그것은 이전의 법률이 기본적인 인간의 존엄성을 보호하지 못한 데서 비롯된 상처를 회복시킨다. 그것이 회원국들 사이에 새로운 정권에 대한 정당성을 창출한다. 지난 세대 전환기에, 수많은 피스빌딩 활동이 이런 행위를 수행해 왔다. 전쟁의 중재, 평화 협상, 갈등 해결, 무장 분파의 해체와 재통합, 선거의 실시와 감시, 난민 정착시키기, 새로운 헌법 만들기, 그리고 다른 여러 군대 중에서도 국제 평화유지군을 운영하기 등이다.

이런 실천 행위를 지배하는 기준은 - 인권, 입헌 민주주의 등 - 교회가 제2차 바티칸 공의회 이후 가장 명확하고 확고하게 가르쳐 온 것이다. 그런 기준은 국제 법률 문서에 들어 있는 '자유주의 평화' 원리에 의해서도 공유된다. 그러나 이 실천 행위에도 논란의 여지가 없는 건 아니다. 어떤 것들은 순서와 관련이 있다. 과도기의 어느 시점에서 정당한 기관을 구성하는 요소들이 도입되어야 하는가? 또 어떤 것들은 문화와 관련이 있다. 아프가니스탄과 이라크의 새로운 헌법이 종교적 자유에 대한 국제 기준과 일치해야 하는가, 아니면 이슬람법을 존중하여 국제 기준의 축소를 정당화해야 하는가?

여기서는 6가지 실천 행위의 전체론적 특징으로부터 발생하는 개별 딜레마에 초점을 맞춘다. 그 딜레마는 정당한 기관을 구축하는데 필요한 평화와 안정 그리고 정의를 회복하지만, 정의를 추구하는 과정에서 평화 정착이나 정권 교체를 지연시킬 수도 있는 다른 실천 행위들, 즉 인권 침해자들에 대한 처벌, 회개, 배상금 지불 그리고 때로는 민주주의와 같은 정당한 제도라는 요소들 사이의 긴장을 포함한다. 예컨대 죽음의 군대 지도자들에게 일괄 사면을 승인하고 국가 진실위원회의 추동력을 말살시켜버린, 엘살바도르 대통령, 알프레도 크리스티아니(Alfredo Cristiani)의 1993년 국가적 화해 요구에 항의했던 인권 운동가들, 그리고 아파르트헤이트에 대해 빈약한 반대를 하고는 화해를 요청한 '교회 지도자들'의 입장에 항의하기 위해 1986년 『카이로스 문서(*Kairos Document*)』를 작성한 남아프리카공화국 흑인 신학자들에게서 발견되는 긴장이다. 이들 모두 충분한 정의를 마련하지 않은 채 화해 조치를 취한 것에 대해 비판한 것이었다.

교황 바오로 6세의 유명한 성명, "정의 없이 평화 없다"는 우리를 이끄는 원칙임에 틀림없다.37) 현재의 윤리에 적용해 본다면, 사회적으로 정의로운 제도, 책임감 등이 결여된 평화는 전체론적 평화와 화해가 전제된 정의에 크게 미치지 못한다. 그것은 중요한 차원에서 올바른 관계를 회복시키지 못한다. 전쟁과 혁명이 원칙적으로 정당화될 수 있다고 한 교회의 지속적인 가르침 뒤에도 분명 동일한 통찰이 자리 잡고 있다. 즉 평화는 정의를 필요로 한다는 것이다. 바로 이런 통찰이 교회가 전쟁과 반대되는 하나의 형태인 비폭력 저항을 권고하는 배경에 자리 잡고 있다. 그에 따라 적에게도 자비를 독특하게 실천함으로써 화해를 목적으로서만이 아니라 수단으로 통합시킨다. 전쟁(정당한 때에만)과 비폭력 수단은 각각 그 나름의 방식으로 불의한 기관을 종식하고, 침략을 물리치고, 전쟁 범죄에 종지부를 찍음으로써 화해의 정의로 한 걸음 더 나아갈 수 있다.

그러므로 감히 말하건대, 정의로운 제도의 구축과 다른 여러 화해 실천 행위가 안정과 평화를 구실로 희생되어서는 안 된다. 그러나 평화협정이나 정권 교체에 동의하는 대가로 군사 파벌이나 독재정권 지도자들에게 사면을 부여함으로써 비용도 많이 들고 유혈이 낭자한 전쟁이나 독재가 종식될 수 있을 것 같을 때, 그리고 정의로운 제도를 구축할 기회가 증진될 때, 이 딜레마는 특히 심각하고 복잡해진다. 최근에 칠레, 우루과이, 남아프리카공화국에서의 민주주의로의 전환은 이런 식으로 진행되었다. 국제 형사재판소가 전쟁 범죄를 심판해 온 보스니아, 코소보, 우간다, 그리고 몇몇 다른 지역에서도 유사한 딜레마가 발생했다.38)

이 딜레마를 체계적으로 해결하기는 어렵다. 만약 불가피하게 뭔가 선택해야 한다면, 화해라는 실천 행위를 포기하지 않는다는 전제로,

경우에 따라 처벌을 내리는 대신 사면을 부여할 수도 있다. 하지만 사면이 정말로 필요한지에 대해서는 언제나 질문해야 한다. 예를 들어, 우간다에서 진행된 갈등의 어느 단계에서 유망한 국제 형사재판소가 기소하여 전투원들을 협상 테이블로 데려왔지만, 또 다른 단계에서는 그 기소가 협상을 좌절시켰다는 주장이 제기되었다. 국제 규범과 제도가 선택을 완화시킬지 여부에 대해서도 질문할 가치가 있다. 사면을 반대하는 국제 법규가 강화됨에 따라, 당장은 기소를 포기하더라도, 국제 법규가 사면을 부과하거나 추가 기소를 막을 권한이 없다고 주장하는 협상가들의 입김을 강화할 수도 있다. 마지막으로, 시간이라는 지평도 무시해서는 안 된다. 합의 시점에서는 기소될 가망이 없더라도, 향후 어느 시점에서 정부나 사법 체계, 또는 국제기구가 기소할 가능성이 있다. 예를 들어 칠레가 민주주의로 전환되던 시기에, 칠레 대법원은 군 지도자들을 위한 1978년의 사면법을 지지했지만, 그 후 몇 년 사이 법원 결정이 진화하여 상당수의 군 장성들에 대한 기소가 허용되었고, 심지어 아우구스토 피노체트(Augusto Pinochet) 장군에 대한 기소까지 이루어졌다. 하지만 가능한 한 개별적인 화해의 실천 행위가 희생되어서는 안 되며, 그래야 할 상황이 생겼을 때라도 화해는 최대한 보존되어야 한다.

인정(acknowledgment)

부상, 사랑하는 사람의 상실, 심리적 트라우마, 빈곤 등의 피해를 본 사람에게 정치적 불의가 가한 고통은 공동체가 그것을 인식하지 못할 때 더 복잡해지고, 피해자가 피해를 일으킨 가해자와 그의 행위나 동기에 대해 무지한 채로 남아있게 될 때 더 깊어진다. 사건에 대한 피해자의 기억은 전형적으로 그 사건에 본질적으로 내포된 정치적 의미를 누락시키지 않는다.39) 사람들을 고문, 폭행, 강간하거나 과부로 만든 가해자는 우리와 다른 그 누군가가 아니다. 그는 안정과 안전, 인민의 해방, 그리스도교 문명 또는 공산주의 혁명을 대변하여 행동한 군인으로, 누구와도 바꿀 수 없는 피해자의 인권을 포함하여 공동선을 수호하는 보편적인 의무를 지닌 (교회는 이렇게 주장하지만 군인은 부인할 것이다) 정치 질서라는 명분 아래 행동한 사람이다. 지식과 인식의 부족은 그 자체가 1차적 상처이지만, 또 갓 생겨난 정치 질서로부터의 소외와 그런 질서에 저항하려는 복수는 2차적 상처가 되기 때문에, 치유가 시급하다. 피해자에 대한 인정은, 공동체가 피해자에게 피해를 보게 된 상황에 대한 지식을 부여하고, 그들의 고통을 깨닫고, 그들의 상처에 불의라 이름 짓고, 공감을 표현하고, 완전히 회복된 시민권을 인정하는 일을 포함한다. 그렇게 공동체는 불의에 대한 새로운 기억을 공유하기 위해 피해자를 초대하고 소통한다.

  인정은 가난한 사람, 죽은 사람, 잊힌 사람에 대한 하느님 스스로의 기억과 예수 그리스도를 통해 가장 완전하게 실현된 의지인, 그들의 완전한 회복에 대한 하느님의 의지를 모방한다. 몇몇 현대 신학자는 이런 개념을 그들의 사회정치학적 사상의 핵심으로 삼았다. 십자가에 못 박혀 죽어가면서 예수는 피해자의 고통을 자신의 고통으로 받아들임으로써 자신을 피해자와 동일시한다. 독일 신학자 위르겐 몰트만은 예수가 거기서 멈추지 않는다고 주장한다. 예수는 부활을 통해 피해자의 완전한 회복을 희망하고 또 가능하게 한다. 몰트만은 사회 영역에서 이런 정체성과 해방을 모방하는 정치 신학을 제안한다.

마찬가지로, 모든 사람 특히 가난한 사람에게 기꺼이 선의를 베푸는 미덕인 연대에 대한 가톨릭교회의 가르침은 사회적으로는 백성들에 대한 예수 그리스도의 사랑으로 드러난다.40)

그렇게 정치적 불의를 당한 피해자의 고통을 인식하는 일에서, 공동체는 그들과 연대하여 행동하며, 시민으로서 그들의 완전한 회복을 다짐한다. 윤리의 패턴을 따르는 그런 인정은 중요하지만 불완전하다. 결정적으로 인정은 불의의 정치적 차원을 인식하고 피해자 회복이라는 정치적 차원을 수행한다. 하지만 정치적 행위만으로는 피해자에 대한 장기간에 걸친 치유를 가져올 수 없을 듯하다. 그것에는 장기간의 사목적, 심리 치료적, 그리고 공동체적 차원의 돌봄이 필요하기 때문이다.

공개 포럼을 통해 가장 철저하게 인정 작업을 수행한 것은 지난 세대에 전 세계에서 일어난 30여 개의 진실위원회이다. 진실위원회는 과거 정권이나 전쟁으로 인한 인권 침해 내용을 수사한 공적 기관으로서, 피해자들의 증언을 기록하고, 때로는 TV나 기타 공청회를 열고, 거의 항상 조사 결과를 보고서로 출간하며, 그렇게 불의한 행위에 대한 공적 기록을 수립했다. 공적 장례식, 기념식, 기념물, 박물관, 학교 교과서의 재집필 역시 공적 인정 형식들이다. 확실성은 떨어지지만, 잠재적으로 강한 힘을 지닌 것이 대중의 숙고인데, 시민들이 신문, 텔레비전, 라디오, 의회, 강연장 등에서 과거에 발생한 불의를 주제로 토론하는 자리를 말한다.

정의의 개념으로 화해의 전체론을 반영하는 공적 인정은 때로 화해의 다른 여러 실천 행위를 강화하고 2차적 회복을 지원할 수 있다. 전 세계 여러 진실위원회의 증언 자료에 따르면, 피해자들은 공적 인정에 의해 회복될 수 있었고, 새로운 정치 질서에 대한 반대와 가해자에 대한 보복을 포기하기로(2차적 회복) 결심했다고 한다. 티나 로젠버그(Tina Rosenberg) 기자는 남아프리카공화국 진실화해위원회에서 아파르트헤이트 정부에 의해 고문을 당했다고 밝힌 음지키시 음디딤바(Mzykisi Mdidimba)의 증언 내용을 전한다. "(그들은) 내 가슴에서 그것을 빼앗아 갔습니다. 전에 내 삶의 모든 이야기를 하고 난 뒤, 나는 울고, 울고, 울고, 그러고도 그 일이 끝나지 않았다고 느꼈습니다. 이번에 나는 그들이 나에게 저질렀던 일이 이 사람들에게도 또 전국적으로 벌어졌다는 사실을 알게 되었습니다. 나는 여전히 울기도 하지만, 내 마음속에는 기쁨도 있습니다."[41] 과거의 불의에 대한 공적 기록을 만들어 냄으로써, 인정은 이전의 독재정권을 불법화하고, 이제 막 생겨나는 민주주의 체제의 합법화를 돕는데, 이 일 역시 2차 회복이 된다. 그것은 가해자들이 지닌 '승리의 메시지'를 물리치고, 그들에게 비난을 전달하는 역할을 한다. 이것이 회복적 처벌의 두 가지 임무이다. 인정은 또 가해자들에게 참회와 사죄를 끌어내기도 한다. 마지막으로, 진실위원회가 모은 증언은 재판에 회부하여 배상을 결정하게 하는데 기여할 수 있다.

무엇이 선한 인정을 가능하게 만들까? 어떤 형태의 인정이 회복에 가장 도움이 될까? 인정을 촉진하는 일에서 정치 윤리의 한계는 무엇일까? 인정이 때로는 상처를 다시 헤집고, 치유하기보다는 복수심과 불안정을 낳을 수도 있지 않을까? 진실위원회와 그 보고서는 오웰의 방식으로 대중 토론과 반대를 억압하고 권위 있는 '진실'을 강요하려는 것일까? 비평가들은 인정에 대해 이런 질문을 해 왔다. 이 글에서는 그 질문 가운데 어느 것도 깊이 탐구할 수 없다. 다만 인정의 가장 큰 미덕인 인격주의(personalism, 개개의 인격에 최고의 가치를 두는 입장을 말한다. - 역자 주)를 제안한다.

인정이 불의를 당한 피해자들에게 지식(정보)과 회복을 제공함으로써 상처를 치유한다면, 그것은 철저하고, 직접적이며, 개인적일 때 가장 강력하게 작용한다. 진실위원회 보고서에서 피해자들은 간단히 언급되거나 통계치로 계산되고 말 수도 있는데, 이것이 인격주의의 가장 취약한 부분이다. 훨씬 더 효과적이었던 것은 과테말라 가톨릭교회가 과테말라 30년 내전을 조사하기 위해 1995년에 만든 진실위원회의 역사 기억 회복 프로젝트*에 참여하여 조사 작업을 수행했던 700명의 *아니마도레*(*animadores*, 자원봉사자)들이었다. 이 자원봉사자들은 사실과 수치를 기록하는 일뿐만 아니라 피해자들에게 감정적, 심리적, 정신적 지원을 제공할 수 있도록 '화해의 대리인'으로 훈련받았고, 3년에 걸쳐 전국을 돌아다니며 최악의 잔혹 행위가 일어났던 농촌 지역의 사람들을 포함하여 수많은 피해자와 인터뷰했다.42) 어떤 나라에서는 진실위원회를 여러 지역단체로 나누어, 지역 주민들로부터 피해자와 가해자 둘 다 직접 인정받게 했다. 예를 들어, 수많은 마을 차원의 포럼을 통해 인정 활동을 펼친 동티모르의 수용·진실·화해위원회(Commission on Reception, Truth, and Reconciliation)가 이런 방식으로 고안되었다. 이런 차원에서 인정은 정의의 회복에 기여하는 실천 행위 가운데 하나로 가장 잘 기능할 수 있다.

* REMHI project : REMHI 는 스페인어 Recuperacion de la Memoria Historia(The Recovery of Historical Memory)의 줄인 표현으로, 1995년

> 과테말라에서 진행한 역사 기억 회복 프로젝트를 말한다. 과테말라 가톨릭교회는 전국에 자원활동가 8백 명을 파견, 5천여 명의 증언을 모아(피해자 5만 5천 명의 사례) 문서로 정리했다. 그 결과물이 1998년 4월 24일에 주교회의가 발표한 4권 분량의 진실보고서 〈과테말라, 다시는 안 돼〉(Guatemala: Nunca Mas)이다.

배상(Reparations)

배상은 정치적 불의를 당한 피해자에게 가해자나 국가가, 또는 둘 다가 치르는 물질적 보상(돈, 정신적, 신체적 건강 서비스 등)이다. 배상의 결정은 전형적으로는 국가 정부, 국가 법원, 또 드물게는 국제 법원이 한다. 최근에 민주주의와 내전 해결로의 전환이 급격히 늘면서, 배상은 점점 더 일반적인 조치가 되었다.

배상에 대해서는 적어도 두 종류의 논쟁이 있다. 첫 번째 논쟁은 적용하기에는 다루기 어려울 정도로 복잡하지만, 원칙상으로는 꽤 간단하다. 배상으로 피해자에게 그들이 잃은 것을 회복시켜 주어야 한다는 것이다. 배상이 다루는 상처의 차원은 불의가 피해자 개인에게 가한 경제적, 신체적, 심리적 피해이다. 여기에서 의무는 『가톨릭교회 교리서』가 참회와 결부시킨 죄로부터의 피해를 회복시켜야 할 의무와 매우 유사하다.[43] 아무리 사려 깊은 배상 제안자라도 파괴적인 피해가 죽음이나 영구적인 부상일 때는 특히 그리고 명백하게, 물질적 보상으로는 어떤 부분도 절대 돌이킬 수 없다고 말할 것이다. 그러나 종종 판사들은 근사치를 계산하여, 비율에 맞게, 적어도 부분적으로 회복에 도움이 되는 보상액을 결정할 수 있다. 정치적 상황에서, 아마 가장 직관적인 방식으로 제기되는 주장은 내전이 벌어져 독재자나 전투원에 의해 부당하게 재산을 압류당한 사람들에게서 나온다. 이 경우 실제 재산이나 그 가치에 상응하는 물질이 회복되어야 한다. 공산주의 이후의 유럽이나 대량 학살 이후 르완다처럼 다양한 지역에서 벌어진 논쟁을 보면, 이런 주장은 너무 노골적인 것으로 보이는데, 특히 재산 소유주가 바뀌었을 때나 소유권에 대한 원래의 주장이 불분명한 경우 등에서 그렇다. 하지만 정당한 소유권이 분명한 경우, 보상 논쟁은 꽤 잘 작동한다. 더 어려운 경우는 사망한 피해자의 후손이 제기하는 주장이다. 만일 자기 증조부가 노예나 학살 피해자가 되지 않았거나 증조부의 재산이 가차 없이 수용되지 않았더라면, 후손인 자신이 특정 액수만큼 더 부유했으리라고 주장하는 경우다. 그러나 제러미 월드론(Jeremy Waldron) 같은 비평가들이 주장하듯이, 그런 사후 가정과 후손이 제안하는 보상은 사실상 평가가 불가능하다. 후손을 행복하게 만드는 수많은 다른 요인과 조상이 겪은 불의의 인과적 영향을 어떻게 구별할 수 있겠는가?44)

  사후 가정이나 배상액 결정 등에 훨씬 덜 의존하는 두 번째 배상 논쟁이 있다. 상징적 표현(symbolic-expression) 논쟁이라 불리는 논쟁이다. 이것의 도덕적, 신학적 논리는 인정이라는 실천 행위 뒤에 있는 논리와 강하게 일치한다. 배상을 통해, 공동체는 피해자의 고통을 인정하고, 그것을 불의한 행위로 기억하고, 피해자의 시민권을 지지하고, 그들의 회복을 희망하며, 그렇게 일이 잘 진행되면 피해자에게 새로운 정권에 합법성을 부여하도록 설득한다. 물질적 차원은 이런 회복에 더 큰 힘을 부여하고, 가능한 한, 상처의 가장 중대한 차원인 피해 당사자의 인격에 미치는 해악을 완화시키려 노력한다. 상관없다고 할 수는 없지만, 배상 액수는 첫 번째 보상 논쟁에서보다 훨씬 덜 중요하다. 더 큰 피해에 더 크게 배상할 것을 요구하는 '부드러운 비례주의(soft proportionalism)'가 타당한 듯하다. 배상 논쟁은 피해자의 회복을 바라는 하느님의 의지가 물질적 회복까지 포함한다고 강조하지만, 신학적으로는 대체로 인정 논쟁과 동일하다. 노예가 자유롭게 해방되고, 가난하고 억압받는 사람들의 권리가 옹호되어야 한다는 내용과 같은 것이다. 레위기 법에서 말하는 회복의 역할은 공동체 영역에서 이런 신성한 논리를 모방한 것이다.[45]

피해자들은 배상금이 '피를 부른 돈,' 즉 사악한 돈으로 지울 수 없는 범죄에 대해 정부가 대신 '갚아주려는' 시도 또는 피해자들의 침묵을 사들이려는 시도라고 반대해 왔다. '실종된' 아르헨티나 반체제 인사들의 어머니들은 부에노스아이레스의 마요 광장에서 행진하며 배상금을 주려는 정부의 시도에 바로 이런 식으로 항의했다. 마찬가지로 1990년대 후반에 독일은 홀로코스트 기간 중 강제 노동과 노예 생활을 한 피해자들에게 보상하려고 했다. 화해 윤리의 전체론적 정의가 그것을 구성하는 실천 행위를 강화할 수 있는 부분이 바로 여기다. 배상이라는 실천은 피해자들이 배상으로는 부족하다고 믿는 소통 양식, 즉 인정과 사과를 동반할 때 가장 잘 작동한다. 독일이 배상함으로써 강제노동 문제를 해결하려던 시도는 2000년에 요하네스 라우(Johannes Rau) 대통령이 대국민 사과를 하고 미래 세대를 위해 홀로코스트의 기억을 보존할 수 있는 학교 교육과정을 마련하기로 합의하고서야 마침내 이루어졌다.[46] 배상은 여러 차원의 상처를 치유하려는 다중의 실천 행위가 함께 작동될 때 제대로 된 효과를 거둘 수 있다.

처벌(Punishment)

전 세계적으로 과거의 불의를 다루는 나라에서 이루어지는 토론을 들어보면, 처벌은 화해의 윤리와 잘 맞지 않는다. 되풀이하는 말이지만, 화해, 자비, 회복적 정의, 그리고 용서는 처벌, 보복, 투옥, 그리고 해명 책임과는 대립되는 개념이다. 종종 처벌의 편을 들고 처벌을 부인하려는 화해의 요구에 대해 경고하는 쪽은 자유주의 패러다임 지지자들, 특히 인권 옹호 단체 구성원들이다. 그들의 주장은 계몽주의 시대 이후 서구를 지배해 온 처벌에 대한 두 개의 합리화 이론인 응보주의와 결과주의* 사이를 오락가락해 왔다.

> * 응보주의(retributivism) : 범죄자가 법을 어기면 그 대가로 고통을 받아야 하고 범죄에 대한 대응은 가해 행위에 비례해야 한다는 처벌 이론이다. 복수와는 반대로, 응보(응보적 정의)는 사람이 아니라 단지 잘못된 행위에 맞춰지며, 사디즘처럼 타인의 고통을 즐기려는 태도를 포함하지 않도록 절차적 기준을 도입한다. 응보적 정의는 억제(미래 범죄의 예방)와 가해자의 재활 같은 다른 처벌 목적과는 대비된다.
>
> * 결과주의(consequentialism) : 행동의 결과가 그 행위의 옳고 그름에 대한 판단의 궁극적 기초라고 주장하는 규범적, 목적론적 윤리 이론이다. 결과주의 관점에서 도덕적으로 올바른 행위는 좋은 결과를 가져오는 행위이므로, 행위의 선악은 그 결과에 의해 판단되어야 한다고 본다.

응보주의자들과 마찬가지로, 자유주의자들은 인권을 침해한 사람들이 단지 극악한 범죄를 저질렀다는 이유로 처벌받아 마땅하다고 강조한다. 처벌은 범죄에 비례해야 하며, 대개는 투옥의 형태를 취하고, 항상 공정한 재판이 뒤따라야 한다. 응보주의는 아주 다양한 방식으로 등장하지만, 아주 순수한 차원에서 응보주의는 범법자들이나 관계의 회복과는 별개로 처벌을 요구한다. 그저 처벌이 균형, 즉 한 사회의 권리와 책임에 대한 적절한 비율, 형이상학적 균형, 또는 하느님의 마음속에 있는 옳고 그름 사이의 총합을 회복한다고 믿기 때문이다. 속죄의 형벌 대체론도 응보주의의 울림을 지니고 있다. 결과주의자들처럼, 인권 옹호자들 역시 처벌이 가져오는 긍정적 효과들, 즉 가해자들이 다시 인권을 침해하지 않도록 예방하고, 앞으로 있을 수 있는 전쟁 범죄자들을 저지하고, 가장 일반적으로는 새로운 입헌 자유 민주주의가 정당성을 누리기 데 필요한 해명 책임을 제공한다는 점을 강조한다.

그러나 처벌이 정의의 개념으로서의 화해와 상충될 필요는 없다. 사실 처벌은 '회복적' 근거에 따라 정당화되면 정치적 화해의 윤리를 구성하는 실천 행위가 될 수 있는데, 회복적 논리는 응보주의와 결과주의의 몇 가지 측면은 수용하지만, 두 가지 핵심적인 방식, 즉 윤리의 다른 실천 행위들과 일치하며 보완한다는 점, 그리고 성경과 현대 가톨릭 사회교리에서 깊은 정당성을 발견한다는 점에서만 다르다.

응보적 정의와 마찬가지로, 회복적 처벌은 범죄를 저지른 가해자들이 행위에 비례하는 처벌을 받아야 하고, 처벌은 박탈과 고통을 포함하며, 처벌을 결정하는데 정당한 법 절차가 필수적이라고 단언한다. 하지만 처벌의 핵심 근거는 사회적 또는 우주적 균형이 아니라, 사람 개인의, 관계의, 그리고 정치 질서의 회복이다. 처벌이 다루는 상처는 잘못을 저지른 사람 자신의 영혼 속에 담긴 불의와 무질서의 메시지가 지속적으로 승리한다는 부분이다. 인정과 배상처럼 처벌은 정치 공동체의 소통 방식 중 하나이다. 처벌은 공동체의 정의로운 가치를 침해한 행위에 대해 가해자를 비난하고, 가해자에게 자신의 불의를 깨닫게 하고, 양심의 가책을 드러내게 하고, 사죄하고, 결국 공동체에 다시 합류하도록 초대한다. 회복적 처벌은 범죄학자들이 '엄한 처우'라 부르는 투옥이나 다른 형태의 고난 같은 것을 포기하지 않는데, 그것은 범죄의 심각성을 전달하는 데 필수적이다. 처벌받는 범죄자에게, 그것은 뉘우침의 물리적 표현, 즉 속죄로 작용할 수 있다. 처벌은 또 범죄를 저지를 가능성을 억제하고, 미래의 위반자들을 저지하며, 새로운 정치 질서를 위한 정당성을 만들어냄으로써 회복시킬 수 있다. 그러나 결과주의와는 달리, 처벌의 유효성은 이런 이점에 좌우되지 않는다. 심지어 가해자가 자신의 행위를 뉘우칠지 그렇지 않을지에도 좌우되지 않는다. 그런 일이 일어나지 않는다고 하더라도, 처벌은 여전히 공동체의 속죄적 소통 기능을 하게 될 것이다.[47]

크리스토퍼 마샬(Christopher D. Marshall)에 따르면, 성경에 나오는 처벌의 논리는 이런 흐름의 내용과 매우 유사하다. 구약 성경에서 처벌은 악에 대해 하느님이 하시는 대응의 일부로, 하느님의 약속에 따라 악을 억제하고 **샬롬**이라는 올바른 관계를 회복하는 것이다. 확실히 많은 에피소드에서 하느님은 악을 저지른 자에게 때로는 아주 상당한 규모로 죽음과 파괴의 심판을 내린다. 하지만 많은 의미를 포괄하는 성경의 내러티브는 처벌로써 죄에 대해 앙갚음하는 내용을 담고 있지 않다. 오히려 많은 구절에서, 하느님은 사전에 아무 속죄행위를 하지 않더라도 뉘우치는 사람을 기꺼이 용서하신다고 주장한다.[48] 심지어 엄청난 규모의 처벌도 (개개인에 대해서가 아니라) 이스라엘이라는 국가를 위한 장기적인 회복적 목적을 지닌 것으로 해석된다. 마샬은 또 고대 이스라엘에서 재판과 처벌의 목적은 공동체 내의 **샬**

론, 즉 관계의 회복이었다고 주장한다. 심지어 처벌은 자비의 발현으로, 계몽주의 철학자들이 이해한 정의로부터 출발한 자비가 아니라, 교황 요한 바오로 2세가 죄 많고 부서진 모든 것을 회복시키는 것으로 묘사한 성경적 자비이다.49)

오늘날 『가톨릭교회 교리서』도 유사하게 회복적 차원에서의 처벌을 표현한다. 처벌의 '주요 목적'은 범죄 행위, 즉 올바르게 정돈된 관계를 찢어놓음으로써 초래된 '무질서를 바로잡기' 위함이다. 『가톨릭교회 교리서』는 또 토마스 아퀴나스의 말을 인용하여, 처벌의 목적은 의학적 치유와 회복이라고 말한다.50) 『간추린 사회교리』는 처벌에 대해 이렇게 논평한다. "여기에는 두 가지 목적이 있다. 한편에서는 **범죄자의 사회 복귀를 독려하는 것**이고, 다른 한편에서는 **화해시키는 정의를 기르는 것**, 즉 범죄 행위로 인해 파괴된 사회적 관계에 조화를 회복할 수 있는 정의를 배양하는 일이다."51)

과거의 불의를 다루려는 정치 질서 측면에서 볼 때, 회복적 처벌은 일련의 상처를 치유하고, 가해자를 지역 사회에 재통합하며, 피해자와 공동체 구성원을 참여시키고, 다른 실천 행위들과 통합된 책임 해명의 형태를 함축한다. 주요 전쟁 범죄와 기타 대규모 인권 침해 행위를 기획하고 감독하는 데 큰 책임이 있었던 사람들의 경우, 장기간의 투옥만이 그들이 저지른 범죄의 심각성을 전달하고 미래 정권에서 법치주의에 대한 신뢰를 부여할 수 있다. 살인, 강간, 폭행, 고문 중 하나의 행위를 저지른 범인 역시 수감되어야 한다. 회복적 정의가 투옥에 그 나름대로 논리를 제공하기도 하지만, 회복적 정의는 공적으로 기록하기 위해 행위를 노출시키고 수치심을 느끼게 하기, 회복, 피해자에 대한 인정, 그리고 적어도 덜 중한 범죄를 저지른 가해자의 공동체로의 재통합을 강조하는 공개 포럼 같은 보완적인 제도들을 옹호하는 일 등에서 훨씬 뚜렷하게 나타난다. 심지어 가장 심각한 범죄를 저지른 가해자들은 재판과 더불어 이런 종류의 공개 포럼에 나서게 할 수 있다. 포럼에는 국가 진실위원회뿐만 아니라 지역, 도시, 마을 차원에서의 의식(rituals)과 공적 행사까지 포함된다. 시에라리온, 동티모르, 독일, 르완다와 같은 나라에서는 실제로 화해를 위해 투옥과 공개 포럼을 결합한 방식을 채택하기도 했다.

회복적 처벌의 윤리는 대답해야 할 수많은 질문과 딜레마, 즉 정당한 법 절차, 과실의 결정, 불의한 정권의 법률 제도 아래서는 불법이 아니었던 인권 침해 행위에 대한 기소, 그리고 사법 제도가 파괴된 국가들에서의 처벌의 어려움 등에 직면해야 한다. 과도기 상황에서 가장 흔하고 어려운 문제 가운데 하나는 기억상실의 문제다. 일괄 사면은 회복적 처벌의 윤리에서 도덕적으로 실패한 제도이다. 투옥되어야 마땅한 사람의 투옥을 막기 때문이다. 이 글 앞에서 필자는 일괄 사면이 평화협정을 위해 명백하게 필요할 때만 받아들여져야 한다고 주장했다. 사면이 승인되어야 할 때라도, 가능하다면, 가해자가 공개 포럼에 참가하거나 적어도 자신의 행위에 대해 공개적으로 고백해야 한다는 조건이 붙여져야 한다. 예를 들어, 콜롬비아의 2005년 정의와 평화법은 불법 무장 군대의 해체를 허용하면서, 그들 가운데 인권 침해자들이 감형을 받으려면 자신의 행위를 자백하여 공적 기록으로 남기도록 요구했다. 또 남아프리카공화국은 피해자와 공동체 구성원 앞에서 열린 공청회에서 가해자들이 고백을 하고서야 사면을 받게 한 것으로 유명하다. 이런 과정이 있어야 부분적으로는 타협한다고 하더라도 또 다른 차원의 회복이 도출될 수 있다.

사과(Apology)

　배상과 마찬가지로 공적 사과도 점점 더 일반적인 실천 행위가 되고 있다. 사과는 개별 가해자나 아니면 국가 원수나 다른 지도자가 국가나 정치 조직의 이름을 걸고 표현될 수 있다. 예를 들어 조지 부시 미국 대통령은 제2차 세계대전 중 수감되었던 일본계 미국인들에게 사과했다. 공식 사과는 가해자가 지닌 불의에 대한 지속적 승리의 메시지를 무효화하고, 자기 자신의 영혼을 치유하는 일에 헌신하며, 이전 정권이나 전쟁의 정치적 불의를 불법화하고, 새로운 기관에 대한 합법성을 확립하는 데 도움을 준다. 이 책 13장에서 로버트 슈라이터는 교회의 고해성사가 수행하는 역할, 성사에 의해 고해자가 교회 공동체로 다시 통합되는 역할에 대해 논의한다. 비록 공적 사과가 성사의 지위를 지니고 있지는 않지만, 그중 몇 가지는 성사에서 일어나는 몇몇 차원과 유사하다. 가해자는 공개적으로 자기 행위에 대한 양심의 가책을 표현하고, 그에 대한 전적인 책임을 진다. 사과가 공개적이기 때문에 그 일은 피해자에 대한 공동체의 인정을 강화한다. 그것은 또 다른 회복적 실천 행위인 용서에 대한 호소를 포함한다. 사과는 마땅히 받아야 할 처벌을 무효화하지 않으므로 회복적 처벌의 실천 행위로도 걸맞는다. 가해자는 사과라는 참회 표현으로 처벌받기를 선택할 수도 있다.

　공식 사과에 대해 자주 제기되는 질문이 있다. 국가 같은 공동체적 존재(corporate entity)의 지도자가 어떤 근거로 그 구성원이 저지른 범죄에 대해, 어쩌면 오래전에 사망한 전 지도자가 저지른 비행에 대해 사과할 수 있는가? 사과할 때, 지도자는 조직 구성원들의 특권을 대신하여 행하는 것인가?

이런 질문에 대한 가장 적절한 대답은 2000년 대희년을 맞아 교회가 내건 *mea culpas* (through my fault - 내 탓이오)를 설명하기 위해 국제 신학위원회가 준비한 '기억과 화해'라는 문서에서 찾을 수 있다. 이 문서는, 교회 구성원들이 예수 그리스도의 신비로운 몸을 통해 연결되어 있으므로, 교회가 과거 교회의 구성원들이 교회의 이름으로 저지른 죄에 대해 사과할 수도 있다고 단언한다. 그러나 교회는 죄에 대한 그들의 '주관적' 결정에 대해서가 아니라, 오로지 그들의 죄로 인해 지속되는 '객관적' 결과에 대해서만 사과할 수 있다. 유사하게, 대통령, 총리, 또는 무장 파벌의 지도자는 그 조직 구성원이나 이전 지도자가 국가나 파벌의 이름으로 저지른 범죄에 대해 사과할 수 있는데, 그 사람이 공동체적 존재를 대신하여 권위를 지니고 말하는 것이기 때문이다. 그러나 조직 구성원들이 범죄에 연루되지 않았다고 믿거나, 자신의 행위가 불의하다고 생각하지 않거나, 또는 그런 소통을 지지할 준비가 되어 있지 않다고 생각할 때, 사과의 목소리에 동조할 권한을 유보하거나 지도자의 사과를 승인하기를 거부할 두 번째 의미도 있다. 가해자들도 동일한 특권을 지닌다. 자신이 저지른 악을 포기하고 사과가 성취하는 정의를 화해시키는 차원을 발전시키는 일에 동참할지 아닐지 결정할 수 있는 것도 오직 그들 자신이다.

용서(Forgiveness)

정치적 화해의 윤리를 이루는 6가지 실천 행위 가운데, 용서는 가장 희귀하고, 놀랍고, 논쟁적이며, 충격적이며, 변형 가능성을 내포한다. 희귀함 : 용서는 세계 정치에서 아주 최근 들어 온 요소로 여전히 일반적이지 않다. 아마도 용서를 실행에 옮긴 유일한 국가 수장은 남아프리카공화국의 넬슨 만델라(Nelson Mandela)일 것이다. 파트리시오 아일윈(Patricio Aylwin) 칠레 대통령 같은 국가 수장들은 직접 용서를 실천하지는 않았지만, 국민에게 용서해 달라고 요청했다. 보다 일반적으로는, 종교와 시민 사회 지도자들이 신자들이나 다른 시민들에게 정치적 불의에 대해 용서를 실천할 것을 촉구한다. 가톨릭 전통에서 교황 베네딕토 16세가 제1차 세계대전 이후 유럽 국가들에 대해 용서를 제안한 일은 대체로 잊힌 예이긴 하지만 놀라운 사례로 간주된다.52) 정치적 불의의 피해자들 역시, 얼마나 자주 용서하는지는 말하기 어렵지만, 정치 지도자들보다 훨씬 자주 용서를 실천한다. 아마도 용서를 실천한 가장 좋은 사례는, 아주 정확한 사례라고 할 수는 없지만, 과거사를 다룬 나라에서 용서와 화해라는 어휘가 등장했다는 사실이다. 남아프리카공화국, 칠레, 엘살바도르, 동티모르, 과테말라, 르완다, 시에라리온, 보스니아, 북아일랜드, 폴란드, 독일 등이 그런 예를 보인 나라들이다.

놀라움 : 정치적 행위로서의 용서는 서구 사상에서나 국민 국가의 실천 행위에서 볼 때 뚜렷한 혈통을 지닌 것은 아니었다. 6가지 실천 행위 가운데, 권리의 회복, 처벌, 배상을 강조하는 자유주의 평화 밖으로 가장 밀려나 있는 요소가 바로 용서다. 앞에서 언급했듯이, 용서는 교회의 사회교리에서도 새로운 요소이다. 교황 베네딕토 16세가 초기에 밝힌 단 한 번의 옹호 말고는, 1984년에 교황 요한 바오로 2세가 발표한 회칙, 『자비로우신 하느님』과 이어 몇 개의 진술을 내놓을 때까지, 어느 교황도 강력하고 체계적으로 정치적 실천으로서의

용서를 옹호하지 않았다.53)

용서란 가해자들이 자신이 저지른 행동으로 피해자에게 뭔가 빚지고 있다는 주장과 더불어, 잘못된 행위를 당한 피해자들이 가해자들에 대해 갖는 정당한 분노와 원한을 포기하게 하는 사랑의 행위다. 하지만 용서는 단지 어떤 것을 무효화시키는 게 아니라 하나의 건설이다. 용서하는 사람들은 가해자를 새로운 방법으로, 즉, 더 이상 범죄자가 아니라 이제는 '좋은 위치에 있는' 사람으로 바라보려는 의지를 행사한다. 그들은 가해자의 행위에 대한 기억을 계속 상처를 주는 것에서 자비라는 대체 행위에 의해 극복되는 것으로 전환시킨다. 그들은 또 가해자의 영혼 회복을 희망한다. 그들은 가해자들로 하여금 이미 그렇게 하지 않았다면 피해자들에게 사과하고, 회개하며, 배상하도록 초대한다. 이런 방식으로 용서하는 사람들은 올바른 관계의 회복, 또는 화해를 희망한다. 물론 새로운 관계의 정확한 내용은 상황에 따라 다르다. 정치적 용서에서, 그 내용은 피해자가 용서해야 할 정치적 불의이고, 피해자가 초대하는 동료 시민으로서의 올바른 관계가 될 것이다.

정치적 불의를 용서해야 할까? 심지어 대규모 잔학행위도? 전쟁 범죄를 저지른 가해자들의 영혼을 회복시켜야 할까? 용서를 비판하는 사람들은, 때로는 신랄하게, 용서가 피해자들을 힘 빠지게 하고, 더 깊은 상처를 입히고, 악을 묵인하고, 정당한 배상을 무효화하고, 분개를 과소평가하며, 종교적 배경을 공유하지 않는 사람들을 무시하고, 정부에 의해 부적절하게 부과되는 것이라며 반대한다.54) 그렇다면 용서를 해야 하는 사건은 용서에 대한 정의로 시작하는 것이 아니라, 무엇이 용서가 아닌지에 대한 설명으로 시작되어야 한다. 악을 묵인하지 않고, 악에 대해 명시적으로 이름 붙이고 비난하는 것에서 시작한다. 악을 잊는 일과 관련되는 게 아니라, 오히려 악을 기억하는 일을 전제로, 그 기억을 전환하려 한다. 용서는 부당한 행위, 구조 또는 조건에 굴복하거나 수용하는 것을 의미하지 않는다. 용서는 정의로운 힘의 사용을 배제하지 않는다. 그것은 피해자들이 폭력이나 그 밖의 학대에 취약한 상태로 되돌아가게 하거나 자기 방어권을 포기하게 하는 것을 의미하지 않는다. 많은 경우, 특히 정치적 불의를 당한 경우, 용서는 올바른 관계의 회복이라는 어떤 부분은 이루겠지만, 완전한 우정의 회복까지 성취할 수는 없을 것이다.

불가피하게도, 용서에 대한 정의는 용서에 대한 옹호처럼 보일 수도 있다. 가톨릭 관점에서 이런 옹호는 신학적 이유에 뿌리를 두고 있다. 용서는 *하느님의 모상(imitatio dei)* 으로, 예수 그리스도의 죽음과 부활을 통해 하느님만이 하실 수 있는 속죄 행위를 하느님을 믿는 이가 수행하는 것이다. 그것은 예수께서 우리에게 일흔 번씩 일곱 번이라도 이웃을 용서하라고 명하신 계명에 복종하는 일이다. 위르겐 몰트만과 앨런 토런스(Alan Torrance) 같은 신학자들이 주장한 것처럼,55) 용서는 하느님의 구원 행위에 동참하는 일이기도 하다. 영원하고도 무조건적인 사랑, 최악의 대량 학살이라는 악보다 훨씬 위대할 수 있는 유일한 사랑으로, 예수는 불의를 당한 각 피해자의 고통을 자신의 것으로 동일시하고, 바로 자신의 자아로 받아들이고, 그렇게 함으로써 피해자의 영원한 존엄을 지지한다. 같은 행위를 통해, 예수는 가해자를 회복되는 존재로 간주하고, 가해자 역시 이런 회복에 참여하도록 초대한다. 그렇게 하여 가해자들은 그들의 죄에서 해방되고, 피해자들은 상실로 인한 고통과 증오, 절망으로부터 해방된다. 용서는 실제로 올바른 관계, 하느님의 약속, **샬롬**의 회복, 그리고 악을 결정적으로 패배시키는 하느님 행위에의 참여, 그리고 갈가리 찢긴 모든 것을 치유할 수 있는 자비에 대한 참여, 즉 회복에 대한 참여이다. 이런 정신에 따라, 교황 요한 바오로 2세는 2002년과 2004년 「세계 평화의 날 담화」에서, 사회적 평화는 용서와 화해를 통해서만 가능하다고 주장했다.56)

구체적으로 용서가 사회적 화해를 촉진하는 것은 정치적 불의로 인한 상처 가운데 몇 가지를 회복하는 일에서다. 악에 이름을 붙이고, 비난하고, 대응함으로써, 용서는 가해자가 드러내는 불의의 메시지를 무너뜨린다. 악에 능동적으로 대응하고 일련의 새로운 관계를 정의함으로써, 피해자는 주체로서 회복된다. 피해자는 또 사람을 쇠약하게 하고 부식시키는 분노와 원한의 영향을 치유하는 경험을 할 수 있다. 용서받음으로써 가해자의 영혼 역시 치유될 수 있고, 때로는 용서받음으로써 가해자는 회개하고 사과할 수 있게 된다. 용서는 또 피해자와 가해자 사이의 올바른 관계를 확립할 수 있는데, 정치적 맥락에서 그것은 존중받는 시민권의 회복이라는 형태를 취하게 될 것이다. 마지막으로, 용서는 정치 공동체에서의 화합과 안정이라는 2차 회복을 끌어낼 수 있다. 넬슨 만델라와 여러 아프리카 국가의 지도자들이 관대하게 용서의 길을 선택하지 않았더라면, 남아프리카공화국의 전환은 얼마나 더 험난했겠는가? 이런 용서의 가능성에 주목하는 것은 용서가 가해자에게 회심을 가져다줄 것이라고 태평하게 주장하는 것이 아니다. 때로 그런 일이 일어나기도 했겠지만, 아마 훨씬 더 자주 그렇지 않았을 것이다. 하지만 '완강한 가해자들'의 경우에도 그들의 행동과 연관된 메시지의 타파를 포함하여 회복적 결과 가운데 많은 일이 일어날 수 있다는 점 역시 주목하자. 이 모든 회복을 통해, 용서는 정의, 즉 화해의 정의를 성취한다. 다시 말하지만, 화해는 용서가 정의와 대립한다고 보는 현대 자유주의와는 불협화음을 이룬다. 그러나 화해를 정의의 한 개념이라고 보면, 정치 질서에서의 관계를 포함하여, 올바른 관계를 구축하는 용서 역시 정의의 행위로 볼 수 있다.

정치적 화해의 윤리에서 실천 행위의 하나인 용서는 다른 실천 행위들을 보완한다. 완전한 화해에서, 용서는 사과와 배상에 수반된다. 사회 정의가 터무니없이 부재한 상황에서, 용서는 결코 사회 정의를 위한 투쟁의 포기를 의미하지 않는다. 현대 자유주의 정치사상, 그리고 세계 곳곳의 과도기 상황에 대한 논쟁과는 대조적으로, 용서는 화해의 윤리에서 처벌과 양립할 수 있다는 점이 가장 중요하다. 이는 각 실천 행위가 회복적 용어로 정당화되고, 사실상 회복의 다른 차원을 성취하고 있기 때문에 그렇다. 실제로, 피해자는 지속적으로 용서와 처벌을 동시에 도모할 수 있다. 용서하는 일에서, 피해자는 한 사람의 주체로서 자신의 존엄성을 주장하면서 불의에 이름을 붙임으로써 가해자가 불의에 대해 내건 메시지를 무산시키고, 그다음 가해자에게도 불의에 이름을 붙여 불의가 지닌 힘을 포기하게 하고, 불의에 대해 뉘우치도록 초대한다. 처벌을 도모할 때, 피해자는 가해자가 지닌 메시지를 무산시키는 일을 통해 공동체와 소통할 도구로, 또 가해자가 그것을 수용한다면 가해자 자신이 참회를 드러내는 소통 도구로 처벌이 필요하다고 주장하는 것이다. 피해자가 처벌을 바라는 것은 가해자가 뭔가 빚지고 있다는 주장에서 비롯된 것이 아니라, 불의의 지속적 승리를 좌절시키려는 욕구에서 나온다. 국가가 처벌을 집행한다는 사실은 용서와 처벌의 양립성을 강화할 뿐이다. 공동체와 그 법률을 대변하여 행동하는 국가는 가해자에게 법 이면에 담겨 있는 가치를 전달하는 역할을 한다. 물론 국가는 또 공정한 재판, 정당한 절차, 비례성 같은 윤리적 처벌의 여러 중요한 측면을 보증한다. 이런 시나리오에 따라, 피해자, 가해자, 그리고 국가 각각은 서로 다른 방향, 즉 일종의 회복적 노동(행위)의 분화를 통해 잘못된 행위가 전달하는 메시지를 무산시키려 노력한다. 이것이 실제로 여러 이해 당사자가 서로 다른 방식으로 관여하는 회복적 정의의 논리이다.

국가 자체가 용서의 당사자일 때 상황은 조금 더 복잡해진다. 넬슨 만델라처럼, 만일 용서를 베풀 피해자가 이제 국가의 수장이 되어 있다고 상상해 보자. 남아프리카공화국 대통령으로서 만델라는 교도관, 몇몇 아파르트헤이트 지도자, 암묵적으로는 모든 아파르트헤이트 지도자를 용서하기로 선택했다. 정확하게 말하자면 이것이 집단적 용서는 아닐 것이다. 만델라는 자신이 아프리카 민족회의(African National Congress, 약칭 ANC)나 그 회원들을 대신하여 행동하는 거라고 말하지 않았다. 오히려 대통령으로서 그는 다른 아파르트헤이트 피해자들에게 암묵적으로 용서를 권했다. 또 그는 진실화해위원회를 지지했는데, 이 위원회는 적어도 원칙적으로는 자백하지 않은 가해자를 처벌하기로 되어 있었고, 심지어 자백한 사람도 노출과 비난이라는 고통을 당해야 했다. 그런데 사실 기소는 거의 이루어지지 않았고, 얼마나 많은 사람이 공개적으로 노출되고 처벌되었는지는 논란의 여지가 있다. 그러니 논쟁 삼아, 만델라가 모순적으로 행동한 것인지 질문해 볼 수도 있다.

틀림없이, 대통령으로서의 그의 용서는 정당했다. 그러나 그의 용서는 자아를 두 개의 부분으로 인위적으로 분열시키는 일을 필요로 했다. 윌리엄 셰익스피어가 희곡 『리차드 2세(Richard II)』에서 '왕의 두 개의 몸'에 대해 쓴 것과 같은 방식이다. 아파르트헤이트 피해를 본 한 개인이자 남아프리카공화국의 지도자로서, 만델라는 다른 사람들을 용서할 수 있었고, 다른 사람들에게도 용서하도록 격려하는 특별한 권위를 가질 수 있었다. 그렇게 함으로써, 그는 악의를 포기했다. 아파르트헤이트에 악이라는 이름을 붙임으로써, 그는 아파르트헤이트 지도자와 그 추종자들도 마찬가지로 새로운 남아프리카공화국의 존경받는 시민이 되도록 모두 초대했다. 국민을 대신하여 그는 보복하지 않겠다고, 심지어 균형 잡힌 배상을 하겠다고 약속했다. 그러나 국가의 원수로서, 그는 또 공동체를 대신하여 회복적 처벌로 정당화된, 법률이 규정한 처벌을 집행할 행정적 책임을 지니고 있었다. 잘못을 저지른 사람들은 마땅한 처벌을 받아야 한다. 일부 사람들이 처벌받지 않은 것은 정의, 심지어 회복된 정의의 실패였다. 용서가 남아프리카공화국의 사면 이면에 있는 논리였다고 주장하는 건 아니다. 완전한 기소가 이루어졌다 하더라도 만델라는 여전히 일관되게 용서를 실천할 수 있었을 것이다. 이런 논리는 만델라가 두 개의 역할, 즉 하나는 아파르트헤이트 피해자들의 지도자로, 또 하나는 국가 원수의 역할을 지니고 있다고 생각함으로써 화해될 수 있었다. 만델라는 각 역할을 맡아 화해의 서로 다른 실천 행위를 수행할 수 있었고, 각 행위의 목적은 회복이었다.

　이런 회복의 논리로 볼 때, 용서는 결코 쉽지 않다, 특히 엄청난 정치적 불의를 향해 용서해야 할 때는 더 어렵다는 사실을 기억하는 것으로 결론을 맺는 게 좋겠다. 용서 그 자체는 먼저 악의 규모를 식별하고, 그다음 분노를 포기하기 위한 심리적 태세를 갖추기 위해 노력하는 일련의 단계로 진행된다. 피해자가 이런 준비 태세를 갖추기까지는 몇 년이 걸릴 수도 있고, 어떤 사람은 결코 그렇게 하지 못할 수도 있다. 이 과정은 내면 깊이 들어가야 하고, 종종 점진적으로 이루어지는 성격을 지녔기 때문에, 우리는, 특히 정치 지도자는 피해자에게 용서하라고 압박하기를 피하고, 용서하기를 선택하거나 거절할 그의 권리를 존중해 주어야 한다. 철학자 마가렛 홀름그렌(Margaret Holmgren)은 용서는 의무라기보다 미덕에 훨씬 더 가깝다고 통찰력 있게 주장한다.57)

화해 : 가톨릭 윤리이자 세계 윤리

용서는 정치적 화해의 윤리에 담겨 있는 다른 실천 행위와 마찬가지로, 올바른 관계의 회복과 관련된 정의의 개념을 발전시킨다. 이것은 헌법적 자유 민주주의와 국제법에서 우세한 정의의 개념과는 다른 (물론 겹치는 면이 있기는 하지만) 놀라운 정의의 개념이다. 성경 본문, 자연법, 여러 세기에 걸쳐 이루어진 교회의 성찰에서 드러났듯이, 이것이 하느님의 성격, 목적 그리고 행위를 반영하는 정의 개념이다.

물론 대부분의 정치 질서에서 가톨릭이 우세한 것도 아니며, 많은 나라가 가톨릭 신자와 비 가톨릭 신자들이 혼합된 인구를 가지고 있고, 수단, 동티모르, 그리고 구 유고슬라비아 같은 일부 지역에서는 가톨릭 인구가 내전에서 논란의 한 요인이 되기도 했다. 전 세계 정치 질서의 대부분은 과도기 정의에 관여하는 유엔과 수많은 정부간기구, 비정부기구와 마찬가지로, 세속 언어로 그들의 헌법적 사안들을 다룬다. 이런 태도가 현대 세계 정치에서 가톨릭 정치 윤리를 실현하는 데 걸림돌이 되지는 않을까?

세속적이고 다원적인 정치 맥락에서, 가톨릭 화해의 윤리를 지지하는 사람이 다른 종교 전통이나 세속적 표현에서 그에 상응하는 근거를 찾지 못할 이유는 전혀 없다. 제2차 바티칸 공의회 문서 『비그리스도교와 교회의 관계에 대한 선언 - 우리 시대(Nostra Aetate)』는, 교회가 실제로 "모든 자녀에게 지혜와 사랑으로 다른 종교 신자들과 대화하고 협력하도록 권고한다."고 진술한다. 사실, 정의의 개념으로서 화해에 관한 몇몇 핵심 사상은 다른 아브라함 종교와 유대교, 이슬람교에서, 어쩌면 또 다른 종교에서, 그리고 북아메리카의 원주민들과 뉴질랜드 마오리족의 사상과 실천 행위에서, 그리고 남아프리카공화국의 우분투 전통 속에서도 강한 유사점을 발견할 수 있다. 핵심 개념 대부분은 세속 언어로도 표현될 수 있다. 이렇게 상응하는 요소를 강조하는 것은 각 전통이 화해에 대해 똑같은 보증과 의미, 해석을 가져올 거라고 주장하는 게 아니다. 오히려 화해에 대한 종교간 대화가 이루어지도록 동기를 부여하기 위해서이다. 과거의 불의로 인한 상처를 치유하고 정의로운 정치 질서를 만들기 위해, 다원주의 사회가 실천적으로 협력하는데 필요한 원칙에 대해 충분히 대화하고 공동의 합의점을 찾게 되리라는 희망이기도 하다. 그런 협력, 그런 치유, 그런 정의는 궁극적으로 현대 정치 상황에 장구하고 영속적인 개념을 적용하려는 시도로부터 가능해질 것이다. 우리는 그런 회칙이 나오기를 기대한다.

(번역 박은미)

* 제라드 파워즈와 스티븐 포프가 이 글의 초안에 해주신 논평이 큰 도움이 되었다. 감사드린다. 2008년 4월 14일 인디애나 노틀담 대학의 "가톨릭 피스빌딩의 미래"라는 제목의 컨퍼런스에서 이전 버전의 글을 발표했다.

1) 『가톨릭교회 교리서』(*Catechism of Catholic Church*) (2001), 1324항; 제2차 바티칸 공의회, 『교회에 관한 교의 헌장, 인류의 빛(*Lumen Gentium*)』(1964), 11항.

2) 1974년에 시작된 제3의 물결 이후 민주화된 국가의 정확한 수치는 논쟁중이다. 민주주의 이론가 래리 다이아몬드는 민주화를 어떻게 계산하느냐에 따라 1974년과 1996년 사이에 36개에서 77개 나라가 민주화되었다고 추정한다. 래리 다이아몬드(Larry Diamond), "Is the Third Wave of Democratization Over? An Empirical Assessment," Working paper no. 236, Kellogg Institute, University of Notre Dame, March 1997. 웹사이트 the kellogg.nd.edu 에서 열람 가능.

3) 9·11 이후 연설은 "정의 없이 평화 없다. 용서 없이 정의 없다(No Peace without Justice. No Justice without Forgiveness)," 「세계 평화의 날 담화」(2002년 1월 1일).

4) 로버트 슈라이터(Robert Schreiter), *The Ministry of Reconciliation: Spirituality and Strategies* (Maryknoll, NY: Orbis Books, 1998), 이 책의 한국어 번역본은 『화해의 사역』, 로버트 J. 슈라이터, 임상필 옮김(한국장로교출판사, 2004); 미로슬라브 볼프(Miroslav Volf), "Forgiveness, Reconciliation, and Justice: A Theological Contribution to a More Peaceful Environment," *Millennium* 29, no. 3 (2000), 861–77, 참조.

5) 교황 요한 바오로 2세(John Paul II), "정의 없이 평화 없다. 용서 없이 정의 없다," 5항.

6) 올리버 리치몬드(Oliver Richmond), "Patterns of Peace," *Global Society* 20, no. 4 (2006). 참조.

7) 존 도나휴(John R. Donahue, SJ), "The Bible and Catholic Social Teaching: Will This Engagement Lead to Marriage?" in *Modern Catholic Social Teaching: Commentaries and Interpretations*, ed. Kenneth R. Himes (Washington DC: Georgetown University Press, 2005); 존 허기(John C. Haughey), ed., *The Faith That Does Justice* (New York: Paulist Press, 1977).

8) 모셰 웨인펠드(Moshe Weinfeld), *Social Justice in Ancient Israel* (Minneapolis, MN: Augsburg Fortress Publishers, 1995), 25–33.

9) 엘리자베스 아크테마이어(Elizabeth Achtemeier), "Righteousness in the OT," in *The Interpreter's Dictionary of the Bible*, ed. George A. Buttrick (Nashville, TN: Abingdon, 1962), 80–82.

10) 웨인펠드, *Social Justice in Ancient Israel*, 57–65.

11) 위 책.

12) 크리스토퍼 마샬(Christopher D. Marshall), *Beyond Retribution: A New Testament Vision for Justice, Crime and Punishment* (Grand Rapids, MI: Eerdmans, 2001), 51.

13) 라이트(N. T. Wright), *Evil and the Justice of God* (Downers Grove, IL: Inter Varsity Press, 2006), 117-18. 이 책의 한국어 번역본은 『악의 문제와 하느님의 정의』, 톰 라이트, 노종문 옮김(IVP, 2008).

14) 존 도나휴(John R. Donahue, SJ), "Biblical Perspectives on Justice," in Haughey, *The Faith That Does Justice*, 100-102.

15) 존 드 그루쉬(John W. De Gruchy), *Reconciliation: Restoring Justice* (Minneapolis, MN: For-tress Press, 2003), 46 and 51.

16) 위 책. 또 에릭 독스테이더(Eric Doxtader), "Reconciliation in a State of Emergency: The Middle Voice of 2 Corinthians," *Journal for the Study of Religion* 14, no. 1 (2001), 50 참조; 드 그루쉬(De Gruchy), *Reconciliation*, 51.

17) 페리 요더(Perry Yoder), *Shalom: The Bible's Word for Salvation, Justice, and Peace* (Newton, KS: Faith and Life Press, 1987), 10-23; 하워드 제어(Howard Zehr), *Changing Lenses* (Scottdale, PA: Herald Press, 1990), 130-32. 이 책의 한국어 번역본은 『회복적 정의란 무엇인가?』, 하워드 제어, 손진 옮김(대장간, 2010년).

18) 시편 85장 10절과 이사야서 32장 16-17절 참조.

19) 울리히 마우저(Ulrich Mauser), *The Gospel of Peace: A Scriptural Message for Today's World* (Louisville, KY: Westminster/John Knox, 1992), 33.

20) 클라우디아 카드(Claudia Card), "Mercy," *Philosophical Review* 81 (1972); 제프리 머피와 진 햄튼(Jeffrie G. Murphy and Jean Hampton), *Forgiveness and Mercy* (New York: Cambridge University Press, 1988) 참조.

21) 교황 요한 바오로 2세, 『자비로우신 하느님(*Dives in Misericordia*)』(1980), 2, 4, 6, 7, 12, 13, 14항 참조.

22) 마샬, *Beyond Retribution*, 131-40.

23) 수잔 네이만(Susan Neiman), *Evil in Modern Thought: An Alternative History of Philosophy* (Princeton, NJ: Princeton University Press, 2002) 참조.

24) 필자는 이 글에서 존 레벤슨(Jon D. Levenson), *Creation and the Persistence of Evil* (Princeton, NJ: Princeton University Press, 1988)과 라이트(Wright), *Evil and the Justice of God* 의 해석을 따른다.

25) 라이트, *Evil and the Justice of God*, 64.

26) 일부 개신교 교파는, 예컨대 속죄의 형벌 대체 교리의 타당성을 꾸준히 가르치는 등, 그런 논의에 찬동하고 있다.

27) 티모시 고린지(Timothy Gorringe), *God's Just Vengeance: Crime, Violence, and the Rhetoric of Salvation* (Cambridge, UK: Cambridge University Press, 1996), 140.

28) 여러 책 가운데서도 특히, 구스타보 구띠에레즈(Gustavo Gutiérrez), *A Theology of*

Liberation: History, Politics, and Salvation, trans. Sister Caridad Inda and John Eagleson (Maryknoll, NY: Orbis Books, 1988). 이 책의 한국어 번역본은 『해방신학 - 역사와 정치와 구원』, 구스타보 구띠에레즈 지음, 성염 옮김, 분도출판사(1977); 위르겐 몰트만(Jürgen Moltmann), *The Crucified God: The Cross of Christ as the Foundation and Criticism of Christian Theology* (Minneapolis, MN: Fortress Press, 1993), 이 책의 한국어 번역본은 『십자가에 달리신 하나님 - 그리스도교적 신학의 근거와 비판으로서의 예수의 십자가』, 위르겐 몰트만 지음, 김진균 옮김, 대한기독교서회(2017).

29) 교황청 정의평화위원회(Pontifical Council for Justice and Peace), 『간추린 사회교리(*Compendium of the Social Doctrine of the Church*)』 (Libreria Editrice Vaticana; English trans., Washington, DC: United States Conference of Catholic Bishops, 2004), 424-26항 참조.

30) 다니엘 필포트(Daniel Philpott), "When Faith Meets History: The Influence of Religion on Transitional Justice," in *The Religious in Response to Mass Atrocity: Interdisciplinary Perspectives*, ed. Thomas Brudholm and Thomas Cushman (Cambridge, UK: Cambridge University Press, 2009), 174-212 참조.

31) 미국 가톨릭 주교회의(United States Conference of Catholic Bishops), *Responsibility, Rehabilitation, and Restoration: A Catholic Perspective on Crime and Criminal Justice* (November 15, 2000).

32) 제어, *Changing Lenses*, 마샬, *Beyond Retribution*.

33) 브랜든 햄버와 리차드 윌슨(Brandon Hamber and Richard A. Wilson), "Symbolic Closure through Memory, Reparation and Revenge in Post-Conflict Societies," *Journal of Human Rights* 1, no. 1 (March 2002), 40.

34) 앙드레 뒤 뚜아(André du Toit), "The Moral Foundations of the South African TRC: Truth as Acknowledgment and Justice as Recognition," in *Truth v. Justice: The Morality of Truth Commissions*, ed. Robert I. Rotberg and Dennis Thompson (Princeton, NJ: Princeton University Press, 2000), 133.

35) 머피와 햄튼(Murphy and Hampton), *Forgiveness and Mercy*, 124-38.

36) 민족 갈등에서 감정의 역할에 대해서는, 로저 피터슨(Roger D. Peterson), *Understanding Ethnic Violence: Fear, Hatred, and Resentment in Twentieth-Century Eastern Europe* (Cambridge, UK: Cambridge University Press, 2002) 참조.

37) 교황 요한 바오로 6세의 「세계 평화의 날 담화」, "평화를 원한다면 정의를 위해 활동하라," (January 1, 1972).

38) 이 딜레마에 대한 훌륭한 경험적 설명은 잭 스나이더와 레슬리 빈자무리(Jack Snyder and Leslie Vinjamuri), "Trials and Errors: Principle and Pragmatism in Strategies of International Justice," *International Security* 28, no. 3 (2003) 참조.

39) 데이비드 베커(David Becker), "Dealing with the Consequences of Organised Violence in Trauma Work," in *Berghof Handbook for Conflict Transformation* (Berlin: Berghof Research Center for Constructive Conflict Management, 2004), 6 참조. 웹사이트 http://berghof-handbook.net 에서 열람 가능.

40) 몰트만, *The Crucified God*, 25, 53, 63, and 31. 교황 요한 바오로 2세, 『사회적 관심(*Sollicitudo Rei Socialis*)』(1987) 참조.

41) 티나 로젠버그(Tina Rosenberg), "A Reporter at Large: Recovering from Apartheid," *The New Yorker*, November 18, 1996, 92. 또 토마스 부에르겐탈(Thomas Buergenthal), "The United Nations Truth Commission for El Salvador," in *Transitional Justice: A Decade of Debate and Experience*, ed. Neil J. Kritz, vol. 1 (Washington DC: United States Institute of Peace, 1995), 292, 321 참조.

42) 마이클 헤이스와 데이비드 톰스(Michael Hayes and David Tombs), eds., *Truth and Memory: The Church and Human Rights in El Salvador and Guatemala* (Leominster, UK: Gracewing, 2001), 34, 107, and 25; 폴 제프리(Paul Jeffrey), *Recovering Memory: Guatemalan Churches and the Challenge of Peacemaking* (Uppsala, Sweden: Life and Peace Institute, 1998), 51; *Recovery of Historical Memory Project, Guatemala: Never Again!* (Maryknoll, NY: Orbis Books, 1999), xxiii-xxix.

43) 『가톨릭교회 교리서』, 1459항.

44) 제러미 월드론(Jeremy Waldron), "Superseding Historical Injustice," *Ethics* 103, no. 6 (1992).

45) 마샬, *Beyond Retribution*, 125 참조.

46) 빈데나겔(J. D. Bindenagel), "Justice, Apology, Reconciliation and the German Foundation: Remembrance, Responsibility, and the Future," in *Taking Wrongs Seriously: Apologies and Reconciliation*, ed. Elazar Barkan and Alexander Karn (Stanford, CA: Stanford University Press, 2006) 참조.

47) 이런 노선에 따라 형벌에 대한 견해를 밝힌 철학자들과 신학자로는, 진 햄튼(Jean Hampton), "The Moral Education Theory of Punishment," *Philosophy and Public Affairs* (Summer 1984), 245-73; 허버트 모리스(Herbert Morris), "The Paternalistic Theory of Punishment," in *Punishment and Rehabilitation*, ed. Jeffrie Murphy (Belmont, CA: Wadsworth, 1985); 더프(R. A. Duff), *Punishment, Communication, and Community* (New York: Oxford University Press, 2001) 참조.

48) 예컨대, 미카 7,18-20; 탈출 34,6; 민수 14,18; 느헤 9,17; 시편 86,15, 103,8, 145,8; 요엘 2,13; 요나 4,2 와 나훔. 신의 회복 의지를 표현한 구절은, 예레 31,20; 이사 54,7-8; 호세 11,7-9; 느헤 9,30-32; 토빗 3,2-3, 11-12; 8,16-17; 1마카 4,24; 2역대 30,9; 지혜 15,1; 집회 2,11 참조.

49) 마샬, *Beyond Retribution*.

50) 『가톨릭교회 교리서』, 2266항.

51) 『간추린 사회교리』, 403항.

52) 최근 정치학에서 용서에 대한 가톨릭의 주장에 관해서는, 스테판 포프(Stephen J. Pope), "The Convergence of Forgiveness and Justice: Lessons from El Salvador," *Theological Studies* 64 (2003) 참조.

53) 교황 요한 바오로 2세의 「세계 평화의 날 담화」, "Offer Forgiveness and

Receive Peace" (January 1, 1997); idem, "No Peace without Justice. No Justice without Forgiveness." 참조.

54) 토마스 브루돌름(Thomas Brudholm), "On the Advocacy of Forgiveness after Mass Atrocities," in *The Religious in Response to Mass Atrocity: Interdisciplinary Perspectives*, ed. Thomas Brudholm and Thomas Cushman (Cambridge, UK: Cambridge University Press, 2009) 참조.

55) 몰트만, *The Crucified God*. 앨런 토런스(Alan Torrance), "The Theological Grounds for Advocating Forgiveness and Reconciliation in the Sociopolitical Realm," in *The Politics of Past Evil*, ed. Daniel Philpott (Notre Dame, IN: University of Notre Dame Press, 2006) 참조.

56) 『간추린 사회교리』, 517항; 교황 요한 바오로 2세, "No Peace without Justice. No Justice without Forgiveness," 9항, 교황 요한 바오로 2세, "An Ever Timely Commitment: Teaching Peace." Message for the Celebration of the World Day of Peace (January 1, 2004), 10항 참조.

57) 마가렛 홀름그렌(Margaret R. Holmgren), "Forgiveness and the Intrinsic Value of Persons," *American Philosophical Quarterly 30* (1993), 350-51. 용서의 단계에 대해서는, 로버트 엔라이트(Robert D. Enright), "Counseling within the Forgiveness Triad: On Forgiving, Receiving Forgiveness, and Self-Forgiveness," *Counseling and Values 40*, no. 2 (1996); 그리고 이 책 13장 로버트 슈라이터의 글 참조.

5장 가톨릭 구제회(Catholic Relief Services)

- 가톨릭 피스빌딩 실천

윌리엄 헤들리(William R. Headley, CSSp)와
레이나 노이펠트(Reina C. Neufeldt)

- 성령수도회 사제이며, 샌디에이고대학 조앤 B. 크록 평화학과(Joan B. Kroc School of Peace Studies)를 설립한 학장. 사회학자로 신학과 갈등 해결 연구로 박사 과정을 마치고, 듀케인대학에서 갈등 해결과 평화학 연구로 대학원 과정을 시작했다. 샌디에이고대학에서 일하기 전에는 가톨릭 구제회 선임 고문으로 전 세계적인 피스빌딩 사업을 조직했다.

- 아메리칸대학 국제대학 조교수. 가톨릭 구제회와 함께 피스빌딩을 위해 많은 활동을 해 왔다.

인도네시아 반다 아체는 거대한 섬나라에 있는 작은 도시이지만, 2004년 12월 세계 정세에 주의를 기울인 사람이라면 그곳이 어디에 있는 어떤 곳인지 지리학 수업이 필요하지는 않을 것이다. 그곳에서 일어난 일에 대한 설명도 필요하지 않을 것이다. 반다 아체, 쓰나미, 그리고 전례 없이 쏟아진 나눔과 긴급 원조는 세계가 따뜻한 구호의 손길을 뻗친 기념비적인 대재난이라는 단일한 이미지를 형성했다.

이제는 관심을 끄는 많은 다른 이슈에 의해 밀려났지만, 쓰나미 이후의 재건은 여전히 계속되고 있다. 대부분의 광범위한 자연재해나 인재와 마찬가지로, 긴급사태가 진정된 한참 뒤까지도 개발은 계속된다. 말하자면, 긴급 대응과 개발은 밀접하게 연관되어 있어 하나가 앞서면 다른 하나가 뒤따르며 서로 연결된다.

반다 아체가 쓰나미로 전 세계적인 관심을 끌었지만, 대부분 사람들은 쓰나미가 닥치기 전 28년 동안 이곳에서 벌어진 저강도 분쟁(아체분쟁)*에 대해서는 거의 알지 못한다.1) 인도네시아 정부는 이 지역으로의 접근을 제한했고, 인도네시아 다른 지역에서 활동 중인 국제 비정부기구도 반다 아체가 있는 수마트라 북부에서는 활동을 금지당했다. 쓰나미 이후 분쟁이 최고조에 달하자 인도적 지원이 제공되었다. 반다 아체와 그 주변 지역에 식량, 주거, 의료, 안전과 같은 필수 조건을 안정시키기 위해서는 원조와 피스빌딩이 병행되어야 했다. 가톨릭 구제회(Catholic Relief Services, 이하 약칭 CRS)는 쓰나미에 대응하면서 긴급 원조, 개발 그리고 피스빌딩이라는 각각 다른 도전 과제를 조화시키는 데 어려움을 겪은 많은 국제 비정부기구 중 하나였다.

---

* 자유 아체 운동(Free Aceh Movement) : 아체 지역에서 전개된 분리 독립 운동이다. 대부분 지역민은 이슬람교도로 오랫동안 이슬람 왕국을 유지한 역사적 배경 때문에 서구 열강들의 침입에 격렬하게 저항했다. 인도네시아가 독립한 뒤, 중앙 정부는 아체를 특별 지역으로 선포하며 표면적인 자치를 인정했다. 하지만 이후에도 중앙 정부의 강압적인 자원 착취로 내전이 끊이지 않았다. 1976년 중앙 정부에 대항하기 위해 아체 지역 반군 조직인 자유 아체 운동이 결성되었다. 이어 반군 토벌이라는 명분으로 인도네시아 정부군의 인권 유린과 살상이 이어졌다.

쓰나미 이전에 수마트라 북부 주민들은 신앙심이 매우 깊고 상대적으로 고립되어 있었다. 이 지역으로의 접근이 제한되어 있었기 때문에, 주민들은 국제 비정부기구, 특히 그리스도교 성향을 지닌 사람들에 대해서는 아는 게 거의 없었다. CRS 긴급 대응팀의 초기 피스빌딩 활동은 가톨릭 구제회가 종교적 민감성에 주의를 기울이면서 구호원조를 제공할 수 있도록 관계 구축에 중점을 두었다. 예를 들어, 반다 아체 주민들에게 무엇이 가장 필요한지 물을 때마다, 그들은 늘 무슬림 여성을 위한 예배용 깔개와 베일이 필요하다고 대답했다. 가톨릭 기관인 CRS는 이런 종교적 물품을 제공하면서 일부 가톨릭 신자로부터 비난받을 위험을 무릅써야 했다. 가톨릭 구제회는 쓰나미로 피해를 입은 인도네시아에 2007년 말까지 1억 6,200만 달러 이상을 지출했다. 지원금은 학교, 병원, 교량, 도로 같은 기반 시설과 주택공급 사업 그리고 식량, 대피소, 의료 지원, 깨끗한 물, 위생용품 같은 긴급 원조에 사용되었다.

입증하기는 어렵지만, 초창기에 종교 물품을 제공했던 상징적으로 중요한 대응은 신뢰 기반을 구축하는 데 도움이 되었다. 종교적으로 민감한 문화에서 실질적인 도움이 필요했던 시기에, CRS의 물품 지원 활동은 CRS가 주민의 협력자가 될 수 있다는 안도감을 심어 주었다. 이후 아체에서의 CRS 피스빌딩 활동에는 재건과 복구 활동에 참여적 의사결정 과정을 도입하는 일이 포함되었는데, 그 한 예가 쓰나미로 피해를 본 사람들이 공공 물품 배분에 참여할 수 있게 한 것이었다. 또 CRS는 대규모 아체 평화 프로세스에 대한 지원을 강화하기 위해 시민 사회와 교육 기관과 협력했다. 평화 프로세스와 관련한 워크숍을 개최하고 평화를 주제로 한 지역 소식지의 정기 발행을 지원했다.

CRS만 유일하게 갈등 인식과 피스빌딩을 단기 긴급 대응과 장기 개발 사업에 통합하려고 노력한 것은 아니다. 아마도 가장 널리 알려진 이니셔티브는 1990년대 중반부터 원조가 어떻게 갈등이나 지역 평화 역량을 강화할 수 있는지를 조사한 협력적 '지역 평화 역량' 또는 '해 끼치지 않기'* 프로젝트일 것이다2). 그러나 CRS는 통합적 인간 발전, 인권 그리고 화해 같은 가톨릭 사회교리의 개념을 사용하여 가톨릭 관점에서 신중하게 피스빌딩에 접근해 온 유일무이한 기관이었다. 코르다이드(Cordaid, 네덜란드)와 가톨릭 해외개발기구(Catholic Agency for Overseas Development, 영국) 같은 가톨릭 협력 기관은 많은 국가와 지역의 카리타스와 정의 평화운동 단체와 마찬가지로 각자의 활동에 피스빌딩을 결합시켰다. 실제로 CRS는 세속 기관들뿐만 아니라 여러 가톨릭 기관들과 협력했다. 그러나 CRS는 그 규모, 피스빌딩에 투입해 온 재원 그리고 가톨릭의 신학적 자원을 체계적으로 활용해 온 정도라는 차원에서 단연 독보적이었다.3)

* 해 끼치지 않기(Do No Harm) : 라틴어 '프리뭄 논 노체레'(Primum non nocere)에서 나온 말이다. 히포크라테스 선서에 들어 있으며 좋은 결과를 얻기 위해 노력하기 전에 먼저 해악을 끼치지 않아야 한다는 의미이다.

이 장에서는 CRS가 세계 각지에서 피스빌딩 활동을 하면서 얻은 몇 가지 교훈을 분석한다. 가톨릭 사회교리와 피스빌딩의 관계에 대한 중요한 통찰을 제공하는 4가지 사례를 중심으로 구성되었다. 필리핀 민다나오, 부룬디, 콜롬비아, 차드/카메룬의 사례는 충분히 발전된

4가지 피스빌딩 활동뿐만 아니라, 다양한 교회 활동가와 피스빌딩 유형을 보여준다. 동시에, CRS의 전 세계 피스빌딩 경험에서 도출할 수 있는 일곱 가지 통찰을 제시한다. 민다나오는 분쟁의 모든 행위자와 요인을 다루며 교회가 어디에나 있는 존재(ubiquitous presence)라는 점에 근거한 전체론적 접근의 중요성을 잘 나타낸다. 부룬디는 보조성 원리를 존중하며 종교적 접근과 세속적 접근 사이의 적절한 균형을 찾는 피스빌딩 파트너십을 발전시켜 가는 일의 복잡성을 보여준다. 콜롬비아 사례는 미국 가톨릭교회와 전쟁으로 분열된 나라 사이의 연대의 끈을 탄탄히 할 구체적인 방법을 찾으려 한, 초국가적 행위자로서 교회의 능력을 잘 보여준다. 차드-카메룬 석유 사업은 언뜻 보기에는 교회가 자신의 권한을 넘어 정치에 부적절하게 개입한 것처럼 보이기도 하지만, 논란이 된 문제에 교회가 어떻게 가톨릭 사회교리를 새로운 방식으로 적용할 수 있는지를 보여준다.

먼저 CRS 프로그램에서 가톨릭 사회교리와 피스빌딩의 발전에 대한 간략한 개요로 시작한다. 다음으로 4가지 사례와 그 사례가 제시하는 문제를 살펴본다. 끝으로 CRS의 경험이 가톨릭 사회교리에 미친 영향에 대한 성찰로 마무리 지을 것이다.

피스빌딩과 가톨릭 구제회의 광범위한 사명

CRS의 피스빌딩 이니셔티브는 광범위한 맥락에서 이해되어야 한다. 전쟁으로 황폐해진 유럽을 돕기 위해 1943년에 설립된 CRS는 미국에서 가장 큰 3대 원조 기관 중 하나다. 5대륙 100개 나라와 지역에서 운영되고 있으며, 2009년 운영 예산은 8억 8천만 달러였다.4) 피스빌딩은 긴급 구호, 농업 개발, 교육, 에이즈 퇴치, 소액 금융과 공공 정책 문제에 대한 옹호 활동을 포함한 수많은 프로그램 가운데 하나에 불과하지만, CRS는 2009년, 피스빌딩만을 위해 최소 111개의 프로젝트를 50개국이 넘는 곳에서 수행했다.

 2002년부터 CRS는 미국 전역의 교구, 본당, 학교 그리고 기관들과 이전과는 다른 강도로 협력하기 시작해 왔다. CRS가 운영 방식을 바꾼 목적은 두 가지 근본적인 변화를 반영한다. 첫째, 전통적인 구호와 개발 프로그램에서 벗어나 사람들을 억압하고 빈곤하게 만드는 사회 구조와 정책을 변화시키려는 노력과 결부되어야 한다. 둘째, CRS 프로그램은 국제 연대를 강화해야 한다. 결과적으로 현재 CRS는 '이중의 대상층', 즉 해외의 가난하고 소외된 사람들과 미국의 가톨릭 신자들을 위해 활동해야 한다는 사실을 인식한다. CRS는 미국 가톨릭 신자들에게 더 나은 프로그램을 제공하기 위해 6개의 지역 사무소와 약 20개의 프로그램을 갖춘 새로운 미국 내 운용부서를 만들었고, 사순시기 교육, 기도, 자선 프로그램인 라이스 보울 사업*과 옹호 프로그램인 입법 네트워크 같은 몇몇 프로그램을 구축했다. 공정무역 커피를 홍보하고, 미국과 빈곤국의 교실을 서로 연결하고, 전 세계 유관 단체와의 자매결연과 교류 그리고 강연 프로그램을 통해 CRS의 국외 활동에 본당, 교구, 대학을 더욱 직접적으로 참여시키는 새로운 활동도 있다. 이 프로그램 가운데 특히 수단, 콜롬비아, 북우간다 분쟁을 다루는 교육과 옹호 프로그램은 해외 피스빌딩 활동을 직접적으로 지원한다.

* 라이스 보울 사업(Operation Rice Bowl) : CRS의 사순시기 프로그램으로, 미국의 가정과 학교, 신앙 공동체는 40일 동안 이 프로그램에서 제공하는 사순시기 기도, 금식, 자선을 통해, 전 세계에 걸쳐 도움이 필요한 형제자매의 이야기를 듣고 빈곤으로 고통 받는 사람들을 돕는다.

티핑포인트(변곡점) : 르완다 대학살

CRS의 사명 이해에서 관찰되는 이런 변화는 CRS가 겪은 전쟁 경험에서 비롯된 것이라 할 수 있다. 비아프라에서 베트남, 아프가니스탄, 스리랑카에 이르기까지 다양한 형태의 무력 분쟁이 CRS에게 혹독한 교훈을 준 것이다. 하지만 제2차 세계대전 이후 르완다 대학살만큼 CRS의 방향에 영향을 미친 전쟁은 없을 것이다. 1994년 르완다 대학살 이전에, CRS는 30년 이상 르완다 사람들을 위한 구호 개발 프로그램을 진행했었다. 스텝들은 종족 간 긴장을 보았고 그 원인도 파악했지만, 묵묵히 지역민 주변에서 활동하는 법을 배웠다. CRS는 농업, 보건, 교육과 기타 여러 분야에서 우수한 프로그램을 수립하면서, 개발 분야의 '모범 사례'를 따랐다. 하지만 대학살은 이처럼 주의를 기울여 개발한 프로그램을 파괴했다.[5] CRS는 개발 사업을 잘 수행했지만, 르완다 사람들이 적대감과 분쟁의 원인을 밝히도록 돕거나 평화를 위해 노력하도록 독려하지 못했다. CRS가 지원했던 수천 명의 사람이 대량 학살로 살해당했고, 또 다른 사람들은 과부가 되거나, 부상했으며, 고아가 되었고, 피란길에 오를 수밖에 없었다.

CRS에서 오래 근무한 임원 마이클 위스트(Michael Wiest)는 르완다 대학살이 불러일으킨 조직의 위기에 대해 이렇게 말했다. "가톨릭 기관인 우리가 어떻게 증오와 불신의 문제를 우리 사명의 일부로 보지 않았을까요? 그런 문제에 대해, 어떻게 우리가 생명과 존엄성, 그리고 인권을 보호하기 위한 다른 투쟁뿐만 아니라 남아프리카공화국의 아파르트헤이트에 반대하는 투쟁에 관여하지 않았던 것일까요?"[6] 이런 자기비판에 비추어 1990년대 중반 CRS는 기관 자체의 활동을 철저하게 돌아보았다.[7] CRS는 이제 더 이상 분쟁의 징후와 그 결과, 즉 불타버린 집, 식량 부족, 난민의 이주만을 다뤄서는 안 된다는 사실을 깨달았다. CRS는 분쟁을 일으킨 빈곤의 원인인 억압적인 제도와 구조에 맞서는 데도 도움을 주어야 했다. 자기 성찰 과정을 통해, CRS는 가톨릭 사회교리에 담겨 있는 '숨겨진 보석'[8]을 되찾게 된 것이다.

가톨릭 사회교리의 재발견

CRS의 피스빌딩 접근법을 이해하려면 먼저 CRS가 발전해 온 맥락을 검토하는 게 중요하다. 가톨릭 사회교리는 10년에 걸친 기관 전체의 두 가지 전략 계획 프로세스 가운데 하나인 피스빌딩 이니셔티브를 개발하는 데 매우 중요한 틀을 제공했다. 르완다 대학살이 벌어진 뒤인 1995년에 시작된 첫 번째 프로세스는 가톨릭 사회교리를 중심에 두면서 CRS의 새로운 궤적을 드러냈다. 가톨릭 사회교리에 기초한 새로운 지침은 기관의 가치를 나타내고, 그 가치가 프로그램 기획과 실제 운영에 어떻게 통합되어야 하는지를 분명히 했다.[9] CRS는 '정의의 렌즈'*라는 토론 도구를 활용하여, 전 세계 CRS 지역 사무소가 어떻게 가톨릭 사회교리를 업무의 모든 측면에 통합시킬 수 있는지를 고려하는 기관 전체적인 프로세스를 도입했다.10) 이 프로세스는 민다나오(필리핀)에서의 피스빌딩과 콜롬비아 옹호 활동 같은 프로그램을 만들어 낸 새로운 개념과 새로운 명령을 발화시켰다. 이 두 가지 프로그램에 대해서는 아래에서 자세히 살펴볼 것이다.11)

> * 정의의 렌즈(Justice Lens) : 1990년대 후반 조직상의 변화를 겪으며 CRS가 개발한 토론 도구이다. 단순히 사람들을 빈곤에서 벗어나도록 돕는 데 그치는 게 아니라, 애초에 사람들이 빈곤하게 된 이유를 묻는 논의 방식이다.

원리와 프로그램의 관계는 항상 복잡하지만, 가톨릭 사회교리에 새롭게 초점을 둔 것이 확실히 큰 영향을 미쳤다. 가장 빈곤하고 가장 취약한 사람들의 필요에 우선적으로 중점을 두는 원리인 *가난한 이를 위한 우선적 선택*은, 극빈층과 취약계층을 지원하는 계획적인 노력으로 이어졌다. 경제적, 정치적 발전뿐만 아니라 사회적, 문화적, 영적 측면에도 중점을 두는 *통합적 인간 발전*은 어떠한 세속적 접근보다 프로그램 분석을 위한 강력한 전망과 틀을 제공했다. 가톨릭 사회교리에서 인권과 그 책무에 대한 특별한 관심을 포함하여 *공동선*은 통합적 인간 발전에 영향을 미치는 경제적, 정치적, 문화적 조건을 다루는 프로그램에 이론적 근거를 제공했다. '올바른 관계'를 의미하는 *정의*는 CRS 스텝들에게 여성과 남성, 서로 다른 사회 계층 또는 민족, '기부 공여' 기관과 '집행' 기관 사이 관계의 질을 평가하도록 했다. '이중의 대상층'을 충족시킨 CRS 프로그램의 새로운 초점은 *연대성*

원리를 제도화하려는 노력을 나타낸다. *보조성*은 CRS가 프로그램을 자체 개발하고 실행하는 것보다 전 세계 각지의 동료 스텝들과 협력자를 지원함으로써 협력 관계를 강화하고 심화시키는 데 중점을 두게 했다.

2000년 CRS 세계 정상회의*에서 최종적으로 합의된 두 번째 전략 계획 프로세스는, 전 세계 CRS 스텝과 협력자들이 결속하여 새로운 우선순위를 설정한 것이었다. 이 정상회의에서는 CRS 사업의 기반인 가톨릭 사회교리와 더불어 CRS가 세계적 변화를 추구하는 작동 원리로서의 연대를 더욱 공고히 했다. 새로운 사명 선언문에 다음과 같이 밝혔다. "연대는 모든 인간의 신성함과 존엄성을 소중히 여기며 유지하고, 평화, 정의 그리고 화해를 약속하고 실천하며, 모든 창조물의 보전을 찬양하고 보호한다."12)

* CRS World Summit in 2000 : 미국 플로리다주 템파에서 개최된 이 정상회의에서 이사회를 포함하여, 전 세계 모든 CRS 스텝과 협력자들을 대표하는 250명이 모여, 향후 CRS의 10개년 전략을 이끌 새로운 전망을 세웠다.

새로운 규정을 지원하기 위한 추가적인 기술을 필요로 했던 CRS 스텝과 협력자들은 대대적인 피스빌딩 훈련을 시도했다.13) CRS 스텝은 카리타스 인터내셔널 안내 책자 두 권, 『화해를 위해 활동하기: 카리타스 핸드북*(Working for Reconciliation : A Caritas Handbook, 1999)*』과 『피스빌딩: 카리타스 훈련 매뉴얼*(Peacebuilding: A Caritas Training Manual, 2002)*』의 개발과 배포를 도왔다. 이 안내 책자는 CRS와 대규모 카리타스 네트워크의 풀뿌리 차원의 개발 인력 훈련과 역량 강화를 돕는 기초 자료가 되었다.14) CRS는 노틀담 대학의 크록 국제평화학연구소 교수진과 기관 전체의 교육인 피스빌딩 하계 연수(Summer Institute on Peace Building)에 협력했다. 이 피스빌딩 하계 연수는 2001년부터 2006년까지 거의 200명의 CRS 스텝과 협력자들에게 피스빌딩 개념과 기술을 소개했다. 국가와 지역별 교육도 급증했다. 가장 유명한 곳은 민다나오 피스빌딩 연구소(Mindanao Peacebuilding Institute)였다. 2000년 필리핀 CRS가 설립하여, 메노나이트 중앙위원회와 가톨릭 해외개발기구와 협력하는 민다나오 피스빌딩 연구소는 동남아시아 최고의 피스빌딩 교육 프로그램으로 널리 인정받고 있다.

CRS의 새로운 전망은 피스빌딩 이니셔티브를 빠르게 성장시키기 위한 비옥한 토대를 제공했다. 두 개의 전략 프로세스가 나란히 진행되면서 이룬 이런 성장은 큰 개발 공동체에서 동시에 일어나고 있던 변화에도 영향을 주었다. 다른 기관들은 저개발과 분쟁 사이의 연관성을 고려하며, '갈등 감수성'을 프로그램에 통합했다. CRS와 다른 기관들은 평화 실천에 대한 성찰 프로젝트에서 피스빌딩으로부터 얻은 교훈을 확인하고, CRS 활동을 증진하고 강화하는 일련의 협력 사례를 연구했다.

전문 구호 기관으로서 CRS는 가능한 한 최고의 결과를 얻기 위해 모든 프로그램에서(예를 들어 보건, 교육, 농업, 긴급 대책 등) 운영 기준을 세웠다. 피스빌딩도 예외는 아니었다. 그러나 먼저 피스빌딩에 대한 공통된 이해를 확립하지 않고 기준을 세울 수는 없었다. CRS 스텝은 2001년 첫 번째 피스빌딩 하계 연수에서 피스빌딩에 대한 정의를 내놓았다.15) 피스빌딩의 정의로 올바른 관계 구축과 부당한 구조가 변화되는 *과정* 사이의 연관성을 강조함으로써, 가톨릭 사회교리 요소를 피스빌딩에 개념적으로 연결시켰다. CRS는 피스빌딩을 "올바른 관계를 통해 부당한 구조를 바꾸고, 사람들, 공동체 그리고 집단의 생활양식을 변화시키고, 이들 관계를 치유하고 구조화하여 정의와 평화를 증진하며, 이와 더불어 상호작용하는 공간을 만드는 것을 목표로 하며, 신뢰와 상호 의존을 촉진하는 과정"16)이라 정의했다.

CRS는 두 가지 유형의 피스빌딩 이니셔티브, 즉 별도로 독립된 프로그램과 여러 유형이 통합된 프로그램을 개발했다.17) 독립형 프로그램에서는 지역 사회 내 폭력 발생을 줄이거나 지역 갈등 해결을 위한 건설적인 방법을 찾는 일과 같은 특정한 피스빌딩 목표를 추구했다. 통합형 프로그램에는 인도주의나 개발과 연계된 피스빌딩 목표를 포함시켰다. 예를 들어, 일부 인도주의적 위기 상황에서, 인종 간 갈등 해결을 위한 이니셔티브는 난민들이 자기 집으로 돌아갈 수 있도록 도왔다. 몇몇 장기적인 농업 개발 프로그램의 성공은 폭력적인 토지 분쟁을 해결하기 위해 지역 사회의 경계를 구분하는 지도를 어떻게 만드느냐에 달려 있었다.

피스빌딩은 신흥 분야였기 때문에, CRS는 프로그램 기획의 구체적인 지침이나 기준점을 개발하기가 쉽지 않았다. 2001년 노틀담 대학의 첫 번째 피스빌딩 하계 연수에서, CRS는 10가지의 피스빌딩 원리를 개발했다(아래 5-1 참조). 이 원리는 존 폴 레더락(John Paul Lederach)과 다른 피스빌딩, 분쟁 해결 전문가들의 연구 작업으로부터 많은 영향을 받았고, CRS 피스빌딩 경험으로부터 얻은 교훈을 반영한 것이었다. 또 CRS의 원리는 가톨릭 사회교리의 핵심 주제를 반영했다.

5-1. CRS 피스빌딩 원리

CRS의 피스빌딩은 :

1. 부당한 관계와 구조를 포함하여 폭력적 갈등의 근본 원인에 대응하고, 갈등의 결과와 증상을 다룬다.

2. 장기간에 걸친 투신을 기반으로 한다.

3. 중간층과 최상위 수준의 리더십에 전략적으로 참여하는 동시에, 풀뿌리 수준에 초점을 맞춘 포괄적 접근 방식을 사용한다.

4. 심층적이고 참여적인 분석을 요청한다.

5. 모든 프로그램 기획에 통합되어야 할 올바른 관계를 달성하기 위한 방법론을 제공한다.

6. 부당한 구조와 제도를 전환하기 위해, 지역적, 국가적, 지구적 차원의 옹호 활동을 전략적으로 포괄한다.

7. 갈등 전환과 화해에 대한 그 지역 자체의 비폭력 접근 방식을 기반으로 한다.

8. 지역 사회가 규정한 요구 사항을 중심으로, 가능한 한 많은 이해 당사자를 참여시킨다.

9. CRS가 활동하는 지역의 다양성을 대표하고 공통된 가치를 공유하는 협력 기관과 협력한다.

10. 평화를 증진하는 활기찬 시민 사회를 강화하는 데 기여한다.

예를 들어, 보조성 원리는 피스빌딩 이니셔티브가 지역 사회에서 규정한 요구 사항에 초점을 맞추고, 다양한 지역 상황을 대표하는 가능한 한 많은 이해당사자가 참여하고, 평화를 증진할 수 있는 활기찬 시민 사회를 강화할 때 실질적 의미를 살릴 수 있다(5-1 피스빌딩 원리 4, 8, 9, 10 참조). 지역 협력자들은 각자의 다양한 상황을 대표하면서 CRS와 공통된 가치를 공유해야 한다. 요컨대, 피스빌딩의 보조성은 지역의 요구 사항과 상황을 반영하는 지역 사회 중심 프로세스를 강조한다. 또 다른 주제인 연대성은 부당한 구조와 제도의 전환을 목표로 지역적, 국가적, 지구적 차원에서 협력적인 옹호 활동을 촉진하기 위해, 사회 여러 분야 사이의 관계를 결속하려는 장기간의 투신을 요청한다.

또 다른 피스빌딩 원리는 특정한 기술 분야와 그 역량에 중점을 둔다. 예를 들어, 피스빌딩 개입은 견고한 갈등 분석이 선행되어야 하며, 원하는 결과를 지향하는 대화에 여러 갈등 당사자를 포함하는 참여 과정을 기반으로 해야 한다. 촉진, 대화 또는 중재를 통해 건설적인 참여 과정을 모형화하면, '올바른 관계' 구축에 필요한 소통, 협업 그리고 공동의 문제해결이 증진된다. 마지막으로, 피스빌딩 이니셔티브는 갈등을 평화적으로 해결하기 위한 해당 지역 자체의 접근 방식을 기반으로 구축될 때만 지속 가능하다. 종합적으로 이 피스빌딩 원리는 이 장에서 다루는 피스빌딩 프로그램 종류들을 설계하고 그 가치를 평가하는 일반적인 기준을 제공함으로써, CRS의 초기 피스빌딩 프로그램을 공고히 하는 데 도움이 되었다.

실천으로부터 얻은 통찰

앞서 언급했듯이, CRS는 2009년 50개국 이상에서 교회와 시민 사회 협력자 조직의 피스빌딩 프로그램을 지원했다. 이 절에서는 필리핀, 부룬디, 콜롬비아와 차드/카메룬의 사례에서 잘 개발된 피스빌딩 사업 4개를 선택했다. 이 네 사례에서는 폭넓은 범위의 활동과 참가자들을 포착할 수 있다. 활동은 인권 옹호, 중재, 촉진을 포괄하고, 참가자로는 풀뿌리 세력, 국제, 가톨릭, 종교간 그리고 세속 단체 등이 관여되어 있다. 이 네 사례는 CRS가 전 세계 피스빌딩 경험을 통해 얻은 7가지 일반적인 통찰을 설명해 준다.

먼저 필리핀 남부 민다나오에서의 피스빌딩 사례를 통해 발견한 두 가지 통찰에 대해 알아본다. 첫 번째 통찰은 피스빌딩에 대한 전체론적 접근의 필요성과 관련된다. 두 번째 통찰은 CRS가 제도 교회와 협력하면서 교회의 피스빌딩 참여 능력에 기여하는 방법에 중점을 둔다.

통찰 1 : 전체론적으로 개입하기[18]

대규모 사회 갈등은 매우 복잡하며 민다나오도 예외는 아니었다. 민다나오에서 가장 심각한 갈등은 무슬림 자치권 투쟁인데, 일반적으로 모로* 분쟁(1969-) 또는 방사모로* 분쟁이라 불린다. 갈등의 역사에는 다양한 측면과 논쟁의 여지가 있다. 경제적, 정치적 문제뿐만 아니라 사회적, 종교적 문제를 포함한다. 모로 갈등은 스페인과 미국의 식민주의, 정착, 이주, 토지 소유권 그리고 통치방식에 대한 정부 정책에 역사적인 뿌리를 두고 있다. 1970년부터 2005년 사이 정부군과 반군 사이의 전쟁으로, 약 12만 명이 목숨을 잃었고 2백만 명이 넘는 사람들이 피난민이 되었다. 마르코스 독재정권이 붕괴된 뒤 본격적인 평화 협상*이 시작되었고, 1996년에는 반군 조직 중 하나였던 모로민족해방전선(Moro National Liberation Front)과 정부 간의 협상이 체결되었다.

* 모로족(Moro) : 남부 필리핀의 이슬람교 말레이족

* 방사모로(Bansgamoro) : 모로의 땅이라는 뜻으로, 2013년 7월부터 필리핀 남부에서 이슬람교도 지역의 독립을 요구하는 단체인 모로민족해방전선이 필리핀군을 상대로 한 싸움에서 승기를 잡고 있을 때 2개월간 존속했던 미승인국이다.

* 1986년 마르코스 독재정권이 붕괴되고 들어선 코라존 아키노(Corazon Aquino) 정권은 무슬림 지역에 자치구를 설치하겠다는 약속을 1987년 필리핀 헌법에 명기하고, 1990년 11월에 민다나오무슬림자치구(Autonomous Region in Muslim Mindanao, 역칭 ARMM)를 설치함으로써 분쟁 종식과 평화를 위한 기초를 마련했다.

이 정치적 협상은 CRS가 포착한 절호의 기회였다. 이전에 이 지역에서 식량 지원 프로그램을 펼쳐 잘 알려진 CRS는 정의의 렌즈 토론에 힘입어 가톨릭과 무슬림 공동체의 평화운동 단체와 지도자들과 새로운 관계를 맺기 시작했다. 초기 프로그램은 '평화의 문화' 구축에 중점을 두었다. 1996년부터 1999년까지 CRS는 7개 지역 교회, 시민사회 협력자 조직, 네트워크 조직, 대통령 산하 평화 프로세스 자문관

실, 그리고 유니세프와 협력했다. 민다나오 '평화의 문화' 교육 과정이 시작되었고, 가톨릭 주교, 개신교와 무슬림 지도자 사이의 종교간 대화인 울라마 포럼이 만들어졌으며, 지역 사회를 기반으로 종교간 제과점* 같은 소규모 시범 사업도 이루어졌다.

> * 종교간 제과점(community-based interfaith bakery) 시범 사업 : 종교와 관계없이 지역 주민에게 고용 기회를 제공하며 동등한 사회 구성원으로 일하도록 한 프로젝트다. 종교간 이해를 높이고 지역 사회 관계를 구축하는 긍정적인 결과를 낳았다. 대표적인 사례는 미리엄빌 공동체 제과점 프로젝트로, 미리엄빌은 민다나오에서 가장 분쟁이 심한 도시 중 하나인 코타바토시에 있다. 1970년대 내전으로 이 지역으로 이주한 무슬림과 그리스도교 가정 공동체가 이 프로젝트에 참여했다. 무슬림과 그리스도인 사이의 종교 전통에 대한 비공식 토론을 포함하는 갈등 해결 워크숍과 '생명의 대화' 포럼도 진행되었다.

정부군과 두 번째 반군 조직인 모로이슬람해방전선 사이의 교전이 재개되면서, 2000년에 CRS는 프로그램을 재정비했다. CRS와 협력 기관들은 전투로 발생한 주민의 이주에 대응했다. 여전히 평화의 문화 증진에 중점을 두었지만, 지역 이니셔티브를 효과적으로 추진할 수 있는 역량을 기르기 위해 협력자들과 함께 추가 사업을 진행했다. 역량 강화는 관리능력과 프로젝트 기술뿐만 아니라 민다나오 피스빌딩 연구소를 통해 평화의 개념과 실천을 배우는 것이었다. 민다나오 피스빌딩 연구소는 2000년부터 40개국의 1,000명 이상의 참가자를 대상으로 집중 교육을 실시했다. 원래 이 교육은 민다나오 지역의 교회와 시민단체를 위해 고안되었지만, 더 광범위한 지역의 참여를 이

끌기 위해 확장되었고, 최근에는 필리핀 정부군까지 포함했다.19)

갈등이 사그라들었다 커졌다 했지만, CRS 프로그램은 적응되어 갔다. 스텝과 협력자들이 더 많은 평화 교육과 역량 구축 활동을 확대하면서 2003년에 '통합 단계'가 시작되었다. 스텝들은 더 많은 풀뿌리 수준의 사람들이 접근할 수 있는 피스빌딩 과정을 설계했으며, 협력자 조직을 35개 확장하여 390곳의 지역 사회와 77곳의 학교에서 프로그램을 시행했다. CRS는 갈등에 대한 더 정교한 이해방식을 발전시켰는데, 이것은 '다섯 개의 관점(Five eyes)', 즉 실제 관심사, 정체성, 제도, 상호작용과 국제적 요인을 고려하는 것이었다. 초기의 평화 교육과 종교간 대화 문화에 계속 초점을 맞추는 한편, 사회경제적 요인에 새롭게 초점을 맞추면서 CRS 피스빌딩은 보다 포괄적인 접근 방식을 취하게 되었다.

민다나오에서의 경험은 피스빌딩 프로그램이 분쟁 상황의 여러 요인과 행위자에 포괄적으로 대응한다면 피스빌딩 개입의 성공 가능성이 더 커진다는 통찰력을 강화시켰다. 1996년 이후 수많은 적응과정을 거치면서, CRS 피스빌딩 프로그램은 분쟁에 대해 점차 전체적인 접근 방식을 취하게 되었다. 2000년 이후 CRS는 역량 강화와 피스빌딩 교육에 더욱 주도적으로 나서면서, 평화를 위해 함께 일하는 협력자 조직과의 관계 구축과 이들과의 동반에 더 많은 관심을 기울였다. 또한 CRS는 스텝과 협력자들이 갈등을 체계적으로 모니터링하고 분석하며, 갈등의 역학을 변화시키는 과정을 이해하고, 피스빌딩 경험을 통해 배울 수 있도록 '성찰 학습' 과정을 개발했다. 평화가 지속 가능하게 하려면 광범위한 기반이 필요하므로 CRS 프로그램은 지리적으로도 확장되었다. 이 과정에서 새로운 파트너십이 형성되고, 관계망이 확장되었으며, 민다나오 전역에 구체적인 '평화 지대와 공간'*이 생겨났다. 평화 지대와 공간은 지역 사회를 재건하도록 허용된 휴전 지역으로, 광범위하게 갈등이 지속되더라도 집과 사업체, 특히 그리스도교와 무슬림 공동체 사이의 분열된 관계를 재건하도록 허용된 것도 바로 이 지역에서이다.

> * 평화 지대와 공간(zones and spaces for peace) : 반군 본거지와 군부대가 근접해 있는 지역에서 갈등이 심화되는 것을 막기 위해 선포된 지역을 말한다. 평화 지대에서는 분쟁 해결을 위한 평화적 수단 사용, 마을 내부에서 총기 금지, 지역 사회 갈등을 해결하고 외부의 안보 위협 해결을 위한 지역 사회 평화 질서위원회 설립, 지역 사회의 사회 경제적 조건 개선을 위한 공동 노력과 평화 관련 활동을 촉구했다. 예컨대 민다나오의 대표적인 평화 지대는 부알 평화 지대(Bual Zone of Peace)로, 평화 지대 선포 이후, 외부인의 부정적 영향이 줄고, 주민 간 상호 신뢰가 증가했다고 한다.

CRS는 또 민다나오의 장기적인 평화와 다양한 입장을 가진 사람들에게 영향을 미치는 특정 문제를 인식하고 이에 대응하기 위해 노력했다. 이런 시도는 무슬림과 그리스도교 공동체뿐만 아니라 원주민 공동체와도 협력한다는 걸 의미했다. 또 여성과 청소년을 위한 새로운 프로그램도 포함되었다. 지역 사회 기반의 경제 연대 프로그램은 2003년에 제기된 "빈속에 평화를 말할 수 없다"*는 비판에 대응한 것이었다. 예컨대, '공동체 가축 프로젝트'*는 갈등을 일으키는 사회적, 경제적 불균형과 소외를 해결하기 위해 고안된 프로젝트다.

* 빈속에 평화를 말할 수 없다(you can't talk peace on an empty stomach) : 인간의 기본적인 욕구가 충족되지 않은 상태에서 평화를 논의하기는 불가능하거나 무의미하다는 뜻이다.

* 공동체 가축 프로젝트(Community livestock projects) : 민다나오 포괄 농촌 개발 프로젝트의 하나로, 소작농이나 농업에 종사하는 주민들이 숲과 목초지로의 접근이 제한될 경우 생계를 위해 도로 건설 등의 사업에 참여하게 하는 프로젝트를 말한다.

    전체론적 프로그램 가운데 시간이 지남에 따라 지지받은 마지막 요소는 피스빌딩에서의 영성의 역할이다. CRS 스텝들은 이슬람, 전통 토착 종교, 가톨릭, 개신교 어떤 종교든, 모든 종교계 협력자들이 영성적으로 서로 깊이 교류하기를 원한다는 사실을 발견했다. CRS는 수년간 갈등 분석과 실천적인 피스빌딩 기술에 대한 교육 프로그램을 지원하면서, 사람들이 더 많은 것을 원하고 필요로 한다는 사실을 알게 되었다. 지역 피스빌더들에게 평화는 신앙으로부터 비롯된 소명 중 하나였고, 그들의 마음, 믿음, 의식 그리고 신앙의 실천에 뿌리내린 것이었다. 예를 들어, CRS는 협력 기관과 함께 그리스도교, 무슬림 그리고 토착 신앙 전통에 평화를 뿌리내리게 하는 학교와 지역 사회를 위한 교육 프로그램을 개발했다.
    민다나오 프로그램은 10년이라는 기간에 걸쳐 다차원, 다각적, 다분야로 성장했으며, 계속 발전하고 있다. CRS와 협력자들은 정치, 경제, 생태, 영성에 이르기까지 다양한 수준과 유형의 요구 사항을 조화시키는 통합적 접근 방식을 추구했다.[20] 참여적인 사람들과 공동체는 전체적으로 사회 구성원의 도덕적 의무 그리고 "정의를 추구하고, 모든 사람에게 동등한 기회를 보장하며, 인간의 존엄성에 우선순위를 두는"[21] 조직에 뿌리를 내린 가톨릭 신학과 통합적 인간 발전 추구라는 논리와 공명한다.

CRS 프로그램에 대해 내부 평가를 해보니 많은 성과가 눈에 띄었다. 개인 참가자는 의사소통 기술과 기타 특정 기술을 습득함으로써 더욱 관대해졌으며, 더 큰 안정감을 느끼고 희망을 품게 되었다. 협력자와 지역 사회 구성원은 종교 사이, 종족 사이의 관계 개선을 보고했는데, 지역 사회 기반 프로젝트와 상호작용할 기회를 제공하는 평화 교육 이니셔티브로부터 나온 성과였다. CRS 프로그램에 상응하여 일정한 구조적인 변화도 일어났다. 평화 지대를 지원하는 새로운 법령, 학교에서 평화 교육의 제도화 증가, 평화 협상 과정에 시민 사회 단체의 참여 증가가 그 예였다. 그러나 프로그램이 계속 적용되고 개선됨에 따라, 구조적 변화를 촉진하기 위해 더 많은 진전이 이루어져야 한다는 것이 주요 과제로 남았다.

통찰 2 : 어디에나 있는 존재로 변형시키기

이 책 2장에서 존 폴 레더락은 가톨릭교회의 사회적 위치에 대해 논의했다. 레더락은 가톨릭 신자들이 종종 갈등의 양쪽 반대편에 모두 존재하고, 서로 다른 사회 계층에서 발견되는데, 이런 현상을 가리켜 '어디에나 있는 존재'라고 말했다. 레더락은 가톨릭교회는 수평적이면서 수직적인 구조와 존재감 덕분에 피스빌더에게는 천부의 장점이 있다고 주장한다.

민다나오에서 가톨릭교회는 지역마다 다르긴 하지만 강한 존재감을 지닌다. 그러나 어디에나 있는 존재인 교회가 정의로운 평화를 추구하기 위해 하나 된 목소리를 내게 하는 것은 도전 과제다. 교회의 장점인 구조 내에도 계층적, 민족적, 정치적, 경제적, 지리적, 개인적 차이가 있다. 많은 경우 교회는 어떤 문제의 반대편에 있는 사람들까지 대변하면서 공동체를 가르는 분열을 겪기도 한다. 예를 들어, 다른 갈등 이슈와 마찬가지로 민다나오 교회에서, 모로 자치권 지지 여부와 그 방식에 대해 의견이 분분했다. 민다나오에서의 CRS의 경험은 가톨릭 피스빌딩이 가톨릭교회 구성원과 다른 신앙 공동체에 속한 신자 사이의 관계뿐만 아니라, 교회 내 분열된 공동체 사이의 관계 구축을 포함한다는 사실을 암시한다.

CRS는 종교간 대화에서 다양한 위치에 있는 성직자뿐만 아니라 평신도 단체와도 협력해 왔다. CRS는 울라마 포럼의 공식 대화 프로세스를 지원했다. 이 대화 프로세스는 공식적인 평화 프로세스에서 협상 중인 문제뿐만 아니라, 신앙에서 공통 기반이 되는 영역에도 초점을 맞추었다. 또 울라마 포럼의 요청에 따라, CRS는 평화에 관한 더 폭넓은 종교간 협력을 강화하기 위해 다른 수준의 대화도 지원했다.[22] 여기에는 목사, 가톨릭 성직자, 우스타드*, 이맘* 등 중간 지도층의 만남은 물론, 서로 다른 신앙 공동체의 평신도 사이의 대화도 포함되었다. 각 신앙 공동체 내에서 평화를 위해 서로 다른 입장을 지닌 사람들과 만남으로써 몇 개의 층위에서 대화가 이루어지자, 공동체는 각자의 신학과는 별개로 물리적 안전이나 고용 같은 지역의 욕구를 다룰 수 있게 되었다.

* 우스타드(ustadz) : 이슬람권에서 사용되는 존칭 중 하나로,
　　　　　　　　　필리핀에서는 자격을 갖춘 이슬람 학자를 가리킨다.
* 이맘(imams) : 이슬람교 교단의 지도자를 가리킨다.

　종교간 대화 과정을 통해 그리스도인과 이슬람교도는 자신들의 편견, 심지어 증오심을 극복하고 '타자'와 만나게 된 수많은 이야기를 만들어 냈다. 그 과정은 또 가톨릭 신자와 이슬람 신자 모두 자신의 공동체에서 서로를 가로막는 장애물이 무엇인지에 주목하게 했다.23) 사람들은 상대편 사람을 만나면서 자신의 정체성을 잃어버리거나 약화되고, 가족과 친구의 고통스러운 죽음을 잊게 될까 봐 두려워했다.

　예컨대, 안토니오 레데스마(Antonio Ledesma) 대주교는 이필 자치구의 평화 지향 워크숍을 하던 중에, 지역 가톨릭 대학의 어떤 교수가 갑자기 방에서 나가버린 일을 떠올린다.24) 나중에 그녀는 자기 행동에 대해 사과하면서, 민다나오에서 대립이 절정에 이르렀던 1970년대에 자기 동생이 습격으로 살해당했던 기억 때문에 감정을 억누를 수 없었다고 설명했다. 종종 적대적인 입장에 있는 상대와 만나 대화를 나눈 사람들은 자기 공동체 사람들로부터 의심의 눈초리를 받기도 했다. 이런 역동은 평화를 위해 활동하는 교회에 더 많은 도전을 불러일으켰다.

　특히 폭력적인 환경 속에서, 의견 차이, 사회 계층 차이, 인종 또는 성별 차이를 좁히는 작업은 도전적인 일이다. 교회가 어디에나 존재한다고 해서 신자들이 행동하는데 필요한 자원을 갖추고 있다거나, 있다 하더라도 그것을 건설적으로 사용할 수 있다는 의미는 아니다.

그런데 민다나오 교회는 평화를 위해 일할 수 있는 엄청난 능력과 영적 자원을 가지고 있었다. 예를 들어, 주교들은 신앙에 담겨 있는 공통의 가치 위에 우정이라는 가교를 놓으려는 시도를 포함한 자신의 사목적 소명으로부터 깊이 감명받고 힘을 얻고 있었다. 주교들은 평화와 화해를 이루기 위한 노력에 성직자와 평신도를 참여시키는 것을 자신의 사목적 역할의 하나라고 생각했다. 그러나 가톨릭 공동체는 종종 재정적 지원, 새로운 개념, 새로운 관계, 또는 시간이 지남에 따라 평화를 위한 노력을 촉진하고 지지하며 지속시키는 데 도움을 줄 수 있는 다른 자원들도 필요로 했다. 가톨릭 공동체는 어디에나 있는 존재인 교회가 민다나오에서의 평화를 만드는 동력이 될 수 있도록 CRS로부터 힘을 얻었다.

통찰 3 : 피스빌딩 파트너십 발전시키기[25]

이제 다음 두 주제를 살펴보기 위해 부룬디로 가보자. 르완다의 잘 알려지지 않은 이웃 나라인 부룬디는 두 개의 다수 민족인 후투족과 투치족 사이의 강도 높은 폭력 사태라는 유사한 갈등을 겪었다. 부룬디 사례에서는 결정적으로 중요한 두 가지 주제가 등장한다. 보조성 원리에 부합하는 피스빌딩 파트너십의 발전과 피스빌딩에서의 영성적 차원과 세속적 차원의 균형이다.

부룬디 사태는 국가 독립(1962년) 이전에 시작된 산발적인 분쟁과 대량 학살의 역사에 그 뿌리를 두고 있다. 가장 최근에 있었던 폭력 사태를 촉발한 직접적인 원인은 1993년 10월 민주적으로 당선된 최초의 대통령 멜키오르 은다다예(Melchior Ndadaye) 암살이었다. 내전으로 30만 명이 넘는 사람들이 사망했는데, 주로 민간인이었던 것으로 추정된다. 또 50만 명이 넘는 사람이 국내 난민*이 되었다. 60만 명이 넘는 사람이 이웃 국가로 피난했다. 내전을 일으켰던 두 가지 추가 요인은, 극도로 높은 인구 밀도와 매우 제한적인 토지 접근성의 결합, 그리고 민족 정체성에 대한 정치적 조작이었다.

> * 국내 난민(internally displaced) : 자신의 집 또는 일상적 거주지에서 강제적으로 떠나게 된 사람들을 말한다. 특히 무력 분쟁, 무분별한 폭력 상황, 인권 유린, 자연재해 또는 인위적으로 발생한 재해 등의 피해를 피하거나 그 영향으로 인해 실향한 사람들 중 국제적으로 인정된 국경을 넘지 않은 사람들이다.

부룬디가 독립한 뒤, 가톨릭교회는 반군 지도자와 정당 대표 그리고 국제 사회와의 직접적인 대화를 통해 갈등의 원인을 파악하고 해결하는 데 적극적인 역할을 해왔다. 1991년 CRS의 지원을 받은 부룬디 가톨릭 주교회의는 연구・교육・개발 센터를 설립했다. 이 센터는 사회 분석을 시행하며 평화를 증진하고 화해를 도모하기 위한 적극적인 비폭력 교육을 진행했다. 2002년 부룬디 가톨릭 주교회의는 전국의 7개 교구(132개 본당)에 인권을 증진하고 피스빌딩을 촉진하기 위해 주교회의 정의평화위원회를 설치했다. 교회는 또한 아루샤 평화협정의 주요 조항을 전파하고, 대화와 화해를 촉진하기 위해 기획된 다양한 이니셔티브를 후원했다.

CRS에게 보조성 개념은 어떻게 또 누구와 함께 개입할지, 인적 자원과 물질 자원을 어떻게 지원할지를 정의하는 데 도움을 주었다.

CRS와 파트너십을 맺은 협력 기관은 특정 피스빌딩 프로젝트를 평가하고 설계하며 실행하는 사회 기구로, 이상적으로는 유대가 훨씬 더 깊다. CRS의 모든 프로그램은 가난한 사람과 소외된 사람을 지원하는 협력 기관들의 특정 역량을 바탕으로 수립된 관계에 기초했다.26) 이런 관계를 이끄는 파트너십 원리는 다음과 같이 설계되었다.

1) 사람들의 욕구를 충족시킨다는 전망을 공유한다.
2) 결정이 이루어지면, 프로그램은 가장 직접적인 영향을 받는 사람들과 가능한 한 가까운 수준에서 실행한다.
3) 모든 협력 기관의 기여를 가치 있게 여긴다.
4) 관점과 접근 방식을 공개적으로 공유한다.
5) 상호 간의 투명성을 유지한다.
6) 시민 사회를 강화하는 데 기여하는 파트너십을 유지한다.

가톨릭 기관으로서 CRS는 협력 기관에 대한 두 가지 폭넓은 범주를 인식한다. 하나는 '우선 협력자'로 가톨릭교회에 속한 기관과 단체이며, 또 하나의 '협력자'는 CRS와 함께 일하는 다른 신앙 단체와 세속 기관이다.27) 위에서 언급했듯이, 가톨릭교회가 '어디에나 있는 존재'라는 점을 감안할 때, 가톨릭 협력 기관과의 협업은 상당한 이점을 제공한다. 붐비는 도시 중심지는 물론 멀리 떨어진 시골 마을에서, 지역 성직자, 남녀 수도자들, 헌신적인 가톨릭 교사와 교리 교사들, 의사와 간호사들이 다른 시민 사회 기관이 거의 없는 환경에서 전임으로 일하는 것을 찾아볼 수 있다. 부룬디에서 CRS는 주교회의와 연구·교육·개발 센터에서 청소년 기관과 트라우마 치유 센터에 이르기까지 다양한 교회 활동가들과 업무 협약을 맺고 있다.

부룬디의 지속적인 평화와 화해를 위한 노력의 일환으로, 2003년에 부룬디 가톨릭 주교회의, 미국 가톨릭 주교회의, 가톨릭 구제회 그리고 미국 국제개발처 사이에 독특한 연합이 형성되었다. 이 파트너십은 보조성 원리의 중요성을 강조했다. 지역 교회와 시민단체가 그들 지역과 관련된 문제에 더 전문적일 것이라는 전제에서였다. 더욱이 그들은 어떤 활동의 결과도 감당하며 생활해야 하기에, 대응 활동을 마련하고 실행하는 일뿐만 아니라 문제를 정의하는 일에서 **발언권**을 가져야 했다. 외부인은 지원하고 동반하는 역할을 한다. 하지만 자원을 확보하려는 욕망이나 자원을 제공하려는 열정이 보조성의 적절한 기능을 심하게 왜곡할 수도 있다. 평화를 지향하는 활동에서 지역 교회 협력자들과 함께한다는 것은 그들과 함께 활동하는 일뿐만 아니라, 교회 내부의 역학관계를 알게 되는 것을 의미했다. 이것은 갈등의 여러 측면에 관한 다양한 사회정치적 관점을 고려하는 일까지 포괄한다.

부룬디에서 보조성은 2004년 훈련과 기획 회의 참가자로 미국에 갈 21명의 위원회 구성원을 신중하게 선택하는 방식에도 영향을 미쳤다. CRS는 지역 교회, CRS, 미국 국제개발처의 요구가 모두 충족되었는지 확인해야 했다. 이 관계의 초기 단계에서 부룬디 가톨릭 주교회의는 주교, 성직자, 여성, 청소년으로 구성된 위원회를 구성했다. 다양성을 특히 강조하기 위해서였다. 이렇게 구성된 위원회는 5월 15일부터 6월 4일까지 메릴랜드주 헤이거스타운에서 열린 공동 훈련과 기획 회의에 참가했다. 위원회는 달성해야 할 5가지 전략적 목표, 즉 학교에서의 평화와 화해 교육, 문화 활동과 스포츠 활동을 통한 화해 증진, 트라우마 치유 역량 개발, 교회의 인권 증진과 인권 수호 역량 강화, 성직자와 종교간 화합을 식별했다. 미국 국제개발처가 후원하는 프로젝트의 경우, 위원회는 주로 처음에 열거한 3가지 목표에 중점을 두었다.

이 프로젝트는 몇 가지 주목할 만한 성과를 거두었다. 2004년부터 2007년까지 30만 명 이상의 젊은이들이 이웃 나라 청소년들을 초청하여 사회 변화 세미나, 평화 행진, 스포츠 행사, 봉사캠프, 포럼, 국제 청소년 컨퍼런스 등에 참여했다. 부룬디의 전국가톨릭교육위원회는 평화 교육 과정을 개발했으며, 1,900명 이상의 교사에게 평화 교육 교수법을 전수했다. 트라우마 치유위원회가 구성되었고, 세 교구에서 '경청 센터(listening centers)'를 설치해 사람들이 도움을 요청할 수 있는 공간을 마련했고, 1만 명 이상이 트라우마 치유 활동에 참여했다.

이 협업 프로젝트에 참여한 조직들의 종교적 특성과 세속적 특성은 특정 도전 과제를 불러일으켰다. 교회 기관과 세속 기관이 결속할 때는 필연적으로 모든 당사자의 제약 조건과 요구 사항을 인정하는 일이 포함된다. 미국에서 처음 마련한 연수는 CRS가 자금을 지원했지만, 전체 프로젝트는 미국 국제개발처의 자금을 지원받은 것이었다. 따라서 프로젝트 설계와 실행은 국제개발처 지침을 충족시켜야 했다. 때로 이것은 교회 협력 기관에 엄청난 부담을 안겨주었다. 일부 요구 사항은 프로젝트 내에서 서로 다른 정체성과 역할을 가진 구성원의 균형을 유지하는 식으로 옳은 결정으로 이어졌다. 하지만 교회의 욕구를 충족시키지 못하는 요구 사항도 있었는데, 인도주의적 봉사를 가톨릭 성향을 지닌 동기 부여 프로그램과 엄격히 분리하는 경우가 그랬다. CRS는 이런 경쟁적인 요구 사항과 준거의 틀을 관리하는 역할을 해야 했다. 상당한 노력을 기울였음에도, 이런 도전 과제들이 늘 만족스럽게 해결되는 것은 아니었다.

이 경험은 비정부기구로서의 교회가 아니라 교회로서 교회와 함께 일하는 것의 중요성과 도전을 강조했다. 교회로서 교회와 함께 일하는 것은 세속적으로 자금을 지원받는 비정부기구 프로젝트의 단체 준비와 요구 사항과는 큰 차이가 있었다. 프로젝트에 참여한 사람들은 독립적인 교회 활동과 비정부기구 형태의 활동을 동시에 추구하기 위해 상당한 노력을 기울였지만, 그러기 힘들다는 사실이 드러났다. 예컨대, 교회의 리더 그룹은 교회 내, 성직자와 수도자들 사이의 화해를 전략적 목표로 꼽았다. 이 목표에 대한 자금 지원은 없었고, 에너지와 자원이 기금을 지원받은 차원으로 향하게 되자, 이 목표는 지속적인 관심을 받지 못했다. 결국 겉으로 드러난 프로젝트는 무시하지 못할 장애물들과 부딪히면서 타협한 결과였는데, 많은 장애물이 극복되기도 했지만 극복되지 못한 것도 많았다. 헤이거스타운의 가톨릭 피정 지도자와 본질적으로 가톨릭계 학교를 위한 평화 커리큘럼에 프로젝트 기금이 충당될 수 있는지는 협의가 필요한 문제였다. 결국 애초의 기획안에 들어 있던 신앙 차원이 삭제되거나 가려지기도 했다.

통찰 4 : 피스빌딩에서 영성과 실천의 균형 유지하기28)

부룬디 사례에서 얻은 두 번째 중요한 통찰은 평화의 영성적 차원과 피스빌딩 전문기술과 실천 사이에 균형을 이루어야 한다는 것이었다. 이런 교훈은 특히 부룬디에 피스빌딩을 개입시킨 초기 단계,

즉 2004년 메릴랜드주 헤이거스타운에서 열린 피스빌딩 훈련과 기획 회의에서 명확해졌다. 3주간의 워크숍은 서로 연관된 4가지 유형의 활동으로 나뉘어 이루어졌다. (1) 갈등 전환, 치유와 정의를 주제로 한 훈련 회의 (2) 워싱턴에 있는 프랑스어권 아프리카 공동체, 유엔에 파견된 교황청 영구 참관인, 미국 가톨릭 주교회의 그리고 기타 기관들과의 회의 (3) 부룬디 교회의 평화와 화해를 위한 실행 계획의 정교화 (4) 분쟁 후 부룬디에 대한 신앙과 영성의 적용 등이다. 이 프로그램은 신앙 나눔, 훈련, 전략 세우기, 사회적 지원이 융합된 것이었다.

헤이거스타운 워크숍은 이틀간의 영성 피정으로 시작되었다. 한 프랑스 예수회 영성 지도자가 성경 구절을 선택하여 강론했다. 성경을 통해 참가자들의 삶과 부룬디인들의 삶 사이의 유사성을 보여주자는 취지였다. 이 피정은 참가자들 각자에게 신앙의 핵심에 집중할 수 있게 한 깊은 성찰의 시간이었다.

미국의 숙련된 갈등 전환학 학자들과 실무자들의 도움을 받아, 위원회는 이틀간 화해, 트라우마, 기억의 치유를 성찰하는 시간을 가졌다. 그 후, 참가자들은 소그룹으로 나뉘어 자신의 트라우마와 상실감을 주제로 토론했다. 이후 기획 단계에서 위원회는 이 주제들을 복기했다. 참가자들은 전문가의 도움을 환영하면서도, 그들 자신의 사목 능력과 감수성에 어떤 영향을 주느냐에 따라 외부 지원이 적합한지 아닌지 다르다고 생각했고, 따라서 외부 지원은 불충분할 수도 전혀 활용되지 못할 수도 있는 것이었다.

워크숍은 부룬디 피스빌더들이 평생에 걸쳐 가꾸어 놓은, 사람들 사이의 유대관계라는 풍부한 연결성을 과소평가하는 경향이 있었다.

그 기여가 물질적이거나 가시적이지 않고 영적이며 관계 지향적인 경우, 그런 요소를 과소평가하는 경향은 더 첨예하게 드러났다. 3주 동안 한적한 메릴랜드 피정 센터에서 이루어진 워크숍은 영적 자원과 물질적 자원이 잘 융합되었다. 이 두 가지의 자원은 서로를 강화하며 은은하고 풍부한 방식으로 통합되었는데, 이어지는 피스빌딩 활동에 가톨릭 특유의 풍미를 부여했다.

실제로 부룬디 피스빌딩 프로그램에는 영적 차원이 눈에 띄게 스며들어 있었다. 부룬디 주교들에게 더 심오한 영적 지도를 제공하기 위해 프랑스 예수회 영성 지도자가 부룬디로 초대되었다. 세 교구에 있는 본당에 주민들의 심리적, 사회적, 영적 치유를 위한 '경청 센터'가 설립되었다. 실행 계획에서 더욱 혁신적인 측면 중 하나는 평화와 화해에 관한 교구 시노드 개최였다. 가톨릭 공동체 내의 광범위한 다양성을 반영한 이 시노드는 세속적 훈련(피스빌딩)으로부터 새롭게 얻은 성찰과 부룬디 교회 전체에 살아 있는 신앙을 융합시켰다.

피스빌딩 훈련과 기획 회의는 '우선 협력자'들을 정부의 기금지원 기관과 대화하게 했다. 피스빌딩이 전체 교회를 참여시키는 것이라면 영적 차원을 포함하는 것이 중요했다. CRS의 파트너십 원리 가운데 하나는 "각자가 상호 자율이라는 정신으로 파트너십에 일련의 기술, 자원, 지식과 역량을 가져온다는 것을 인식하고 평가"함으로써, 파트너십에 보완성과 상호성을 성취할 필요성을 강조한다는 점이다. 협력자가 물질적인 자원이나 기술적 '노하우' 측면에서 균일하지 않거나 불균형한 경우, 이런 수평적인 접근 방식은 취하기 어렵다. 그러나 상호성에 대한 강조는 독특한 가톨릭 영성과 세속적인 평화 구축 실천 행위를 연결하는 가톨릭 피스빌딩의 특징을 돋보이게 했다.

통찰 5 : 정의로운 평화를 위한 목소리를 연결하고 증폭시키기[29]

연대성 원리, 가난한 이를 위한 우선적 선택, 생명 존중과 기타 기본 인권 그리고 공동선은 CRS의 피스빌딩, 구호 개발 활동에 강력한 개념적 자원을 제공한다. 모든 사람이 통합적으로 상호 연관되어 있으며 정의, 질서 그리고 신적인 조화를 추구하는 과정에서 이런 관계에 기초하여 행동해야 할 도덕적 의무가 있다는 이 개념은 여러 면에서 급진적이다.[30] 『간추린 사회교리』는 다음과 같이 분명히 말한다.

> 선진국과 개발도상국 간의 심각한 불균형이 전 세계 모든 분여에 걸쳐 고착되고 있다. … 전 세계적 차원의 불의가 자행되는 위험한 결과를 방지하기 위해서는 개인과 민족들 간의 상호 의존성을 촉진해야 할 뿐만 아니라 윤리적 사회적 차원에서도 마찬가지로 강력한 노력이 이루어져야 한다.[31]

연대에 대한 CRS의 정의는 '인류라는 한 가족', 그리고 세계화된 세상에서 이웃 사랑에 기초하여 행동할 것을 강조한다. 연대의 관계는 가난한 이를 위한 우선적 선택과 공동선을 추구하는 토대를 제공한다. 콜롬비아는 이에 대한 사례를 제공한다.[32]

1970년대에 시작된 콜롬비아의 무력 분쟁은 경제적, 정치적, 사회적 불평등, 상호배척 그리고 불균형에 뿌리를 두고 있었다. 1985년 이후 정부군, 무장 단체, 저항 세력 사이의 전투로 수만 명이 사망하고 수천 명이 실종되었으며, 수백만 명의 난민이 발생했고, 수십만 명이 국외로 피난했다. 1980년대 중반 이후 마약 밀매와 조직적 범죄로 폭력 사태가 증가했고, 무장 단체가 국가 정치 과정에 깊이 침투했다. 정치적 협상의 실패는 우리베 정부의 고강도 군국주의 정책으로 이어졌으며, 미국은 플랜 콜롬비아*의 일환으로 재정적 군사적 지원을 했다. 마약 밀매 예방과 퇴치를 위해 고안된 이 상호 협정은 불법 무장 단체에 맞서는 군사 작전을 강화하는 데도 사용되었다. 콜롬비아 국내 안보가 어느 정도 진전되었음에도, 인권 침해는 여전히 만연해 있었다.

> * 플랜 콜롬비아(Plan Colombia) : 1999년 콜롬비아 좌익 민병대의 진압과 마약 카르텔 소탕 작전, 그리고 콜롬비아 경제 부흥을 목적으로 미국과 콜롬비아 사이에 체결된 군사와 외교 원조에 관한 6개년 상호 협정이다.

1999년 콜롬비아 주교회의의 전국 사회사목국/카리타스 콜롬비아와 CRS는 '콜롬비아와의 연대'라는 피스빌딩 3개년 프로그램(2002년 갱신)을 시작했다. 이 연대 프로그램은 미국 가톨릭 공동체가 군사 지원과 개입을 중심으로 한 정책에서 정의롭고 지속적인 평화를 위한 조건 구축 정책으로 방향을 바꾸도록 이끌었다. 콜롬비아 주교회의와 미국 주교회의와 협력하여, CRS는 인도주의와 개발 원조를 늘리고 인권을 위해 군사적 원조를 규제하며, 평화 프로세스에 더 많은 지원을 제공하도록 도왔다. 매년 열리는 콜롬비아 평화 주간(Colombia Week for Peace)은 미국에서도 이런 교육과 옹호에 초점을 맞추도록 도왔다. 또한 CRS는 미국 가톨릭 주교회의와 함께 콜롬비아 교회 지도자들의 국제적 교류를 후원함으로써, 콜롬비아 교회가 워싱턴과 유엔에서 목소리를 낼 수 있도록 도왔다. 이런 옹호 활동은 세계가 콜롬비아에 지속적인 관심을 가질 수 있도록 도왔고, 미국 정책이 과도한 군사적 방향성에서 벗어나 온건한 쪽으로 변화하게 하는데 기여했다.

   콜롬비아와의 연대 프로그램은 콜롬비아에서 가톨릭교회의 인도주의, 개발, 그리고 피스빌딩 프로젝트를 보완하기 위한 것이었다. 2003년 CRS는 가톨릭교회의 피스빌딩 활동을 동반하고 지원하는 방식을 바꾸었다. 이 새로운 방식을 통해, CRS의 모든 활동은 콜롬비아 전국 사회사목국과 긴밀히 협조하는 방식으로 진행되었다. CRS와 콜롬비아 전국 사회사목국은 '꼰훈토 프로그램'(스페인어 꼰훈토 Conjunto는 '공동'이라는 의미 - 역자 주)을 만들었다. 꼰훈토 프로그램은 협력자와 긴밀하게 협력하여 평화의 문화를 촉진하고, 지역 사회의 역량을 구축하고, 난민을 재정착시키고 이전에 전투원이던 이들을 지역 사회로 재통합함으로써 분쟁의 영향을 완화했다. 특히 CRS가 지원한 성공적인 프로그램 중 하나는 카리타스 콜롬비아가 설립한 풀뿌리 평화 훈련을 위한 이동 학교인 '평화와 공존을 위한 학교'와 1997년에 설립한 '평화를 위한 예수회 프로그램'이었다. 평화와 공존을 위한 학교는 평화 문화의 구축을 위해 '수련 지도자를 위한 참여형 수련 교육 방법론'으로 14,000명의 지역 사회 지도자들을 훈련시켰다. 이 프로그램에는 태평양 연안과 에콰도르와 국경을 맞대고 있는 남부 지역 가톨릭 수도회와 교구뿐만 아니라, 콜롬비아에서 열린 카리타스 인터내셔널 캠페인 "평화는 가능하다(Peace Is Possible)"가 협력했다.

   연대는 관계에 관한 것으로, 평화를 위한 교회의 목소리를 통합하고 증폭시키기 위해, 콜롬비아 내에 있는 사람들, 그리고 콜롬비아와 미국 사람들 사이를 연결했다. 가톨릭 기관으로서 CRS는 콜롬비아에 있는 교회와 더불어 독특한 구조를 갖춘 초국가적 네트워크의 일부이다. 이런 가톨릭 네트워크와 구조는 미국에 있는 가톨릭 신자들에게 분쟁으로 고통받는 사람들을 대신하여 목소리를 낼 수 있게 했다.33) 이렇게 함께 한목소리는 전 세계 각 가정과 정책 입안자들이 들을 수 있도록 일치된 큰 목소리를 만들어 냈다.

통찰 6 : 가톨릭 사회교리를 새로운 방식으로 적용하기34)

몇 가지 사례에서 CRS는 가톨릭 사회교리가 직접 다루지 않았고, 제도 교회의 능력상 일반적으로는 고려하기 힘든 피스빌딩 문제에 직면하기도 했다. 차드와 카메룬을 연결하는 송유관 설치 문제에서, CRS는 이곳의 복잡한 경제, 정치, 환경 문제, 더 구체적으로는 송유관 설치 문제에 가톨릭 사회교리를 새로운 방식으로 적용하기 위해 지역 교회와 협력해야 했던 독특한 경험을 보여 준다.

차드-카메룬 송유관 문제를 해결하기 위한 CRS의 노력은 사하라 이남 아프리카의 풍부한 천연자원에서 비롯되는 막대한 부를 둘러싼 빈곤과 갈등이라는 눈에 띄는 역설에 대응하려는 광범위한 시도의 일환이었다. CRS는 2001년 채굴 산업이 가난한 사람들과 취약계층에 미치는 영향을 조사하는 대대적인 계획에 착수했다. CRS는 아프리카와 다른 지역에서의 채굴 산업이 개발과 평화 전망에 미치는 영향에 대해 널리 인용되고 있는 여러 연구 보고서와 논문을 발행했다. CRS는 채굴 산업에 대한 국제회의와 지역 회의를 공동 후원했으며, 많은 국가의 훈련 프로그램과 옹호 프로그램을 지원했다. 옹호 프로그램은 폭력적 갈등, 부패, 억압을 조장하지 않으면서 석유 수익금이 빈곤퇴치를 위해 쓰이도록 수익의 투명성을 높이는 데 초점을 맞췄다.

많은 사람들은 차드-카메룬 송유관 프로젝트를 석유 수익을 활용하여 가난한 나라의 빈곤을 완화하려는 시험 사례로 보았다.35) 갈등의 역사와 불안정성과 함께, 세계에서 가장 가난하고 가장 부패한 나라 중 하나인 차드는 새로운 송유관을 개발하고, 카메룬을 통해 이 석유를 수출하려는 40억 달러 규모의 프로젝트에 착수했다. 이 프로젝트는 세계은행이 일부 자금을 조달했다. 교회와 시민 사회 단체의 압력을 받아, 세계은행이 지원한 자금에는 1999년 국가수익관리법 이행이라는 조건이 붙여졌다. 정부가 감시 기구를 마련하여 석유 수익의 70%를 교육, 보건 등에 우선순위에 두고, 석유 수익의 사용에 책임을 지도록 한 전례 없는 조치였다. 이 프로젝트의 성공 여부는 차드의 미래에 결정적인 것으로 비쳤으며, '자원의 저주'* 문제를 해결하려는 다른 나라의 시도를 위해서도 중요한 선례였다.36)

* 자원의 저주(resource curse) : 차드와 카메룬에서는 채굴 산업에 빈곤층과 취약계층이 부당하게 동원되었고, 부패와 폭력적인 갈등이 만연했다. 풍부한 천연자원을 소유한 국가지만, 자원으로 인한 빈곤과 내전으로 얼룩진 역설을 드러내는 차드와 카메룬은 '자원의 저주'를 받은 나라로 불린다.

차드와 카메룬의 주교회의가 처음부터 석유 프로젝트와 송유관 문제에 대해 발언 권한이 있다고 느낀 것은 아니었다. 그러나 CRS는 이미 난관에 봉착해 있는 국가에 송유관이 끼칠 부정적인 영향에 대한 양국의 가톨릭교회, 여러 개신교단, 그리고 여러 시민단체의 우려에 공감했다. CRS가 사회 윤리를 전문적으로 다루는 기관은 아니었지만, 내부 교육과정을 거친 뒤, 연구와 정책 전문지식에 가톨릭 사회교리를 적용하게 하는 대화를 촉진할 수 있었다.

송유관 프로젝트와 지역 내 유사한 프로젝트의 도덕적 의미에 대한 교육과 대화 과정을 통해 얻은 결정적인 성과는 잇따라 나온 주요 교회 문헌이었다. 2002년 카메룬과 차드를 포함한 중앙아프리카 지역 주교회의 협의회는 중앙아프리카의 석유와 정치, 석유와 경제 그리고 사회 개발, 석유와 분쟁의 관계를 조사한 사목 서한을 발표했다. 주교들은 성경과 가톨릭 사회교리를 인용하며, 자유, 일치, 가난한 이를 위한 우선적 선택, 연대, 세상 안에서의 교회의 책임을 강조했다. 주교들은 자신들의 우려를 이렇게 요약했다.

> 중앙아프리카의 교회인 우리가 중앙아프리카의 석유 문제에 개입하는 것이 국가의 권한에 대한 간섭이 아니라는 점은 이제 명백해졌다. 우리는 지역 사람들의 고통을 목격한다. 우리의 예언적 사명은 석유 개발에 참여하거나 정치적, 경제력 권력을 행사하는 모든 이에게 진심 어린 호소를 하게 만든다. 모든 천연자원과 마찬가지로 석유를 보다 인도적으로 채굴함으로써 우리 지역에 있는 모든 남성과 여성들에게 통합적인 발전의 기회를 제공해야 할 것이다.37)

같은 해 차드 주교들이 내놓은 사목 서한이 송유관으로 발생한 다양한 정의와 환경 문제에 관한 관심을 불러일으켰다. 사목 서한을 작성하도록 자극한 계기는 1996년부터 수익관리법을 반복적으로 위반한 일이었다. CRS는 주교들의 옹호 활동을 보조하고자, 시민단체와 협력하여 시민사회위원회를 만들어 송유관에서 나오는 석유 수익이 법에 따라 지출되고, 송유관이 환경을 해치지 않는지 검증하는 정의평화위원회 활동을 지원했다.

CRS는 카메룬에서도 2001년부터 2004년까지 송유관 설치를 감시하는 지역 가톨릭교회와 시민단체를 지원했다. 차드에서와 마찬가지로 감시 활동은 송유관 프로젝트가 지역 주민들에게 미치는 부정적인 영향을 줄이고, 보상금, 환경 그리고 수익 관리에 대한 약속이 지켜지도록 하기 위한 시도였다. 또 CRS와 미국 가톨릭 주교회의는 교회와 시민 사회 지도자들의 워싱턴 방문을 주선해 고위 정책 입안자들과도 만날 수 있게 했다. 세계은행이 송유관 프로젝트에 대한 대대적인 검토를 시행했던 2001년에 굉장히 중요한 방문도 이루어졌다. 카메룬 주교회의 사무총장인 패트릭 라폰 신부(Fr. Patrick Lafon)는 미국 주교들의 국내외 정책 위원회 공동 회의에서 연설했다. 그의 호소를 듣고 국제 위원장 버나드 로(Bernard Law) 추기경은 라폰 신부와 세계은행 대표 그리고 국무부와 재무부 고위 관리들과의 만남을 주선했다. 세계은행이 차드와 카메룬 정부에 부과했던 이행 사항을 강화하도록 결정한 데는 이 회의를 비롯하여 교회와 시민 사회의 노력이 크게 작용한 것으로 보인다.

차드와 카메룬에서의 교회의 노력은 미국을 넘어 프랑스와 다른 유럽 국가 주교회의의 지원을 받은 것이었다. 차드와 카메룬에서 이루어진 이들 국가 사이에 그리고 다른 국가들과의 대화와 교류는 두 가지 긍정적인 결과를 가져왔다. 첫째, 무엇보다 중요한 것으로 교회는 교회의 능력 밖의 일로 보이는 문제에 대해 도덕적 명확성을 제시했다. 도덕적 명확성은 교회가 송유관을 다루는 논의에서 중요한 역할을 했다. 둘째, 초국가적 행위자로서 가톨릭교회의 영향력과 범위를 보여주었다. 미국에 기반을 둔 국제기구인 CRS는 석유 프로젝트로 제기된 도덕적 문제를 해결할 능력을 발전시키기 위해, 전국 주교회의와 지역 주교회의의 노력을 지원하는 동시에, 세계은행 같은 국제기구들이 벌이는 심의에 영향을 미칠 수 있도록 주교회의와 각국의 기관을 연결했다.

통찰 7 : 정치라는 함정에 대처하기

콜롬비아, 차드, 카메룬에서의 옹호 활동과 피스빌딩과 관련하여 지역교회와 협력한 CRS의 경험은 신앙과 정치의 복잡한 교차점을 보여준다. 교회는 정의와 평화의 문제를 다룰 때 언제나 정치적 문제에 직면한다. 교황 바오로 6세의 가르침, "발전은 평화의 새 이름"38)은 갈등과 장기적인 경제적 불균형 그리고 사회적 소외 사이의 교차점을 강조한 것이었다.39) 갈등의 원인이 되는 다른 요인으로는 정치적, 사회적 소외나 불평등, 차별, 약한 사회적 결속력, 인식의 차이, 의사소통 오류, 역사 해석 그리고 의견충돌을 다루는 방법 등이다. 각각의 문제는 정치적 차원을 지닐 수 있으며 갈등 과정에서 대부분 악화되고 과장된다.

라틴 아메리카의 가톨릭교회는 해방 신학과 연관된 정치적 행동주의 차원에서 전환을 겪었지만, 다른 지역 교회들은 그렇지 않았다. 라틴 아메리카 내에서조차, 교회가 정의를 위해 활동할 때 그 정치적 함의를 어떻게 다뤄야 할지에 관한 총체적인 합의가 이루어지지 않았다. 세계 일부 지역에서 교회 지도자들은 만약 자신들이 정부나 정책을 비판하는 공개적인 발언을 할 경우, 자신들이 속한 기관과 활동에 제한받을까 우려하며 자신들의 안위를 걱정한다. 교회 내에서도 성직자들의 정치 활동, 특히 당파 정치에 관여하거나 정부 직책을 맡는 것에 제약을 가한다. 필리핀 마르코스 독재정권의 종식에 기여한 제이메 신 추기경(Cardinal Jaime Sin)처럼 어떤 경우 교회 지도자들이 정치적으로 직접적인 역할을 하기도 하지만, 이런 '정치 대리자'는 일반적으로 예외적인 사례로 간주한다.40)

사회 정의와 평화라는 문제에 입장을 취하는 것은 정치적인 행위이다. 이는 공공 정책이 사회의 정의와 공공선에 대한 교회의 이해와 양립할 수 있도록 국가 권력과 교섭하는 일을 포함한다. 차드에서 석유 수익 사용을 감시하는 교회의 역할은, 가톨릭 피스빌더들이 정치 영역에서 어떻게 적절한 역할을 정의하여, 길을 잃거나 엄청난 난류에 갇히지 않으면서 험난한 바다를 항해해 나갈 효과적인 방법을 찾을 수 있는지의 모범을 보여준다.

1991년에 9명으로 구성된 이사회인 석유자원 관리·감독기구는 1999년 수익관리법에 따라, 오일 머니의 지출을 승인하고 확인했다. 2003년 말 종교 대표자에게 할당된 자리가 공석이 되었을 때, 정부는 가톨릭교회 후보자인 평신도이자 차드의 전 재무장관인 마르크 베레맛지(Marc Beremadji)의 임명을 승인하지 않았다. 정부는 평신도가 아닌 성직자가 그 자리를 채워야 한다고 주장했다. 총리가 설명했듯이, 정부는 성직자 가운데 한 사람이 석유자원 관리·감독기구에 '도덕적 권위'를 부여해 주기를 바랐기 때문이다. 가톨릭 주교들은 평신도 전문가가 임명될 수 있는 권리를 주장하면서, 정부가 이 감독기구의 사업에 대해 종교적 승인을 얻으려는 시도를 거부했다. 긴 교착상태 끝에 교회는 "빈자리 정치학에 놀아나지 않겠다."라고 결정하고, 석유 분야에 정통한 앙투안 베릴랑갸르(Antoine Bérilengar) 신부를 지명했다.41)

차드와 카메룬 사례는 주교들이 노골적으로 정치적 역할을 떠맡으려 하지 않았다는 점에서 전형적이지만, 송유관에 대한 주교들의 도덕적 분석에는 분명히 정치적 함의가 있었다. 주교들의 입장에는 가난한 이를 위한 우선적 선택, 인권 존중, 피조물에 대한 돌봄, 공동선의 증진과 같은 가톨릭 원리가 담겨 있다. 정책 변화의 필요성을 암시하는 이런 원리를 반영하는 방식으로 권한을 행사하도록 정부와 국제 금융 기관에 촉구했다는 점에서 주교들의 행위는 정치적인 것이었다. 당파적인 정치적 관점이 아니라 현대 세계에서의 교회의 역할에 대한 교회적이고 사회적인 이해에 따라, 주교들은 현대 문제를 다루는 교회의 책임을 진지하게 받아들였다. 성경적, 신학적 관점에서 송유관을 검토함으로써, 교회는 특정 정당에 영합하는 정책적 입장을 취하지 않고도 정치적 차원의 문제에 대해 발언할 수 있었다.

특정 국가에서는 교회의 역사 또한 중요한 정치적 함의를 지닌다. 현재 차드와 카메룬에서 100년이 조금 넘는 시간 사이, 교회는 근대 국가로 진화한 산물의 일부였다. 교회의 역사는 때로 식민주의와 관련이 있었지만, 현대 교회의 통합적 성격은 교회가 '내부인'*의 정통성을 지니고 있음을 말해 준다. 내부인의 현존과 외부 자원 그리고 가톨릭 네트워크를 모두 활용할 수 있는 교회의 능력은 평화를 위한 활동에서 엄청난 자산이다. 그러나 교회의 내부인/외부인 지위는 우려할 만한 이유가 될 수도 있다. 교회와 교회 지도자들은 교육 수준, 지위 그리고 엘리트층과의 유대로 인해 특권을 지닌 내부인이라는 비판을 받기도 한다. 실제로 그들은 권력을 가진 엘리트와 부적절한 유대를 맺음으로써 타협하기도 하기 때문이다. 지역 문제가 '정치화'되면, 동일한 교회 지도자들이 내부인보다 더 많은 외부인 정치 평론가들로부터 비판을 받을 수도 있다.

> * 내부인(insider) : 피스빌딩에서 중재에 관련하여 쓰이는 말로, 중재자는 주어진 갈등 상황에서 사회적 구조의 일부이며, 내부 이해 당사자들과의 문화적 친밀함을 지님으로써 그들의 삶에 직접적인 영향을 끼친다. 내부인 지위를 지닌 중재자는 시민 정치 지도자들로부터 신뢰를 받으며 대화를 촉진하고 공식적인 평화 협상의 토대를 마련함으로써 피스빌딩 중재 성공 가능성을 높일 수 있다.

차드와 카메룬의 경우, 사회적으로 통합된 교회의 성격, 즉 교회가 공동체에 깊이 뿌리내리고 있어서, 미국뿐만 아니라 카메룬과 차드에서도 교회가 신뢰할 만한 목소리를 낼 수 있었다. 하지만 일부 사람들은 교회를 외부인이라 비난하려 들기도 했다. 콩고 브라자빌의 주교들 역시 석유 채굴 산업에 대해 목소리를 높였다는 이유로 언론으로부터 비난받았다.[42] 비판자들은 주교들의 실질적인 입장에 초점을 맞추기보다 그들의 '외국인' 지위를 암시하면서, 따라서 '당연히' 반정부적인 의도를 품고 있는 거라며 주교들의 의견을 묵살하려 들었다. 그러나 성경, 신학, 가톨릭 사회교리에 나오는 내용에 바탕을 둔 옹호 활동은 교회가 정치적 함정을 견디고 극복하는 데 도움을 주었다.

결론 : 신학과 영성의 함의

　가톨릭 사회교리는 CRS의 피스빌딩 활동에 영감을 주고 길을 안내한다. 가톨릭 사회교리는 CRS가 구호와 개발 활동에서 도덕적, 정신적, 사회적 정의의 문제에 참여할 수 있는 언어를 제공한다. 가톨릭 사회교리의 두 기둥인 인간 존엄성, 공공선, 그리고 이 두 원리로부터 흘러나온 가난한 이를 위한 우선적 선택, 보조성, 그리고 연대성 같은 원리들은 1990년대 CRS의 구호와 개발에 대한 접근 방식을 재고하기 위한 윤리적 틀을 제공했다. 이런 재검토는 다시 지난 10년 동안 CRS 피스빌딩을 두드러지게 성장시키는 토대를 마련했다.
　가톨릭 사회교리에 단단히 뿌리를 둔 CRS의 피스빌딩은 새로운 영역으로 확장됨에 따라 사회교리가 유사한 방향으로 발전해 나가도록 돕는다. 피스빌딩은 갈등을 철저히 분석해야 하는데, 여기에는 불공평한 체제와 갈등의 구조적인 뿌리, 관련 당사자, 어떤 프로세스에 의해 갈등을 해결하려 하는지에 대한 분석이 포함된다. 가난한 이를 위한 우선적 선택은 CRS가 어떻게 원조를 제공해야 하는지를 알려주며, 또한 경제적 불이익이 중첩된 광범위한 사회적 조건, 갈등 조건을 분석하게 한다. 피스빌딩은 어떻게 사람들과 관계 맺고 문제에 관여할 것인지, 어떻게 보조성과 통합적 발전을 지원하는 방식으로 지역 평화 프로세스를 향상할지 등에 전략적으로 사고할 것을 요구한다. 문화적으로 적절한 중재와 촉진처럼, 올바른 관계를 구축하는 과정에 중점을 두자는 것이다.
　CRS는 또 세속적 자원과 다른 신앙에 기반을 둔 자원처럼 가톨릭 사회교리 밖에서 개발된 갈등 분석, 중재, 촉진을 위한 자원을 활용한다. 다른 신앙에 기반을 둔 자원 대부분은 비폭력평화주의 입장에서 개입 또는 평화 실천 방법론을 개발해 온 퀘이커와 메노나이트에 의해 개발된 것이다. CRS, 카리타스, 그리고 다른 교회 협력자들은 이런 방법론을 사용하여 가톨릭 자원의 개발과 피스빌딩 노력을 촉진한다.

민다나오에서의 경험으로부터 두 가지 교훈을 얻었다. *전체론적으로 개입하기*와 *어디에나 있는 존재로 전환시키기*가 효과적인 피스빌딩에 도움이 된다는 것이다. 전자의 강조점은 사람들과 사람들이 지닌 문제에 대한 포괄적인 인도주의적 대응에 있다. 전체론 프로그램은 우선 배부르게 하고 '평화를 이야기'하게 하는 '생계' 프로젝트를 포함하는데, 평화를 향한 공동 여정에서 협력자들과 동행하거나 전환의 영성적 차원을 위한 공간을 만들기도 한다. 어디에나 있는 존재로서, 교회는 의견 차이를 중개하고 평화 활동을 지원하는 엄청난 역량을 지니고 있음이 분명하다. 민다나오, 부룬디, 콜롬비아에서 교회는 나라 전체적으로, 지역적(local), 지방적(regional) 그리고 전국적 차원으로 존재한다. 교회는 갈등과 평화 프로세스에서 드러나는 광범위한 입장을 반영한다. 평화를 구축하기 위해 교회의 어디에나 있는 존재성을 촉매로 활용하는 일은 교회 안팎의 사회적, 정치적, 경제적 분열에서 비롯되는 차이를 수평적으로나 수직적으로 연결하는 일이다.

민다나오에서의 종교간 그리고 종교내 피스빌딩에 대한 폭넓은 경험은 12장에서 피터 판(Peter Phan)이 말한 '깊이 경청하기'의 필요성을 (제이 맥다니엘의 연구에 바탕을 둠) 확인시킨다. 효과적으로 실천한다면, 이런 형태의 경청은 상대를 존중하고 긍정한다. 그것은 상대의 욕구에 대해 더 깊이 '듣는' 일이다. 종교간 맥락에서 경청은 종교간 대화이자 타인에 대한 봉사가 된다. 결국 고통스러운 상황에 담겨 있는 진실을 보고 들으려면 진정한 겸손이 필요하다. 겸손은 "단독으로 고려되는 종교보다 함께 어우러지는 모든 종교에 더 많은 지혜가 있다."43)는 영혼을 울리는 개념을 제공한다. 주의 깊은 결단력이 뒤따른다면, 이 개념은 약점을 뛰어넘고 가톨릭 피스빌딩의 가르침과 실천 모두를 성장시키게 될 것이다.

부룬디에서의 피스빌딩 경험은 **피스빌딩 연대와 파트너십**을 증진시키고 **영성과 실천**의 균형을 이루는 일이 얼마나 중요한지를 부각시켰다. 파트너십은 보조성과 연대성 개념을 기반으로 한다. 피스빌딩에서 교회 기반의 파트너십은 세속적 파트너십의 일반적인 양상을 따르지만, 가치에 기반을 둔 관계라는 특성을 더 강조한다.44) 가톨릭 피스빌딩에서 공통의 가치는 평화와 정의에 대한 성경의 지혜와 교황과 주교들의 가르침에 뿌리를 두고 있다. 파트너십은 상호 지지, 관계에 가치 두기, 협업 프로세스를 통해 문제 해결하기를 포함한 협력자 사이의 적극적인 연대를 필요로 한다. 가치에 기반을 둔 파트너십의 강점과 협력적 활동의 풍요로움은 네 사례 모두에서 분명히 드러난다.

피스빌딩 파트너십과 이니셔티브에서 영성적인 부분과 실천적인 부분의 세심한 결합은 가톨릭 피스빌딩의 강점이다. 화해 사목을 지원하는데 동원되는 교회의 내적 자원을 성찰하면서, 로버트 슈라이터(Robert Schreiter)는 장례식과 적절한 매장 의식 같은 교회의 기능, 성체성사, 그리스도교 경전과 예수님의 십자가로부터 나오는 이미지 같은 의식의 힘에 특별한 관심을 기울일 것을 요청한다.45) 다른 종교 전통이 그들 나름의 정신에 따라 죽음, 고통, 성장 같은 인간적인 사건과 이미지를 표현하듯이, 가톨릭교회는 이와 관련하여 특히 잘 발전된 자원을 가지고 있다. 이런 자원에는 성인과 순교자의 삶, 고해성사, 전례에서의 평화의 인사 등이 포함된다. 부룬디 대표단(2004년 훈련과 기획 회의 참석을 위해 미국으로 간 21명의 위원회)이 메릴랜드에서 보낸 3주 동안 영적 자원이 세속적 자원과 통합되었다. 가톨릭적 표현들은 전문 피스빌더와 가톨릭 신자들이 연대하면서 공유한 내용에 동기를 부여하는 밑바탕이 되었다. 가톨릭적 표현들은 서로를 보강하고 이어지는 피스빌딩에 가톨릭 고유의 향기를 부여하기 위해, 풍부하고 섬세한 방식으로 통합되었다.

콜롬비아와 차드/카메룬의 사례는 *정의로운 평화를 위한 목소리를 연결하여 증폭시키고, 문제에 신학적으로나 실천적으로 직면하며, 정치가 부과하는 도전과 함정에 대처하는 활동에 초점*을 맞춘다. 이 3가지 주제 모두 상대적으로 평화롭고 번영을 누리는 지역에서 생활하는 사람들과 폭력 사태가 더 빈번하고 빈곤한 지역에서 생활하는 사람들을 친밀하게 연결할 수 있는 제도 교회의 엄청난 능력을 보여준다. 경제적, 지리적, 국가적, 민족적, 성별, 그리고 그 밖의 갖가지 차이를 아우르는 연대 관계는 상호성과 존중에 기초한다. 이런 연대 관계가 공통의 가치와 영성에 기초할 때, 가톨릭 피스빌딩은 깊이와 힘을 얻는다. 이 연대 관계는 지구 공동체에 기반을 두고 있지만, 자신이 살고 있는 상황, 즉 마을, 소도시, 대도시에서 연대하도록 요청받은 신앙인들의 행동에 바탕을 둔 집단적 지향성을 제공한다.

교회의 사목적 의무는 신자들이 우려하는 문제에 개입하고 정치학의 함정에 직면해야 할 필요가 있음을 의미한다. 앞에서 지적했듯이, 동일한 교회의 역사가 도전을 불러일으킬 수도 있지만, 통합적인 교회의 본질은 많은 지역에서 교회가 신뢰감 있게 피스빌딩에 대해 목소리를 내고 개입하게 한다. 가톨릭 사회교리의 풍부한 전통은 현대의 문제를 붙들고 씨름하게 하는 자원을 제공한다. CRS처럼 신앙에 기반을 둔 활동가와 단체들은 고유의 자원을 지니고 촉매 역할을 하는 가톨릭교회와 협력한다.

CRS의 경험으로 보건대, 기술적 우수성과 효율성을 추구하는 전문적인 구호와 개발 기관이 신앙에 기반을 둔 성찰을 유지하기에는 일정한 어려움이 있다. 정의의 렌즈, 통합적 인간 발전, 연대성에 대한 스텝들의 성찰은 기관 전체에 걸쳐 이루어져야 할 활동에 공통의 기초를 제공했지만, 앞으로 더 많은 성찰이 이루어져야 한다. 교회 안에서뿐만 아니라 CRS 내에서 가톨릭 사회교리에 대해 단지 그 방향성에 대해 동의하는 데 그칠 것이 아니라, 사회교리의 언어와 개념에 대한 더 많은 인식과 통합이 필요하다. 이 일에는 평화에 대한 개념 역시 포함되어야 한다. 이런 개념을 국제 비정부기구 프로젝트에 통합하는 일은 하나의 도전적인 과제인데, 윤리적 성찰, 신학, 영성은 프로젝트 상의 활동이나 기술, 또는 운영의 도구가 아니기 때문이다. 프로젝트 참여자들의 영성적 깊이가 긴 시간에 걸친 사회 변화 과정에 미치는 영향을 측정하기도 쉽지 않다. 부룬디 사례는 이런 도전 과제를 강조한다.

다양한 문화권 안에서 각 상황에 적절하도록 평화의 영성과 신학을 발전시킬 필요가 있음은 분명하다. 다양한 단계에서 갈등과 피스빌딩이 불러일으키는 도전에 맞서기 위해, 가톨릭 피스빌더들이 의식(rituals)과 신앙에 기반을 둔 여러 자원을 탐구하고 개발하는 일은 크게 도움이 될 것이다. 또 교회 내부의 정의, 평화, 화해의 실천에 더 큰 관심을 기울일 필요가 있다. 이렇게 함으로써 교회 자체뿐만 아니라 더 큰 사회의 전환 과정에 관해서도 이야기해야 한다. 평화의 실천은 사목활동에 통합되어야 한다. 즉 정의와 피스빌딩은 지역적, 국가적, 보편적 차원에서 교회가 지닌 온전한 삶, 사목, 구조 그리고 메시지에 통합되어야 한다.

마지막으로, 이 글에서 제시한 접근법과 분석을 통해 암시한 특정 교회론 또는 교회에 대한 이해가 있다. 이 글에서 제시한 사례에서 보았듯이, CRS의 피스빌딩은 종종 세속 기관들뿐만 아니라 다른 종교 단체들과의 상호작용과 파트너십을 통해 이루어진다. 예컨대, 민다나오 사례에서는 어디에나 있는 존재에 대한 논의가, 콜롬비아에서는 초국가적 네트워크의 사례가, 부룬디에서는 미국 국제개발처와의 협업 사례를 쉽게 떠올릴 수 있을 것이다. 이 사례들과 또 다른 사례는 폭넓은 에큐메니즘*이 CRS가 발휘하는 식의 피스빌딩에 필수적인 건 아니라 하더라도 공통으로 도움이 된다는 사실을 시사한다. 토드 휘트모어는 비공식적으로 이것을 '이중의 에큐메니즘'이라 지칭하는데, 신앙에 기반을 두는 동시에 세속적이기도 하기 때문이다. 스콧 애플비에 따르면, CRS는 '에큐메니컬, 종교간, 문화간 대화'가 우선순위를 지닌 이른바 '진보적' 접근법을 선택했다는 것이다.46)

> * 에큐메니즘(ecumenism) : 그리스도교 교회 일치 운동으로, 그리스도교의 다양한 교파, 즉 가톨릭, 개신교, 정교회를 초월하여 모든 교회의 보편적 일치 결속을 도모하는 신학적 운동이다.

이 책 12장에서, 피터 판은 교회 영역 밖에서 활동한다는 것이 무엇을 의미하는지 광범위하게 다룬다. 그는 아시아 교회에서 널리 받아들여지고 있으며 교황청 종교간대화평의회에서 서술한 4가지 형태의 종교간 대화에 관해 이야기한다. 그는 교회 지도자들과 신학자들이 "신학적 교류의 대화에 자부심을 가질 만한 지위를 주고 싶어 하는 경향이 있다."라고 지적한다. 신학적 교류의 대화는 당연하게도 교회 지도자에게 다양한 중요 문제에 관심을 기울이게 할 것이다. 하지만 많은 문제가 신앙적 맥락에서는 중요할지 몰라도, 종종 갈등에 휘말린 사람에게는 중요하지 않을 수 있다. 판은 대화에 동등하게 기여하는 3가지 유효한 요소, 즉 삶을 공유하기, 정의와 평화를 위해 협력하기, 종교적 경험 나누기가 피스빌딩에 가장 일반적으로 사용되는 대화법이라고 주장한다. 이 3분야에서는 교회 후원으로 활동하는 CRS와 가톨릭 협력 기관들이 누구보다 탁월한 공헌을 하고 있다고 말할 수 있다.

CRS의 피스빌딩 활동에서 분명하게 나타나는 광범위한 에큐메니칼 접근 방식을 고려할 때, CRS가 시사하는 교회에 대한 이해는 어떤 것일까? 그것은 현대 세계 어디에나 개입하는 교회, 특히 가난과 폭력적인 갈등에 휩싸여 있다는 사실이 발견되는 지역에 개입하는 교회일 것이다. "『사목 헌장』이 사회와 정치 문제에 대한 새로운 참여의 길을 개척한"[47] 바로 그 교회이다. 교회에 관한 이 새로운 이해는 제2차 바티칸 공의회가 시대의 징표를 읽고 복음에 비추어 교회의 대응 방향을 공식화한 것에서 비롯된 것이다.

데이비드 홀렌바흐(David Hollenbach)는 『사목 헌장』에 대해 논의하면서 교회가 사회, 정치적 삶에 개입하는 방식이 새로운 국면에 접어들었으며, '여전히 그 윤곽을 잡아가는 단계'임을 인정한다.[48] CRS의 경험에 따르면, 평화를 이루는 활동에서 폭넓은 에큐메니칼한 개입이 결정적인 것은 아니더라도 공통적이라는 사실을 알 수 있다. 그 과정에서 가톨릭교회는 다른 교파에 편입되거나 모호해지지 않는다. 오히려 교회는 바로 이런 개입을 통해 교회의 고유성을 확보한다. 작은 방식이긴 하지만, CRS가 피스빌딩으로부터 얻은 교훈은 바로 이런 교회의 자기 이해에 도움을 줄 수 있을 것이다.

(번역 장은희)

* 이 논문의 견해는 우리 두 저자의 것이며 가톨릭 구제회의 견해를 대변하지 않는다. 토마스 바맷(Thomas Bamat), 마이클 페리(Michael Perry, 작은형제회), 제라드 파워즈(Gerard Powers), 토드 휘트모어(Todd Whitmore), 스콧 애플비(Scott Appleby), 로버트 슈라이터(Robert Schreiter)가 아낌없는 피드백을 해 주셔서 논문을 보완하는 데 큰 도움이 되었다. 감사드린다. 또 오랜 시간에 걸쳐 피스빌딩이라는 주제에 관해 함께 의논해 주신 동료, 마일라 레구로(Myla Leguro), 매리 들로리(Mary DeLorey), 제이코 실리어스(Jaco Cilliers), 마크 로저스(Mark Rogers), 데이지 프랜시스(Daisy Francis), 팻 존스(Pat Johns), 크리스틴 터커(Christine Tucker), 바바라 마이어스(Barbara Myers), 헤들리 애버내시(Hedley Abernathy)에게도 감사를 표하고 싶다. 특히 사례 연구와 관련한 동료들의 기여를 아래 각주에 구체적으로 담았다.

1) 현재 아체 분쟁은 1976년에 자유 아체 운동(Gerakan Aceh Mardeka 또는 GAM)의 설립과 함께 시작되었지만, 전쟁의 역사는 더 길었다. 간단한 개요는 팀 켈(Tim Kell), *The Roots of the Acehnese Rebellion, 1989-1992*, Cornell Modern Indonesia Project, vol. 74 (Ithaca, New York: Cornell University, Southeast Asia Program, 1995) 참조.

2) 1997년 CRS는 원조와 분쟁 또는 원조와 평화의 교차점을 분석하여 긍정적인 영향을 높이고 부정적인 영향을 줄이기 위한 프로그램 선택지를 식별할 틀을 제작하는 지역 평화 역량 프로젝트에 참여했다. 이 틀과 도구에 대한 자세한 내용은 매리 앤더슨(Mary B. Anderson), 『Do No Harm : Supporting Capacities for Peace through Aid』 (볼더, 콜로라도: Lynne Rienner Publishers, 1999)와 매리 앤더슨 외, 『Do No Harm Handbook』 (케임브리지, 매사추세츠: Collaborative for Development Action, Inc., 2004), Do No Harm 프로젝트의 6가지 기본 결과는 www.cdainc.com 에서 확인할 수 있다.

3) 예를 들어, CRS는 가톨릭 윤리학자 브라이언 헤이어(Bryan Hehir)를 영입하여 정의와 관련된 문제의 문서화 작업에 참여시키고, 카리타스의 화해와 피스빌딩 자원을 개발하는 데 광범위한 자원을 투자했으며, 가톨릭 피스빌딩 네트워크(CPN)를 개발하기 위해 많은 가톨릭 신학자와 학자들과 긴밀히 협력했다.

4) CRS-미국 가톨릭 주교회의 재정 보고서 데이터는(2009년 9월 30일), 웹사이트 www.crs.org에서 확인할 수 있다. 2006년 미국에서 가장 큰 두 개의 국제 구호 개발기구와 비영리 원조 단체는 월드 비전과 Care USA였다. (www.worldvision.org와 www.care.org 연례 보고서 참조).

5) 르완다 대량 학살 이전에 이곳의 전반적인 개발 활동에 대한 비판은 피터 유빈(Peter Uvin), *Aiding Violence: The Development Enterprise in Rwanda* (West Hartford, CT: Kumarian Press, 1998) 참조.

6) 마이클 위스트(Michael Wiest), "Catholic Relief Services: Healing and Transforming," *The Catholic Philanthropist* 2, no. 2 (2002), 3, 6쪽.

7) 이런 '냉철한 성찰'에는 기관 내부뿐 아니라 외부 평가도 포함되었다. 예를 들어, CRS 는 미국 주교회의 국제정의평화위원회와 듀케인대학과 더불어 아프리카 교회의 피스메이커 콜로키움의 주요 공동 후원기관이었다. 르완다 대학살(1994년 10월 2일~6일) 이후 몇 달 만에 듀케인에서 열린 이 콜로키움에는 아프리카 전역에서 '뜨거운 이슈가 된' 지역의 주 교들이 자신이 이룬 피스빌딩을 이야기하기 위해 모였다. 이 행사는 CRS와 다른 기관들 이 아프리카에서 평화를 이루기 위해 교회가 공헌한 내용을 체계적이고 협력적으로 살펴 보기 위한 발 빠른 노력이었다. 미국 주교회의, "African Church as Peacemaker Colloquium", (Washington DC: 미국 주교회의, 1995년).

8) '숨겨진 보석'은 CRS 회장 케네스 해킷(Kenneth Hacket)이 사용한 용어로, 2005년 5 월 미국 시애틀에서 열린 CRS 시애틀 동료들과 시애틀 세계문제협의회의 공동회의에서 발표 한 "Building Solidarity: From Rwanda to the Asian Tsunami"라는 글에 실렸다. 한편 피터 스타인펠스(Peter Steinfels)는 미국에 기반을 둔 여러 기관 전체를 통틀어 미국 가톨 릭의 정체성 위기에 대해 언급했다. 스타인펠스는 CRS 같은 기관들을 통한 교회의 국제적 지원활동을 놀라울 정도로 무시한 것이다. 기록되지는 않았지만, CRS는 정체성 위기를 겪으 면서 가톨릭 사회교리로 눈을 돌렸다. 피터 스타인펠스(Peter Steinfels), *A People Adrift: The Crisis of the Roman Catholic Church in America* (New York: Simon and Schuster, 2003).

9) CRS, '지도 원리(Guiding Principles)'는 웹사이트 www.crs.org 에서 열람 가능.

10) CRS, "CRS Justice Strategy: An Excerpt from the CRS Strategic Plan, 1996-2001," 부록 B (Baltimore, MD: CRS, 1997); CRS, CRS's Justice 'Lens'의 "Brief History of CRS and Future Directions," 부록 A (Manila: CRS, 1997); CRS, 조사 보고서 "CRS's Justice 'Lens'" (Baltimore, MD: CRS, 1997).

11) 정의 렌즈와 시행에 관한 추가 정보와 자료는 라리사 패스트, 재니스 린드스테트와 안드레아 샤프(Larissa Fast, Janis Lindsteadt and Andrea Scharf), "Applying the Justice Lens to Programming: Ideas, Examples, and Initial Lessons," 프로그램 평가와 지원 부서의 간헐적 보고서(Baltimore, MD: CRS, 1998), 로빈 굴릭과 제이코 실리어스(Robin Gulick and Jaco Cilliers), "The CRS Justice Lens Case Studies: Reflections on Justice, Solidarity and Peacebuilding in CRS Programming," (Baltimore, MD: CRS, 2004).

12) CRS, "Strategic Framework FY2002-2006" (Baltimore, MD: CRS, 2001)와 CRS, *Building Bridges of Solidarity: An Introduction to the Dual Constituency* (Baltimore, MD: CRS, undated). 전략적 목표로는 '서로 다른 공동체가 평화에 대해 다루 기,' '공동선을 위해 지역, 국가, 세계적 활동에 참여할 기회를 만들기,' '시민을 정당하게 참여 시키는 해외 거버넌스' 그리고 '국외의 불의를 만드는 미국의 정책과 관행을 변화시키기'가 포 함되었다. (CRS, "The CRS Strategy Map," Baltimore, MD: CRS, 2001)

13) 1996년 CRS 스텝과 협력자들은 이스트 메노나이트 대학에서 제공하는 피스빌딩 과 정, 특히 존 폴 레더락이 이끄는 피스빌딩 과정에 참여하기 시작했다.

14) 카리타스 인터내셔널(Caritas Internationalis)은 167개 가톨릭 회원기구들의 연합체 이다. 세계에서 가장 큰 인도주의 네트워크 중 하나로 198개 국가와 지역에서 활동하는 구호, 개발, 사회 복지 기관이다. CRS는 많은 카리타스 조직의 협력자였기 때문에 전체 카리타스의 자원을 개발하기 위해 노력한 덕분에, 카리타스 자료를 활용하는 참가자들이 늘어났다.

15) '심도 깊은 조사(appreciative inquiry)' 분석에 대해서는 제이코 실리어스, 로빈 굴릭과 메그 킹혼(Jaco Cilliers, Robin Gulick and Meg Kinghorn), "Words Create Worlds : Articulating a Vision for Peacebuilding in Catholic Relief Services," *Positive Approaches to Peacebuilding : A Resource for Innovators*, 신시아 샘슨(Cynthia Sampson) 외 2 편저, (Washington DC: PACT Publications, 2003).

16) CRS, *Peacebuilding Principles* (Baltimore, MD: CRS, 2001).

17) 2002년부터 2004년까지의 프로그램 목록은 레이나 노이펠트의 피스빌딩 활동 목록, *Catholic Relief Services Peacebuilding Activities*, "가톨릭 구제회 피스빌딩 활동" (Baltimore, MD: CRS, 날짜 미정) 참조. 일반적인 개요는 CRS 특별 보고서 69(Special Report 69) 데이비드 R. 스모크(David R. Smock) 편저, (Washington DC: United States Institute of Peace, 2001)에 있는 "Catholic Relief Services" 윌리엄 헤들리의 발언 요약 참조.

18) 좀 더 상세한 정보는 필리핀 CRS, "Peace and Reconciliation Unit Monograph" (Davao: CRS, 2005). 마일라 레구로(Myla J. Leguro), "Reflections on the History of the Mindanao Peace and Reconciliation Program" (Mindanao: CRS, 2006). 레이나 노이펠트, 사라 맥켄과 제이코 실리어스(Reina Neufeldt, Sarah McCann and Jaco Cilliers), "Explicit and Implicit Peacebuilding: Catholic Relief Services in Mindanao, Philippines and Bosnia-Herzegovina," in Reflecting on Peace Practice Project (Baltimore: CRS, 2000). 제이코 실리어스 외, "Mindanao Peace and Reconciliation Program: 평가 보고서" (Davao: CRS, 2002). 살바토레 시아보 캄포와 매리 주드(Salvatore Schiavo-Campo and Mary Judd), "The Mindanao Conflict in the Philippines: Roots, Costs, and Potential Peace Dividend" (Washington DC: The World Bank, 2005) 참조.

19) 처음에는 민다나오 피스빌딩 연구소(MPI) 훈련에 회의적이었던 군 장교들은 피스빌딩 기술이 갈등에 대한 이해를 심화시키고, 군과 지역 사회 간의 관계를 개선하며, 중재와 대화가 안전을 제공하는 일에 도움이 된다는 사실을 발견했다. 현재 많은 군부대가 MPI와 다른 시민단체들과 함께 연대하여, 그들 각자의 피스빌딩 훈련과정을 운영하고 있다. 2007년 1월, MPI 프로그램에 처음으로 참가한 장교 중 한 명인 라이문도 페레르(Raymundo Ferrer) 소장은 민다나오 동부 사령부를 지휘할 때, 피스빌딩의 가치를 발견하도록 도와준 곳이 MPI와 CRS라고 말했다. 제라드 파워즈(Gerard Powers), "Signs of Peace," *U.S. Catholic*, 2009년 6월 10일, 바비 티모네라(Bobby Timonera), *MindaNews*, 1997년 11월 7일 게재 글 참조.

20) 필리핀 CRS, "Peace and Reconciliation Unit Monograph," 44.

21) CRS, "Strategic Program Plan(S.P.P.) Guidance for CRS Country Programs: Revised" (Baltimore: CRS, 2006), 12.

22) 주교-울라마 컨퍼런스(Bishop Ulama Conference), "Primer" (Iligan City, Philippines: Bishop Ulama Conference, undated), 30-31.

23) 예를 들어, 로베르토 레이손 신부(Fr. Roberto Layson), "Christian-Muslim Dialogue in Mindanao amidst Uncertainties" (Mindanao, undated, 웹사이트 cpn.nd.edu에서 열람 가능), 그리고 CRS 민다나오 '평화의 렌즈' 초판에 실린 지도자들의 이야기(2006) 참조.

24) 안토니오 레데스마(Antonio J. Ledesma) 주교, *Healing the Past, Building the Future: Soundings from Mindanao* (Manila, PH: Jesuit Communications Foundation and the Episcopal Commission for Interreligious Dialogue, 2005), 42.

25) 이 사례 연구에 대한 아래 CRS 문서로부터 큰 도움을 받은 것에 감사드린다. CRS, "Project Profile: Creating a Culture of Peace through the Catholic Church in Burundi" (Baltimore, 2004); CRS, "Summary: Burundi Catholic Church Peace and Reconciliation Commission Retreat" (Baltimore, June 2004); CRS, "Promoting a Culture of Peace and Reconciliation in Burundi through the Catholic Church" (Baltimore, June 2004); and CRS, "End of Project Evaluation" (September 2007).

26) CRS Principles of Partnership (Baltimore, MD, undated).

27) 교회가 아닌 기관과 파트너십을 형성하는 데에는 여러 이유가 있다. 일정 장소에 국한된 교회 기관은 주민들이 필요로 하는 프로젝트를 지원하는 데 관심이나 능력이 없을 수도 있다. 한편으로 주민들은 CRS의 회계 규제가 매우 엄격하다고 생각할 수도 있다. 주민들에게는 CRS처럼 미국이 지원하는 기관과 '매우 가깝다'는 것 자체가 때로 문제가 될 수도 있을 것이다. 스콧 애플비는 CRS가 "에큐메니칼, 종교 간, 문화 간 대화를 특정 종교 (가톨릭) 공동체 구축보다 우선시할 수 있는 선교에 대한 진보적인 가톨릭 접근 방식"을 선택해 왔다고 썼다. *The Ambivalence of the Sacred: Religion, Violence, and Reconciliation* (Lanham, MD: Rowman and Littlefield Publishers, 2000), 273 참조. 그의 의견은 두 가지를 지적한다. (1) 가톨릭 선교사들에게서 확인할 수 있듯이 가톨릭 신앙을 직접적으로 홍보하는 것은 CRS의 목표가 아니다. (2) 상황이 요청하거나 허용할 경우, CRS는 다른 종교와 문화 전통을 지닌 협력자들과 협력할 수 있다.

28) 이 성찰의 배경에 대해서는 여러 CRS 문서로부터 큰 도움을 받았다, 감사드린다. "Project Profile: Creating a Culture of Peace through the Catholic Church in Burundi," "Summary: Burundi Catholic Church Peace and Reconciliation Commission Retreat," and "Creating a Culture of Peace and Reconciliation through the Catholic Church in Burundi."

29) 이 내용은 장 바티스트 탈라(Jean Baptiste Talla), "CRS Central Africa Region Peacebuilding Projects Update for the CRS Peacebuilding Technical Commission Meeting" (Johannesburg: CRS, 2007); CRS, "CRS Extractive Industries Workshop, Kribi, Cameroon" (2003); CRS, "Fuel for Change: The Newsletter of Catholic Relief Services Extractive Industries in Africa Initiative," no. 2 (2001); 이안 개리와 테리 L. 칼(Ian Gary and Terry L. Karl), "Bottom of the Barrel: Africa's Oil Boom and the Poor" (Baltimore, MD: CRS, 2003)로부터 많은 도움을 받았다. 또 국가 수익 관리 검토에 관해서는 사무엘 아스파하(Samuel G. Asfaha), "National Revenue Funds: Their Efficacy for Fiscal Stability and Intergenerational Equity" (Winnipeg: International Institute for Sustainable Development, 2007) 참조.

30) 토드 휘트모어, *Catholic Social Teaching : A Synthesis*(미공개)에서 보다 철저한 분석을 제공한다.

31) 교황청 정의평화위원회(Pontifical Council for Justice and Peace), 『간추린 사회교리 (*Compendium of the Social Doctrine of the Church*)』, (Dublin: Veritas, 2005),

192항.

32) 이 내용은 2006년 4월 워싱턴에서 미국 평화연구소(USIP) 회의를 위해 준비된 매리 들로리(Mary DeLorey), "The Role of the Catholic Church in Colombia in Peace Initiatives: A Summary"에서 인용했다.

33) 추가적인 예는 마크 로저스, 토마스 바맷과 줄리 이데(Mark M. Rogers, Thomas Bamat and Julie Ideh) 외, *Pursuing Just Peace: An Overview and Case Studies for Faith-Based Peacebuilders* (Baltimore, MD: CRS, 2008) 참조.

34) 이 부분은 장 바티스트 탈라, "CRS Central Africa Region Peacebuilding Projects Update for the CRS Peacebuilding Technical Commission Meeting" (Johannesburg: CRS, 2007); CRS, "CRS Extractive Industries Workshop, Kribi, Cameroon" (2003); CRS, "Fuel for Change : The Newsletter of Catholic Relief Services Extractive Industries in Africa Initiative," no. 2 (2001); 이안 개리와 테리 칼, "Bottom of the Barrel." 국가 수익 관리에 대한 검토로는 사무엘 아스파하(Samuel G. Asfaha), "National Revenue Funds : Their Efficacy for Fiscal Stability and Intergenerational Equity" (Winnipeg: International Institute for Sustainable Development, 2007) 참조.

35) 더 자세한 내용은 이안 개리와 니키 라이쉬(Ian Gary and Nikki Reisch), *Chad's Oil: Miracle or Mirage: Following the Money in Africa's Newest Petro-State* (Baltimore, MD: CRS and Bank Information Center, 2005) 참조.

36) 위 책, 4.

37) 중앙아프리카 지역주교회의협의회(ACERAC), "The Church and Poverty in Central Africa: The Case of Oil" (Malabo, Equatorial Guinea: ACERAC, 2002).

38) 교황 바오로 6세, 『민족들의 발전(*Populorum Progressio*)』 (1967). 더욱 현대적인 관점에서 젠더와 생태학적 문제의 두 가지 중요한 격차에 대한 강조한 International Jesuit Network for Development) ed., *The Development of Peoples: Challenges for Today and Tomorrow* (Dublin, Ireland: The Columba Press, 2007) 참조. 이 문헌은 자선(charity)은 정의를 대신할 수 없으며, 가톨릭 사회교리와 소통해야 할 필요가 있다고 강조한다.

39) 1969년에 이미 패트리샤 블레어(Patricia W. Blair)가 "실제로 장기적인 관점에서 개발이 경제적 이익보다 공정한 분배를 포함한다면 국가 간의 평화적인 관계를 촉진할 수 있다. 그러나 이 관계가 직접적인 것이라고 가정한다면 현대화 자체가 가지고 있다고 잘 알려진 불안전한 영향을 간과하는 것이다. 대부분의 개발도상국에서는 잘못된 수익 분배로 인한 심각한 문제와 그 정치적 영향은 국제적으로 쉽게 퍼질 수 있다."라고 언급했다. 패트리샤 블레어, "The Dimension of Poverty," *International Organization* 23, no. 3 (1969), 700.

40) 2007년 6월 필리핀 정부가 엘리시오 '준' 메르카도 신부(Fr. Elisio 'Jun' Mercado)에게 모로이슬람해방전선과의 평화 협상에서 협상팀을 이끌어달라고 요청했을 때 그는 이를 거절했다. 정부와 모로이슬람해방전선과의 신뢰도를 감안하면 협상가로서 신부의 역할은 상당히 효과적이었지만, 신부는 정부의 임명을 수락하는 것이 성직자의 역할과 양립할 수 없다는 사실을 분명히 했다.

41) 이안 개리와 니키 라이쉬, *Chad's Oil*, 62-63.

42) 2003년 CRS 내부 보고서, 그리고 마크 로저스, 토마스 바맷과 줄리 이데, *Pursuing*

Just Peace 에서 토고의 사례 참조.

43) 제이 맥다니엘(Jay B. McDaniel), *Gandhi's Hope: Learning from World Religions as a Path to Peace* (Maryknoll, NY: Orbis Books, 2005), 9.

44) 필립 비세르, 안테로 실비아와 데니 페레리아(Philip Visser, Antero Silva and Danny Perreria), "Evaluation: CRS East Timor Peacebuilding and Reconciliation Unit-Draft Report" (Dili: CRS, 2002).

45) 로버트 슈라이터(Robert J. Schreiter), *Reconciliation: Mission and Ministry in a Changing Social Order* (Maryknoll, NY: Orbis Books, 1992), 74-79.

46) 스콧 애플비, *The Ambivalence of the Sacred*, 273.

47) 데이비드 홀렌바흐, "Gaudium et Spes—Commentary and Interpretation," in *Modern Catholic Social Teaching: Commentaries and Interpretations*, ed. Kenneth Himes (Washington DC: Georgetown University Press, 2005), 271-272.

48) 위 책.

6장 피스빌딩과 그 도전 과제

- 정의, 인권, 개발, 그리고 연대

토드 휘트모어(Todd D. Whitmore)

노틀담대학 신학과 조교수이자, 가톨릭 사회전통 프로그램 연구 책임자. 2005년부터 북우간다와 남수단에서 민족지 현지 연구를 신학적 분석과 결합시켜 진행했다. 우간다와 남수단에서 농업 훈련과 피스빌딩을 연결하는 비정부기구, PeaceHarvest(peaceharvest.org)의 공동 창립자이자 회장이기도 하다.

안젤라는 뻗은 왼쪽 다리에 오른쪽 다리를 구부려 넣은 채 먼지색 매트 위에 앉아 있다. 팔은 앞으로 내밀고 땅에 손을 짚어 몸이 쓰러지지 않도록 삼각대 모양을 이루고 있다. 그녀는 여위어 있다. 신의 저항군(Lord's Resistance Army, 약칭 LRA)*이 그녀와 다른 로투쿠들을 남수단의 마그위 동쪽 산에서 쫓아냈다. 이것은 그녀와 관련된 전쟁도 아니었다. LRA 군인들은 대부분 우간다 출신의 아촐리(Acholi - 남수단과 북우간다 마그위 지방에 거주하는 루오족을 말함 - 역자 주) 사람으로, 표면적으로는 우간다 정부와 싸우고 있으나 지금은 이곳에 머물고 있다.

안젤라의 마을은 마그위에 있는 교구 수용소 옆 땅에 채집해 온 나무 기둥을 땅에 박고 그 위에 은빛 반사성 방수포를 덮은 50개, 어쩌면 75개의 텐트로 이루어진 임시 정착촌이다. 그들이 방수포를 어디서 구했는지 모르겠다. 아마 유엔의 지뢰 제거 작전 주둔지에서 남은 것이리라. 작전팀이 그 지역을 떠날 때, 군인들은 교구를 위해 수십 포대의 시멘트와 수백 개의 팡가스(pangas : 마체테라고도 부르는 날이 넓고 무거운 칼 - 역자 주)를 남겼다. 아마 군인들이 같은 크기의 방수포를 로투쿠에게 주었을 것이다. 나는 이곳에 3주나 있었지만, 아직 어떤 비정부기구도 만나지 못했으니, 그 물건을 건네준 사람은 군인들일 거라고 추측한다.

마그위로 들어가는 모든 길은 끔찍하다. 2007년 남수단은 지난 50년 내내 하르툼(수단의 수도 - 역자 주) 정부와 전쟁해 왔다. 기반 시설은 키메라(chimera - 생각할 수도 없는 일이라는 뜻 - 역자 주) 상태다. 내가 노틀담 대학 학생들에게 그 길을 설명할 때, SUV 자동차가 털컹거리며 언덕과 구덩이를 헤치고 달려가는 30초짜리 광고를 떠올려 보고 그런 길을 4시간이나 연장해 보라고 말했었다. 내 목적지는 우간다 국경에 있는 니무레에서 마그위까지 가는 것이었는데, 차가 두 번이나 진창에 처박혀 차에 탔던 사람 스물일곱 명이 모두 내려 트럭을 밀어야 했던 것은 셈하지도 않은 거였다. 어떤 규모든 비정부기구의 식량 전달은 어려울 수밖에 없었다. 지뢰 제거 팀은 포탑이 없는 탱크 장갑차를 타고 이곳에 왔다.

로투쿠들이 어떤 음식을 어떻게 구해서 먹는지 모른다. 그들은 경악할 만큼 이곳에 오래 머물지 못했다. 어떤 사람들은 깡말랐지만 병들어 보이지는 않는데, 안젤라는 그렇지 않았다. 그녀의 몸은 쪼그라들어 머리가 더 커 보였다. 갈비뼈를 볼 수 없는 유일한 곳은 한때 그녀의 젖가슴이던 부위였는데, 가슴이 두 겹이 되어 배꼽까지 늘어져 있었다. 그녀가 입은 옷이라곤 찢어진 여학생 주름치마였는데, 그 치마는 한때는 파란색이었지만 지금은 먼지투성이에 천 조각으로 동여매져 있었다.

* 신의 저항군 : 북우간다와 남수단에서 활동하는 그리스도교 근본주의 군사집단으로, 일종의 신흥종교 또는 사이비종교의 성격을 띠고 있다. 지도자는 조지프 코니(Joseph Kony)다. 본래 이름은 연합신성구세군(United Holy Salvation Army) 또는 우간다 기독군(Uganda Christian Army)이었으며, 우간다를 그리스도교의 십계명에 따라 다스리는 것을 강령으로 삼는다. 2005년부터 이 집단이 콩고민주공화국에도 들어왔다는 주장이 제기되어 왔으며, 2007년부터는 중앙아프리카공화국에서도 목격담이 보고되었다. 살인, 유괴, 납치, 신체 훼손, 성노예, 소년병 등 각종 반인권 범죄를 저지른 혐의를 받고 있다.

이 책에 실린 글들은 공통의 출발점을 갖고 있다. 가톨릭 사회교리의 풍요로움을 바탕으로 새로운 상황에 대응하면서 빈틈을 메우고 핵심 가르침의 일부를 바꾸는 등의 발전 능력으로부터 생겨났다는 점이다. 사실 현대 최초의 사회 회칙인 『새로운 사태(*Rerum Novarum*)』는 '새로운 것'을 의미한다. 그 회칙이 산업혁명의 새로운 것을 다뤘듯이, 오늘날의 가톨릭 사회교리는 교회와 그 산하기관들이 무력 분쟁이라는 도전 과제와 세계가 직면하고 있는 피스빌딩 가능성에 적절하게 대응하기 위해서라도 이미 진행 중인 발전을 계속해 나가야 할 것이다. 제2차 바티칸 공의회가 열리기 전까지, 사회교리는 대체로 유럽 관점에서 작성되었다. 앞으로 살펴보겠지만, 사회교리가 여전히 선진국의 경험에 뿌리를 두고 있다는 것은 논쟁거리다. 가톨릭 구제회의 피스빌딩 경험에 대해 평가한 헤들리와 노이펠트(Headley and

Neufeldt, 5장)의 방법론과 유사한 귀납적 방법론을 따르면서, 이 장에서는 사하라 이남 아프리카의 전반적인 현실, 특히 수단, 우간다, 콩고민주공화국에서의 상호 충돌을 다루고, 종교에 기반을 두었든 아니든 피스빌더 연합체들이 고려해야 할 4가지 문제 영역을 강조하려 한다.

평화와 관련하여 가톨릭 사회교리에 요청되는 변화를 다루기 위해서는, 사회교리가 평화를 사회적 관심이라는 사안과 연결해 온 방식을 살펴보는 게 도움이 된다. 사회교리에서 평화는 단지 명시적인 갈등의 부재가 아니라 정의의 과업이며, 사람과 사람 사이의 올바른 관계의 결과이다. 인권은 이런 올바른 관계를 위한 최소한의 조건을 설정한다. 경제 영역에서 관계는 발전을 촉진한다. 그리고 위에서 말한 어느 것도 연대라는 실천으로 입증된 공동선에 대한 헌신 없이는 가능하지 않다. 따라서 이 글에서는 정의와 인권, 발전(개발), 그리고 연대라는 개념과 관련하여, 가톨릭 피스빌딩이 마주하고 있는 4가지 도전 과제에 대해 상세하게 설명하겠다.

첫 번째 도전 과제는 최소한의 평화를 확보하는 일과 정의를 추구하는 일 사이의 신중한 시간적 관계 또는 순서를 분별해야 한다는 점이다. 사하라 이남의 많은 지역에서 장기간에 걸쳐 일어난 전쟁의 성격이 이런 문제를 제기한다. 1952년 수단이 독립한 지 50년 이상 지난 지금, 남수단은 하르툼 정부와 39년째 전쟁을 벌이고 있다. 신의 저항군과 그 선봉대는 1986년부터 우간다 정부와 싸우고 있다. 그런 현실은 가톨릭 사회교리가 평화와 정의 사이의 관계를 이해하는 방식에 영향을 미친다. 사회교리는 평화가 겉으로 드러난 갈등의 부재 이상의 것이어야 한다고 믿는다. 평화는 경제 발전에 관련된 사람들을 포함하여 정당한 사회관계의 결과라는 것이다. 그러나 사회기반시설이 현저히 부족한 남수단을 보면 알 수 있듯이, 장기화된 전쟁은 사회적 관계를 너무나 심각하게 파괴하여, 온전한 관계를 가능하게 하려면 때로는 노골적인 갈등이 없는 상태를 평화로 설정해야 할 필요가 생긴다.

두 번째 도전 과제는 첫 번째 도전과 연관되는데, 인권에 대한 가톨릭의 이해를 확장하고 뉘앙스를 살릴 필요가 있다는 점이다. 사하라 이남 아프리카의 전반적으로 낮은 삶의 질이 이런 문제를 제기한다. 장기화된 전쟁은 중요한 경제 발전을 불가능하게 만들고, 실제로 그것이 사람들의 삶의 질을 더 악화시킨다. 그 결과, 수많은 분쟁 속에서 많은 사람이 포탄의 파편보다도 기아, 식수 부족, 예방할 수 있는 질병 때문에 죽는다. 하지만 가톨릭의 가르침은 직접 살인과 간접 살인 사이의 구분, 또 생명권(the right to life)과 삶의 질(the quality of life) 사이의 차이를 구분해야 한다고 말하면서, 전쟁이라는 사회적 붕괴로 인한 죽음을 간과하는 경향이 있다. 이것은 가톨릭 윤리신학이 유럽, 즉 훨씬 높은 생활 수준을 누리고, 따라서 어떤 이의 생명권을 위협하지 않으면서 그 사람의 삶의 질을 악화시킬 수 있다고 주장하는 게 타당할 수도 있는 사회에 뿌리를 두어 왔기 때문일 수 있다. 사하라 이남 아프리카에서는 그렇지 않다. 이런 현실에 대응하기 위해, 가톨릭 사회교리는 직접/간접 살인, 그리고 삶의 질/생명권 사이의 구분이 생각하는 것만큼 명확하지 않다는 사실을 깨달을 필요가 있다. 가톨릭 인권 이론은 주택, 식량, 보건, 위생 같은 사회·경제적 욕구를 근본적인 권리로 파악하는데, 무엇보다 먼저 보호되고 촉진되어야 할 이런 권리의 결여로 전쟁 중에 많은 사망이 초래된다는 사실에 대해 분석적인 시각을 훈련할 필요가 있다.

세 번째 도전 과제는 식민지적 전제조건이 (아프리카인들은 원시적이고 후진적이라는 묘사와 함께) 지속해서 개발 원조를 형성해 온 방식에 대해 더 깊이 파고들 필요가 있다는 점이다. 가톨릭 사회교리가 과거 범죄에 대한 공모뿐만 아니라 현재의 문제적 태도와 관행을 조장할 가능성까지 다루기 위해서는, 구조적인 죄악 개념을 더 상세하게 언급할 필요가 있다. 예컨대, 가톨릭 사회교리의 많은 내용이 산업 생산이라는 발전 모델을 전제로 전개된다. 그러나 사하라 이남 아프리카에서 갈등을 겪은 수많은 사회는 대규모 산업 경제가 아니라 소규모 토지소유자가 농업을 영위하고, 이 토지는 오랜 문화적 관습에 따라 개인이 아니라 일족이 공동으로 소유해 왔다. 대규모 산업적 농업으로의 급속한 발전을 강요하는 어떠한 시도도 가톨릭 사회교리가 폭력적인 갈등으로 귀결된다고 주장하는 종류의 빈부 격차를 만들어 낼 것이다.

가톨릭 피스빌딩에 대한 네 번째 도전 과제는 '다른 이를 위한 사람'인 예수 그리스도의 모범을 따라, 폭력 피해자 곁에 존재하기와 인격적 연대라는 신학을 발전시켜야 한다는 점이다. 서구의 현장 이탈(absenteeism) 현상이 이 문제를 강조한다. 현장 이탈의 역학은 영화 「호텔 르완다(*Hotel Rwanda*)」*를 통해 대중화되었는데, 이 영화에서 서구인들은 대량 학살이 시작되었을 때 현지 주민들을 남겨두고 달아나 버린다. 분쟁이 발생할 때, 서양인들은 대개 직접 관여하지 않는다. 그 지역에 있었다고 해도, 갈등이 시작되면 그들은(외교관부터 국외 거주자인 비정부기구 활동가에 이르기까지) 떠난다. 북우간다의 경우, 서구 국가들은 모두 실질적인 목적 때문에 갈등이 빚어진 초기

19년 동안 갈등에 개입하지 않았는데, 2003년 유엔 인도주의 사무처장이던 얀 에게랜드(Jan Egeland)는 이를 '오늘날 세계에서 가장 심각하게 잊혀지고 무시된 인도주의적 위기'[1]라고 지칭했을 정도였다. 2005년에 국제 형사재판소는 신의 저항군 최고 지도자 5명에 대한 기소장을 제출했지만, 그들의 행위를 저지할 권한은 없었다. 다시 말해, 서구 기관의 대표들은 우간다 사람들에게 어떻게 갈등을 종식할 수 있을지 알려주고 싶어 했지만, 그렇게 함으로써 자신을 위험에 빠뜨리고 싶어 하지도 않았다. 기소에 대한 아촐리의 저항은 그들이 역으로 토착 문화적인 화해 양식을 제안한 일과도 관련되지만, 서구의 현장 이탈 현상과 더 깊은 관련이 있었다. 가톨릭 사회교리의 연대 개념이 현장 이탈 문제를 해결하는 데 도움이 될 수 있는데, 그러려면 교리가 현장에서 서로 대면하는 일을 더 강조할 정도로 발전해야 한다. 그런 발전은 가톨릭 사회교리가 삼위일체의 두 번째 위격(하느님께서 우리와 얼굴을 마주하도록 보내주신 분)을 지금까지보다 더 많이 강조할 필요가 있다는 사실을 보여준다.

* 「호텔 르완다」: 1994년 봄에 발생한 르완다 대량 학살을 바탕으로 한 영화로, 테리 조지(Terry George) 감독이 2004년에 발표했다. 포위당한 콜린스에 피난처를 제공하여 자신 가족과 1,000명 이상 피난민의 생명을 구한 르완다 인도주의 활동가 폴 러세사바지나(Paul Rusesabagina)의 노력을 기록하고, 대량 학살, 정치적 부패와 폭력의 영향을 탐구한 영화로 평가받았다.

장기화된 전쟁 : 정의와 평화의 순서에 대한 도전

로쿵의 건기, 수단 국경에서 몇 킬로미터 떨어진 지역에, 약 만 3천에서 2만 명 정도의 사람이 모여 있는 국내 난민수용소가 있다. 사실 정확히 얼마나 많은 사람이 있는지는 아무도 모른다. 하루가 저물 무렵, 깔리기 시작한 땅거미가 사람들의 피부 위의 내려앉은 먼지와 잠깐이나마 어우러진다. 캠프에서 1킬로미터 이상 떨어진 곳에서 경작하는 것은 아직 안전하지 않기 때문에, 오늘 유엔의 토요타 랜드 크루저와 세계식량계획 트럭이 도착하여 사람들에게 식량을 전달했다. 많은 사람이 자기 밭에도 나갈 수 없었다. 차들이 오렌지 갈색 회오리바람을 일으켜 사람들의 모공에 먼지가 내려앉았다. 우리는 당시 거주하고 있던 오피라의 집 현관 밖에 접이식 의자에 앉아 있었다.

지역 상인인 오쿠무는 나에게 이제 하루 중 가장 위험한 때에 접어든 거라고 경고한다. 어두워지면 사람들의 실루엣만 볼 수 있을 뿐, 누가 누군지 구분할 수 없기 때문이다.

"LRA는 이맘때 공격하는 걸 좋아합니다. 그들은 여러분을 볼 수 있지만, 여러분은 그들이 누구인지 구분할 수 있을 만큼 잘 볼 수 없으니까요. 그들은 당신이 아는 사람일지도 몰라요. 그들이 내 집에 온 것도 이맘때였어요. 음식을 달라기에 음식을 주었고, 돈을 달라기에 돈을 주었습니다. 그러더니 그들이 내 손을 등 뒤로 묶고 납치하려 했어요. 그들이 돈을 가지러 돌아왔을 때, 나는 도망쳤습니다. 동생과 저는 그들이 로쿵을 떠날 때까지 이틀 동안 소다와 크래커를 먹으며 라락 산에서 지냈습니다."

오피라가 끼어든다. "1997년 1월이었습니다. 1월 4일부터 1월 7일까지, LRA는 로쿵 주변 지방에서 550명의 아촐리를 죽였어요.

그 후 우간다 군대는 반군을 공격하기 위해 마을과 캠프를 폭격했고, 417명이 더 죽었습니다."

오쿠무는 "아니야, 417명을 죽인 건 LRA였어."라고 말한다.

오피라와 오쿠무는 서로를 바라본다. 아무도 정확히 모른다. 그건 9년 전 일이었고, 정확한 집계조차 불가능했다. 오피라가 계속 말한다.

"처음에 LRA는 총을 사용하지 않았어요. 그들은 팡가스로 사람들을 때렸어요. 사람들을 베기도 했는데, 입술, 남자들의 성기, 여성들의 가슴 같은데요. 나는 여동생과 제부, 그리고 그들의 9명의 아이를 잃었습니다. 사람들이 자기 집에서 불태워졌습니다."

오쿠무는 머리를 흔들면서, 멀리 산 쪽을 바라본다.

"작년 건기의 일인데, 사람들이 물을 구하러 캠프 밖으로 나가야 했어요."라고 말한다. "LRA가 물웅덩이로 가는 길옆에서 기다리고 있었던 겁니다. 여성이 8명 있었는데, 반군들이 여성 8명의 옷을 다 벗기고는 본보기로 세 명의 귀와 입술을 잘랐습니다. 그들은 '우리는 당신들이 이곳에 오는 걸 원하지 않는다.'는 본보기를 보이기 위해, 여성들을 다시 마을로 돌려보냈습니다. 그 일이 있고 나서 사람들은 밭에 나가거나 물을 가지러 갈 수 없게 되었습니다."

"우리는 저주받은 겁니다."라고 오피라가 토로한다. "우린 저주받았어요."

피스빌딩 신학을 상세히 설명해야 할 때 중요한 과업은 피스빌딩 활동을 뒷받침하는 평화 개념과 경제 개발 활동을 뒷받침하기 위해 교회 문헌이 자주 끌어다 쓰는 정의 개념 사이의 관계를 결정하는 일이다. 현대 가톨릭 사회교리는, 특히 교황 요한 23세의 『지상의 평화(Pacem in Terris)』 이후, 평화를 하느님과 이웃과 올바른 질서 또는 올바른 관계 측면에서 묘사한다. 때로 문헌들은 평화를 올바른 질서나 관계와 동일시하는 것처럼 보이고, 또 어떤 때는 평화를 질서나 적절한 관계의 *결과*라고 진술한다. 두 경우 모두 교회의 가르침은 올바른 질서를 정의의 관점에서 바라본다. 발전된 점은 이론적으로나 어휘상 평화보다 정의에 우선순위를 두었다는 것이다. 교황 바오로 6세는 그의 자주 인용되는 "평화를 원한다면 정의를 위해 활동하라"라는 진술을 통해 이런 우선순위를 가장 분명히 표현했다. 여기서 생기는 문제는 평화보다 정의를 우선시하는 이런 사고가 전혀 보편적이지 않은 특정 사회적 맥락까지 분석한 결과일 수 있는가이다. 이 글에서는 평화와 정의 사이의 관계에 대해 훨씬 복잡하지만, 경험적으로는 더 적절한 설명이 될 사례를 제시해보려 한다. 이것은 피스빌딩의 구체적인 실천 행위와 정의의 실행 사이를 연결 짓는 일에서 여러 의미를 암시한다.

　가톨릭 사회교리에서 평화를 위한 조건으로써 정의에 우선순위를 두는 일은 인간이 사회적 존재라는 주장에서 시작된다. 『새로운 사태』는 '사회에서 생활하는 인간의 자연스러운 성향'을 언급한다. 40년 뒤 교황 비오 11세는 사람은 "사회적인 본성을 부여받았다."[2]고 말함으로써, 인간이 사회적 존재라는 기본 주장과 신학적 근거 둘 다를 확인한다. 이후의 문헌들은 인간의 사회적 본성에 관한 주장을 더 발전시킨다. 문헌들은 *상호의존*이라는 용어를 사용하여 인간의 사회적 본성을 나타냈는데, 문헌들은 인간 서로에 대한 의존이 더 심화된다고 보았다. 예를 들어, 교황 베네딕토 16세는 『진리 안의 사랑 (*Caritas in Veritate*)』에서 사회적 존재가 무엇인지에 대해 이렇게 설명한다. "인간이라는 피조물은 대인관계를 통해 정의됩니다. 그 또는 그녀가 이 관계를 더 진실하게 살수록, 그 또는 그녀 자신의 정체성은 더욱 성숙해집니다." 또 베네딕토 교황은 최근의 교황들이 '전 세계적인 상호의존의 폭발'을 부분적으로 예견했지만, "상호의존이 진화해가는 놀라운 속도는 예상할 수 없었을 것"[3]이라는 사실도 지적했다.

인간의 사회적 본성에 대한 강조는 가톨릭의 가르침을 서구의 정치, 경제사상의 많은 부분, 특히 고전적 자유주의와 신-고전적 자유주의와 구분 짓는 특징이다. 이 개념은 오늘날 미국 민주당 내 좌익을 묘사하기 위해 흔히 자유주의라 언급하는 것과 혼동되어서는 안 된다. 고전적 자유주의는, 자연 상태에서 즉 아무런 방해나 강요 없이, 자신의 최대 이익에 부합하기에 유대를 맺고 자유롭게 '계약'을 형성하는, 자율적 개인이라는 사상을 전제로 한다. 현대의 자유주의자(조 바이든)와 보수주의자(조지 W. 부시) 모두 이 전통에 신세를 지고 있다. 마이클 왈저(Michael Walzer)는 어떻게 국제법에서의 고전적 자유주의 '법률 패러다임'이 자율적 개인이라는 개념을 '최고 권력을 지닌' 국민국가로 이전시키는지에 대해 지적했는데, 국민국가는 다른 나라가 자유롭게 행동하는 것을 방해하지 않는 한 어떤 행위도 허용된다고 본다.[4] 이런 경우 평화는 적극적인 관계의 질이 아니라, 그저 국가 사이의 노골적인 갈등의 부재라고 소극적으로 정의된다.

그러나 사람들이 서로 깊이 연결되어 있다는 관찰로 시작하는 사회이론에서, 평화는 단지 노골적인 갈등의 부재가 아니라 '하느님과 이웃과의 올바른 관계'라는 적극적 개념이다. 예를 들어, 제2차 바티칸 공의회의 『사목 헌장(*Gaudium et Spes*)』은 그 요점을 명확하게 표현하기 위해 조화의 언어를 도입한다.

평화는 단순히 전쟁의 부재만이 아니며, 오로지 적대 세력의 균형 유지로 전락할 수도 없고, 전제적 지배에서 생겨나는 것도 아니다. 올바로 또 정확히 말하자면, 평화는 '정의의 작품'(이사 32, 7)이다. 인간 사회의 창설자이신 하느님께서 심어 놓으신 그 질서의 열매, 또 언제나 더 완전한 정의를 갈망하는 인간들이 행동으로 실천하여야 할 사회 질서의 열매가 바로 평화이다.5)

사회적 존재로서의 인간 개인에 대한 강조, 따라서 단지 명백한 갈등의 부재로서가 아니라 이웃 사이의 올바른 관계의 결과로서의 평화에 대한 강조는, 가톨릭 사회교리에서 적극적 평화의 실현을 위해 정의를 우선순위에 놓는 태도를 만든다. 그러나 전쟁이 장기화될 경우, 사실상 기반 시설과 신뢰를 구축할 수 있는 지역 중재기관이 모두 파괴되어 버린 상황에서, 정의를 우선순위에 놓는 일은 문제가 될 수 있다. 왜냐하면 소극적 평화가 정의의 전제조건이 될 수 있기 때문이다. 그런 일이 북우간다 상황에서 일어났다.

북우간다에서의 갈등은 세 단계를 거쳐 진행되었다. 첫 번째는 당시 대통령인 요웨리 무세베니(Yoweri Museveni)가 표면상으로는 권력을 공유하기로 동의했던 아촐리 북부 사람 티토 오켈로(Tito Okello)를 타도한 뒤인 1986년에 권력을 잡으면서 시작되었다. 무세베니는 자기 군대에 후퇴하는 오켈로의 군대인 우간다 인민 민주군(the Uganda Peoples Democratic Army)을 쫓아 북상하라고 지시했다. 무세베니의 국민 저항군(National Resistance Army)에 의해 자행된 강간과 즉결 처형은 일상적이었으며, 규범이기까지 했다.6) 국민 저항군은 또 광범위하게 약탈을 자행했는데, 특히 북부의 주요 자원이자 부의 상징인 소에 집중했다. 1988년, 우간다 인민 민주 군 잔당들은 그들의 정신적 고문이자 중재자 역할을 했고 나중에 지역 지도자가 된 조지프 코니를 따라 신의 저항군을 결성했다. 코니와 신의 저항군은 수많은 아촐리 사람들의 불만 대상이 되었다.

갈등의 두 번째 단계는 1994년 신의 저항군과 무세베니의 국민 저항운동(National Resistance Movement) 사이의 협상이 좌절되면서 시작되었다. 코니는 일찍이 1989년부터 아촐리 납치를 감행했지만, 평화 회담이 결렬된 뒤 신의 저항군 편에서의 아촐리 살해와 납치 정도는 두드러지게 증가했다.[7] 코니는 지역 주민들이 더 이상 자신의 시도를 적극적으로 지지하지 않는다고 믿었고, 그런 생각은 대체로 옳았다. 그는 장로들이 자신을 버렸다고 비난했고, 1996년 두 명의 장로가 신의 저항군과 협상하러 왔을 때 그들을 살해하라고 지시했다. 1995년 4월 22일, 신의 저항군은 아티악에서 200명 이상의 사람들을 학살했고, 1997년 1월 신의 저항군 병사들이 팔라벡과 로쿵에서 400명이 넘는 사람들을 살해했다. 이것이 아촐리 사람들이 '저주'라고 묘사한 상황이다.

1996년에 국민 저항운동은 아촐리에게 국내 난민수용소에서 살도록 요구하는 공식 정책을 시작했다. 사람들이 자발적으로 수용소로 이동하지 않으면, 국민 저항운동 군은 마을을 공격하여 수용소로 떠나도록 강요했다. 휴먼라이츠워치(국제인권감시기구)가 2004년과 2005년에 낸 보고서는 정부 기관과 군대(우간다 인민방위군, UPDF)에 의해 자행된 광범위한 인권 침해에 대해 상세히 전한다. 이 보고서에 따르면, UPDF는 거의 어떤 처벌도 받지 않은 채 이런 행동들을 자행해 왔다고 한다.[8]

이런 상황에서 문제는 어떻게 하면 평화를 끌어낼 것 인가였다. '정의로 이끌기'는 두 가지 이유로 애초부터 성공할 가망이 없는 개념이었다. 첫째, 정의가 여러 당사자가 책임을 지는 것을 의미한다면, 갈등이 지속되는 동안 그것을 이룰 방법은 없었다. 양측은 심각한 인권침해를 자행하고 있었기 때문이다. 만약 전쟁 종식이 책임지는 행위를 의미한다면 양측은 전쟁을 끝내는 일에 거의 관심이 없었다. 둘째, 만일 정의가 사회기반시설의 회복과 정치적, 법적 질서의 회복을 의미한다면, 모든 징후로 보건대 전투가 중단될 때까지 그런 일은 성취될 수 없었다. 국내 난민수용소에서의 생활은 지구상의 림보(limbo : 천국과 지옥의 경계 지역이라는 뜻으로 불확실한 상태를 나타냄 - 역자 주)로, 안전이 보장될 때까지 사회적, 시민적, 경제적 상태 그 어떤 것도 성취될 수 없었기 때문이다.

우간다 갈등에 대한 이런 견해를 가장 강력하게 지지한 기관은 난민법 프로젝트(the Refugee law Project)였다. 난민법 프로젝트가 2005년, 109건의 인터뷰에 기초해서 내놓은 연구 보고서, "평화 먼저, 정의는 나중(Peace First, Justice Later)"은 궁극적으로 '모든 측면'이 고려되어야 한다고 주장한다. 하지만 그러는 사이 "북부의 사회적 기반이 거의 완전히 파괴되었다."9)는 사실만 남았다. 연구 보고서는 과거 행위에 대한 책임이나 미래의 사회구조 복구를 위한 어떠한 움직임도 노골적인 갈등의 부재로서의 평화를 확보하지 않고서는 불가능하다고 주장한다.

 전쟁에서 벗어난 나라에서 사회 재건을 분석함으로써 얻은 교훈 가운데 하나는 어떤 다른 활동이나 과정이 성공적으로 수행되기 전에 평화가 확보되어야 한다는 점이다. … 비록 미래에 일어날지도 모를 서로 다른 정의의 메커니즘에 대한 의견 불일치가 있다 하더라도, 인터뷰에 응한 사람들은 일이 진행되어야 할 순서에 대해 놀라운 합의를 보여주었다. 즉 먼저 전쟁이 끝나야 하고, 그런 뒤에야 어떤 정의의 메커니즘이 실행되어야 하는지 결정될 수 있다는 것이다. … 이런 순서를 생각하는 이유는 간단하다. 위에서 자세히 설명한 조건이 없다면 또 그런 조건이 마련될 때까지는, 즉 사람들의 안전이 보장될 수 없는 상황이 바뀌지 않는 한, 갈등의 한복판에 사는 사람들은 갈등 이후의 재건에 집중할 시간도, 지향점도 가질 수 없기 때문이다.10)

난민법 프로젝트는 소극적 평화의 추구는 정의에 기초한 적극적 평화를 배제하려는 것이 아니라, 오히려 활동의 적절한 '순서(sequencing)'의 문제임을 분명히 한다.11) 교황 바오로 6세의 문장을 뒤집어, "정의를 원한다면 (소극적) 평화를 위해 활동하라"인 것이다. 이어지는 사건들은 이 보고서의 분석을 뒷받침한다. 2006년 7월 남수단 정부의 보호 아래, 우간다 정부와 신의 저항군 대표들이 협상을 시작했다. 2006년 8월, 양측이 적대관계 종식 협정(the Cessation of Hostilities Agreement)에 서명한 뒤, 월평균 납치와 살인 횟수는 한 자릿수로 급속도로 떨어졌고, 캠프에 머물던 사람들은 집으로 돌아갈 준비를 시작했는데, 이 모든 일이 책임성과 재건에 관한 어떠한 합의도 없이 이루어졌다. '야간 통행자(night commuter, 집에서 납치되는 일을 피하고자 밤에는 무역 센터에 와서 지내는 아동 – 역자주)' 숫자가 10여 년 만에 최저 수준으로 떨어졌다.12) 북우간다의 가장 큰 마을 굴루는 우간다의 수도 캄팔라와 남수단의 수도 주바를 잇는 주요 무역 중심지가 되었다. 상대적인 소극적 평화가 두 수도를 잇는 도로의 보수와 개선을 허용한 것이다.

  2008년 4월과 다시 11월, 코니는 미래를 위한 책임과 화해 절차가 포함된 최종 평화협정에 서명하기로 되어 있던 회의에 나타나지 않았다. 우간다 정부는 2008년 12월, 콩고민주공화국에 있는 신의 저항군의 주요 후방 기지에 대한 공습으로 대응했다. 신의 저항군은 이어 바로 다음 달 콩고와 남수단에서 아주 작게 잡더라도 약 9백 명에 이르는 민간인을 학살하고, 주바로 이어지는 주요 무역로를 가로막는 등 난동을 벌였다. 약탈 행위가 우간다까지 이르지는 않았지만, 캠프 주민들은 고향 마을로 이주하기를 중단했고, 집으로 돌아갔던 사람들 일부도 캠프로 돌아왔다. 간단히 말해서, 노골적인 갈등으로의 회귀가 정의를 생각조차 할 수 없는 일로 만든 것이다.13)

  앞으로 일어날 사태의 변화는 다양한 종류의 대응이 필요하다. 북우간다의 발전은 정의와 평화가 서로 얽혀 있음을 시사한다. 어느 한쪽이 전략적 우선순위를 가질지는 문제가 된 구체적인 상황의 특수한 환경에 따라 달라지며, 신중함의 미덕을 발휘해야 한다. 넓은 맥락에서는 적극적 평화를 추구할 필요가 있다. 그러나 어떤 경우, 특히 수십 년에 걸쳐 갈등이 지속되어온 상황에서, 실질적인 우선순위는 소극적 평화에 두어야 한다.

전쟁에서의 '간접적' 생명 손실 : 인권 교리에 대한 도전

"나는 그저 죽을 때를 기다리고 있어요."

남자는 진흙과 짚으로 만들어진 집 문 앞에 옆으로 누워 있다. 먼지 때문에 남자는 옅은 적갈색으로 보인다. 피부는 너무 까매서 먼지를 마치 찌르레기처럼 보라색으로 보이게 한다. 로즈 수녀(Sister Rose)가 상태가 좀 어떠냐고 묻기 위해 그에게 몸을 숙인다. 그의 목소리는 거의 들리지 않을 정도다.

유엔 세계식량계획(WFP)은 북우간다 파보 난민수용소에 한 달에 한 번 식량을 전달하지만, 그중 어느 것도 산토에게는 다다르지 않았다. 산토는 허리 아래가 마비 상태로 손으로 할 수 있는 일이 거의 없고 눈도 거의 먼 상태다. 그는 음식을 집어서 집으로 가져오는 일은 말할 것도 없고, WFP에 음식 등록을 하러 갈 수도 없다. 그의 가족도 마찬가지였다. 산토의 아내는 죽었다. 아들 코마켁은 파보의 많은 남성이 이른 아침에 하는 일과에 참여한다. 산토는 콜라병이나 비닐봉지에 든 현지에서 증류한 카사바 술인 아레게를 마신다. 코마켁의 아내는 이런 지옥 같은 처지에서 두 남자를 돌볼 방법이 없다고 말한다. 산토는 굶주리고 있다.

내가 파보에 있는 3주 동안 로즈 수녀와 나는 산토를 목욕시키고, 그에게 음식을 가져다주었다. 처음 그에게 갔던 날 나는 그의 가슴과 배를 씻기고 잠시 멈추면서 한숨을 쉬는 실수를 저질렀다. 산토는 그의 집에서 두, 세 집 정도 떨어져 있는 도랑으로 갈 수 없어서, 비닐로 된 WFP 봉지에다 똥을 눈다. 그는 그 비닐봉지를 손이 닿는 뒤쪽에 두는데, 그 비닐은 누군가 그에게 음식을 가져다준 적이 있었고, 그녀가 지금은 죽었다는 것을 상기시켜 준다. 나는 우리가 가져온 빨간 플라스틱 대야에 천을 넣어 빤 뒤, 파란색 대야에 있는 더 깨끗한 물에 담근다.

가톨리시즘에서 무력 분쟁의 도덕성을 평가하는 지배적인 원천은 정당한 전쟁론이다. 이 이론은 전쟁에 참여하기 전과 전쟁 수행 중에 충족되어야 할 조건을 제시하고, 신학 논문과 교회 문헌에서만이 아니라 국제법과 군사 매뉴얼에 성문화된 전쟁의 법칙에서도 표현을 찾아 쓴다. 정당한 전쟁론은 전쟁의 정당한 원인, 올바른 의도, 최후의 조치, 합리적인 성공 가능성, 비례성, 차별성 또는 비전투원 면책권과 같은 기준을 포함한다. 마지막 요소인 비전투원(민간인) 면책권은 전쟁 행위에 즉각적으로 관여하지 않은 사람은 전쟁 폭력의 피해자가 되어서는 안 된다는 주장이다. 그것의 전제는 생명권이다. 그러나 현대 전쟁, 특히 현재 벌어지고 있는 전쟁의 특징 중 하나는 전쟁으로 사망한 비전투원의 숫자와 비율이 높아지고 있다는 것이다. 1999년 이후 무력 분쟁의 수는 감소했지만, 민간인에 대한 *조직화된 군사작전* 수는 비약적으로 증가했다.[14]

정당한 전쟁론은 그런 조직화된 군사 작전은 배제하지만, 그 이론이 비전투원 살해를 허용하는 방식은 문제로 남는다. 직접(또는 '의도적') 살상과 간접(또는 '의도적이지 않은') 살상을 구별함으로써 그렇다. 군사 작전에서, 군대는 오로지 전투원만을 직접 타격 대상으로 (즉 죽이려는 의도로) 삼는데, 비록 비전투원이 의도한 목표 일부가 아니라 하더라도, 비전투원을 죽이는 일이 허용된다. 여기서 중요한 점은 의도하지 않았다는 것이 예기치 못했음을 의미하지는 않는다는 점이다. 특정 행동이 어떤 결과를 낳을지 예견하는 것은 가능하지만 의도하는 것은 아니다. 가톨릭 전통에서 일부 논평자들은 이런 논의를 토마스 아퀴나스로까지 거슬러 올라가, 이중 효과의 원리(the principle of double effect)로 정립한다. 모든 행동은 적어도 두 가지 효과를 가지고 있지만, 한 사람이 책임져야 할 유일한 효과는 직접적으로 의도된 효과이고, 다른 모든 효과는 간접적이다. 간접적 효과의 부정적인 영향을 줄이려고 노력해야 하지만, 나머지 효과는 의도한 행위의 부대 효과일 뿐이므로 그것들에 대해서는 궁극적으로 책임이 없다는 것이다.[15] 군사 매뉴얼은 그런 부대 효과를 부수적 피해라고 지칭한다. 이중 효과의 원리를 (실제로) 남용될 소지가 있으므로, 전쟁과 관련하여 이 원리를 사용하는 것에 대해 오랫동안 비판이 있었다. 예를 들어, 미국의 핵 정책은 산업 중심지를 목표 대상으로 한 것이지, 민간인 '그 자체(per se)'를 목표로 삼은 건 아니라고 진술해 온 것처럼 말이다.

그러나 정치학과 공중보건학을 교차시켜 발전시킨 더 최근의 문헌은 아마도 정당한 전쟁 사상에서 직접적/간접적이라는 구분을 표준적으로 사용하는 것에 큰 타격을 주었다. 이 문헌들은 대부분의 현대 전쟁, 특히 가난한 나라에서 일어나는 전쟁에서 많은 사람은 직접적으로 의도했든 아니든 포탄의 파편 때문이 아니라 전염병, 영양실조, 설사병, 그 밖의 유사한 원인 때문에 죽는다고 (전쟁이 없었다면 죽지 않았겠지만) 지적한다. 흥미롭게도, 이 문헌도 '직접적', '간접적'이라는 용어를 사용하는데, 하지만 정당한 전쟁론에서 사용되었던 언어와는 상당히 다른 방식으로, 그리고 무력 분쟁에 대해 우리가 얼마나 도덕적으로 생각하는지에 관한 심오한 의미를 함축한 방식으로 사용한다. 공중보건학 연구자들은 전투원과 비전투원을 구별하기는 하지만, '직접적' 사망은 전투원이든 비전투원이든 '무기의 사용으로 인한 운동학적 부상의 즉각적인 결과로 발생하는' 것으로, '간접적' 사망은 전투원이든 비전투원이든 '무기의 사용과는 거리가 먼 결과로서 발생하는' 즉 전쟁으로 인한 전염병이나 영양실조 같은 요인 때문에 발생하는 것으로 구분한다.16) 연구는 이 후자의 사망이 간접적이긴 하지만 총알에 맞아서가 아니라 무력 분쟁의 결과라는 사실을 보여준다. 직접적/간접적이라는 구분을 더 일찍 사용한 예와 비교하면, 전통적인 정당한 전쟁론의 언어는 '의도'라는 도덕적 범주를 사용하여, 경험적으로 진행되고 있는 일에 대해 종종 도덕적 책임을 **축소하는** (우리는 의도하지 않았고, 따라서 간접적인 부대 효과에 책임이 없다) 방식으로 얼버무린다. 반면에, 최근 공중 보건 정보에 기반한 문헌은 도덕적 책임을 **확대하는** 방식으로 ('무기 사용으로 인한 운동학적 부상'의 결과가 아니더라도, 우리의 행동으로 죽거나 부상을 입은 *모든* 사람을 수치에 포함하는) 우리의 의도가 무엇인지에 의문을 제기하기 위해 경험적 데이터를 사용한다.

데이터를 자세히 살펴보면 이런 사고가 얼마나 발전하고 있는지 알 수 있다. 대부분의 연구는 한 지역의 표준 질병률과 사망률을 기준선으로 사용한다. 그런 다음, 특정 갈등이 진행되는 동안과 이후의 비율을 비교하여, 전염병처럼 전쟁으로 인한 비위생적인 조건과 보건 체계의 실패 때문에 '간접적으로' 야기되는, 다양한 즉각적 원인으로 인한 '과잉' 사망에 대한 추정치를 통계적으로 확인한다. 최근 전쟁과 공중 보건 문헌의 급증은 1991년 이라크 전쟁과 그에 따른 이라크 제재의 결과로부터 자극받은 것으로 보인다. 갈등 전과 갈등이 진행되는 동안, 그리고 갈등 이후의 통계 자료를 이용하여, 유엔아동기금(UNICEF)은 1991년부터 1998년까지 5세 이하의 35만에서 50만 명에 이르는 어린이들이 다른 요인이 아니라 영양실조에서 설사병에 이르는 간접적 원인으로 사망했다고 추정했다.17)

사하라 이남 아프리카 상황에 대해서는 콩고민주공화국(구 자이르공화국)에 있는 국제 구호 위원회(International Rescue Committee, 약칭 IRC)가 진행한 연구가 있는데, 이 연구가 무력 분쟁의 영향을 새로운 방식으로 평가하는 촉매 역할을 했다. 2000년 초 「뉴욕 타임즈(*the New York Times*)」는 1994년 르완다 후투 난민(과 **집단 학살자들 *the genocidaires***)의 유입으로 시작된 갈등으로 콩고민주공화국에서 10만 명에 이르는 사람이 목숨을 잃었다는 사실을 보고하기 위해, 사망자 수를 세는 표준 방법을 사용했다.18) 그러나 곧바로 국제 구호 위원회는 간접 사망자 수를 고려하는 더 새로운 방법론을 사용하여, 5개의 심층 조사를 시행하여 사망자가 170만 명이라는 수치를 내놓았다.19) 보도된 사망자 수의 차이가 너무 커서 IRC는 「뉴욕 타임즈」에 그 보고서를 독점 제공하여, 그 신문이 이전에 보도한 수치를 적시에 공개적으로 수정할 수 있게 했다. 이 새로운 연구는 콩고민주공화국로부터 모든 외국 군대를 철수하고 인도적 지원을 늘리도록 요청하는 유엔 결의안을 통과시키는 데 기여했다.20) 그 나라(콩고) 11개 지방에 있는 총 35개 건강 지역에서 실시한 조사에 기초한, 2007년 IRC 보고서는 1998년 8월부터 2007년 4월 사이에 540만의 과잉 사망을 발견했다. 그중에서 210만이 전쟁을 끝낸 2002년 협정 이후에 발생했다. 사망자의 0.4% 만이 직접적 폭력의 결과였다. "사망자 대부분은 전염병, 영양실조, 신생아와 임신 관련 질환으로 인한 것이었다." 이라크에서와 마찬가지로, 아동이 불균형적으로 영향을 받았다. 2007년 콩고민주공화국 연구에 따르면, 아동이 사망자의 47%를 차지했는데, 전체 인구에서 아동 인구 비율은 19%에 불과했다.21)

앞에서 굶주리고 있는 산토라는 사람의 모습을 묘사했는데, 그가 전쟁과 관련된 광범위한 사상자의 일부라는 사실은 분명하다. 사례조사는 보스니아-헤르체고비나, 코소보, 체첸부터 수단, 앙골라, 모잠비크 지역까지 이루어졌다.22) 부가적으로, 교차 국가 분석은 더욱 일반적 패턴을 식별할 수 있게 해 주었다.23) 2005년 세계보건기구는 우간다에서 우간다 보건국을 대신하여 한 가지 연구를 진행했다. 이 보고서는 북부의 키티굼, 패더, 굴루 지역에 있는 국내 난민수용소의 '비-위기' 수준과 비교하여 현지 상황을 면밀히 분석한 결과, 말라리아, 에이즈, 영양실조, 설사, 폭력, 그리고 다른 원인으로 매주 거의 천 건에 이르는 과잉 사망이 발생한다는 사실을 발견했다. 보고서를 작성할 당시, 그 지역 주민의 거의 90%가 (150만이 넘는 사람들)이 지역에 있는 수용소에 살고 있었다.24)

갖가지 분쟁에 대한 조사에 따르면, 난민들은 사회적 혼란과 비위생적 상태로 인한 간접적 죽음에 특히 취약하다는 사실이 드러났다. 처음에, 사망 원인은 가장 흔하게는 급성 호흡기 감염, 설사병, 홍역, 그리고 E형 간염과 수막구균성 수막염 같은 여러 감염병이었다.25) 얼마 지나지 않아, 영양실조가 찾아오고, 감염병과 영양실조 둘 다 더 많은 감염성 질병으로 악화된다. 더욱이, 국내 난민수용소의 상황은 국제 난민수용소에 있는 사람들(나라 사이의 경계를 넘어온 사람들)의 상황보다 더 심한 경향이 있는데, 왜냐하면 국제 난민의 경우만 난민의 지위에 관한 1951년 유엔 협약과 1967년 추가 의정서에 의해 보호되기 때문이다. 2005년 세계보건기구가 우간다에 관해 보고한 당시, 전 세계 2,100만 국내 난민 가운데 약 1,000만 명이 사하라 이남의 세 나라인 콩고, 수단, 우간다에 거주했다. 2006년 국제

구호 위원회의 콩고민주공화국 연구에 따르면, 매달 3만 8천 명 정도의 과잉 사망이 발생했다.[26]

가톨릭 사회교리에서 고려할 문제는 직접/간접을 구별하는 용법 중 어느 것이 우세해야 하는가이다. 무기를 겨누었는가 하는 것으로 드러난 도덕적 의도를 확인하는 구별법을 끌어들여, 수치를 센다고 하더라도 '간접적' 죽음으로 깎아내리고 그렇게 해서 도덕적 책임을 제한하려 드는 강대국의 관점과 용법인가? 아니면 현장에 사는 사람들의 (대부분이 비전투원) 경험으로부터 끌어낸 관점과 용법, 그들의 경험을 경험적 데이터로 바꾸는 용법, 그렇게 해서 무력 분쟁의 결과에 대한 도덕적 책임을 평가해야 할 때 우리가 고려해야 할 점을 확장하는 방식으로 데이터에 목소리를 부여하는 용법인가? 간접적 죽음에 대한 후자와 같은 관심은 실제로 가난한 사람들의 경험을 어떻게 바라보느냐에 따라 생기는데, 개발도상국은 선진국에 비해 이런 종류의 '과잉' 사망에 훨씬 더 많이 노출되어 있기 때문이다. 전쟁의 전염병학에 대한 개요에서, 리차드 가필드(Richard Garfield)는 "무기와 연관된 사망과 무관한 과잉 사망의 비율은 대개 공중 보건 기반 시설이 가장 열악하고 현재 전쟁이 벌어지고 있는 저개발국에서 가장 높게 나타난다."[27]고 말한다.

따라서 질문과 도전 과제는 가톨릭 사회교리의 직접/간접이라는 구별이 폭력 제공자와 폭력 피해자 중 어느 쪽의 관점을 반영할 것인가이다. 전통적인 정당한 전쟁론의 직접적/간접적 구별이 무용지물이라는 말이 아니다. 전쟁에 대한 도덕적 담론에서 정당한 전쟁론의 우세는 그런 분석을 하는 사람들의 관점과 사회적 위치를 반영한다는 점과, '가장 작은 이들(the least of these)'의 관점에서 이루어지는 분석이 공중 보건학에서 생겨난 용법을 전면에 내세우고 전통적 용법은 배경이 되게 하리라는 점을 말하는 것이다. 가톨릭 사회교리는 공중 보건의 용법을 강조해야 한다. 특히 오늘날의 분쟁에서 훨씬 더 많은 사람, 그 대부분이 비전투원인 사람들이 총알과 파편 때문이 아니라 무력 분쟁으로 인한 극심한 영양실조, 각종 전염병, 그리고 다른 유사한 원인으로 사망하기 때문이다.

훨씬 현대적인 가톨릭 윤리 사상의 핵심에 있는 생명권과 삶의 질이라는 두 번째 구별을 조사함으로써 첫 번째와 같거나 유사한 요점을 말할 수 있다. 다시 말하지만, 비전투원 면책이라는 주장은 생명권에 기초한다. 예를 들어, 디프테리아로 인한 과도한 수준의 사망을 분쟁으로 인한 사망으로 계산하지 않는 관점은, 분쟁이 그 지역 인구의 삶의 질을 악화시켰을 수도 있지만, 분쟁이 그들의 생명권을 침해하는 결과를 초래하지 않았다고 주장한다. 이것은 훨씬 부유한 나라에나 어울리는 관점이다. 분쟁 상황에 놓인 대부분의 가난한 나라에서, 삶의 질은 이미 너무 낮아서 삶의 질의 저하가 생명의 손실을 초래하는 것이 아니다. 이곳에서는 보건 기반 시설이 조금이라도 더 악화되면 사람들이 죽는다. 지금까지 충분히 제기된, 생명권과 삶의 질 사이의 구분은 삶의 질의 문제를 여러 권리와 관련된 문제로 전혀 고려하지 않는 관점을 전제한다. 그런 구분(distinction)이 *분리(separation)*가 되고, 가톨릭 관점이 아니라 고전적 자유주의 사상에 영향을 받은 관점을 반영하게 되는 것은 바로 이 지점에서다. 가톨릭 사회교리와는 반대로, 고전적 자유주의 사상은 의료적 돌봄 같은 것에 접근하는 게 권리라는 생각을 거부한다. 그것이 삶의 질을 향상하기는 하지만 권리는 아니며, 확실히 생명권의 일부가 아니라는 것이다.

가톨릭 윤리 사상이 생명권과 삶의 질 사이의 구분을 완전한 분리로 만들려는 욕구에 저항하기 위해서는 두 가지 작업을 할 필요가 있다. 첫째, 가톨릭 사회교리에서 **권리로서** 확인된 모든 범위의 인권을 더욱 강력하게 제시해야 한다. 이 일을 수행하는 데 도움이 되는 자료가 있다. 『백주년(*Centesimus Annus*)』에서 교황 요한 바오로 2세는 '생명을 유지하고, 사람들의 욕구를 충족시키는 물질적 재화'는 '그들의 권리의 대상'이라고 말한다. 교황의 1999년 「세계 평화의 날 담화」는 '인권의 보편성과 불가분성'을 주장함으로써 한 걸음 더 나아간다. 교황은 더 자세하게 "인권은 전통적으로 두 가지 광범위한 범주로 분류되는데, 한 범주는 (생명권 같은) 시민적 권리와 정치적 권리이고, 또 하나의 범주는 (건강권 같은) 경제, 사회, 문화적 권리를 포함한다."라고 말한다. 교황은 또 "인간의 모든 권리는 사실 밀접하게 연결되어 있다."라며 "인권의 모든 범주를 통합적으로 증진하는 일은 어떤 개인이 지닌 권리에 대한 진정한 존중을 보장하는 것"이라고 주장한다.[28]

마지막 문장이 두 번째 작업을 시사한다. 모든 범위의 인권을 제시하는 것만으로는 충분하지 않다. 권리들의 상호 관련성을 강조하고, 그 상호 관련성을 경험적으로 입증하는 연구를 제시할 필요가 있다. 교황 바오로 6세가 생명권과 삶의 질의 구분을 무너뜨리는 경험적 환경이 있다는 사실을 분명히 밝힌 대목이 있다. "여러 대륙에서 무수한 남녀가 굶주리고 무수한 소년 소녀들이 영양실조에 걸려 꽃다운 나이에 숨져가고 있다는 사실을 모르는 사람은 오늘 아무도 없을 것이다."[29] 마찬가지로, 제2차 바티칸 공의회의 『사목 헌장』은 빈부의 격차를 지적하고, 그라티아누스 교령집(Gratian's *Decretum*)을 인용한다. "굶주림으로 죽어가는 사람에게 먹을 것을 주어라. 주지 않으면 그대가 죽이는 것이다."30) 말을 바꾸면, 많은 사람이 삶의 질이 낮은 상황에서 사는 마당에 (전 세계 인구의 절반가량이 하루에 2달러 50센트 미만의 돈으로 생활하고 있다는 사실이 지적되어야 한다), 한 개인의 삶의 질에 주의를 기울이지 않는 것은 경험적으로만이 아니라 도덕적으로 그 개인 자신의 생명권을 침해하는 것이다. 적절한 음식과 보건 같은 것에 대한 권리는 그저 '삶의 질'이라는 구절로 축소되거나 없어져 버려야 할 권리가 아니다. 그것은 생명권과 통합적으로 연관된 권리이다. 두 종류의 권리를 분리하는 일은 두 개의 권리가 어떻게 상호작용하고 현장에서 어떻게 뒤얽혀 있는지를 설명하지 못하게 된다.

'후진'에 저항하는 전쟁 : 발전(개발)*에 대한 도전

발전은 평화의 새 이름이다.
- 교황 바오로 6세(Paul VI), 『민족들의 발전(*Populorum progressio*)』(1967)

우리는 북부 사람들을 물질적, 정신적 후진성에서 근대성으로 변모시킬 것이다.
- 우간다 요웨리 무세베니 대통령31)

이것은 근대성과 원시성의 충돌이다.
- 우간다 요웨리 무세베니 대통령32)

* 발전(development) : 일반적으로는 어떤 사람 또는 어떤 일이 성장하거나 변화하여 더 진보해가는 과정을 지칭하는 용어다. 이 용어는 복잡하고, 모호하며 논쟁적인데, 사용되는 맥락에 따라 다양한 의미가 있으며, 또한 다른 사람이나 조직이 가지고 있는 다양한 의제를 반영하고 정당화하는 데 사용될 수 있다는 면에서 정치적 용어이기도 하다. 예컨대, 세계은행에 의해 표현되는 개념과 그린피스 운동가들이 추진하는 개념은 매우 다르다. 가톨릭교회의 문헌에서 사용된 이 용어는 '발전'으로 번역되는데, 힘의 우열을 나타내는 경우는 '개발'로 번역되기도 한다. 이 글에서는 두 가지 의미의 번역어를 모두 사용했다.

일단 한 국가에 소극적 평화가 확립되고, 간접 사망을 최소화할 수 있게 되었을 때, 사람들이 생존뿐만 아니라 번영할 수 있는 적극적 평화를 구축하는 데 도움이 되는 가장 좋은 방법은 무엇일까? 전반적으로는 가톨릭 사회교리가, 특히 교황 바오로 6세가 '발전'이라는 한 단어로 꽉 찬 답변을 제공했다고 말할 수 있다. 실제로 여러 문헌에서 반복되는 주제는 모든 사람이 번창하고 빈부 격차가 최소화되는 적절한 발전을 이루는 일이 갈등으로의 회귀를 피하는 열쇠라는 내용이다. 교황 바오로 6세는 "온 민족이 생활에 필요한 것을 빼앗기고, 뜻대로 무슨 일을 시작할 수도 없고, 책임 있는 무슨 직업을 택할 수도 없으며, 문화적 현상이나 사회적이나 정치적 활동에 참여할 가능성마저 거부당한다면 인간 품위에 대한 부당한 침해를 폭력으로 몰아내려는 유혹을 쉽게 받는다."라고 경고한다. 그렇다면 가톨릭 사회교리의 주요 임무는 가난한 사람들과 국가들이 적절한 발전을 이루도록 돕는 일이다. 이런 방식으로, 교황 바오로 6세에 따르면, "발전은 평화의 새 이름이다."33)

교황 요한 바오로 2세는 『민족들의 발전』 20주년을 기념하여 『사회적 관심(Sollicitudo Rei Socialis)』을 발표하면서 논의의 강도를 한층 높였다. 교황에게 불평등은 폭력으로 이끄는 일일 뿐 아니라 그 자체로 폭력의 한 형태였다. 이런 논의가 대응 폭력을 정당화하는 것은 아니지만 이해할만한 것으로 만든다. 교황은 "[정의에 대한] 이 요청을 무시할 적에는, 불의의 피해자들 속에 폭력으로 응수하려는 유혹을 조장할 수가 있고 과연 많은 전쟁의 발발은 여기서 연원한다. 원래 만인에게 돌아가기로 되어 있는 재화의 분배에서 제외당한 사람들은 스스로 물을 것이다. 먼저 우리를 폭력으로 취급하는 자들에게 왜 폭력으로 응수해서는 안 된다는 말인가?"34) 라고 묻는다. 발전이 평화의 이름이라는 교황 바오로 6세의 구절을 되풀이하면서, 교황 요한 바오로 2세는 진정하고 공정한 발전이 그런 폭력을 피하는 열쇠라고 주장한다.

특히 르완다에서의 대학살 이후, 발전과 평화를 동일선상에 두는 태도는 의미심장한 뉘앙스를 드러낸다. 비정부기구들이 선의를 지닌 인도주의 개발 프로그램을 펼친다고 해서 자동으로 평화가 구축되는 것은 아니며, 그것이 의도치 않게 폭력에 기여할 수도 있다는 사실을 절실하게 인식하게 되었다. 예컨대, 르완다 집단 학살은 가톨릭 구제회가 구호와 개발 프로그램을 정의와 피스빌딩이라는 렌즈를 통해 바라보아야 한다고 명시적 전환을 하게 하는데 중추 역할을 했다.35) 비정부기구 가운데 원조와 개발 활동이 갈등에 미치는 영향을 조사한 가장 확실한 시도는 '해 끼치지 않기(Do No Harm)'라는 DNH 프로젝트일 것이다. 1990년대 초, '평화를 위한 지역 역량(Local Capacities for Peace)'이라는 이름으로 시작된 DNH 프로젝트는 어떤 패턴이 갈등을 부추기고, 어떤 패턴이 적어도 해를 끼치지 않는지 확인하기 위해, 광범위한 비정부기구들, 예컨대 가톨릭 구제회(CRS), 옥스팜 아메리카(Oxfam America), 월드비전(World Vision), 케어 인터내셔널(CARE International) 등의 원조와 개발 패턴을 조사한 협력적 시도였다. 그 결과 15개의 사례 연구, 훈련 매뉴얼, 연구기관 발행지, 그리고 저서(*Do No Harm: How Aid Can Support Peace - or War*) 등, 풍부한 통찰과 교훈이 도출되었다. 이 프로젝트를 설명한 웹사이트에서 조사자들은 다음과 같은 결론을 내린다.

> DNH의 경험을 통해서, 어떤 원조 패턴이 해로운 영향을 미칠 수 있는지, 또 어떤 기회가 갈등을 극복하는데 추가로 긍정적인 영향을 미칠 수 있는지 이해하고서야, 원조 활동가들은 자신에게 부여된 원조의 목표를 달성하고, 과거에 종종 행해 왔던 피해를 피하고, 사회 내의 여러 세력을 분열시키기보다 다시 모이고 연결하는 일에 자신의 현존과 원조의 비중을 두었다.36)

하지만 가톨릭 사회교리와 DNH 프로젝트 둘 다 개발 자체가 올바른 방향으로 인도되어야 할 필요가 있는 유익한 과정이라고 가정한다. 몇 가지 주요 함정과 장애물만 피한다면, 그 귀결은 선한 의지라는 것이다. 전제 조건은 그저 '해를 끼치지 않아야' 한다는 것이고, 그러면 자원의 적절한 관리와 더불어 선의는 당연한 결과로 따라온다고 본다. 그러나 개발이 일어나는 국제적 맥락을 검토해 보면, 개발이 개념에서나 실행 상에서 전제된 것만큼 순수하게 선하기만 한가 하는 의문이 종종 제기된다. 여기서도 이 글의 초점은 이전과 마찬가지로 사하라 이남 아프리카다.

이 지역의 식민지화는 1880년대에 '아프리카에 대한 쟁탈전'으로 시작되었다. 유럽의 장기침체(1873-96)는 독일, 프랑스, 영국, 그 밖의 강대국들을 해외 자본 투자와 원자재를 찾아 나서게 했다. 아프리카는 그런 확장의 목적지였다. 1884-85년의 베를린 회담*은 쟁탈전을 공식화했다. 그때까지 사하라 이남 아프리카에는 유럽인의 정착지가 거의 없었지만, 회담 결과는 식민지화를 위해 대륙을 '분할하는' 것이었다. 1895년에 이르러 라이베리아와 아비시니아(에티오피아)만 형식적으로 독립된 국가였고, 유럽인들은 아프리카 민족에 대해 전혀 아는 게 없었고 무시하고 있었지만, 새롭게 부과된 정치적 경계가 오랜 세월에 걸쳐 수립된 토착적 정치, 경제, 민족, 가족 구성체를 갈라 놓았다. 1902년까지 아프리카 대륙의 90% 이상이 유럽의 지배 아래 놓이게 되었다.

---

* 베를린 회담(Berlin Conference) : 1884년에서 1885년에 걸쳐 개최된 아프리카 분할에 관한 회담으로, 콩고 회담(Congo Conference)이라 불리기도 한다. 오스트리아-헝가리 제국, 프랑스, 독일, 영국, 이탈리아, 러시아, 미국, 스페인, 포르투갈, 스웨덴-노르웨이, 덴마크, 벨기에, 네덜란드, 터키 등의 대표들이 참석했고, 독일의 총리인 오토 폰 비스마르크가 회담을 주재했다. 회담은 콩고 강 어귀를 지배할 특별권을 주장한 포르투갈의 제안으로 열렸는데, 유럽 열강들이 아프리카에서 식민지를 넓히려고 애쓰는 여러 나라의 노력을 질투와 의혹의 눈으로 바라보던 상황이 회담 개최를 촉진했다. 개최국인 독일 제국은 카메룬과 탄자니아, 나미비아 등을 차지했다.

식민지 통제의 본질을 이해하는 게 중요하다. 여기서 중요한 구분은 직접 지배와 간접 지배다. 흥미롭게도 이전 절에서와 같은 용어를 사용하지만, 방식은 아주 다르다. 이전에 인도와 다른 지역에서 식민지 경험을 했던 영국은 직접 지배가 현지에 너무 많은 투자를 요구하며 식민 지배자에 대한 분노를 키운다는 사실을 알게 되었다. 그래서 그들은 간접 지배라는 관행을 개발했다. 이 경우 식민 지배자는 특정 토착 집단, 대개는 민족적으로 신원이 확인된 집단을 통해 통치한다. 결과적으로 지배 민족을 위한 일련의 법체계와 또 다른 민족 집단을 위한 법체계라는 이중의 지배 형태가 생긴다. 후자의 경우, 그 지배는 전통적 형태로, 대개는 지방 관료 역할을 하는 족장을 통해 이루어진다.

영국인들이 도착하기 전에, 아촐리로 알려진 북우간다 사람들은 느슨하게 연합하면서 분권화되어 있었다.37) 1894년에 영국은 우간다를 보호국(protectorate)으로 지정했고, 1896년에는 이 지정에 북우간다 사람들을 포함했다. 당시 우간다는 보호국이지 식민지가 아니었다는 게 중요한데, 보호국에서는 영국이 간접 통치 방식으로 지배한다는 점, 즉 제국을 대신하는 하나의 토착 집단을 지정하여 나머지 사람들을 통치하는 것이었기 때문이다. 관료적 질서에 대한 탐구를 바탕으로 한 영국의 간접 지배는 아프리카인에 맞서는 아프리카인을 설정함으로써 민족 사이의 차이를 강화했다. 영국은 남부에 있는 바간다족을 보호국 관리자로 삼았다. 바간다족은 이미 식민 지배자의 정치 체제와 매우 유사한 중앙집권적 정치 체제를 가지고 있었기 때문이다.

언뜻 보기에는, 간접 지배가 더 관대한 것처럼 보인다. 그러나 간접 지배가 대다수 사람에게 더 나쁜 선택이라는 걸 알 수 있는 두 가지 요인이 있다. 첫째, 마흐무드 맘다니가 지적하듯이, 영국이 '전통적인' 법이라는 말로 의미한 것은 전혀 전통적이지 않았다. 관습은 '국가가 지정하고 국가가 집행하는'38) 것이었다. 현지 사람들이 아니라 식민 지배자들이 사람들을 식별 가능한 민족 집단으로 나누고, 주로 지역민들의 존경심을 얻지 못하거나 사람들을 존중하지 않는 사람을 족장으로 선택했다. 심지어 오늘날에도 아촐리는 예컨대 혈연에 의한 족장과 '*펜에 의한(the rwot kalam)*' 족장 사이를 구분하는데, 후자는 외부 권위에 의해 임명된 족장이거나, 임명되도록 지시가 내려온 족장이다. 더욱이 식민 권력에 의해 임명된 족장은 전통적 족장이 지니고 있던 공동체적 기반이나 내재된 한계 어느 것도 갖고 있지 않았다. *rwot kalam*은 행정, 입법, 사법 등 모든 집행 능력을 보유했다.39) 따라서 식민지 열강들이 노예제를 금지하고 있던 시기에, 그들은 민족 집단들 사이에 노예제나 다름없거나 실질적 노예제를 허용 또는 용이하게 하는 통치 구조를 만들었다. 이런 '전통적인' 권력의 식민지 재구조화는 간접 지배가 직접 지배보다 현지 주민들에게 더 나쁜 것이 되게 하는 두 번째 요인으로 이끈다. 간접 지배는 원주민들의 분개를 식민 지배자 자체보다 식민지에서 선택된 지역 지배자에게 향하게 만든다는 점이다. 맘다니는 간접 지배가 "식민 지배의 **한 형태**가 되었으며"40), 그것이 오늘날까지 민족 간 반목과 분쟁에 기여해 왔다고 주장한다.

 110년이 지난 후에도 간접 지배의 한 형태는 이어진다. 무세베니 대통령의 국민 저항운동 정부는 예산의 절반 이상을 해외 원조로 받아, 23년에 걸친 대통령직과 민주적 책임성 결여를 강화하는 데 활용했다. 무세베니는 행정부뿐만 아니라 입법부와 사법부 역할까지 겸비한 식민세력에 의해 임명된 최고 지도자의 새로운 버전이었다. 무세베니가 자신의 권력을 유지할 목적으로 원조 자금을 사용해 왔다는 데는 논쟁의 여지가 없다. 외국의 원조는 그 나라 사람들에게 무세베니가 가져야 할 책임성을 감소시키고, 무세베니의 후원 네트워크를 지원했다. 원조는 국립 초등교육과 다른 개혁에 자금을 지원하는 데 사용되기도 했지만, 한 연구에 따르면 우간다 교육 예산의 13% 만 학교에 전달되었다고 한다. 나머지 기금은 "지방 관리와 정치인들 손에 들어가 버렸다."[41] 정치인들에게 간 돈은 무세베니에게 가는 지렛대로 작용하여, 무세베니를 향한 충성심을 강화했다. 2011년에 무세베니가 다시 5년 임기에 출마할 수 있도록 헌법을 바꾸는 의회에서 표를 얻는 일은 어렵지 않았는데, 그렇게 되면 25년 동안이나 그 나라를 통치하게 될 것이었다. 반대 세력이 너무 많은 추진력을 얻지 못하게 하려고 그는 입법부뿐만 아니라 사법부를 통제하려 했다. 2006년 선거운동에서, 무세베니는 주요 적수인 키사 베시게(Kissa Besigye)를 날조된 강간과 반역 혐의로 가뒀다. 판사가 보석이나 증거 불충분으로 국민 저항운동 반대파들을 석방하자, 무세베니는 헌법 규정에 어긋나는 몇 개의 비밀조직 가운데 하나를 끌어들여 반대파 인사들을 다시 체포하고 구속하는 데 이용했고, 이 일은 2007년 판사들로부터 전국적 파업을 불러일으켰다.

무세베니의 전술이 단순히 권력을 잡으려는 것이 아니라 간접 지배의 한 형태라는 사실은, 무세베니 정부가 받는 원조 수혜 규모뿐만 아닌 그의 권력 남용에 대해 원조를 제공하는 강대국의 반응이 희소했다는 점에서도 명백하게 드러났다. 무세베니가 북부에서 전쟁을 끝내지 못한 실정을 선거운동에서 주요 적수를 투옥하면서까지 3선 대통령직에 출마할 수 있도록 우간다 헌법을 개정하는 일과 연결하자, 몇몇 국가들은 원조의 공여를 (완전히 철회한 것은 아니지만) 일시적으로 보류했다. 그런데 미국 정부는 일시적 보류는커녕 오히려 원조를 늘렸다. 이것은 원조 기금의 사용이 잘 통제되고 있지 않다는 사실보다, 9·11 테러 이후 우간다는 미국에 인권의 측면보다 동아프리카 동맹국으로서 관심이 더 커졌음을 입증한다.

'개발'이 본질적으로 유익하거나 심지어 중립적 현상이었던 적이 없다는 사실을 입증하기 위해 위와 같은 역사를 정리할 필요가 있었다. 개발은 언제나 국제적 권력을 가진 국가가 주도권을 쥐고 있었고, 결국 그런 권력에 기여해왔다. 개발이 가난한 사람들에게 도움이 되도록 방향을 바꾸는 일은, 예컨대 이런저런 특정 상황에서 갈등에 힘을 실어주는 일을 피할 수 있도록 어떻게 하면 가장 좋은 방식으로 원조를 구조화할까를 분석하는 것보다(DNH 프로젝트에서 제공된 것처럼) 더 많은 작업을 요구한다. 또 그것은 가톨릭 사회교리가 현재의 형태 이상으로 발전해야 한다는 사실을 요구한다. 앞에서 설명했듯이 개발이라는 개념과 그것이 실행된 역사를 고려할 때, 가톨릭 사회교리가 죄에 대해 특히 사회적 죄악에 대해 지금까지 해 왔던 것보다 더욱 깊이 있게 논의할 것을 제안한다.

개발에 내재된 죄악은 사회적 마니교(Manicheanism, 매니키이즘)의 죄악이기도 하다. 페르시아 예언자 마니(Mani, 서기 210-76)는 정통 그리스도교에 반대해, 유일신은 없으며, 오히려 우주는 빛과 어둠이라는 상반된 힘으로 구성되어 있다고 주장했다. 마니교 신봉자의 임무는 빛의 특질을 가지고 어둠과의 싸움에 나서는 것이었다. 성 아우구스티누스는 처음에는 마니교를 받아들였지만, 나중에는 마니교를 이단으로 비난한 것으로 유명하다. 대조적으로, 식민주의는 그리스도인을 자처했던 식민 지배자의 주장이 무엇이든 간에, **빛** 대 **어둠**이라는 용어에 (우연하게도 피부 색깔과 연관 지으며) **문명** 대 **원시**, **근대성** 대 **후진성**이라는 용어를 보충하면서, 사회에 마니교적 세계관을 덧붙인다. 식민 사상은 단선적 진화 이론에 이런 이분법을 탄탄하게 보강하기 위해 다윈의 이론을 끌어들이고 왜곡시켰다.42) 이 이론은 사하라 이남의 문화와 식민 지배자의 문화 사이의 차이를 미리 정해진 단계를 통해 인류가 진화한다는 단선적 시간 구조로 배치했다. 식민 지배자들은 유럽 문화가 가장 진보된 단계에 있다고 가정하면서, 아프리카 문화를 초기 단계에 속하는 것으로 식별했다. 이 사회 진화론은 문명과 야만, 근대와 원시 사이의 사회 마니교적 차이를 뒷받침하는 조잡한 연대기적 틀을 제공했다. 식민지의 경제, 정치, 군사를 장악한 세력은 거주지 박탈과 과세에서부터 강제 노동, 대량 학살에 이르기까지 원주민에 대한 다양한 통제 메커니즘을 통해, 이런 사악한 세계관을 강화했다.43)

간접 지배를 뒷받침한 마니교주의는 무세베니 자신의 담화에서도 나온다. 일찍이 1987년, 앨리스 라크웨나(Alice Lakwena)의 성령 운동(코니가 이끄는 신의 저항군의 아촐리 전신)과의 싸움과 관련하여, 무세베니는 '이것은 근대성과 원시성의 충돌'44)이라고 주장했다. 2006년 말, 신의 저항군과의 휴전 한 달 전에 사비노 오도키(Sabino Odoki)가 굴루의 보좌주교로 취임했을 때, 무세베니는 "우리는 북부 사람들을 물질적, 정신적 후진성에서 근대성으로 변모시킬 것"45)이라고 선언했다. 그렇듯 무세베니는 분쟁 초기부터 20년 뒤 사태까지의 상황을 틀 짓기 위해 식민/신식민 관련 용어를 끌어들였다. 더욱이 식민주의에 그가 진 빚은 이데올로기적 토대, 단선적 사회 진화론이라는 용어의 차원을 넘어선다. 무세베니는 자서전에서 '사회적 진화의 법칙'이 그의 정책을 뒷받침하고 있다는 사실을 분명히 한다.46)

가톨릭 사회교리가 경제 발전의 주요 양식으로서 산업적 근대화를 강조하는 만큼, 산업적 근대화는 이런 서사를 보강한다. 여기서 다시, 근대 가톨릭 사회교리가 유럽에서 창시되었고 또한 유럽이 주요 대상이었다는 사실을 상기하는 게 중요하다. 『새로운 사태』가 응답했던 '새로운 것'은 산업혁명이었다. 이렇듯 산업주의 발전에 초점을 맞춘 결과, 교회 문헌들은 주로 이런 맥락에서 제기된 주요 문제들, 예컨대 자본의 소유와 임금 노동, 생활 임금 사이의 적절한 관계, 부의 축적에 대한 도덕적 한계, 주당 노동시간, 노동조합과 파업의 정당성에 관한 질문들을 다룬다. 문헌들은 농업에 대해서는 거의 언급하지 않는다. 『새로운 사태』, 『사십주년』, 『지상의 평화』, 『백주년』은 농업에 대해 아무 말도 하지 않는다. 실제로 『백주년』은 농업에 훨씬 덜 관심을 기울인 문헌으로, 땅은 물질 생산에서 그 역할이 줄어들고 있다는 사례47)를 주장하는 것 같다. 『민족들의 발전』, 『사회적 관심』, 『진리 안의 사랑』은 특히 발전에 초점을 맞춘 세 개의 문헌이다. 앞의 두 문헌은 그저 지나가는 말로 농업에 대해 언급하는데, 전자는 도시화의 문제와 관련하여, 후자는 환경 파괴에 대한 논의의 일부로 다룬다. 달리 말해서, 농업 문제에 대한 두 문헌의 언급은 그저 살짝 건드리는 정도로, 농업이 산업 자본주의에 의해 영향을 받을지도 모른다는 정도로만 다뤄진다.48) 『진리 안의 사랑』이 농업에 대해 내놓은 몇 가지 논평은 핵심 부분을 짚는다. 이 회칙은 '전통적 농업 기술과 혁신적 농업기술'을 적절히 사용하고 '지역 공동체가 참여하는' 방식으로 농촌 기반 시설에 투자할 것을 요청한다. 게다가 그 문헌은 어딘가에서 '새로운 형태의 식민화와 신구 외세에 대한 지속적 의존'에 대해 경고한다. 교황 베네딕토는 "그런 원조는 **공여국의 의도가 어떠하든** 때때로 사람들을 의존 상태에 빠지게 할 수 있고, 나아가 원조 수혜국에 국지적 억압과 착취 상태를 강화할 수 있습니다."(이탤릭체는 필자의 강조)49)며, 개발 원조가 신식민주의적 의존에 기여할 수 있다고 지적한다. 하지만 그 문헌에서 농업에 대한 언급은 거의 없으며, 교황 베네딕토는 어느 순간 식민지의 단선적 진화주의를 반향하듯이, 근대화 개발이라는 대안을 '경제적 후진에서 벗어나는 것'50)이라 언급한다. 그렇게 가톨릭 사회교리가 발전이라는 주제에 이르면, 발전은 대개 근대화라는 편향을 지닌 산업적 발전을 의미하고, 이것은 사하라 이남 아프리카 넓은 지역에서 이루어져야 할 발전을 표현하는 자원이 되기에는 갖가지 어려움을 유발한다.

  가톨릭 사회교리에서 이런 경향을 제어할만한 요소는 문헌 속에 각 나라나 지역이 자신의 독자적 방식으로 발전해야 한다는 주장이 들어 있다는 점이다. 『민족들의 발전』은 이 점에 대해 분명히 말한다. "목표는 다른 것이 아니다. 세계 민족들의 상호 연대 의식이 날로 효과적인 것으로 되어 가느니만큼 모든 민족이 각자의 장래를 스스로 해결하도록 해주어야 하겠다."51) 교황 바오로 6세는, 선진국 전문가들과 개발도상국 공동체들 사이의 어떤 협력도 후자의 문화를 존중하면서 수행되어야 한다고 명문화한다. 선진국 전문가들은 "생활 모든 분야에 걸쳐서 우월하지는 못하다는 것을 알아야" 한다. 그들의 문명이 "유일한 문명도 아니려니와 다른 민족들의 문명을 배제할 만큼 그렇게 훌륭하지도 못하다."52) 교황 바오로 6세는 자기 문화의 희생을 감수하면서 새로운 기술과 경제적 형태를 채택하는 사람과 문화에 대해 반복적으로 경고한다. 더 많은 전통문화가 '비극적인 딜레마'로 남게 되듯이, "전통문화와 공업화 시대에 형성된 최신 문화와는 서로 충돌하므로 현대적 요구에 맞지 않는 사회 제도는 거의 전폐되어 가고 있다." 또 "조상들의 제도와 사상을 고수하며 사회 발전을 포기하든가, 아니면 외부로부터 몰려드는 기술과 새로운 풍조를 받아들이며 인간미 풍부한 옛 제도를 떠나야만 한다."53) 교황은 "조심성 없이 성급하게 서두르는 농업 개량 같은 것은 가끔 그 목적을 달성하지 못한다. 성급한 공업화도 역시 아직은 필요한 사회 기구를 파괴하고 사회적 빈곤을 초래하여 오히려 문화 발전을 후퇴시키고 만다."54)고 경고한다.

여기서 보조성 원리는 가톨릭 사회교리의 관심을 지역 문화의 중요성으로 향하게 할 수 있는 자원이다. 보조성은 규제의 원리다. 즉, 이 원리는 한 사회의 다양한 사람, 협회, 기관들이 연대를 실행할 때 어떻게 상호작용해야 하는지를 규정한다. 시작부터 하나의 개념으로 존재했지만, 『사십주년』에서 처음으로 가톨릭 사회교리의 원리로 표현된 보조성의 기본적 통찰은 문제 상황에 가장 근접해 있는 사람들, 협회, 단체들이 문제의 성격에 가장 세심한 감각을 갖고 있을 가능성이 크므로 문제에 잘 대응할 수 있다는 것이다.55) 거리상 멀리 떨어져 있는 단체의 행동은 아무리 좋은 의도를 지녔다 하더라도, 그 거리감 때문에 종종 정확히 의도된 것과는 반대 효과를 낳을 수 있다. 보조성(subsidiarity)의 라틴어 어원 *subsidere*가 '돕기' 또는 '지지하기'를 의미하므로, 문화의 발전을 돕기 위한 모든 시도는 무엇보다 그 문화의 생활 방식에 주의를 기울여야 한다. 교황 베네딕토 16세의 『진리 안의 사랑』은 정곡을 찌른다. "보조성은 무엇보다도 중간 단체들의 자율성을 통해 인간에게 도움을 주는 형태입니다. 그런 도움은 개인이나 집단이 자력으로 무언가를 이룰 수 없을 때 제공되고, 언제나 그들의 해방을 목표로 합니다. … 보조성은 인간 존엄성을 존중하는데, 인간을 언제나 다른 사람에게 무언가를 줄 수 있는 주체로 인식하기 때문입니다."56) 참여형 농촌 평가와 참여형 학습과 행동*의 영향을 받은 개발 기법은 비정부기구들이 보조성 원리가 제시하는 노선을 자신의 활동에 적용하려 했다는 사실을 보여준다.57) 목표는 지역의 통찰과 관행을 개발 기획과 프로그래밍의 중심에 두는 것이다.

> * 참여형 농촌 평가(Participatory Rural Appraisal) : 국제 개발에 관여하는 비정부기구와 여러 기관에서 사용하는 접근 방식으로, 개발 프로젝트와 프로그램의 계획, 관리에 농촌 사람들의 지식과 의견을 통합하는 것을 목표로 한다.
>
> * 참여형 학습과 행동(Participatory Learning and Action) : 참가자들에게 차이를 가로지르는 만남을 통해 특권과 소외화에 대해 경고함으로써 식민화 방법론을 탈색하는 데 기여한 방법론이다.

가톨릭 사회교리에서 보조성과 지역 문화의 중요성은 산업적 발전이라는 전제와 심각한 긴장을 이룬다. 교황 바오로 6세는 한편에서는 오래 지속된 전통의 중요성을 강조하고, 다른 한편에서는 몇 단락 전후로, "산업의 도입은 경제 성장을 위해 필요하다," "발전을 보려면 현실을 근본적으로 혁신할 수 있는 변화를 대담하게 일으켜야 한다. 긴박한 혁신을 해야 하는 일에 대해서는 지체없이 수단을 마련해야 한다."라고 말한다.58) 이에 대해 데보라 브라이슨(Deborah Bryceson)은

'산업적 명령(industrial imperative)'[59]이라 비판했는데, 이런 비판에 대응하기 위해 가톨릭 사회교리는 구조적 죄악에 대한 가르침을 심화하는 게 중요하다.

대체로 가톨릭 사회교리는 인류의 성취와 어떤 악이라도 극복할 수 있는 능력에 대한 자신감을 드러낸다. 그러나 교황 요한 바오로 2세의 회칙, 『사회적 관심』은 죄의 사회적, 구조적 징후를 적절히 다루기가 매우 어렵다고 주장한 것으로 주목할 만하다. 하느님의 뜻에 반하는 두 가지 주요한 '행위와 태도'는, "한편에서는 *이득을 위해 무엇이든 소모하려는 욕망*이고, 다른 편에서는 자기의 의지를 다른 사람들에게 부과시키려는 의도에서 나오는 *권력에 대한 욕망*이다."[60] 이것은 예컨대, 부유한 사람들이 "자기 생활에 필수적인 것과 신분에 필요한 것 이외의 나머지를 궁핍한 사람들에게 나누어주는 것은 마땅한 의무"[61]라고 믿은 교황 레오 13세의 저술과는 극명한 대조를 이룬다. 간단히 말해서 교황 요한 바오로 2세는 그의 시대의 경제 질서와 정치 질서 둘 다를 심각하게 왜곡된 것으로 보고, 그것을 '죄악의 구조'로 묘사하기를 주저하지 않는다. 즉, '죄악의 구조'란 인간 개인에게 좋고 진실한 것에 반하여 제도적 구조 속에서 굳어지고 재강화된 개별적 태도와 행동의 축적물이라는 것이다. 교황은 '죄악의 구조'라는 범주는 혹독하게 들릴 수 있으며 '자주 쓰이지 않는다'라는 사실을 알고 있다. 하지만 "우리를 괴롭히는 악들의 뿌리에 이름을 지어 붙이지 않고서는 우리가 부딪히는 실제를 깊이 이해하기가 참으로 쉽지 않다."라고 반박한다. 그런 악은 단순히 이전 교황들이 '불균형'이라 지칭하던 것을 재조정하는 것 이상의 작업을 필요로 한다. 우리가 취해야 할 것은, '대칭적으로 이와 상반된 태도'[62]라고 교황은 주장한다.

진정으로 평화에 기여할 수 있는 발전 개념을 수립하기 위해, 가톨릭 사회교리는 『사회적 관심』에 나타난 것처럼 죄악과 그 사회적 징후에 대해 더 지속해서 논의해야 한다. 그러나 지금으로서는, 특히 간접 지배라는 새로운 형태 속에서, 교황 요한 바오로가 말한 '이득을 위해 무엇이든 소모하려는 욕망'과 '권력에 대한 욕망'을 가리기 위해 얼마나 다양한 주체들이 발전 담론을 끌어들이는지에 집중해 보자. 발전(개발)은 실제로 존재했던 것만큼 순수하게 좋았던 적도 없었고, 기본적으로는 좋은 활동인데 자기 이해득실에 의해 잘못된 길로 인도된 것도 아니었다. 무엇이었든 그것은 시작부터 원주민들로부터 노동과 천연자원을 추출하려는 도구였다. 이런 상황이야말로 가난한 사람들에게 힘을 실어주려는 노력이 반드시 일어나야 할 맥락이며, 교황 요한 바오로가 말한 '대칭적으로 이와 상반된 태도'에 딱 들어맞는 실천이 요청되는 맥락이다.

만일 교회가 이런 종류의 분석을 수행하지 않는다면, 교황 바오로 6세와 교황 요한 바오로 2세가 말했듯이, 피조물과 사회라는 재화로부터 배제된 사람들이 폭력으로 돌아서게 되는 것도 놀랄 일이 아니다. 다시 말하지만, 간접 지배라는 식민지의 유산에서, 식민 지배자는 멀리 떨어져 시스템을 운영하고 특정 민족 집단을 통해 통치를 수행한다. 따라서 배제된 사람들의 분개는 선호 받는 원주민 집단에 집중된다. 그 결과 민족적 갈등과 심지어 집단 학살이 벌어진다. 르완다가 이에 딱 들어맞는 사례다. *집단 학살자*에게 면죄부를 주려는 건 아니지만, 식민적으로 구조화된 투치족의 통치에 대해 오랫동안 들끓어온 후투족의 분개가 학살을 불러일으킨 핵심 요인이었음을 인식하는 게 중요하다.

종종 민족 갈등의 정치적 목적은 자원 전쟁이라는 경제적 동기와 결합된다. 이것은 1989년부터 2003년까지 라이베리아와 시에라리온에서 찰스 테일러(Charles Taylor)*의 다이아몬드 교역 사업에서 가장 분명하게 드러났는데, 그 사업은 이미 1980년대 초부터 시작되었다. 세계 경제로부터 주변화된 나라 사람들은 경제적 틈새시장을 창출하기 위해 무력 사용으로 방향을 돌렸다.63) 정치, 경제적 주변화라는 사실에 대한 '합리적인' 시장의 반응이다. 농민층으로 별다른 생계 수단과 소득을 창출할 수 없게 된 사람들, 특히 남성 청년들이 생계 수단을 확보하기 위해 '폭도' 대열에 합류하는 것이다. 차드 사례를 기록한 로버트 부이츠텐후이즈(Robert Buijtenhuijs)에 따르면, 이들은 역사 초기에는 '풀뿌리 전사'였지만 "혁명을 직업 기회로 받아들인 '전문' 병사로 변형되었고 … 그렇게 거둬들인 재산은 1960년대나 그 이전에 있었던 농촌 저항 운동 때와는 다른 것이었다."64) 이렇게 영리를 도모하는 (또는 적어도 생계형인) 군사화 현상 역시 '합리적인' 시장의 대응으로 보이는데, 노동력 과잉 공급과 그로 인한 높은 실업률에 대한 대응이었다.65) 이 일이 나머지 농촌 인구에 미친 영향은 파괴적이었다. 군벌들은 병사들에게 소규모 농업 생산자들의 소출에 의존하여 생활하도록 지시했다. 농산물을 넘겨주는 데 협조하지 않는 농민들은 강간당하거나 손발이 잘리고 살해되었다.

* 찰스 테일러 : 전 라이베리아 대통령(1997-2003)으로, 이웃 나라 시에라리온의 반군 두 집단(혁명 연합 전선과 국군 혁명위원회)이 수행한 공격 중 일부를 실제로 계획했다. 그 대가로 시에라리온의 노예 노동자들에 의해 채굴된 '피의 다이아몬드'를 받았고, 불안정한 서아프리카에서 정치적 영향력을 얻었다. 국제 전범 재판소는 시에라리온 반군을 지원한 혐의로 기소된 테일러에게

> 그의 재정적, 물질적, 전술적 지원이 민간인에 대한 끔찍한 범죄를 부추겼다고 판결하며 50년 형을 선고했다(2013년). 시에라리온 특별 재판소는 테러, 살인, 강간, 소년병 사용 등 11건의 전쟁 범죄와 반인도적 범죄에 대한 테일러의 유죄 판결을 지지했다. 제2차 세계대전 이후 국제 전범 재판소에서 유죄 판결을 받은 최초의 국가 원수이다.

만약 무세베니의 통치 전체를 해석하는 가장 좋은 방법이 그의 대통령직을 통한 외세의 간접 지배와 관련된 것이라면, 그런 해석법은 또 신의 저항군 지도자인 조지프 코니에 대해 이해할 수 없는 미치광이라는 비유를 사용하기보다 신의 저항군을 더 적절하게 이해하는 방법일 것이다. 신의 저항군은 중요한 불규칙성을 지닌 특수한 예로, 즉 전통적 농민 혁명에 나섰던 이들이 경제적 궁지에 몰린 군벌 아래 '전문' 병사로 전환된 것으로 보아야 한다. 초창기에 많은 아촐리가 신의 저항군에 가입했지만, 이것은 코니가 내세운 이상한 집광성 우주론에 투신한 결과라기보다는, 무세베니 정권에 대한 적극적인 정치적 저항을 유일하게 실행할 수 있는 방법이었다고 보는 게 더 타당하다. 아촐리는 무세베니에 대한 정치적, 경제적 불만을 토로하려는 방법으로 코니를 지지했다. 그러나 1994년 협상이 결렬된 뒤, 지역 주민들은 더 이상 신의 저항군을 적극적으로 지지하지 않았다. 납치 관행이 극에 달하던 시기가 바로 이때였다.

신의 저항군은 변화했다. 한 가지 핵심 요인을 말하자면, 농촌 반란에서 자원 전쟁으로 성격이 바뀌었다는 점이다. 예컨대, 라이베리아나 콩고민주공화국과는 달리, 우간다는 약탈당할 만큼 천연자원이 풍부하지 않았다. 따라서 신의 저항군은 조직을 유지하기 위해 이용할 수 있는 유일한 자원인 사람들을 데리고 도주하는 쪽으로 노선을 바꿨다. 여기서 주목할 것은 납치와 신체 절단 행위가 신의 저항군 고유의 관행이 아니었고, 예컨대, 그 행위는 종교성에 대한 어떤 주장도 내세우지 않는 찰스 테일러의 군대에 의해서도 자행되었다는 사실이다. 천연자원의 부족으로 신의 저항군이 제공할 수 있는 재물은 거의 없었지만, 전직 군인들, 심지어 납치된 사람들조차 의미로 충만한(비록 심하게 왜곡되었더라도) 신의 저항군 생활을 버리고 아무 일도 하지 못하는 국내 난민 캠프 생활로 돌아간 결과에 대해 아노미를 경험하는 것으로 보고했다는 사실을 지적하는 것도 중요하다. 미국이 그랬듯이, 코니에게 오사마 빈 라덴(Osama Bin Laden) 같은 테러리스트라는 딱지를 붙이는 것은 무세베니가 '문명'을 위해 싸우고 있다는 생각을 강화할 수 있을지는 몰라도, 현지에서 무슨 일이 일어나고 있는지를 제대로 분석한 거라고는 말할 수 없다.

그러는 사이, 신식민주의 패러다임과 궤를 같이하여, 무세베니는 자신의 일족 구성원과 외국인 투자자를 포함한 외부 세력에게 토지를 이용할 수 있게 함으로써 북우간다를 '근대화하는' 쪽으로 움직였다. 1987년에 아촐리의 저항이 실패하고 1990년대에는 자국민을 납치하여 신체를 절단하는 신의 저항군에 인해 아촐리가 결딴이 났을 때, 무세베니 정부는 아촐리를 보호하기 위한 충분한 반대 세력을 형성하는 데 실패했을 뿐만 아니라, 그들을 보호 캠프로 강제 이주시켜 사실상 신의 저항군의 공격을 끌어들이는 자석 역할을 하게 만들었다. 아촐리 인구의 90% 이상이 캠프 생활을 하던 2005년 세계보건기구의 추정치를 다시 언급하자면, 캠프에서는 영양실조, 질병과 폭력 때문에 일주일에 1천 명 정도의 '과잉' 사망이 발생했다. 한편 무세베니 행정부는 (2007년에) 아촐리 아무루 지구의 토지 4만 헥타르(약 10만 에이커)를 외국 투자단체에 넘겨 사탕수수 농장을 개발하도록 지시했다.66) 게다가 무세베니의 동생이자 무세베니의 후임을 노리는 살림 살레는 일찍이 1999년부터 디비니티 유니온이라는 유한회사를 설립했는데, 이 회사는 자칭 '개입 프로젝트'라는 이름으로 정부의 토지뿐만 아니라 전통적 '공유지'를 '이용해', 국방부를 포함하여 중앙정부 기관에 의해 모든 것이 감독되는 '안보와 생산 부대'를 만들 것을 제안했다.67) 이것은 무세베니가 자신의 재산 형성에 도움이 되게 하려고 근대적/원시적 용어 둘 다를 동원한 전형적인 두 가지 패턴일 뿐이었다.68) 다시 한번, 원조 공여국들이 간접 지배 패러다임을 활용하는 무세베니를 지지했다는 사실을 주목하자. 무세베니는 자국 경계 내에서 실질적으로 엄청난 권력을 가진, 외부 세력의 지원을 받는 현대판 *rwot kalam*(펜에 의한 족장)이었던 것이다.

이것이 우간다, 그리고 사하라 이남 국가들에 유사하게 존재하는 죄악의 구조다. 만약 발전이 교황 바오로 6세와 다른 교황들이 이해하는 것처럼 *진정한* 발전이 되려면, 가톨릭 사회교리는 '해 끼치지 않기' 프로젝트에서 제시된 일종의 실용주의부터 새로운 형태의 식민주의인 국제적 패턴에 관한 관심을 두는 일까지, 분석의 폭을 확대할 필요가 있다. 이렇게 할 때야, 개발 노력이 의도치 않게 경제적, 정치적 소외 상황에 기여하여 폭력을 초래하게 되는 일을 막을 수 있을 것이다.

서구의 현장 이탈 현상 : 그리스도교 연대에 대한 도전

나는 이런 밤하늘을 본 적이 없다. 마그위 근처에는 도시도 없고, 빛 공해도 없다. 이제 나는 주요한 별들과 가장 밝은 별들 사이에 별들이 있고, 그 별들 사이에 내가 상상할 수 있었던 것보다 훨씬 더 많고 훨씬 더 밝은 별들이 있다는 걸 알게 되었다. 내가 지난 2주 동안 생활해 온 성체센터 경내 한 곳에, 우리 모두 빙 둘러 놓인 플라스틱 의자에 앉아 있었다. 전기도 들어오지 않아, 텔레비전이 우리의 대화를 대체하지 않았다. 조셉 오토(Joseph Otto) 신부와 보건부 직원들은 그날 일어난 사건으로부터 이 일 저 일로 화제를 옮겨 갔고, 나의 관심은 하늘로부터 또다시 하늘에 관한 대화로 이어졌다.

화제가 다 떨어지자, 대화는 LRA 공격이 이루어지는 동안 어느 방향으로 달아나는 게 가장 좋은지로 옮겨갔다. 도미닉은 공격의 가장자리에서 떨어져 있는 것처럼 보이는 불길을 가로질러 달아나는 게 최선이라고 주장한다. 조셉 신부는 동의하지 않는다. 그는 손을 C자 모양으로 만들어 들어 올리고는 앞으로 내민다.

"그들은 이런 식으로 양쪽 가장자리에서 먼저 공격합니다. 그들은 뒤에서 잡으려 할 텐데, 여러분이 가장자리로 달려가면, 역시 그들이 여러분을 사로잡을 겁니다. 이게 그들이 1월에 공격한 방식입니다." 그는 고개를 흔들며 웃는다. "1월은 최악의 달이었죠."

조셉 신부의 말은 계속된다. "LRA가 공격했고, 주변에 있던 모든 사람이 우리 센터로 왔습니다. 그들은 '조셉 신부님, LRA가 오고 있어요! 도와주세요!' 나는 무엇을 해야 할지 몰랐습니다. 우리가 그들 모두를 보호할 수 없었으니까요. 모리스 신부님이 오셨어요. 그래서 나는 그에게 우리가 무엇을 해야 할지 물었습니다. 모리스 신부님은 '오토바이를 타고 LRA로 갑시다. 그들과 대화해 봅시다. 어쩌면 그들이 대화에 응할지도 모르니까요. 만일 그들이 우리를 죽인다면, 적어도 다른 사람들은 도망칠 시간을 벌 수 있을 겁니다.'"

다음날 조셉 신부와 나는 주교를 만나러 토릿으로 운전해 간다. 마그위 카운티 국장은 LRA가 모두 서부 적도 지방으로 갔다고 했지만, 그들은 여전히 근처에 있다. 모리스 신부는 이번 주 초에 병사 한 명이 수단인민해방군(SPLA)*에서 도망치는 것을 보았다고 했고, 그다음 주 나는 수단 국경 남쪽인 우간다의 아고로에 있는 사이 4명의 병사와 마주쳤다. 조셉 신부는 차에 시동을 걸기 전에 성호를 긋고 기도하기 시작한다. 나는 그에게 모리스 신부가 오토바이를 타고 LRA 공격의 중심지를 향해 가자고 했을 때 무슨 생각이 들었는지 물었다.

"우리뿐이었어요. SPLA는 사람들을 보호하기 위해 그곳에 있지 않았습니다. 그들은 부활절 이후까지 오지 않았습니다. 그리고 사람들, 그들은 그저 마을의 사람들일 뿐이었으니 무엇을 해야 할지 몰랐습니다. 그들은 활동가도 아니고, 지역 사회 지도자도 아닙니다. 중간에 개입하여 LRA와 대화를 시도할 수 있는 사람은 없었습니다. 그들은 믿을 수 있는 사람을 찾기 힘들어했습니다. LRA 조직원들은 그다지 믿을 만한 사람이 아니었거든요. 그러나 나는 평화를 지키려는 사람이니, 어디에 있든지 나는 평화를 이루어야 합니다. 나는 사제이고, 그리스도의 모습을 본받는 사람이어야 합니다. 그래서 우리는 오토바이를 타고 간 것입니다."

---

* SPLA : 수단인민해방군(Sudan People's Liberation Army)의 약칭으로, 1983년에 남수단 비아랍계 세속주의자들이 주축이 되어 결성된 반정부 무장

> 조직이다. 북부의 아랍인 주도의 정권과 제2차 수단 내전에서 싸웠고, 1989년에는 국민민주동맹에도 가입했다.

가톨릭 사회교리에는 피스빌딩에 내재된 위험에 대한 논의가 아직 없는데, 그에 대한 논의가 반드시 이루어져야 한다.「호텔 르완다」같은 영화는 사하라 이남 아프리카의 갈등 지역 한가운데 있는 사람들이 이미 알고 있는 것을 더 폭넓은 관객들에게 알려 준 것이다. 마그위의 도미닉의 말대로 상황이 '뜨거워졌을' 때, 전문 피스키퍼들, 피스빌더들, 그리고 개발 전문가들은 떠난다. 마그위에는 비정부기구가 하나도 없었다. 충돌은 아주 최근에도 이어졌다. 가톨릭 구제회가 여성센터를 짓기 시작했지만, 마을 주민들이 뒤에 남겨진 건물 용지를 차지하는 일의 합법성에 대해 논의하기 훨씬 전에 떠났다. 비정부기구는 모두 떠났지만, 가톨릭교회와 다른 그리스도교 교회 대부분은 남아 있었다. 사실 팔라타카에 있어야 할 사제는 본당을 버리고 우간다의 모요 지구에 있는 안전 지역에 거주하고 있었는데, 매튜 라고로(Matthew Lagoro) 같은 신부는 두 번이나 매복 습격을 당하고, 매복을 피해 매번 간신히 목숨을 건졌으면서도 마디 오페이에 머물렀다. 매튜 신부 같은 사람은 또 있었다. 사실, 분쟁 지역에 있는 사제와 수도자의 현존과 반면에 다른 기관 대표들의 부재는 너무나 명백해서, 이곳 사람들은 종종 나를 사제로 생각할 정도였다. 어떤 수단인민해방군 병사는 대중교통이라 불리는 픽업트럭에 26명의 다른 사람들과 함께 타고 있는 나를 발견하고는, "신부님, 담배 있어요?"라고 애원하듯이 말을 걸었다.

이런 점에서 가톨릭 사회교리의 한계는 두 차원에서 작동한다. 사회이론의 차원에서, 사회교리는 주로 기관(기구)의 기능을 다룬다. 따라서 사회교리가 전쟁에 대해 논의할 때, 그 초점은 국가나 유엔의 적절한 역할, 예컨대, 조약을 형성하는 일, 또는 협상이 좌절되어 최후의 수단으로 무력을 사용해야 할 때 정당한 전쟁 기준을 따르는 일 등이다. 발전을 통해 적극적 평화를 구축하려 할 때도, 가톨릭 사회교리는 국제기구와 정부기구에 또다시 관심을 기울인다. 경제 부문에 대한 사회교리의 초점은 자본과 노동의 적절한 역할에 대해서다. 중간에 개입하는 단체들의 중요성에 대한 논의는 많지만, 교회 문헌들은 단체들의 내적 목표와 활동 상황에 대해 기껏해야 약간 설명하는 정도로 추상적 차원에서 기술하고 만다.69)

기관에 대해 이런 식의 관심을 기울이는 것은 우연적인 것이 아니라 문헌들의 신학적 근거와 관련이 있다. 근대 가톨릭 사회교리의 초기 문헌들은 *조화, 질서, 균형*이라는 유사한 용어들을 통해 평화로 이끄는 관계의 특질에 관해 이야기한다. 기본 개념은 새로운 게 아니다. 예를 들어, 교황 비오 11세는 다음과 같은 주장을 하며 토마스 아퀴나스를 언급한다. "질서란, 성 토마스 데 아퀴노가 잘 규정한 것처럼, 다수의 사물의 적절한 배치에서 생기는 통일성이다. 그러므로 진정하고 참된 사회 질서는 사회의 다양한 구성 요소가 공동 유대로 함께 결합하는 것을 요청한다."70) 이 모든 문헌의 공통점은 창조라는 강력한 교리이다. 이 교리는 창조 질서를 만들어내고 유지하는 삼위일체의 첫 번째 위격인, 하느님 아버지의 활동을 강조한다. 그런 신학적 근거는 사회 기관들의 활동에 대한 논의에 확실한 토대를 제공하는데, 이는 일부 개신교 신학자들이 *창조 질서*라 일컫는 것이기도 하다. 그러나 근본 질서에 대한 강조는 그 자체로 피스빌딩의 많은 사례에서 요구되는 개인적 위험과 희생 등에 대해서는 거의 아무 근거도 제공하지 못한다. 그런 근거를 찾으려면, 우리는 불균형하고 질서를 벗어나 있을 뿐만 아니라 위협적이기까지 한 세계 앞에서, 두 번째 위격인 예수 그리스도와 그의 구원 행위에 초점을 맞추는 쪽으로 발전해 가야 할 필요가 있다.

교황 요한 바오로 2세는 『사회적 관심』에서 연대를 다룸으로써 이런 한계를 돌파해 가려 했다. 무엇보다 신학적 고려 그 자체에 의해서가 아니라, 우리가 직면하고 있다고 생각하는 문제의 심각성을 적절히 다루려면 신학적으로 돌파구를 마련해야 할 것이라는 교황의 인식으로 촉발된 시도이다. 이전 절의 논의를 환기하여 교황의 주장을 다시 가져오면, 하느님의 의지에 반하는 두 가지 주요한 '행위와 태도'는 "한편으로는 *이득을 위해 무엇이든 소모하려는 욕망*이며, 다른 한편에서는 자기의 의지를 다른 사람들에게 부과시키려는 의도에서 나오는 *권력에 대한 욕망*이다."[71] 이런 행위와 태도는 죄악의 구조로서 기관 속에 구체화된다. 요한 바오로 2세는 죄악 구조의 엄중함을 다루기 위해, 현대 가톨릭 사회교리에는 드문 신학적 방법으로 연대 개념을 발전시킨다. 교황은 연대의 필요성이 다양한 사회생활 영역에서 인간이 상호의존하고 있다는 사실에서 나온다고 지적함으로써 충분히 규범적인 내용으로 시작한다. 상호의존이라는 사실 인식에 '상응하는 반응'으로서의 연대는, 이제 '도덕적 범주'이자, 심지어 하나의 미덕으로 받아들여진다. 그런 다음 교황은 연대를 "공동선에 투신하겠다는 강력하고 항속 적인 결의이다. 우리 모두가 모두에게 책임이 있는 만큼, 만인의 선익과 각 개인의 선익에 투신함을 뜻한다."[72]고

정의한다.

이런 연대 개념 속에서 우리는 피스빌딩 실천가들에게 투신이란 어떤 사람들은 폭력에 직면하게 내버려 둔 채, 특정 사람들만 (사하라 이남 아프리카에 있던 백인들) 선별적으로 대피시키지 않도록 요청하는 일임을 발견한다. 우리 모두는 모두에 대한 책임이 있다. 교황 요한 바오로 2세는 그런 투신으로 생길 수 있는 결과를 더 명확하게 할 필요가 있다는 것을 알고, 그런 투신을 고수하기 위해서는 더 심오한 신학적 근거가 필요하리라는 사실을 깨닫는다. 너무 위험하고 자기희생을 필요로 하는 상황에서, 창조 교리에 기초한 동등한 권리라는 관점에서 사건을 구축하는 것만으로는 충분하지 않은 것이다. 그런 상황은 특히 두 번째 위격의 사랑의 활동에 대해 강조하면서 삼위일체 전체에 호소할 것을 요청한다.

> 신앙에 비추어볼 때, 연대성은 그 자체를 초월하고자 모색하며, 전적인 무상성, 용서, 그리고 화해 같은 각별히 그리스도교적인 차원이라고 할 형태를 취하려고 한다. 그렇게 될 때, 사람의 이웃은 단지 나름대로 권리와 다른 이와의 근본적인 평등을 갖춘 인간으로만 비치지 않고, 아버지 하느님의 산 모상, 예수 그리스도의 피로 구속받았고 성령의 항속 적인 활동을 입고 있는 모상이 되는 것이다. 따라서 이웃은, 그가 비록 원수라 하더라도, 사랑받아야 하며 주께서 그 사람을 사랑하신 똑같은 사랑으로 사랑받아야 한다. 그리고 그 사람을 위해서라면 희생을 치를 각오가 서 있어야만 하며, 최후의 희생, 곧 형제를 위해 자기 목숨을 바치는 희생까지도 각오하지 않으면 안 된다.73)

요컨대 무한해 보이는 이익을 얻으려는 열망과 권력에 대한 갈망은 이전 근대 가톨릭 사회교리에서 투신에 대해 밝혔던 신학적 강조와는 완전히 다른, 정반대의 심오한 투신을 요청한다. 죄악의 구조의 엄중함은 삼위일체 가운데 두 번째 위격의 활동을 중시함으로써 교회의 가르침에서만 명확히 표현할 수 있는 *그리스도의 모상*을 요구한다. 가톨릭 사회교리가 그렇게 발전한다면 사회교리는 위험의 종류를 명확히 표현할 언어를 제공하게 될 것이고, 그것은 피스빌딩 활동에 꼭 필요한 요소이다.

이제 『사회적 관심』에서 발견되는 신학적 변화를 어떻게 지속할 것인가에 관한 문제가 생긴다. 이후의 교황들이 그런 내용을 자신의 저술에 포함한다면, 그것은 진정으로 사회교리의 확실한 발전이 될 것이다. 각 교황은 교회의 일관된 가르침을 견지하면서도 자신만의 고유한 신학적 특색을 드러내 왔다. 어떻게 하면 가톨릭 사회교리가 삼위일체의 두 번째 위격에 대한 위험이 전제된 강조를 어떻게 지속해 나갈 수 있을까? 또 어떻게 인간 생명을 강조하려는 교황 요한 바오로 2세의 의지를, 그의 저작물의 특징이 되어버린 첫 번째 위격에 대한 거의 배타적인 초점으로 되돌리지 않을 수 있을까?

예수 그리스도에 대한 지속적인 관심을 사회교리에 통합시키는 가장 좋은 방법으로, 교황들께 당신의 문헌을 이전에 나온 사회 회칙을 기념하는 문헌뿐만 아니라 전례력과 연관 지을 것을 제안한다. 전례력은 예수 그리스도의 삶에서 일어난 사건을 특징짓고, 따라서 지속해서 그리스도에게 관심을 갖게 만드는 구조적 수단을 제공한다. 이것은 교황 비오 12세가 내놓은 성탄절 연설들에서 명백하게 드러났다. 교황 비오 12세의 연설은 다른 교황의 사회 회칙에 포함된 광범위한 사회 문제들을 다루고 있지만, 현대 가톨릭 사회교리의 규범으로는 거의 포함되지 않았다. 이것은 부끄러운 일인데, 제2차 바티칸 공의회에서 이루어진 발전 중 일부가 이미 1940년대와 1950년대 비오 교황의 저작 속에 등장하고 있다는 면에서도 그렇다.

교황 요한 바오로 2세와 마찬가지로, 교황 비오 12세는 정치권력이 잘못되어 가고 있다는 사실을 우려했다. 교황 비오 12세는 현대 파시즘과 전체주의의 공포를 경험했고, 따라서 국민이 수동적이어서는 안 된다고 주장했다. 그는 전쟁이 끝나기 전인 1944년에 자신의 우려를 다음과 같이 표명했다.

> 민중과 무형의 군중(또는 '대중'이라 불리는)은 서로 다른 개념이다. … 민중은 충만한 생명력으로 생활하고, 각자가 자신의 적절한 장소에서 자기만의 방식으로, 자신의 책임감과 견해를 의식하는 사람들로 구성된다. 반대로 대중은 외부 자극을 기다린다. 진정한 민중의 이런 활기찬 생활로부터 생겨나는 풍부하고 풍요로운 삶은 늘 자신을 스스로 회복시키는 활력을 가지고 공동선을 위한 진정한 본능을 주입하면서 국가와 그 모든 기관에 스며든다.[74]

이 시점에서 제2차 바티칸 공의회가 열리기 20년도 전에, 교황 비오 12세는 교황 요한 바오로 2세가 말한 인격주의(personalism)의 개요를 밝혔고, 연대성을 요청한 교황 요한 바오로 2세와 마찬가지로, 공동선에 기초한 사회를 이루며 사는 사람들에게 초점을 맞추었다. 교황 요한 바오로 2세와 마찬가지로, 교황 비오 12세는 그 점을 더 밀고 나가고 싶어 했다. 8년 뒤에도, 교황 비오 12세는 여전히 국가든 다른 형태든 기관이 개인의 투신을 제한할 수 있는 방식을 염려

했다. 그는 '거대한 행정 기계'가 있는 곳마다, 그리고 '공동선에 대한 존중이 개인의 양심 속에 잠들어 있는' 곳마다 생겨나는 '기관이라는 악마'에 대해 경고했다.75)

비오 12세가 기관의 제한을 타개해 나가려는 시도를 보여 왔음은 그의 연설이 성탄절에 이루어졌다는 사실에서도 드러난다. 이것은 처음부터 그가 발표한 내용이 삼위일체의 두 번째 위격에 기초하여 구체화하게 했다. 교황은 하느님 아버지에 의해 정해진 질서가 좋은 것이라는 사실을 부정하지 않았지만, 예수 탄생에 관한 관심이 하느님이 어떻게 행동하시는지를 보여준다고 계속 강조했다.

> 각 경우가 다른 모든 경우와 다르고, 각각의 특정 경우에서 일반적 질서를 효율적으로 만들기 위해, 하느님은 육화의 신비에 의해 효력이 발생하는, 인간과의 즉각적이고도 인격적 접촉을 수립한다. 이 신비에서 가장 거룩한 삼위일체 가운데 두 번째 위격은 인간들 속에서 인간이 되며, 그렇게 해서 두 번째 위격은 도움을 주는 존엄한 존재와 곤경에 처한 피조물 사이를 분리하는 무한한 거리를 연결하고, 일반적 법칙이 지닌 불변의 효력과 각 개인의 개별적 긴급성을 서로 조화시킨다.76)

요한 바오로 2세와 마찬가지로, 교황 비오 12세는 이 문제를 신학적 수준에 남겨 두지 않고, '죄악의 구조'가 인간의 행위를 제한하는 것처럼 보일 때 그리스도인들이 당대 문제에 어떻게 반응해야 하는지 통찰하게 했다. 곤경에 처한 사람을 만났을 때, 우리는 직접 또 개인적으로, 심지어 그것이 우리 삶에 엄청난 요구를 할 때라도, 그리스도가 도움을 청하는 우리를 만나주셨던 방식으로 대면할 수 있어야 한다는 것이다. 비오 교황의 말씀에 담긴 신랄함은 길게 인용할 가치가 있다.

> 이 모든 것을 염두에 두면, 질문이 생긴다. 그리스도의 모범은 인간에게 무엇을 가르쳤을까? … 그리스도는 정의와 자비의 법을 선포하는 것에 만족하지 않았고, 냉혹하고, 비인간적이며, 이기적인 사람들에 대해 증오로 가득 차서 비난하는 것으로도 만족하지 않았다. … 오히려 그는 몸소 그들을 돕고, 치유하고, 먹이는 데 힘을 쏟았다. 당시의 정치적, 경제적 질서가 결함이 많고 부족했기에, 확실히 그리스도는 당신 앞에 불행이 닥쳐 있는지 어느 정도로 닥쳐 있는지 등을 따지지 않았다. 그는 세상의 불행에 무관심하지 않았다. 세상과 그 질서의 주인으로서 그 반대였다. 구세주로서의 그의 행동이 인격적이었던 것만큼, 그는 인격적 사랑으로 인생의 갖가지 불행을 만나고 싶어 했다. 예수의 모범은 오늘날, 매일같이, 모든 사람이 따라야 할 엄중한 의무이다. … 아무리 최고의 자선 기관이라 하더라도 그 기관이 곤경에 처한 사람들을 돕는 것만으로는 충분치 않다는 것을 언급하지 않고는 결론을 내릴 수 없다. 인격적 행위가 개입되어야 하는데, 염려하는 마음을 지니고, 돕는 사람과 도움을 받는 사람 사이의 거리를 극복하려고 힘쓰면서 가난한 이들에게 다가서야 한다. 가난한 이들은 그리스도의 형제이자 우리의 형제이기 때문이다. 당신의 자비는 도움을 주기 위해 사람의 모습으로 오신 하느님의 자비를 닮아야 한다. 이것이 베들레헴에 담긴 메시지의 의미이다.77)

간단히 말해서, 전례력 상 성탄절에 거행된 행사에서 이루어진 이런 연설은 삼위일체의 두 번째 위격을 중시한다. 이것은 다시 모든 그리스도인 그리스도가 했듯이 가난한 사람들을 직접 만나기 위해 그들의 삶에서 필요한 만큼의 희생을 해야 한다는 주장을 뒷받침한다. 그런 참여는 교황 요한 바오로 2세가 '죄악의 구조'라고 부른 것과 그보다 30년 전에 교황 비오 12세가 '기관이라는 악마'라 부른 것을 극복하기 위해서도 필요하다. 이런 의미에서 사회교리 문헌을 내기 위해 전례력 상의 행사를 기획하는 것은 교황 비오 12세와 요한 바오로 2세 연설에 담긴 그리스도론적 요소를 사회교리의 더욱 영구적인 부분으로 만드는 방법을 제공하게 될 것이다.

또한 이런 신학적 전환은 갈등 지역에 있는 비정부기구와 다른 여러 기관의 국외자 대표들이 드러내는 투신의 한계를 조명한다. 비정부기구와 정부간기구는 사실 다른 사람들을 위해 봉사하는 것이 아니라 오히려 자신을 위해 봉사한다는 거센 비난을 받아 왔다.[78] 교황 베네딕토 16세는 『진리 안의 사랑』에서 "이따금 원조를 수혜자가 원조 제공자에게 종속되고, 발전에 쓰여야 할 자금에서 지나치게 높은 비율을 비싼 관료주의를 유지하는 데 쓰느라 가난한 사람들을 이용하는 경우가 있습니다."[79]라고 대놓고 비판한다. 기관마다 워낙 다양한 관행을 지니고 있어 일반화하기는 어렵지만, 기관이 지닌 한계를 극복하기 위해 예수 그리스도라는 위격에 초점을 둘 필요성은 비정부기구와 정부간기구의 개별 대표자에 대한 인신공격성 논쟁을 피하고, 활동 내용과 한계를 밝혀 기관의 정체성을 명확하게 하는 데도 도움이 될 것이다.

제2차 세계대전 이후 독립운동의 여파, 그리고 특히 1970년대 이후, 비정부기구는 개발도상국 사람들의 심각한 물질적 요구를 충족시키기 위해 애를 써왔다. 그런 노력의 관료화는 그들을 더 능률적으로 보이게 했다. 아이러니하게도, 그런 행정 기관은 국외 비정부기구 대표들과 그들이 봉사하려고 애쓴 사람들 사이의 거리를 만들어 냈다. 사회학자 막스 베버(Max Weber)는 관료화(bureaucratization)라는 (베버는 '합리화 rationalization'라고 불렀는데) 어휘로 인간의 행위를 더욱 능률적으로 만들기 위한 행정적 노력이 어떻게 인간의 상호작용을 비인간화하는 방식으로 공식화되는지 기술했다.80) 이것은 정확하게도 비오 교황과 요한 바오로 교황의 우려이기도 했다. 도시 외곽에 있는 토요타 랜드 크루저*에서 절대 벗어나지 않는 **무중구***의 모습은 사하라 이남 아프리카에서 만날 수 있는 일반적인 국외자의 모습이다. 토착민의 특성에 대한 이해의 부족은 돈이 사실상 국외자와 현지인 사이의 유일한 연결고리가 되는 구조적 상황을 만들어 낸다. 착석료(sitting fees, 비정부기구 대표들이 현지 상황에 대해 알아보기 위해 교섭하는 사람들에게 지급하는 돈 - 역자 주)는 관계를 협상하는 표준 수단이 된다. 무력 분쟁이 벌어질 때, 국외자인 비정부기구 대표들과 그들이 섬기려는 지역 주민들 사이에 충분히 긴밀한 연결고리는 없다. 물론 비정부기구의 존재 이유이기도 한 능률적인 서비스 제공에 주어진 명시적 강조를 고려하면, 갈등으로 인해 비정부기구가 그런 서비스를 제공할 수 없을 때, 그들이 현지에 남아 있어야 할 본질적 이유는 없다. 그저 고통받는 사람들과 함께 있기 위해 머무른다는 건 충분한 존재 이유가 되지 못한다. 만약 국외자인 비정부기구 대표들이 현지에 머무른다면, 그들은 종종 자신의 기구가 지니고 있던 행정상의 정신이나 심지어 제도적 규율을 거스르며 행동을 취한 것일 뿐이다.81)

* 토요타 랜드 크루저(Toyota Land Cruiser) : 일본 토요타사에서 생산된 차량으로, 가장 오래 생산된 모델 시리즈이다. 랜드 크루저는 아프리카에서 매우 인기가 있다는데, 농부, 비정부기구, 유엔과 인도주의 단체, 군대(종종 픽업 버전)가 주로 사용할 뿐만 아니라, 비정규 무장 단체들은 이 차량 후방에 기관총을 장착하여 사용한다고 한다.

* 무중구(muzungu) : 스와힐리어를 사용하는 아프리카 국가에서 '백색 피부를 가진 사람' 또는 보다 일반적으로 모든 외국인을 지칭하는 스와힐리어이다. mlungu, musungu 또는 musongo 등으로도 쓰인다.

베버는 현대 합리화 과정에 사회 질서에 대한 '탈매혹(disenchantment)'이 포함되어 있다고 기술했다. 베버는 이 말로 현대의 사회 기관이 우리의 관심을 끌 만한 초월적 현실에 대한 어떠한 언급도 배제한다는 것을 의미했다. 이 글에서 읽었듯이, 교황 비오 11세와 교황 요한 바오로 2세가 기관이라는 악마와 죄악의 구조 앞에서 삼위일체 가운데 두 번째 위격에 초점을 맞춘 것은 사회 질서와 심지어 가톨릭 사회교리 자체를 '다시 매혹하기(re-enchant)', 그렇게 해서 가톨릭 사회교리가 사회 질서의 문제를 더 충분하게 말할 수 있게 하려는 노력의 일환이다. 전례력은 그리고 구원의 역사를 재조명하려는 시도는, 우리의 행위를 하느님의 행위라는 맥락에 둠으로써 인간의 역사를 다시 매혹한다. 교회의 사회적 문헌을 전례력과 연결하는 것은 그런 재매혹(re-enchantment)을 보장하는 방법이 될 것이다.82)

결 론

이 글에서는 네 개의 절을 통해 현지인들의 경험이 공식 가톨릭 사회교리에 어떻게 피드백을 줄 수 있고, 주어야 하는지를 탐구했다. 가톨릭 사회교리가 그런 경험에 더 책임감 있게 대응하게 하도록 사회 교리에 도전하기도 하고, 심지어는 교리의 개정을 위한 촉매가 되려 하기도 했다. 제2차 바티칸 공의회의 『인간 존엄성(*Dignitatis Humanae Personae*)』에 이르러서야 우리는 가톨릭의 가르침이 '교리의 발전'을 겪고 있다는 사실을 명시적으로 공식 인정했음을 알게 되었다. 나중에 교황 요한 바오로 2세는 『백주년』에서, 그런 발전이 어떻게 이루어져야 하는지에 대해 아마 공식 문헌으로서는 가장 훌륭하게 설명한 자료를 제공한다. 교황과 공의회는 역사적 배경에 비추어 이전의 문헌들을 '되돌아보고', 현재 일어나고 있는 '새로운 사태'(*Rerum Novarum*)를 '둘러보며', 하나의 궤도를 세우기 위해 '미래를 바라보는' 일련의 과정으로 이전 문헌을 '다시 읽는다.' 이런 삼중의 과정을 수행하는 일은 교회 지도자들에게 '그리스도교 사회교리의 발전에 기여할 수 있는 기회'를 준다. 교황 요한 바오로 2세가 우리에게 말한 것처럼, 그것은 "교회의 복음화 사명에 속하는 것이며, 그리스도교 메시지의 필수적인 부분이다."[83] 필자는 교회 지도자와 평신도가 사하라 이남 아프리카의 현실에 더 가까이 그리고 더 오래 '둘러보기를' 촉구한다. 그렇게 하는 작업은 교리의 수정, 심지어 교리의 개발을 요청한다. 그러나 그런 작업에 나서지 않는다면 교리의 원동력이 되는 복음(good news)과 사회교리의 관계를 약화하게 될 것이다.

(번역 박은미)

1) 얀 에게랜드(Jan Egeland), "War in Northern Uganda World's Worst Forgotten Crisis: UN," *Agence France-Presse*, November 11, 2003에서 인용.

2) 교황 레오 13세, 『새로운 사태(*Rerum Novarum*)』 (1891), 38항; *Immortale Dei* (1885), 3항; *Libertas* (1888), 21항; 교황 비오 11세, 『사십주년(*Quadragesimo Anno*)』 (1931), 118항;『하느님이신 구세주(*Divini Redemptoris*)』 (1937), 29항.

3) 교황 베네딕토 16세는『진리 안의 사랑(*Caritas in Veritate*)』 (2009), 53항과 33항. 또 예컨대 교황 요한 23세, 『어머니요 스승(*Mater et Magistra*)』 (1961), 49항과 59항;『지상의 평화』 (1963), 130항; 제2차 바티칸 공의회, 『사목 헌장(*Gaudium et Spes*)』 (1965), 6항, 23, 25-26, 33, 75, 84항도 참조; 교황 요한 바오로 2세, 『백주년(*Centesimus Annus*)』 (1991), 49항과 54항도 참조.

4) 마이클 월저(Michael Walzer), *Just and Unjust Wars: A Moral Argument with Historical Illustrations*, 4th ed. (New York: Basic Books, 2006), 58ff.

5) 제2차 바티칸 공의회, 『사목 헌장(*Gaudium et Spes*)』 78항. 교황 요한 23세는 같은 요점에 대해 유사 용어인 order(질서)를 사용하여 강조했다. 『지상의 평화(*Pacem in Terris*)』 167항 참조. 미국 가톨릭 주교들은 1983년 사목 서한 『평화의 도전(*The Challenge of Peace*)』에서 평화라는 주제를 이웃과의 올바른 관계, 조화나 질서로서 강조한다(National Conference of Catholic Bishops, *The Challenge of Peace: God's Promise and Our Response* [Washington DC: United States Catholic Conference, 1983], 32, 34항).

6) 예컨대 Amnesty International, *Uganda: The Failure to Safeguard Human Rights* (London: Amnesty International, 1992) 참조. 웹사이트 www.amnesty.org 에서 열람 가능.

7) 휴먼라이츠워치는 신의 저항군이 1994년부터 1997년 사이에 8천 명의 젊은이들을 납치했다고 추정한다. Human Rights Watch, *The Scars of Death: Children Abducted by the Lord's Resistance Army in Uganda* (September 18, 1997) 참조. 웹사이트 www.hrw.org 에서 열람 가능.

8) Human Rights Watch, *State of Pain: Torture in Uganda 16*, no. 4(A) (March 2004); Human Rights Watch, *Uprooted and Forgotten: Impunity and Human Rights Abuses in Northern Uganda 17*, no. 12(A) (September 2005) 참조.

9) 루시 하빌과 조안나 퀸(Lucy Hovil and Joanna R. Quinn), "Peace First, Justice Later: Traditional Justice in Northern Uganda," Working Paper no. 17, Refugee Law Project, July 2005, pp. 15 and 3. 웹사이트 www.refugeelawproject.org 에서 열람 가능.

10) 위 글, 16쪽. 난민법 프로젝트는 루시 하빌과 모세 크리스푸스 오켈로(Moses Chrispus Okello)의 글에서 일련의 논쟁을 계속한다. "Only Peace Can Restore the Confidence of the Displaced," 2nd ed. (Kampala, Uganda: Refugee Law Project and Geneva, Switzerland: Internal Displacement Monitoring Centre, October, 2006). 웹사이트 www.refugeelawproject.org 에서 열람 가능.

11) 하빌과 퀸(Hovil and Quinn), "Peace First, Justice Later," 16.

12) http://www.resolveuganda.org/prospects-for-peace 참조.

13) 국제 형사재판소의 실효성과 신의 저항군을 이끄는 세력에 대한 기소가 평화를 촉진했는 지 아니면 갈등을 심화시켰는지에 대해서는 논란이 있다. 난민법 프로젝트의 실효성에 대한 반대 입장에 관해서는 팀 앨런(Tim Allen), *Trial Justice: The International Criminal Court and the Lord's Resistance Army* (London: Zed Books, 2006) 참조.

14) 로타 하봄과 피터 월런스틴(Lotta Harbom and Peter Wallensteen), "Patterns of Major Armed Conflicts, 1990-2005," in Stockholm International Peace Research Institute (SIPRI), *Yearbook 2006: Armaments, Disarmaments, and International Security* (Oxford: Oxford University Press, 2006); *The Human Security Brief 2006* (Vancouver: University of British Columbia, 2006) 참조. 웹사이트 www.humansecuritygateway.info. 에서 열람 가능.

15) 이중 효과의 원리에 관한 논쟁에 대해서는, 찰스 커런과 리차드 맥코믹(Charles E. Curran and Richard A. McCormick), *Moral Norms and Catholic Tradition, Readings in Moral Theology, no. 1* (Mahwah, NJ: Paulist Press, 1979) 참조.

16) 리차드 가필드(Richard Garfield), "The Epidemiology of War," in *War and Public Health*, 2nd ed., ed. Barry Levy and Victor Sidel (Oxford: Oxford University Press, 2008), 24.

17) United Nations Children's Fund, "Iraq Surveys Show 'Humanitarian Emergency'" (August 12, 1999). 웹사이트 www.unicef.org 에서 열람 가능.

18) 이안 피셔(Ian Fisher) 외, "Chaos in Congo: A Primer: Many Armies Ravage a Rich Land Creating Africa's 'First World War,'" *The New York Times*, February 6, 2000.

19) 레스 로버츠(Les Roberts) 외, *Mortality in Eastern DRC: Results from Five Mortality Surveys* (New York: International Rescue Committee, 2000). 웹사이트 www.theirc.org 에서 열람 가능.

20) 레스 로버츠와 찰스 루불라 무간다(Les Roberts and Charles Lubula Muganda), "War in the Democratic Republic of Congo," in Levy and Sidel, *War and Public Health*, 286.

21) 벤자민 코플란(Benjamin Coughlan) 외, *Mortality in the Democratic Republic of Congo: An Ongoing Crisis* (New York: International Rescue Council, 2007). 웹사이트 www.theirc.org 에서 열람 가능. 국제 구호 위원회 보고서는 콩고민주공화국에서의 사망자 수를 심각하게 과장했다는 비난을 받아왔지만, 비평가들조차 간접적으로 "콩고민주공화국에서의 간접 사망률이 비극적으로 높다"고 인정한다. 앤드류 맥(Andrew Mack), 조 닐슨(Zoe Nielsen) 외, *The Human Security Report 2009: The Shrinking Costs of War* (Burnaby: Simon Fraser University, 2010), 36.

22) 예를 들어 Institute of Medicine, *The Impact of War on Child Health in the Countries of the Former Yugoslavia* (Washington DC: National Academy Press, 1995); 카산 바이예프(Khassan Baiev), "The War in Chechnya," in 레비와 사이들(Levy and Sidel), *War and Public Health*, 288-312; 스피겔과 살라마(D. B. Spiegel and P. Salama), "War and Mortality in Kosovo, 1998-1999: An Epidemiological Testimony," *Lancet* 335 (2000), 2204-2209; 디푸르테레(E. Depoortere) 외, "Violence and Morality in West Darfur, Sudan (2003-2004): Epidemiological

375

Evidence from Four Surveys," *Lancet* 364 (2004), 1315-20; 토마스 그레인(Thomas Grein) 외, "Mortality among Displaced Former UNITA Members and Their Families in Angola: A Retrospective Cluster Survey," *British Medical Journal* 650 (September 20, 2003). 웹사이트 www.bmj.com 에서 열람 가능; 줄리 클리프와 압둘 라자크 누르마호메드(Julie Cliff and Abdul Razak Noormahomed), "The Impact of War on Children's Health in Mozambique," *Social Science and Medicine* 36, no. 7 (April 1993), 843-48.

23) 예를 들어, 하젬 아담 고바라, 폴 후스와 브루스 러셋(Hazem Adam Ghobarah, Paul Huth and Bruce Russett), "Civil Wars Kill and Maim People-Long after the Shooting Stops," *American Political Science Review* 97, no. 2 (May 2003), 189-202; idem, "The Post-War Public Health Effects of Civil Conflict." *Social Science and Medicine* 59 (2004), 869-84; 콴 리와 밍 웬(Quan Li and Ming Wen), "The Immediate and Lingering Effects of Armed Conflict on Adult Mortality: A Time-Series Cross-National Analysis," *Journal of Peace Research* 42, no. 4 (2005), 471-92 참조.

24) 보건국(Ministry of Health), *The Republic of Uganda, Health and Mortality Survey among Internally Displaced Persons in Gulu, Kitgu, and Pader Districts, Northern Uganda* (July 2005), ii.

25) 마이클 툴과 왈드만(Michael J. Toole and R. J. Waldman), "Prevention of Excess Mortality in Refugee and Displaced Populations in Developing Countries," *Journal of the American Medical Association* 263, no. 24 (1990), 600-605; 마이클 툴, "Displaced Persons and War," in Levy and Sidel, *War and Public Health*, 217.

26) 벤자민 코플린(Dr. Benjamin Coughlin) 외, "Mortality in the Democratic Republic of Congo: A Nationwide Survey," *Lancet* 367 (2006), 44-51.

27) 가필드(Garfield), "The Epidemiology of War," 29, 30, 31 참조.

28) 교황 요한 바오로 2세, 『백주년(*Centesimus Annus*)』, 31항; 교황 요한 바오로 2세, "Respect for Human Rights: The Secret of True Peace," 「세계 평화의 날 담화」 (January 1, 1999), 3항.

29) 교황 바오로 6세, 『민족들의 발전(*Populorum progressio*)』(1967), 45항.

30) 제2차 바티칸 공의회, 『사목 헌장』, 69항.

31) 크리스 오코운(Chris Ocowun), "Museveni Hails Gulu Archbishop Odama," *New Vision* (October 22, 2006), 1. 무세베니가 북우간다 굴루대교구 보좌주교로 사비노 오도키 오칸(Sabino Odoki Ocan)이 임명되었을 때 북우간다 사람들에 대해 언급한 내용이다.

32) "Museveni Directs Final Lakwena Offensive," *New Vision* (November 6, 1987). 무세베니가 1986년 북우간다의 앨리스 라크웨나와 아촐리 사이의 전쟁에 대해 언급한 내용이다.

33) 교황 바오로 6세, 『민족들의 발전』, 30항과 87항.

34) 교황 요한 바오로 2세, 『사회적 관심』 (1987), 10항.

35) 이 책에서 윌리엄 헤들리와 레이나 노이펠트가 집필한 5장 참조. 국제적, 비정부 개발

기구와 르완다 대학살에서의 그들의 역할에 대한 비판에 대해서는 피터 우빈(Peter Uvin), *Aiding Violence: The Development Enterprise in Rwanda* (West Hartford, CT: Kumarian Press, 1998) 참조.

36) 협동 학습 프로젝트(Collaborative Learning Projects), "Do No Harm: Project Summary" 참조, 웹사이트 www.cdainc.com 에서 열람 가능. 또 매리 앤더슨(Mary B. Anderson), *Do No Harm: How Aid Can Support Peace-or War* (Boulder, CO: Lynne Rienner Publishers, 1999) 참조.

37) 로널드 애트킨슨(Ronald Atkinson), *The Roots of Ethnicity: The Origins of the Acholi of Uganda before 1800* (Philadelphia: University of Pennsylvania Press, 1994).

38) 마흐무드 맘다니(Mahmood Mamdani), "The Politics of Peasant Ethnic Communities and Urban Civil Society: Reflections on an African Dilemma," in *Disappearing Peasantries?: Rural Labour in Africa, Asia, and Latin America*, ed. Deborah Bryceson, Cristobal Kay, and Jos Mooij (Bourton-on-Dunsmore, Warwickshire, UK: ITDK Publishing, 2000), 103. 간접 지배에 대한 보다 광범위한 언급은, 마흐무드 맘다니, *Citizen and Subject: Contemporary Africa and the Legacy of Late Colonialism* (Princeton, NJ: Princeton University Press, 1996) 참조.

39) 맘다니, "The Politics of Peasant Ethnic Communities and Urban Civil Society," 102.

40) 위 글, 101.

41) 리트바 레이니카와 야콥 스벤손(Ritva Reinikka and Jakob Svensson), "Local Capture: Evidence from a Central Government Transfer Program in Uganda," *Quarterly Journal of Economics* 119, no. 2 (2004), 679-705.

42) 단선적 진화론은 문화 사이의 차이를, "그곳에서 발전했기 때문에 다르다." 라는 공간상의 차이를 지적함으로써가 아니라, "진화의 초기에 그리고 저열한 단계에서 생겨났기 때문에 다르다." 라는 시간상의 차이를 구성함으로써 설명한다.

43) 스벤 린드크비스트(Sven Lindqvist), *Exterminate All the Brutes: One Man's Odyssey into the Heart of Darkness and the Origins of European Genocide* (New York: The New Press, 1996).

44) "Museveni Directs Final Lakwena Offensive."

45) 크리스 오코운, "Museveni Hails Gulu Archbishop Odama," *New Vision* (October 22, 2006), 1.

46) 요웨리 카구타 무세베니(Yoweri Kaguta Museveni), *Sowing the Mustard Seed: The Struggle for Freedom and Democracy in Uganda*, ed. Elizabeth Kanyogonya and Kevin Shillington (London: Macmillan, 1997), 26.

47) 교황 요한 바오로 2세, 『백주년』, 31항.

48) 교황 바오로 6세, 『민족들의 발전, 9-10항; 교황 요한 바오로 2세, 『사회적 관심』, 34항. 교황 요한 바오로 2세의 『노동을 통해(*Laborum Exercens*)』(1981)는 정당한 임금과 같은 산업상의 문제를 깊이 다룬 뒤에야, 농업 노동에 대해 한 단락을 할애한다. 농업에 대해 유일하게 지속적으로 언급한 문헌은 교황 요한 23세의 『어머니요 스승』(1961)인데, 이 회칙

은 한 개의 절을 그 주제에 할애한다(123ff.).

49) 교황 베네딕토 16세, 『진리 안의 사랑』, 27, 33, 58항.

50) 위 회칙, 23항.

51) 교황 바오로 6세, 『민족들의 발전』, 65항.

52) 위 회칙, 72항.

53) 위 회칙, 10항.

54) 위 회칙, 29항.

55) 일찍이 보조성 원리를 시사한 문헌은 교황 레오 13세, 『새로운 사태』 11, 28-29, 41항이다. 그 용어를 처음으로 사용한 문헌은 교황 비오 11세, 『사십주년』, 79-87항이다. 이후에 사용된 예는 교황 요한 23세, 『어머니요 스승』, 53, 117, 152항; 제2차 바티칸 공의회, 『사목 헌장』, 86항; 교황 바오로 6세, 『민족들의 발전』, 33항; 『80주년(*Octogesima Adveniens*)』(1971년), 46항; 교황 요한 바오로 2세, 『백주년』, 48항이다. 보조성 개념을 사용하지만 원리로 이름붙이지 않은 구절은 너무 많아 이루 다 언급할 수 없다.

56) 교황 베네딕토 16세, 『진리 안의 사랑』, 57항.

57) PRA에 대해서는, 로버트 체임버스(Robert Chambers), *Revolutions in Development Inquiry* (London: Earthscan, 2008) 참조. 사실 사람들에게 힘을 북돋우는 PRA와 PLA의 능력에 대해서는 치열한 논쟁이 있었음을 주목해야 한다. 예컨대, 빌 쿡과 우마 카타리(Bill Cooke and Uma Kathari), eds., *Participation: The New Tyranny?* (London: Zed Books, 188. 2001); and, in rebuttal, 새뮤얼 히키와 길스 모한(Samuel Hickey and Giles Mohan), eds., *Participation-From Tyranny to Transformation?* (London: Zed Books, 2005) 참조.

58) 교황 바오로 6세, 『민족들의 발전』, 25, 32항.

59) 데보라 브라이슨(Deborah Bryceson), "Disappearing Peasantries?: Rural Labour Redundancy in the Neo-liberal Era and Beyond," in Bryceson, Kay, and Mooij, *Disappearing Peasantries?* 315.

60) 교황 요한 바오로 2세, 『사회적 관심』, 37항.

61) 교황 레오 13세, 『새로운 사태』, 16항.

62) 교황 요한 바오로 2세, 『사회적 관심』, 36. 38항.

63) 마이클 클레어(Michael T. Klare), *Resource Wars: The New Landscape of Global Conflict* (New York: Holt Paperbacks, 2002), 8장 참조.

64) 로버트 부이츠텐후이즈(Robert Buijtenhuijs), "Peasant Wars in Africa: Gone with the Wind?" in Bryceson, Kay, and Mooij, *Disappearing Peasantries?*, 116 and 118.

65) 브라이슨(Bryceson), *Disappearing Peasantries?*, 314.

66) "Madhvani to Set Up Second Sugar Plantation," *New Vision* (January 1, 2007).

67) Divinity Union, Security and Production Program (pamphlet). 고맙게도 로널드

애트킨슨이 이 자료를 알려주었다. 로널드 애트킨슨(Ronald Atkinson), "Land Issues in Acholi in the Transition from War to Peace," The Examiner [Publication of Human Rights Focus-HURIFO] 4 (December 2008), 4-7 참조.

68) 아촐리 의회 의원들과 다양한 시민 사회 단체들이 무세베니의 이 두 가지 시도에 저항했다.

69) 이런 종류의 추론을 위한 하나의 논쟁은 사회교리가 모든 가톨릭 신자들을 대상으로 한, 후대의 문헌에서는 인류 전체를 대상으로 한 '보편적' 문헌이어야 한다는 것이다. 이런 관점에서, 사회교리가 뭔가 특수한 문헌이 되는 건 부적절하다. 그러나 필자의 비판은 문헌들이 이런 저런 특정 문제나 지역적 상황을 더 특수한 차원으로 다뤄야 한다는 점에 대해서가 아니라, 문헌이 이미 다루려 한 '보편적' 인류의 또 다른 양상을 고려해야 한다는 점에 있다. 이런 양상의 인류 문제에 대해서는 교황 요한 바오로 2세가 『사회적 관심』에서 다룬 연대, 그리고 선대 교황들이 이전 문헌들 속에서 다룬 연대 문제에 관심을 기울임으로써 그 실마리를 풀 수 있다.

70) 교황 비오 11세, 『사십주년』, 한국천주교주교회의 번역문 36항. 토마스 아퀴나스(Thomas Aquinas), 『이교도대전(Summa Contra Gentiles)』, 3, 71항과 『신학대전(Summa Theologiae)』 I, Q. 65; A. 2, C.C.에서 인용.

71) 교황 요한 바오로 2세, 『사회적 관심』, 37항.

72) 위 회칙, 38항.

73) 위 회칙, 40항.

74) 교황 비오 12세, "True and False Democracy (Christmas Address of 1942)," in *Major Addresses of Pope Pius XII*, ed. Vincent Arthur Yzermans, vol. 2 (St. Paul, MN:North Central Pub. Co., 1961), 81.

75) 교황 비오 12세, "The Rights of Man," Christmas Address of 1952, in Yzermans, *Major Addresses of Pope Pius XII*, 163.

76) 위 글, 161.

77) 위 글, 170-171.

78) 문헌은 방대한데, 예컨대, 그래함 핸콕(Graham Hancock), *Lords of Poverty: The Power, Prestige, and Corruption of the International Aid Business* (New York: Atlantic Monthly Press, 1989); 알렉스 드 발(Alex de Waal), *Famine Crimes: Politics and the Disaster Relief Industry in Africa* (Bloomington: Indiana University Press, 1997); 마이클 마렌(Michael Maren), *The Road to Hell: The Ravaging Effects of Foreign Aid and International Charity* (New York: The Free Press, 2002); 케르제 트뱃(Terje Tvedt), *Angels of Mercy or Development Diplomats: NGOs and Foreign Aid* (Oxford: James Currey Ltd., 1998) 참조.

79) 교황 베네딕토 16세, 『진리 안의 사랑』, 47항.

80) 막스 베버(Max Weber), *Selections in Translation*, ed. W. G. Runciman, trans. Eric Matthews (Cambridge: Cambridge University Press, 1978).

81) 이 패턴에는 중요한 예외가 있는데, 특히 취약하고 고통 받는 사람들과 연대해 피해를 입을 수도 있는 입장에 서는 것이 자신의 핵심 사명이라 간주하는 비정부기구도 있다.

두 가지 예가 국제/미국 피스 브리게이즈(Peace Brigades, www.peacebrigades.org 참조)와 크리스찬 피스메이커 팀(the Christian Peacemaker Teams, www.cpt.org 참조)이다.

82) 정확하게 언제 어디서 그 노선에 인생을 걸어야 할지 식별하는 과정에 대해서는 말할 수 있는 내용이 훨씬 많지만, 이에 관한 상세한 논쟁은 다른 자리에서 해야 할 것 같다. 이 글에서 말하려 한 중요한 점은 그런 식별의 발판을 마련하는데 필요한 신학적 변화이다.

83) 교황 요한 바오로 2세, 『백주년』, 3항과 5항.

7장 남아프리카공화국에서의 진실, 화해, 인간 존엄성 추구

- 가톨릭 피스빌딩에 대한 교훈

피터-존 피어슨(Peter-John Pearson, Fr.)

남아프리카공화국 주교회의 의회 연락사무소(Parliamentary Liaison Office) 소장. 교구 본당 사제이자 정의·평화 직무를 담당하는 주교 대리로서, 아파르트헤이트 투쟁에 깊이 관여했다. 네덜란드 틸부르크 대학에서 신학 초빙 강사로, 반-아파르트헤이트 운동에서 가톨릭 사회교리의 역할과 그것이 화해에 시사하는 내용에 대해 강의했다. 케이프타운 대학에서 법학을 가르쳤다.

> 역사적으로 적이었던 사람들이 아파르트헤이트(apartheid)에서 민주주의로의 평화적 전환에 성공했습니다.
> 이는 틀림없이 우리가 다른 이의 선함을 수용할 준비가 되어 있었기 때문입니다. 저의 염원은 남아프리카공화국 국민들이
> 선에 대한 믿음을 절대 포기하지 않고, 인간에 대한 믿음을 우리 민주주의의 주춧돌로 소중히 여기는 것입니다.
>
> - 넬슨 만델라(Nelson Mandela)

1998년 10월 임무를 완수한 남아프리카공화국의 진실화해위원회 (Truth and Reconciliation Commission, 약칭 TRC)는 (분명히 대중적인 상상 안에서) 남아프리카공화국의 엇나간 과거를 상기시키는 강력한 장치 가운데 하나가 되었다. 동시에 남아프리카공화국 TRC는 희망과 화해를 발전시키는 힘 있는 공간을 만들어 놓았다. 도덕적 합의를 만들기 위한 시도를 통해, TRC는 영원한 평화를 현실적인 가능성으로 만들어내기도 했다.

　이 글에서 필자는 TRC로부터 배운 교훈을 활용하는 작업이 미래를 위한 희망의 원천이 된다는 점을 제안한다. 실제로 TRC의 활동에서 드러난, TRC의 활동을 관통하는 주제들은 남아프리카공화국의 영혼의 쇄신과 국가의 정치 문화와 정치 제도의 재건을 위한 잠재적인 토대 역할을 한다. TRC가 제시한 희망은, 간단히 말하면, 새로워진 남아프리카공화국이 민주주의를 공표하고, 화해를 키워나가며, 그럼으로써 평화의 문화에 이바지하게 되리라는 것이다. 그런 성과는 식민주의에 뿌리를 둔 아파르트헤이트의 공포에 맞서 싸워 온 수많은 사람에게 바치는 가장 적절한 경의일 것이다. TRC의 관심사와 과정에 대한 면밀한 조사는, 사실, 체계적인 불의와 차별에 맞서 다른 사회들에서도 생겨나고 있는 피스빌딩에 중요한 실마리를 제공한다. 이런 식으로 TRC의 경험은 남아프리카공화국뿐만 아니라 특히 아프리카 대륙에서 '제2의 민주주의 물결'을 향해 나아가는 길을 모색하고 있는 여러 다른 나라를 위한 가치학습 곡선의 일부를 형성한다.

　문서로 잘 기록되어 있듯이, 진실화해위원회의 핵심 차원은 위원회의 종교적, 영적, 도덕적 특성이다. 대주교 데스몬드 투투(Desmond Tutu)는 신앙 담론 내에서 진실화해위원회의 역학에 가장 큰 영향을 미쳤다. 투투 주교의 생각이 위원회 전 과정을 이끌었다. 그는 적어도 종교 공동체에, 남아프리카공화국 내에서 진정한 민주주의 문화를, 결과적으로는 진정한 평화를 지속시키는 문화를 육성하는 험난한 과정을 이해할 수 있게 하는 언어를 제공해 주었다. 이 성과의 상당한 의의는 남아프리카공화국 국민 대다수가 이런저런 종교 교파에 속해서 적극적으로 활동하고 있다는 사실에서 찾아볼 수 있다. 연구에 따르면 남아프리카공화국 국민의 절반 이상이 더 많이는 아니더라도 한 주에 한 번은 예배에 참여한다고 한다. 이것은 대다수 남아프리카공화국 국민의 공적 담론에 대한 해석이 매우 종교적임을 의미한다. 따라서 TRC 담론의 상당 부분이 다가가기 쉬운 종교 언어와 이미지로 기술되었다는 사실은 화해와 평화 과정에 대한 대중의 수용 가능성을 높였음을 보여준다.[1]

그렇다면 남아프리카공화국만이 아니라, 강한 종교적 정체성을 지닌 여러 사회에서 활동하는 가톨릭 피스빌더들이 피스빌딩의 도전 과제와 담론을 더 적합한 종교적 언어와 종교적 이미지를 더 탐색하여 표현할 수 있다면, 일반 대중과 만날 기회를 더 많이 마련할 수 있을 것이다. 따라서 이런 질문을 해 볼 수 있다. 만약 TRC에 대한 이런 해석이 일정한 진실성을 지니고 있다면, 그것이 전반적으로 신앙에 기반을 둔 피스빌딩 사업, 그리고 더 구체적으로는 가톨릭과 가톨릭 피스빌딩에 대해 무엇을 말해 줄 수 있을까?

이 질문에 대한 답을 찾기 위해, 필자는 이어지는 논의를 서로 연관된 네 부분으로 나누었다. 첫째로, TRC가 직면한 기념비적 과제의 규모와 형태(그리고 그 문제에 대해, 트라우마가 계속되는 여러 사회에서 진실 말하기, 화해, 민주주의와 평화의 문화를 건설하려는 모든 시도까지)를 이해하기 위해서는, 계속되어 온 폭력과 정치적 억압의 유산에 대한 논평이 필요하다. 남아프리카공화국 가톨릭 주교회의는 「평화를 위해 필요한 것」* 이라는 핵심적인 문서에서, 평화를 위한 과업의 출발점은 과거의 병리적 측면과 사람들이 겪은 고통의 경험에 대한 이해에 있다고 아주 분명하게 언급했다. 남아프리카공화국 가톨릭 주교회의는 "무엇이 불의와 갈등, 폭력을 일으켰는지에 대한 검토를 먼저 하지 않고는, 그래서 무엇이 평화 수립을 막고 있는지를 찾아내지 않고는, 평화와 사회적 조화를 위해 효과적으로 일하기란 불가능하다"2)고 진술한다.

* 「평화를 위해 필요한 것(The Things That Make for Peace)」: 남아프리카공화국 가톨릭 주교회의가 1985년 12월에 발간한 보고서. 전체 제목은 「평화를 위해 필요한 것: 남아프리카공화국 가톨릭 주교의 신학자문위원회가 남아프리카공화국의 가톨릭 주교와 교회에 보내는 보고서」이다.

둘째로, 아파르트헤이트 자체의 구체적이고 참혹한 폭력에 대해서뿐만 아니라, 폭력적 차별이라는 역사적 유산이 남아프리카공화국에 만들어놓은 폭력의 은폐 문화에 대한 TRC의 응답을 자세히 들여다봐야 한다. 인권과 민주주의적 절차에 대한 TRC의 초점은 그 응답의 중심이었고, 폭력과 차별이라는 진흙탕에서 벗어나 앞으로 나아가는 길을 가리키는 결정적인 태도였다. 주교들은 1993년 사목 서한 「민주주의적 미래를 향하여」*에서 아파르트헤이트 이후 남아프리카공화국에 바라는 평화는 인권 문화를 평화의 기초로 삼아야 한다는 점을 분명히 했다. 그들은 민주주의 사회의 첫 번째 원리로, "생명권, 교육, 자유에 대한 권리, 양심과 표현의 자유 같은 인권을 존중하고 보호한다."3)고 서술했다.

> * 「민주주의적 미래를 향하여(Towards a Democratic Future)」: 남아프리카 공화국 가톨릭 주교회의가 1993년 4월에 발표한 사목 서한. 남아프리카공화 국이 역사적으로 중요한 시기에 있으며 현 상황을 복음의 빛 안에서 바라보자 고 권고한다. 민주주의의 주제를 믿음, 사랑, 정의, 소망의 언어로 다뤘다. 결론 적으로는 변화의 정신을 촉구한다.

셋째로, 대주교 투투는 인물 그 자체로 중요했고, 아마도 결과를 이끌어내는 데 결정적인 역할을 했다. 투투는 그가 추구하는 미덕을 자국민과 정치 제도에 환기시키고 주입시키기 위해 어떻게 표현했을까? 사실 종파를 초월하는 오랜 교회 일치주의의 유산에 의해 형성된 것이 분명하며 투쟁의 소용돌이 속에서 단련된 투투의 신학은, 용서, 희망, 화해 같은 주제에 특별한 의미를 부여했고, 그렇게 함으로써 폭넓은 평화 담론이 가능하도록 풍부한 신학적 통찰력을 더했다.

마지막으로, 대주교 투투와 TRC는 폭력과 정치적 탄압으로 분열된 사회를 재건하려는 신앙에 기반을 둔, 특히 '가톨릭적인' 방법론과 어떤 관계가 있을까? TRC가 포괄하는 범위가 넓었고 그에 관한 방대한 문헌이 나왔지만, TRC의 활동 과정과 내용, 그리고 아프리카에서 생성된 보다 폭넓은 평화 담론의 역학 사이의 연관성에 대해서는 최소한의 분석만 이루어졌다. 마찬가지로 여러 해에 걸쳐 이루어진 남아프리카공화국 주교들의 성찰 사이의 분명한 유사성에 대한 분석도 부족한데, 한편으로는 가톨릭 사회교리를 아파르트헤이트로부터의 해방에 적용하는 작업에 대한 이해가, 다른 한편으로는 예상되는 정의, 평화, 화해로 나아가는 방법에 대한 이해가 부족했다. 제대로 분석되지 않은 이 연결성에 대한 윤곽을 그리며 시작해보자.

폭력과 정치적 억압의 유산

명료한 말로 시작해야겠다. 폭력은 남아프리카공화국 역사 전체를 특징지어왔고, 남아프리카공화국의 역사를 형성하는 동시에 일그러뜨렸다. 과거에 대한 온전한 이해와 인정은 이제까지와는 다른 형태의 미래를 건설하기 위한 전제조건이다.

바이에른 태생의 저명한 로마 가톨릭 신학자 요한 밥티스트 메츠(John Baptist Metz)의 "다시는 그런 식으로, 아우슈비츠를 겪었는데도 신학의 구조가 아무런 영향을 받지 않거나, 또는 영향을 받지 않는 식으로 신학을 해서는 안 된다"라는 경고는 남아프리카공화국에도 유효하다.4) 우리 역사에 자취를 남긴 수 세기에 걸친 폭력, 잔인함, 인간성 말살을 인정하지 않고는 남아프리카공화국에서 신학을 할 수도, 기도하거나 사제직을 성장시킬 수도, 심지어 서로를 존중할 수도 없다.

남아프리카공화국에는 아우슈비츠라는 명칭과 유사하게 기능하는 중대한 이야기가 담긴 호명(litany of names)이 있다. 요한 밥티스트 메츠에게 또 우리의 인식 안에 이 호명들을 살아있게 하는 것은, 사실을 일상적인 일로 만들기를 '중단시키기', 고통에 관해 이야기하기, 세상의 불의를 바라보며 하느님을 향해 울부짖기이다. 실제로, TRC 프로세스가 남아프리카공화국에서 포착하려 한 것은, 잔인한 행위가 자행되었다는, 고통의 이야기, 불의의 이야기, 그리고 이 모든 것은 하느님을 향한 울부짖음이라는 것을 파고드는 일이었다. 필자는 TRC 청문회에서 증언이 이루어지던 고통의 순간에 강렬하게 망령처럼 떠나지 않던 '하느님을 향한 울부짖음'의 이미지를 기억하지 않고서는 증언을 들을 수 없었다. 예를 들어, 공청회 첫날 노몬디 카라타씨는 남편이 경찰의 손에 의해 죽임을 당하던 장면을 묘사하며 눈물을 터뜨리고 통곡했다. 대주교 투투가 말했듯이, 그 울부짖음은 TRC를 정의하는 소리가 되었고, TRC는 사람들이 찾아와 울고, 마음을 열고, 괴로움을 꺼내 보일 수 있는 장소가 되었다는 사실을 의미했다.5)

메츠는 또 엄밀하게 한정된 시간이라는 성경의 종말론적 지평을 고수했다. 메츠는 모든 것은 무관심하며 피해자에게 어떠한 정의도 필연적으로 찾아오지 않는 무한한 시간을 주장하는 진화론자들의 가정 대신 이 한정된 시간 개념을 선택한다. 다시 말하지만, 특히 과거 학대에 대한 배상 문제가 점점 더 미래를 위한 정치적 도전 과제로 부상함에 따라, 남아프리카공화국 평화 프로세스에서 신학적 전망은 적절하게 주의를 끈다. 메츠의, 아우슈비츠의, 소웨토*의 신학적 전통은 역사의 그늘진 부분을 진지하게 받아들이며, 그리스도 제자들에게 역사의 방향에 책임감을 지녀야 한다는 과제를 부여한다. 남아프리카공화국에 존재하는 여러 명칭, 아우슈비츠처럼 메츠에게 강렬한 기억을 불러일으킨 감정적인 명칭들은 으레 남아프리카공화국의 과거를 규정하는 대학살과 폭력을 상기시킨다. 불호크*, 본데스와츠, 샤페빌과 랑가, 보이파통, 소웨토는 이 슬픈 서사에서 끔찍한 폭력의 장소인 동시에 기념비적인 용기와 반항이 있었던 장소로 우뚝 선다.

* 소웨토(Soweto) : 남아프리카공화국 가우텡주의 요하네스버그 내의 도시권 D 구에 있는 지역으로, 주로 흑인이 거주한다. 1976년 6월 16일 아침, 이 지역에서 흑인 학교 아이들이 이끈 일련의 시위와 항쟁이 일어났고, 이를 소웨토 항쟁이라 한다.

* 불호크(Bulhoek) : 1921년 5월 24일, 남아프리카공화국 연합의 백인 경찰대가 163명의 호사족 아프리카인을 살해하면서 불호크 대학살이 일어난 곳이다.

* 본데스와츠(Bondelswarts) : 남아프리카공화국 위임통치령을 계기로 폭력 사태가 일어난 곳으로, 이를 본데스와츠 반란 또는 항쟁이라 부른다.

* 샤페빌(Sharpeville) : 1960년 3월 21일, 흑인에게 신분증 소지를 의무화한 법률 'pass law'에 반대하는 7천여 명의 시위대가 경찰서로 몰려들었는데, 경찰이 군중에 불을 질러 69명이 죽고 180명 넘게 다친 사건이 일어난 곳이다.

* 랑가(Langa) : 샤페빌처럼 'pass law' 반대 시위가 벌어졌던 곳이다.

* 보이파통(Boipatong) : 1992년 6월 17일 밤, 45명이 죽고 여러 사람이 불구가 된 보이파통 대학살이 일어난 곳이다.

심오한 차원에서, TRC는 고통이 가득한 경험과 맞붙어 싸우는 존재이자, 끔찍한 과거가 초래한 복잡한 사회와 경제 문제에도 불구하고 남아프리카공화국과 국민에게 뭔가 새롭고 생명을 주는 일이 생겨날 거라는 희망의 상징이 되었다. 남아프리카공화국은 정말로, 고통과 희망 사이 그 어딘가에 있는 나라다. 고통으로 가득 차 있고 망가진 과거를 다루면서도, 과거로부터 더 나은 미래를 위한 희망을 찾고 건설하려 힘쓰는 피스빌더의 장소이기도 하다.

불행하게도, 많은 사람이 아파르트헤이트 폭압을 인간성에 대한 범죄가 아닌 일종의 소극적 차별로 간주해 왔다. 아파르트헤이트 폭압은 강제노동수용소 또는 나치 독일에 비할 수 없고, 대부분 사회가 마주한 일종의 차별보다 덜하지 않았다. 그런데 일부 사람들에게 아파르트헤이트라는 과거는 인내와 선한 의지로 쉽게 벗어날 수 있고, 견딜 수 있거나 바꿀 수 있는, 소수 집단에 속하는 아픔으로 여겨졌다. 일부에서는 아파르트헤이트의 잔혹 행위를 부인하는 수정주의적 역사마저 논의되고 있다. 그러나 이런 방식으로 생각하는 것은 많은 차원에서 아파르트헤이트가 초래한 고통과 곤경의 정도를 왜곡하고 축소한다. TRC 활동 기간 중에 드러난 사실들은 그런 부인과 역사에 대한 왜곡된 이해를 침묵시킨다. 하지만 주교회의는 "남아프리카공화국에서 깊숙이 자리 잡은 폭력의 원인을 정직하게, 때로는 고통스럽게 인식하지 않고서는 평화를 향한 진전은 있을 수 없다"라는 인식을 드러낸다. "잘못된 일에 대한 인식과 수용이 없다면, 피스메이킹에 대한 모든 시도는 피상적일 뿐이며 나중에 더 심화된 갈등으로 이어질 수 있다."6) TRC 위원장 품라 고보도 마디키젤라(Pumla Gobodo-Madikizela)는 이런 진실을 전달한다.7)

과거에 대한 이해는 진실과 효과적인 피스빌딩 전략을 수립하기 위한 출발점이다. 과거로부터 유산처럼 이어져 온 폭력은 남아프리카공화국을 압도하는 현실이며, 오늘날 남아프리카공화국에서 나타나는 긴장, 범죄, 폭력의 주요 원천이다. 이는 새로운 정치 문화와 새로운 유형의 제도를 고안해 내도록 우리에게 도전해 온 소용돌이임이 분명하다. 이 폭력의 역사는 현재 우리가 마주한 몇몇 중대한 신학적 과제의 배경이기도 하다. 폭력이 국가 전반과 정신에 너무나 폭넓게 휩쓸며 영향을 주었기에, 1960년부터 1994년 사이 끔찍하게 인권을 침해한 폭력에 대한 조사가 TRC의 핵심 과제였던 것은 아주 적절했다. 이런 의미에서 그 조사는 궁극적으로 특정 시기의 특정 사회를 이해하기 위한 준거의 틀을 제공하는 결정적 특징이자, 시대의 징표로까지 인식되었다.8) TRC가 기록한 종류의 폭력은 오늘날에도 계속되고 있으며, 빈곤, 에이즈, 만연한 부패와 마찬가지로 시대의 중요한 징표로 남아있다. 폭력의 연속체는 충격적인 범죄 통계에서 드러나는데, 남아프리카공화국 사회에서 가장 취약한 계층, 특히 여성과 아동에 대한 폭력은 매우 걱정스러운 수준이다.9)

초창기 노예제도로 남아프리카공화국을 정복한 때부터, 농장에서 시작해 나중에는 광산에서의 강제 노동, 정치적 항의를 진압하는 폭력적인 탄압 행위, 아파르트헤이트의 일상에서 '늘 반복되는' 폭력에 이르기까지, 폭력은 남아프리카공화국 삶의 특징이 되어왔다. 남아프리카공화국의 불평등 역사에 대한 기념비적인 저서에서, 삼피 테레블란치(Sampie Terreblanche)는 식민지 정착민이 노동을 착취하기 위해 폭력을 어떻게 사용했는지, 그렇게 해서 경제적 사회적 관계가 어떻게 형성되었는지 보여준다. 그는 "18세기 초부터 지속된 노동에 대한 수요는 다수의 토착민, 특히 코이산족을 농노로 전락시킴으로써 충족되었다"라며, "코이산족은 노예화에 맹렬히 저항했지만, 농장 특공대(farmer commandos, 남아프리카공화국 경찰의 지휘를 받아 민병대 기능을 한 군대로 거의 자발적이며 일용직으로 참여했다 - 역자

주)의 화력은 너무나 강력했다"라고 썼다. 그에 따르면 주로 영국인 정착민이 새로운 땅을 점령하기 위해 그리고 더 많은 흑인 노동력을 통제하기 위해, "영국인은 이스턴 케이프 지역에서 호사족을 패배시켜야 했다." 그 과정은 매우 어려운 것으로 입증되었는데, 테레블란치의 설명에 따르면, 1834년부터 1853년까지 세 번의 피비린내 나는 국경 전쟁을 벌여야 할 정도였다. "전쟁과 폭력은 또 세기가 바뀌는 시기의 정치학, 특히 1899년부터 1902년까지 벌어진 내전의 정치학을 규정했다." 남아프리카공화국에서의 노동력에 대한 탄압은 몹시 극심했고 가차 없이 수행되었다. 약 2만 2천 명의 영국 군인이 사망한 것으로 추정되며, 공화국과 케이프 북부의 농장 3만 개가 파괴되었고, 2만 6천 명의 보어족 여성과 아동, 1만 4천 명의 아프리카인이 강제수용소에서 죽임을 당했다. 이 폭력과 파괴의 기억은 몇 대에 걸쳐 백인 남아프리카공화국의 역사를 형성했다.10)

이런 궤적은 조금도 수그러들지 않은 채 지속되었고, 국민당이 1948년 정권을 잡았을 즈음 남아프리카공화국 법체계는 차별과 탄압으로 특징지어졌다. 돈 포스터(Don Foster)는 "국민당은, 호른(R.F.A. Hoernle)이 이미 1948년에 백인 지배를 확고하게 자리 잡게 했다고 비판했던 법체계를 물려받았다."11)고 지적했다.

폭력을 체계적으로 사용한 주요 사례 중 하나는 아파르트헤이트 반대자들에게 자행된 고문이었다. TRC 보고서는 경찰 구금 중에 일어난 중대한 침해행위에 대한 증언을 담고 있다. 전형적인 예는 이렇다. "그들이 내 옷을 다 벗기고 서랍을 연 다음 내 가슴을 서랍 안에 밀쳐 넣고 내 가슴 위에 대고 서랍 문을 쾅 닫았다. … [또는] 나는 그의 커피에 약을 타고 그의 머리에 총을 쐈다. 그다음 그의 시체를 태웠다. 우리는 이 일을 하는 동안, 그의 시신이 타는 것을 보면서 반대편에서 바비큐를 즐겼다."12) 극심한 폭력은 그렇게 식민 세력의 정복 과정을 특징지었고, 갖가지 아파르트헤이트 정책 속에서 사회 통제의 주요 방법으로 그리고 아파르트헤이트 반대 세력을 진압하는 주된 도구로 활용되었다.

TRC에게 주어진 권한이었던 심각한 인권 침해를 지적하는 활동은 물론, 일상적인 인간 존엄성 침해도 짚고 넘어갈 필요가 있다. 그런 체계적인 폭력과 고통은 중대한 인권 침해를 정의하는 범위 내에 들어 있지는 않았지만, 마흐무드 맘다니(Mahmood Mamdani)가 관찰한 것처럼, 모든 면에서 모욕적이고, 비인간적이고, 잔인했다. 예를 들어, 1960년과 1982년 사이, 약 350만 명의 사람이 강제로 집에서 쫓겨났고, 그들의 공동체가 산산이 부서졌으며, 재산을 몰수당했고, 생계는 파괴되었다. "이런 일들은 사회경제적 과정이 나은 무기력한 결과가 아니라 국가라는 주체에 의한 적극적 폭력의 결과"라고 마흐무드 맘다니는 지적한다.13)

그럼에도 불구하고, 존 드 그루쉬(John de Gruchy)가 관찰했듯이, "TRC 청문회 기간 중 이루어진 아파르트헤이트의 고통에 대한 해부는 반인도적 범죄가 무엇을 의미하는지 이해하는 데 도움이 되었을 뿐만 아니라, 우리가 쟁취하려 노력해야 하는 사회, 보살펴야 하는 사회, 진실을 지키고, 정의를 지키고, 피해자를 돌보며, 피해자의 상처를 치유하고 인간 생활의 번영에 마음을 쓰는 사회가 무엇인지를 생생하게 보여주었다." TRC의 성과에 대한 우리의 궁극적인 결론이 무엇이든 "TRC의 성과는 도덕적 문화를 건설하고 미래를 위한 도덕적 합의를 이루기 위해 노력해야 할 시급한 필요성에 대한 우리의 인식을 강화하는 토론의 장을 열어 놓았다"라는 존 드 그루쉬의 말에 우리는 확실하게 동의할 수 있다. 실제로, 진실 말하기의 핵심은 남아프리카공화국에 도덕적 기반을 재건하는 것이었다. "과거의 폭력을 분석함으로써 진실을 찾고자 했던 TRC의 의도는, 넓은 범위에서 정의롭고, 배려하며 조화로운 사회를 건설하는 것이었다. 이는 진실을 알고자 하는 도덕적인 이유였다"고 존 드 그루쉬는 주장한다. "오직 이런 종류의 진실 말하기만이 우리를 자유롭게 함으로써 진정으로 인간다워지게 하며, 진정한 화해를 이룬 국가의 토대를 마련한다. 도덕적 문화를 건설하려 한다면, 우리는 과거에 대한 진실, 즉 우리 스스로에 대해 알아야 한다. 왜냐하면 그런 지식 없이는 계속 과거에 사로잡힌 채로 남아있게 되기 때문이다. 그러나 우리는 그 진실을 통해 진정한 도덕적 시험을 치러야 한다."14)

요컨대 만성적이고 영구적인 폭력이 남아프리카공화국의 역사를 정의해왔고, 그 관계를 비인간화시켜 왔으며, 심각한 인권 침해로 나타났다. 나아가 폭력은 사회적, 정치적 통제의 주된 수단이었고, 결국 심각하게 계속되는 새로운 수많은 병리 현상을 불러일으켜 국민을 무력화시키고 정신적 외상을 초래했다.15)

폭력의 역사에 대한 이런 성찰로부터 도출할 수 있는 첫 번째 교훈은 무엇일까? TRC의 활동과 현재 진행 중인 피스빌딩 사이의 연속성 속에서 찾을 수 있는 실마리 하나는, 새로 부상하는 정치 문화와 그 정책적 주안점이 피해자, 배제된 사람, 그리고 무방비 상태에 놓여 있는 사람들에게 똑같은 도덕적 헌신을 보여주어야 한다는 데 있다. 2004년 주교회의 정의평화위원회는 가난한 이를 위한 우선적 선택을 새로운 남아프리카공화국의 출발점으로 진지하게 채택해야 한다는 분석을, 지속해서 긍정해야 한다는 사실을 분명히 했다. 여러 성명서와 출판물을 통해서, 위원회는 아파르트헤이트가 정치 체제로서는 끝이 났지만, 여전히 국가를 분열시키고 있고, 경제적 아파르트헤이트 체제를 남겨놓았다는 사실을 강조했다. 실업률이 거의 40%, 일부 지역에서는 그 두 배에 육박하자, 가난한 이가 정부의 의사결정에 더 큰 목소리를 내도록 하는 조치가 이루어졌다. 위원회는 아동 지원 보조금을 늘릴 것을 제창하고 국가 기본소득 보조금을 위해 적극적인 캠페인을 벌였다. 또 위원회는 지자체와 보다 효과적으로 협력하고 지자체가 가난한 이들의 요구에 부응하게 하려고, 지역 공동체와 협업하는 주요 프로그램에 착수했다.16)

TRC의 응답 : 존엄성과 인권을 중심에 두기

존엄성과 인권의 문화를 구축하려는 도전 과제는, TRC가 시사한 대로, 화해와 평화의 핵심이다. 평화 문헌들이 증명하듯이, 평화를 도모하려는 활동은 권리, 기본적인 재화, 그리고 사람들이 가능한 한 조화롭게 함께 살 수 있는 관계를 보장하는 것이어야 한다.

따라서 윌리엄 에버렛(William Everett)이 지적했듯이, TRC의 조사 결과는 "정부 정책 수립, 그리고 심지어 미래의 공포를 방지하기 위한 헌법 변경에도"17) 활용되어야 했다. 그렇게 TRC는 일괄 사면 또는 공식적인 기억 상실을 추구했던 구정권 실세들과 심각한 인권 침해 가해자에 대한 뉘른베르크 형식의 재판을 요구한 사람들 사이의 절충의 산물로 이해되면서, 1992-93년에 정치적 협상과 절충 과정이 추진되도록 기여했을 뿐만 아니라, 틀림없이 그런 역사적 타협과 선거에서 나온 입헌 공화제를 강화하고 개선하는 역할도 수행했다. TRC는 또 고통스러운 과거의 장을 닫기 위해 노력하면서, 새로운 국가, 즉 리처드 골드스톤(Richard Goldstone) 판사 같은 이들이 비판한 억압적이고 비민주적인 문화를 넘어서며, 존 드 그루쉬가 말하는 정의와 화해를 적극적으로 장려하는 국가의 윤곽을 보여주었다. 대주교 투투는 "과거라는 괴물을 눈으로 보았으니, 이제 과거의 문을 닫읍시다"라고 외쳤다.

 이 야심 찬 목표를 추구하기 위해, TRC의 지배적인 담론은 인권이라는 중요한 개념에 초점을 맞추었다. 대주교 투투는 새로운 사회 건설을 시작하기에 과거에 대한 지식이 충분하다고 생각했다. 누구도 그 끔찍한 시절이 반복되는 것을 보고 싶어 하지 않았다. 기본법에 따르면, 그런 인간 존엄성 남용과 억압 문화의 대안으로 인정받은 사회는, 인권과 책임성의 인식에 확고한 기반을 둔 사회다. 초월적이며 신으로부터 부여받았다는 각 개인의 존엄성은 본질적으로 종교적인 신념인데 (투투가 하느님의 사도로서의 자기 이해의 핵심이 되는 신념이기도 하고), 이 신념은 TRC가 특권을 부여한 인권 담론의 도덕적, 문화적, 철학적 토대 역할을 했다. TRC는 인권의 토대 위에 새로운 정치 문화를 건설할 것을 지지했을 뿐만 아니라, 스스로를 그 과정의 중요한 추진자 중 하나로 간주했다. 이 신념 안에서 대주교 투투는 혼자가 아니었다. 여러 주요 신앙 공동체 지도자들이 그의 정서를 반향했다. 로마 가톨릭 대주교 트하갈레(Tlhagale)는 이렇게 말했다.

기본 인권은 우리의 기본적인 인간 존엄성의 일부이며, 하느님으로부터 온다. 하느님은 우리 모두를 평등하게 창조하시고 우리 모두를 공동체를 위해 창조하신다. 하느님은 경계선을 두지 않으신다. 하느님의 아들 예수는 하느님의 사랑을 모두에게 드러내 보임으로써, 모든 사회적 관습을 무너뜨렸다. 우리가 아파르트헤이트에 대적하는 전투에서 보아왔듯이, 그 누구도 하느님으로부터 받은 우리의 존엄성과 인권을 없앨 권리를 갖고 있지 않다.18)

이런 맥락에서 TRC는 아파르트헤이트로부터 벗어나는 전환에서 대중에게 주도권을 줄 기회를 제공했다. 이것은 분명히 피스빌딩 뿐만 아니라 민주화에서도 핵심적인 측면이다. 특히 TRC 위원 찰스 빌라-비첸시오(Charles Villa-Vicencio)가 말했듯이, 인권 침해 청문회는 평범한 남아프리카공화국 사람들이 TRC에 쉽게 접근할 수 있도록 했다. TRC 대표자들은 심각한 인권 침해 피해자로부터 진술을 얻기 위해 남아프리카공화국 전역을 돌아다녔다. 진술에 나선 21,400명의 피해자 가운데 약 2,000명 정도가 공청회 증언 자리에 초대되었다.19) 이에 더해, TRC는 자신의 행위에 책임을 진 일부 가해자의 개인적 증언을 통해 남아프리카공화국의 역사를 이해하고자 노력했다. 이 과정에서 행위에 대한 개별 책임이라는 개념이 정치 담론으로 진입했다. TRC는 이렇게 새롭게 등장하는 정치 문화에 인권, 행위에 대한 개인의 책임, 민주주의 프로젝트에 대한 주도권, 의무에 대한 담론을 물려주었다.20)

남아프리카공화국의 새로운 담론은 몇몇 저자들이 평화를 효과적으로 만들기 위해 필요한 요건으로 제안했던 요소들을 통합시켰다. 예를 들어, 국가가 구상하고 지원한 화해의 유형은 개인적 화해의 개념을 뛰어넘고, 모든 사람의 인권을 존중하는 문화의 개발을 비롯하여, 화해를 발전시킬 수 있는 여러 형태의 기관과 공공 절차를 포함했다. 이 모델은 일반적으로 국가 통합 모델로 알려져 있다. TRC와 더불어 다른 여러 민주적인 기관이 정연하게 존재한다는 사실은, TRC가 문헌에서 대인관계 모델과 국가 통합 모델이라 부르는 것이 구조적으로 통합되어 있음을 보여준다. 즉, TRC는 대인관계와 TRC 외부의 구조적 지원 둘 다에 대한 강조를 국가적 화해와 평화 프로세스의 필수 요소로 결합했다.

요컨대 TRC는 아주 복잡하고도 많은 것을 포괄하는 민주화와 국가 건설 과정의 일부분이었다. TRC는 남아프리카공화국의 깊은 분열을 드러내 보이고 치유하는 데 근본적으로 기여했고, 수행되어야 할 과업이 여전히 방대함을 드러냈다. 그 과업의 중요 부분은, 일부는 이미 실현되었고 어떤 부분은 여전히 달성되어야 하지만, 이미 이룩한 민주주의적 성과를 지속시킬 수 있는 제도, 구조, 교육 과정을 마련하고, 아파르트헤이트 같은 사건이 다시는 일어나지 않도록 보장하는 일이었다.

아주 이른 시기, 심지어는 아파르트헤이트가 종결되기 이전부터, 주교들은 아파르트헤이트와 그에 수반되는 폭력, 박탈의 중단보다도 존엄성 회복과 평화 구축이 더 필요하다는 사실을 지적했다. 주교들은 경제적 정의, 헌법적, 법률적 그리고 재판상의 보호, 가족의 삶 영역에서 통합적이고 동시다발적으로 진행되는 과업의 필요성과, 억압당한 사람들이 겪어야 할 인종차별과 모욕의 여파라는 잘못을 바로잡아야 할 필요성을 언급했다. 주교들은 사회적 삶의 이런 측면들이 정의로운 사회를 구성하며, 따라서 피스빌딩의 요소가 된다고 이해했

다.21)

그렇게 주교들은 개인적 화해를 넘어서는 것, 여러 저자들이 피스빌딩을 다루며 언급했듯이, 개인적 피스메이킹에 요구되는 것을 넘어서는 것, 보다 공동체적이고 구조적인 울림을 지니며 국가 기관과 절차를 아우르는 것을 제안했다. 에버렛은 반드시 이루어져야 하는 이런 구조와 기관의 본질, 그리고 그런 구조를 육성하기 위한 민주적인 동기에 대해 다음과 같이 설명한다.

> 공적 진실의 발견을 과업의 중심에 놓음으로써, TRC는 새로운 대중과 민주주의 문화의 기반을 건설하는 일에 집중하려 노력했다. 개별 사건 소송을 통한 제한된 사면과 개별 피해에 바탕을 둔 배상도 중요하지만, 이런 일들은 그런 극악무도한 일들이 덜 일어날 것 같은 정치 문화와 사회를 건설하는 보다 광범위한 임무 안에 포섭된다. 그러므로 TRC는 공공 생활과 입헌주의의 근본적인 정치 원칙을 발전시키는 중요한 도구로 볼 수 있다. 헌법 발전이라는 관점에서 TRC의 작업은 모든 거버넌스가 더 높은 정의의 틀 안에 존재해야 한다는 대중의 인식을 고조시켰다. TRC는 이런 일은 응징을 통해서가 아니라 공적인 진실 말하기를 함양함으로써 추진하려 했다. 따라서 TRC는 신뢰할 수 있는 공공성과 더 상위의 법률에 대한 책임성을 확립하는 데 꼭 필요한 과정의 일부가 되었다.22)

인종 편애와 차별의 역사를 지닌 엘리트 의회 통치의 긴 시기, 그리고 정의 또는 의회의 결정으로부터의 해방을 보장하기 위해 객관적인 상급 기관에 호소할 수 있는 수단이 부재했던 긴 시기를 경험한 나라로써, 남아프리카공화국의 정치와 정치 문화는 그런 상황으로의 회귀를 막기 위해 정확하게 작성된 헌법과 권리장전 조항에 책임지고 응답하는 일이 무엇보다 중요했다. 이 새로운 통치방식의 토대는 남아프리카공화국의 새로운 체제에서 나온 그리고 남아프리카공화국에서 새로운 정치 문화를 결정하는 주요한 정치적 개선사항 중 하나였다.[23]

공적 대화의 구조와 그 대화에 대한 기본 문서를 명확하게 해석함으로써, TRC는 공적 대화의 기술과 책임을 공공의 영역에 복원하고자 했다. 이런 작업은 그동안 억압과 은폐의 문화를 지지한 엘리트주의자, 인종차별주의자, 성차별주의자의 담론으로 특징지어졌던 사회에서 아주 중요하고 혁신적이었다. 아파르트헤이트 정권은 비판적인 공개 토론에 대한 그 어떤 조항도 만들지 않았고, 정치 문제에 대한 공개 토론은 기본적으로 금지되어 있었다. 이런 유산을 뒤집으면서, TRC는 실행 가능한 참여형 민주주의를 위한 지속적인 탐구 안에서 대중이 정부에 참여하는 선례를 수립했다.

1990년 초, 남아프리카공화국에 새로운 체제가 선포된 직후, 가톨릭 주교들은 위장된 형태로 아파르트헤이트를 지속하거나 무장 투쟁을 통해 아파르트헤이트를 종식하려는 시도가 아니라, 협상 개념을 열렬히 지원했다. 주교들은 예레미아 예언서 21장 8절을 인용하며, "생명의 길은 아파르트헤이트의 해체와 모두를 위한 정의로 이어지는 현실적인 협상에 있다."[24]라고 가르쳤다.

다루기 아주 힘든 문제들, 지속적인 분쟁, 해결할 수 없는 역사적 적대감을 토론과 대화를 통해 해결한다는 개념은 갈등을 언제나 총칼로 또 때로는 민주주의 실천을 중단시킴으로써 해결해 왔던 대륙에서는 혁신적이었다.

인권에 대한 담론은 1994년 이후 문화의 특징으로, 인권을 시민권의 필요불가결한 것으로 이해하고 이를 육성하는 기관에 합법성을 보증했다. 이 인권 담론은 남아프리카공화국에서는 완전히 새로운 것으로, 공공 영역에서 정책 토론을 형성했다. 인권 전통 옹호자들을 정당화함으로써, 인권 담론은 핵심적인 민주적 정치 가치, 예를 들어 관용과 공공 영역에서 모든 의견을 들을 수 있는 권리 등을 제도화하기 위해 노력했다. 인권은 헌법안에서 그 중요성이 명료해졌는데, 헌법 전문에서 '민주적 가치, 사회 정의, 기본 인권에 기반한 사회'를 확립한다는 명시된 의도를 통해 드러났다.

인권은 남아프리카공화국 헌법 제1조 제1장에서 '인간 존엄성, 평등의 성취, 인권과 자유의 발전'이라는 문장에 등장한다. 제2장에서는 35개 조에 걸쳐 인간의 권리에 대해 상세히 기술한다. 규정된 권리 중에는 평등, 표현과 연대의 자유, 정치권과 재산권, 주택, 의료, 교육, 정보에 대한 접근성, 그리고 법정에 대한 접근성이 있다. 그리고 이 모든 권리는 그 나라 시민들에 의해 매우 엄중히 받아들여진다. 전 세계에서 헌법적 권리가 사적 담론에서뿐만 아니라 공공 담론에서 이렇게 많이 등장하는 나라는 거의 없는데, 남아프리카공화국은 헌법재판소에서 권리장전의 조항과 영향을 실험하는 데도 아무런 주저함이 없었다. 정말 특이하다 할 정도로 진보적이고 심도 있는 논쟁을 거친 몇몇 권리, 예를 들어 무조건적인 '생명권'과 차별이 금지된 영역 중 하나로 성적 지향도 포함되었다. 권리에 대한 제한은 무엇이든 '개방적인 민주 사회에서 합리적이고 정당한' 근거가 있어야 하며, 여러 요소가 고려되어야 한다. 제2장에서는 긴급 상황에서 특정 권리가 훼손될 가능성을 인정하면서도, 훼손될 수 없는 권리 목록도 있다. 나머지 3개의 헌법 조항인 비(非) 인종주의, 비(非) 성차별주의, 헌법의 우월성과 법치주의는, 평등, 법, 민주주의의 흔들리지 않는 토대를 구축하려는 남아프리카공화국의 투지를 재차 확인한다.[25]

TRC에서 영감을 받아 구축된 남아프리카공화국의 새로운 인권 담론과 법률, 그리고 평화에 대한 최신 가톨릭의 가르침 사이에는 분명한 시너지 효과가 있었다. 남아프리카공화국의 법과 최신 가톨릭의 가르침은 모두 인권 전통에 대한 강력한 집중이 평화의 핵심 요건이라고 주장한다. 교황 요한 바오로 2세는 이런 내용을 1999년 「세계 평화의 날 담화」 "인권 존중이 참 평화의 비결입니다."[26]에 담았다.

많은 저자들이 TRC 프로세스가 남아프리카공화국에서 인권 존중을 장려하려 노력하는 동시에, 인권 보호를 담당하는 기관에 대한 지원을 절대적으로 요구했다고 주장해 왔다. 만약 남아프리카공화국 국민이 다수의 지배라는 제도와 인권 보호로까지의 정통성을 확장하는데 실패한다면, 사실상 국민이 새로 시행된 민주 체제와 조화를 이룰 수 있으리라 생각하기는 어려울 것이다. 이런 제도의 정통성을 확장하는 일은 남아프리카공화국의 새로운 민주적 통치 체제를 아주 근본적인 수준에서 받아들이는 것이다. TRC에 관한 입법은 정치 기관의 합법성에 관한 질문을 화해의 한 형태로 명시적으로 언급하지는 않았지만, TRC 보고서에서는 그것을 명시적으로 언급한다.[27]

이렇게 인권을 지역의 정의와 평화, 그리고 국제 정의와 평화의 규범적 근거로 받아들이는 일은 통치방식의 구조에 중요한 의미를 지닌다. 예를 들어, 이것은 헌법, 의회, 법원의 정당성에 중요한 의미를 지니며, 더 중요하게는, 심지어 그런 조직의 활동이 교회의 믿음 체계나 단기적 이해에 부합하지 않을 때도 존중해야 한다는 의미이다. 인권의 문화는 이런 민주적 거버넌스 기관이 인권 전통에 따라 정책을 만들고 해석할 공간을 제공하며, 그것은 편협한 지역주의적 이해보다 훨씬 중요하다.

남아프리카공화국에서 새로운 민주주의의 중추 역할을 수행하는 기관을 살펴보는 것은 중요하다. 앞서 언급했듯이, 자유 민주주의는 일련의 공식적인 제도이자 문화적 가치다. 예를 들어, 남아프리카공화국 시민들은 서로를 용인하고 불쾌한 정치적 사상의 표현을 기꺼이 인정할 수 있어야 한다. 그러나 시민들은 또 효과적인 공공 정책으로서 정치적 관용을 시행하는 권위 있는 수단을 지닌 기관을 지지해야 한다. 남아프리카공화국에서 정치적 변화가 통합되려면 다수결 원칙과 (의회와 헌법재판소가 보장하는) 소수의 권리에 대한 존중이라는 정당성이 유권자인 남아프리카공화국 국민에 의해 인정되어야 한다. 정치적으로 화해를 이룬 남아프리카공화국 시민은 의회와 헌법재판소를 포함한 새로운 남아프리카공화국의 민주 기관들에까지 정당성을 확장했다. 남아프리카공화국의 민주주의가 번영하려면, 남아프리카공화국 유권자들은 심지어 국민의 단기적 이해를 증진하지 않는 기관이라 하더라도, 그런 기관들에까지 정당성을 확대해야 한다. 또 한 기관이 정당성을 얻게 하기 위해서는, 그 기관에 대한 지원이 정책 수요와 선호를 잘 충족시켰는지에 좌우되어서는 안 된다.28)

지역과 사회 체계 내에 있을 수 있는 정당한 차이를 억누르지 않으면서 국제 정의와 평화를 위한 규범적 근거에 대해 합의를 이뤄내야 할 필요성은 유엔과 교회 모두가 인권에 초점을 맞추도록 이끌었다. 의미심장하게도, 가톨릭 사회사상, 남아프리카공화국의 인권 담론, 그리고 유엔은 모두 인권을 다원적 세상을 위한 규범적 틀로 채택했다. 가톨릭 사회 윤리와 인권을 주도하는 권위자들은 "인권은 사회 질서를 위한 도덕적 매개변수가 되었다"라고 말한다. 또 "정부와 사회를 조직하는 합법적 방법은 여러 가지일 수 있으나, 이 모두는 인권을 인식하고 존중해야 한다."29)라고 강조한다.

인권 전통은 실제로 남아프리카공화국 사회의 여러 분야, 특히 외교 정책 분야에 의식적으로 적용됐다. 주요 정책 방안들은 대개 인권, 반제국주의 정서, 입헌 민주주의 가치에 대한 고려를 근간으로 한다. 넬슨 만델라는 1994년 공식 취임 후, "인권이 우리의 외교 정책을 이끄는 빛이 될 것"30)이라고 발표했다. 이것이 남아프리카공화국에게 국제무대에서 취약한 여성과 아동, 인신매매에 대한 일정한 입장을 취하게 했다. 또 이것은 남아프리카공화국 방위군에게 분쟁 지역에서의 평화유지 임무에 투신하도록 촉진했다. 인권에 대한 이런 도덕적 투신은 오랫동안 남아프리카공화국을 떠나지 않았는데, 정부가 인권이 심각하게 축소되고 학대가 극심하던 수단과 잠바브웨의 지도자들을 지지할 때도 마찬가지였다.

대주교 투투의 중요성

투투의 삶의 윤곽과 TRC의 우여곡절은 비슷한 역사를 지녔다. 대주교 투투와 TRC는 둘 다 고통의 장소에 있었고, 더 큰 공동체를 위해 괴로워하는 동일한 표식을 그들의 영혼에 새겼다. 둘 다 '어둠의 세력'에 봉사했다는 의구심에서 거부의 대상이 되기도 했다. 하지만 둘 다 궁극적으로 자신의 정당성을 해명할 때가 온다는 걸 알고 있었고, 화해 모델의 전조가 될 공간을 만들어냈다. TRC가 남아프리카공화국을 이해하기 위한 렌즈 역할을 했다면, 대주교 투투 역시 TRC의 종교적 이해와 남아프리카공화국에서의 광범위한 화해 과정을 이해하는 렌즈였다. 인간 개인의 선함에 대한 투투의 믿음은 용서, 화해, 아파르트헤이트 시대 이후 등장한 '무지개 사람들'* 같은 중대한 사안에 대한 사고에서 여전히 하나의 도전이자, 때로는 비난을 불러일으켰다.

* 무지개 사람들(rainbow people) : 1994년 4월 최초의 자유 선거가 열린 이후, 남아프리카공화국 국민은 대중적으로 '무지개 사람들'로 알려지기 시작했다. 이 용어는 수많은 공용어와 민족이 한데 어우러져 있음을 의미하며, 같은 의미에서 남아프리카공화국은 '무지개 나라'로 불렸다. '무지개 나라'라는 이상은 안정적인 민주주의로의 전환 과정에서 행복을 촉진하기 위해 생겼다. '무지개 나라'를 옹호하는 사람들은 남아프리카공화국의 미래를 보다 긍정적으로 바라보았다.

남아프리카공화국 역사에서 과거에 저질러진 잘못을 인정하면서도, 투투는 하느님의 은총에 한계를 두지 않으려는 신학에 근거하여 낙관주의를 고수하고, 그렇기 때문에 그 은총의 힘에 거듭 놀라워한다. 이런 낙관주의는 예측 불가능한 일이 실현되기를 기대하면서 끝까지 희망을 품는다. 하느님의 은총에 한계를 두기를 거부하는 이런 태도는 TRC 기간 투투의 신학에 깊이를 더한 것으로 보이며, 인간의 선함에 대한 근본적이고 흔들림 없는 믿음과 직접 연결되었다. 피해자에게는 용서할 힘이 있고, 혐오와 쓰라림에 사로잡히기를 거부할 수 있다는

투투의 인식이 이를 입증했다.31)

　국가를 하나로 묶고 완전히 새로운 사회 체계를 건설하는 근간을 형성하는 데 몇 사람이 지닌 선천적인 선함이면 충분하다는 믿음을 지닌 이가 투투 혼자였던 것은 아니다. 넬슨 만델라 대통령은 의회 연설에서 다음과 같이 말했다.

> 내가 참여하지는 못했지만, 민주주의의 의미에 관한 이론적 논쟁이 여러 차례 있었다. 우리나라에서 인종차별을 거부하는 포용적인 민주주의를 모색하고 수립하는 일에서 우리를 이끌어주는 원칙은, 모든 집단과 사회의 전 분야에서 선한 남성과 여성들을 찾을 수 있다는 것이다. 또 개방적이고 자유로운 사회에서 그런 남아프리카공화국 국민이 모여 함께 협력하며 공동선을 실현할 것이라는 것이다.32)

　풍요로운 은총 그리고 특히 심각한 인권 침해 피해자의 너그러운 용서에서 드러나듯이, 인간의 선함에 담긴 구원의 힘에 관한 투투의 신학은 그가 학대 가해자에게 호소할 발판을 마련해 주었다. 투투는 가해자에게 내면의 변화가 일어나도록 은총을 받아들일 것을 촉구했다. 이를 위해 투투는 개인의 회심 가능성을 포기하지 않았다.33)

　피해자의 용서가 가해자에게 희망과 치유를 준다는 투투의 신학과 이해는, 피해자가 관용의 정신을 통해 가해자를 인간화할 열쇠를 쥐고 있다는 피해자 중심 프로세스인 TRC의 특성에 반영되었다. 투투의 신학은 해방 신학자 구스타보 구띠에레스(Gustavo Gutiérrez)의 이해에 더 가깝다. 구스타보 구띠에레스는 피해자가 자아, 사회, 역사 안에서 새로움을 추구하는 인간성 프로젝트를 대표한다는 점을 상기시킨다. 가난한 이와 피해자는 새로운 존재 방식을 추구하는 역사적 프로젝트 안에서 모든 인류의 보편적 연대를 나타낸다.34) 투투는 용서를 자주 미래와 연결했고 용서를 (다시) 인간이 되는 수단으로 보았으며, 따라서 용서가 새로운 미래를 향해 열려 있고 미래를 건설할 수 있는 것으로 간주했다. 투투는 용서가 없다면 우리는 미래를 잃게 될 거라고 설명했다.

투투의 희망에 대한 담론은 무지개 나라(rainbow nation)에 대한 그의 신학에 기반을 두며, 국가 건설의 중요한 방법인 관계(*우분투 ubuntu*, 남아프리카공화국의 연대와 협력의 공동체를 상징하는 공동체 정신을 의미 - 역자 주)*를 강조한다. *우분투*는 한 사람을 만드는 과정에서 공동체의 역할을 강조하는 아프리카인의 전통적인 이해다. 투투의 공식에서, *우분투*는 자신에게 고문을 가한 이를 바라보게 하고, 도움이 필요하다는 점을 깨닫게 하고, 인간성을 되찾을 수 있도록 방향을 잡게 한다. 이런 철학은 세상 사람들의 반발을 불러일으킬 수도 있다. 하지만 이례적으로 이것은 고문으로부터 생존한 사람들에게 힘을 불어넣어, 자신의 생명에 대한 통제권을 갖게 하고, 가해자가 행동하기를 무기력하게 기다리며 피해의식의 덫에 갇혀있는 대신 주도권을 갖게 한다. *우분투*는 가해자가 가해 사실의 고백과 생존자에 대한 보상 필요성을 회피하도록 허용하지 않는다. 왜냐하면 *우분투*는 관계의 회복이라는 사회의 요구를 화해의 중심에 두기 때문이다.35)

투투는 특히 생존자의 목소리, 실제로 아파르트헤이트로 인해 그들의 경험과 이해가 모두 퇴색되어버린 남아프리카공화국 국민의 목소리가 새로운 남아프리카공화국에 알려져야 한다는 사실을 중시했다. 개방성과 접근성이라는 이 새로운 환경에서 부각된 도전 과제는 깊이 감추어진 목소리가 신학적 성찰 차원에서도 들리도록 하는 것이었다. 이런 식으로 드러난 목소리는 신앙 전통의 원천을 찾는 일에서부터 새로운 남아프리카공화국을 형성하는 일에까지, 그리고 엄청난 절망, 배척, 분노로 정의됐던 사회에서 존엄성을 회복하고 희망을 주는 프로젝트를 지지할 신학적 담론을 마련하는 일에까지 기여할 수 있었다. 사람들이 공공의 영역에서뿐만 아니라 더욱 자신감 있게 자신의 목소리를 찾아가는 상황에서, 이것은 틀림없이 흥미진진한 신학적 발전 중 하나였다. 공적인 생활에서 인정받기 위해 싸워왔기 때문에, 사람들은 신앙과 종교적 실천 분야에서만이 아니라 다른 영역에서도 목소리를 내고 인정받으려는 작업을 간절하게 요구하고 실행하려 했다.

따라서 이제 막 시작된 신학들은 그 나라 전역에 걸쳐 인식되었다. 이 신학은 이제까지 자신의 신앙 경험을 표출하는 일에서 배제되어 온 사람들에게 목소리를 내게 했다. 이 신학은 자기 삶의 경험, 고통과 어려움, 고난, 사회로부터의 소외 경험을 신앙의 교리와 결합하고 싶어 하는 평범한 사람들의 마음에 들어온 신학이다. 청년 그리스도인 노동자, 아프리카 독립 교회, 콰줄루나탈주에 있는 몇몇 지역 교구처럼 교회와 연결된 다양한 풀뿌리 노동자 모임을 다룬 제럴드 웨스트(Gerald West)의 연구는, 신앙과 연관된 이런 표현들이 종종 제도적 환경 안에서 만나는 교회 신학보다 훨씬 더 사람들의 삶과 마음에 다가간다는 사실을 입증한다.36) 새로 시작된 이런 신학은, 대개 불완전하고 명확하지는 않지만, 신학을 탈신비화하고 자신의 상황을 성찰하는 영역뿐만 아니라, 나아가 앞으로의 해방을 위한 도구로써 신학을 주장해 온 평범한 사람들에게 용기와 자신감을 부여해 줄 표지로 인정받았다. 그동안 전문 지식의 영역으로 기능해 왔고 강력한 제어 메커니즘을 발휘해 온 신학은, 이제 사람들의 더욱 친밀한 삶의 영역에서 해방의 원천이 되어, 사람들에게 자신을 위해 더 많은 생명을 부여하는 시너지를 만들어냈다.

이제 막 시작된 신학은 또 이전에 배제되었던 사람들이 새로운 남아프리카공화국에 중요하게 기여할 수 있게 되었다는 차원에서 발전된 사고를 보여준다. 성경 공부 협회, 우야마 프로젝트(the Ujamaa Project, 스와힐리어로 우야마는 가족이라는 의미 - 역자 주), 성경과 노동자 사목 프로젝트 같은 지역 단체들은 현지 사람들이 마주하는 실제 사안들을 제기하고 개입한다. 이 단체에 속한 사람들은 자신의 영성 생활과 그들에게 영향을 주는 문제를 둘러싼 생각을 발전시키거나 도전하게 하는 상징, 문헌, 전례에 관한 이해가 깊었다. 요컨대, 이런 발전은 신앙이 궁극적으로 용기를 북돋워 주는 요소가 되도록, 새롭고 창의적으로 신앙을 이해하고 신앙에 참여할 방법을 제공한다. 상징, 이야기, 문헌을 이해하려는 노력은 남아프리카공화국에서는 자랑해도 좋을 만큼 긴 역사를 지니고 있는데, 아파르트헤이트에 대항하는 투쟁에서 그런 시도가 강력하게 활용되었기 때문이다. 이것은 현대 대중의 삶에도 도전 과제를 제기한다. 대개 잘 알려지지 않은 생존자들은, 이야기를 소리 내어 말함으로써, 지배적인 구조를 기억하고 그것을 대체할 역사를 건설함으로써, 공개 조사를 위해 갖가지 경험을 드러냄으로써, 즉 "기억하고 경험했던 대로 또는 물려받은 대로 그들의 역사를 기억하고 다시 이야기함으로써"37) 내러티브 신학*을 엮어내기 시작했다. 이 과정은 사람들에게 자신의 역사와 마주하고, 더 나은 삶을 위해 장기적인 투쟁을 계속할 수 있도록 영감과 용기를 찾게 해 주었다.38)

* 내러티브 신학(Narrative theology) : 후기 자유주의 신학(Postliberal Theology)으로도 불리는 그리스도교 신앙 운동이다. 그리스도교의 믿음을 이야기로 표현하는 데 중점을 둔다.

투투의 리더십 아래 이루어진 TRC의 증언은 수면 아래 있던 진실을 공개함으로써 우리의 이해를 심화시켰을 뿐만 아니라, 배제된 경험의 정당성과 그 고통에 의해 형성된 정체성의 정당성을 인정함으로써, 진실을 이해하게 하는 데 매우 중요한 역할을 했다.

가톨릭 피스빌딩에 준 교훈

TRC의 관심사와 과정, 그리고 남아프리카공화국 주교들이 포스트-아파르트헤이트 사회로의 정치적 전환이라는 목표로 지지한 평화와 화해에 대한 가톨릭 주교회의 문헌을 자세히 읽어보면, 불의와 분열의 역사로 파괴된 사회에서 지속 가능한 평화라는 담론에 공통되는 주제를 발견할 수 있다.

첫째, TRC와 가톨릭 주교들은 과거 그리고 분열되고 불안정한 사회의 단층선에 대한 완전한 지식 없이는, 피스빌딩에 대한 그 어떤 시도도 피상적이고 잘못 인도되며, 그로 인해 오히려 문제를 키울 것이라고 주장한다. 역사에 대한 다양한 이해를 초월하려는 과제와 사람들에게서 공동의 충성심을 불러일으킬 수 있는 과거에 대한 공동의 이해 그리고 공동의 틀을 형성하려는 과제는 긴밀하게 연결되어 있었다. 주교들은 이를 '공동체의 창조'로 이해했다.

추기경 윌프레드 내피어(Wilfred Napier)는 평화와 화해를 유지하기 위한 공동체의 필요성에 대한 주교회의의 이해를 다음과 같이 정리했다.

> 우리가 생각하는 공동체를 구축하는 일은 아파르트헤이트가 미친 파괴적인 영향을 복원하는 중요한 단계이다. 풍요로운 문화와 전통의 다양성을 긍정적으로 경험하기 위해 우리는 공동체가 필요하다. 과거의 불평등을 바로잡기 위해 우리는 공동체가 필요하다. 모든 이가 동일한 존엄성과 가치를 지닌 형제자매로 받아들여지고, 존중되고, 사랑받는 새로운 사회를 구축하기 위해 우리는 공동체가 필요하다. 우리가 누구인지 또 어떻게 되고자 하는지에 대한 공동의 전망에 헌신하는 하나의 국가가 되기 위해 우리는 공동체가 필요하다.39)

둘째, TRC와 가톨릭 주교들은 박탈, 착취, 차별과 연결된 사회 병리 현상이 발생하는 사회에서는 평화 프로세스의 개념화와 전파만이 아니라 물질적 요소나 치료 방법이 마련되지 않는 한 평화가 지속될 수 없음을 인정했다. 그저 폭력의 중단으로 평화를 이해하는 관념은 불충분하고 근시안적인 것으로 이해된다. 평화를 위한 투쟁은 근본적인 인권의 실현을 향한 투쟁, 특히 3세대 권리의 실현을 위한 투쟁과 분리될 수 없다. 따라서 평화를 위한 투쟁은 억압받는 사람들의 권리를 강화하기 위한 투쟁이기도 하며, 이는 다시 그런 권리를 주장하기 위한 의제와 과정을 발전시킨다. 정의의 물질적 요소를 다루는 데 실패하면 폭력 가능성이 표면화될 것이기 때문이다.

셋째, TRC와 가톨릭 주교들은 평화가 그 과정에 참여하는 모든 참여자에 의해, 특히 이전에 그들의 목소리가 배제되고 소외되었던 사람들이 드러내는 가장 높은 수준의 대화 과정을 통해 구축되고 유지된다는 사실에 동의한다. *소외된 사람들에게 힘을 북돋우는 일은 평화 증진 과정에서 신앙 공동체의 주요 프로젝트 중 하나여야 한다.* 주교들은 소외된 이들에게 힘을 불어넣어 줄 수 있는 공간을 마련해, 정확히 그들이 자신의 욕구, 열망, 지혜를 '자신의 언어로' 제시할 수 있게 하려고 애썼다.40) 가난한 이를 위한 우선적 선택, 연대, 인권 존중 같은 가톨릭 사회교리의 핵심 원리는 주교회의가 옹호하는 평화 담론에서 매우 중요한 요소였다.

남아프리카공화국의 교훈은 체계적인 억압과 치명적인 갈등의 역사로부터 벗어나려는 다른 사회에도 유효하지만, TRC에 의해 아파르트헤이트에서 벗어났다고도 볼 수 있는 남아프리카공화국의 경험은 여러 측면에서 고유한 것도 사실이다. 하지만 그렇다고 남아프리카공화국의 경험이 다른 문화 정치적 배경으로 쉽게 또는 완전히 이전될 수는 없다. 예를 들어, 남아프리카공화국에서는 정치 투쟁에서 분명한 승자가(아파르트헤이트 반대자) 있었던 반면, 다른 상황에서는 깨지기 쉬운 평화협정이 공식적인 진실과 화해 과정에 의해 더 손상을 입을 수도 있다(예를 들어 북아일랜드).

그런데도 아데바요 아데데지(Adebayo Adedeji) 같은 학자들은 여전히 아프리카 대륙 전체의 갈등에 강력한 유사성이 있다고 주장해 왔다. 민주주의의 부재, 인권의 거부, 국민의 권한 부족이 그 유사성에 포함된다. 이것이 사실인 한, 병리적인 상태에 대한 한 국가의 응답은 다른 국가에 중요한 교훈을 준다.41) 분명히 여러 아프리카 국가가 현재 겪고 있는 도전인 폭력과 억압의 유산을 이해하기 시작하는 일은, 더 정의롭고 인간적인 사회로 나아가기 위해 반드시 필요하다. 마찬가지로, 이제 사회의 모든 수준에서 법규를 존중함으로써 강화된 선명한 인권의 법제가 좋은 지배구조에 필수적이라는 합의가 있는 것으로 보인다. 마지막으로, 어떤 하나의 특정한 국가 구조에 부합하는 민주주의를 정의하지 않더라도, 국민과 강력한 시민 사회에 의한 정치 자결은 전체주의, 독재, 폭력 정권의 부상에 대응하는 가장 강력한 보호 장치 중 하나라고 말할 수 있다.

그러나 남아프리카공화국처럼 종교적인 색채가 강한 문화나 아프리카의 다른 환경 둘 다에 대한 의문은 남는다. 신앙에 바탕을 둔 피스빌더가 이런 필수적인 사회적, 정치적 구조의 환경을 발전시키는 데 어떻게 기여할 수 있을까? 이 장에서 지적하고 또 부분적으로 다루려고 시도했듯이, 가톨릭 사회교리의 초석은 '피스빌딩'을 폭넓게 다루지는 않는다. 그럼에도 불구하고, 가톨릭 사회교리는 평화, 민주주의, 포용의 문화를 '원점에서부터' 세우는 일에서 신학적 성찰의 기반으로 기능한다. 분명히 그 가운데서도, 연대, 공동선, 가난한 이와 소외된 이를 위한 우선적 선택이라는 원리는 이런 대규모 사업의 기틀을 마련한다.

성공회 주교 투투, 가톨릭 대주교 데니스 헐리(Denis Hurley), 앨런 보삭(Alan Boesak), 그리고 다른 여러 신앙 공동체 지도자에 의해 주도되었다고 할 수 있는 남아프리카공화국에서의 사회 혁명은 이런 핵심을 잘 보여준다. 이 지도자들과 TRC로부터 영감을 받아 이제 막 시작된 신학은, 다른 해방의 주체들 사이에서, 그야말로 포용과 공동선 개념을 잇는 다리이자, 다른 한편으로는 평화의 문화 건설의 다리이다.

남아프리카공화국 경험에서 얻을 수 있는 가톨릭 피스빌더를 위한 근본적인 교훈은 일반적으로 이렇게 말할 수 있을 것이다. **피스빌딩의 기술과 과정이 한 사회에서 전개될 때, 사회의 모든 분야로부터 더 높은 수준의 열린 대화와 참여를 요구하고, 그 기술과 과정이 힘 있는 엘리트의 특권을 유지하지 않아야 하며, 과거의 균열이 어떤 식으로든 미래의 평화 과정을 위협하지 않도록 해야 한다.** 종교 활동가는 참여의 폭을 확장하고 진실과 인간 존엄성의 기준에 관해 설명하며, 그럼으로써 평화적 실천을 고양할 수 있는 좋은 위치에 있다. 이런 일반적인 주장은 다시 세 단계로 정리될 수 있다.

첫째, 진실 말하기와 피스빌딩은 서로를 강화하는 과정이다. 치명적인 갈등, 체계적인 폭력, 그리고 다른 여러 형태의 억압으로 에워싸인 사회에서, 사람들 사이의 건설적인 관계는 오직 진실에 대한 모든 사람의 목소리와 관점이 적절한 방법으로 받아들여지고 존중되어야만 지속될 수 있다. 이렇게 할 때만 개방성, 투명성, 책임성과 화해의 문화, 다시 말해 평화의 문화를 실현까지는 아니더라도 상상할 수 있을 것이다.

둘째, 문화와 정치 태도가 일정 부분 종교와 영성적 가치에 바탕을 두고 형성된 사회에서는, 종교와 종교 활동가가 정치적 자기 결정, 진실 말하기, 용서와 화해에 참여하는 집단을 확장하는 과정에서 중요한 역할을 한다. 종교 활동가는 최악의 가해자에 대해서도 타고난 존엄성을 존중할 뿐만 아니라 피해자의 명예를 지키는 일에서도 뛰어나며, 또 사회를 광장의 중심에서 역사와 문화의 가장 높은 이상, 곧 초월적 진리를 열망하도록 불러내는 일에서도 뛰어나다. 실제로 이것은 남아프리카공화국에 투투가 준 선물이었다. (TRC와 투투에 대한 여러 비판이 제기되어 왔지만, 필자는 여기서 TRC와 투투가 보여 준 열망의 행동과 언어를 강조하기로 했는데, 그것을 통해 남아프리카공화국을 *우분투*라는 최고의 가치로 불러냈기 때문이다.)

셋째, 증언과 진실 말하기의 폭을 확장하고, 이전에 소외당했던 이들에게 권한을 부여하는 강력한 방법은, 신학적 담론과 신앙에서 영감을 받은 다른 내러티브를 구축하는 것이다. 이런 내러티브는 사람들을 국가의 이야기 안에 자리 잡게 하고, 그 이야기를 회복과 구원의 이야기로 전환한다. 가톨릭 그리고 다른 그리스도교 피스빌더들은 이런 지역 신학이 생겨날 수 있도록 자극하는데 특히 재능을 발휘해야 하며, 그렇게 하도록 부름을 받았다.

미국의 신학자 레베카 촙(Rebecca Chopp)은 신학적 권한 부여를 통한 해방과 평화의 길을 기록했다. 그녀는 우리의 정체성이 국가 단위든 공동체 단위든 기억과 불가분하게 연결되어 있음을 관찰한 리차드 키어니(Richard Kearney)의 말을 인용한다. 우리가 어떤 기억은 다시 불러내고 어떤 기억은 억누르는지에 대한 의문 제기는 흑인 신학과 페미니스트 신학이 공공의 영역에서 우리의 내러티브 정체성*을 확대하고 확장하는데 어떻게 기능해 왔는지에 대한 것이다.42) 레베카 촙은 "사회와 그리스도교의 내러티브 정체성은 다른 사람들이 잃어버리고, 잊어버리고, 부인하거나 무시한 것을 기억해 냄으로써 얻은 정체성, 새로운 형태의 정체성을 취한다."라고 말한다. 또 "그러나 중요한 것은 페미니스트 신학이 (흑인 신학과 마찬가지로) 다양한 목소리, 주장, 차이에 대한 논의를 열어둠으로써, 경험 분야의 표지로 기능했다는 점이다. 이런 자료와 다른 여러 문헌에서, 내러티브 정체성은 기억하기, 말하기, 고통 느끼기, 이데올로기 비판, 새로운 목소리와 경험, 표현의 변화를 서로 얽히게 함으로써 형성되고 재구성된다."고 덧붙인다.43)

> * 내러티브 정체성(Narrative Identity) : 내러티브 정체성 이론(서사적 정체성 이론)은 개인이 삶의 경험을 삶의 통일성과 목적에 대한 감각을 제공하는 내재화되고 진화하는 자아 이야기에 통합함으로써 정체성을 형성한다고 가정한다. 이 삶의 이야기는 과거로부터 재구성된 현재, 인지하고 있는 현재, 상상하는 미래를 통합한다.

TRC 경험이 보여주듯이, 이런 내러티브가 창조되는 과정을 보면, 내러티브는 풍부한 다원주의가 담겨 있는 대중의 삶에서 나타난다는 것과 숨겨진 저항의 서사를 알게 한다는 것을 알 수 있다. 남아프리카공화국의 경험은, 공공 영역이 그동안 소외되었던 목소리, 예를 들어 아마 모든 집단 중 가장 소외되고 가난한 농촌에 사는 흑인 여성의 목소리를 더 많이 받아들이고 그에 접근할 수 있게 되면서, 법을 만들고 그들의 이야기는 신학을 구성하는 이들과의 대화에 불러오기 시작했고, 그들이 겪은 고통이 새로운 질서의 일부가 되도록 했다. 남아프리카공화국의 경험은 또 숨겨진, 수면 아래 있던 투쟁, 특히 가난한 여성들의 투쟁을 드러내고, 생존을 위한 전략이 남아프리카공화국 공공 기록의 일부, 과거를 짜 넣은 다채로운 직물의 일부가 되게 했다. 그것은 숨겨져 있어야 했지만, 그럼에도 불구하고 몇 세대에 걸쳐 아파르트헤이트에 저항하는 기술을 만들었고 대체 문화를 만들어 전면에 나오도록 한, 저항과 생존의 전통을 가능하게 했다. 이제껏 수면 아래 가라앉아 있던 실천의 부상은 아파르트헤이트가 사람들을 분열시키고 사람들에게 자신의 생명과 생존 전략을 심오한 비밀의 문제로 유지하도록 강요함으로써 초래한 상실과 빈곤화의 정도가 얼마나 엄청나고 끔찍한지를 드러내 주었다.

'자신이 가진 특권을 알지 못하는 것을 상실'로 이해하는 가야트리 스피박(Gayatri Spivak)은 과거에서 얻은 교훈, 본능, 그리고 역사에 대해 질문하려는 도전이 필요하다는 점, 즉 과거에서 얻은 교훈, 본능, 역사를 해체하여, 새롭고 창조적인 가능성과 지식에 대한 민감성을 차단하거나 말살시킨 지점이 어디인지 확인할 수 있어야 한다는 사실을 강조한다. 한 사람의 특권은 풍부한 가능성을 감추고 있지만, 그 가능성이 일반적인 지적 또는 영성적 범위 밖에 있으므로 제대로 발휘하기 힘들다는 면에서 상실이 될 수 있다. 이것은 평화 프로세스의 일부가 되기를 희망하는 모든 개인, 특히 폭력과 전쟁의 피해자를 대신하여 목소리를 내고 활동하는 사람들에게 중요한 교훈이다. 동시에 지배와 비밀의 문화를 기반으로 생겨난 모든 사회에도 교훈이 된다. 오랜 기간 콰줄루나탈의 흑인 거주구 엔사말라라에서 가난한 농촌 여성들과 성경 공부를 진행해 온 베버리 하닷(Beverley Haddad)은 이렇게 설명한다. "나는 그동안 여러 곳에서 가난하고 소외된 여성들이 생활상의 엄청난 감시 때문에 극단적인 형태의 억압을 경험한다고 주장해 왔다. 이런 사실만으로, 그들의 저항 행위가 언제나 분명하다거나 잘 이해되는 건 아니다. 하지만 이런 사실은 교회에 깊이 뿌리내리고 있는 우리 대륙의 다른 수백만의 여성들도 마찬가지 일 거라 믿는다." 베버리 하닷이 말을 잇는다.

> 교회는 투쟁 터이자 변형의 힘이 존재하는 장소다. '마냐노 (manyano - 여성 조직이라는 의미)' 집단처럼 그들 자신을 위한 안전한 공간을 만들기 때문이다. 엔사말라 성경 공부 집단에서 경험한 것 같은 이런 안전한 공간이 변형적인 힘의 잠재적인 장소가 된다. 제임스 스콧(James Scott)은 이런 은밀한 형태의 저항을 지배에 대한 정치 외적 대응이라 불렀다. 지배가 심해지면, 억압된 조직은 익명성을 보호하기 위해 위장의 정치를 추구할 것이다. 대부분의 남아프리카공화국 여성들에게, 이것은 살아남기 위해 채택한 저항의 한 형태다.44)

신체적 아픔과 정신적 고통을 눈에 보이게 만들고, 그 두 현실을 제거할 광범위한 정책적 조치를 가리키는 해석학은, TRC가 만들어 놓은 유산 일부였다. 폭력과 비인간적 행위에 대한 국가 기록 관리자로서, TRC가 정말로 남아프리카공화국을 이해하려는 대화 상대자라면, TRC는 과거의 기록을 전면에 내세우고, 은닉과 비밀로부터 드러내고, 가난한 이와 소외된 이들의 주체를 인정하고, 침묵 당한 이들의 생존 전략, 그리고 이제 막 생겨난 신학의 인식이 제공하는 영감을 드러냈다는 점에서 아주 큰 의미를 지닌다. 침잠해 있던 목소리를 전면에 드러내는 과정은 그때까지 인정받지 못했던 대중에게 권한을 부여하는 순간이자, 지금까지 보이지 않는 존재로 간주하던 사람들에 대한 인식을 부여하는 순간이었다.

배제된 사람들과 소외된 사람들에게 용기를 북돋우는 과정에서, 가톨릭 피스빌더들은 평화의 문화를 건설하는 전제 조건인 사회적 치유의 길을 찾는다. 신앙에 바탕을 둔, 신앙에 민감한 평화 활동가들은 수십 년에 걸친 억압, 배제, 체계적 폭력으로 심각한 손상을 입은 갈등 상황과 사회에서도 이런 프로세스를 진전시킬 수 있다.

시작해야 할 일 가운데 하나는 열린 문화를 촉진하는 것이다. 남아프리카공화국에서 TRC의 활동 방식과 구조가 개방적이고, 접근하기 쉬우며, 그렇게 해서 지금까지 억제되었던 목소리를 들을 수 있었다는 사실은 정치 문화에 엄청난 영향을 미쳤다. 투투 대주교는, 그의 마지막 TRC 보고서 도입부에서, 아파르트헤이트 정권의 핵심에 자리 잡고 있던 거짓과 비밀의 문화를 강조했다.45)

아파르트헤이트 정권과는 대조적으로, TRC는 놀랍도록 참여적인 프로세스를 지니고 있었다. 그 결과, 정책이 윤리와 일치하도록 보장하고, 다시는 (아파르트헤이트 같은) 악몽을 만들어내지 않는 구조를 마련하도록 보장하기 위해, TRC는 다른 정치 기관에도 공공의 생활과 정치 과정에의 참여를 심화시키는 방향을 탐구하게 하는 표본이 되었다. TRC 프로세스는 서로 다른 여러 수준에서, 특히 가장 광범위한 대중 참여를 보장하는 수준에 열려 있었다. 그럼으로써 프로세스는 광범위한 보급이라는 신중한 정책을 펼칠 수 있었다. 앞에서 언급했듯이, 위원회는 전국을 종횡무진으로 움직이며 정보를 수집하고 2만 2천 건에 가까운 증언을 들었다 (반면 세계 다른 지역의 유사한 위원회들의 절차는 일반적으로 비공개로 진행되었고 결과는 과정이 끝나고서야 공개되었다). TRC 위원의 심사 대상자 목록의 완성 과정 자체가 공개되었고, 그 목록은 인구와 정치 지형의 단면을 폭넓게 대변했다. 지리적으로나 이념적으로, 그리고 인종, 계급, 연령상 폭넓은 범위에 걸쳐 데이터를 수집한 일에서는 말할 것도 없고, 위원회 활동

정보를 알리기 위해 공동체 기반의 메커니즘을 포함하여, 모든 미디어 영역에서 보도했다는 점에서도 TRC의 모든 활동은 공개적이었다. 따라서 모든 사람이 필요에 따라 위원회에 접근할 수 있었다는 점은 말할 필요도 없다. 절차상으로도 TRC는 접근하기 쉽고 투명하고 열려있었다. 위원회는 모두의 시선을 신중하게 생각했다. 이런 태도가 정부가 대중과 관계 맺는 방식의 선례를 만들었다.

투명성, 참여, 책임성이라는 가치가 대중의 생활을 인도하는 방법으로 중요하다는 점을 강조하기 위해, 남아프리카공화국 헌법의 역사는 곧 폭넓은 협의와 개방성의 역사이기도 하다는 사실을 지적할 가치가 있다. 제헌 의회는 헌법 제정에 무엇이 필요한지 제안해 달라고 요청했고, 수만 건의 제안을 받았다. 제헌 의회는 의견을 듣고 필요한 조치를 설명하기 위해 남아프리카공화국의 여러 지역을 돌아다녔다.

협의, 대화, 합의 추구라는 실천 행위는 구조적으로는 특히 의회와 의회의 활동 방식에 적용된다. 국민 속으로 의회를 옮겨 놓은 실천 행위가 그 징표다. 의회는 정기적으로 나라 곳곳에서 청문회를 열고 위원회 회의를 주관하는 식으로, 의회 전체를, 더 자주는 특정 위원회를 입법부가 아닌 다른 장소에서 업무를 수행하게 했다. 위원회 회의는 입법에 개입하는 주요 장소인데, 일상적으로 대중에게, 대중의 참여에 열려 있었다. 예를 들어 남아프리카공화국 가톨릭 주교회의는 정당과의 논의에 참여하고, 반드시 의견을 내야 할 필요가 있는 입법과 정책 관련 의회 과정에 공식적으로 참여하기 위해, 또 공공 생활에 관여하는 사람들의 양심을 형성하는 일부가 되어야겠다는 특별한 목적 아래, 의회 연락사무소(Parliamentary Liaison Office)를 개설했다.

그러므로 TRC는 공공 기관이 시민 사회에서 활동하는 사람들, 정책 입안자, 가난한 이와 소외된 이들과 대화할 공간을 만드는 근거와 방식 모두에 영향을 미쳤다. 한 영역에서의 진실 말하기가 감춰진 다른 영역들에서 진실 말하기의 기회를 열어 놓은 것이다.

따라서 감춰졌거나 소외된 목소리를 전면에 내세우고 정당성을 확인하는 일은 공공 정책 영역에도 특별한 적합성을 지닌다. 가난한 사람과 소외된 사람, 피해를 본 사람과 권한을 박탈당한 사람들의 목소리, 그리고 그들의 경험을 지배 문화의 표식 (또는 사회를 이해하는 데이터)이자 남아프리카공화국의 기본적인 담론으로 만드는 데 중요한 표식으로 정당화하는 작업은 정책과 법률을 만드는 이들이 귀 기울여 들어야 하는 일이다. 이런 작업은 이전에는 백인, 남성, 기독교의 특권이었던 대중의 발언과 권한을 해체하고, 정치적 제재를 제거할 수 있게 한다. 대중의 목소리는 보다 다원화되고, 위임되고, 민주화되어야 한다. 이것은 평화 프로세스와 정책 수립에 적용된다. 즉, 가난한 이들과 피해자, 소외된 이들을 입법 기관으로 데려오기도 하고, 사회 변두리 곳곳으로 입법 기관을 가져갈 방법을 찾아야 한다는 의미이다. 이것은 또 소외된 이들이 공공 토론과 그들의 현실을 만드는 사업에 자신의 목소리를 내도록 돕고 지도하는 일을 의미한다. 그들의 경험과 욕구가 최우선으로 공공 영역에서 자리를 잡고 다양한 입법 담론을 형성할 수 있어야 한다. 정책이 가장 넓은 의미에서 가난한 이를 향하고, 정의를 향하고, 생명을 향하도록 보장하는 것은 종교적 피스빌더에게 지워진 의무다.

덧붙여, 진실 말하기는 정보를 찾아내고 사실을 알기 위한 요청 이상의 활동이었다. 오히려 진실 말하기는 전통적으로 비밀로 가려져 있던 다른 영역들, 특히 성(性, sexuality)과 젠더(gender)의 영역에서 진실을 말하도록 허용했다. 이것은 특히 여성과 취약한 계층의 목소리에 힘을 실어줌으로써 헤아릴 수 없을 정도의 해방감과 정직성이라는 감각을 부여해 주었다. 요컨대, '침묵 깨트리기'라는 도전은 대중 삶의 여러 차원과 갖가지 영역에서 진지한 정치 캠페인이 된 것이다. 사실상 이 활동은 아파르트헤이트 문화를 특징짓던 비밀, 거짓말, 검열로부터의 해방 신호가 되었다.46)

화해의 내러티브 신학은 저항의 내러티브와 신학을 보완하는 데 필요하다. 존 폴 레더락(John Paul Lederach)은 공공 영역에서 진정한 참여를 유도하기 위해서는 화해 프로그램이 필요하다는 사실을 상기시켰다. 트리스탄 보러(Tristan Borer)는, 이런 프로그램을 제공할 때의 도전 과제는 기관의 수준과 구조화된 공공 공간에 놓여 있다고 말한다. 레더락의 가설과 마찬가지로, 보러는 기관의 변화와 진정성 사이에 연관성이 있다고 말한다, "특히 공공 거버넌스 서비스 조직과 그들이 서비스를 제공하는 대중 사이에, 대중이 어떻게 관여하는지와 조직이 대중에 어떻게 반응하는지 두 측면 모두가"47) 긴밀히 연관되어 있다는 것이다. 그러므로 시민 사회 조직과 상호 보완적인 제도를 강화하는 것은 민주주의 문화가 화해에 열려 있도록 유지하는 데 매우 중요하다. 따라서 남아프리카공화국은 민주주의 가치를 더욱 심화시키고 그 가치에 영속적인 표현을 부여하려는 열망에서, 인권위원회, 젠더위원회, 독립선거위원회, 그리고 헌법 9장에 기초하여 마련된 다양한 기구를 설립했다.

정치 기관과 시민 사회의 저변에는 특정 담론이 있다. 아파르트헤이트 이후의 남아프리카공화국에서 그런 정치 담론은 수백만 민중의 괴로움과 고통의 경험을 중심으로 형성되었다. 그러나 고통에 대한 그 어떤 담론도, 적어도 신앙 전통 안에서는 치유에 대한 성찰로 보완되거나 도전받아야 한다. 실제로, '치유'는 TRC에 대한 종교적 응답에서 가장 자주 사용되는 단어 중 하나였다. 피스빌딩은 본질적으로 폭력의 중단만으로는 충분하지 않다는 사실을 내포하고 있음이 분명하다. 피스빌딩이 진정한 변화를 가져오려면 반드시 치유 과정이 수반되어야 한다. TRC는 주어진 활동을 하고 토론을 벌이는 동시에, 그 나라(남아프리카공화국)에 이상할 정도로 증가하고 있던 에이즈 전염병이 개인 생활, 공동체의 행복, 경제, 가정생활, 그리고 종교 공동체에 미친 파괴적인 영향에 대해서도 숙고하고 있었다는 점에 주목할 가치가 있다. 다시 말하지만, TRC와 마찬가지로, 종교 공동체에도 치유의 윤리를 개발해야 한다는 도전이 주어졌다. TRC의 활동과 에이즈 감염이 확산하기 이전에 나온 담론은 개인적, 신체적 치유에 초점을 두었지만, 사회적 치유에 대한 담론은 거의 마련되지 못했다.

남아프리카공화국에서, 전통문화나 다양한 오순절파 전통, 또 최근 몇 년간 남아프리카공화국에서 주류를 형성한 교회는 모든 유형의 질병에 대해 개인적 치유를 강조해왔다. 치유에 대한 문헌은 주로 개인의 신체적 질병을 다뤘다. 게릿 하이저(Gerrit Huizer)는 사회적 관점에서의 치유를 치유 패러다임의 중심에 둠으로써 이런 틀을 깨기 시작했다. 그는 교회가 공동체를 치유하도록 부름을 받았다며, "교회는 병든 개인뿐만 아니라 조화롭지 않은 공동체에 온전성을 보존하거나 가져다주어야 한다."라고 말한다. 그는 교회가 무너진 서구 사회를 치유하는 주체가 되어야 한다고 주장한다. 이런 병든 사회가 온 지구의 모든 다른 사회에도 영향을 미치기 때문이다. 이런 치유 사목은 사회의 생산 방식과 사람들의 복지에 미치는 영향과 함께 고려되어야 한다. 건강은 인간 삶의 사회정치적 현실과 밀접하게 연결되어 있기에, 진정한 치유 사목은 이런 사회적 차원을 인식해야 할 필요가 있다. 게릿 하이저는 "따라서 어떤 형태든 사회에 관여하기를 줄이고 개인적 치유만을 강조하는 태도는 의심해 봐야 한다."라고 주장한다.48)

분명히, 훨씬 복잡한 교회의 치유 사목은 아직 시작되지도 않았다.49) 교회의 사목이라는 맥락에서 치유의 윤곽을 탐구하는 것은 (최종 TRC 보고서가 신앙 공동체에 대한 권고 사항에서 언급했듯이) 신앙 공동체의 일이다. 남아프리카공화국교회협의회(South Africa Council of Churches)가 이런 사목을 위한 한 가지 영향력 있는 지침을 제시했다. 남아공교회협의회의 러셀 보트맨(Russel Botman)은, 남아공교회협의회의 상주 신학자인 울프램 커스너(Wolfram Kirstner)가 사도 바오로의 *화해(reconciliation)*를 '온전함'과 '치유'로, 따라서 히브리어 *샬롬(shalom)*과 가까운 것으로 이해하고 있다는 사실에 주목했다. 바오로 시대에 *화해*라는 어휘는 대개 공동체 그리고 원수들 사이의 소통을 회복하려는 인간 행위를 설명하는 데 사용되었다. 커스너에 따르면, 문제의 핵심은 교회에서의 화해 개념의 중심성은 교회가 사회 내에서뿐만 아니라 교회 자체의 삶 안에 자리 잡은 모든 불화의 구조와 관행에 맞서 싸울 의무가 있는 대안 사회의 의미를 함축하고 있다는 데 있다.

커스너는 진리를 다루는 일에서 교회의 주된 임무는 '상처를 치유하고 공동체를 창조하는' 일이어야 한다고 말한다. 교회는 아파르트헤이트 정권 기간의 가해자와 억압의 피해자 사이에 만남과 교류의 기회를 촉진하는 데 큰 관심을 기울여야 하고, 상호 용서와 수용 과정을 위해 그들이 서로 자신의 이야기와 경험과 두려움을 나누도록 도와야 한다. 또 가해자의 정신을 형성하는 데 기여한 사회, 또는 종교, 이데올로기, 문화 집단은 치유 과정을 촉진하고 범행의 반복을 막기 위해 범죄에 대한 책임을 공유하고, 범죄 자체에 대한 회개와 하느님과 피해자로부터의 용서를 기대해야 한다.50)

이와 유사하게, 스망갈리소 뭇카츠와(Smangaliso Mkhatshwa)는 교회가 치유, 화해, 관계 회복의 장소가 될 수 있는 4가지 길이 있다고 말했다. 교회는 반드시 가난한 이에 대한 우선적 선택에 전념해야 하고, 평화 이니셔티브의 동인이 되어야 하며, 완전히 지역적인 교회가 (그 문화와 사회 맥락에 맞는 치유와 화해를 추구하는) 되어야 하며, 회심, 회개, 정의를 전제로 사람들을 화해시키는 구체적인 이니셔티브를 취해야 한다는 것이다. 여기서 치유와 화해라는 도전은 한 개인이 용서하고 잊을 수 있는 공간을 만드는 것이 아니라, "공동체 전체와 개인들이 기억하고 변화를 만들어 낼 수 있는 공간을 창조하는 보다 심화된 도전이다."51)

결 론

역사 자체가 그렇듯이, 아파르트헤이트 이후 남아프리카공화국의 이야기는 분명히 규정되지 않은 채 남아 있다. 결함을 지닌 여러 계층이 생긴 지 얼마 안 된 민주주의 사회 구조를 여전히 위협하고 있어 철저한 경계가 필요하다. 한편, 대단하지는 않지만 몇 가지 승리를 거두기도 했다. 투투 대주교는 그런 승리를 짚어내며, "TRC가 우리 국민에게 준 가장 큰 선물은 심각한 인권 침해 영역에서 아파르트헤이트 기간 벌어진 일들을 모아 하나의 역사를 이뤘다는 점이다. 의심의 여지 없이, TRC가 없었다면 2가지 주된 역사만이 거칠게 이야기되었을 것이다. (중략) 피해자가 자신에게 벌어진 일을 알고 있기에 거의 진실이 되었을 흑인의 역사 … 조작된 부인에 근거했을 백인의 역사 … (중략) TRC는 그 두 가지 역사에 대한 부인에 종지부를 찍었다."52)고 말했다.

또 다른 진전의 표시도 있었다. 사회적 존재는 공포와 폭력으로 정의된다는 모하메드(A. R. Mohammed - 나이지리아 대법원 판사)의 논평을 기억한다면, 당시 남아프리카공화국의 현실은 억압과 위헌의 결과였다는 골드스톤(Goldstone) 판사의 말을 기억한다면, 아무리 제도가 취약하더라도 인권 문화를 실행할 토대가 있고 그 문화를 지키고 육성할 민주주의 제도가 있다는 사실을 알려준 것이야말로 남아프리카공화국의 공로다. 문화 그 자체가 여러 경험을 통해 모든 인간의 고유한 존엄성에 대한 회복, 그리고 그와 더불어 사람들에게 말 그대로 자신에 대해 말하게 하고 자신의 미래를 만들어가게 하는 주체성이 있음을 증언한다. 요컨대, 공공 영역에서 이런 TRC 가치들이 미치는 영향은 민주적이고, 참여적이며, 자유로운 정치 환경을 조성하는 데 도움이 되었다. 이것이 이전에 있었던 것과 가장 현저하게 드러난 차이다.

민주주의와 인권 문화를 보장하기 위해 남아프리카공화국은 파트리샤 발데즈(Patricia Valdez)의 성찰에 주의를 기울여야 한다. 진실위원회는 그 이름이 의미하듯이, 과거에 자행된 범죄와 관련하여 진실을 바로 세우는 데서 독특한 역할을 한다. 하지만 진실위원회는, 장기적으로는 더 광범위한 프로세스 안에서 스스로를 그저 하나의 단계 또는 하나의 요소로 간주할 때 효과적일 수 있다. 그런 프로세스는 법치주의의 재수립을 포함해야 하는데, 법치주의는 정의의 역할이 바탕이 되어 있기 때문이다. (중략) 공직과 공공 기관 내의 책임 문화 부재는 통제 기관의 약함과 결합하여 깊이 자리 잡은 부정을 반영하고, 이것은 다시 민주주의의 질에 영향을 미친다. 진실을 찾고 진실을 밝히는 연습은 정의를 실행하고 심각한 학대 피해자에 대해 보상해야 할 국가의 책임을 다루는 더 큰 과정의 첫 단계다. 이것이 불법 정권으로부터 전환을 이루려 할 때부터, 모든 수준에 있는 모든 시민의 권리 보호를 목표로 하는 공공 정책 수립을 향해 나아가는 과정에 참여하는 가장 건강한 방법이다. 시민이 자신의 권리를 행사하기 시작하면서, 시민권 확장과 결합한 사회적 기억은 우리 사회에 민주주의를 불러오고, 민주주의의 제도주의 수준을 강화하는 요소가 된다.53)

가톨릭 피스빌더들은 기억의 치유를 위한 부르짖음에 응답하기 위해 이 사명을 마음에 새겨야 한다. 왜 우리가 반드시 불의를 기억해야 할까? 폴 리쾨르(Paul Ricoeur)는 "우리는 반드시 기억해야 한다. 기억하는 것이 도덕적 의무이기 때문이다. 우리는 피해자에게 빚을 지고 있다. 빚을 갚는 가장 작은 방법은 그들에게 어떤 일이 일어났는지 말하고 또 말하는 것"이라고 말한다.54) 루크 후이세(Luc Huyse)는 기억이 정의의 궁극적 형태를 구성한다고 제안한다. 그러나 이때의 기억은 풍부하고 포괄적인 기억, 과거에 대한 몇 겹의 책임을 포착하는 '두꺼운 기억'이어야 한다. 그는 또 이런 기억을 살아 있게 해야, 앞으로 있을 학대에 대한 '정신적 기반'이 파괴되리라는 사실을 암시한다.55)

　남아프리카공화국은 엄청난 대가를 치르고서야 구정권에 있던 의회 같은 단일 기관이 민주 국가의 정치 생활과 문화를 전적으로 책임질 수 없다는 사실을 배웠다. 그런 임무는 다양한 기관들이 함께 수행해야 한다. 헌법 정신에 대한 책임이 있음을 보증하기 위해 다양한 보장 장치가 필요하다. 헌법재판소가 권한 내에서 행동할 수 있게 하는 독립된 사법부, 가능한 선에서 인권 폭력을 모니터하고 조사할 수 있는 공공 보호자인 상근 옴부즈맨(행정감찰관), 다당제 선거에 대한 적합한 관리감독자, 군사와 정보기관의 기능을 감독하는 민간 통제 국방 사무국 등이 그것이다.56) 파트리샤 발데즈는 TRC 과정이 장기적으로는, 더욱 광범위한 과정 안에서 그저 하나의 단계 또는 하나의 요소로 존재할 때 효과적일 수 있다는 점을 상기시킨다. 그녀는 "그런 프로세스는 법치주의의 재수립을 포함해야 하는데, 법치주의는 정의의 역할이 바탕이 되어 있기 때문이다."라고 서술한다.57)

　종교 활동가들은 지금까지 그래왔고, 앞으로도 더 폭넓은 프로세스에서 중요한 역할을 해야 한다. (다른 주목할 만한 사건과 기관 중에서도) TRC 같은 기관은 해방의 물질적 측면에서 인권 문화의 함양, 법치주의의 보호를 제공할 때만 효능을 발휘할 수 있다. 이것이야말로 새로운 정치 문화를 구성하는 구체적이고, 예상 가능하며, 비판적인 요소임이 틀림없는데, 우리는 다른 역할 주체보다도 정부와 정부 기관이 그런 요소에 대해 큰 책임을 져야 한다고 믿는다. 이런 요소는 또 TRC 같은 프로세스의 성공 정도를 판단할 수 있는 척도이기도 하다. 모든 사람의 목소리에 힘을 불어넣고, 사람들에게서 이야기를 끌어내고, 그 이야기를 국가적인 내러티브만이 아니라 신학적인 내러티브에 위치 지움으로써, 가톨릭 피스빌더는 사회 재건이라는 보다 광범위한 프로세스에 결정적으로 기여할 자세를 갖추고 있다.

(번역 박민아)

1) 올리버(J. Oliver), "Where Does the Christian Stand?" *Journal of Theology for Southern Africa* 126 (2006년 11월), 86.

2) 남아프리카공화국 주교회의, 「평화를 위해 필요한 것(*The Things That Make for Peace*)」 (프리토리아: 남아프리카공화국 주교회의, 1985), 19.

3) 남아프리카공화국 주교회의, 「민주주의적 미래를 향하여(*Towards a Democratic Future*)」 (프리토리아: 남아프리카공화국 주교회의, 1993), 8.

4) 존 K. 다우니(John K. Downey), *Love's Strategy: The Political Theology of Johann Baptist Metz* (Harrisburg, PA: Trinity Press International, 1999), 48 인용.

5) 데스몬드 투투(Desmond Tutu), *No Future without Forgiveness* (London: Rider Books, 1999), 114. 이 책의 한국어 번역본은 『용서 없이 미래 없다』, 데스몬드 음필로 투투, 홍종락 옮김 (홍성사, 2009).

6) 남아프리카공화국 주교회의, 「민주주의적 미래를 향하여(*Towards a Democratic Future*)」, 19.

7) 고보도 마디키젤라(Gobodo-Madikizela)는 남아프리카공화국의 과거에 있었던 엄청난 폭력을 지적하며 이렇게 말했다. "남아프리카공화국 TRC에서 만난 경험은 내 생애 가장 엄청난 시간이었다. 피해자와 생존자의 고통과 트라우마, 그리고 가해자와의 만남을 (그들이 저지른 끔찍한 범죄로 인한 공포, 타락, 때로는 부서짐) 탐험한 며칠, 몇 주, 몇 달은 우리를 인간 상태에 대한 복잡성을 보다 가까이에서 직면하게 했다. TRC에서 보낸 수많은 시간을 통해, 나는 한 가지 교훈에 이르렀다. TRC의 공개 무대에서 목격한 공포에 대해서는 어떠한 보상도 충분할 수 없다는 것이다." 품라 고보도 마디키젤라, "Trauma, Forgiveness, and the Witnessing Dance: Making Public Spaces Intimate," 컨퍼런스 발표문 (conference paper), Society of Analytical Psychology, 2008. 제2차 바티칸 공의회 『사목 헌장』의 언어가 떠오른다. "이런 임무를 완수하고자 모든 시대에 걸쳐 교회는 시대의 징표를 탐구하고 이를 복음의 빛으로 해석해야 할 의무를 지니고 있다. 그렇게 함으로써 각 세대에 알맞은 방법으로 교회는 현세와 내세의 삶의 의미 그리고 그 상호 관계에 대한 인간의 끝없는 물음에 대답해 줄 수 있다." (제4항). 『사목 헌장』의 틀 안에서, TRC는 희망의 프로젝트이자 남아프리카공화국의 세계를 이해하는 방법으로 볼 수 있다. 마찬가지로, 『사목 헌장』은 모든 평화 실천의 출발점으로 사회적 분석을 주장하는 주교들의 접근 방식을 확인한다는 것을 인정해야 한다. 오스틴 플래너리(Austin Flannery), ed., *Vatican Council II, the Conciliar and Post Conciliar Documents* (Dublin: Dominican Publications, 1975), 905.

8) 윌리엄 에버렛(William Everett)은 "TRC의 공식적 목적은 '국가 단결'과 '화해'를 촉진하는 것이었다. 기본법은 위원회가 아파르트헤이트 하의 심각한 인권 폭력에 대한 진실을 드러내고 개인에 대한 사면과 배상을 결정함으로써 이를 수행한다고 규정했다." 윌리엄 에버렛 (William Johnson Everett), "Going Public, Building Covenants: Linking the TRC to Theology and the Church," in *Facing the Truth: South African Faith Communities and the Truth and Reconciliation Commission*, ed. 제임스 코크란, 존 드 그루쉬와 스티븐 마틴(James Cochrane, John de Gruchy and Steven Martin) (Cape Town: David Philip Publishers, 1999), 156.

9) 세 지역에서의 조사에 따르면, 이스턴 케이프 지역 여성의 26.8%, 음푸말랑가 지역 여성의 28.4%, 노던 프로빈스 지역 여성의 19.1%가 생애에 걸쳐 배우자 또는 전 배우자로부터 신체적 학대를 경험했다. 인터펀드(Interfund), *Working with Men to End Gender-Based*

Violence (Johannesburg), 3-4, 웹사이트 www.sarpn.org.za 에서 열람 가능. 강간 피해자를 상담하기 위해 설립된 강간 위기 센터는, 현재 남아프리카공화국에서 매일 최소 147명의 여성이 강간당하고 있다고 확인했다. 강간은 가장 적게 신고되는 범죄이므로 이는 매우 보수적인 수치다. 니키 나일로르(Nikki Naylor), *Prohibiting the Ongoing Sexual Harassment of and Sexual Violence against Learers in Schools* (Education Rights Project, September 2002), 웹사이트 www.erp.org.za 에서 열람 가능. 가우텡 지역에서는 여성이 여섯 시간마다 남성 배우자에 의해 살해된다. 에스텔 엘리스(Estelle Ellis), "Dying at the Hands of Their Lovers," Cape Argus, June 28, 2004.

10) 솔로몬 요하네스 테레블란치(Solomon Johannes Terreblanche), *A History of Inequality of South Africa, 1652-2002* (Pietermaritzburg: University of Natal Press, 2002), 197.

11) 돈 포스터(Don Foster), *Detention and Torture in South Africa: Psychological, Legal, and Historical Studies* (New York: St. Martin's Press, 1987), 12.

12) 남아프리카공화국 진실화해위원회, 「TRC 보고서*(Truth and Reconciliation Commission of South Africa Report)*」, 제1권 (Cape Town: Juta and Co., 1998), 21.

13) 마흐무드 맘다니(Mahmood Mamdani), "A Diminished Truth," in *After the TRC: Reflections on Truth and Reconciliation in South Africa*, ed. 윌모트 제임스와 린다 반 드 빌베르(Wilmot James and Linda van de Vijver) (Cape Town: David Philip, 2000), 60.

14) TRC를 설립하게 된 주요 요인 중 하나는 아파르트헤이트 피해자에 관한 관심이었다. 피해자에 대한 도덕적 헌신이 아파르트헤이트에 대항하는 투쟁의 동기가 되었으며, 이는 피해자를 만드는 행위와 국가 테러 행위에 대한 도덕적 분노로 인해 점차 거세졌다. 존 드 그루쉬, "The TRC and the Building of a Moral Culture," in James and van de Vijver, *After the TRC*, 167.

15) 따라서 모하메드(Mohammed)는 분명히 주장한다. "아파르트헤이트 기간 남아프리카공화국에서의 트라우마 경험의 본질은 지속적이고, 반복적이며, 예측할 수 없고, 만성적인 성격을 띠고 있었다." 그는 계속해서 말한다. "일상생활을 규정하는 사회적 분위기는 두려움을 불러일으키는 폭력과 억압의 하나였고, 따라서 사회 통제의 수단으로 사용되었다." 아메드 리아즈 모하메드(Ahmed Riaz Mohammed), "The Memory of the Past and the Struggle with the Present: An Investigation into the Restorative Possibilities of Providing Public Testimony at South Africa's Truth and Reconciliation Commission" (MA thesis, University of Cape Town, April 2007), 9. 모하메드는 "피해자가 놓여 있게 된 외상 후 상황은 계속되는 박탈, 빈곤, 실업, 기술 부족, 교육 부족 또는 불완전한 교육 중 하나였다"는 사실을 통탄스럽게 지적한다. 위 책, 11.

16) 이 문제들에 대한 위원회의 사업에 대한 개요는 「정의와 평화 연례 보고서 2003-2004(*Justice and Peace Annual Report 2003-2004)*」(Pretoria: Southern African Catholic Bishops' Conference, Justice and Peace Department, 2004); 엘로이 파울루스(Elroy E. Paulus), *Masisukumeni! A Guide to Local Community Advocacy for Social and Economic Justice*, ed. Billy Maseti (Pretoria: Southern African Catholic Bishops' Conference, Justice and Peace Department, 2004)에서 볼 수 있다.

17) 윌리엄 에버렛, "Going Public, Building Covenants," 156.

18) 부티 트하갈레(Buti Tlhagale)의 발언은 다음에서 인용했다. 필리페 신부(Fr. Phillippe), "Archbishop Condemns New Apartheid and Asks Forgiveness," *Catholic Church in St. Thomas in Lenasia News*, May 18, 2008, 웹사이트 www.stthomaslenz.org 에서 열람 가능.

19) 남아프리카공화국 TRC는 재정적으로나 인적 자원 차원에서 가장 투명하고 최고의 권한을 부여받은 위원회로 간주된다.

20) 대주교 투투는 용서를 수반하는 책임의 윤리가 TRC의 핵심에 있다고 이해했다. 앨런은 다음과 같이 썼다. "투투는 세 단계의 개별적이며 연속적인 과정을 포함하여 화해를 달성하는 명백한 그리스도교적 모델을 옹호했다. 이 중 두 단계는 아파르트헤이트의 가해자 또는 수혜자로부터 행동을 요구하고, 세 번째 단계는 피해자들의 관대한 반응을 포함한다. 그는 러스텐버그의 한 모임에서의 설교에서 '화해가 이루어지려면 아파르트헤이트에 책임이 있는 사람들이 먼저 자신의 죄를 고백해야 합니다. 잘못을 저지른 이들은 이렇게 말할 준비가 반드시 되어 있어야 합니다. 우리가 불의를 저질러, 여러분을 고향에서 떠나게 했고 아프게 했습니다 … .미안합니다. 우리를 용서해 주십시오.' 두 번째 단계에서 투투는 '피해자는 용서하라는 복음의 위엄 아래 있었다.'라고 말했다. 세 번째 단계에서는, 잘못을 범한 이들이 배상을 해야 했다. '내가 당신의 펜을 훔쳐놓고 그 펜을 돌려주지 않은 채, 나를 용서해 달라고 말하면 진실로 죄를 뉘우칠 수 없습니다. 내가 진심으로 회개한다면, 나는 당신에게 펜을 돌려줌으로써 나의 뉘우침을 증명할 것입니다." 존 앨런(John Allen), *Rabble-Rouser for Peace* (London: Rider Books 2006), 342. 따라서 투투의 TRC 모델은 여러 문헌이 대인관계 모델이라 일컬어지는 것을 따른 반면, 데이비드 크로커(David Crocker)는 "포괄적인 전망의 공유, 상호 치유와 회복 또는 상호 용서가 과정의 핵심"이라고 말했다. 리차드 윌슨(Richard Wilson)은 이런 화해 모델의 요소가 회개, 용서, 희생, 구원을 포함한다고 언급한다. 트리스탄 앤 보러(Tristan Anne Borer), "Truth-Telling as a Peace-Building Activity," in *Telling the Truths*, ed. 트리스탄 앤 보러 (Notre Dame, IN: University of Notre Dame Press, 2006), 32. 이 모델은 개인마다 강조점이 다양하게 나타나지만, 치유, 사과, 용서, 고백, 참회 등의 개념이 이 모델에 분명하게 인식된다. 이 모델 안에서는, 이해관계자들이, 광범위하게 말해서 회복적인 정의 형태의 과정을 따른다면, 개인적 화해가 지속 가능한 평화를 촉진할 수 있다.

21) 남아프리카공화국 주교회의, 「평화를 위해 필요한 것(*The Things That Make for Peace*)」, 119ff.

22) 윌리엄 에버렛, "Going Public, Building Covenants," 156.

23) 보러(Borer)는 윌슨(Wilson)의 다음 말을 인용한다. "화해를 위한 과정에서 국가는 포용적이고 민주적인 시민 개념에 기반한 권리의 문화를 반드시 형성해야 한다." 보러, *Telling the Truths*, 33. 바니 피티아나(Barney Pityana)도 같은 주제에 대해 이렇게 말한다. "나는 사회가 발전함에 따라, 남아프리카공화국에서 그랬던 것처럼, 헌법적 원리를 통해 원리를 구조화하는 게 중요하다고 믿게 되었다." 타냐 파버(Tanya Farber), "Pityana Stands behind Mbeki on Zuma," *The Saturday Star*, December 14, 2006. 또 에버렛은 이렇게 말한다. "나는 공공성(publicity)을 그저 대중의 삶을 육성하고 지속적으로 번영시키는 활동으로 칭한다. 이는 사람들이 두려움, 비밀, 은신, 거부, 거짓의 삶에서 벗어나 이해하는 그대로 다른 이에게 진실을 말할 수 있는 삶으로 변화하도록 돕는 작업이고, 진실을 들은 사람들이 공통된 합의를 이루기 위해 논쟁을 벌일 수 있게 하는 작업이다. 이는 곧 대중이 비폭력과 설득의 수용 프레임워크 안에 존재해야 한다는 뜻이다. 필연적으로 의견의 다양성이 인정되어야

하며, 각 개인은 공동선에 대한 고유의 이해와 참여를 위한 최소한의 요구를 위해 싸워야 한다." 윌리엄 에버렛, "Going Public, Building Covenants," 157.

24) 남아프리카공화국 가톨릭 주교회의, "Discussion Booklet on Ne-gotiations" (Pretoria: Southern African Catholic Bishops' Conference, 1990), 5.

25) 물론 여기에는 "책임, 응답, 개방을 보장하기 위한 성년 보편 참정권, 국민 공통 선거 인단, 정기 선거, 민주 정부의 다당제 시스템"을 명기함으로써 국가의 기본적인 민주주의 철학을 규정하는 조항들이 있다. 이 요약본에는 TRC 명령이 지니는 강력한 반향이 담겨져 있으며, 민주주의 남아프리카공화국의 모든 문서와 기관에 동일한 가치들과 민주적 실천이 제공되도록 보장하려는 의지를 엿볼 수 있다.

26) 교황 요한 바오로 2세, "인권 존중이 참 평화의 비결입니다," 「세계 평화의 날 담화」 (1999년 1월 1일).

27) 그러나 TRC 보고서는 정당성에 대한 질문을 여러 번 제기했다. "예를 들어 TRC 보고서는 새로운 남아프리카공화국에서 인권을 존중하는 문화의 정당성을 수립할 필요성뿐만 아니라, 아파르트헤이트 정부의 불법성을 논의한다. 더욱이 일부 학자는 화해가 남아프리카공화국의 새로운 기관들에 대한 정당성 창조를 포함한다는 명제를 추구해 왔다."는 깁슨(Gibson)의 말은 보러(Borer)의 글에서 인용했다. 보러, *Telling the Truths*, 33. "국가 기관들이 권위주의적 통치 유산에 여전히 오염된 상황에서, 진실위원회는 국가 기관의 정당성을 창출해내려는 과도기 정권의 주요 메커니즘 가운데 하나가 되었다."는 리차드 윌슨(Richard Wilson)의 말은 깁슨의 글에서 인용했다. 제임스 L. 깁슨(James L. Gibson), *Overcoming Apartheid: Can Truth Reconcile a Divided Nation?* (Cape Town: HSRC Press, 2004), 290.

28) 보러, *Telling the Truths*, 42.

29) 마이클 하임즈와 케네스 하임즈(Michael Himes and Kenneth Himes), *The Fullness of Faith: The Public Significance of Theology* (New York: Paulist Press, 1993), 63.

30) 웹사이트 www.africa.upenn.edu 에서 인용.

31) 따라서 투투의 전기작가 존 앨런이 관찰한 대로, 긴 기간 동안 여러 차례에 걸쳐, 투투는 용서를 포용한 증인들을 가려내 그들의 이야기를 중심 모티브로 삼았다. 투투는 고통의 변혁적인 힘이라는 사상에 대한 이해에 충실하다. 앨런, *Rabble-Rouser for Peace*, 353.

32) 웹사이트 www.southafrica.info 에서 열람 가능.

33) 전기작가 존 앨런은 투투가 잔혹한 행위에 대한 책임이 있는 자들은 구원과 멀리 있다고 선언하며 단호하게 저항했다고 언급한다. "그렇다, 정말로 이들은 괴물 같은 심지어 악마 같은 행위에 대한 책임이 있지만, 괴물 또는 악마로 변하지는 않았다. 괴물이나 악마가 되었다는 것은 그들이 자신이 저지른 행위에 대한 도덕적 책임을 질 수 없었음을 의미할 것이다." 앨런, *Rabble-Rouser for Peace*, 355. TRC를 다룬 유명 저널리스트 앤치 크로그(Antjie Krog)는 투투를 'TRC의 나침반'이라고 부른다. 정치와 종교의 좌파 우파 모두가 투투의 신학과 그의 신학이 위원회에 미친 영향에 이의를 제기했지만, 투투가 위원회의 나침반이라 불리게 된 이유는 그가 행동과 전망, 가치에서의 변화를 조성하는 데서 의식적으로 진실 말하기를 사용하려 노력했고, 그렇게 해서 위원회를 통해 피해자와 가해자가 만나 서로의 이야기를 화해시키고 서로에 대한 지식을 얻게 했고, 참여의 여정을 시작하고 그것을 통해 적어도 내면의 평화를 향해 나아가고 화해의 가능성을 증가시키는 장소를 만들었기 때문이다.

앨런, *Rabble-Rouser for Peace*, 370에서 인용했다.

34) 레베카 촙(Rebecca Chopp), *The Praxis of Suffering* (New York: Orbis Books, 1986), 61.

35) 앨런, *Rabble-Rouser for Peace*, 396. 그러나 주목해야 할 것은, 이런 관점에서 작성된 글의 상당수가 희망 복원과 국가 건설이라는 중요한 임무 사이에 밀접한 관계가 있다는 사실의 중요성을 인정하지만, 희망과 화해 둘 다에 대한 폭넓은 이해에 의지한다는 점이다. 예를 들어, 가난과 소외의 현실에 마주했을 때, 특히 일부 흑인 신학자들이 마르크스 사상을 이용해 화해에 대한 다른 담론을 구성했다는 점이 흥미롭다.

36) 제럴드 웨스트(Gerald West), *Biblical Hermeneutics of Liberation: Modes of Reading the Bible in the South African Context*, 2nd ed. (Pietermaritzburg: Cluster Publications, 1995), 174-200.

37) 레베카 촙, "Reimaging Public Discourse," *Journal of Theology for Southern Africa* 103 (March 1999), 36.

38) 남아프리카공화국에서 진행되고 있는 일은 이미 다른 지역과 다른 탐구 영역에서도 일어났다. 거기에는 흥미로운 교훈들이 있다. 레베카 촙은 흑인과 페미니스트 신학자의 기원에 대해 다음과 같이 말한다. "이런 신학자들은 대중에게 아직 현실로 드러나지 않은 대체 기억과 경험을 바탕으로 새로운 내러티브 정체성을 만들었다. 흑인과 페미니스트 신학 모두에서 이데올로기적 비평과 내러티브 정체성의 새로운 원천의 중심이 된 것은 고통의 기억이다. 여러 계층에서 이데올로기 비평과 잊혀진 또는 침묵 당한 이야기를 말하고 듣기 위한 추동력을 제공한 것은 고통과 억압이다." (위 글).

39) 윌프레드 폭스 내피어(Wilfred Fox Napier), "South Africa in Transition: A Catholic Response," Arch- bishop Naidoo Memorial Lecture (Cape Town, 1991), 8.

40) 내피어 추기경은 이에 대해 1991년 나이두(Naidoo) 대주교 추모 강연에서 다음과 같이 강조했다. "현재 주교회의는 분열되었던 사람들 사이의 관계 회복을 이룩하는 행동 영역에서 수많은 중요 프로젝트에 관여하고 있다. 그중에는 가난과 무력함을 넘어서도록 사람들에게 권한을 부여하는 것을 목표로 하는 공동체 개발 프로젝트 분야가 있다. 또 교회의 사회교리 아래 가톨릭 신자를 그 과정에 끌어들이기 위한 협상, 출판, 프로그램, 제안 분야, 소외된 청년이 소속감과 가치를 되찾도록 하는 합동 강화 프로그램 같은 청년 분야도 있다. 노동 분야, 난민과 망명자 분야도 있다." 그는 이어서 "적절한 응답에 필요한 중요한 자질 중 하나는 그들에게 힘을 실어주기 위해 우리의 도움과 지원이 필요한 사람에게 공감할 수 있는 능력으로, 욕구 충족에 필요한 해결책을 선택할 수 있도록 그들에게 권한을 부여하는 일이다."라고 말한다. (위 글, 10).

41) 아데바요 아데데지(Adebayo Adedeji), ed, *Comprehending and Mastering African Conflicts: The Search for Sustainable Peace and Good Governance* (London: Zed Publications, 1999), 7.

42) 대중의 내러티브 정체성을 조사하고 억압과 고통의 기억과 표현을 탐구하는 제임스 콘(James Cone)의 *Black Theology and Black Power*가 전형적인 예이다. 고통의 이야기를 기억하고 말하겠다는 그의 고집은 백인 남성 미국인 대중 담론의 내러티브 정체성의 '실제'에 충격을 가하고 당황하게 만들었다. 그것은 화나고 불편하게 들렸고, 정말로 그러했다!

43) 레베카 촙, "Reimaging Public Discourse," 37.

44) 베버리 하닷(Beverley Haddad), "Engendering Theological Education for Transformation," *Journal of Theology for Southern Africa* 116 (July 2003), 77-79.

45) 다양한 정부 관료의 인정에 대해, 투투는 "아파르트헤이트의 핵심에 있던, 정말로 그 본질에 있던 거짓과 사기는 자주 탄로 났다."라고 말했다. 가톨릭 대주교 부티 트하갈레는 아무 설명 책임도 밝히지 않은 채 인권 침해가 일어날 수 있고, 보통 거짓과 함께 일어났던 비밀의 문화를 지적하면서, 이를 다른 통치권에서의 동일한 문화와 가차 없이 비교한다. "그러나 아파르트헤이트 체제의 공포는 그 병적인 경향과 도덕적 규범에 대한 냉담한 무시 때문에 우리에게 아파르트헤이트를 히틀러와 스탈린의 정치적 범죄 체제에 견주게 한다." 부티 트하갈레와 이투멜렝 모살라(Buti Thlagale and Itumeleng Mosala), eds., *Hammering Swords into Ploughshares* (Johannesburg: Skotaville Publishers, 1986), 265.

46) 데보라 포슬(Deborah Posel)은 남아프리카공화국의 '포스트 아파르트헤이트'에서 '포스트'의 의미 가운데 하나는 은폐에서 벗어나 자기 존재를 선언적으로 드러내게 되었다는 점이라고 말한다. 정책 관점에서 보면 이것은 지금껏 이야기할 수 없었고 감춰야 한다고 여겨졌던 가정 폭력, 여성과 아동에 대한 학대, 강간에 대한 법률 제정을 통과시켜야 할 우선순위와 주장을 설명한다. TRC와 완결되지 않은 치유 사업에 관한 패널 토론에서 데보라 포슬은 다음 글을 인용했다. 찰스 빌라-비첸시오(Charles Villa-Vicencio), 파니 뒤 뚜아(Fanie du Toit), eds., *Truth and Reconciliation in South Africa: Ten Years On* (Cape Town: David Philip Publishers, 2006), 87.

47) 보러, *Telling the Truths*, 37.

48) 게릿 하이저(Gerrit Huizer)의 발언은 다음 책에서 인용했다. 스튜어트 베이츠(Stuart Bates), *Inculturation and Healing* (Pietermaritzburg: Cluster Publications, 1995), 175. 하이저의 발언은 오순절파 전통에서 벗어나 그 주제에 관한 자신의 약점을 인정한 홀렌베거(Hollenweger)의 초기 분석을 반향한다. "우리는 성령의 현대적인 은총을 찾기 위해 오순절파 운동에서 나타나는 성령의 은총 너머를 바라봐야 한다. 이는 사회와 과학에 대한 봉사의 은총이다." 이어서 그는 "우리는 병든 정치, 경제, 과학 세상을 더욱 잘 이해하도록 돕고, 이를 치유하는 일에 기여하도록 도울 은총이 필요하다."(베이츠, 176).

49) 그럼에도 불구하고 더반(남아프리카공화국 제2의 항구도시) 그리스도교 사회 기관이자, 사회 안에서의 교회의 역할에 주로 관여하는 교회 일치 기관인 디아코니아(Diakonia)가 '치유, 구축, 화해(Heal, Build, Reconcile)'를 사회적 강조점을 부여하며 선택한(1991년) 것은 흥미롭다. 수십 년 동안 아파르트헤이트에 대한 중요한 저항 장소로서 활동가들의 집이 되어 준 영국 성공회의 성 조지 순교자 대성당(Anglican Cathedral of St. George the Martyr)은 자신의 사목 방향을 도시 중심부의 '희망과 치유의 장소'로 이해했다.

50) 나는 사목에서 스토리텔링을 사용하는 것에 매력을 느낀다. 이런 관점에서 커스너(Kirstner)의 제안에 동의한다. 피해자에게 권한을 부여하는 가장 어려운 프로젝트다. 러셀 보트맨과 로빈 피터슨(Russel Botman and Robin Petersen), *To Remember and To Heal* (Cape Town: Human and Rousseau, 1996), 158 참조. 이 패러다임은 만남, 스토리텔링, 관계 회복에 중심을 둔 광범위한 TRC 과정의 축소판으로서 치유의 사목을 제시한다.

51) 스망갈리소 믓카츠와(Smangaliso Mkhatshwa), "Reconciling and Restoring a Divided Church," in *Reconciliation and Construction*, ed. W. S. Vorster (Pretoria: UNISA [University of South Africa], 1986), 65

52) 데스몬드 투투의 발언은 앨런의 책에서 인용했다. *Rabble-Rouser for Peace*, 370.

53) 제임스와 반 데 베이버(James and van de Vijver), *After the TRC*, 56.

54) 폴 리쾨르(Paul Ricoeur), "The Memory of Suffering," *Figuring the Sacred: Religion, Narrative and Imagination* (Minneapolis, MN: Fortress Press, 1995), 290.

55) 나이젤 비거(Nigel Bigger)가 인용한 루크 후이세(Luc Huyse), *Burying the Past: Making Peace and Doing Justice after Civil Conflict* (Washington DC: Georgetown University Press, 2003), 243.

56) 그레이미 심슨(Graeme Simpson)은 이런 후반부 내용을 수용하면서, TRC가 '인류의 회복'이라는 장대한 계획안에서 제한적으로 기여할 수 있었다고 시사한다. 더 많은 일이 이루어져야 한다는 것이다. 그는 다른 선한 지배구조를 지닌 기관들의 활동을 다음과 같이 지적한다. "아파르트헤이트가 저지른 악 어느 것도 돌이킬 수 없고, 모든 것을 TRC로 해결할 수는 없다. 완전한 사회 정의는 분명히, 인권을 거부한 전체 스펙트럼을 다루기 위한 인권위원회, 성 불평등의 잔재를 다루기 위한 성 위원회, 박탈의 역사를 다루기 위한 토지 위원회, 계속되는 청년층 소외와 더불어 대립으로부터 협상으로의 전환을 다루는 청년 위원회와 같은 복합적인 기관의 설립과 기능에 달려있다." 그레이미 심슨(Graeme Simpson), "Tell No Lies, Claim No Easy Victories," in *Commissioning the Past: Understanding South Africa's Truth and Reconciliation Commission*, ed. 데보라 포슬(Deborah Posel), 그레이미 심슨(Graeme Simpson) (Johannesburg: Witwatersrand University Press, 2002), 225; see also James and van de Vijver, *After the TRC*, 56.

57) 파트리샤 발데즈(Patricia Valdez), "The Right to Truth," in 제임스(James), 반 데 베이버(van de Vijver), *After the TRC*, 55.

8장 가톨릭의 사회적 상상과 피스빌딩

– 의식, 성사, 영성

로버트 슈라이터(Robert J. Schreiter)

> 시카고 가톨릭 신학대학 버나딘센터 제2차 바티칸 공의회 신학 교수. 교회의 토착화와 세계 선교 분야의 전문가이다. 미국 선교학협회와 미국 가톨릭신학협회의 전 회장을 역임했다.

가톨릭의 사회적 상상(The Catholic Social Imaginary)

평화를 상상하는 능력, 즉 갈등을 종식시킬 수 있는 새로운 가능성에 도달하기 위해 갈등 상황에 대해 다르게 생각하는 능력은 이제 피스빌더의 가장 중요한 자질 가운데 하나로 인정되고 있다.[1] 그런 사고는 대부분의 사람이 피스빌딩 기획에 대해 떠올리는 전략적 측면에 곧바로 초점을 맞추기보다는, 사회적 관계를 바꾸는 창조적이고 위험을 감수하는 차원에 초점을 맞춘다. 평화 상상하기가 그 자체만으로 평화를 이루는 데 충분한 것은 아니지만, 그것은 점차 피스빌딩과 연관된 모든 상황을 변화시키는 핵심 요소로 간주되고 있다. 평화 상상하기는 피스빌딩의 실천이 지닌 비선형적이고 종종 '뒤얽혀있는' 역동을 인식하는 일이기 때문이다.

상상력이 어떻게 작용하는지를 이해하는 열쇠는 피스빌딩 과정에 참여하는 활동가들의 *상상(imaginary)*을 이해하는 것이다. 상상은 새로운 가능성의 병치가 일어나는 정신 영역인데, 그저 무작위로 일어나는 정신 활동이 아니다. 상상은 세상에 대한 특정한 가정 그리고 연결과 소통이라는 특정한 규칙으로 틀 지워지며, 특정한 가치, 이미지, 실천 행위로 채워져 있다. 사회적 상상은 그 안에 면밀함과 소통을 위한 규칙을 갖춘, 특정한 신념과 가치, 실천 방법들을 공유하는 집단의 상상이다.[2]

많은 저자가 가톨릭 상상 또는 가톨릭 상상력이 명시적으로 존재한다는 사실을 이런저런 방식으로 암시해 왔다.[3] 저자들이 가톨릭 상상을 지배하고 있다고 생각되는 여러 가정에 전적으로 동의하는 건 아니지만, 그들이 내놓은 많은 아이디어는 아래와 같이 다양하게 변주되어 표현된다.

- ■ *눈에 보이는 세계와 보이지 않는 초월적인 세계 사이에는 다공성 경계가 있다.* 우리가 보는 세상이 전부는 아니다. 눈에 보이지 않지만, 접근 가능하고 경험될 수 있는 또 다른 세계가 있는데, 그것은 현재 또는 사물의 물질적인 현실로 축소될 수 없는 세계다. 두 세계의 경계에는 구멍이 숭숭 나 있어서, 말하자면 두 세계 사이를 오갈 수 있다.
- ■ *현 세계와 초월적인 세계 사이의 관계는 은유적 또는 유추적 관계로 특징지어진다.* 이 세계 사이에 소통의 통로를 제공하는 표현법으로, 은유, 환유, 그리고 제유 같은 수사학적 비유*가 있다. 이런 표현법은 차

이와 분리에 초점을 두는 변증법보다는 유사성과 연결에 초점을 두기에 차이에 대해 우호적으로 절충한다.

- *의식이라는 행위 양식은 두 세계 사이에 소통의 틀을 제공한다.* 의식은 반복적인 특징을 지닌 비선형적 행동 양식과 언어, 물체, 몸의 움직임이 어우러져 있는 것으로, 두 세계 사이에 소통이 이루어지게 하는 통로다.

- *세상에 있는 사람, 물체, 사건은 표지로서의 가치를 지닐 수 있다.* 이런 사물의 의미가 전적으로 눈에 보이는 세상에만 내재되어 있는 것은 아니며, 눈에 보이는 세상 너머에 있는 의미와 연결하는 표지로서의 가치를 지닌다. 또 그것은 수행적 가치를 가지는데, 즉, 그것이 무엇을 의미하는지 재연할 수 있다.

* 수사학적 비유들(Rhetorical Tropes)
- 은유(metaphor)
   : 사물의 상태나 움직임을 암시적으로 나타내는 비유법.
     예) 죽음은 '영원한 잠'이다.
- 환유(metonymy)
   : 어떤 낱말 대신에 그것을 연상시키는 다른 낱말을 사용하는 비유법.
     예) 한국의 대통령을 '청와대'라고 쓰는 것.
- 제유(synecdoche)
   : 사물의 한 부분으로 그 사물 전체를 가리키거나, 반대로 전체로 어느 한 부분을 가리키는 비유법.
     예) "한국이 두 골 차이로 졌다"에서 한국은 한국 팀을 가리킴.

이 4가지 요소가 가톨릭의 사회적 상상에만 해당되는 것은 아니다.

각 요소는 다른 환경, 특히 다른 종교의 상상 속에서도 발견될 수 있다. 세속적 상상도 의식과 수사학적 비유가 하는 어떤 역할은 수용할지 모르지만, 현재 눈에 보이는 세계 너머의 또 다른 세계를 설정하지는 않을 것이다. 세속적 상상은 그들 자체의 문법 그리고 일련의 가치, 이미지, 실천 목록을 바탕으로, 현재와 같은 국제적 피스빌딩을 형성하는 데 주요한 힘이 되어 왔다. 그러나 분명히 이 책의 의도 중 하나는 피스빌딩 기획에 기여할 수 있는 또 다른 종류의 사회적 상상의 효능을 제시하는 것이다.

리사 소울 케이힐(Lisa Sowle Cahill)은 11장에서 피스빌딩에 대한 가톨릭 접근법의 기초가 되는 신학 원리를 제시한다. 이 장에서는 특히 가톨릭적 접근이 실천에 개입할 때, 그런 신학에 담겨 있는 특징을 살펴본다. 최소한 거칠게나마 가톨릭의 사회적 상상과 개신교의 사회적 상상의 차이점을 구분함으로써 우리는 한 발 더 깊이 들어갈 수 있다. 그레고리 바움(Gregory Baum)은 (상상이라는 어휘를 사용하지는 않았지만), 개신교 피스빌딩과 가톨릭 피스빌딩 사이에 서로 다른 신학적 강조점, 다시 말해 어떤 면에서는 개신교와 가톨릭의 상상의 차이에서 비롯되는 차이가 있다는 점을 암시함으로써 가톨릭의 사회적 상상을 깊이 탐구해 왔다.[4] 개신교의 접근은 속죄, 죄의 용서, 이신칭의* 같은 신학적 주제에 초점을 맞추는 경향이 있다. 반면에 가톨릭 신자들은 은총과 내재성이라는 주제, 심지어 화해를 이루려는 노력을 이행하기 전에도 존재하는 은총, 모든 것을 성화시키는 은총의 무상적 특성[5]이라는 주제를 더 자주 언급하는 것 같다. 조금 다르게 표현하자면, 피스빌딩에 대한 가톨릭 이해의 핵심은 하느님 은총의 (즉, 하느님께서 당신 자신을 세상에 내어주신 것) 개입이다. 칼 라너(Karl Rahner)의 사상과 제2차 바티칸 공의회의 『사목 헌장(*Gaudium et Spes*)』을 따르는 가톨릭의 상상은 죄와 악이 계속되더라도 세상은 하느님의 은총으로 가득 차 있다고 본다.

> * 이신칭의(以信稱義, justification of faith) : 개신교에서 주로 사용하는 신학적 용어로, 죄인이 오직 믿음에 의해서만 의롭다고 일컬어질 수 있다는 의미다. 마틴 루터(Martin Luther)가 로마 가톨릭교회의 구원론에 대응하여 내놓은 새로운 개혁으로, 오직 믿음으로 의로워지며 구원을 받는다는 주장이다. 칭의란 법정적(forensic) 선언으로, 죄인이지만 동시에 예수 그리스도를 통해 신분이 법적으로 변경되었음을 나타낸다.

이 두 세계가 (눈에 보이는 세계와 보이지 않는 세계) 어떻게 연결되어 있는지, 그리고 연결 경로를 따라 두 세계 사이를 오가는 것은 무엇인지가 *중재(mediation)*의 문제다. 중재는 피스빌더들 사이에서 친숙한 어휘다. 중재는 서로 다른 두 실체가 어떻게 연결되는지, 즉 수단과 메시지, 그리고 중재자들에 관심을 둔다. 그리스도교 신학에서 중재 역할을 하는 것은 은총(grace)이라 불린다. 은총은 세상이 악과 죄로부터 벗어나게 하고, 상처를 치유하고 인간의 고통을 덜어주며, '새로운 피조물'이 되도록 돕는 하느님의 생명의 선물이다. 이 책 11장과 13장에서 언급되었듯이, 그리스도인들은 하느님께서 예수 그리스도와 성령의 활동을 통해 피스빌딩 과정에서 활동하고 계신다고 생각한다.

하느님의 은총이 어떤 수단을 통해 어떻게 매개되는지, 바꿔 말하면 어떻게 그리고 어떤 방식으로 눈에 보이는 세계와 보이지 않는 세계가 연결되는지가 그리스도교 전체를 관통하는 중요 사안이다. 가톨릭에는 일군의 중재하는 매개체가 존재한다. 성인(saints)은 틀림없이 이 뚜렷한 중재 매개체 가운데 하나다. 하지만 이 글에서는 중재에 도입되는 3가지 주요한 수단 또는 방식으로, 의식 행위, 성사, 그리고 살아 있는 영성에 초점을 두려 한다.

의식(Ritual)은 한 집단 내에서 특정 행위를 이해하고 공유하게 하는 하나의 문법이다. 의식은 이성적이고 선형적인 담론과는 다소 다른 (완전히 분리된 것은 아니더라도) 독특한 종류의 언어와 세계관을 창조한다. 가톨릭에는 동방 정교회와 마찬가지로 의식 행위가 풍부하다. 일반적으로 많은 개신교 분파, 특히 다양한 개혁파들에서는 의식이 두드러지지 않는데, 대체로 많은 의식 행위를 거부하기 때문이다.

성사(Sacraments)는 말, 몸짓, 물체, 그리고 사람이 결합된 아주 밀도 높은 의식 행위이다. 성사는 의례적 중재라는 특권이 부여된 순간으로 여겨진다. 성사는 강한 '표지(sign, 標識)' 가치로 작동한다. 성사는 눈에 보이지 않는 실재를 드러내기 위해 눈으로 볼 수 있는 표지를 사용하며, 그런 실재의 현존을 부각시키는 것으로 믿어진다. 모든 그리스도인이 어떤 의미로든 성사에 대한 감각을 갖고 있지만, 가톨릭과 정교회의 강력한 전례 전통은 특히 성사에 주의를 기울인다. 성사는 가톨릭교회의 주요 의식으로, 성사에 참여하는 것은 교회 내에서 완전한 교감(영성체라는 의미를 포함하여)을 나타내므로 가톨릭 신자 생활의 핵심적인 특징을 구성한다.

마지막으로, 영성이라는 중재가 있다. 여기서 *영성(Spirituality)*은 가톨릭적 상상이 구체적으로 구현된 복음 메시지를 살아내는 단련된 방식을 의미한다. 영성은 아주 긴 기간에 걸쳐 특정 실천 행위를 통해 하느님의 특정한 중재를 발달시켜 온 전승으로 표현된다. 16세기 종교개혁 당시, 영성은 (대개 수도회들과 연관되어 있는데) 개인이 하느님과 맺는 직접적인 관계에 지장을 주는 것으로 간주되어 기피되기도 했다. 오늘날, 개신교 일부 교파는 계승된 전승 가운데 특정 형식들을 수용하기도 한다.6)

이 장에서는 가톨릭 상상의 3부분, 즉 의식, 성사, 영성이 피스빌딩에 어떻게 기여하는지 살펴본다. 각 요소의 내적 역학, 가톨릭의 사회적 상상 속에서 각 요소가 차지하는 위치, 그리고 각 요소가 피스빌딩을 위해 잠재적으로 갖고 있는 중요성을 알아보도록 하자.

의식(Ritual)

의식은 복잡하고 다양한 층위의 형식을 지닌 행위로, 다양한 분야의 학자들이 의식에 관한 관심을 더 확장시키고 있다. 의식은 정형화된 행동으로, (즉, 인지 가능하고 반복되는 행위로 이루어진) 부분적으로만 이성적이고 직선적이며 (즉, 명시된 의도와 어떻게 연결되어 있는지 언제나 분명한 것은 아니다), 수행적 가치를 가지며 (즉, 관찰자에게 그 차이가 분명하게 보이지 않더라도 뭔가를 하거나 뭔가를 변화시키는), 한 집단의 사회적 상상을 응집시키고 재확인하는 힘을 제공한다. 의식의 역학에 관해 많은 이야기를 할 수 있지만, 여기서는 특히 피스빌딩 과정과 연관된 4가지, 즉 표현할 수 없는 것에 표현력을 부여하는 의식, 구체화와 참여로서의 의식, 의식과 시간의 관계,

그리고 의식과 가톨릭적 상상의 관계에 초점을 맞출 것이다.

의식의 역학(Dynamics of Ritual)

표현할 수 없는 것에 표현력을 부여하는 의식

의식 행위는 한 공동체가 감정이나 사고를 완전히 압도당하는 상황에 직면해서, 그 감정과 사고에 보다 이성적이고 순차적인 형태의 표현력을 부여할 필요가 있을 때 특히 중요해진다. 대규모 인명 손실, 엄청난 파괴, 자연 재앙 같은 상황이 벌어졌을 때, 그것을 어떻게 표현해야 할지 알 수 없는 상황에서조차도 사람들은 어떻게든 표현하려 든다. 국가적인 장례 의식, 시신이 대량으로 매장된 묘지에서 피해자들을 이장(移葬)하기, 그리고 죽은 사람을 위한 기념비 봉헌 (그리고 해마다 거행하는 기념식), 이 3가지가 말로는 표현할 수 없는 감정을 전달하기 위해 마련하는 대표적인 의식이다. *무엇을 하느냐*가 *무슨 말을 할 수 있느냐*보다 훨씬 많은 내용을 전달하는 것 같다.

피스빌딩은 특히 갈등 이후 상황을 재건하려 할 때, 종종 심각한 인권 침해를 다뤄야 하므로, 심각한 손실을 개탄하고 애도하는 표현 방법을 찾는 의식은 어떤 의미의 안정성을 조성하는 데 필수적이다. 사망자들을 위한 기념비를 건립하고 국가적인 애도의 날을 선포하는 일은 소용돌이치는 불안정한 감정에 불변의 안정성을 부여하기 위해 마련된다. 공동체 모두가 침묵하는 행사에 참여하는 일 역시 표현하기 힘든 것에 표현력을 부여하는 또 다른 의식이다. 침묵을 유지하는 것은 다양한 이데올로기를 지닌 참가자들이 각자의 감정과 생각을 표현하지 못하게 막는 형식 이상의 의미를 지닌다. 침묵은 일어난 일과 그것이 지금 우리에게 무엇을 의미하는지에 대해, 어떤 말로도 전달할 수 없는 감정을 표현하는 방법이기 때문이다.

구체화와 참여로서의 의식

몸의 자세와 움직임은 의식에서 중요한 소통 수단이다. 신체를 사용함으로써 우리는 말로는 표현할 수 없는 것에 구체적인 표현을 부여한다. 자세와 움직임의 사용은 우리가 뭔가에 형태를 부여하는 존재라는 중요한 메시지를 전달한다. 사회적 트라우마는 우리 몸속에 새겨진다. 사회적 트라우마는 가장 두드러지게는 고문의 경험으로 생기지만, 집에서 탈출하여 수용소에서 살 수밖에 없었던 경험으로부터도 발생한다. 의식이 말로 표현할 수 없는 고통을 다루는 가장 흔한 방법 가운데 하나는 '말하는 치료법' 즉 연극을 사용하는 것인데, 그것은 우리의 생활을 구성하는 이야기들을 의식으로 재현하는 방법이다. 세계 많은 지역에서 드라마는 종교 의식에 (남아시아 또는 고대 그리스) 그 뿌리를 두고 있다.

의식 행위에 신체적으로 참여하는 일은 사람들에게 소속감과 일체감을 줄 수 있다. 시위 참여 (예컨대, 1986년 필리핀에서 일어난 EDSA 봉기*) 또는 대규모 집회 참여는 (예컨대, 1980년대와 1990년대 동유럽에서 공산주의 정부를 무너뜨린 일) 개인을 자신보다 훨씬 더 큰 무언가와 연결한다.

* EDSA 봉기 : EDSA(Epifanio de los Santos Avenue)는 필리핀 마닐라의

> 가장 길고 큰 거리의 이름으로, 1986년 2월 21일~25일, 민중이 쏟아져 나와 페르디난드 마르코스 독재 정권에 저항한 혁명의 거리를 지칭한다. 마르코스 독재정권을 몰아낸 이 민주화 혁명을 피플 파워 혁명(People Power Revolution), 또는 엣사 혁명이라 부른다.

피스빌딩에서, 사회적 행사는 (작게는 장례식에서, 크게는 사람들로 가득 찬 경기장 모임에 이르기까지) 참여를 통해 새로운 현실을 만들기 시작하는 순간이다. 지도자들이 평화협정에 서명하거나 서로 포옹하는 장면을 관찰하는 것만으로도 자신이 더 위대한 어떤 것의 일부라는 느낌이 들게 한다. 그런 만남을 지배하는 규칙은 연대와 새로운 형태의 사회적 결속을 만들어 내는 의식적 장치의 한 부분이다.

의식과 시간

의식의 가장 매혹적인 측면 중 하나는 우리를 특정 시간 앞이나 뒤로 이동하게 하는, 심지어 시간을 뛰어넘게 하는 능력이다. 기념일, 축하식 또는 국가 건립 기념행사는 우리를 과거 순간으로 되돌릴 수 있다는 전제 아래 거행된다. 유대인의 과월절, 미국의 추수감사절, 그리고 결혼기념일 지키기 등은 모두 의식을 통해 우리를 미르치아 엘리아데(Mircea Eliade)가 **인 일로 템포레**(*in illo tempore*) 즉 과거의 '그때'라 불린 시간으로 데려가는데, '그때'는 단지 지나가 버린 순간이 아니라 현재까지도 지속되는 에너지와 능력의 원천인 신화적 근원지임을 상기시킨다.[7] 사망한 사람을 기리는 의식적인 기념식은 우리에게 시간을 초월하여 우리 곁을 떠난 이들과 교감하는 순간을 제공한다. 기념비나 다른 영구적인 기념물을 설치하는 일은 어떤 면에서 우리에게 죽은 이의 존재를 잊히지 않을 사람으로 고정시킨다.

의식으로 표현되는 화해 행위, 악수나 포옹, 함께 식사하기 등은 지금 이 순간 서약은 하지만 아직 실현되지는 않은 관계를 예상하게 함으로써, 시간 속에서 우리를 앞으로 나아가게 한다. 의식은 우리에게 미래를 예견할 수 있게 하고, 피스빌딩을 과거 회복의 문제만이 아니라 지금과는 다른 미래를 상상하게 하는 것으로 설정하게 한다. 시간상 앞으로나 뒤로 이동하는 능력은 피스빌딩의 비선형적인 차원을 이해하도록 돕는데, 정부나 비정부기구가 구상하는 재건 프로젝트에 기술되어 있듯이, 피스빌딩의 진행 과정이 직선적인 전진 운동으로 간단하게 표현되는 경우는 드물기 때문이다. 과거로 또는 미래로 이동함으로써, 우리를 현재로부터 초월하게 하는 의식의 시간은 효율적인 피스빌딩의 본질을 보여 주는 순간이다.

의식과 가톨릭 상상

가톨릭 실천에는 의식 행위가 속속들이 스며들어 있다. 정도는 다르지만 모든 형태의 종교적 믿음은 의식 관행을 갖고 있다. 가톨릭 신자들은 일련의 의식을 갖고 있는데, 너무나 많아서 가톨릭 신자로 지낸다는 것은 어떤 면에서 의식 관행 속에 생활한다고 말할 수 있을 정도다. 축복을 예로 들어 보면, 사물에 대한 축복에서부터 사람에 대한 축복까지 다양하다. 이 모든 행위에서, 축복은 하느님의 현존과 은총을 축복받을 대상과 사람에게 불러일으켜 사물과 사람을 변화시킨다는 믿음이 깔려 있다. 축복은 눈에 보이지 않는 하느님의 초월적인 영역과 연결되어 있으며, 보호와 안전을 얻기 위해서든, 특별한 은총을 구하기 위해서든, 위로와 위안을 추구하기 위해서든, 당면한 현실 속에서 하느님의 호의를 청하는 통로 역할을 한다. 축복의 핵심적인 특징은 효과적인 결과를 낳는 의식 관행이 시간이 지나도 상당히 안정적이고 균일하다는 점이다. 교회 지도자들이 이런 균일성을 유지하는 힘을 지니고 있다면, 강압적인 통제보다 훨씬 큰 효과를 볼 수 있다. 변화무쌍한 시간에 대한 대응이라는 신념에 기초하여 만들어진 안정성은 이런 관행의 초월적인 토대이다. 안정성과 균일성은 이런 의식을 수행하는 사람들에게 깊은 정체성과 소속감을 만들어 낸다는 이점이 있다.

나중에 우리는 가톨릭 상상에서 큰 부분을 차지하는 일군의 중요한 의식 행위인 성사에 대해 살펴볼 것이다. 가톨릭 상상에 담겨 있는 두 세계를 중재하는 의식에 동원되는 방대한 범위의 물체, 행위, 그리고 사람에게 주의를 환기시키기 위해, 또 그런 상상에 접근하는 일이 어떻게 피스빌딩의 잠재적인 원천이 되는지 살피기 위해서이다.

피스빌딩 과정에서의 의식 : 대안적 사회 구성체(Alternative Social Formations)

종종 과소 평가되고 있지만, 의식은 피스빌딩에서 중요한 역할을 한다.8) 의식에 관한 연구가 많지 않은 까닭은 아마도 피스빌딩과 연관된 많은 활동이 세속적인 관점에서 발전되어 왔기 때문일 것이다. 세속적 관점에서 보면, 의식은 때론 서서히 사라지겠지만 아직 남아 있는 종교적 실천으로 간주한다. 또 프로이트 관점에서, 의식 행위는 신경증적인 것으로 간주된다. 의식의 반복성은 정신 건강이 회복되면 사라질 편집적이고 강박적인 행동이라는 것이다.9) 하지만 소통 이론에서는 연구가 꽤 많이 진행되었는데, 소통 이론은 의식을 인간 생활의 본질적 특징으로 본다.10) 의식을 그저 진화의 잔여물이나 신경증적 관행으로 무시하는 것은 종교적이든 아니든 간에 복합적이고 혼란스러운 현실에 인간이 어떻게 대처하는지에 관한 중요한 측면을 잃어버리는 일이 된다.

소통 이론의 관점에서 볼 때, 피스빌딩 과정에는 많은 의식의 순간이 담겨 있다. 갈등 예방 단계에서, 공유된 의식에 참여하는 일은 참가자들에게 갈등이 생겼을 때 떠올릴 수 있는 특정 패턴과 기억을 심어 줄 수 있다. 갈등을 빚고 있는 상대편의 중요한 축제에 참여해 보면 이런 경험을 할 수 있다. 보스니아에서는 이슬람교도들이 크리스마스에 그리스도인 이웃에게 감사하기 위해 교회에 찾아오고, 그 보답으로 그리스도인들이 라마단 단식이 끝날 무렵 모스크(이슬람 사원)로 찾아온 날에 대한 기억이 많은 사람의 마음속에 남아 있다. 전쟁이 이 두 공동체를 갈가리 찢어 놓았던 1990년대에도 말이다. 북아일랜드에서 아이들을 함께 놀게 하거나 스포츠를 통해 함께 겨루게 하는 것은 보다 안정된 사회를 만들기 위한 전략이었다. (어떤 문화권에서 운동 경기는 종교 의식에 기원을 두고 있다.) 갈등으로 분열되어 있던 상태보다 함께 어울려 지냈다는 경험과 기억이 피스빌딩에 강력한 자원이 될 수 있기 때문이다.

갈등이 벌어지고 있는 상황에서도 제네바 협정처럼 전쟁 행위를 규제하려는 시도가 이루어졌다. 무력 폭력보다는 협상을 허용하는 의식 행동이 있는데, 양 당사자의 안전한 통행 보장, 환대의 규약 준수, 평화협정의 체결 모두 의식의 패턴과 규칙을 따른다. 갈등에 대한 항의와 저항 역시 때로 의식 행위이기도 한데, 대중 시위 조직하기, 단식에 참여하기, 안전 지역을 표시하기 위해 사회 공간 내에 경계선 만들기(12장에 소개되듯이, 필리핀에서 '안전 지대'를 만든 피터 판의 활동 참조) 같은 의식 행위에 참여하는 일은 그런 패턴과 규칙을 따르는 것이다.

의식은 어쩌면 갈등이 벌어진 이후, 즉 피스빌딩이 사회 재건에 개입되는 상황에서 가장 두드러지게 나타난다. 의식은 과거사를 수용하도록 돕는다. 우리는 죽은 사람들을 다시 살아나게 할 수 없으며, 산 사람들 사이의 관계를 분쟁이 일어나기 전 상태로 회복시킬 수도 없다. 그러나 죽은 사람을 기리기 위해 기념비를 세우고, 그들의 이름이 산 사람들의 기억에서 사라지지 않도록 정기적으로 추모하는 날을 마련할 수 있다. 우리는 진실위원회가 펼치는 의식을 통해 과거를 목격할 수 있고, 그렇게 함으로써 과거에 대한 다른 이야기, 앞으로는 다른 방식으로 함께 살아갈 수 있는 길을 열어줄 이야기를 만들어 낼 수 있다.

의식은 또 미래로의 관문 역할을 한다. 어떤 활동을 함께 한다고 해서 모든 적대감이 사라졌다는 의미는 아닐 것이다. 하지만 무언가 함께하는 것은 과거가 미래를 통제하지 않으리라는 희망을 보여줄 수 있다. 제2차 세계대전 이후 프랑스와 서독 정부의 학생 교류는 그런 희망의 표현이었다. 이때도 역시 특히 용서의 의식이 중요했다. 때로 이런 모든 의식이 말해 주는 것은 앞으로는 다르게 살겠다는 의지, 과거에 일어난 일에 대한 분노가 미래를 지배하도록 내버려 두지 않겠다는 결심이다.[11]

피스빌딩을 의식 과정을 활용하는 일로 보는 것에서 좀 비켜서 보면, 피스빌딩 실천 행위는 *대안적 사회 구성체*로 이해될 수 있다. 세계 곳곳의 매우 다른 종류의 분쟁 상황 속에서 수많은 피스빌딩 실천 행위가 반복적으로 이루어지는 이유는 무엇일까? 피스빌딩 실천 행위가 대안적 사회 구성체로 기능하기 때문이라는 게 내 견해다. 피스빌딩 실천 행위는 두 가지 면에서 *대안적(alternative)*이다. 첫째로, 피스빌딩 실천 행위는 갈등 상황과 아주 밀접하게 연결되어 있다는 점, 즉 대안을 제안하면서도 갈등 상황과의 연관성이 명백하다는 점이다. 피스빌딩 실천 행위는 무작위로 생기는 가능성이 아니다. 두 집단의 아이들이 서로 충돌하지 않으면서 경쟁적인 스포츠를 하려면, 차이가 절대적이지 않다고, 비폭력적인 방법으로 협상할 수 있다고 말할 수 있어야 한다. 둘째로, 피스빌딩 실천 행위는 우리가 세계를 서로 다르게 바라보고 있음을 나타낸다는 점에서 대안적이다. 피스빌딩 실천 행위는 우리가 *물상(Gestalt)*, 즉 세상을 바라보는 방식을 변화시킬 것을 요청한다. 이것은 특히 폭력 행위에 맞서 비폭력 시위를 활용하는 데서 뚜렷하게 드러난다. 피스빌딩 실천 행위는 현재를 바라보는 인식의 각도를 바꾸어 보라는 보편 윤리적 가치(예컨대, 하느님 아래 우리는 모두 형제자매다)를 불러일으킨다.

피스빌딩 실천 행위는 *사회적(social)* 구성체다. 피스빌딩 실천 행위는 그 일에 참여하는 활동가들을 소외시키지 않고 강한 소속감을 부여하는 특정 형태의 구체화와 참여에 의존한다. 그 속에는 대중 저항의 힘이 담겨 있어, 사람들을 새로운 구성체로 끌어들인다. 1986년 필리핀의 마르코스 정권을 무너뜨린 엣사 봉기(EDSA revolt) 최전선에서 공산주의자들과 가톨릭 수녀들은 팔짱을 끼고 함께 걸었다. 보통 이 두 측은 상반되는 이데올로기를 대표하는 진영으로 여겨졌지만, 그들은 마르코스에 대한 저항으로 함께 뭉친 사회적 구성체가 되었다.

마지막으로, 피스빌딩 실천 행위는 규칙으로 묶인 집합체 형태라는 면에서 **구성체(formations)**로, 경험적 의미뿐만 아니라 상징적인 의미를 가진 구성체다. 피스빌딩 실천 행위는 그 자체 내에 그리고 그 자체로 표지로서의 가치를 지닌다. 피스빌딩 실천 행위가 그런 구성체라는 것은 다시 '또 다른 세상(another world)'을 나타내는데, 즉 눈으로 볼 수 있는 대안적인 세계, 또는 눈에 보이는 세계가 보이지 않는 초월적인 세계에서 고립되어 존재하지 않는다는 사실을 상기시킨다.

물론 대안적 사회 구성체로서의 의식은 갈등을 합법적으로 조장하거나 강화하는 데도 사용될 수 있다. 예컨대 옛사 봉기 때 상대 진영은 뉘른베르크 랠리*를 벌이곤 했다. 평화협정이 끝난 뒤 새로운 정부에 대한 축복을 탄원할 때마다, 누군가는 군대를 축복하여 군대가 공격적인 행동에 더 효과적일 수 있게 했다. 이것은 모든 인간 행동에는 양면성이 있음을 시사한다. 종교 자체가 폭력을 조장하는 일에도 평화를 회복하는 일에도 사용될 수 있는 것이다. 의식에 관한 관심은 피스빌딩에 활용될 수 있는 인간 행동의 강력한 지표에 대한 이해를 향상시킨다. 그래서 의식에 관해 더 많은 연구가 이루어져야 한다. 가톨릭교회가 지닌 의식으로 가득 찬 실천 행위는 의식이 어떻게 하나의 사회적 상상 속에서 기능하는지, 또 어떻게 평화를 구축하는 대안적 사회 구성체로 활용될 수 있는지에 대한 예를 제공할 수 있다. 그러나 이런 점들 역시 여전히 충분히 연구되지 않았고, 학문적으로 더 많은 관심을 쏟을 필요가 있다.

* 뉘른베르크 랠리(Nuremberg rally) : 대규모 나치당 집회로, 1933년부터 1938년까지 매년 바이에른의 뉘른베르크에서 개최되어 이 명칭이 붙여졌다. 나치당의 열의를 강화하고 독일과 세계 다른 나라에 국가 사회주의의 힘을 보여주기 위한 선전 행사로, 건물에 거대한 깃발과 나치 휘장을 내걸고 아돌프 히틀러(Adolf Hitler)나 다른 나치 지도자들이 연설했다. 이후 이 명칭은 우익 선전 집회를 상징하는 어휘가 되었다.

성사와 전례(Sacraments and Liturgy)

성사는 로마 가톨릭교회의 핵심 의식이다. *성사*는 눈에 보이는 표지를 통해 눈에 보이지 않는 하느님의 은총을 드러내는 매개체로 정의된다. 몇 가지 성사는 인간으로서 그리고 교회의 일원으로서 겪는 삶의 여정의 단계를 특징짓는다(세례, 견진, 혼인, 신품성사). 나머지는 특별한 지지를 필요로 하는 심오한 변화의 순간이나 시기와 연관되는데(고해, 병자성사), 이 성사들은 정체성, 기억, 희망, 그리고 변모라는 복잡한 문제를 표현하는 (성체성사를 매개로) 역할을 한다. 이 글에서는 고해성사와 성체성사, 두 가지에 집중하려 한다. 고해성사를 통한 치유는 간단히, 본질적으로 성체성사를 폭넓게 이해하기 위한 기초로만 다룰 것이다.

피스빌딩 원천으로서의 고해성사(the Sacraments of Reconciliation)

와 성체성사(the Eucharist)

고해성사는 그 자체로 개인이 하느님과 맺는 관계의 상태를 나타낸다. 한 개인이 죄를 지어 하느님과 분리되었음을 인정하는 것, 하느님과의 관계를 회복할 필요성을 표현하는 것이다. 고해성사는 사제의 중재를 통해 개인이 하느님에게 자신의 죄를 고백함으로써 이루어진다. 사제는 하느님의 대리자로서 그 사람의 죄를 용서하고 보속을 베푼다. 고해성사는 확실히 수행적 의식 행위다. 하느님을 대표하는 사제는 말과 몸짓을 통해 죄를 지어 하느님으로부터 분리된 사람을 방면한다.

고해성사의 효능은 잘못을 저지른 사람을 하느님, 나아가 그리스도인 공동체와 다시 화해시키는 행위라는 차원에서 피스빌딩의 언어로 해석될 수 있다. 고해성사는 그리스도인 공동체로의 재통합을 위해 잘못을 저지른 사람의 회심과 생활의 교화에 초점을 맞춘다. 고해성사의 핵심 내용은 13장에서 더 논의될 것이다. 고해성사가 피스빌딩 과정에서 다루지 못하는 것은 피해자의 치유다. 성유를 바르며 치유하는 의식이 (때로 병자성사에 포함되어 있듯이) 어느 정도는 이런 방향을 나타내지만, 피해자라는 어휘에 내포된 의미 일부만을 다룰 뿐이다. 사실 치유가 피해를 본 사람과 아픈 사람을 동일선상에 둔다는 면에서 도움이 되지 않는 방향을 나타낼 수도 있다.

화해는 가톨릭 성사 의식이 의도적이고 직접적으로 다루는 주제다. 고해성사 이외에도, 『로마 미사 경본』(*The Roman Sacramentary* 성찬 전례에 대한 규정서 - 역자 주)에는 화해를 위한 두 개의 감사 기도 또는 의례 순서가 있다. 그러나 이런 감사 기도에서 화해에 대한 접근은 거의 전적으로 하느님과 교회에 대한 죄인들의 화해에 집중되어 있다는 데 주목해야 한다. 화해시키는 하느님의 활동에 관한 이야기는 주로 죄 많은 피조물인 우리 인간을 하느님과 화해시키고, 우리를 다시 주님의 품으로 데려오려는 것이기에, 물론 이런 접근은 아주 중요하다. 그러나 교회가 제안하는 이런 기도와 의식은 가해자와 피해자 사이의 화해, 다른 사람의 죄악 때문에, 그리고 세상 도처의 구조적 또는 사회적 죄악의 결과로 상처 입은 사람들에 대해서는 거의 아무것도 말해주지 못한다. 동시에 피해자에 관한 관심은 오늘날 화해에 대해 실천적으로 이해하려고 활동하는 가톨릭 신자들에게 핵심적인 신학적 내용이 되었다. (특히 가톨릭 구호와 개발 기관에 대한 언급은 5장 참조) 결과적으로 화해는 가톨릭 사회교리에서 말하는 가난한 이를 위한 우선적 선택의 틀을 넘어선다. 확실히 피해자 상처 치유에는 잘못을 저지른 이들의 죄를 다루는 일이 수반되어야 한다. 그러나 무력 분쟁의 경우에서처럼 개별 범죄자가 식별될 수 없거나, 범죄자가 화해 현장에 나설 수 없는 상황이 꽤 많다.

그렇다면 가톨릭 신학이 발전해 가야 할 분야는 피해자의 치유를 위한 의식 자원을 더 정교하게 개발하는 일이다.[12] 여기서는 화해와 평화를 이뤄내는 일로써 성체성사에 대해 말하고 있으므로, 나는 잘못을 저지른 이들의 치유를 무시하지 않으면서, 특히 피해자의 곤경에 초점을 맞추려 한다. 그런 목적을 위해 나는 성찬 전례의 흐름이 특별한 방식으로 피스빌딩과 연결되는 순간들에 주목한다. 이런 지점들을 식별하는 것은 왜 성체성사의 거행이 가톨릭 신자들에게 그토록 강력한 의식인지, 왜 성체성사가 피해자를 치유하는 잠재력을 지니고 있는지를 설명하는 데 도움이 된다.

가톨릭 신자에게 예수 그리스도를 통해 모든 피조물을 화해시키려는 하느님의 계획은 역사 속에서 행동하시는 하느님을 보여 주는 위대한 드라마이다. 성체성사는 그 이야기의 핵심적인 의식 행위다. 이 의식을 피스빌딩의 렌즈를 통해 바라봄으로써, 우리는 피스빌딩 실천 행위를 보완하고 풍부하게 하는 많은 순간에 대해 말할 수 있다.

성찬 전례의 시작 부분에서 이루어지는 참회 의식은 일상에서 저지르는 우리 자신의 죄와 하느님 용서의 필요를 상기시킨다. 죄에 대한 인정과 우리를 죄로부터 구원할 하느님의 필요성은 모든 사람에게, 피해자든 가해자든 똑같이, 우리는 모두 어떤 식으로든 실패할 수 있다는 사실을 상기시킨다. 화해와 피스빌딩 과정에서 명심해야 할 중요한 점은 잘못을 저지른 사람들만이 아니라 갈등의 양 당사자 모두 변화해야 한다는 것이다. 피해자들이 피해자성이라는 태도에 머무르기를 고집한다면, 치유의 과정 역시 가로막힐 것이다. 상호 변화의 필요성에 초점을 맞추는 일이 피스빌딩에 필요한 단계, 즉 갈등 상황을 재구성하는 첫 단계이다.

전례에서 하느님께 드리는 찬미는 화해 과정의 근원적인 부분으로 나아가도록 돕는다. 이것은 화해가 하느님의 우선적이며 가장 중요한 활동이라는 것, 우리 모두 참여하도록 불림을 받은 활동이라는 것을 상기시켜 준다(2코린 5,17-20 참조). 하느님께 드리는 찬미는 우리 자신에 대한 집착에서 벗어나 하느님께 초점을 맞추도록 우리를 이끈다. 우리 가운데서 모든 것을 화해시키시는 하느님의 활동을 추적하려면, 세상에서의 하느님의 역사하심을 식별해야 한다. 하느님의 움직임을 추적할 수 있는 능력은 피해자들에게 자신의 곤경에 대한 새로운 시각을 제공할 수 있다.

말씀의 전례에서 성경 봉독은 진실 말하기의 순간이다. 하느님께서 하신 말씀은 히브리어로(에메트emet 라는 단어를 지칭함 - 역자 주), 믿을 수 있고(reliable), 의지할 만하고(dependable), 신뢰할 수 있다는(trustworthy) 의미에서 진실하다. 그러나 히브리인들에게 보낸 서간이 상기시키듯이, 하느님 말씀은 양날의 검처럼 날카로운 것이어서, 듣기에 고통스러운 진실을 말하기도 하고, 갈등이 초래한 결과를 극복하기 위해 싸우는 재건 사회의 토대가 되기도 한다. 피스빌딩과 화해를 실천한 여러 사례를 보면, 그토록 많은 거짓말이 유포되어 있었을 때나 과거의 충격적인 사건에 침묵의 장막이 드리워져 있을 때, 진실을 말하는 일이 얼마나 중요한지를 알 수 있다. 진실 말하기는 과거를 특징 지은 '거짓의 문화'를 극복하는 일뿐만 아니라, 미래를 위해 '진실의 문화'를 만드는 일이기도 하다. 히브리 예언자들의 말을 듣고, 예수의 가르침과 행적에 관한 이야기를 듣고, 사도 바오로의 훈계를 듣고, 훈계집에 집대성된 말씀을 듣는 일은 우리를 진실에 스며들게 하고, 그리스도의 길과 생명을 향해 나아가게 한다(요한 14,6 참조).

전구 기도는 우리를 어려움에 처한 현실 세계로 되돌려 놓으며, 치유와 온전성을 회복하기 위해 우리의 관점에서 필요한 게 무엇인지를 알게 한다. 이 기도의 가장 중요한 기능은 사람과 사건들을 갈등으로부터 성체성사라는 안전한 의식의 공간으로 데려온다는 점이다. 여기서 우리는 어떻게 의식이 시간뿐만 아니라 공간도 바꿔놓을 수 있는지를 알 수 있다.

성찬 전례는 피스빌딩과 화해의 의미로 가득 차 있다. 예물 기도는 초월적인 신과 특별한 방법으로 소통하기 위해 제물을 바치는 순간이다. 환유적으로 말해서, 우리는 땅에서 난 소출과 인간의 손으로 만든 작품, 그리고 우리 자신을 하느님에게 바친다. 비유적이고 수행적 의식 행위는 특히 우리가 피스빌딩 과정에서 '뭔가 꽉 막힌' 상황에 부닥쳤을 때 도움을 줄 수 있다. 의식 행위는 우리에게 우리가 지닌 주도성, 즉 우리 자신과 우리의 상황을 어느 정도 초월할 수 있는 능력이 있음을 상기시킨다.

하느님의 위대한 업적을 다시 이야기하면서 바치는 감사 기도는 우리에게 당면한 곤경을 넘어서게 함으로써 우리 존재가 지닌 우주적인 차원으로 이끈다. 그것은 우리에게 모든 피조물의 상호 연결성을 상기시킨다. 그렇게 함으로써, 우리가 말하려는 잘못에는 우리가 당장은 파악할 수 없는 모든 종류의 의미와 결과가 함축되어 있다는 사실을 상기시킨다. 감사 기도는 또 우리의 고통을 그리스도의 고통과 죽음, 부활이라는 더 큰 이야기 속에 자리 잡게 한다.

성체성사는 기억에 관한 성사이기도 하다. 무엇보다 먼저 그리스도에게 일어난 일을 기억하게 한다. 그리스도의 고통과 죽음이 그리스도가 이루려던 사명이 실패했음을 보여주는 흔적이 아님을 아는 것은 우리가 지닌 고통의 기억을 치유하는 데 도움을 준다. 부활의 눈부신 빛은 우리의 상처를 낫게 하는 치유제다. 또 우리는 살아 있는 자와 죽은 자 모두를 기억하면서 타인의 고통을 기억한다. 죽은 이들은 비록 우리 곁을 떠났지만, 우리와 완전히 단절되지 않는다는 사실을 우리 자신에게 상기시킨다. 이렇듯 희망이 담긴 기억은 우리의 운명에, 즉 언젠가 그 고통을 통해 모든 눈물이 사라지는 곳으로 오실 하느님의 자녀로서의 운명에 초점을 맞추게 한다. 성체는 기억을 깨끗하게 정화한다. 성체는 기억을 지우지 않는다. 성체는 우리의 기억과 희망을 다시 형성하고, 하느님의 계획이라는 더 큰 틀로 다시 방향 지운다.

성체성사는 이런 찬양, 이런 기억, 이런 갈망의 정점인 영성체로 우리를 이끈다. 평화의 나눔은 하느님 품 안에 있는 모든 사람과의 유대를 나타내는 구체적이고 의식적인 몸짓이다. 성체성사에 들어 있는 요소 자체를 공유하는 일은 깨어진 빵을 통해 우리의 부서진 상처를 치유하고, 우리가 나눈 하느님의 피에 담긴 새로운 약속으로 우리를 이끈다. 그리스도의 몸과 피를 나누는 행위 속에서, 우리는 바로 지금 이 세상에서, 우리가 그리스도의 몸으로 이루어져 있음을 믿는다. 이런 깨달음은 우리를 풍요롭게 하고, 모든 것이 그리스도 안에 함께 모이게 될 때, "하느님께서는 모든 것 안에서 모든 것이 되실"(1코린 15,28)13) 때를 목표로 삼도록 우리를 지탱해 준다.

성체성사는 당면한 상황에서 벗어나 천국을 바라보는 것으로 끝나지 않는다. 우리는 그리스도의 사명을 수행하도록 파견된다. 성찬 전례에서 경험하는 화해는 다른 이들과 공유해야 할 화해다. 우리는 정교회가 '전례 이후의 전례'라 부르고, 일부 가톨릭 신자들은 '세상의 전례'라 부르는 일을 계속해 나가야 한다. 이런 표현들이 전달하려는 내용에 대해서는 여러 가지 관점이 있지만, 이 문구들 모두 성체성사에서 일어나는 일이 세상과 분리되어 있지 않다는 의미를 전달한다. 성체성사에서의 하느님의 행위는, 세상에서의 하느님의 행위를 압축된 형태로 드러낸다. 그리스도인의 임무는 하나를 통해 다른 하나를 투명하게 드러내어 둘을 연결하는 것이다. 평화와 평화를 이루는 실천은 이 두 가지가 어우러져 이루어지는 의식 속에서 찾을 수 있다.

성체성사와 피스빌딩 : 3가지 이야기

성체성사의 과정을 살펴보았으니, 이제 성체성사가 피스빌딩 실천 행위에 어떤 의미를 지니고 있는지 알아보자. 다음 3가지 사례는 갈등 상황 속에서 성체성사를 드리는 일의 의미를 선명하게 보여준다.

안전한 장소를 만드는 성체성사

먼저 보스니아 전쟁에서 바냐 루카(Banja Luka, 보스니아 헤르체고비나의 도시 - 역자 주)의 포위망을 뚫고 살아 나온 한 사제의 증언을 만나 본다.

> 우리 도시에 폭격이 더 심해지자, 점점 더 많은 가톨릭 신자들이 교구 건물로 피신해 왔습니다. 세르비아가 쏟아붓고 있던 직격탄을 견뎌 낼 만큼은 아니더라도, 우리 건물은 크고 튼튼했으니까요. 우리는 지하실에 모여 있었는데, 산발적으로 정전이 되기도 해서 완전히 깜깜할 때가 많았습니다. 그 절박한 시기에도 우리는 두려움에 정신을 빼앗기지 않기 위해 날마다 성체성사를 드렸습니다. 성체성사가 우리를 죽음으로부터 지켜주지는 못한다는 걸 마음으로는 알고 있었지만, 그것이 우리를 계속 살아 있게 하는 최선의 희망이라 생각했습니다. 성체성사가 거행되는 동안, 우리는 이상하게도 평온해졌고, 두려움 속에서도 안전이라는 오아시스를 발견했습니다.[14]

소통의 통로를 여는 성체성사

존 폴 레더락은 2장에서 콜롬비아 주교회의 국가조정위원회 위원장인 다리오 에체베리 신부(Fr. Dario Echeverri)의 이야기를 회고한다. 에체베리 신부는 반세기 동안이나 지속되어온 무력 분쟁에 가담한 양 진영 사람들과 함께 성체성사를 거행해 왔다. 보통 가톨릭 신자들은 성체성사를 화해하고 용서받은 사람들을 포용하는 의식이라 생각하고, 서로에 대해 여전히 적대심을 품고 있는 사람들에게는 개방하지 않았다. 이 주목할 만한 이야기는 대부분이 가톨릭 신자인 콜롬비아에서, 서로 갈등하고 있는 양측이 함께 드린 성찬 전례가 어떻게 서로 싸우고 있는 양자 사이에 다리를 놓을 수 있는지를 보여준다.

살아있는 사람과 죽은 사람을 연결하는 성체성사

마테오 가르(Matteo Garr, SJ) 신부는 페루에서 활동하는 미국 예수회 신부다. 가르 신부는 주교회의 사회정의위원회 위원으로, 페루의 진실화해위원회와 함께 활동했다. 군부와 마오쩌둥 반란 세력인 *센데로 루미노소*(Sendero luminoso, 빛나는 길이라는 뜻 - 역자 주) 사이에 벌어진 십여 년에 걸친 전쟁 이후, 진실화해위원회가 생존자들의 인권 침해 상황에 대한 증언을 받기 시작했을 때, 가르 신부는 사제직을 맡았던 중부 시에라 지역의 자르파 마을로 돌아갔다. 가르 신부는 *센데로* 측으로부터 죽이겠다는 위협을 받아 마을을 떠났다가, *센데로* 측이 마을 사람 여섯 명을 (그중 한 사람이 여인의 남편) 처형한 사건에 대해 위원회에 증언하러 나선 한 여인과 동행하기 위해 돌아온 것이었다. 무슨 일이 일어났는지 공개적으로 증언하기까지 그녀로서는 대단한 용기가 필요했다. 자르파로 돌아온 뒤, 그 여인과 마을 사람들은 처형지로 가서 잔인무도하게 살해된 사람들을 위해 성체성사를 거행했다.

화해와 피스빌딩으로서의 성체성사

이 세 이야기에 나오는 성체성사가 어떻게 피스빌딩의 실천과 연결되는 걸까? 바냐 루카에서, 폭격이 이루어지는 와중에 성체성사를 드린 것은 교구 건물 지하실에 모인 사람들에게 강렬한 현존, 즉 사람들 사이에 계신 그리스도의 현존, 교회인 그리스도의 몸이 된다는 것의 중요성이라는 의미를 전달했다. 사람들은 혼자 고립된 게 아니라, 자신보다 훨씬 큰 무언가와 또 세상에서 활동하시는 하느님의 드라마와 연결되어 있음을 느끼게 되었다. 성체성사라는 친숙한 행위는 그들 주변에서 벌어지고 있던 공격에 맞서 하나의 대안적인 사회적 구성체를 만들어 주었다. 성체성사는 그들에게 하나의 다른 사회적 공간을 창조하여, 그 안에서 두려움의 손아귀에서 벗어나 있는 자신을 상상하고, 잠시나마 자유로울 수 있게 한 것이다.

콜롬비아에서 함께 성체성사를 드린 두 적대 집단에게, 성체성사는 적어도 잠시나마 각자의 적대감을 다시 생각해 보게 했다. 그들의 갈등은 하느님의 눈에, 궁극적으로는 서로의 눈에 자신들이 누구인지 완전히 정의할 수 없게 했다. 하느님과의, 그리고 서로와의 소통은 더욱 구체적인 소통 회로를 열어놓는 데 도움을 주었다. 그것은 그들에게 서로에 대한 견해가 경직되지 않게 만들었다. 또 죽은 사람과의 소통은 그들 자신을 바라볼 수 있는 더 넓은 시각이 있다는 사실을 상기시켰다.

자르파 공동체는 성체성사에서 기억되는 그리스도의 고통과 죽음의 이야기를 발견했는데, 이것은 자신의 고통스러운 이야기를 담을 수 있는 틀이기도 했다. 그런 틀을 갖춤으로써, 슬픔은 더 이상 끝도 없고 형태도 없이 지속되는 것이 아니었다. 예수의 고통조차 그의 이야기의 끝이 아니라는 것을 기억함으로써 슬픔은 형태를 취할 수 있었다. 성체성사는 그들을 사랑하는 이의 죽음이라는 상처로 다시 데려가기도 했지만, 이제 하느님과 함께 누리는 평화를 향해 앞으로 나아가게 했다.

성체성사의 친숙한 리듬은 이제 막 생겨나 혼란스럽기까지 한 감정에 모양과 질서를 부여하여 감정의 파괴적인 힘을 억제하게 해 주고, 그런 감정을 피스빌딩이라는 건설적인 행위로 나아갈 수 있도록 연결짓기 시작한다. 착한 일을 하지 못했다는 자각은 용서에 대해 생각하도록 길을 열어 준다. 하느님을 찬양하는 일은 우리에게 그 상황에서 하느님의 더 큰 관점이 무엇인지 알게 해 준다. 성경 말씀을 듣는 일은, 설령 받아들이거나 소화하기 어려울 때조차도, 우리에게 진리를 이해하도록 도와준다. 그리스도의 성체와 성혈 안에서의 통교(communion, 영성체)는 우리 자신을 '새로운 피조물'(2코린 5,17)로 만들어 갈 수 있게 해 주는데, 이것이 평화를 건설하려 애쓰는 우리의 목표이기 때문이다.

가톨릭의 사회적 상상이라는 차원에서 성체성사의 역할에 대해서는 더 많은 이야기를 할 수 있다. 그러나 성체성사에 담긴 몇 가지 한계 역시 인식해야 한다. 이 성사에 대한 가톨릭의 이해에서는, 교회와의 완전한 친교가 참여의 전제 조건이다. 따라서 평화를 이루기 위해 함께 싸우면서 그렇게도 가깝게 느꼈던 가톨릭 신자들과 이 핵심적인 의식의 순간을 공유할 수 없다는 의미에서, 다른 교파의 그리스도인들에게 성체성사는 종종 고통스러운 순간이었다. 또 모든 의식이 그렇듯이, 성체성사 역시 잘못된 행위를 기념하는 일로 오용될 수도 있다(가톨릭 신자인 독재자들이 성체성사를 자신의 승리를 기념하기 위해 사용했듯이). 성체성사가 가톨릭 정체성의 핵심에 있는 의식이기에, 교회 안에서 논쟁거리가 되는 일들, 특히 사람들을 제외하는 일들이 (미사 중에 개신교도는 영성체를 할 수 없다고 제외하는 경우처럼) 성사 거행을 통해 거듭 반향을 불러일으키는 것으로 느껴질 수 있다. 그러나 다양한 가치를 지닌 이 의식의 특성을 이런저런 오용 사례 가운데 하나로 평가 절하시키는 일은 가톨릭 신자들에게서 피스빌딩을 위한 강력한 자원을 빼앗고, 다른 사람들에게 유용할 수 있는 의식 패턴을 빼앗아 버리는 것이다.

영성(Spirituality)

영성은 피스빌딩에 중요한 가톨릭 사회적 상상의 또 다른 부분을 차지한다. 가톨릭의 오랜 역사 속에서, 그리스도교 제자도(Christian discipleship)라는 양식과 전통은 복음에 따라 생활하고 거룩함 속에서 성장하는 분명한 방식을 구성하는 것으로 발전되어 왔다. 이 양식과 전통은 영성이라 불리는 그리스도를 따르는 훈련 방법이 되었다.

유형적으로 보면, 영성은 표상적이고(ideational, 이미지를 형성하는) 신학적인 핵심을 지니고 있으며, 성경에서 가져온 이미지나 수도회를 창설한 카리스마 있는 인물들의 행적을 통해 구분된다. 예컨대, 가르멜 영성은 13세기 초 십자군 전쟁 이후, 그 교단을 처음으로 만든 회원들이 모였던 가르멜산 이미지에서 출발한다.15) 프란치스코 영성은 아씨시의 성 프란치스코의 삶에서 그 뿌리와 궤적이 발견된다. 관념과 이미지 이외에도, 이 영성들은, 각각의 영적 여정에서 참가자들의 이해와 성장을 도모하기 위해 마련된 뚜렷한 실천 방법을 갖고 있다. 그런 실천 방법 가운데는 특별한 봉헌 행위와 기도, 금욕적인 훈련 형식들(단식이나 철야기도 같은), 그리고 이런 영적 과정에 참여하는 사람들 사이의 연대를 강화하기 위한 공동체적 실천(순례나 피정) 등이 있다.

16세기 개신교 개혁가들은 영성과 영성 학파들이 신자 개인과 하느님 사이를 가로막는 존재를 설정한다며 거부감을 드러냈었다. 그러나 이 영성들이 지닌 바로 이 중재적인 특징(신자 자신을 영적 지도자 또는 '영혼의 친구'의 지도 아래 두는 일)은 가톨릭의 성사적 상상력에 아주 잘 들어맞는 것으로, 은총이 어떻게 삶에 개입되는지에 관한 풍부한 사례를 보여준다.

이 글에서는 가톨릭의 사회적 상상이라는 측면을 피스빌딩이 어떻게 활용하는지 살피기 위해, 특히 영성에 대한 3가지 접근 방식에 초점을 맞추려 한다. 첫 번째는 프란치스코 전통인데, 논쟁의 여지는 있지만 이 영적 전통에서 피스빌딩이 가장 직접적으로 성찰되어 왔다. 두 번째로는 비폭력 실천 방식을 피스빌딩이라는 영성을 위한 잠재적인 틀로 본다. 세 번째는 두 번째 단계에 바탕을 둔 것으로, 현대적인 화해와 피스빌딩 실천 방식에 대해 성찰할 것이다.

프란치스코 영성

프란치스코 영성은 중부 이탈리아에 살았던 카리스마 있는 인물인 아씨시의 프란치스코(1182-1226)의 삶과 가르침에서 파생되었다. 부유한 상인의 아들이었던 프란치스코는 나병 환자와 조우한 뒤, 부유한 삶을 포기하고 가난과 가난한 사람들을 돕는 삶에 전념했다. 그의 신비로운 환시는 그리스도에, 그리고 가난하고 소외된 사람들에 대한 그리스도의 보살핌과 사랑에 초점을 맞췄다. 십자가에 못 박힌 그리스도와의 강렬한 일치감은 그의 삶이 끝날 때까지 그의 몸에 나타난 그리스도의 성흔이나 상처로 뚜렷해졌다. 프란치스코의 삶과 기도는 자연에서 발견하는 경이로움, 자연과의 조화로 특징지어진다. 〈태양의 찬가(Canticle of the Sun)〉와 〈피조물의 찬가(Canticle of the Creatures)〉는 창조에 대한 그의 깊은 사랑을 보여준다. 구비오 근처에서 늑대를 '회심시킨' 전설로도 알 수 있듯이, 프란치스코는 동물들과도 대화를 나눌 수 있었다고 전해진다. 피스빌딩에, 이 용어의 현대적 의미대로, 적극적으로 헌신하는 일 역시 그의 소임의 일부였다. 그는 십자군 전쟁 중인 1219년에 비폭력적 개입을 실천하기 위해 이집트의 술탄 앞에 나서기도 했다. 44세의 나이로 사망할 때까지 그가 창설한 교단에는 약 5천 명의 회원이 있었다고 전해진다.

피스빌딩은 줄곧 프란치스코 영성의 뚜렷한 특징이었다. 가난한 사람에 대한 프란치스코의 열정적인 헌신은 가난한 이를 위한 우선적 선택이라는 가톨릭 사회교리의 내용을 미리 보여주었다. 프란치스코의 자연과의 교감은 오늘날의 가톨릭 신자들에게 환경 운동에 참여하게 하는 강력한 자극이 되었다. 술탄 앞에 담대하게 맞선 그의 사명은 종교간 대화, 그리고 평화를 위한 높은 수준의 개입이라는 종교적 참여 둘 다를 예시하는 것이었다. 따라서 오늘날 프란치스코회 내의 몇 개 분파가 연합하여 프란치스코 인터내셔널*을 결성한 것은 놀라운 일이 아니다. 이 단체는 피스빌딩과 환경 문제에 초점을 맞추는 비정부기구로 유엔의 승인을 받았다. 프란치스코가 자신의 실제 삶으로 보여 준 그리스도를 따르는 생활양식이나 영성은 프란치스코 교단에 속하는 수만 명의 회원과 더 넓은 범위의 가톨릭 신자들, 그리고 그 밖의 그리스도인들에게 지속해서 깊은 영감을 주고 있다.

* 프란치스코 인터내셔널(Franciscans International) : 1989년 설립된 국제 비영리 비정부 인권단체다. 다양한 배경을 가진 전문가들로 구성된 스텝들은 유엔 차원의 인권 옹호 활동에서 풀뿌리 대중의 목소리를 번역하여 알린다. 주로 인권과 환경 정의를 증진하고 보호하는 일에 초점을 둔다.

비폭력과 평화주의 영성

비폭력과 평화주의에 대한 그리스도교적 접근은 예수의 가르침과 실천에 그 뿌리를 두고 있다. 참행복 선언(마태 5,1-12)은 가난한 이들과 연대하는 삶, 온유한 이들의 삶, 그리고 박해당하고서도 보복하지 않는 삶을 개괄적으로 묘사한다. 적수를 대하는 예수의 또 다른 명령은 이 가르침을 강화하는데, 체포, 고문, 죽음에 이르기까지 드러낸 예수의 무저항은 폭력에 맞서는 비폭력의 태도가 무엇인지 보여 준다.

수 세기에 걸쳐, 전쟁에 관여한 그리스도교인이 있는가 하면, 몇몇 그리스도교 공동체는 의무적인 입대나 전쟁과 연관된 훈련에 참여하기를 거부해 왔다. 가장 주목할 만한 예는 급진 개혁파인 (아미쉬, 메노나이트, 퀘이커 외 다른 교파들) 유서 깊은 '평화 교회'*인데, 이 교회들은 비폭력뿐만 아니라, 평화주의를 포용했다.

> * 평화 교회(peace churches) : 평화주의를 따르고 실천하는 그리스도교 교회를 말한다. 위에 소개되었듯이 아미쉬, 메노나이트, 퀘이커 외 여러 교파가 평화 교회에 해당한다. 이 책 15장에도 소개되어 있다.

20세기에는 가톨릭 내의 여러 분파가 비폭력을 중심 원리로 삼았다. 미국 가톨릭 주교회의는 사목 서한 『평화의 도전(The Challenge of Peace)』에서 폭력에 대한 대응으로서 비폭력에 새로운 중요성을 부여했다. 교황 요한 바오로 2세의 가르침은 일관되게 같은 메시지를 내놓았다. 가톨릭 일꾼*의 설립자 도로시 데이(Dorothy Day), 트라피스트 수도사 토마스 머튼(Thomas Merton), 그리고 평화 활동가 다니엘 베리건(Daniel Berrigan)같은 인물들은 모두 20세기 후반에 비폭력에 대한 강한 목소리를 냈다. 팍스 크리스티 인터내셔널* 같은 조직은 성체성사에 바탕을 둔 강한 영성을 ("전쟁으로 사람들의 몸을 부서뜨리고 피를 흘리게 하면서 어떻게 성체성사에서 주님의 몸과 피를 받아 모실 수 있겠는가") 통해 전 세계에 비폭력 메시지를 전파해 왔다. 산테지디오(the Sant'Egidio) 공동체는 평화를 위해 활동하는 또 다른 조직으로, 특히 협상과 중재를 지원한다. 이 책이 나오게 된 기반인, 가톨릭 피스빌딩 네트워크(Catholic Peacebuilding Network) 자체가 비폭력과 평화주의를 구체화한다. 가톨릭 사상이 정당한 전쟁(just war) 이론을 발전시킨 주요 원천이기도 했지만, 최근 로마 가톨릭과 메노나이트 대화(Roman Catholic-Mennonite Dialogue) 교류에서도 알 수 있듯이, 가톨릭 대표들은 비폭력을 우선순위에 두는 메노나이트와의 공통된 믿음을 표명하고, 문서를 통해 '함께 피스빌더가 되라는 소명(Called Together to Be Peacemakers)'을 확인했다.

앞에서 언급했듯이, 비폭력 영성의 핵심은 예수의 가르침과 사목 활동에서 그 본보기를 찾을 수 있다. 성체성사를 드리는 일과 더불어, 조화롭게 생활하고 비폭력적 방법으로 활동하는 교회 공동체의 중요성은 관계에 대한 강조와 함께 가톨릭의 사회적 상상을 통해 중재되는 가톨릭 사회교리의 요소들을 보여주고, 폭력적인 상황에서도 '또 다른 세상'에 대한 전망을 제시한다.

* 가톨릭 일꾼 운동(Catholic Worker) : 예수님의 가르침, 특히 산상설교와 교부들의 글과 근대 교황들의 사회회칙에 드러난 가톨릭교회의 가르침으로부터 영향을 받아 시작된 운동이다. 경제적 착취나 전쟁, 인종과 성 또는 종교의 차별, 빈부격차 없는 협동적인 사회 질서를 추구한다. 현재 한국 가톨릭 일꾼 운동은 도로시 데이와 피터 모린의 저서와 '사회적 영성'에 관련된 단행본 출판과 아울러 〈가톨릭 일꾼〉이라는 웹진과 회원용 종이신문을 발행하고 있다.

* 팍스 크리스티 인터내셔널(Pax Christi International) : 평화, 인권 존중, 정의와 화해를 실현하기 위해, 가톨릭교회의 모든 구성원(평신도, 성직자, 수도자)이 동등하게 참여하는 국제가톨릭평화운동 단체다. 1945년 초 전쟁을 겪은 프랑스에서 평화와 화해 운동으로 시작하여, 현재 5개 대륙 50개 국가 약 120개 단체에서 약 50만 명의 회원이 있다. 국제 본부는 벨기에 브뤼셀에 있다.

> 팍스 크리스티 코리아(Pax Christi Korea)는 PCI의 한국 지부로, 2019년 8월 24일에 창립되었다.

영성으로서의 화해

영성으로서의 화해라는 발상은 실행되어야 할 일련의 전략으로서뿐만 아니라, 일련의 영적 실천 행위로서 화해에 대한 신학적 전망에서 생겨났다. 화해를 영성으로 표현하는 데 관심을 갖게 된 것은 피스빌딩이라는 고된 활동에 참여하는 사람들에게, 모든 단계에서 육체적, 도덕적, 정신적 활력을 유지하는 생활 방식을 제공하기 위해서였다. 피스빌더들 사이의 높은 탈진율이 그런 영성을 더 명확히 개발해야 한다는 영감을 불러일으켰다.

이런 생각의 밑바탕에 깔린 전망은 존 폴 레더락이 『도덕적 상상력』에서 제시한 것, 즉 대안적이고 창조적인 사고의 필요성을 강조한 내용에다 종교적 상관성을 뚜렷하게 부여한 것이라 할 수 있다. 가톨릭의 사회적 상상이라는 틀에 따라, 화해의 영성은 눈으로 볼 수 있는 세상에 영향을 줄 뿐만 아니라 지속적인 평화와 화해를 가져오는 궁극적인 원천이기도 한 초월적인 세계를 인정하는 데서 시작된다. 피스빌딩에 대한 가톨릭 전망과 더 큰 신학적 틀을 형성하는 가톨릭 사회교리의 원리는 일부 전략적 피스빌더들에게는 정책으로 전환하기 곤란한 너무 일반적인 원리로 보일 수 있다. 그러나 이 분명한 일반성이야말로 갈등 상황이라는 당면한 싸움에 가려 보이지 않는 보다 초월적인 원천을 반영한다. 이런 심오한 닻에 단단히 고정되지 않은 채, 파생된 전략으로만 대응하는 건 장기화된 갈등이나 교착상태에 빠진 상황에서 피스빌더들을 힘 빠지고 지치게 만들 수 있다.

화해의 영성은 이 초월적인 평화의 원천을 놓치지 않는 일의 중요성을 기반으로, 어쩌면 더 중요하게는, 그 원천의 효과적인 힘과의 생생한 접촉을 기반으로 구축된다. 성체성사를 드리는 일과 같은 영적 실천 행위, 그리고 명상과 성찰 등의 기도 형식들 모두 이 영성의 중심에 있다. 피스빌딩에서 성체성사가 지닌 잠재력은 앞에서 이미 살펴보았다. 명상에 참여하기, 하느님이 말씀하시기를 기다리며 무언의 또 무형의 기도를 바치는 일은 우리를 우리 주변에서 활동하시는 하느님과 조율하게 하고, 하느님의 활동에 방해가 될 수 있는 우리 안의 소란스러움과도 연결한다. 회상 또는 깨어 있음은 기억과 현 상황에 대한 우리의 인식을 어떻게 틀 지워야 하는지, 또 평화를 구축하기 위해 그것들을 어떻게 재구성해 나가야 하는지의 한계를 깨닫게 해 준다.

특정 이미지를 계발하고 그 이미지를 예수 이야기와 연결하는 일 역시 또 다른 자원이다. 이런 이미지 가운데 가장 강력한 것은 상처로, 피해자들의 상처, 평화를 위해 일하는 사람들의 상처, 그리고 그리스도의 상처이다. 복음서에 나오듯이(요한 20,24-29), 예수가 토마스의 상처를 치유하기 위해 사용하는 그리스도 자신의 상처는, 하느님이 예수 그리스도를 통해 행하신 더 큰 이야기 속에 우리 이야기를 위치 지우는 예시이다. 그럴 때 고통은 개인과 공동체를 파괴하는 요소 이상의 것이 될 수 있다. 고통은 구원과 해방의 잠재력을 지닌, 더 큰 의미 패턴에 닻을 내릴 수 있기 때문이다.

결 론

  이 장에서는 가톨릭 사회적 상상의 여러 양상이 어떻게 피스빌딩의 실천 요소를 제공할 수 있는지 보여 주려 했다. 사회적 상상은 교회의 가르침과 신학을 통해, 살아 있는 행위 패턴과 세상을 해석하는 방법을 제공한다. 이것이 평화를 구축하는 새로운 방법의 원천이 될 수 있다. 이 장에서는 3가지, 즉 의식의 중요성, 성사 특히 고해성사와 성체성사의 힘, 그리고 그리스도교 신앙의 이상과 전통을 실천하는 구체적인 방법으로서의 영성을 탐구했다. 서두에서 언급했듯이, 이 3가지가 가톨릭 신자들만의 전유물은 아니다. 이 글에서 말한 모든 것은, 가톨릭의 사회적 상상이 가톨릭교회의 역사적 경험을 구체화하는 만큼, 다른 전통과도 특별한 방식으로 결합되어 있다. 다른 전망이나 실천 행위와 마찬가지로, 이런 요소들 역시 조작되거나 변질될 가능성이 없지 않다. 다만 이 요소들은 활동 주체가 가톨릭 신자인 상황에서라면 틀림없이 가장 강력한 힘을 발휘할 것이다. 이 글에서 시도한 것처럼, 이런 요소에 대한 성찰이 피스빌더들에게 다양한 사회적 상상을 탐구하는 자극이 되기를, 그래서 평화를 구축하는 전반적인 과정을 보다 향상시킬 자원을 찾아내길 기대한다.

(번역 박은미)

1) 존 폴 레더락(John Paul Lederach), The Moral Imagination : The Art and Soul of Building Peace (New York: Oxford University Press, 2007). 이 책의 한국어 번역본은 『도덕적 상상력』 (김가연 역, 글항아리, 2016).

2) 상상(imaginary)이라는 개념은 코넬리우스 카스토리아디스(Cornelius Castoriadis)에 의해 도입되었다. The Imaginary Institution of Society (Cambridge, MA: MIT Press, 1987). 찰스 테일러(Charles Taylor), Modern Social Imaginaries (Durham, NC: Duke University Press, 2004)에서 논의가 더 확장되었다. 이 책의 한국어 번역본은 『근대의 사회적 상상』 (이상길 역, 이음, 2010).

3) 로즈매리 허튼(Rosemary Haughton), The Catholic Thing (Springfield, Il: Templegate, 1979); 데이비드 트레이시(David Tracy), The Analogical Imagination: Christian Theology and the Culture of Pluralism (New York: Crossroad, 1981년); 앤드류 그릴리(Andrew Greeley), The Catholic Imagination (Berkeley and Los Angeles: University of California Press, 2000).

4) 종교개혁 이후, 교회 건축이 개신교와 가톨릭의 상상력에 의해 어떤 영향을 받았는지에 대해서는 많은 저작이 나와 있다. 마가렛 마일즈(Margaret R. Miles), Image as Insight: Visual Understandings in Western Christianity and Secular Culture (Boston; Beacon Press, 1985).

5) 그레고리 바움과 해롤드 웰스(Gregory Baum and Harold Wells) 외, The Reconciliation of Peoples: Challenge to the Churches (Maryknoll, NY: Orbis Books, 1997), 184f.

6) 세속적 담론에서 영성이 자주 종교에 반대되는, 즉 종교는 제도화되고 고정된 반면, 영성은 더 개인주의적이고 자유로운 형태라는 식의 ("나는 영적이지만 종교적이지 않다"라는 문장에서 알 수 있듯이) 용법으로 사용되는 것에 주목해야 한다. 이 글에서는 그런 용법을 사용하지 않는다.

7) 미르치아 엘리아데(Mircea Eliade), Cosmos and History : The Myth of the Eternal Return (New York: Harper, 1959). 이 책의 한국어 번역본은 『우주와 역사 : 영원 회귀의 신화』 (정진홍 역, 현대사상사, 1999).

8) 참고 문헌으로 리사 셔크(Lisa Schirch), Ritual and Symbol in Peacebuilding (Bloomfield, CT: Kumarian Press, 2005); 카스 웨프너(Cas Wepener), From Fast To Feast: A Ritual-Liturgical Exploration of Reconciliation in South Africa Cultural Contexts (Leuven: Peeters, 2009년) 등이 있다.

9) 종교 역사가들은 이런 반복이 원하는 목표를 이루는 데 아무 '영향을 미치지' 못하는 헛된 반복이라기보다 의식 행위의 효율성을 강화하기 위한 노력이라 읽는다.

10) 어빙 고프만(Erving Goffman), Interaction Ritual: Essays in Face-to-Face Behavior (Chicago: Aldine, 1967년) 참조. 이 책의 한국어 번역본은 『상호작용 의례 - 대면 행동에 관한 에세이』 (진수미 옮김, 아카넷, 2013).

11) 이것은 끊임없이 용서해야 할 필요성을 제기한, 남아프리카공화국 진실화해위원회 의장 데스몬드 투투 대주교(Archbishop Desmond Tutu)의 전략이기도 했다. 용서에 대한 보다 자세한 성찰은 이 책 13장에 나오는 논의 참조.

12) 이 주제를 다룬 글로 필자가 발견한 것은, 호주 가톨릭대학과 루벤 가톨릭대학에서

나온 두 개의 박사 학위 논문 정도다.

13) 그리스도의 몸과 갈등에 대한 풍요로운 논의는 윌리엄 캐버너(William Cavanaugh)의 책에서 전개된다, Torture and Eucharist: Theology, Politics, and the Body of Christ (Oxford: Blackwell, 1998).

14) 필자가 윌리 클라인 신부(Fr. Willy Klein)와 나눈 구술 대담.

15) 이들을 가르멜산 황야로 물러나게 만든 것은 전쟁 경험이었으리라 추측된다.

9장   종교간 피스빌딩에 대한 가톨릭의 접근법

- 인도네시아의 '슬픈 시기'로부터 배운 몇 가지 교훈

토마스 미셸(Thomas Michel, SJ)

> 예수회 인도네시아 관구 신부이자 교황청 종교간대화평희회 이슬람 담당 사무국장. 아시아 주교회의 (FABC) 세계종교와 종교간대화 총무, 로마 예수회 종교간대화 총무 등을 역임했다. 워싱턴 조지타운대 이슬람-그리스도교 이해 센터 학술협의회(ASC) 회원이자 같은 대학 우드스톡신학센터 연구위원이다. 인도네시아, 말레이시아, 필리핀에서, 유럽과 미국의 여러 대학에서 이슬람학을 가르쳤고, 현재 터키에서 그리스도교 신학을 가르치고 있다.

가톨릭이 피스빌딩에 어떤 노력을 기울였는지 확인하는 몇 가지 유효한 접근법이 있다. 하나는 교회의 가르침, 즉 보편적인 교도권, 대륙과 각 국가의 주교회의, 그리고 지역 주교들의 가르침을 연구하는 것이다. 피터 판(Peter Phan)은 이 책 12장에서 이런 접근법을 탐구한다. 또 하나는 교회가 설립한 피스빌딩 기관의 사업을 검토하는 것이다. 평화와 피스빌딩을 추구하는 기관들의 신학적 이해를 탐구하고, 신학적 이해가 그들이 추구하는 임무와 다른 종교 단체와의 대화에 어떻게 구현되었는지 살펴볼 수 있다. 이 장에서는 인도네시아라는 한 나라의 구체적인 사례를 살펴봄으로써, 후자의 접근법을 따르려 한다. 가톨릭교회는 인도네시아에서 종교적 소수파지만, 자신만의 주도권을 발휘하고, 또 정부와 다수파 무슬림 사람들과 상호작용하면서, 종교적으로나 민족적으로 다원적인 사회 속에서 평화를 수립하려 노력해 왔기 때문이다.

인도네시아는 매우 복잡한 사회적 혼합체다. 독특한 언어, 문화, 종교, 역사를 지닌 사람들 사이의 상호작용은 지금의 인도네시아를 미국보다 유럽연합과 더 유사한 사회로 만들었다. 어마어마한 나라 크기, 이 나라가 포괄하는 거리, 엄청난 수의 주민들, 문화적, 민족적 다양성, 식민 점령의 역사가 미친 불균등한 영향, 그리고 섬마다 다른 다양한 역사적, 정치적, 경제적 맥락, 이 모든 것이 이 나라를 이해하는데 일반적인 분석 기준을 적용하는 게 얼마나 허약하고 편향된 일인지를 말해 준다.

이슬람 사상과 신학에 관한 연구와 1981년에서 1994년까지 바티칸에서 무슬림 관계 부서 책임자를 지낸 경험 덕분에, 필자는 때로는 꽤 길게, 때로는 아주 짧게나마 무슬림이 거의 대다수인 나라에서 생활할 기회를 가졌다. 이 장에서는 무슬림과 그리스도교의 관계라는 세계적인 맥락에서 피스빌딩이라는 매우 광범위한 주제를 다루는 대신, 필자가 가장 잘 아는 나라인 인도네시아에 초점을 맞출 것이다. 이렇게 초점을 좁혀서 얻는 이점은 구체적인 사회 상황 속에서 역사, 종교, 문화, 경제, 그리고 정치 등의 모든 요소가 어떻게 갈등에 그리고 피스빌딩에 기여하는지를 실증할 수 있고, 이를 통해 다른, 인정하건대 차이가 있는, 사회에 대해 무엇을 배울 수 있는지 알 수 있다는 점이다.

  이 장의 내용은 세 부분으로 나뉜다. 첫 번째 부분은 최근의 갈등을 이해하기 위한 틀로서 인도네시아의 역사적, 사회적, 종교적 배경을 살펴본다. 두 번째 부분은 1997년(아시아 금융 위기) 인도네시아 경제 붕괴로 수하르토 대통령이 몰락하는데, 이런 국가 위기로 촉발된 민족적, 종교적 갈등에 초점을 맞춘다. 세 번째 부분에서는, 이 위기 시기에 또 그 이후에까지, 갈등을 완화시키고, 갈등의 확산을 피하고, 갈등 이후 시기에는 재건과 화해를 촉진하는 것을 목표로, 종교간 상호작용에 힘을 쏟은 가톨릭 주교회의의 활동을 통해 배운 교훈을 소개할 것이다.1)

거대하고 복잡한 나라에서의 종교적 다양성

  인도네시아라는 나라는 17,508개의 섬으로 이루어진 열도로, 그 중 6,000개 섬에 사람이 거주한다. 이 나라는 적도에 걸쳐있고 태평양과 인도양 사이의 주요 해로를 따라 전략적으로 위치해 있다. 인도네시아의 해안선은 34,000마일(미국이 12,380마일인 것에 비교하면)이나 된다. 만약 인도네시아 지도를 유럽의 지도 위에 펼친다면, 아일랜드에서 카스피해까지 걸쳐질 것이다. 그 지역 대부분이 물이긴 하지만, 이렇게 비교해 보면 인도네시아 지리가 얼마나 광대한 거리를 포괄하는지 알 수 있다.

  인도네시아는 대략 2억 4천만 명의 (2009년 7월 기준, 2020년 2

억 7천만) 인구를 가진 세계에서 4번째로 인구가 많은 나라이자, 세계에서 세 번째로 큰 민주 국가다. 가장 최근의 전국 인구조사에 따르면(2000년), 이슬람교도가 인구의 86%를 차지하여 인도네시아는 세계에서 이슬람교 인구가 가장 많은 나라가 되었다. 지난 10년 사이 종교 집단별 비교 수치가 크게 바뀌지 않았다고 가정할 때, 2009년 기준 무슬림은 대략 2억 6백만 명, 개신교가 1,300만 명(5.7%), 가톨릭이 700만 명(3%), 힌두교가 400만 명(1.8%), 그리고 더 소수로 불교, 유교 등 다른 종교를 믿는 사람들이 있다.[2)]

이것이 종교 인구가 인도네시아의 많은 섬들에 걸쳐 고르게 분포한다는 사실을 의미하지는 않는다. 인도네시아는 인도네시아인 대다수의 종교로 이슬람교를 뚜렷하게 나타내지만, 수마트라 북부의 아체 지역, 수마트라 서부의 미낭카바우 지역, 같은 섬의 서쪽 자바와 북부 해안, 술라웨시 남부의 부기스와 마카사르 지역 같은 일부 지역은 특히 강한 고대 이슬람 정체성을 드러낸다.

마찬가지로 인도네시아에 있는 2천만 명의 그리스도교인이 전국에 고루 퍼져 있는 건 아니다. 수마트라 북-중부 바탁 지역, 술라웨시 북부, 몰루카스 일대에 강력한 개신교 공동체가 있는 반면, 가톨릭 신자들은 플로레스섬에서만 우세하여 칼리만탄섬(보르네오)에 8개 교구, 자바에 7개 교구, 수마트라에는 6개 교구가 있다. 발리섬은 전통적으로 거의 100% 힌두교도였지만, 근대에 들어서는 다른 섬의 상황과 마찬가지로 다른 섬으로부터 인구가 유입되어, 민족적, 종교적 다원주의에 따른 긴장과 갖가지 문제가 발생하고 있다.

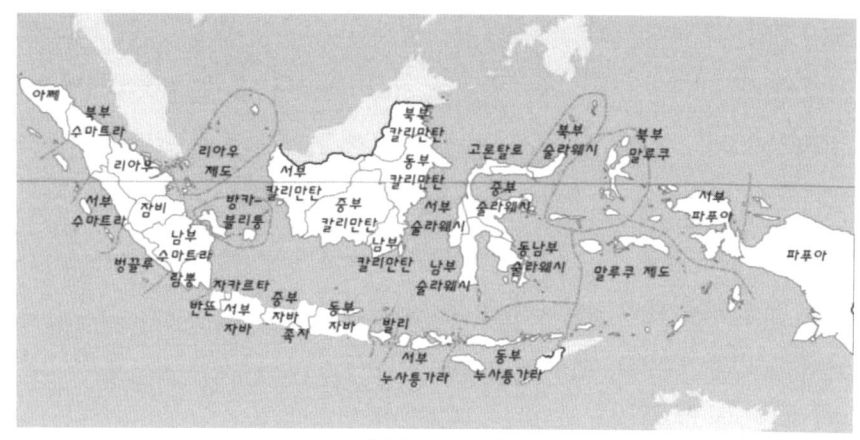

인도네시아 지도

인도네시아에서 종교와 민족의 관계성은 종교 사이의 관계에 끊임없이 영향을 미쳐 왔다. 일부 집단에게 종교는 민족 정체성의 한 부분으로 인식되기 때문에, 종교를 바꾸는 일은 민족 공동체로부터 자신을 분리하는 것으로 간주된다. 예를 들어 아체, 미낭카보, 마두레스, 말레이, 그리고 부기스는 이슬람교를 정체성의 핵심 부분으로 느끼는 민족 집단이다. 가톨릭은 플로린(플로레스섬) 사람이라는 정체성을 드러내는 요소로 여겨진다. 마찬가지로, 개신교는 미나하사 사람들에게, 힌두교는 발리 사람들에게 그렇다. 모든 경우에는 예외가 있어서, 가톨릭인 발리 사람, 개신교인 미낭카보 사람, 무슬림인 플로린계 사람이 있는데, 이들은 결혼이나 신념을 이유로 자기 민족 집단의 종교가 아닌 다른 종교를 채택한 것이다. 비록 많은 인도네시아인들이 자카르타, 반둥, 메단, 그리고 다른 현대 대도시가 지닌 상대적 익명성을 이용하여 자신의 민족적 기원과는 다른 종교를 선택하지만, 종종 이런 사람들은 다양한 거부와 배타주의에 직면한다. 하지만 종종 결혼,

상속, 사망자의 매장과 같은 개인적인 문제와 관련해서도 사회적 위기가 생겨날 수 있다.

수마트라의 바탁, 중부와 동부 자바의 자바네스처럼 종교적으로 혼합된 민족 집단에서, 종교적인 관계는 가족 유대나 지역 유대에 비해서는 부차적인 특징을 드러낸다. 바탁과 자바네스* 가운데는 한 대가족 내에서 무슬림, 그리스도교인, 불교도를 발견할 수 있다. 이들처럼 종교가 혼합되어 있는 민족들에게서 종교적 조화를 유지하는 일은 훨씬 쉬워 보이고, 그런 지역에서 현지 무슬림들이 이웃 그리스도교인의 교회를 짓는 일을 돕거나, 그리스도교인이 모스크 건설에 도움을 주거나, 또 불교도와 무슬림이 새로운 주교의 임명과 착좌 위원회에 자랑스럽게 참여하여 적극적인 역할을 하는 등의 많은 사례를 만날 수 있다.

* 바탁족(Batak) : 주로 인도네시아 수마트라섬 북부 토바호 주변에 살며 바탁문자로 된 바탁어를 사용하는 오스트로네시아인이다.

* 자바인(Javanese) : 인도네시아의 자바섬에 사는 다수 민족으로 섬의 중부와 동부에서 주류를 이룬다. 2004년 기준 약 9천만 명으로 추산되며, 현재 인도네시아에서 가장 큰 민족 집단이다. 자바어를 사용하며 대부분 이슬람교를 믿는다.

오늘날 종교들 간의 관계 : 과거의 유산

인도네시아의 종교적 복잡성은 마찬가지로 복잡한 역사에 비추어 이해되어야 한다. 흥미롭게도, 인도네시아 사람들의 가장 초기 종교는 가장 최근의 공식 조사인 2000년 인구조사에 등재된 종교 속에 들어 있지 않았다. 그것은 인간에게 일어나는 다양한 사건과 농경 생활 주기를 포함하여, 신성은 어디에나 담겨 있고 힘을 발휘한다고 보는 범신론 성격의 종교였다. 이 종교에서는 작물 재배와 수확, 어린이와 가축의 탄생, 우기와 건기라는 절기의 교체, 화산 폭발, 홍수, 전염병과 같은 자연재해 모두 하느님과 인간의 상호작용에서 되풀이되는 순환의 일부로 여겨졌다. 공동체적 의식과 잔치는 자연의 자비로운 힘에 감사하고 악의를 내포하고 있는 힘을 달래거나 맞서기 위한, 모든 중요 행사를 기념하기 위해 고안된 것이었다. 가장 강조되는 사회적 미덕은 조화였고, 인간의 이상은 '삼중의 조화', 즉 우주와의 조화, 가족 구성원들과의 조화로운 관계, 자기 자신이라는 소우주 안에서 조화로운 평화를 유지해야 한다는 것이었다.

    이런 자연 종교성이 오로지 인류학자나 종교사를 공부하는 학생들만의 관심사여서는 안 된다. 눈으로 볼 수 있거나 볼 수 없는 세계에 대한 이 영원한 접근법이 오늘날에도 사람들의 태도, 가치, 그리고 이상에 큰 영향을 미치기 때문이다. '위대한 종교'가 하나씩 하나씩 (맨 처음에 힌두교가, 그 다음으로 불교가, 이어 이슬람교와 그리스도교가) 다른 곳으로부터 인도네시아의 섬으로 유입되었는데, 정도 차이는 있겠지만 각 종교가 기존의 토착적인 종교성을 해석하고 통합하여 자신의 신앙 구조로 끌어들여, 섬들이 지닌 태초의 종교적 충동이 결코 사멸되지 않도록 했다. 농촌 지역에서, 묘지, 반얀 나무, 동굴, 산꼭대기, 바닷가에 사는 영혼들에게 사람들이 꽃과 쌀, 과일, 향료 등을 제물로 바치는 것은 일상적으로 만나볼 수 있는 일이다. 매년 마을에서 악령을 '정화'하는 의식을 거행함으로써 마을에서의 조화가 회복된다.

자바섬의 한 가톨릭 수도원 근처, 이슬람교도와 그리스도인들이 뒤섞여 사는 마을에서, 필자는 마을 사람들이 그 지역 이맘*을 초청하여 절단해야 하는 큰 나무에 사는 영혼에게 용서를 구하고, 절단되는 나무 대신 어린 묘목을 바치는 기도 장면을 직접 목격했다. 뿌리 깊은 공동체적 조화라는 개념은 현대 평화 활동가들 역시 갈등 이후 화해 세미나와 의식을 마련하면서 다루는 개념이기도 하다.

* 이맘(imam) : 아랍어로 '지도자', '모범이 되어야 할 것'을 의미하는 말이다. 수니파 무슬림 사이에서 모스크와 무슬림 공동체의 예배 지도자의 칭호인데, 통상 이슬람교의 크고 작은 종교 공동체를 지도하는 통솔자를 지칭한다.

* 물라(Mullah) : 이슬람교의 법과 교리에 대해 정통한 사람, 성직자를 가리키는 존칭이다. (12장에 나옴)

인도에서 온 힌두교는 일찍이 7세기에 자바와 수마트라에 뿌리를 내렸다. 9세기에는 불교가 인도의 부속 대륙으로부터 자바에 도달해서, 보로부두르 신전 같은 인상적인 기념비를 남겼다. 13세기부터 15세기에 걸쳐 이슬람이 동남아시아 전역에 매우 빠르고 넓게 퍼지면서, 아체 북부 수마트라 지역은 이슬람교가 확산된 중심지 가운데 한 곳이 되었다. 유럽 식민지 세력과 그리스도교 선교사들이 도착하기 시작한 16세기 초에 이르러서는, 인도네시아 섬 대부분에 이슬람교가 확고하게 뿌리를 내렸다.

신앙을 도입한 무슬림 선교사이자 모험가들은 전반적으로 이슬람의 영적 전통인 수피즘*으로부터 영감을 받아, 하느님 사랑과 이웃 사랑을 강조하고, 추종자들에게 사랑과 의지로 하느님과 일치하기 위해 마련된 일련의 영적인 실천 행위를 제공했다. 수피파는 하나의 교의에 매이지 않는 경향을 지녀, 전통 종교 요소들을 이슬람교의 실천에 기꺼이 통합하려 했다. 또 수피파의 특징은 끈기와 긴 시간을 필요로 하는 전망을 지녔다는 것인데, 한 사회의 이슬람화를 길고 느린 교육과 경건한 헌신의 과정으로 간주한다.3)

> * 수피즘(sufism) 또는 수피파(sufis) : 이슬람교의 신비주의 분파이다. 다른 이슬람교 종파와는 달리, 전통적인 교리 학습이나 율법이 아니라 현실적인 방법을 통해 신과 합일되는 것을 최상의 가치로 여긴다. 수피즘의 유일한 목적은 신과 하나가 되는 것으로 이를 위해 춤과 노래로 구성된 독자적인 의식을 갖고 있다.

그리스도교는 이미 8세기에 인도네시아에 존재했다.4) 초기 문서에 남인도의 '성 토마스 그리스도교인'에 속하는 수마트라 교구들이 언급되어 있다. 고대 그리스도교 공동체에 대한 흔적은 아무 것도 남아있지 않고, 근대의 그리스도교는 몰루카스에서 프란치스코 하비에르 성인(St. Francis Xavier)이 설교한 것, 네덜란드 식민지 시대에 개신교 선교사들이 활동한 것으로 거슬러 올라간다.5)

네덜란드 식민지 관리자들은 동인도 제도를 경제 계획을 위한 원료의 원천으로 여겼다. 따라서 무슬림의 민감성을 자극해서 네덜란드로 가져 갈 광물과 플랜테이션 제품의 원활한 흐름을 방해할 수 있는 정책은 실용적인 차원에서 회피하려 했던 것으로 보인다. 그 결과 그들은 '백인의 부담'이나 '문명화 사명'* 같은 개념으로 식민지화를 합리화하거나, 공격적인 개종 전략을 장려하지는 않았다. 그럼에도 불구하고, 식민 관리자들은 국가가 승인한 네덜란드 개혁교회에서 파견된 선교사들의 활동을 격려하고 지원했다. 몰루카스와 북부 술라웨시의 그리스도교 전파 사례는 하비에르 성인의 설교와 그 밖의 초기 가톨릭 선교사들까지 거슬러 올라가는데, 그들은 원주민에게 개신교 전통으로 개종하도록 강요했다. 동양주의자로 알려진 크리스티안 스누크 허그론제(Christiaan Snouck Hurgronje)와 다수파인 무슬림을 어떻게 '다뤄야' 할지 식민 당국자들에게 조언한 선교학자 핸드릭 크레머(Hendrik Kraemer) 같은 논란의 인물들은 선교사와 식민 관리들 사이의 공모, 또 식민지 유산의 결과로 인도네시아 사회에 도입된 종교적 양극화의 상징으로서 오늘날까지도 거론되고 있다.

* 문명화 사명(프랑스어로 mission civilisatrice, 영어로는 civilizing mission) : 15세기에서 20세기에 걸쳐 주로 원주민의 서구화와 관련하여 사용된 용어로, 문명의 확산에 기여할 목적으로 서구의 개입과 식민지를 옹호하는 이론적 근거였다.

* 크리스티안 스누크 허그론제 : 동양 문화와 언어에 능했던 네덜란드 학자이자 네덜란드 동인도 제도(현재 인도네시아) 식민지 정부의 원주민 문제 고문이었다. 이슬람 문화에 대한 자신의 지식을 사용하여 아체 원주민들의 저항을 무너뜨리고, 원주민에게 네덜란드 식민 통치를 강요하는 전략을 고안하여 5만-10만 명의 사망자와 약 백만 명의 부상자를 발생시킨 것으로 추정되는 40년 전쟁을 종식시켰다. 아체 전쟁에서의 성공은 나머지 네덜란드 동인도 제도 전역에 걸쳐 식민 행정 정책을 형성하는 데 큰 영향을 미쳤다.

* 핸드릭 크레머 : 네덜란드 개혁교회에서 벌인 에큐메니컬 운동을 이끈 선교신학자이다. 인도네시아에 있는 네덜란드 동인도 회사가 제한 지역을 넘어 다른 군도까지 선교 활동을 확산시키도록 독려했다.

근대 가톨릭교회의 존재 역시 식민지 시대로 거슬러 올라가는데, 정부에 의해 공인된 교회에 속하지 않았기 때문에 가톨릭 신자들은 식민 행정부와 상당히 먼 관계를 지니고 있었다. 1945-49년의 독립 투쟁 기간 동안, 가톨릭 고위성직자 앨버트 소기아프라나타 주교(Bishop Albert Soegiapranata)*는 거주지를 세마랑에서 혁명의 본거지인 요기아카르타로 옮기고, 봉쇄와 포위 기간 내내 그곳에 머물렀다. 그는 오늘날 '국가의 아버지' 가운데 한 명으로 인정받고 있으며, 국가 영웅 묘지에 안장되어 있다.

* 앨버트 소기아프라나타 주교(1896-1963) : 인도네시아 출신 예수회 소속 사제로, 나중에 세마랑 대주교가 되었다. 인도네시아 출신 최초의 주교인 그는 '100% 가톨릭이자, 100% 인도네시아인' 이라는 자국주의 입장을 견지한 인물로 알려져 있다.

20세기 전반에 걸쳐 독립 운동이 증가하면서 3가지 주요 정치적 흐름이 등장했는데, 각 흐름마다 식민 통치를 계승할 독립국에 대한 독자적인 전망을 갖고 있었다. 사회주의자와 공산주의자들은 마오쩌둥과 다른 아시아 공산주의자들이 제안한 것과 유사한 고도로 중앙집권화된 국가와 계획 경제를 구상했다. 민족주의자들은 현대식 다수당 의회 민주주의를 제안했고, 유럽 국가를 그들의 정치, 경제적 모델로 삼았다. 일부 이슬람 집단은 일상생활과 사회 모든 측면에 *샤리아*를 적용하여 이슬람 이상에 기초한 국가를 세울 수 있다고 생각했다.6)

> * 샤리아(the Shari'a) : 꾸란(qur'ān)과 하디스(Hadiths)에 나오는 규칙과 원리로, 나중에 판례와 율법으로 편찬되어 샤리아가 되었다. 신적인 뜻을 삶의 모든 맥락에 적용한 것으로, 이슬람교의 율법이자 규범 체계, 이슬람 공동체의 헌법이라 할 수 있다.

이 세 흐름의 지도자들 모두가 이슬람교도였다는 점에 주목해야 한다. 수카르노(Soekarno)가 그의 유명한 나사콤(NASAKOM : nationalist-religious-communist) 연합과 함께 끊임없이 3개의 이데올로기 사이에 협력관계를 구축하려 했지만, 독립 당시에는 수카르노와 하타(Hatta) 아래에 있던 민족주의자들의 견해가 우세했다. 이슬람 국가가 아니라 인도네시아인들 사이에서 가능한 한 가장 폭넓은 합의를 추구하면서, 수카르노는 국가 철학으로 판차실라*에 기반을 둔 다원주의 국가를 건설했다. 판차실라는 국가를 건설할 '5대 원리', 즉 일신교 신앙, 인본주의, 단결, 민주주의, 사회 정의를 말한다. *샤리아*를 적용하려 했던 무슬림 조직의 바램은 좌절되었고, 많은 사람들은 독립적인 이슬람 기반의 국가를 수립하기 위해 바친 노력이 배신당했다고 느꼈다.

> * 판차실라(Pancasila) : 인도네시아의 5대 건국 원리로, 산스크리트어 단어인 '판차'(Panca '다섯'이라는 뜻)와 '실라'(Sila '원리'라는 뜻)의 합성어다. 1945년 6월 1일에 열린 독립 준비위원회에서 수카르노는 '판차실라의 탄생'이라는 주제의 연설을 했는데, 판차실라가 무슬림과 민족주의자 그리고 기독교 신자들과의 분쟁을 해결하기 위해 만든 것이라 주장했다. 판차실라는 1945년에 제정된 인도네시아 헌법 전문에 인도네시아의 기본적인 원리라 언급되어 있다.

판차실라 제1 원리에 따르면 인도네시아는 하나의 신에 대한 믿음에 근거하여 설립되었으며, 5개 종교가 (이슬람교, 개신교, 가톨릭, 힌두교, 불교) 공식 인정되었다. 나중에는 유교도 공식적으로 인정되는 종교 목록에 추가되었다. 종교 공동체 사이의 긍정적 관계를 촉진하기 위해 종교부가 설립되었지만, 공동체 사이의 불화와 긴장을 해소하는데 그다지 효과적인 역할을 한 적은 없었다.7)

독립 이후 여러 종교를 지닌 사람들이 일상적인 차원에서는 잘 공존해 왔지만, 종교 교육, 혼인법과 입양, 경배 장소의 건설, 특히 다른 종교로의 개종과 같은 '정치적 사안'은 주기적으로 여러 공동체 사이를 분열시켰다. 한편에서, 사회적 화합이라는 뿌리 깊은 전통과 회담과 협의를 통한 차이의 해소는 함께 살아가는 평화로운 방식을 장려했다. 그러나 또 한편에서는, 모든 종교의 사람들이 독립 시대와 그 이전 시기까지 거슬러 올라가는 해소되지 못한 긴장과 분노를 지닌 채 살고 있었다.

1967년부터 1998년까지 인도네시아는 수하르토(Suharto) 대통령이 주도한 가혹한 군사 독재로 통치되었는데, 그는 공산주의 쿠데타 시도 이후에 정권을 잡았다. 수하르토 정권은 수십만 명의 공산주의자와 좌파 동조자들을 학살하는 것으로 시작해서, 조금이라도 체제에 반하는 목소리를 내는 사람을 즉각 투옥하는 잔인한 정권이었다. 독립된 노동조합과 정당이 금지되었고, 학생 연합, 뉴스 매체, 정부의 승인 도장을 받지 못한 대중 잡지 역시 금지되었다. 국제 앰네스티에 따르면, 수하르토 치하에서 인도네시아에는 세계에서 가장 많은 수의 정치범이 투옥되어 있었다. 수하르토 통치 첫 15년 동안에는 이슬람교도들에게 가장 억압적인 정책이 가해졌지만, 1980년대 중반에는

전략을 바꾸어 무슬림 다수파의 정치적 명분과 관점을 지지하기 시작했다.8)

수하르토의 '신 질서'* 정부의 잔인하고 억압적인 성격에도 불구하고 어떤 사람들은 그런 연유 때문이라고도 하는데, 경제 분야는 번창했다. 비록 부의 분배가 불균등하게 이루어졌고, 혜택 대부분이 눈에 띄는 소비에 전념한 새로운 기업주 계급에게 돌아갔지만, 이 정권에 가장 혹독한 비판을 쏟아낸 평자들조차 수카르노 시대보다 일반 대중들의 생활은 더 나아졌다는 걸 인정했다. 하지만 군부 자체가 석유, 수출입, 관광 등에 경제적으로 관여하고, 수하르토 가문을 비롯한 부패 관료들을 묵인함으로써 이들 산업에서 자신들의 입지를 다지는 등 점점 애매한 역할을 수행했다.

---

* 신 질서(New Order, 인도네시아어로 Orde Baru) : 인도네시아 제2대 대통령 수하르토가 1966년에 권력을 잡으면서 전임자인 수카르노의 체제를 '구 질서'(인도네시아어로 Orde Lama)로 깎아내리고, 자신의 체제를 '신 질서'라고 명명했다. 오늘날 '신 질서'는 수하르토의 통치 시기(1965년 ~ 1998년)와 거의 동의어로 사용된다.

갈등의 해부 : 1990년대 후반의 인도네시아

1997년에서 2001년까지는 인도네시아의 '슬픈 시기'(tahun-tahun sedih - sad years)였다. 이렇게 인구가 많고 인종이 뒤섞여 사는 나라면서도, 인도네시아의 역사를 보면 놀라울 정도로 이렇다 할 분쟁이나 폭력이 없었다. 앞의 내용에서 보았듯이 인도네시아의 역사와 식민지 이전 역사를 통틀어 '사회 규범'은 전반적으로 평화적 공존을 나타내는 것들이었다. 1989년에 자카르타를 방문한 교황 요한 바오로 2세는 인도네시아의 '종교 전통이라는 인상적인 유산'에 대해 언급하면서, 1945년 인도네시아 헌법에서 명확하게 밝힌 종교의 자유로 암시되었듯이, "인도네시아 종교인들은 다른 사람에 대한 깊은 존중심을 보여주는 데 앞장설 것이며, 이것은 지속적인 조화를 배양할 것이라는" 희망을 토로했다.9)

그러나 인도네시아가 정치적, 경제적 위기와 사회적 격변을 겪게 된 역사의 어느 순간에 이르자, 민족적, 종교적 차이는 표면화되었고, 그 차이는 집단 사이에 벌어진 폭력의 구실이 되었다. 1997년과 2001년 사이의 시기에 그랬듯이, 이런 내부 긴장이 지정학적 사건들과 만연해 있던 환멸이나 절망의 감정으로 악화되자 폭력 충돌의 가능성은 증가되었고, 그 가능성을 촉발시키는 데는 겉보기에 아주 사소한 사건만으로도 충분했다. 초창기 위기가 발생했을 때 그랬듯이, 폭력 충돌은 20세기 마지막 몇 해에 다시 한번 일어났다.

1997년 참담한 경제 불황으로 수하르토가 몰락하고 인기 없는 하비비(Habibie)가 수하르토의 뒤를 잇자, 사람들은 분노했다. 시민들은 지난 30년 동안 속고 빼앗겼다고 느꼈다. 수하르토의 권위주의 정권에 대한 반응으로, 많은 인도네시아인이 신뢰의 공백을 경험했다. 단순히 권위의 붕괴가 아니라, 모든 주요 기관에 대한 혐오와 불신이었다. 정부 기관과 관료들은 몰락한 정권에서 침묵했던 협력자로 여겨졌고, 많은 은행 기관과 사업체들이 경기침체로 파산을 선언했다.

군부는 자기 안위와 재산 보존에만 관심이 있었고, 중국 사업가들과 수하르토 가족 구성원들 사이의 의심스러운 거래를 포함하여 갖가지 금융 스캔들에 연루되어 있었다. 엄격하게 통제된 인쇄 매체와 텔레비전은 정보의 출처로서 전혀 신뢰할 수 없었고, 신뢰할 수 있는 뉴스를 보도하기는커녕 정부 쪽 견해를 선전하는 정권의 말 잘 듣는 노리개로 간주되었다.

경제 위기의 심각성은 신뢰 위기에 크게 기여했다. 인도네시아 화폐 루피아는 위기 이전 가치의 17%로 떨어졌다. 기업은 파산을 선언하고 있었을 뿐 아니라, 향후의 경제 성장 계획도 포기되었고, 개발 계획들은 중도 폐기되었으며, 실업률은 세 배로 늘어났다. 많은 부모들이 학비를 낼 수 없어 아이들을 학교에 보낼 수 없었다. 식량, 의약품, 학교 교육 같은 생활 필수 부문에서의 위기는 빈곤층에게 훨씬 큰 타격을 주었지만, 이전에 경제 호황으로 이득을 본 사람들의 생활 방식에도 큰 혼란을 초래했다.

은행은 압류된 BMW와 메르세데스 차량으로 가득 차 주차 공간이 바닥났다고 보고했다. 30년간의 독재와 경제 위기 속에서, 인도네시아 사람들은 애석하게도 더 나은 미래에 대한 희망을 품을 수 없는 과도기의 끝에 살고 있다고 느꼈다. 30세 이하의 인도네시아인 대부분은 '신 질서' 이외에 어떤 정부도 알지 못했다. 새로운 시대가 어떤 시대일지, 새로운 시대가 이전의 억압적인 시기보다 또는 그들이 직접 경험한 끔찍한 침체보다 더 나은 약속을 해 줄 지도 명확하지 않았다.

각지에서 폭력 충돌 사태가 발생했다. 1997년, 1999년, 2001년에 칼리만탄섬(보르네오)에서, 그 섬에 '새로 들어온 사람들'인 마두라족천 명 이상이 보르네오 원주민인 다약족에 의해 학살당했다. 1998년 5월 자카르타와 다른 도시들을 휩쓴 반 중국(反-中國) 학살에서도 같은 수의 사람들이 죽었다. 가장 피비린내 나는 충돌은 인도네시아 동부 몰루카스에서 일어났다. 그곳에서는 약 6천 명이 죽고, 50만 명 정도가 도시를 떠났으며, 수백 개의 교회, 모스크, 학교, 시 건물들이 파괴되었다. 최악의 폭력 사태 가운데 일부는 서 칼리만탄에서의 마두라족 대학살, 자카르타, 수라카르타와 몇몇 도시에서의 반 중국 폭동처럼 민족 사이의 충돌이었지만, 몰루카스와 그 밖의 다른 도시에서의 폭력은 이슬람과 그리스도인 사이의 갈등이 뒤얽혀 있었다.10)

만연해 있는 분노와 환멸, 경제적 좌절과 국제적 갈등이 뒤얽힌 상황에서, 하찮은 사건 하나가 하룻밤 사이에 유혈 충돌을 초래할 수 있다는 것은 놀라운 일이 아니었다. 서 칼리만탄에서의 폭동은 승차권 판매원이 버스 요금을 지불하지 않은 마두라족 승객을 비난한 데서 시작되었다. 같은 종족 동료들이 두 사람을 옹호했다. 이어진 혼전 속에서 누군가가 칼을 뽑고, 다른 사람이 찔리고, 이야기가 입에서 입으로 전해지면서 엄청난 일로 비화되었고, 무시무시한 이야기가 보태지면서 공동체간의 갈등이 탄생하게 된 것이다. 그 일이 발생했을 때 승차권 판매원과 그의 동료는 그리스도교인이었고, 마두라족 승객과 그 동료는 이슬람교도였긴 하지만, 국제 언론 보도에서 종종 그러듯이, 이 일을 마치 인도네시아에서 발생한 그리스도교인과 무슬림의 충돌인 것처럼 묘사하는 것은 갈등의 핵심을 놓친 것이었다.11)

술라웨시섬 포소라는 지역에서도 마찬가지로 아주 하찮은 사건이 발단이 되어 분쟁이 발생했는데, 이 사건은 지역 역학관계가 민족 간의 긴장을 악화시키는 데 얼마나 중요한지를 보여주었다. 어느 토요일 저녁, 별로 할 일이 없던 두 무리의 젊은이들이 (한 집단은 그리스도교인, 다른 한 집단은 무슬림) 서로를 놀려 대기 시작했다. '지역주민' 대다수는 개신교인이었지만, 두 개의 소수파 공동체가 있었는데, 하나는 플로레스섬 출신의 가톨릭 노동자들이고 다른 하나는 술라웨시 남부 출신의 무슬림 노동자들이었다. 인도네시아의 많은 지역에서도 그랬듯이, 새로 유입된 사람들을 지칭하는 '*펜다탕*(pendatang - newcomers)'에 대한 현지 주민들의 반감은 상당했는데, 그들이 일자리를 빼앗고 경제를 장악하며 지역 풍속을 무시하는 것으로 여겨졌기 때문이었다. 간단히 말해서, 펜다탕은 단일한 문화적 사회를 유지해 왔던 사람들에게 다원주의라는 반갑지 않은 요소가 들어온 것으로 비춰졌다. 몇 차례의 욕설이 노상의 주먹다짐으로 번졌다. 무슬림 캄퐁(마을이라는 의미)에 불길이 번지자, 무슬림들이 개신교 범인들을 찾아 가톨릭 캄퐁으로 들어왔고, 모든 공동체가 3중의 폭력에 휘말리게 되었다.[12]

2000년 1월 몰루카스에서 무슬림들이 그리스도교 세력에 의해 학살당했다. 전국적으로 긴장이 고조되던 시기에, 학살에 대한 텔레비전 보도가 모든 인도네시아 가족의 거실로 전해졌다. 24시간 이내에 몰루카스뿐만 아니라, 전국에 흩어져 있는 지역에 이르기까지 보복이 이루어졌다. 예컨대, 대량 학살 이후, 롬복섬에서는 그 섬에 있는 모든 그리스도교 교회가 불탔는데, 그 전에 그 섬에서는 어떠한 폭력도 일어나지 않았었다.

일단 갈등이 폭력적으로 변하자, 지역 요인들이 그 과정을 부채질하거나 방해했다. 몰루카스에서의 싸움은 종교적 차원에서는 진정되었는데, 정교한 무기에 접근할 수 있는 두 개의 무장 조직이 반대편을 지지하고 있다는 사실에 의해 악화되었다. 지역 경찰은 뚜렷하게 친-그리스도교였고, 국민군은 무슬림을 지지했다. 주로 자바인 출신으로 이루어진 매우 폭력적인 무슬림 준군사단체, 라스카르 지하드(The Laskar Jihad)가 몰루카스 지역으로 건너와, 몇 건의 최악의 잔학 행위를 저질렀다. 포소에서의 갈등은 훨씬 더 복잡해서, 현지의 개신교도, 섬 여기저기에서 태어난 무슬림, 플로레스섬에서 이주해 온 가톨릭 신자가 서로 대립하면서 3중의 폭력에 휘말려 있었다. 서 칼리만탄에서처럼, 몇몇 사례에서 마두라족 학살을 포함한 가장 피비린내 나는 사건은 종교적 선을 넘었으며, 폭력 사태는 같은 무슬림이지만 마두라족과 대립하는 말레이 무슬림의 지원을 받는 다약족(애니미즘을 추종하는)과 그리스도교인들이 결합하여 일어나기도 했다.

이런 폭력 갈등을 설명하려면 많은 요소를 고려해야 한다. 경제 붕괴는 수백만의 실직자를 쏟아냈고, 시간이 남아돌게 된 분노한 사람들은 헛소문을 만들어 내는 사람들의 장난질에 쉽게 넘어갔다.13) 소문 퍼뜨리기는 갈등을 조장하는 단골 수단이었다. 1990년대 후반 일촉즉발의 상황에서, 소통 매체에 대한 신뢰를 상실한 사회, 뉴스 보도가 회의주의와 냉소주의에 맞닥뜨린 사회에서는 루머만 통용되었다. 사람들은 스스로에게 또 다른 사람들에게 '믿을 수 있는 이가 누구인지' 물었는데, 많은 인도네시아인은 '함께 교회에 다니는 사람' 또는 '모스크에서 함께 기도하는 사람' 뿐이라고 대답했다. 이런 식으로 많은 사람들에게 정보의 주요 원천은 지역적으로 흩어져 있었고, 예배시간이 끝나고 또는 긴급회의를 하면서 교회나 모스크 밖에서 유포되는, 입에서 입으로 전해진 소식은 검증할 수 없는 것들이었다.

신자들은 분란을 일으키는 사람의 농간에 특히 취약했다. 소요가 벌어지던 기간 동안 몰루카스에서 발생한 종파 분쟁(confessional strife)*에 대해, 모토바이크를 타고 다니며 교회나 모스크 앞에서 "무슬림[그리스도교인]들이 옆 마을에 있는 교회[모스크]를 불태웠다. 우린 이제 어떻게 해야 겠는가?"라고 소리를 질러댄 사람들이 있었다는 사실을 보고한 문서도 있었다.14) 신자 무리들이 나서서 선동적이고 피비린내 나는 보복 행위를 저지르고, 다시 반대편이 더 심한 폭력으로 대응을 하고 나서야, 원래의 정보가 거짓이라는 사실을 알게 되곤 했다.

* 종파 분쟁 : confession은 특정 신앙을 고백하는 종교의 의미를 지니고 있으므로, confessional strife는 종파에 기반을 둔 종교간의 갈등이나 분쟁의 의미로 번역한다.

전 세계의 언론 보도들은 폭력 사태의 발발을 '무슬림 대 그리스도인의 충돌'로 특징지었지만, 두 종교의 경전, 교의, 그리고 가르침과 관행은 갈등을 일으킨 진짜 이유와는 아무 관련이 없었다. 심지어 전통적인 갈등 분석조차도 인간이기에 갖게 되는 갈등의 연원을 분명하게 설명하기에는 부족하다. 그것은 어쩌면 수하르토 치세기 동안 축적되고 억압되었던 분노와 원망이 전환된 것으로 보아야 하는데, 피상적으로 다른 편을 향한 분노와 원망에만 초점을 맞추고 있었다. 종교가 가장 쉽게 관찰될 수 있는 정체성 요인 중 하나를 제공하므로, 종교가 사람들의 심금을 건드리고 그럴듯하게 자신을 정당화할 수 있는 반응을 보인 것은 놀라운 일이 아니었다.

지정학적 요인 또한 인도네시아에 현존하는 긴장을 악화시켰다. 인도네시아의 많은 이슬람교도는 1991년 걸프전 당시 이라크 도시를 폭격한 미국과 동맹국들에 대해, 또 10년 뒤 '테러와의 전쟁'을 선언하며 특히 아프가니스탄과 이라크를 침공한 일에 대해, 그리고 인도네시아에서 널리 알려졌듯이, 관타나모 수감자들과 아부그라이브 교도소 수감자들의 처우에 대해 격분했다. 무슬림은 이 사건들에 대해 자카르타 주재 미국 대사관 앞에서 대규모 시위를 벌이며 격분을 표출했을 뿐만 아니라, 인도네시아에서 동일한 종교적 정체성을 공유하는 미국인(co-religionists)으로 인식되던 현지 그리스도교인을 향해 분노를 터뜨렸다. 모스크에서의 격렬한 설교는 '십자군'을 통렬히 비난하는 내용이었고, 머나먼 '그리스도교 국가들'의 행위에 확산된 분노는 종종 '침략자' 미국의 '협력자', '친구' 그리고 '대리인'으로 일컬어지는 인도네시아인 그리스도교 신자에게도 향했다.

분위기가 최악으로 치닫던 상황에서, 케케묵은 고정관념 역시 가세했다.15) 고통스러운 경제 위기를 겪고 있는 나라에서 그리스도교 신자는 부자로 인식되었다. 중국 기업인들은 싱가포르와 홍콩으로 자금을 빼돌려 인도네시아 경제를 더욱 궁핍하게 만든다는 혐의를 받았다. 그리스도교인이 유럽이 자금을 대는 학교, 병원, 구호 프로그램을 활용하면서 이 나라에 복음을 전파하고 자신의 권력 기반을 강화하기 위해 위기를 이용하고 있다는 주장도 불거졌다.

마지막으로, 인도네시아에서의 갈등은 단지 분노하고 좌절한 사람들의 자발적인 충돌이 아니었다. 외부 관찰자들이나 연구자들뿐만 아니라 많은 인도네시아인은 당시의 갈등에 여러 사악한 세력이 개입되어 있었다고 확신했다. 확실한 증거도 없이 음모론을 퍼뜨리지 않도록 주의해야 하지만, 다음 절에서 기술하듯이 위기 센터가 수행한 광범위한 인터뷰에 따르면, 갈등을 촉발시키고 지속시킨 많은 폭력 사건은 자발적인 것이었다기보다는 조직적이고 계획적이었던 것, 누군가로부터 자금이 지원된 것이었다. 구체적으로, 군부의 특정 세력은 공동체 사이의 갈등을 압두라만 와히드(Abdurrahman Wahid) 대통령, 메가와티 수카르노푸트리(Megawati Soekarnoputri) 대통령, 그리고 군부 사이의 충돌을 지속시키는 도구로 이용했다는 주장이 제기되기도 했다. 인도네시아 사회를 각지에서 표출되는 공동체간 갈등으로 들끓게 함으로써, 군부 세력들은 민간 대통령들의 부적절함과 더 강력한 군사 통치의 필요성을 입증하려 했다. 군부 세력을 꺾는 데 실패한 압두라만 와히드 대통령 임기(1999-2001) 동안에는 특히 그랬다.16) 자카르타와 말루쿠 폭력 사태 이후 이루어진 인터뷰에는 구체적으로 1998년 5월 자카르타의 중국인 공동체에서 일어난 방화, 약탈, 강간 사건처럼 갖가지 신체 상해 행위를 저지르고 상당한 돈을 받았다고 주장하는 실업자들의 법정 진술이 포함되어 있었다.17)

피스빌딩에서의 가톨릭교회의 역할

1990년대 후반 인도네시아 상황에 대해 상세히 소개한 이유는, 지역에서의 긴장이 국가적 분쟁으로 확산되는 것을 막음으로써 평화를 만들고 폭력을 억제하기 위해, 종교 지도자들과 공동체가 직면해야 했던 복잡한 현실을 분명히 파악할 수 있기 때문이다. 가톨릭교회는 전국적으로나 지역 차원에서 다양한 피스빌딩 시도에 관여했다. 이제 진실 규명과 위기 개입, 평화 교육, 갈등의 모든 단계에서 여러 종교와 시민 사회의 활동, 그리고 갈등을 겪고 있는 공동체들 사이의 신뢰 촉진과 같은 노력에 초점을 맞추어 보자.

진실 규명 : 위기 센터

인도네시아 가톨릭 주교회의는 1999년 칸토르 주교회의 사무국 내에 위기 센터를 설치하여 처음으로 위기에 대응했다. 센터장은 가톨릭 사제가 맡았지만, 직원 중에는 이슬람교도와 개신교도가 포함되어 있었다.

위기 센터에 주어진 임무는 그 나라에서 일어난 모든 민족적, 종교적 갈등에 대한 정보를 추적하고 수집하는 것이었다. 이 임무는 갈등이 일어난 지역에 종교와 민족이 혼합된 팀을 파견하여 이루어진다. 폭력 피해자, 정부와 군부 관료, 그 지역의 이맘, 사제, 학교 교사 같은 중간 지도자, 그리고 마을, 교구, 모스크의 일반 신자와의 인터뷰를 통해, 위기 대응팀은 실제로 무슨 일이 일어났는지, 이유는 무엇인지 밝혀내려 했다. 겉으로 드러난 불만은 진짜 문제가 아니었고, 입에서 입으로 전해진 보도는 무슨 일이 일어났는지에 대한 정확한 설명이 아닌 경우가 많았다. 실제로 폭력을 일으킨 가해자는 다른 사람에게 조종되거나 이용당한 얼치기에 불과하거나, 때로는 수상한 이해관계를 지닌 사람들에 의해 고용되거나 돈을 받은 사람들이었다.

갈등에 대해 정확하게 문서로 정리해 두는 일은 모든 측의 과장되고 선동적인 주장에 맞서기 위해 중요했다. 특히 모든 소통 매체가 신뢰받지 못했던 1990년대 인도네시아 갈등 사태 같은 상황에서, 무

책임한 소문 퍼뜨리기는 평화를 가로막는 고의적이거나 부주의한 장애물이었다. 심지어 정확한 정보가 전달될 때도, 선택적이거나 일방적으로 전달되는 일이 많았다. 따라서 그리스도인은 불타거나 훼손당한 교회의 숫자와 위치에 대해 잘못된 정보를 전해 듣고 고통스러워했겠지만, 마찬가지로 모스크와 이슬람 건물에 발생한 사태에 관해서도 알지 못했다. 물론 무슬림의 상황도 마찬가지였다.

주교들이 평화에 기여한 중요한 활동 가운데 하나는 지역 갈등에 관해 상세하면서도 정확하고 초교파적 정보를 제공한 것이었다. 현장 조사 덕분에, 위기 센터는 그 나라에서 지역 갈등에 관한 가장 정확한 정보, 즉 매우 정확한 사망자 수치, 불타버린 교회와 모스크 목록, 대학살과 파괴에 대한 섬뜩한 사진 증거, 그리고 수천 페이지에 이르는 폭력 목격자와 피해자들의 증언 등을 갖고 있었다. 이 자료는 사람들을 자극하는 잘못된 정보에 대응하고, 갈등이 한 지역에서 다른 지역으로 확산되는 것을 방지하는 핵심 요소였다.

주교들이 가톨릭 신자나 다른 그리스도교인만이 아니라 무슬림들과도 함께 센터를 꾸려 나가기로 결정한 덕분에 위기 센터의 신뢰도는 한층 높아졌다. 공동체 사이의 폭력 사태에 연루된 사람들에 대해 조사하는 임무에서 신뢰성은 필수 요소였다. 갈등 지역에 파견된 그리스도교 대표단은 그리스도교인에게 열렬한 환영을 받을 것이고, 그들은 대표단에 자기 이야기를 하며 깊은 사죄의 뜻을 전하겠지만, 같은 대표단이 적개심과 의심의 눈초리를 지닌 이슬람교도로부터는 거부당할 수도 있다. 따라서 다양한 종교인으로 구성된 진상 조사 대표단을 파견하자는 아이디어는 지역 상황과 내재해 있는 불만에 대해 보다 균형 있고 전체적으로 파악하게 하는 이점이 있었다. 또 폭력적인 갈등에 휘말려 있는 사람들에게 인도네시아의 모든 지역에 살고 있는 무슬림과 그리스도교인이 계속해서 평화롭게 어울려 살 수 있고, 평화를 이루기 위해 함께 활동할 수 있다는 사실을 상기시키는 역할도 했다. 이 혼합 대표단은, 상황을 양극화시키고 '타인'을 타협할 수 없는 사악한 적대자로 악마화하려는 지역 성향에 맞서, 화합의 조용한 증인 역할을 수행했다.

평화 교육하기

위기 센터의 업무는 필연적으로 상당히 제한되어 있었다. 주교들에게 맡겨진 일반적인 임무는 복음 메시지의 핵심 요소인 피스빌딩에 대해 가톨릭 신자를 교육하는 일이었기 때문이다. 사목 서한은 하나의 효과적인 도구였다. '슬픈 시기' 동안, 주교들의 연례 사목 서한은 갈등을 촉발한 요인을 분석하려 했고, 모든 사람에게 인도네시아인 공통의 시민 의식과 하느님 자녀로서의 공통된 인간성을 인정하도록 촉구했다. 사목 서한은 그리스도교 신앙의 관점에서 쓰였지만, 갖가지 갈등에 당파적인 입장을 취하지 않으면서, 모든 사람을 위한 정의와 평화를 제안했다. 이런 사실은 여러 종교와 민족 집단에 속해 있던 인도네시아인의 존경을 얻었다. 예를 들어, 1999년의 서한, "희망에 차서 일어서라(Rise and Stand Up in Hope)"는 인도네시아 가톨릭 신자에게 "전 국민이 함께 뭉치는 일은 가치 있으며, 부도덕과 싸우고, 미래를 구축하는 더 큰 힘이 될 수 있다"는 사실을 상기시켰고, "폭력에 폭력으로 대응하지 말라"고 촉구했다. 또 이 서한은 가톨릭 신자에게 "도덕적 자질을 갖추고, 국민 전체의 이익, 국민통합과 일치에 충실한 정당에 투표할 것"을 촉구했다.18) 서한은 언론에서 널리 논의되었고, 많은 무슬림 학자와 지도자가 감사하는 마음을 담아 이 서한에 대해 논평했다.

사목 서한은 모든 형태의 종교적 극단주의와 종교의 이름으로 폭력을 이용하는 행위를 규탄했다. 이런 비난이 가톨릭 신자에게 종파간 폭력 사태에 관여하는 것을 완전히 단념시키지는 못했지만, 그리스도교 공동체와 그 가치를 옹호하겠다는 명분으로 폭력을 정당화하면서 무슬림에 대한 폭력을 조장하거나 복수하는 일을 어렵게 만들었다.

폭력을 사회문제 해결 수단으로 보는 태도에 대한 명료하고 확고한 거부는 인도네시아 주교들이 평화에 기여한 주요 공헌 중 하나였음이 입증되었다. 가톨릭 신자들은 지역과 민족 갈등의 복잡한 경제적, 정치적, 사회적 기반을 밝히기보다, 그런 갈등의 책임을 그저 이슬람교도들에게 돌리고 싶어 했다. "무슬림은 폭력에 빠지기 쉽다, 무슬림은 다른 사람들과 어떻게 살아야 할지 모른다, 무슬림은 자신만의 이슬람국가를 원한다, 무슬림은 성전(聖戰)을 벌여야 할 의무가 있다" 등의 상투적인 문장, 일반화, 그리고 고정관념이 거리낌 없이 반복되었다. 주교와 많은 종교 지도자들은 다른 사람을 비인간화하고, 그들을 이름 없는 적으로 만드는 온갖 종류의 편견과 증오를 비난함으로써, 신자들에게 피상적이고 불합리한 일에 주의를 돌리기보다는 실제 문제에 초점을 맞출 것을 권고했다.

평화를 위해 함께 활동하기

평화를 구축하려는 임무가 종교 공동체의 어깨에만 실려 있는 것은 아니므로, 종교 공동체는 평화를 위한 모든 진지한 노력을 지원하기 위해, 시민 사회뿐만 아니라 다른 종교 집단들과도 협력할 준비를 갖추고 있었다. 말루쿠와 포소 갈등을 종식시킨 2001-2002 말리노 합의(Malino Accords)를 이루는 데 종교 공동체가 수행한 역할에 대해서는 주목할 점이 많다. 이런 갈등이 외부의 개입 없이는 해결되지 않을 것이 분명해지자, 인도네시아 정부는 갈등 지역으로부터 35명의 그리스도교인과 35명의 무슬림을 초청하여 술라웨시 남부 휴양도시 말리노에 모이게 했다. 진지한 심의를 거친 끝에 이들은 적대감의 종식과 내전으로 파괴된 지역의 재건을 위한 기본 규칙을 정한, 두 개의 말리노 합의를 탄생시켰다.

말루쿠에서 가장 격렬한 싸움이 벌어졌던 1999년부터 2001년까지, 지역 종교 지도자와 종교와 연결된 언론 매체는 당파적인 입장을 취하는 경향이 있었다. 무슬림 지도자와 언론은 그리스도교인이 무슬림에게 저지른 범죄와 학살을 비난했고, 그리스도교 지도부와 언론은 그리스도교인이 무슬림에게 당한 잔혹 행위를 강조했다. 그러나 종교 지도자들이 말리노 심의에 참여하는 사이, 말루쿠 전역에 있던 모스크와 교회는 평화를 위한 특별한 기도회를 열었다. 그리스도교와 무슬림 두 공동체는 협정을 지지하고 갈등 이후 재건과 화해를 위한 노력에 참여해 줄 것을 요청받았다. 가톨릭 주교는 자신들의 권위를 활용하여 가톨릭 대표단을 이끌며 교구 각 본당에 합의서를 공개하고, 더 어려운 일로는, 그 합의가 실행되도록 지원하는 식으로 말리노 평화과정에 헌신했다. 합의서의 세부사항을 연구하기 위해 교구마다 회의가 열렸다. 종교 친화적인 언론인은 공동체 사이의 분쟁에 대해 보다 객관적이고 덜 일방적인 보도를 내놓기 위해 합동 세미나를 조직했다.

그후 몇 년 동안, 지역 이슬람교와 그리스도교 공동체는 특히 화해 영역에서 지역 사회에 보다 확실한 평화의 발판을 수립하기 위해 많은 활동을 벌였다. 그들은 편견을 줄이고, 훈련 프로그램을 조직하고, 지역 평화 위원회를 설립하고, 갈등 이후 광범위하게 발생한 트라우마 현상에 대응하는 데 필요한 심리·사회적 작업을 수행하는 등, 풀뿌리 수준에서의 활동에 나섰다. 주로 청년과 대학생으로 구성된 작은 팀은 어디서든 종교적으로 혼합된 형태로, 한 마을에서 다른 마을로, 한 도시에서 다른 도시로, 한 섬에서 다른 섬으로 옮겨 다니며 화해를 위한 세미나를 개최했다. 그 아이디어는 사람들에게 각자의 원망을 표현할 수 있는 기회, 분쟁을 겪는 동안 느꼈던 감정을 공유할 기회, 너무나 자주 깊이 상처 입은 채로 남아 있었던 분노, 두려움, 상실감을 토로할 기회를 주었다. 그들은 '다른 편에 있는' 이웃의 이야기, 갈등에 대한 견해를 경청할 기회도 가졌다. 지역 주교와 사제들은 기회 있을 때마다 이런 세미나에 참석했다.

말루쿠에서든 포소에서든 피스빌딩은 다각화되어야 한다는 사실이 분명해졌다. 평화는 위로부터 강요될 수 없고, 풀뿌리에서만 자라나는 것으로 기대될 수도 없다. 사회 모든 분야에서 지속적인 평화를 만들어 내기 위해 각자의 역할을 해야 한다. 협상에 참여하고, 휴전을 모색하고, 무장 파벌이 국제법과 전쟁 범죄 협약의 범위 내에서 행동하게 하기 위해서는, 군부나 최고 정치 지도부에 동기를 부여해야 했다. 종교와 민족 지도자, 지식인, 학자로 구성된 사회의 중견 지도층은 평화 위원회에 참여하고 갈등 해결과 전환을 목표로 하는 훈련 프로그램을 시작하거나 지원하도록 요청받았다. 간단히 말해서, 말리노 합의는 애초에 무장 집단을 규제하기 위한 것이었지만, 가톨릭 주교, 개신교 시노드(종교회의에 참여하는 대의원), 그리고 무슬림 지도자가 책임지고 각자의 공동체를 동원한 덕분에 평화를 구축하는 데 크게 도움이 되었다.

이로써 종파에 기초한 폭력에 종지부를 찍는 데 성공했다고 말하는 건 아니다. 하지만 2001년 12월 말리노 합의 서명이 이루어진 첫 해에, 30건 이상의 합의 위반이 있었지만 대부분이 소규모였다. 인도네시아 곳곳에서 라스카르 지하드 같은 민간 군대의 개입뿐만 아니라 로켓 발사, 저격, 몇몇 마을과 많은 예배처에 불지르기와 같은 저급한 차원의 전투도 중단되었다. 무슬림과 그리스도교 마을을 차단했던 도로 봉쇄와 검문소가 제거되고, 피난민들이 점차 자기 집으로 돌아오고, 파괴된 마을은 정부의 도움을 받아 재건되었다.

신뢰의 중요성

진정한 평화를 수립하는 데 분명한 걸림돌은 폭력적인 갈등으로 생긴 신뢰의 파괴이다. 말루쿠, 포소, 또 그 밖의 지역에서 신뢰의 결여는 갈등 이후의 피스빌딩 시도를 지속적으로 괴롭혔다. 갈등이 빚어지던 기간 동안, '적'은 악마화되었고 신뢰할 수 없는 존재로 묘사되었다. 반대편 사람들은 '적'의 말과 행동이라면 타협과 화해를 위해 긍정적으로 표현된 것조차도 믿지 않으려 들었다. 방어적으로 생각하기 시작하면서, 신뢰의 범위는 믿을 수 있는 최소한의 사람으로 좁혀졌다.

갈등 후 인도네시아에서 교회가 직면한 도전 과제는 이웃과 지도자에 대한 신뢰를 재건할 방법을 찾는 일이었다. 신뢰할 수 있는 사람만이 갈등을 해결할 평화로운 수단과 화해라는 어려운 과정을 찾아나가도록 다른 사람들에게 영향을 줄 수 있기 때문이다. 이때 다양한 관계를 맺고 있는 사람들, 친분이 있는 사람들, 유대가 있는 사람들과의 모임은 가장 중요하다. 친척까지 확장된 가족은 확실히 가장 좁고 가장 강력한 신뢰 집단이다. 그 다음 집단은 교회, 모스크, 또는 절에 모여 같이 예배드리는 사람들로, 이들은 서로에 대한 도움과 믿을 수 있는 정보의 원천이 된다. 다른 곳에서와 마찬가지로, 인도네시아에서 종교 지도자, 그리고 이들과 연관된 사람들이 파벌주의 경향을 극복하고 높은 수준의 통합성과 신뢰를 유지할 수 있었던 것은, 그들이 사회의 재건과 화해에 중요한 역할을 할 수 있었던 덕분이다.

화해를 이루기 위해 교구는 다른 시민 사회 협력자들과 함께 활동해야 했다. 동네 방범대, 여성 단체, 학교, 학부모-교사 모임, 현지 비정부기구, 노동조합, 마을 활동가, 지역 보건 담당 공무원, 부족 협의회, 기업가 협회, 그리고 난민 캠프 지도자, 이들 모두가 가장 심각한 시기에도 어느 정도의 신뢰를 유지할 수 있었다. 신뢰할 수 있는 개인과 단체를 종교 지도자가 어떻게 식별하느냐가 중요했다. 재건과 화해의 과정은 그런 신뢰 집단과 더불어 수행되어야 했기 때문이다.

대중에게 인기를 얻지 못하는 정치 당국, 군부 관계자, 경찰, 그리고 정부 기관에서 일하는 지역 관료처럼 불신과 의혹의 시선을 받은 사람들 역시 평화 과정에 다가서고 참여하게 해야 했다. 많은 경우 그들은 갈등을 일으킨 양자의 어느 한편과 동일시되거나, 부패나 부당 이득을 취하는 등, 갈등을 자신의 이익을 위해 이용했었다. 비록 이 글이 인도네시아에서 가톨릭교회의 피스빌딩 노력에 관한 것이긴 하지만, 무슬림 지도자들 역시 그리스도교 지도자들만큼이나 평화를 증진시키는 데 영향력을 발휘했다는 사실을 배제하는 건 불공평한 일일 것이다. 이 나라의 압도적인 다수가 무슬림이라는 사실과 지역 갈등이 전면적인 내전으로 확대될 위험이 크다는 사실을 감안하면, 지속적으로 평화를 요청한 무슬림 지도부는 폭력 사태를 억제하는 데 핵심적인 요소였다.

이 나라에서 가장 큰 두개의 무슬림 단체인 신자 4천만 명의 나흐다툴 울라마(Nahdatul Ulama)와 신자 2천 5백만 명의 무함마디야(Muhammadiyah)는 종파에 기초한 폭력과 분쟁에 대해 지속적으로 비판적이었다. 자주 교회에 폭탄을 심었다는 협박 사건이 있었는데, 이들 단체의 청년단에 속한 이들이 교회 주변에 보호 저지선을 설치하고 수상쩍은 물건을 찾기 위해 교회를 뒤지는 일에 자원하기도 했다. 잘 알려진 사례로, 동 자바에서 상점 직원이던 리얀토라는 무슬림 청년이 교회에서 폭탄을 발견했다. 그리스도인들의 경배 장소에서 떨어진 배수구로 안전하게 옮기자마자 폭탄이 폭발했고, 리얀토는 그 자리에서 죽고 말았다. 자바에 있는 모든 가톨릭교회는 리얀토의 영혼을 하느님께 봉헌하는 특별한 기도를 바쳤다. 리얀토는 오늘날까지도 인도네시아 공동체 화합의 영웅 가운데 한 사람으로 기억되고 있다.*

---

* 리얀토(Riyanto) 사건 : 수하르토가 몰락한 후의 혼란 속에서 테러 조직은 여전히 인도네시아 전역에서 공격을 계속했다. 가장 악명 높은 공격 중 하나는 알 카에다(Al Qaeda) 세력이 2000년 크리스마스를 앞두고 전국 교회에 대규모 폭격을 계획한 것이었다. 나흐다툴 울라마 청년단인 밴서(Banser)는 그리스도교 형제들에 대한 선의의 표시로 인도네시아 전역의 교회를 지키는 오랜 전통을 가지고 있었다(이 전통은 여전히 유지되고 있다고 한다). 사건이 벌어진 날 밤, 리얀토는 동부 자바에 있는 에벤에자르 교회를 보호하기 위해 자원한 밴서 소속 청년 네 명 가운데 한 사람이었다.

배워야 할 교훈들

하나의 갈등에도 여러 다른 종교 전통이 작용하니, 어떤 사례든 그것 하나만으로는 우리가 피스빌딩과 관련하여 알아야 할 모든 것을 얻을 수 없다. 그러나 피스빌딩 과정에서 여러 종교가 함께 할 수 있는 대응 목록을 마련하는 데 도움이 되는 건, 구체적인 사례로부터 파생된 교훈이다. 이런 교훈을 얻었다 해도, 섣부른 이론화나 일반화에 빠지지 않도록 주의해야 한다. 어쨌든 그 동안의 사례에서 배우고 수집한 교훈을 통해서만, 여러 종교가 뒤얽힌 갈등 현장에서 피스빌더들이 보다 효과적으로 대응할 원리를 만들어 나갈 수 있다.

결론 부분에서는 인도네시아 갈등 상황으로부터 배울 수 있는 교훈을 모아 본다. 이 작업은 여러 종교의 상호작용이 어떻게 갈등 상황에 긍정적으로 또는 부정적으로 영향을 미치는지 이해하는 데 도움이 될 것이다. 모든 갈등은 아주 장구한 역사 안에 위치해 있다. 게다가 갈등의 모든 원인이 갈등 상황 자체에 담긴 내적인 것만은 아니다. 세계화와 국제적인 소통 패턴이 지역 갈등에 영향을 미쳐 지역 갈등을 전 세계적 맥락으로 확산시키기도 한다. 유비쿼터스로 세계 어디서나 가능한 언론 보도 덕분에, 지정학상의 한 사건이 전 세계 민족적 종파 공동체 관계에 영향을 미치기도 한다. 30년 전까지만 해도 일어날 수 없었던 일이다. 훨씬 넓은 맥락에서 만들어진 복합성을 염두에 두면서, 종교간 피스빌딩에 대해 배운 교훈들을 소개한다.

1. **종교 지도자들은 피스빌딩에 리더십을 부여할 특전적 기회를 지니고 있다.**

인도네시아에서 종교 지도자는 사회 대부분의 사람은 누릴 수 없는 사회적 이동 능력을 갖고 있다. 그들은 농민, 공장 노동자, 무장 민병대와 만난 같은 날에 국무장관, 주지사, 군부 지휘관을 만날 수 있다. 종교 지도자는 대체로 정치인, 정부 관료, 군 장교는 얻기 힘든 상당한 신뢰를 얻는다. 많은 사람은 종교 지도자가 대중의 불만에 귀 기울이고, 차별과 폭력 피해자의 곤경을 파악하는 데 더 능숙하고, 대중에게 최선이 무엇인지에 관심을 갖고 있으리라 생각한다. 결과적으로, 대중은 '다른 사람에게' (아무리 힘과 권위 있는 지위에 있는 사람이라도 대중이 그의 선의를 확실히 신뢰할 수 없으니) 말할 때보다, '자신의' 지도자를 믿고 털어놓을 때 더 솔직해지는 경향이 있다. 또 확실히 대중은 거리감이나 시기심, 원망을 품게 되는 사람보다는 신뢰하는 지도자로부터 평화를 위한 타협 제의를 받을 때 더 진지하게 고려할 마음을 먹는다.

지역 차원에서는 존경받는 지도자가 평화에 대해 호소할 때 더 즉각적인 결과를 낳는다. 1998년 5월 최악의 폭력 사태 때, 족자카르타 중부 자바시의 술탄 하멩쿠부워노 X(Sultan Hamengkubuwono X)가 주민에게 "거리에 나오지 말고 집에 머물라"고 직접 호소하는 방송을 했을 때, 사람들은 이 한 사람의 말에 복종했고, 족자카르타는 그 어떤 폭력도 경험하지 않은 자바의 몇 안 되는 도시 중 하나였다.

2. 종교 지도자들이 서로 직접 알고 지내면, 갈등 시기에 더 효율적인 피스빌더가 될 수 있다.

이것은 종교간 대화라는 사회교류가 만든 이점 중 하나다. 냉소주의자에게는 시간 낭비나 종교적 신념을 희석시키는 일이라고 매도당하기도 하지만, 종교간 대화는 여러 종교 지도자 사이에 소통 체계를 만들어 구체적인 결과를 낳는다. 이것은 위기 시기에 특히 탁월한 효과를 내는 것으로 판명되었다. 말루쿠에서 종교 지도자들은 말리노 심의 과정에서 없어서는 안 될 역할을 수행했다. 여러 해 동안 그들이 여러 위원회와 대화 모임을 통해 서로 알고 지낸 덕분이었다. 마찬가지로 국가 차원에서 종교 지도자들이 오랫동안 맺어 온 관계는 평화에 대한 일관된 호소를 강화시켰다. 이 호소는 갈등에 대한 차분하고, 비폭력적이며, 타협적인 해결을 위한 공동 선언을 내놓은 일에서처럼, 지역의 종파 갈등이 전면적인 내전으로 확대되는 것을 막는 핵심 요소였다.

3. 다양한 집단을 하나로 통합하기 위해 고안된 이념적 장치들은 본질상 모호해서, 개인이나 집단의 이기적인 목적을 위해 이용될 수도 있다.

인도네시아에서는 판차실라가 가장 적절한 사례다. 판차실라는 원래 다양한 종교 공동체(*케투하난* [ketuhanan] - 일신교 신앙이라는 이념을 통해), 민족 집단, 지역, 언어, 사회 계급(*페르사투안* [persatuan] - 하나의 나라라는 이념을 통해)을 통합하기 위해 만들어진 철학이지만, 수하르토 정권에 유리하도록 조작되고 이용되어 대중을 통제하고, 고분고분한 동조자를 끌어모으고, 반대파를 진압하는 데 활용되었다. 수하르토가 몰락할 무렵, 판차실라는 너무 신망이 떨어져 더 이상 피스빌딩을 위한 통일 철학으로 사용될 수 없었다.

4. 진실 말하기는 피스빌딩의 필수 도구다.

인도네시아에서 거짓 소문과 비난을 퍼트리는 것이 공동체 갈등을 조장하는 성공적인 수법이었기에, 정확한 정보를 꼼꼼하게 수집하는 일은 폭력의 확산을 막고 화해를 도모하기 위한 핵심 작업이었다. 악의적인 루머만큼 민족이나 종교 집단 사이의 신뢰를 무너뜨리는 것은 없다. 의심과 원한은 사람들에게 '적'이 지닌 최악의 모습을 믿게 한다. 범죄와 만행에 대한 과장되고 일방적인 설명은 호전적인 명분을 지지하게 만들고, 폭력 사태를 연장시키는 일에 동원되는 자원자들을 모집하는 데 아주 효과적인 수단이다. 반쪽 진실, 거짓말, 과장, 그리고 욕설에 맞서기 위한 유일한 방법은 주의 깊게 진실을 모으고 제시하는 것이다. 이 일은 어느 정도는 성공적이었는데, 아마도 이 작업은 인도네시아 주교들이 만든 위기 센터가 피스빌딩을 위해 한 가장 큰 공헌일 것이다. 진실에 대한 헌신은 갈등 양측이 자신의 관점과 불만을 제시할 때도 일관되게 공정한 태도를 견지하려는 노력, 그리고 자신의 공동체가 저지른 잘못과 범죄에 대해 자기 비판적으로 인정하는 의지를 포함한다.

5. 세계 도처에서 그렇듯이, 인도네시아에서 종교는 일련의 신념과 의식 그 이상이다.

종교는 정체성을 뚜렷이 구분 짓는 특징이다. 일군의 사람을 공동체의 정체성을 공유하지 않는 다른 사람과 구분한다. 한 사람의 종교는 대개 그가 사는 곳, 자녀들이 다니는 학교, 그가 하는 일의 종류,

함께 축하하는 축제, 친구, 심지어 언어나 방언이 무엇인지까지 나타낸다. 이것은 서유럽과 북아메리카의 관찰자들이 종종 간과하는 특징이다. 종교 집단 사이에 갈등이 발생했을 때, 그 원인은 신학적인 것이 아니라 대개는 정체성과 관련된다. 한정된 재화나 재산을 둘러싼 경쟁 같은 요소가 내포되어 있을 수 있지만, 갈등의 밑바탕에 자리잡은 진짜 동기를 찾기 위해서는 분노, 원망, 시기심, 불안감 같은 인간의 감정도 조사해야 한다. 종교 지도자들과 평화 활동가들이 갈등을 해결하고 갈등에 대한 현실적인 대안을 마련하려 한다면, 그들은 이런 근본적인 동기까지 다뤄야 한다.

6. 평화 교육은 종교 단체가 할 수 있는 또 하나의 중요한 공헌이다.

모든 위대한 종교의 가르침은 평화를 지향하지만, 사람들이 위기 상황에 놓였을 때 이런 가르침을 적용하기는 어렵다. 종교 지도자들은 한편으로는 각자의 전통에서 발견되는 지혜를 끌어내야 하고, 또 다른 한편으로는 사람들이 갈등의 시기에 도덕적, 종교적 가치를 적용하도록 도와야 한다. 인도네시아 주교들의 사목 서한이 가톨릭 신자와 다른 사람의 존경을 받을 수 있었던 것은 그 서한이 인도네시아 사회의 긴장을 이해하는 데, 또 폭력보다는 화합과 정의를 배양하는 방법으로 긴장에 대처하는 법을 이해하는 데 도움을 줬기 때문이다.

7. 각 종교마다 평화 활동가를 준비시키는 일은 오늘날 아시아에서 필수 불가결한 임무다.

종교 지도자 자신이 갈등 분석과 갈등 전환법으로 훈련되지 않았다면, 그런 훈련을 받은 사람들에게 전문 지식과 경험을 요청할 수 있어야 한다. 오늘날 어떤 다원주의 사회에서나 가장 시급한 과제 중 하나는 위기의 순간에 도움이 될 피스빌딩 기술을 갖춘 활동가들을 많이 준비시키는 일이다. 아시아 무슬림 행동 네트워크(Asian Muslim Action Network, AMAN)가 매년 제공하는, 방콕에 기반을 둔 평화 연구 과정 같은 피스빌딩 프로그램은 이런 목적을 진지하게 충족시킨다. 이 과정은 국제적이고 다종교적인데, 적극적인 방식으로 갈등을 분석하고 전환하는 훈련을 시켜, 아시아 각 나라에 평화 활동가의 '기반' 구축을 목표로 한다. 현재 인도네시아에는 국내에서나 국제적으로 활동할 피스빌딩 활동가를 양성하기 위해 조직된 비정부기구가 300개 이상 있다.

8. 피스빌딩은 그저 사태에 대처하는 것으로 만족해서는 안 된다.

한 사회에서 긴장과 해결되지 않은 문제들이 폭력으로 분출되고 나면, 어떤 의미에서 최적의 피스빌딩은 이미 너무 늦은 것이다. 그 어려운 작업은 오래전에 행해졌어야 한다. 폭력 사태가 벌어진 시기에, 피스빌딩은 피해의 통제, 폭력의 억제 그리고 용서와 화해라는 거의 초인적인 작업을 수행해야 한다. 공동체와 개인들이 살인, 방화, 약탈, 강간을 경험했을 때 그들의 반응은 뿌리 깊은 감정에 의해 결정된다. 여러 세대 동안 함께 살아온 이웃들은 서로를 적으로, 합리적인 해결책을 찾을 수 없는 미친 살인자, 약탈자, 강간범으로 보게 된다. 따라서 모든 피스빌더들이 배운 슬픈 교훈은 이미 분출된 폭력사태에 대처하는 것보다 폭력 사태가 일어나지 않도록 예방하는 게 훨씬 효과적이라는 사실이다.

위기 센터가 '슬픈 시기' 이후 해체되지 않고, 그 대신 이름과 사명을 바꾼 것도 이 때문이다. 갈등이 빚어진 시기 동안 이루어진 활동을 돌이켜 보면서, 위기 센터에 관여한 사람들은 센터의 장기 업무가 향후의 갈등을 예방하는 것이었어야 한다는 점을 깨달았다. 위기 센터 활동가들은 사회의 긴장과 부당함을 다루고, 갈등이 폭력으로 폭발하기 전에 잠재적인 정체성 충돌을 인식하고, 진정한 평화의 기초가 될 수 있는 공동의 가치와 이상에 기초한 진정한 다원주의를 구축함으로써, 갈등 예방 작업을 수행한다. 폭력 사태가 거의 끝난 2003년 이후, 위기 센터는 처음에는 화해 세미나를 만들어 진행하는 프로젝트에 관여했다. 그러나 지난 2004년 아체에서 발생한 쓰나미로 13만 명 이상이 사망하고 50만 명 이상이 집을 잃었을 때, 위기 센터에 의해 모집되고 훈련된 평화 활동가 네트워크가 (이번에도 종교와 민족이 혼합된 조직으로) 피해자들을 지원하고, 집과 학교를 재건하기 위한 활동에 나섰다. 다음 해, 같은 네트워크가 자바 중부에 있는 족자카르타와 서부 자바에 있는 판간다란에서 발생한 지진 피해자들을 돕기 위해 소환되었다. 이런 경험을 바탕으로 새로운 협회인 사하바트 인산(Sahabat Insan - 인류의 친구라는 의미)이 만들어졌다. 협회의 목적은 인도네시아 내에서 서로에게 고통을 야기하거나 사람들을 분열시키는 사회 문제에 대응하려는 것이었다. 이렇게 사명을 폭넓게 잡은 것은, 1997-2001년 사이에 일어난 갈등을 교훈 삼아 변화하는 인도네시아 사회를 점검해 나갈 수 있도록, 또 조직의 구조와 전망이 화석화되지 않게 유연성을 제공하기 위해서였다. 이런 식으로 위기 센터는 이전과 같은 폭력의 재발을 막기 위해, 계속 인류의 친구로 살아가고 있다.

9. 용서는 피스빌딩의 필수 요소다.

용서는 인도네시아 주교들이 내놓은 사목 서한과 다른 성명서의 일관된 주제였으며, 위기 센터와 말루쿠, 포소, 그리고 다른 갈등 지역에 있던 교구와 본당이 수행한 화해 활동에 활기를 불어넣었다. 이 어려운 과정의 주요 측면을 요약하는 게 도움이 될 것이다.

교황 요한 바오로 2세는 평화가 정의와 용서라는 두 기둥에 기반을 두고 있으며, 기둥 하나로는 충분하지 않고, 진정한 평화를 위해 둘 다 필요하다고 가르쳤다. 억압받는 사람들에 대한 정의의 요구를 무시하는 평화 계획과 로드맵은 평화를 위한 토대를 마련할 수 없다. 갈등 상황에서 더 힘이 없는 쪽은 일방적 조건에 동의하도록 강요받을 수 있다. 내면적으로는 그 조건을 결코 받아들이려 하지 않겠지만, 분노와 고통이 가중되면서 어떤 사소한 일로 또 다른 폭력 사태가 터질 수도 있다. 불의는 감염된 채 드러난 상처와 같아서 진정한 정의가 실현될 때까지 치유될 수 없기 때문이다.

그러나 용서 없는 정의는 민족들 사이의 평화를 가져올 수 없다. 정의는 태도를 바꿀 수도 부서진 관계를 치유할 수도 없다. 정의는 한 개인이나 공동체가 서로를 용서할 때만 가능해진다. 아마 인간의 태도 가운데 진정한 용서보다 더 어려운 건 없을 것이다. 용서는 사람들에게 일정 수준의 정신적, 감정적 관대함을 요구하는데, 이런 관대함이야말로 이런 때에 더 빛을 발한다. 잘못을 저지른 사람이 자기 잘못을 시인할 때, 용서는 더 쉽다. 범법자들이 죄를 인정하거나 뉘우치지 않을 때, 뉘우치기는커녕 범법자들이 자신의 비행을 자랑삼아 떠벌일 때 용서는 거의 불가능해진다.

폭력적인 갈등 상황에서 잘못된 행위는 대개 양측 모두로부터 저질러진다. 한쪽은 무자비한 탄압자이고 다른 한쪽은 전적으로 무고한 피해자인 경우는 드물다. 더군다나, 자신이 다른 사람들에게 가한 비행보다 자신이 겪은 고통을 더 잘 알아차리고 민감하게 반응하는 게 인간의 현실인 법이다. 따라서 화해 과정은 서로의 죄를 인정하고 함께 용서를 구하는 매우 복잡하고 어려운 임무를 다뤄야 한다.

여기서 신앙 공동체는 화해 분위기를 조성하는 데 중요한 역할을 할 수 있다. 인도네시아의 공식 종교인 이슬람과 그리스도교 둘 다는 일관되게 "용서하는 게 더 낫다(it is better to forgive)"[19]고 가르친다. 무슬림과 그리스도인은 하느님이 싸움으로 분열된 사람들의 소원한 관계가 영원히 지속되기를 원하지 않으신다는 것을 알고 있다. 오히려 하느님은 믿는 이들이 하느님이 하시듯이 행동하고, 자기가 저지른 잘못을 뉘우친 사람들을 기꺼이 용서하기를 바라신다. 하느님이 회개하는 죄인과 화해하기를 원하시듯이, 두 종교는 다른 사람을 용서하는 사람은 하느님으로부터 보답을 받게 되리라고 가르친다. 더 나아가 두 종교는 *참회*(*tawba, metanoia*)*의 중요성을 가르치는데, 실천적인 의미에서 어느 누구도 과거의 포로가 아니며 결코 용서받을 수 없는 범죄는 없다는 의미이다. 따라서 종교적 투신은 그것이 내면화되고 양심적으로 실천될 때, 용서라는 인간에게 가장 힘겨운 태도를 발휘하게 하는 동기가 될 수 있다.

> * 타우바(tawba) : 알라에게로 '돌아간다(retuning)'는 의미의 이슬람 핵심 개념으로, 쿠란과 예언자 무함마드가 반복적으로 요청한 행동이다. 겸손하게 자신의 오류를 인정하고, 용서를 구하면서 진실한 후회를 표현하고, 앞으로 자신을 개혁해야 한다는 의미를 담고 있다.
> * 메타노이아(metanoia) : 그리스어($μετάνοια$)의 음역으로, 일반적으로 '마음의 변화,' 특히 '영적 회심'으로 이해된다. 거부, 마음의 변화, 회개와 속죄를 의미한다.

피스빌더들은 용서보다 더 어려운 인간의 행동은 없다는 점을 현실적으로 받아들여야 한다. 사람들이 일상의 사소한 일을 용서하기 힘들어 한다면, 다른 사람의 손에 사랑하는 사람, 집과 재산, 신체 건강과 정신의 온전성, 그리고 인생 자체를 빼앗겼을 때, 용서하기란 얼마나 큰 도전이겠는가. 갈등 이후와 같은 상황에 놓인 사람에게 종교적 가르침은 공허한 것으로 보일 수 있고, 원망을 다스리기보다 오히려 원망에 빠져 복수하고 싶은 욕망에 유혹 당할 수도 있다. 그런 상황에서 용서라는 종교적 태도는 부적절해 보이고 성취하기는 더 더욱 어려울 수 있지만, 그동안의 경험으로 보건대 상처와 원한, 보복이라는 끝없는 순환에 다른 대안이 없다는 사실은 분명하다.

마지막 성찰

피스빌딩과 종교간 대화는, 어떤 사람들은 피스빌딩에만 또 다른 사람들은 종교간 대화에만 참여하는, 교회의 두 가지 분리된 활동으로 간주되어서는 안 된다. 오히려 종교간 대화와 참여는 피스빌딩의 하나의 특징으로 보아야 한다. 말을 바꾸면, 종교적으로 다양한 상황에서 피스빌딩이 효과적이기 위해서는 종교 사이를 넘나드는 성격을 지녀야 한다. 종교 단체가 스스로 할 수 있고 해야만 할 일이 많지만, 종교 단체가 이웃 종교를 넘나들며 활동하면 더 효과를 볼 수 있는 방법이 많다.

 이 모든 일에서 우리는 희망을 품고 활동한다. 피스빌더들의 노력이 없었더라면 갈등이 증폭되었을 거라거나, 또 화해를 위한 노력이 없었더라면 폭력 사태가 재발했을 거라고 단정할 수는 없다. 마찬가지로, 정의와 평화를 구축하고 불가피한 사회적 긴장을 보다 정의롭고 인간적인 관계에 기여하는 방향으로 전환하기 위해 우리가 취한 효과적인 조치 덕분에, 갈등이 일어나지 않았다고 생각할 수도 없다. 샤를 페기(Charles Péguy)가 말했듯이, "희망은 어린아이와 같아서, 목적지에 도달하는 데는 관심이 없지만 목적지로 가는 과정 자체에는 관심이 있다."[20] 우리가 평화를 위해 활동하는 이유는 종교간 대화를 하는 이유와 동일하다. 결과를 얻으려는 필요성 때문이 아니라, 우리가 우리 주인(하느님)의 본보기를 충실하게 따르고 싶어 한다면, 우리에게 피스빌딩과 종교간 대화 이외에 다른 선택지는 없기 때문이다.

(번역 박은미)

1) 필자가 관심을 두는 종교간 상호 작용의 종류는 종교적인 경험에 대한 공식적인 신학적 대화나 교류에 한정되지 않는다. 이런 공식적 형태의 상호 작용은, 중요하긴 하지만, 삶의 방식보다는 삶에 대한 관점으로서의 종교에 더 초점을 두기 때문이다. 인도네시아에서 피스빌딩에 더 적합한 종교간 상호 작용은 후자를 포함하는 것으로, 생활과 행동의 대화, 즉 교황 베네딕토 16세가 '문화 간 대화'라고 부른 것과 유사하다.

2) 인도네시아 중앙통계위원회, "2000년 인구 조사 결과"(*Berita Remsi Statistik 5*, 26호, 2002년 6월 3일) 웹사이트 http://dds.bps.go.id 에서 열람 가능. 또 인도네시아 국가개발계획, 인도네시아 중앙통계위원회, 유엔 인구기금, *Proyeksi Penduduk 2000-2025*(인도네시아 인구 예측 2000-2025(자카르타, 2005년 8월)도 참조, 웹사이트 www.datastatistik-indonesia.com 에서 열람 가능.

3) 스티븐 드레이클리(Stephen Drakeley), *The History of Indonesia* (Westport, CT: Greenwood Press, 2005), 9-22.

4) 존 잉글랜드(John C. England), "The Earliest Christian Communities in *South-East and North-East Asia*," *East Asia Pastoral Review 25*, no. 2(1988); 이 논문은 『선교학(*Missiology*)』 19권, 2호(1991년 4월) 203-15에도 나온다. 특히 207-8쪽 참조.

5) 드레이클리, 위 책, 48.

6) 인도네시아 건국에 대해서는 로버트 에드워드 엘슨(Robert Edward Elson), *The Idea of Indonesia: A History* (New York: Cambridge University Press, 2008) 참조.

7) 판차실라에 대한 자세한 내용은 "Profile of Indonesia," 인도네시아 공화국 웹사이트 www.indonesia.go.id 참조. 판차실라의 역사적 기원과 영향력에 대해서는, 엘슨의 책, *The Idea of Indonesia* 참조. 철학 자체에 대해서는, 유스투스 반 데르 크로프(Justus M. Van der Kroef), "Pantjasila: The National Ideology of the New Indonesia," in *Philosophy East and West* 4, no 3(1954년 10월) 225-51 참조.

8) 수하르토 정권에 대해서는 드레이클리의 위 책, *The History of Indonesia*, 113-42, 리크레프스(M. C. Ricklefs), *A History of Modern Indonesia since c. 1200*, 3rd ed. (Stanford, CA: Stanford University Press, 2001), 342-86, 참조. 수하르토 정권 종료 직후의 정치범 수감자 상황에 대해서는 국제 엠네스티와 휴먼라이츠워치(Human Rights Watch), "Indonesia: Release Prisoners of Conscience Now!" (1998년 6월 1일). 웹사이트 www.hrw.org 에서 열람 가능. 정치범에 대한 이전의 자료는 유스투스 반 데르 크로프(Justus M. Van der Kroef), "Indonesia's Political Prisoners," *Pacific Affairs* 49, no. 4(Winter 1976-77) 625-47, 참조.

9) 교황 요한 바오로 2세(John Paul II), "Address in Indonesia to Leaders of Various Religions," *Origins* 19, 22항 (1989년 11월 2일).

10) 에드워드 아스피날(Edward Aspinall), "Ethnic and Religious Violence in Indonesia: A Review Essay," *Australian Journal of International Affairs 62*, no. 4(2008), 558-72. 인도네시아의 종교적, 민족적 폭력에 대한 더 자세한 내용은 크리스 윌슨(Chris Wilson), *Ethno-Religious Violence in Indonesia: From Soil to God* (London: Routledge, 2008); 제이미 데이비슨(Jamie S. Davidson), *From Rebellion to Riots: Collective Violence on Indonesian Borneo* (Madison: University of Wisconsin Press, 2008); 게리 반 클린켄(Gerry van Klinken), *Communal Violence*

and Democratization in Indonesia: Small Town Wars (London: Routledge, 2007); 존 사이들(John T. Sidel), *Riots, Pogloms, Jihad: Religious Violence in Indonesia* (Ithaca, NY: Cornell University Press, 2006) 등 참조.

11) 칼리만탄 폭력 사태의 발단 배경에 대해서는 글렌 스미치와 헬렌 부비에르(Glenn Smith and Helene Bouvier), "Crosscutting Issues in the Kalimantan Conflicts," in *Communal Conflicts in Kalimantan: Perspective from the LIPI-CNRS Conflicts Studies Program*, ed Glenn Smith and Helene Bouvier (Jakarta: PDII-LIPI (2006), 207-23, 참조. 갈등의 정치적, 민족적 측면에 대해서는 자크 버트랑(Jacques Bertrand), "Exclusion, Marginality, and the Nation: Marginality and Conflict in Kalimantan," in *Nationalism and Ethnic Conflict in Indonesia* (Cambridge: Cambridge University Press, 2004), 45-58, 참조. 칼리만탄에서 벌어진 다른 폭력 사태에 대한 자세한 분석은 휴먼라이츠워치, "Communal Violence in West Kalimantan"(1997년 12월 1일)과 "Indonesia: The Violence in Central Kalimantan (Borneo)"(2001년 2월 28일) 참조, 두 자료 모두 웹사이트 www.hrw.org 에서 볼 수 있다.

12) 술라웨시의 폭력에 대한 자세한 분석은 휴먼라이츠워치, "Breakdown: Four Years of Violence in Sulawesi"(2002년 12월 4일), 웹사이트 www.hrw.org 에서 볼 수 있다. 본문에서 기술한 사건으로 시작된 포소 지역 갈등의 기원과 종교적·정치적 요인, 그리고 갈등의 전개에 대한 자세한 내용은 로레인 아라곤(Lorraine V. Aragon), "Communal Violence in Poso, Central Sulawesi: Where People Eat Fish and Fish Eat People," *Indonesia 72* (2001년 10월), 45-79, 특히 60쪽 참조.

13) 게리 반 클린켄(Gerry van Klinken)은 말루쿠에서의 긴장을 조장한 사회·경제적 현실을 묘사한다. "The Maluku Wars: Bringing Society Back In," *Indonesia* 71(2001년 4월), 1-26. 모하마드 줄판 타조에딘과 시에드 만수브 머쉐드(Mohammad Zulfan Tadjoeddin and Syed Mansoob Murshed)는 (공동체 사이의 폭력과는 대조되는) '일상적인' 폭력을 사회·경제적 조건과 연결 짓는다. "Socio-Economic Determinants of Everyday Violence in Indonesia: An Empirical Investigation of Javanese Districts, 1994-2003," *Journal of Peace Research* 44, no. 6 (2007), 689-709.

14) 말루쿠에서 폭력 가능성을 높였던 특수한 요인에 대한 자세한 설명은 자크 버트랑(Jacques Bertrand), "Legacies of the Authoritarian Past: Religious Violence in Indonesia's Moluccan Islands," *Pacific Affairs 75*, no. 1(2002년 봄), 57-85.

15) 사회·경제적 분열로 이어진 상황에 대한 좀 더 자세한 설명은 존 사이들(John T. Sidel), *Riots, Pogloms, Jihad: Religious Violence in Indonesia* 참조.

16) 휴먼라이츠워치, "Indonesia: Abdurrahman Wahid's Human Rights Legacy" (2001년 7월 26일), 웹사이트 www.hrw.org 에서 열람 가능.

17) 이 보고서는 웹사이트에서는 볼 수 없지만, 인도네시아 주교회의 위기와 화해 센터(Pelayanan Krisis Dan Reconiliasi Konrensi Waligereja Indonesia, 약칭 PKR-KWI)에서 구할 수 있다.

18) 인도네시아 주교회의(KWI), 사목 서한, "희망에 차서 일어서라(Rise and Stand Up in Hope)" (KWI, 1999)는 주교들은 가톨릭 신자들에게 모든 국민들이 떨쳐 일어나 6월 선거에서 투표할 것을 요청한다(Bishops ask Catholics to Stand with Nation and Vote at June Election)," *Union of Catholic Asian News*, (1999년 4월 9일)에 실렸다. 웹사이트 www.ucanews.com 에서 열람 가능. 2004년 11월, 인도네시아 주교회의와 교회 공동

체(PGI) 지도자들이 작성한 "God, Source of Hope for the World"(2004년 11월)는 영어판 기사, "Ecumenical Christmas Message Urges Civilization That Upholds Ethics" *Union of Catholic Asian News*, (2004년 12월 20일)에 실렸다. 웹사이트 www.ucanews.com 에서 열람 가능. 수하르토가 1998년에 사임하자, 자카르타의 율리우스 다르마아트마자(Julius Darmaatmadja) 추기경은 무슬림 지도자와 공동성명을 발표했다. "Indonesia Cardinal Has Been Proponent of Dialogue, Tolerence," *Catholic News Service* (2005년 4월 18일). 그 밖의 사목 서한들은 인도네시아 주교들의 웹사이트 www.kawali.org 에서 열람 가능.

19) 예를 들어, 꾸란 24장 22절과 마태오 복음서 18장 21-22절 참조.

20) 샤를 페기의 책 *Cahrles Péguy: A Study in Integrity* (New York: Harper and Row, 1965)에서 인용한 내용이다. 이 책은 마조리 빌리어스(Marjorie Villiers)가 영어로 번역했다.

2부

가톨릭 피스빌딩이 성장해 가야 할 분야
(THE GROWING EDGE OF CATHOLIC PEACEBUILDING)

10장 피스빌딩과 가톨릭 사회교리

케네스 하임즈(Kenneth R. Heims, OFM)

> 작은형제회 사제이자, 보스턴대학의 사회윤리학 교수, 신학부 학과장. 이전에는 워싱턴 신학유니언대학 교수였다. 미국 가톨릭 신학회 회장(2000-2001)과 New Theology Review(1998-2002) 편집장을 역임했다. 미국 가톨릭 주교회의 사회개발과 세계평화국의 신학 자문위원으로 활동했다.

제7대 유엔 사무총장을 지낸 코피 아난(Kofi Annan)은 폭력적인 갈등을 다룰 때 '예방 문화(culture of prevention)'를 만들어 내야 할 필요성에 대해 언급하곤 했다. 코피 아난은 2001년 6월에 발간한 보고서에서 '예방 문화'와 '대응 문화'를 구별했다. 폭력이 발생했을 때 이를 억누르고 억제하기보다는 폭력을 사용하지 않는 방식을 통해 갈등을 해결할 수 있는 방안을 찾는 것이 국제 지도자와 기관의 새로운 우선순위가 되어야 한다는 게 그의 주장이다.[1]

뒤이어 유엔 정치평화사무국의 고위 관료인 타피오 카니넨(Tapio

Kanninen)은 "긴장과 갈등이 폭력으로 악화되는 것을 방지하기 위해 가능한 한 가장 빠른 시간 내에 결단력 있게 행동할 수 있어야 한다는 내용"을 담은 '새로운 평화의 윤리'2)를 소개한다. 타피오 카니넨은 국제 외교의 장에서 갈등 예방에 대한 관심이 높아진 것에 대해 논평하면서, 코피 아난의 보고서가 단기적으로나 장기적인 관점에서, 갈등의 근본 원인을 언급하는 일의 중요성을 인식했다고 밝혔다. 그런 내용을 분석하는 데, 종교의 중요성을 설명할 필요가 있었다.

타피오 카니넨은 갈등을 관찰하다 보면 종종 '유물론적 결정론'이 작동하는 걸 알 수 있고, 그로 인해 갈등의 원인을 빈곤, 불평등, 개발의 문제로 축소시킨다고 말했다. 그런 관점은 "갈등의 뿌리에 놓여 있는 원인이 종교적 갈등, 편견, 긴장뿐만 아니라, 더 적극적으로는 그것들의 궁극적인 예방 또는 해결에 기여하는 영적 요소와 관련되어 있다는 사실을 적절하게 다루지 못한다."3)는 것이다.

코피 아난의 보고서가 출간되기 100년도 더 전에, 교황 레오 13세는 현대 가톨릭 사회교리의 새 지평을 여는 『새로운 사태(*Rerum Novarum*)』라는 획기적인 회칙을 발표했다.4) 회칙의 라틴어 제목은 '새로운 사물들(Of New Things)'이라는 의미로, 현대에 경제, 정치 생활의 사회적 조건이 변화하고 있으니, 교황 레오 13세가 교회의 전통적인 가르침을 달라진 시대에 맞춰 다시 정식화해야 할 필요성을 느꼈음을 보여준다. 널리 알려졌듯이, 교황 레오 13세가 언급하려 한 '새로운 사태'란 근대적 산업 경제의 부상, 즉 이전 시대인 농촌 사회의 경제와는 완전히 다른, 새로운 사회 계급과 운동을 야기시킨 경제를 반영한 것이다.

유럽의 생활에 드러나고 있던 급격한 변화를 마주하면서, 교황 레오 13세는 그저 전통적인 경제 윤리를 되풀이할 수는 없었다. 동시에 교황은 사회의 본질, 국가, 상호 권리와 의무, 정의의 미덕에 관한 기본적인 통찰력을 되찾는 일에 열중하면서, 물려받은 전통 속에서 이런 문제들을 이해하려 했다. 교황 레오 13세의 시도는 혁신적인 발전과 창의적인 신앙의 *원천으로 돌아가기(ressourcement)*, 둘 다를 요청하는 프로젝트였다.

오늘날 대중의 삶에서, 좋든 나쁘든, 하나의 힘으로 여겨지는 종교의 역할에 대해 새로운 연구가 이루어지면서, 모든 위대한 종교적 전통은 새로운 상황에 놓이게 되었다. 정치 지도자와 그들의 참모들이 피스빌딩 같은 관심사에 관해 종교 공동체와 협력할 수 있는 개방성을 보여 주고 있으므로, 신앙인들은 새로운 상황이 이전의 종교적 가르침과 실천 행위에 어떤 문제를 제기하는지 인식하는 일 뿐만 아니라, 자신의 종교적 전통이 새로운 시대에 어떻게 기여해야 하는지 성찰하는 일이 중요하다.

코피 아난과 타피오 카니넨처럼 피스빌딩을 위해 투신하는 많은 사람들은 로마 가톨릭을 비롯한 종교 기관의 기여에 개방적이다. 그러니 이제 교회가 평화를 위해 제공할 무언가를 갖고 있음을 보여 주는 일이 남아 있다. 가톨릭 사회교리는 교회 구성원은 물론 다른 사람들도 기대감을 지니고 바라보는 하나의 자원이다. 그러나 우리는 지금, 1891년 교황 레오 13세가 마주한 것과 비슷한 상황에 처해 있다. 가톨릭 사회교리는 평화에 대한 우리의 사고와 행동을 강화할 수 있는 핵심적인 통찰력을 지니고 있다. 하지만 갈등 예방, 갈등 해결, 화해, 그리고 그 밖의 여러 피스빌딩 요소가 '새로운 평화의 윤리'를 형성하고 있는 현 세계 상황에 지혜를 주려면, 가톨릭 사회교리 전통은 더 발전되고 확장되어야 한다.

이 글에서는 먼저 가톨릭 사회교리가 제공하는 몇 가지 통찰이 피스빌딩의 토대가 된다는 점을 확인해 보려 한다. 이런 통찰 중에서도 가톨릭 사회교리 전통 안에 있는 평화의 의미를 가장 중요하게 고려할 것이다. 이어 성경 자료와 가톨릭의 고전 자료를 통해 현대 가톨릭 사회교리가 평화에 대해 어떻게 말하고 있는지, 특히 가톨릭 사회교리가 다루는 주제와 평화의 관계에 대해 알아본다. 피스빌딩 활동을 이해하는 데 특히 중요한 3가지 주제로 정의, 발전, 연대를 다룰 것이다. 이에 더하여, 가톨릭 사회교리의 다른 측면들, 참여, 가난한 이를 위한 선택, 보조성 등이 피스빌딩에 대한 전망을 어떻게 심화시킬 수 있는지에 대해서도 논평하겠다.

이 글의 전반부에서는 가톨릭 사회교리의 전통으로부터 얻을 수 있는 통찰을 살펴본다. 후반부에서는 가톨릭 사회교리가 피스빌딩에 헌신하는 모든 사람에게 중요한 대화 상대로 거듭나기 위해 더 발전되어야 할 영역은 무엇인지 논의한다. 이 부분에서는 가톨릭 사회교리 전통의 '더 발전해 나가야 할 점'에 속하는 주제를 분별해 보겠다.5) 먼저, 현대 가톨릭 사회교리에 들어 있는 '전쟁 반대라는 전제'라 일컬어져 온 개념의 전개, 그리고 그것이 정당한 전쟁(just war)이나 평화주의(pacifism)라는 주제와 어떻게 연관되는지 분명히 밝힐 필요가 있다. 그런 뒤, 피스빌딩에서는 매우 중요하지만 가톨릭 사회교리가 거의 다루지 않았던 갈등 해결과 전쟁 종식이라는 주제에 대해 논의할 것이다. 후반부의 나머지 부분에서는 피스빌딩에서 서로 연관된 3가지 문제, 즉 진실 말하기, 회복적 정의, 용서의 역할의 중요성에 대해 언급하겠다. 위 흐름을 염두에 두고, 피스빌딩의 주요 의제를 풍

부하게 만드는 데 가톨릭 사회교리가 제공할 수 있는 것이 무엇인지 살펴보기로 한다.6)

가톨릭 사회교리의 지혜

마이클 셔크(Michael Schuck)가 수행한 교황의 사회적 가르침에 대한 연구는, 교황의 가르침이 "신학적으로 영감을 받은 공동체주의적 사회 윤리를 중심으로 응집되어 있다"7)는 사실을 설득력 있게 보여준다. 셔크의 분석은 교황 레오 13세로부터 1740년에 교황으로 선출된 교황 베네딕토 14세의 회칙으로까지 거슬러 확장된다. 셔크의 연구는 교황의 사회적 가르침 전체를 관통하는 몇 가지 유사점이 있음을 보여주는데, 즉 공동체를 갈망하는 하느님, 본질적으로 관계적인 인간, 자연발생적이며 없어서는 안 되는 사회라는 이미지들이다.8)

가톨릭 사회교리가 다루는 위 주제들은 성경에서 그 근원적인 영감을 찾을 수 있다. 이 공동체주의적 전망의 원천이 되는 비유는 약속에 대한 성경의 강조다. 독실한 유대인에게, 야훼가 아브라함의 후손과 처음으로 관계를 맺었다는 믿음은 유대인의 존재를 식별하는 기준이 되었다. 역사의 하느님과 고유한 관계를 맺었다는 유대인의 확신은 히브리인의 정체성에서 중요한 부분이었다. 이런 정체성과 그 정체성을 바탕으로 한 세계관은, 역사 안에서 이스라엘이 자신의 역할을 이해하는 방식이 발전함에 따라, 수 세기에 걸쳐 다르게 나타났다. 이렇게 약속(계약) 관계에 대한 정식화가 다르게 나타났다는 사실은 유대 민족 안에서 하느님의 목적이 이스라엘 안에서 또 이스라엘을 통해 만물의 공동체를 설립하는 것이라는 인식이 생겨나고 있었음을 증명한다.

약속 공동체에 대한 히브리 성경의 메시지는 보편성이나 특수성 모두에서, 신약 성경이 초기 그리스도교 공동체를 어떻게 이해했는가에 의해 확장된다. 사도행전과 여러 서간에 나오는 사도(제자) 교회의 모습은 공동체주의적 전망을 매우 강조한다. 후기 사도 시대와 교부 시대 저술가들 역시 공동체 중심성을 그리스도인의 삶을 올바로 이해하는 요소로 여긴다. 구원과 해방이라는 보편적 메시지를 듣게 되는 것도 제자 공동체를 통해서이다.

공동체주의적 세계관은 가톨릭 사회교리가 특정 인간의 선의(human goods)를 어떻게 이해하느냐에서 분명해질 것이다. 평화와 관련하여 가톨릭 사회교리의 특징적인 전망은, 평화를 이루기 위해 어떤 사회 조건을 구현하는 공동체를 창조할 것인가 하는 신념에 달려 있다. 이제 가톨릭 사회교리가 평화를 이해하는 방식을 살펴보자.

평화의 의미

가톨릭 사회교리가 피스빌딩에 대해 말하는 거의 대부분의 내용은 소극적 평화가 아닌 적극적 평화의 기본 원리로부터 흘러나온다. 소극적으로 이해되는 평화는 나머지(remainder) 개념, 즉 폭력을 빼고 나면 남는 나머지가 평화라는 뜻이다.[9] 여기서의 평화는 전쟁의 부재를 의미한다. 평화에 대한 이런 소극적 이해는 대중의 논의에서 흔하게 발견되는데, 그 한 예로, 충격이 멈추고 활개 치던 적개심이 사라진 곳에 평화가 있다고 말하기도 한다.10)

하지만 적극적인 의미에서의 평화는, 드류 크리스천슨(Drew Christiansen)이 말한 '호송 개념(convoy concept)'으로, 단 하나의 개념으로 축소될 수 없다.11) 평화는 풍성하고 다차원적인 현실을 실어 나르기 때문이다.12) 히브리인들이 말한 **샬롬(shalom)**에서 적극적 평화를 찾아볼 수 있다. 고대 히브리인들은 평화를 공동체 내에서 삶의 풍요로움을 가져오는, 경제적, 사회적, 가정적, 종교적, 정치적 측면에서의 안녕의 의미로 인식했다. 성경에서 참 평화, **샬롬**의 개념은, 풍요로운 공동체 생활을 위한 조건이 모든 이가 영위할 수 있도록 마련된 상태를 의미했다.

평화의 적극적 이상은 강력한 전망을 제시하지만, 평화의 의미는 어떤 영역에서 논의되느냐에 따라, 서로 연관되어 있기는 하지만 달라질 수 있으므로, 좀 더 명확하게 논의될 필요가 있다. 가톨릭의 가르침 안에서 평화라는 이상이 중심이 된 영역은 적어도 3가지가 있다.

평화, 히브리어로는 **샬롬(shalom)**, 그리스어로는 *에이레네(eiréné)*에 대해 말할 때, 성경 저자들은 정치 영역을 포함하지만 그보다 더 많은 것을 아우르는 무언가를 이야기한다. 어떤 의미에서 평화는 하느님과의 약속 안에 있다는 것과 관계된다. 즉, 하느님의 자비롭고 충실한 사랑을 알고 그 안에 머물러야 한다. 하느님의 평화 안에 머무르는 것은 하느님과 함께 그리고 모든 신성한 피조물과 함께 조화롭고 정의로운 사랑의 공동체를 이루고 사는 것이다. 이것은 늑대가 새끼 양과 함께 사는(이사 11,6) 이사야의 평화로운 공동체이다. 또 이것은 새로운 피조물이 이루는 평화로, 요한 묵시록에 묘사되어 있듯이, 천상의 예루살렘이 내려올 때 더 이상 눈물도 괴로움도, 고통도 죽음도 없을 것(묵시 21,4)*이라는 의미의 평화다. 평화의 이런 전망은 인간이 삶의 어려움에 직면할 때 용기를 북돋아 주고 편안하게 해 준다. 이것은 하느님의 힘이 인간의 악보다 강하며, 언젠가 하느님께서 이 세상을 진정으로 통치하시리라는 것을 상기시킨다. 이것은 인류의 마지막 운명인 종말 신학의 영역에서 미래에 대한 희망으로 드러나는 평화다.

> * 나는 또 새 하늘과 새 땅을 보았습니다. 첫 번째 하늘과 첫 번째 땅은 사라지고 바다도 더 이상 없었습니다. 그리고 거룩한 도성 새 예루살렘이 신랑을 위하여 단장한 신부처럼 차리고 하늘로부터 하느님에게서 내려오는 것을 보았습니다. 그때에 나는 어좌에서 울려오는 큰 목소리를 들었습니다. "보라, 이제 하느님의 거처는 사람들 가운데에 있다. 하느님께서 사람들과 함께 거처하시고 그들은 하느님의 백성이 될 것이다. 하느님 친히 그들의 하느님으로서 그들과 함께 계시고 그들의 눈에서 모든 눈물을 닦아 주실 것이다. 다시는 죽음이 없고 다시는 슬픔도 울부짖음도 괴로움도 없을 것이다. 이전 것들이 사라져 버렸기 때문이다." (묵시 21,1-4)

평화에 대해 말할 때 두 번째로 공통되는 방식은 사도 바오로와 사도 요한의 글에서 찾아볼 수 있는데, 예수님의 현존 안에 살 때 개개인이 경험할 수 있는 내면의 평화다. 여기서 평화는 그리스도가 우리를 구원하셨고, 하느님께서 우리의 죄를 진정으로 용서하시며, 우리가 마땅한 자격 이상으로 소중히 여겨지고 사랑받고 있음을 깨닫는 데서 나온다. 내면의 평화는, 예수님 안에 계신 하느님께서 우리를 향하시며 우리가 그리스도와 결합되는 은총을 받았다는 믿음의 선물에서 흘러나온다. 내면의 평화는 은총의 산물이며, 사도 바오로가 선포한 대로 주님의 이름으로 세례를 받은 모든 이에게 주어진다(로마 6,4-11). 요한은 이것을 포도나무와 가지의 결합(요한 15)으로 묘사했다. 요컨대, 그리스도와 친교하고 그리스도의 몸의 일부가 됨으로써 알게 되는 평화다. 이것은 영성의 영역이며, 하느님과 함께 사는 삶을 통해 개인이 얻을 수 있는 내적 경험이다.

가톨리시즘이 위 두 차원의 평화의 의미를 잃어버리거나 많은 것을 아우르는 평화의 전망을 설교하고 가르치지 않는다는 건 상상하기 힘들다. 이 두 가지 차원의 평화는 소극적 평화 또는 전쟁이 없는 상태를 의미하는 '나머지' 개념의 평화보다 분명히 적극적 개념이다. 하지만 종말론적 평화와 내적 평화가 가톨릭 사회교리 전통 안에서의 평화의 의미 전부를 관통하는 것은 아니다. 적어도 한 가지 다른 차원의 평화, 평화의 정치적 의미가 남아있다.

가톨릭 전통 전반에는, 내면의 평온인 평화와 역사를 뛰어넘는 창조의 완성으로서의 평화 둘 다와 구별되는, 평화에 대해 말하는 방식이 하나 더 있다. 질서정연한 정치 공동체가 이루는 평화다. 이것은 아우구스티누스가 '**평온의 질서**(tranquillitas ordinis)'라 묘사한 평화와 닮았다.13) 평온의 질서는 올바른 구조를 지닌 정치 공동체의 결과물로, 사람들이 공동선을 향한 믿음과 자비, 자유와 정의 안에서 생활하고 있음을 의미한다.

평온의 질서라는 표현이 평화는 한 번에 이룰 수 있고 모두를 만족시킬 수 있는 조화로운 상태의 달성을 의미한다고 여기면 오해를 불러일으킬 수 있다. 몰역사적인 접근 방식을 취하면 아우구스티누스의 평온의 질서는 오용된다. 올바르게 이해하면, 질서의 평온은 전체와 연결된 각 부분이 적절한 순서를 갖출 때 달성된다. 정치 공동체가 시민의 평화를 달성하면 시민은 서로 올바른 관계 안에 있게 된다. 인간은 변화하고 관계는 발전하므로, 평화 추구는 변화하지 않는 사물을 모색하는 것이 아니다. 오히려 평화 추구는 올바른 관계를 이룬 공동체를 추구하는, 지속적이고, 책임감 있게 대응하며, 혁신적이어야 하는 인간 활동이다.

세속적 차원의 평화는 인간의 가능성 영역 안에 있다. 종말을 향한 머나먼 목표가 아니라는 의미이다. 그것은 예수 그리스도가 주님이라는 믿음을 깨달음으로써 얻는 내면의 평화가 아니다. 그 대신 그리스도 신앙 공동체까지는 아니더라도 적어도 제대로 된 인간 공동체로서, 남성과 여성이 어울려 살아가도록 제도와 관행을 갖춘 외적인 공간을 구축하는 일을 말한다.

정치 영역에서의 평화는 진정한 형태의 평화다. 그것은 그리스도교의 영성을 드러내는 내면의 평화나 종말론적 평화가 의미하는 창조의 완전함을 지니지 않았다는 이유로 경시되지 않는다. 질서정연한 정치 공동체로서의 평화는 성취해야 할 고귀한 평화이며, 달성하고 수호하기 위해 전념할 가치가 있다. 하지만 그동안 정치적 평화는 조작되거나 부적절하게 표현되어 왔다.

에제키엘 예언자가 "평화가 없는데도 '평화롭다'고 말하면서"(에제 13,10) 백성을 잘못 이끈 거짓 예언자들에 대한 야훼의 심판을 드러냈을 때, 예언자는 정치적 평화가 위조될 수 있다는 예를 보여 주었다. 로마의 역사가 타키투스(Tacitus)와 브리타니아의 칼레도니아 족장, 칼가쿠스(Calgacus)가 로마 정복자들을 두고 "*solitudinem faciunt, pacem appellant*"(그들은 땅을 황무지로 만들어 놓고, 이를 평화라 부른다.)14)라고 한 말을 떠올려 보라. 그곳에는 억압과 두려움으로 만들어낸 거짓 평화가 있었다. 어떤 폭력이나 학살도 없었지만, 그 평화는 거짓 평화다. 올바른 질서가 아닌 협박과 통제를 바탕으로 했기 때문이다.

『사목 헌장(Gaudium et Spes)』에서 주교단이 1960년대 중반 핵 억지 상황을 특징지으며 '일종의 평화(peace of a sort)'에 대해 논의했을 때, 주교단은 부적절한 정치적 평화라는 주제의 또 다른 변형을 묘사한 것이다.15) 이런 '일종의 평화(peace of a sort)'에 대한 언급은 교황 요한 23세의 비판적인 견해에도 등장한다. 교황 요한 23세는 회칙 『지상의 평화(Pacem in Terris)』에서 핵 억지가 핵전쟁의 위협을 유지하는 것이고, 국제 질서에 어느 정도는 기여하는 것처럼 보여진다고 인식했다. 하지만 그는 핵 억지를 부분적인 선(善)으로 간주한 사람들의 주장을 일축하지 않으면서, 회칙에 "전쟁 무기의 균형으로 평화가 이룩되는 것이 아니고, 상호 신뢰에 의해서 참된 평화가 확립된다는 원리를 이해해야 한다.16)"고 썼다. 핵 억지는 한편에서는 '일종의 평화'를 제공했지만, 만족스러운 국제 질서 체계는 아니었다. 핵 억지는 그리스도인이 염원해야 할 정치 질서의 진정한 평화에는 미치지 못하는 것이었다.

정치 영역에서 인류에게 '일종의 평화'를 뛰어넘어 더 진정한 평화로 나아가기를 요구하는 것이 바로 그리스도교 신앙의 종말론적 '견인력'이다. 그리스도 종말론에 대한 독특한 독해가 지닐 수 있는 영향을 보여주는 실례가 있다. 하느님 나라는 그저 마지막 때에만 드러나는 어떤 것이 아니라, 완전하게 실현되지는 못하더라도 역사 안에서 틀림없이 구현되는 것으로서 종말론을 읽는 것이다. 기대되는 또는 예상되는 종말론은 하느님 나라의 권능을 먼 미래에만 국한시키기를 거부한다. 오히려 그 종말론은 그리스도의 제자들에게 하느님 나라가 '지금 여기'의 모습으로 드러나도록 현재 상황을 변화시킬 것을 요구한다.

따라서 진정한 정치적 평화는 하느님 피조물의 완전하고 전체적인 전환을 드러내는, **샬롬**으로 이끄는 평화다. 종말의 때에 구현될 미래의 평화는 인간이 보다 적절한 정치적 질서를 지금 구축하도록 힘을 불어넣고 요구하며 현재에 영향을 미친다. 그러므로 정치적 평화를 '일종의 평화'와 동일시해서는 안 된다. 또 질서정연한 공동체에 미치지 못하는 그 무엇에도 만족해서는 안 된다. 두려움이나 불신 속에서 진정한 정치적 평화를 찾을 수는 없다. 인간의 고결함, 정의, 인권의 기본적인 기준이 확립된 곳에서만 진정한 정치적 평화를 발견할 수 있고, 진정한 정치적 평화가 깃든 공동체를 구현할 수 있다.

정치 영역에서의 평화를 논할 때, 3가지 선택지, 즉 거짓 평화의 위험, 모호한 평화 또는 '일종의 평화'가 주는 부분적인 선, 국가 또는 국제적 차원에서 올바르게 질서 잡힌 정치 공동체로부터 생겨나는 진정한 평화가 있다. 이 가운데 세 번째인 진정한 평화는 영적 평화나 종말론적 평화가 주는 완전함과 같은 개념은 아니지만, 현재 역사에 영향을 미칠 수 있다는 점에서 종말론적 평화의 변형시키는 힘에 열려 있다. 진정한 정치적 평화는 현실 정치에 만족하지 않는다. 그 풍성한 정치적 평화는 그리스도인이 지지하고 전념할 가치가 있는 진정한 선이다.

그러나 평화에 대한 이런 전통적인 이해가 가톨릭 전통 안에서 늘 지지되어 온 것은 아니었다. 역사적으로는 정치 철학자들에 의해 정식화된 관습적 개념을 지지하여 평화에 대한 성경적 배경이 간과되던 순간도 여러 차례 있었다. 성경적 관점의 복원은 가톨릭 전통 안에서 평화의 복합적이고 적극적인 의미를 심화시킴으로써, 또 성경적 관점을 평화에 대한 다른 이해와 구별함으로써 가톨릭 사회교리의 내용을 더 풍부하게 만들었다.

가톨릭의 가르침에 담겨 있는 정치적 평화의 현대적 표현

제2차 바티칸 공의회 이후, 가톨릭 사회교리는 정치 영역에서 성취될 수 있는 적극적 평화의 의미가 추가되면서 더 발전해 왔다. 이런 발전을 이루게 한 하나의 원천은 교황 바오로 6세가 선포하고 후대 교황이 이어가고 있는 「세계 평화의 날 담화」다. 해마다 나오는 평화의 날 담화는 평화와 관련된 다양한 주제를 탐구하기도 하지만, 때론 평화의 의미를 갖가지 좋은 말로 채워진 개념으로 바꿀 위험이 있다. 그러나 여전히 몇 편의 담화문은 현대 평화 신학을 위한 기본 주제를 조명하는 중요한 문서다.

예를 들어, 2005년 「세계 평화의 날 담화」에서 교황 요한 바오로 2세는 "평화는 선으로 촉진되어야 할 선이다."[17]라고 말했다. 교황의 진술은 "평화를 원한다면 전쟁을 준비하라(If you want peace, prepare for war)"*는 고전적인 경구와 대조된다. 간단히 말해서, 교황 요한 바오로 2세가 말한 경구는 오래된 이전의 관점을 딛고 선 것이다. 이로써 현대 교황에게 주어진 임무는 평화에 대해 준비하는 것, 평화를 향해 나아가는 길을 닦는 행위를 강조하는 것이 되었다. 교황 요한 바오로 2세는 담화문을 통해 평화로 가는 길에 관하여 가톨릭 사회교리에서 발췌한 여러 주제를 언급했으며, 그의 언급 전반을 지배하는 주제는 정의의 중심성18)이었다.

* 이 라틴어 경구 Si vis pacem, para bellum는 푸블리우스 플라비우스 베게티우스 레나투스의 『군사론』 제3권에 나온다.

정의, 발전, 그리고 평화

평화에 대한 가톨릭의 가르침에서 정의의 중요성은 성경과 교부학에 근거를 두지만, 더 가까이는 제2차 바티칸 공의회 문헌에서 찾을 수 있다. 『사목 헌장』은 교회가 이해하는 적극적 평화를 소극적 평화, '일종의 평화', 거짓 평화와 구분한다. 평화는 단순히 전쟁의 부재만이 아니며, 오로지 적대 세력의 균형 유지로 전락될 수도 없고, 전제적 지배에서 생겨나는 것도 아니다. 올바로 또 적절하게 말하자면, 평화는 '정의의 결과'이다(이사 32,17 참조).19) 성경적 접근으로의 회귀, 평화에 대한 적극적인 전망으로의 귀환은 공의회 토론으로부터 성취한 산물이다. 르네 코스트(René Coste)는 마리 도미니끄 쉐니(Marie-Dominique Chenu)의 영향을 받은 『사목 헌장』 초고가 평화의 개념을 여전히 전쟁의 부재로 이해하고 있었다는 사실을 찾아내기도 했다.20)

분명 공의회 교부들의 중요한 성명이 있었기에 평화를 정의의 열매로 이해하는 전통적 견해를 다시 주장할 수 있었다. 무엇보다 이 성명은 평화에 관한 가톨릭 신학이 더욱 발전하도록 자극했다. 공의회의 토론은 평화의 새로운 이름이 발전이라는 주장을 도입하는 배경이 되었다.21) 이 주장은 칠레의 주교 마누엘 라라인(Manuel Larrain)이 처음 제기했고, 이후 후대 교황의 가르침에서도 여러 번 언급되었다. 교황 바오로 6세는 1967년에 발표한 회칙, 『민족들의 발전(*Populorum Progressio*)』에서 그 견해를 채택해, 그 문헌 2장 4절의 제목을 '발전은 평화의 새 이름'이라고 정했다. 그런 표제 아래 전개되는 문헌의 내용은 『사목 헌장』 78항을 효과적으로 공명하면서, "평화는 단지 전쟁의 부재나 위태로운 힘의 균형의 결과가 아니다. 평화는 하느님이 원하시는 질서, 더욱 완전한 정의를 인간 사이에 꽃피게 하는 질서를 따라 하루하루 노력함으로써만 얻어지는 것"22)이라고 말한다.

정의를 발전으로 이해하는 개념은 평화와 관련된 정의의 주제에 특수성을 부여한다. 교황 바오로 6세는 "경제적, 사회적, 문화적 불균형이 지나치면 긴장과 불화가 생기며 드디어 평화를 위기에 몰아넣는다.23)"고 언급하며, 우리가 국제 경제의 엄청난 불균형 시대를 살고 있으므로 오늘날 정의는 발전의 열매를 보다 적절하게 공유하기 위한 탐구로서 특정한 형태를 가정해야 한다고 말한다.

그러나 발전에 대한 교황의 관점을 단순히 물질로 국한시켜서는 안 된다. 그렇게 되면 인간 발전에 대해 가톨릭의 이해를 설명한 교황 바오로 6세 회칙의 앞부분을 간과하게 된다. 교황 바오로 6세는 여기서 "발전은 경제적 성장만을 뜻하는 것이 아니다. 발전이 올바른 것이 되기 위해서는 인간 전체와 인류 전체의 발전 향상이 전체적인 것이라야 한다.24)"고 분명히 말한다.

통합적 인본주의(*integral humanism*)라는 표현 뒤에는, 어떤 종류든 올바른 인간의 발전을 이루려면 그 과정이 여러 차원에서 작동해야 한다는 가톨릭의 믿음이 자리 잡고 있다. 과거에 그리스도교 영성은 인간을 마치 육체와 분리된 영혼인 것처럼 여기며, 경제 영역을 진정한 발전에 대한 이해와 분리시켜 경시했다. 그리스도교는 오늘날 이런 오류를 범하지 않아야 하며, 경제의 중요성을 되찾는 동시에 발전의 모든 범위를 바라보는 시야를 잃지 말아야 한다. 교황 바오로 6세는 '덜 인간다운', '더욱 인간다운', 그리고 '더더욱 인간다운' 그리고 '무엇보다 … 더욱 인간다운' 등의 어휘로 다양한 조건에 대해 언급하면서, 발전에 대한 통합적인 접근 방식을 드러낸다. 그렇게 함으로써 교황은 욕구의 구조와 진정한 인간 발전에 담긴 경제적, 문화적, 사회적, 지적, 정서적, 심리적, 영적 차원을 진지하게 다루는 발전에 대한 포괄적인 접근 방식을 인지했다.[25]

『민족들의 발전』이 발표되고 몇 년 뒤, 1971년 시노드에 참가한 주교단은 '발전할 권리'에 대한 인식을 개인과 국가의 갈망이 뿌리박고 있는 기본적 인권의 생동적 발로[26]로 이해할 것을 촉구하는 문헌(「세계주교대의원회의 제2차 총회 문헌」)을 내놓았다. 넓은 범위의 '발전할 권리'는 사실상 인간과 공동체 번영에 필수적인 자유, 재화, 관계를 한데 모은 개념으로 작용한다. 주교단은 계속해서 개인의 발전과 집단적 발전에서의 '사회 구조의 객관적 장애'에 대해 논한다.[27] 시노드 주교단은 사회와 국제 구조의 역할이 다뤄지지 않는다면 발전할 권리로 망라되는 자유, 재화, 관계를 구축하려는 노력이 성공할 수 없을 것이라고 주장한다.[28]

위 주장을 피스빌딩이라는 주제에 적용하면, 평화를 창조하는 일은 통합적 발전과 긴밀히 연결되는 것으로, 평화 활동이 기본적인 자유를 확립하고 기초 재화를 보장하며 필수적인 관계를 증진하고, 발전할 권리가 효력을 발휘하도록 사회 구조와 기관을 개혁하는 일이라는 것을 의미한다. 따라서 피스빌딩은 정부와 비정부, 서로 다른 수준의 사회 영역에서 활동하는 다양한 행위자들이 통합적 발전이라는 다차원 프로젝트에 참여하여 벌이는 일련의 활동으로 광범위하게 이해된다. 발전이 평화의 새로운 이름이기에 그렇다.29)

정의, 연대, 그리고 평화

가톨릭 사회교리의 역사학자 로저 찰스(Rodger Charles)는 "정의는 평화를 가로막는 장애물을 제거하지만, 사랑은 평화를 적극적으로 증진시킨다. 정의만으로는 요구되는 사회 결속, 즉 연대를 형성할 수 없다. 사회의 *vis unitiva* ('일치시키는 힘'이라는 의미) 곧 자비만이 연대를 이끌어낼 수 있다."30)고 주장한다. 로저 찰스는 발전으로서 정의가 공동선에 대한 감각을 키우고 사회 내에서 상호 의무를 증진함으로써 장애물 제거를 넘어 더 많은 역할을 할 수 있다는 사실을 축소해서 말하고는 있지만, 연대가 사회생활에 필요한 미덕이라고 말한 것은 옳다. 윤리 신학자 리사 소울 케이힐(Lisa Sowle Cahill) 역시, 전 지구적인 차원의 윤리에서 가장 어려운 문제는 "인간에게 필요한 선의가 무엇인지(the goods for humans) 아는 게 아니라 연대의 문제"31)라고 주장했다. 다시 말해 흔히 더 나은 사회, 더 나은 국제 질서의 건설을 방해하는 요소는 행동하는 데 필요한 데이터나 전략의 부족이 아니라, 편리성과 편협한 자기 이익을 포기하는 대가를 치르면서도 선을 추구할 수 있는 본능적인 원의의 부족이다. 연대는, 타인에게 가장 필요한 것이 무엇인지 찾으려는 자발적인 투신으로, 평화를 구축하려는 활동에 꼭 필요한 요소이다.

교황 요한 바오로 2세는 연대가 사람들 사이에 존재하는 상호 의존의 다양한 형태를 인식하도록 촉구하는 미덕이라고 보았다. 교황 요한 바오로 2세에 따르면, "연대는 사회적이고 정치적인 조직에 대한 그리스도교 정신 자체의 기본 원리 중 하나"로 드러난다. 연대에 대한 강조는 이전에도 있었는데, 교황 레오 13세는 우정(friendship)의 개념으로, 교황 비오 11세는 사회적 자비(social charity)라는 말로, 교황 바오로 6세는 사랑의 문명(a civilization of love)을 호소했다.32)

교황 요한 바오로 2세는 "우리가 제시하는 연대성은 곧 **평화에 이르는 길인 동시에 발전에 이르는 길**이라고" 썼다. 따라서 "**상호 의존** 그 자체가 블록 정치를 청산하고 온갖 형태의 제국주의를 포기하고 상호 불신을 **협력**으로 전환시킬 것을 요구한다."는 사실을 세계 지도자들이 인정해야 한다. 교황 요한 바오로 2세는 "방금 말한 내용이야말로 개인들 사이와 국가들 사이에 연대성에 이르는 **고유한 행위**33)라고 전했다. 상호 불신을 협력으로 전환시켜야 한다는 주장은 상호 두려움을 전제로 한 평화는 아무리 최선이라도 '일종의 평화' 밖에 될 수 없다는 교황 요한 23세의 말에서도 찾을 수 있다. 진정한 정치적 평화는 보다 심층적인 토대를 요구하며, 그 토대는 교황 요한 바오로 2세가 제시한 것처럼 연대를 통해 이룰 수 있다.

확실히, 연대는 가톨릭 사회교리 안에서 정확히 정의하기가 늘 쉽지는 않지만, 연대에 대한 다양한 표현을 보면, 연대란 다른 사람의 안녕을 (우리가 함께) 추구해야 할 선으로 바라보도록 이끄는 힘, 궁극적으로는 봉사에 전념하도록 격려하는 에너지라는 이해를 공유하게 된다. 호주 가톨릭 주교회의는 연대를 "사회, 경제, 문화, 정치, 환경 조건 사업에 전념해 모든 인간이 최대 잠재력에 도달하게 할 수 있게 하겠다는 투신"34)이라고 정의했다. 연대는 인간이 자기 자신의 안녕뿐만 아니라 타인의 안녕에도 책임감을 갖도록 이끈다.

최근의 사회교리에 따르면, 연대는 분열시키는 불신으로부터 힘을 합치게 하는 협력으로 가게 하는 움직임으로서, 정의와 평화 모두로 향하는 길이다. 연대는 사람들이 올바른 발전을 성취할 수 있는 공동체 건설에 투신하도록 이끈다. 또 연대는 사람들에게 상호 의존을 착취적이거나 원망으로 가득 찬 경험이 아니라 서로를 만족시킬 수 있도록 사람들 사이에 조화로운 관계를 구축하는 경험으로 변화시킨다.35) 최근에 가톨릭 사회교리가 다다른 관점에서 보자면, 평화는 특정한 형태의 상호 의존(연대)과 인간 번영에 대한 특별한 전망(통합적 발전으로서 정의)으로부터 자라난 결과물이다.

중요하게 언급해야 할 점으로, 연대는 희생하라는 소명으로서가 아니라 희망을 불러일으키는 긍정적인 선으로 먼저 이해되어야 한다. 관계성을 인간 조건의 필수 차원으로 여기는 인식은, 연대 촉구가 근본적으로 자기 부정(self-denial)의 요구가 아니라 자기 증여(self-giving)를 통해 올바른 자아실현의 기회를 제공한다는 점을 시사한다. 제2차 바티칸 공의회에서 주교들은 인류 가족의 일치와 믿음의 관점에서 바라본 그리스도의 몸의 일치에 대해 언급하며, 연대의 기본에 대한 통찰력을 제시했다.36) 현대 가톨릭 사회교리에서 연대로의 촉구는 인간에게 가장 좋은 것, 즉 공동체적 유대를 이뤄 상호 보상 관계를 만들어 낼 수 있는 능력을 심화시키라는 초대장이다.37) 교황 요한 23세는 이를 '보편적 공동선'38)이라 표현했는데, 이것이 가톨릭 사회교리가 '국가들과 개인들이 따라야 할 국제법과 윤리적 질서의 중요성'을 설명하는 방식이다.39) 교황 요한 23세와 후대 교황들은 적극적 연대야말로 국제 질서를 증진시켜 평화를 가능하게 만들 것이라고 생각했다.

가톨릭 사회교리 전통이 정의, 발전, 연대, 그리고 궁극적으로 평화에 대해 말하는 방식에서, 공동체주의적 시각이 이 용어들에 대한 가톨릭 사회교리 전통의 해석을 변화시키고 있음은 분명하다. 가톨릭 사회교리가 공동체주의적 전망을 중심으로 응집된다는 마이클 셔크의 기본 전제는 검증된 듯하다. 이런 이해를 바탕으로, 가톨릭 사회교리는 평화를 적극적 임무로 표현하는데, 평화는 단순히 전쟁 부재의 결과라기보다 건설되어야 할 어떤 것이기 때문이다. 이것이 피스빌딩에 대해 말하는 가톨릭 사회교리 전통의 근본 통찰력으로, 평화 사업은 광범위한 과제와 프로젝트를 내포한 여러 형태를 지닌 임무이다. 따라서 진정한 발전을 촉진하는 공동체를 만들기 위해 사람들을 협력적인 노력에 참여하게 하는 활동이라면 무엇이든 평화를 구축하는 사업으로 간주된다.

이 글의 전반부를 마무리하기 전, 피스빌딩에 대한 가톨릭의 접근 방법을 형성하는 데 중요한 가톨릭 사회교리의 3가지 주제를 더 살펴보자.

피스빌딩, 참여 그리고 가난한 이를 위한 선택

교황 바오로 6세는 1971년 『새로운 사태』 반포 80주년을 기념하는 교서를 발표했다. 교황 바오로 6세는 교황 레오 13세 때부터 등장한 새로운 사회 문제들을 조망한 뒤, 현대를 살아가는 사람들의 '기본 소망'에 주목한다. 기본 소망은 '지속적으로 (현재 상황을) 감지하게 만들고', 사람들은 '정보와 교육의 진보와 더불어'[40] 이런 소망에 더욱 주력하게 된다. 평등에 대한 소망, 즉 정의라는 주제로 자주 다뤄지는 내용에 더하여, 교황 바오로 6세는 일반적으로 덜 알려진 또 다른 항목인 '참여의 소망'을 언급했다.[41]

가톨릭 사회교리 전통에 기본적으로 깔려 있는 인간학적 이해가 인간의 사회적 본성을 강조하기 때문에,[42] 참여는 가톨릭 사회교리에서 중대하게 여겨진다. 사회생활은 고독한 개인의 삶에 부가된 어떤 것이 아니라, 인간 개인이 올바르게 발전하기 위해 꼭 필요한 현실이다. 사회생활이 인간 발전에 필수적이라면 인간은 모두 공동체에 기여할 권리와 의무를 지닌다.

사회생활의 영역에 따라 참여 형태도 달라진다. 경제생활에서는 활동적인 노동자로서 공동체의 물질적 안녕에 기여하는 역량이 참여의 대표적인 예이다. 그런 노동은 대개 사회 공동선의 일부인 재화 소비를 가능하게 한다. 문화생활의 영역에서는 표현과 결사의 자유라는 권리가 종종 공동체의 삶에 참여하는 방식이 된다. 힘과 의사 결정의 무대인 정치에서, 참여는 개인과 집단의 차원 모두에서 자기 결정의 척도를 제공하는 일을 포함한다.

참여에 대한 소망은 인간의 내면에 더 큰 발전을 추구하려는 기본적인 추진력, 즉 개인의 미래와 집단의 미래를 형성하는 결정에 대한 책임도 공유하겠다는 정당한 바람이 있다는 사실을 상정한다.[43] 참여의 형태는 상황의 변화에 따라 다양하게 나타날 수 있지만, 참여하도록 호소하는 근본 이상이 있다. 즉, 공동 활동에서 발생하는 이득과 부담 모두를 공유하는 사람들을 광범위하게 포함시켜야 한다는 것이다.44) 그래서 가톨릭교회는 참여의 권리를 인간의 기본 권리로 선포해 왔다.45)

공동체로부터 제외되거나 다른 이를 제외시켜 참여의 권리를 거부하는 것은 가톨릭 사회교리가 '소외화'라고 일컫는 심각한 불의이다. 공동체 생활에 참여할 기회를 거부하는 것은 윤리적으로 그릇되며 올바른 발전을 좌절시킨다. 하지만 소외화가 의식적으로 배제시키겠다는 결정 때문에 일어나는 것만은 아니다. 공동체 또는 사회 안에는 종종, 배제를 주도하는 특정 주체가 분명하지 않더라도, 참여를 효과적으로 좌절시키는 사회 조건이 존재한다. 예를 들어, 심각하게 수준이 떨어지는 교육 체제는 사람들이 나중에 성인이 되어 경제나 정치 과정에 참여하는 것을 어렵게 만들 수 있다. 사실, 참여에 대한 장애물은 개인의 악의에서 직접 기인하기보다는 대부분 제도적이고 체계적인 경우가 많다. 그럴 때에도 참여에 대한 인간의 권리는 거부된다.

공동생활의 적절성을 결정할 때 부적절한 측정 기준을 선택하면 집단의 활력에 위험이 될 수 있다. 교황 레오 13세 때부터 교황들은 자유 시장 경제학의 생산성을 인정했지만, 총 생산성이 경제의 적절성을 측정하는 최선의 방법이 아니라는 비판을 꾸준히 제기해 왔다. 가톨릭 사회교리는 경제 체제를 평가할 때 분배 문제를 오랫동안 강조해왔다. 교황 레오 13세 이후 교황들은 경제생활에서 분배 정의에 이목을 집중시키기 위해 다양한 진술을 제공했는데, 기본 욕구의 충족, 인간의 권리를 표현하는 언어, 진정한 발전에 대한 설명, 그리고 최근 논의되고 있는 가난한 이를 위한 선택이 이에 해당된다.

이 마지막 주제는 가톨릭 사회교리 전통 안에 뚜렷하게 존재해 왔는데, 공의회 이후의 가톨릭 사회교리에서 더 두드러지고 새로운 정식화가 이루어졌다.46) 가난한 이를 위한 선택은 한 사회나 공동체에 대한 공정한 평가는 가장 가난한 사람이 공동선의 수혜자이자 공동선에 기여할 수 있는 사람이 될 수 있는지 여부를 포괄해야 한다는 내용을 담고 있다. 권력과 의사 결정 영역인 정치 생활에 적용한다면, 가난한 이를 위한 선택이 참여의 의미를 형성한다. 요컨대, 참여라는 시험대가 권력과 선택의 원천으로부터 가장 소외된 이들에게 적용되어야 한다는 것이다. 우리는 끊임없이 질문해야 한다. 누가 소외되어 있는가? 소외 계층의 규모는 얼마나 되는가? 소외의 정도는 어느 정도인가?

참여와 가난한 이를 위한 선택이라는 주제는 피스빌딩에 대한 논의를 여러 방식으로 표현한다. 평화를 위한 필수 구성 요소 중 하나는 그것이 포괄적인 과정이라는 점이다. 피스빌딩은 외교나 국가적인 의사 결정을 내리는 상위 수준의 엘리트만 할 수 있는 일이 아니다. 풀뿌리 수준의 참가자들이 그 과정에 관여하는 일이 중요하다. 그래야 하는 이유 가운데 하나는 피스빌딩 과정에서 자기 투자를 창출해야 할 필요가 있기 때문이다. 평화는 적극적으로 추구하고 충족시켜야 할 하나의 도전 과제이지, 누군가에게 주어지는 보상이 아니다. 다른 이를 대신하여 평화를 얻게 할 수도 없다. 갈등에 휘말려 있는 사람들이 평화의 주체가 되어 활동할 수 있어야 한다. 참여라는 개념은 피스빌딩에 동반되어야 할 과정이라는 점을 직접 말해 준다.

또 참여는 갈등이 많은 사람들의 자기 결정 부족에서 비롯된다는 사실을 암시한다. 자신의 안녕에 영향을 미치는 문제에 대한 의사 결정 역할에서 제외되면 사람들은 분노를 느끼게 되고, 이 분노가 곪아 폭력의 유혹으로 이어질 수 있다. 추가적인 연구가 필요하지만, 일부 연구에 따르면, 민주적인 정치를 도입했을 때 폭력 갈등의 위험은 줄어든다. 전쟁 예방은 물론 갈등 후 화해를 위한 노력에서도 참여는 매우 중요하다. 갈등 후 피스빌딩 과정에서 어느 집단을 제외시키면, 그 집단은 갈등 후에 얻을 수 있는 것이 거의 없다고 생각하게 되므로, 갈등 해결을 방해하는 적대자가 될 수 있기 때문이다.

피스빌딩 활동에 가난한 이를 위한 선택이라는 지혜를 적용하는 일은, 피스빌딩이 평화를 만들어 가는 활동에서 종종 무시되어 온 사람들의 견해와 목소리, 경험을 반드시 포함시켜야 한다고 말하는 가톨릭 사회교리의 주장에 힘을 싣는다. 갈등 상황에서 가난한 이를 위한 선택은 피해자를 위한 우선적 선택이 될 수 있다. 갈등 피해자, 패배한 전투 군단 구성원, 과부와 고아, 소수 민족이나 인종 집단은 그 특성상 소외된 사람들의 일부다. 피스빌딩에 대한 만족스러운 접근 방식은 갈등으로 빚어진 고통, 이미 존재해 온 배제 방식들, 또는 사회의 한 계층에게 무관심을 조장하는 문화적 기준 때문에 배제될지도 모르는 사람들에게까지도 관심을 갖는 것이다.

본질적으로 가톨릭 사회교리에서 참여와 가난한 이를 위한 선택이라는 주제는 평화를 구축하고 비엘리트 집단에게서 포괄적이고 투명하며 책임감 있는 과정을 확립하는 일에서 풀뿌리 활동의 중요성을 강조한다. 이런 결론은 가톨릭 사회교리가 피스빌딩에 대한 가톨릭의 접근 방식에 무엇을 제공할 수 있는지 논의할 때 고려해야 할 최종 주제로 이끈다.

피스빌딩과 보조성

교황 비오 11세는 1931년에 『새로운 사태』 반포 40주년을 기념하는 회칙을 발표했다. 교황 비오 11세의 서한은 보조성 원리[47]라 일컬어지게 된 내용에 대한 정식화를 포함하여, 몇 가지 이유에서 주목할 만한 것이었다. 교황 비오 11세는 보조성의 원리에 대해 "한층 더 작은 하위의 조직체가 수행할 수 있는 기능과 역할을 더 큰 상위의 집단으로 옮기는 것은 불의이고 중대한 해악이며, 올바른 질서를 교란시키는 것"[48]이라고 말한다.

이 원리는 때로 큰 집단에 대한 선입견을 제시하고 늘 보다 작은 조직을 옹호하는 일방적인 방식으로 이해되기도 했었다. 물론 이것은 잘못된 것이다. 보조성 원리가 지닌 목적은 보다 작은 규모의 집단 또는 가장 민중에 가까운 집단이 효과적으로 선을 실행하고 제공할 수 있도록 지지해주는 것이다. 보조성은 '도움' 또는 '지원'을 의미하는 라틴어 *subsidium*에서 파생된 어휘다. 때로는 한 가지 활동이 매우 낮은 수준의 사회 조직에서도 잘 다뤄지지만, 보다 높은 수준의 사회 조직에 있는 더 큰 집단에, 거기가 문제를 가장 적절하게 다룰 수 있는 곳이라면, 의존하지 않을 수 없는 때도 있다.

여기서 다시 사회적 행위에 대해 그런 접근을 가능하게 하는 것이 바로 가톨릭 사회교리의 공동체주의적 전망이다. 지역 공동체의 보존은 중요하며, 소규모 집단이 너무 쉽게 대규모 집단에 의존하게 되는 상황을 피해야 한다. 구성원들에게 접근성과 참여의 용이성을 제공하는 소규모 집단의 활력을 약화시킬 위험이 있기 때문이다. 실제로 지역 사회는 대규모 집단에 의해 압도되어 위협을 받을 수 있다. 공동체들은 또 지역의 자원과 역량을 빠르게 고갈시키는 여러 사회적 임무들에 짓눌릴 수도 있다. 그런 경우, 보조성의 원리는 더 큰 집단에 도움을 요청해야 한다고 권고한다.

교황 요한 23세는 '현대인들이 사회관계의 증대', 즉 더 복잡한 문제를 만들어 내는 상호 의존성의 증가49)를 경험하고 있다고 말했다. 이렇게 복잡성이 증가하면 적절한 대응을 할 수 있는 대규모 집단에게 호소할 필요가 있다. 교황 요한 23세가 '사회화'라고 칭한 이 개념을 피스빌딩에 손쉽게 적용할 수 있다. 평화를 위한 역동적인 활동에서 개인과 공동체를 포함하는 풀뿌리 수준에서의 활동이 절대적으로 필요하다. 그러나 보조성이라는 논리는 사회화 개념을 받아들이고, 피스빌딩에는 국가나 정부 차원의 외교나 정부간기구의 활동 같은 높은 수준에서 이루어지는 활동이 개입할 여지도 있다는 인식을 수용한다.

가톨릭 사회교리는 공공(communal) 기관과 법인(corporate) 기관이 모두 적절한 활동 영역을 유지할 수 있도록 두 기관 사이의 균형을 추구한다. 바티칸 자체가 종종 국제 외교 기관과 정부간기구 수준에서 기능하기도 하지만, 바티칸의 가르침은 피스빌딩을 위한 다차원 전략의 중요성을 암시한다. 보조성은 우리에게 피스빌딩이 비정부 활동가를 포함하여 폭넓은 범위의 주체를 통해 진전될 수 있음을 상기시킨다. 개별 자원봉사자들뿐만 아니라 비정부기구, 지역 교회, 교회와 시민단체 모두가 다양한 지역에서 이루어지는 피스빌딩 시도에서 중요한 역할을 수행해 왔다.50) 가톨릭 사회교리에서 말하는 보조성과 사회화에 대한 논의가 처음부터 피스빌딩에 초점을 둔 것은 아니었지만, 가톨릭 사회교리의 원리들은 그런 활동을 지원한다. 사회와 정치 생활에 대한 가톨릭의 이해는 사회 병폐에 직면했을 때 시민 사회와

다양한 연대 세력들이 중심 역할을 수행하도록 하는 전략과 잘 어울린다.51)

가톨릭 사회교리 전통을 살펴봄으로써, 우리는 가톨릭의 피스빌딩 이론을 개발하려는 최근의 노력을 뒷받침하고 풍성하게 하는 수많은 통찰을 발견할 수 있다. 이 가운데 가장 중요한 것은 평화에 대한 적극적 이해와 정의로운 발전, 연대와 평화 사이의 연결성이다. 또 참여, 가난한 이를 위한 선택, 보조성이라는 규범은 피스빌딩에 대한 가톨릭의 접근 방식을 풍부하게 한다.52)

가톨릭 사회교리에 대한 피스빌딩의 도전

이 글 후반부의 목적은 가톨릭 사회교리의 전통에서 더욱 발전되어야 할 부분, 즉 피스빌딩에서 중요한 특정 분야들을 식별해 보려는 것이다. 먼저 몇 가지 주제, 전쟁 반대라는 전제의 출현, 가톨릭 사회교리 안에서 비폭력에 대한 지지의 증대, 갈등 종식과 해결을 위한 윤리에 대해 말하고, 화해, 진실 말하기, 회복적 정의, 공적인 생활에서의 용서에 대해 더 많은 관심을 기울일 필요가 있다는 점을 논의하겠다.

전쟁 반대라는 전제(A Presumption against War)

세 교황(비오 12세, 요한 23세, 바오로 6세)은 서로 연결되어 있고, 전쟁에 대한 현대 교황들의 변화된 태도를 이해하는 데 중요한 유사 경험을 갖고 있다. 일생을 바티칸 외교관으로 살았던 교황 비오 12세는 전임 교황 비오 11세의 장관으로 활동했다. 독일에서 교황대사를 역임한 후 장관으로 활동하고 마침내 교황으로 선출되기까지, 교황 비오 12세는 전체주의 파시즘과 나치즘, 공산주의의 힘이 커지는 것을 목격했다. 교황 비오 12세는 제2차 세계대전이 일어난 전 기간과 또 유럽이 동부와 서부 두 개의 블록으로 갈라지는 시기에 교황직을 맡고 있었다.

교황 요한 23세가 된 안젤로 론칼리(Angelo Roncalli)는 제1차 세계대전 기간 중에는 사제였다. 한참 후인 1944년, 제2차 세계대전이 막바지에 이르고 프랑스가 재건의 어려움을 겪을 즈음, 교황 비오 12세가 그를 파리 교황대사로 파견했다. 교황 요한 23세는 파리에 있는 동안 유네스코의 바티칸 참관인이기도 했다. 이 기간 동안, 외교 문제에 대한 교황 비오 12세의 친밀한 고문은 대주교 몬티니(Montini)였는데, 나중에 교황 바오로 6세가 된다. 론칼리와 몬티니는 유럽이 전쟁으로 황폐화되던 시기에 서로 친밀하게 알고 지냈던 것이다.

이 세 교황을 특징짓는 것이 바로 전쟁에 대한 개인적인 경험으로, 그들 모두 현대 전쟁이 초래한 파괴력에 경악했다. 그 경험은 광범위한 폭력의 유용성에 대한 의문으로 이어졌다. 이 의문이 전쟁에 대한 교회의 가르침을 바로 뒤집어 놓지는 않았지만, 지금까지 계속되고 일부 논평자들 사이에서 논쟁을 불러일으켜 온 논의의 궤적을 작동시켰다.

1세대 신앙인들부터 그리스도교 공동체는 폭력에 대한 반대 견해를 품고 있었지만, 시간이 지나면서 정의의 질서를 수호하거나 복원할 필요가 있을 때는 전쟁이 정당화될 수 있음을 받아들이는 견해가 발전했다. 4세기경, 교회의 가르침이 발전하는 데 결정적인 역할을 한 인물 아우구스티누스는 전쟁의 도덕적 정당성의 가능성을 옹호했지만, 그는 또 전쟁이 초래하는 피해도 인정했다. 결과적으로, 아우구스티누스는 전쟁을 지지할 수도 동시에 애도할 수도 있는 것으로 간주했다. 하지만 후대의 그리스도인들은 전쟁을 정당화하는 아우구스티누스의 접근 방식에 포함되어 있던 애도까지 표현하지는 않았다. 역사의 여러 순간에서, 전쟁의 '정상성'은 갈등을 다루는 하나의 방식으로 받아들여졌다. 결국, 비폭력이라는 명분보다 정의라는 명분에 잠정적인 승인이 주어진 것이다.

정의의 도구로서 전쟁을 옹호하는 이런 전제는 현대 가톨릭 사회교리에서 계속 도전 받아왔다. 교황 비오 12세는 모든 전쟁은 잘못된 것이라는 평화주의의 전제를 결코 받아들이지 않았다. 재임 기간 내내 그는 정당한 전쟁 이론을 지지했다. 그러나 교황 비오 12세는 전쟁을 위한 정당한 명분의 범위를 침략에 대한 방어로 축소시켰으며, 빼앗긴 땅을 되찾고, 그릇된 행동을 처벌하고, 빼앗긴 재화를 복원한다는 명분에 근거한 전쟁에 대한 논쟁은 더 이상 인정하지 않았다. 역사의 과정을 거치면서 이런 모든 논쟁들은 정당한 전쟁론에 대한 다양한 지지자들에 의해 수용되었고, 정당한 전쟁 이론 유산의 일부가 되었다.[53] 교황 비오 12세는 전쟁이 미치는 파괴적인 영향을 근거로 전쟁에 의존하는 일이 줄어들어야 한다는 주장을 유지했다. 그는 전쟁의 적법성이라는 가능성을 부인하지 않으면서, 정의를 위해 전쟁의 유용성을 옹호하는 일반적인 가정으로 연결되는 몇몇 근거를 제거했다.

전쟁의 정당성을 옹호하는 전제에 의문을 제기한 교황 요한 23세의 회칙은 더 직접적으로 도전 받았다. 교황 요한 23세는 인간들은 "민족들간의 최종적인 논쟁들이 언제나 무기 경쟁에 의해서가 아니라, 협상을 통해서 해결된다고 믿고 있다."[54]고 언급한다. 계속해서 원자력을 자랑하는 현대에서는 "전쟁이 침해당한 권리를 회복하기 위한 적절한 수단이라고 하는 것은 이미 불합리하다."[55]고 밝힌다. 후자의 진술은 미니멀리스트와 맥시멀리스트 양쪽 모두의 견해를 옹호하는 방식으로 이해되어 왔다. 미니멀리스트는 교황 요한 23세의 논의를 전쟁의 적법한 명분을 축소시켰던 교황 비오 12세의 주장을 단순히 재확인하는 것으로 이해하고, 맥시멀리스트는 교황 요한 23세가 모든 전쟁을 금지하는 것으로 해석했다.

이 두 해석 어느 쪽도 정확하지 않은 것으로 보였다. 교황 요한 23세가 단지 전임 교황의 주장을 다시 진술하기 위한 목적만으로 평화와 국제 질서에 기여하는 회칙을 쓰지는 않았을 것이다. 동시에 교황 요한 23세는 일방적인 무장해제를 요구하지 않았으며, 제2차 바티칸 공의회에 참여한 주교들도 교황 요한 23세의 후계자들도 교황 요한 23세의 회칙을 그렇게 광범위하게 해석하지 않았다. 그러나 분명히 교황 요한 23세는 너무 쉽게 전쟁에 의존하는 것에 도전하고 싶어 했고, 핵무기를 포함하는 어떤 전쟁의 가능성에 대해서도 깊이 고민했다.

교황 바오로 6세는 "더 이상 전쟁은 안 됩니다. 전쟁은 절대로 다시 일어나서는 안 됩니다! 평화, 평화야말로 인간과 모든 인류의 운명을 이끌어야 하는 것입니다."56)라고 유엔에 긴급한 탄원을 보내며 교황으로서의 궤적을 이어갔다. 같은 담화문에서 교황은 인간의 죄성 때문에 "방어적 무장은 필요할 것이다."라고 지적했지만, "무기에 의존하지 않는 국제 관계의 안정성을 보장하기 위해" 노력해 온 유엔 외교관들에게 계속 찬사를 보냈다. 이를 두고 교황은 '반드시 달성해야 할'57) 목표라고 진술했다. 그는 평화의 주제를 거듭 다뤘고, 1967년 12월에는 매년 1월 1일을 세계 평화의 날로 기념할 것을 발표했다. 교황이 주도한 세계 평화의 날은 오늘날까지 이어지고 있다.

「세계 평화의 날 담화」 가운데 하나에서, 교황 바오로 6세는 전쟁 종결에 대한 탐구가 고귀하지만 도달할 수 없는 유토피아로 다뤄져서는 안 된다는 사실을 분명히 했다.

> 문명은 적어도 원칙적으로는 노예제도, 문맹, 전염병, 사회계급과 같은 악을 추방하는 데 성공했다. 이것은 오랜 세월에 걸쳐 확립되었고, 마치 인간의 슬프고도 비극적인 사회적 삶에 내재된 피할 수 없는 것처럼 견뎌야 했던 요소들이다. 문명은 전쟁을 추방하는 일에서도 성공해야 한다.58)

교황 바오로 6세에게 평화는 유토피아적 희망이 아니라 도덕적 의무였다. 가톨릭의 도덕적 추론에 따르면, 가능하지 않은 것은 도덕적 의무가 될 수 없다.59) 이것은 정치적 평화가 역사 안에서 성취될 가능성에 대한 가톨릭의 믿음을 반영한다.

비오 12세, 요한 23세, 바오로 6세 교황이 재임 기간 동안 전쟁과 평화에 관해 성찰한 결과, 현대 시대에 전쟁에 대한 관용적인 태도는 점차 줄어들었다. 교황 요한 바오로 2세의 재임기 동안 교황의 목소리는 전쟁 반대를 더욱 주장하는 방향으로 발전했다. 교황 요한 바오로 2세는 전쟁 경험을 제2차 세계대전 중 피해 국가의 관점에서 이해했다. 교황 요한 바오로 2세는 히로시마 방문 중에, "이데올로기, 열망, 욕구의 충돌은 전쟁과 폭력이 아닌 다른 방법으로 해결할 수 있고, 그렇게 해야 한다. 인류는 평화적인 수단으로 차이와 갈등을 해결해야 한다."60)고 선언했다.

군비 축소에 대한 유엔 제2차 특별 회의에 전달한 서한에서, 교황 요한 바오로 2세는 교황의 전망이 변화하고 있다는 점을 다음과 같이 요약했다. "제2차 세계대전 종전과 '핵시대' 개막 이후 교황청과 가톨릭교회의 태도는 분명해졌다. 교회는 계속해서 평화에 기여하고 갈등 해결을 위해 전쟁에 의존하지 않는 세상을 건설하기 위해 노력해왔다."61) 재임 기간 동안 교황 요한 바오로 2세는, 평화는 도덕적 의무이며 전쟁은 '모든 참된 인본주의의 실패'62)이자 '인류의 패배'63)라는 점을 더욱 강조했다.

의심할 여지 없이, 현대의 전쟁 경험과 전쟁이 초래한 황폐화는 가톨릭 사회교리와 정당한 전쟁론에 대한 옹호에 도전장을 내밀었다. 1960년대까지 다양한 논평가들은 현대적 무기와 군국주의 국가가 존재하기 이전 시대에 시작된 윤리적 전통이 여전히 윤리적 성찰을 위한 적절한 지침이 될 수 있는지에 의문을 드러냈다. 이 문제를 논의하는 과정에서, 가톨릭 주교들은 제2차 바티칸 공의회에서 '완전히 새로운 태도로 전쟁을 평가하도록' 요청했다.64)

이 새로운 태도가 반드시 모든 전쟁에 대한 반대를 의미하는 건 아니었다. 공의회 주교들은 "전쟁의 위험이 있고 적절한 힘을 지닌 관할 국제 권위가 없는 동안에는, 참으로 평화 협상의 모든 방법을 다 써 본 정부들의 정당 방위권은 부정할 수 없다."며, 전쟁을 피하기 위해 갖가지 평화 조치가 시도되어 왔음을 추정하는 내용을 진술하기도 했다.65) 위에서 인용한 교황들은 종종 방어 전쟁의 정당성에 대한 경고와 함께 평화를 위한 탄원을 보냈으며, 교황 요한 바오로 2세는 대량 학살이나 인종 청소를 막기 위한 인도주의적 개입의 정당성을 적극적으로 고려했다.

새로운 태도가 무엇을 의미하는지는 전쟁 반대라는 전제의 수립과 관련되어 있었다. 미국 주교회의는 1983년에 발표한 획기적인 사목 서한에서 "평화를 옹호하고 전쟁에 반대한다"는 윤리적 전제를 시작으로, 전쟁과 평화에 대한 논의를 틀 지웠다. 미국 주교회의는 그런 전제를 "유효한 정당한 전쟁의 가르침이 양심적 반대를 허용하는 중대한 이유 가운데 하나이다. 교회의 가르침은 분별력 있는 사람이라면 누구나 평화를 원하고 결코 전쟁을 일으키기를 *바라지* 않으며 매우 정당한 방어전의 경우에도 이를 통탄할 만한 필요악이라고 인정해야 한다는 점을 전제한다."고 주장한다. 미국 주교회의가 말하는 전쟁 반대의 전제는 "누구도 부정하기 어려울 만한 가장 강력한 이유라야" 한다는 것이었다.66)

"전쟁 반대의 전제가 전쟁과 평화에 대한 가톨릭 사상의 중심에 있다"67)는 가르침은 교황 비오 12세를 시작으로 교황 요한 23세, 교황 바오로 6세, 교황 요한 바오로 2세, 그리고 교황 베네딕토 16세까지 이어지며 발전되었다. 정당한 전쟁의 초창기 이론의 일부가 정의에 대한 전제를 내놓으면서 전쟁을 정의를 구축하는 유용한 수단으로 이해한 반면, 전쟁 반대의 전제를 포함한 오늘날 교회의 가르침은 제2

차 바티칸 공의회가 요구한 '새로운 태도'를 반영한다. 요컨대, 현대 전쟁의 파괴적인 힘이라는 맥락 속에서 정당한 전쟁의 개념을 바라봄으로써 가톨릭 지도층은 전쟁에 의존하는 태도를 더욱 강하게 반대하는 목소리를 냈을 뿐만 아니라, 진정한 평화를 이룩하기 위한 대안적인 방법을 개발하는 데 더욱 전념하게 되었다.[68]

1983년에 사목 서한을 발표하고 10년 뒤, 미국 주교회의는 "비폭력이 개인적인 참여에 국한되어야 하는지, 아니면 공공질서 안에 자리 잡아야 하는지"에 대한 물음을 던졌다. 즉, 폭력에 대한 어떤 호소가 정당화되기 전에, 비폭력 전략을 갈등에 대한 응답으로서 불러내자는 것이다.[69] 갈등을 다룰 때 비폭력을 약속하는 것이 점점 더 현실이 되고 있다. 예수님의 삶과 사목 그리고 초기 교회에 대한 성경의 묘사에 뿌리를 둔 이런 경향은 불의에 반대하는 전제에의 고전적인 호소가, 이것이 폭력에 대한 의존을 정당화했는데, 이제는 바뀌었음을 나타내는 지점까지 성숙했다.

가톨릭 사회교리에서 계속 발전해 온 전쟁 반대의 전제는 이제 교황이 반복해서 승인한 교리가 되었다. 이 윤리적 전제가 피스빌딩에 미칠 영향이 어떨지는 아직 분명하지 않다. 이 전제는 갈등에 직면했을 때 폭력적인 힘에 대한 대안을 찾는 일에 더 많은 관심과 더 강한 의지를 불러일으킬 것이다. 하지만 가톨릭 사회교리의 발전 중 이 단계에서, 그런 대안은 아직 교회 생활의 주류로 진입하지 못했고, 또 가톨릭 사회교리 전통은 피스빌딩이 요구하는 것에 만족스러운 설명을 내놓지도 못했다.[70]

가톨릭 사회교리 전통에서 빠져 있는 것은 갈등 해결 이론이다. 가톨릭 사회교리가 적극적인 평화의 전망에 대한 상당한 신학적, 윤리적 성찰을 보여주지만, 갈등 해결로 인도하는 신학적, 윤리적 원리는 그에 필적할만한 수준에 미치지 못했다. 공동체주의로 기울어지는 가톨릭의 태도는 사회 갈등, 그리고 그런 갈등을 해결하기 위한 전략을 개발할 필요에 직면했을 때 회피로 기우는 경향이 있다. 공동체주의적 전망에서 비롯되는 가톨릭 사회교리의 약점은 갈등을 실제보다 더 명백한 것으로 간주하며, 가톨릭 사회교리에 널리 퍼져있는 사회에 대한 유기체적 비유를 동원하여 조화와 협력이 실제보다 더 쉽게 성취될 수 있다는 믿음을 유발한다. 교황들은 종종 갈등 당사자들에게 공동선을 옹호하면서 서로에 대한 의무를 인식하기 위해 이성을 활용하라고 호소한다. 자본과 노동, 소수 민족과 사회를 지배하는 다수, 부유한 나라와 가난한 나라 또는 서로 다른 사회정치적 분열 등 무엇 때문에 갈등이 생기는지와 무관하게, 선의와 자발적 협력을 통해 차이를 해결하라는 요청이다. 물론 갈등을 폭력과 동일선상에 두어서는 안 된다. 그러나 갈등의 존재를 적절하게 다루지 않으면, 갈등이 폭력을 초래할 위험이 있다. 인간 현실의 매우 대립적인 본질을 이해하는 데 실패했기에, 교회가 세계 도처에서 그런 노력에 실제로 깊이 관여하고 있음에도 불구하고, 가톨릭 사회교리는 갈등 해결 전략을 제대로 개발하지 못한 채 남아있는 것이다.

  가톨릭 사회교리가 피스빌딩에 일관된 윤리적 틀을 제공하려면 몇몇 주제에 대해 더욱 연구하고 논의해야 한다. 이제 남은 내용에서는 가톨릭 사회교리에서 발전시켜야 할 피스빌딩 관련 요소 몇 가지를 검토한다.

갈등 해결과 종결

가톨릭 사회교리에 존재하는 격차의 한 예는, 대량 학살이나 인종 청소 같은 극단적인 인권 침해를 막기 위한 인도주의적 개입과 관련하여, 교회의 가르침이 내놓는 현재와 같은 지지를 함축하는 발언을 담고 있지 않다는 점이다. 적극적 평화를 가로막는 장애물을 제거하는 힘에 대한 정당화도 피스빌딩의 적극적 평화와 소극적 평화 사이에서 직면해야 할 또 다른 예이다.

인도주의적 재앙의 극단적 위험이 제거되고 나야, 평화를 구축하는 활동이 이루어질 수 있다. 하지만 가톨릭 사회교리는 피스빌딩에 필수적인 개입 이후 행동에 대한 지침을 거의 제공하지 않는다. 노골적인 적대 행위 중단, 그리고 평화 유지군과 평화 유지 감시단 배치는 평화 프로세스를 위한 만족스러운 결과는 아니지만, 피스빌딩에 필요한 초기 단계이다. 그러나 평화 집행자 활용은 "부분적으로는 강대국의 이해에 기여하는 19세기 제국주의 정책으로 회귀한 것처럼 보일 수 있다."71) 가톨릭 사회교리는 강대국 정치학의 냄새를 풍기는 접근을 할 뿐, "갈등을 관리하는 데 잠재적으로 더 내구성 있는 방법을 제공하는 피스빌딩과 갈등 해결 전술, 기술, 절차72) 등의 차원에서는" 아무 도움도 주지 못한다.

미국 남북전쟁 이후 다각적인 피스빌딩 노력에 대한 역사적 시도를 연구한 어느 논문은, 피스빌딩을 진전시키는 데 필요한 정치의 장을 형성하려는 전략에 3가지 요소가 필요하다고 암시했다. 적대감의 지역적 근원을 밝혀야 하고, 변화에 필요한 지역 역량을 검토하고 동원해야 하며, 평화를 유지하는 데 필요한 국제 지원이 어느 정도여야 하는지 결정해서 제공해야 한다는 것이다.73) 이런 삼중 전략은 전략에 도입되어야 할 전술(tactics), 기술(techniques), 절차(procedures)

하나하나에 더 상세한 내용이 추가되어야 한다. 현재와 같은 인도주의적 개입과 폭력 억제를 위한 지원이 진정한 평화를 구축하기 위한 것이라면, 가톨릭 사회교리가 취해야 할 태도는 이런 '전술, 기술, 절차'를 더욱 심오하게 탐구하는 일이다.

최근 ***전쟁 종식의 정당성**(jus post bellum)*에 대한 관심과 함께 피스빌딩과 유사한 무언가가 정당한 전쟁 전통에 등장했다. 공식적인 가르침에서 기준 목록이나 특정 용어를 찾을 수는 없지만, ***전쟁 종식의 정당성***이라는 개념은 정당한 전쟁을 완전히 충족시키는 이론의 한 요소로, 몇 가지 선례를 가지고 있다. 프란치스코 수아레즈(Francisco Suarez, 1548-1617)와 임마누엘 칸트(Immanuel Kant, 1724-1804)의 글에서 그런 내용을 발견할 수 있다. 두 사람은 전쟁의 윤리학을 제대로 다루기 위해서는 진정한 평화를 위한 갈등 이후의 정의 구축을 반드시 포함해야 한다고 주장했다.

우리 시대에 갈등 이후 해결에 대한 윤리적 성찰의 필요성은 어느 때보다도 시급하다. 인도주의적 개입은 극심한 상황에서 생활해 온 많은 사람들의 상태를 개선해야 한다는 분명한 목적을 갖고 있다. 전쟁이 다른 국가의 침략에 저항하기 위해 싸우는 일인 반면, 인도주의적 개입은 다른 국가의 안녕을 향상시키기 위해 이루어진다. 따라서 갈등의 실질적 해결을 주장하는 일은 필수가 되었다. 이런 개입의 목적은 다른 이들을 대신하여 무기를 들고 있는 사람들의 생활을 개선하는 것이기 때문이다.

***전쟁 이후**(post bellum)* 상황에 대한 윤리적 지침의 부족은 법적 혼란을 야기하고, 정치적 불안정을 고조시켰으며, 불의의 가능성을 높이게 되었는데, 이 모든 것이 은연중에 피스빌딩을 좌절시키는 역할

을 한다. 법적으로, 점령국과 유엔 과도행정부는 때로 시대에 맞지 않고 모순되며 계속 진화하고 있는 규범들의 혼란스러운 복잡성 때문에 골머리를 앓는다. 정치적으로는, 패배자의 권리가 보장되지 않으면 갈등이 연장되고, 갈등에 있는 양측이 서로 유리한 협상 지위를 차지하려 들기 때문에 사상자와 파괴를 증가시킬 수 있다. 윤리적으로, 기준의 부재는 향후의 공격을 촉발할 뿐인 일관성 없고 불균형한 결과를 초래할 수 있다. 나쁜 평화는 미래의 폭력적인 갈등을 조장할 수 있다.

*전쟁 종식의 정당성*이라는 규범은 전쟁이 종식되는 동안 최소한 허용될 수 있는 행동의 내용을 명시할 수 있다. 더 적극적으로, 이런 규범은 전쟁의 상처를 치유하는 데 필요한 투신의 공통 기준으로도 작용할 수 있다. *전쟁 이후* 규범은 전후 협상 과정에서 전쟁 당사자들이 서로 소통하기 위한 절차를 세울 수 있다. 결과적으로, *전쟁 이후* 규범은 불확실성이 가득한 기간 동안의 행동에 대한 기대치를 안정시키는 데 기여할 수 있을 뿐만 아니라, 평화 조약 제안에 대한 공통된 해석을 허용할 수도 있다. 분명히, 전후 규범에 대한 합의 구축은 인권을 보호하고, 갈등 후 빈곤을 최소화하며, 무고한 비전투원에게 직접 처벌 조치를 취하지 않으려는 의무감을 강화할 수 있고, 이를 통해 향후의 전쟁 가능성을 줄이는 국제적 분위기를 조장할 수 있다.

신학자 마이클 셔크는 *전쟁 종식의 정당성*에 대한 3가지 기준을 제안했다. 첫 번째는 참회의 원리로, 모든 참전자들이, 정의롭다고 생각한 전쟁에 복무한 사람들조차도, 회한의 감각을 가져야 한다는 의미다. 두 번째는 명예로운 항복의 원리로, 평화를 이루는 조건이 패배자에게 인색하거나 부당하지 않아야 한다는 뜻이다. 마지막은 회복의 원리로, 갈등 후 회복하는 일에서 승리자가 책임감을 갖고 지원해야 한다는 뜻이다.

마이클 셔크는 *전쟁 종식의 정당성*이라는 사상의 초기 단계를 대표한다. 셔크는 기본적인 정의 확립을 목표로 갈등 이후 활동은 어느 정도가 적절한지를 구상함으로써, 전후 책임에 대한 미니멀리스트 접근 방식을 보여 주었다. 1990년대 중반에 두 번째 사고 단계가 등장했는데, 보스니아, 코소보, 동티모르, 부룬디, 시에라리온의 경험을 거치면서 이론가들은 피스빌딩의 개념을 국가 건설로 재고하게 되었다. 결과적으로 *전쟁 종식의 정당성*에 대한 논의는 갈등에서 평화로 넘어가는 과도기 이후 국가의 장기적인 안정성과 관련되는 문제에 몰두했다. 이렇게 국가 건설의 문제에 대한 규범적 분석까지 제공하는 내용으로 전쟁 종식의 정당성 개념이 확장된 것 자체가 학자들 사이에서 하나의 논쟁 주제가 되었다.74)

마이클 셔크의 선구적인 논의에 이어 많은 저자들이 *전쟁 종식의 정당성*에 대한 글을 쏟아냈다. 여기서는 각 글의 내용을 상세히 설명하기보다, 피스빌딩을 이해하는 데 도움을 줄 수 있는 새로운 윤리적 규범을 제기하는 몇 가지 분야를 제안하는 것으로 충분할 것 같다.75)

1. *전쟁 종식의 정당한 명분* : 이 규범은 맥시멀리스트와 미니멀리스트 접근 방식 모두에 의해 공격당할 수 있다. 먼저 미니멀리스트 접근 방식에게, 방어하려는 국가가 공격을 물리치기 위한 최후의 수단으로 취한 무력 사용을 제대로 끝내지 못하는 것은 무책임한 일이다. 맥시멀리스트 접근 방식에게, 공격자에 의해 침해당한 권리를 옹호하겠다는 명분이 확보되었는데도 전쟁을 계속하는 것은 공정하지 않은 일이다.

정당한 명분이라는 규범을 위반한 공격자는 가능한 한 어디서든지 책임을 지고 처벌을 받아야 한다. 그러나 과실 책임에도 서로 다른 층위가 (정치 엘리트, 군사 지도자, 전투원, 비참여 민간인, 반체제 인사 등) 있으므로 각각 다르게 분류해야 하며, 그래야 공격의 책임을 합당하게 지울 수 있고, 책임이 작거나 책임질 게 없는 사람들은 이미 전쟁에서 고통을 받은 것 말고는 처벌을 피하게 할 수 있다. 결국 많은 보통 시민들은 정부가 행한 공격 때문에 참혹한 결과를 겪게 될 것이기 때문이다. 지도자를 대상으로 한 전쟁범죄 재판소(*전쟁 개시 정당성 jus ad bellum*과 *전쟁 수행 정당성 jus in bello* 규범과 관련된 범죄에 대한)와 진실화해위원회는 잘못된 행위를 폭로하여 죄책감을 느끼게 하고, 경제적 불이익을 주고, 향후 공직에서 배제하는 등의 조치를 취한다. 이것은 공격에 대해 책임을 져야 할 사람들을 처벌하는 조치의 모든 예로 여러 문헌에서 논의된다. 국가에 대한 공격이라는 전반적인 혐의의 경우, 전쟁 배상이라는 명칭의 처벌 가능성도 고려될 수 있다.

2. *재활과 개혁* : *전쟁 이전* 상황으로 되돌리기는 불가능할뿐더러 바람직하지도 않다. 어떤 상황에서 공격했지만 패배한 국가는 몇몇 개인에게 분쟁을 일으킨 책임을 물어야 할 수도 있다. 그러나 많은 경우, 패전국 내에 구조적인 변혁이 이루어져야 한다는 요구는 합당하다. 심각한 경우, 이런 변혁은 완전히 새로운 정치, 사법, 경제 제도의 수립을 수반한다.

외부인들이 패전국 국민들의 정치적 구조조정을 요구할 수 있는 정도는, 공격자가 국민의 대표성을 지니지 못하는 상태, 또 그들이 통치한 사람들의 기본적 인권에 대한 위협이 (예컨대, 집단 학살, 노예제도, 살인/실종, 고문, 목숨과 신체에 대한 폭력, 인질, 공정한 재판 없는 처벌, 임의 구금, 취약 계층에 대한 냉담한 방임 또는 체계적인 인종 차별 등에 정부의 공모 등) 어느 정도인가에 따라 결정된다.

중요한 것은 패전국의 전후 지도부와 그들이 운영하는 기관이 모두 지역적 정당성을 가져야 하며, 그래야 사람들이 개인의 생활과 사회를 재건해 나갈 수 있다.

3. *패배자에 대한 승리자의 의무* : 의무는 전후 상황에 따라 달라질 수 있다. 인도주의적 개입 활동가들은 단순히 공격에 저항하기 위해 무기를 든 사람들보다 더 많은 직접적인 의무를 지닐 수 있다. 점령 세력은, 패전국의 지배권을 국내 지도부로 신속히 넘겨주는 승전국이 지닌 의무와는 다른 의무를 지닌다. 비점령 승리자 역시 의무가 있지만, 점령 세력의 의무와는 다른 종류다.

점령 세력은 피점령 인구에게 안전, 거버넌스, 기본적인 욕구 충족을 보장하는 보호자 지위를 수립한다. 이것은 파트너십 단계로 변형되어야 하는데, 그로써 승전국이 발전하고 있는 지역 정부와 함께 경제와 시민 사회를 재건하기 위해 활동한다. 최종 목표는 완전한 주권을 회복하고 국가 공동체 상태로 다시 진입하는 것이다.

비점령 세력은 최소한 모든 전쟁 무기의 (예컨대, 지뢰, 유기탄, 파괴된 무장 차량 등) 제거를 도와야 한다. 또한 필수 인프라(전력, 교량, 고속도로, 철도, 의료 시설)를 재건하고, 새로운 세대의 공무 담당 인력을 훈련하는 데 필요한 재정적 또는 기술적 원조를 제공할 필요가 있다.

저자들에 대해 설문을 해 보니, *전쟁 종식의 정당성*의 측면들에 대한 몇 가지 견해 차이가 드러났다.[76] 세속(일반) 저자와 종교적 저자 사이에 나타난 한 가지 분명한 차이는 그리스도교 관점에서 글을 쓰는 저자들이 회개, 겸손, 화해, 용서라는 태도의 필요성에 대해 말한 다는 점이다. 앞으로 더 논의하겠지만, 피스빌딩이 행동뿐만 아니라 규범적 성향을 요구하는 만큼, 인간의 내적 자질까지 언급하는 *전쟁 종식의 정당성* 규범이 필요할 것으로 보인다.77)

저자들 사이의 차이를 드러낸 또 다른 점은 처벌의 무게를 가늠할 때 비례성을 크게 고려하는 쪽과 정의를 옹호하고 향후의 공격을 방지하는데 전쟁범죄 재판 같은 행위가 필수적이라고 주장하는 쪽이 있다는 것이다. 전쟁범죄 재판은 싸움의 연장일 뿐이며, 분열된 나라(내전의 경우처럼)의 재건 노력을 방해할 뿐이라는 의견과 그런 재판이 훼손된 기준을 바로 세우고, 향후의 폭력을 방지하며, 범죄 피해자의 경험에 주의를 기울여 치유 작업을 마련한다는 점에서 그리스도교 전통에 필수적이라는 의견 가운데 어느 쪽에 더 비중을 두느냐는 논쟁거리이다.

논쟁의 세 번째 분야는 전쟁 배상에 관한 것이다. 공격 국가에서 누가 비용을 지급해야 하며, 배상금을 출원하기 위해 어떤 종류의 체계를 구축해야 하는가? 패배자의 국가 재건에 대한 승리자의 의무를 이야기하는 동시에 전쟁 배상을 요구하는 것은 합리적인가? 패배 국가가 회복되었을 때, 침략 전쟁에 동의하지 않았거나 이를 위해 싸우지 않은 세대로부터 배상금을 걷어 장기적인 세금 계획을 수행해도 되는가? 공격의 결과로 가족을 잃은 사람의 고통과 전쟁으로 경제적 전망이 심각하게 훼손된 사람들을 어떻게 할 것인가? 국가의 침략으로부터 진정으로 무고한 피해자는 어떤 보상을 청구할 수 있는가? 전쟁으로 인해 손상된 환경의 복원에서 거의 제기되지 못한 문제는 무엇인가? 이런 질문들은 *전쟁 종식의 정당성*의 토론 단계에서 여전히 논의되어야 한다.

그러나 이 단계에서조차도, 전쟁이 끝난 뒤에 발생할 윤리적 문제를 논의하는 정당한 전쟁론 지지자들과 갈등 해결을 위한 전략의 지침이 될 윤리적 규범을 찾고 적극적 평화를 만들어 가려는 가톨릭 피스빌딩 지지자들 사이에 이해가 수렴되는 부분은 분명히 존재한다. 양측 모두 갈등 종식 후 정의로운 평화를 수립하는 데 지침이 될 윤리적 기준을 명확히 함으로써, 가톨릭 사회교리의 내용을 풍요롭게 하고 더 발전시킬 수 있다.

화해 과정

평화의 소극적인 견해인 폭력의 종식은 평화에 대한 적극적 이해를 구성하는 전제 조건이 될 수 있다. 적극적 평화를 성공적으로 만들어 내면 화해가 뒤따르는데, 화해는 관계의 변화를 포함하므로 향후의 갈등이 폭력으로 분출되지 않게 할 수 있다. 이것은 가톨릭 사회교리에 도전을 던진다. 가톨릭 사회교리 전통은 주로 경제와 정치 구조에 초점을 맞추고 있어서 개인의 특성과 미덕을 사회 문제와 연결시키는 방법은 부족하기 때문이다. 피스빌딩을 인간과 관계, 인간과 구조의 변화를 포함하는 과제로 인식하면 그동안 가톨릭 사회교리가 형성하지 못한 주제 간의 연결성을 만들 추진력을 얻을 수 있다. 바로 기본 윤리 신학과 화해, 속죄, 용서 등 사회 윤리 주제들 사이의 연결성이다.

화해로 향하는 과정은 여러 단계를 포함한다. 한쪽에서 일방적으로 시작할 수도 있지만, 화해 과정이 진행될 때는 양측이 서로 참여해야 한다. 이 과정에는 5가지 필수 단계가 있다.[78] 첫째는, 하느님 앞에서 상대를 동등한 도덕적 지위와 존엄성을 가진 존재로 인식하는 일이다. 어느 한쪽이 다른 쪽을 동등한 도덕적 지위를 갖는 존재로 간주하기를 거부하면, 협상 성공과 합의 구축은 이루기 힘들다.

상대에 대한 인식 다음 단계는 피해를 복구하려는 노력이다. 이것은 용서를 구하고 잘못한 이에게 고백하도록 요청하는 속죄 행위를 포함한다. 그저 용서를 청하는 일이 용서받는 데 꼭 필요하거나 용서받기 쉽게 만든다는 식의 가정은 하지 않는다. 그러나 잘못된 행위를 직면하고 책임지는 일이 출발점이 되는데, 이것이 발생한 피해 사실을 정직하게 시인하는 일이기 때문이다. 보상을 제안하는 진지한 행위는 용서를 구하는 언어의 진실성을 나타낸다. 오로지 그런 정직한 고백과 진정한 속죄가 이루어진 뒤에야 용서로 나아갈 수 있다.

세 번째 단계는 폭력의 대상이었던 상대를 향해 새로운 태도를 취하려는 공적, 사적 노력을 포함한다. 폭력 갈등에는 공통적으로 적을 비인격화하고 악마화하는 '전쟁 심리'가 존재한다. 폭력 갈등 안에 인종차별, 민족 간의 증오, 역사 왜곡, 조롱과 경멸이 작동해 왔고, 그것들은 한 사회 안에 널리 퍼져 타자에게 고통과 학살을 가하는 행위를 허용해 왔다. 공교육, 미디어 캠페인, 문화 행사, 학생 교환 프로그램, 자매도시 결연, 협력 사업 벤처, 그리고 편견과 고정관념에 도전하고 바로잡기 위해 사람들에게 새로운 경험을 제공하는 다양한 활동들은 한때 적이었던 사람들에 대해 새롭게 생각하도록 유도하는 실천적인 행위들이다.

공동 운명체라는 상식을 구축하는 일이 사회적 화해의 네 번째 중요한 요소다. 갈등 당사자들이 각자 지닌 선의와 자원을 활용할 수 있는 공동의 임무나 목표를 발견하는 일은 갈등을 겪었던 과거와는 다른 미래를 탄탄하게 만드는 데 도움이 된다. 공유 경제 협력체를 구축하거나, 서로 관심이 있는 환경 문제를 위해 일하거나, 과학 또는 기술 연구를 위한 협력체를 결성하는 일 등은, 안보 문제를 넘어 과거에 적이었던 상대를 이제는 더 나은 삶으로 이끌어주는 동맹으로 인식하게 하는 일종의 협력적인 시도들이다. 안보에만 초점을 맞춘다면 양측의 관계는 갈등 관리 차원에 머무르게 되지만, 의제를 확장시켜 사업, 교육, 문화, 과학 등의 영역에서 공동 프로젝트를 수행하게 하면 화해를 더욱 촉진시킬 수 있다. 이 단계의 목표는 서로 발전할 수 있는 상호 의존의 풍요로운 연결고리를 구축해, 과거에 적이었던 상대의 안녕이 나 자신의 안녕에 이득이 된다는 점을 보게 하는 것이다.

마지막으로 현실주의 감각은 앞으로 갈등이 생길 수 있지만, 어떠한 강요나 폭력을 동원하지 않고도 갈등을 관리하고 해결할 수 있음을 깨닫게 해 준다. 갈등을 처리하는 기관과 절차가 수립되어야 한다. 그 목적은 분쟁 상황을 해결하기 위해 비폭력 절차를 활용하게 함으로써, 폭력에 호소하는 태도를 멀리하거나 생각할 수도 없게 만드는 것이다.

화해에 대한 이런 접근은 피스빌딩 활동이 다차원적일 뿐만 아니라 긴 시간에 걸쳐 이루어진다는 사실을 나타낸다. 위에 나열한 단계는 시간 순서대로 이루어지지 않으며, 여러 단계가 같은 기간 내에 진행될 수도 있다. 어떤 단계든 광범위하고 지속적인 영향력을 가지려면 수십 년이 걸릴 수도 있다. 사회적 화해 과정은 폭력 갈등이 멈추는 초기 단계에 피스빌딩이 엄청난 긴박감을 지닐 거라는 암시를 주지만, 아마도 실제적인 폭력적 적대 행위로부터 한참 멀어진 후기 단계에서 진행되는 피스빌딩은 앞으로의 전쟁 위협을 극복하는 데 절대적으로 중요하다.

폭력 갈등을 종식시키는 일은 여러 방식으로 이루어질 수 있는데, 오랜 원한과 폭력 발생 원인은 그대로 남겨 둔 채 전투원들을 갈등으로부터 그저 벗어나게 하는 일까지를 포함한다. 진정한 평화를 구축하려면 과거와는 완전히 다른 미래를 만들기 위한 화해의 과정을 거쳐야 한다.79) 인간의 존엄성, 인권, 연대, 사랑의 문명화라는 주제를 담고 있는 가톨릭 사회교리는 평화의 의미를 잘 알고 평화를 적극적으로 이해한다. 가톨릭 사회교리는 참 평화가 단순한 폭력의 중단 그 이상이라는 것을 알고 있다. 하지만 '그 이상'을 추구하기 위해 무엇이 동반되어야 하는지는 명시적으로 말해 오지 못했다. 사회적 화해 과정에 더 많은 주의를 기울여야 가톨릭 사회교리가 주장하는 평화의 전망을 더 명확히 할 수 있을 것이다.

진실 말하기, 정의 그리고 용서

위에서 언급한 사회적 화해 과정에 대한 설명에서, 일부 단계는 가톨릭 사회교리에 존재하는 규범과 원리가 뒷받침하는 전략적 결정과 행동을 포함한다. 예를 들어, 가톨릭 전통에서 드러나는 인간의 존엄성에 대한 이해는 상대가 윤리적으로 동등함을 상호 인식해야 한다는 주장을 뒷받침하고, 보조성의 원리는 화해 과정의 네 번째 단계에서 시민 사회 조직을 참여시키는 전략을 뒷받침할 수 있다. 그 밖에도 서로 만나고 겹쳐지는 지점이 쉽게 확인되는데, 따라서 가톨릭 사회교리가 피스빌딩에 대한 가톨릭 접근 방식의 원천이 될 수 있다.

하지만 화해 과정의 3가지 주요 측면인 진실 말하기, 정의, 그리고 용서는 가톨릭 사회교리에서 더 발전할 필요가 있는 분야이기 때문에, 추가적으로 논평할 가치가 있다. 이 3가지 측면은 화해 과정의 두 번째 과정인 피해 복구에서 큰 부분을 차지한다.

"폭력이 벌어진 시기에 일어난 사태의 진실을 구축하는 일은 화해를 향한 첫 단계이자 가장 중요한 단계이다."80) 폭력에 호소하는 태도와 정당화는 종종 오해, 왜곡, 거짓에 근거한다. 폭력적인 갈등 시기에 실제로 일어난 일에 대해 진실을 추구하는 작업이 화해의 중심에 있다. 진실을 말하지 않는 한, 사람들은 화해의 작업에서 스스로의 경험을 인식하지 못할 것이기 때문이다. 폭력 가해자들은 자신의 행동이 있는 그대로 드러나지 않았다고 생각되면 진정한 용서를 느끼지 못할 것이고, 폭력 피해자들은 그들의 고통이 제대로 인정되지 않았기 때문에 또는 누구도 잘못된 행위에 대해 책임을 지지 않았기 때문에 원한과 억울함을 품을 것이다. 이것이 얀 소브리노(Jon Sobrino)가 진실과 정의를 건너뛰고 용서를 재촉해서는 안 된다고 경고하는 이유다.81) 용서가 화해 과정에서 필수적이지만, 다른 두 관심사(진실과 정의)를 희생시켜서는 안 된다.

진실 말하기는 여러 형태를 취할 수 있고 그래야 한다. 아마도 가장 주목할 만한 전략은 공식적인 진실위원회를 설립하여, 갈등 양 당사자의 관점에서 사건을 거리낌 없이 이야기하도록 하는 것이다. 이런 포럼은 지역적, 국가적, 국제적으로 이루어질 수 있는데, 전문가이든 관심을 지닌 관찰자든, 피해자, 가해자, 방관자의 눈을 통해 어떤 일이 일어났는지에 대해 기록해야 한다.

악한 행위에 참여했다는 솔직한 고백인 고해성사는 하느님과의 화해를 추구하기 위해 오랜 시간 이어져 온 가톨릭의 핵심 전례다. 성사 이외의 상황에서도 거짓이나 진실 은폐가 아닌 현실을 기반으로 새로운 관계를 구축하는 것이 중요하다. 진실 말하기는 처음에는 고통스럽고 불편할 수 있지만, 진실을 말하고 듣는 이들이 현실에 더욱 깊이 관여하도록 도와주므로 그 자체로 해방적인 경험이 된다.

결국 비현실 위에 화해를 이룩하는 것은 불가능하다. 피해자는 기억을 부정할 수 없고, 억울함은 곪아 또 다른 보상의 기회만을 기다리게 될 뿐이다. 가해자는 이름이 붙여지지 않고 확인되지 않은 행위에 대해 제대로 된 용서를 구할 수 없다. 이것은 역사가 주는 교훈이다. 진실화해위원회, 국제형사재판소, 고문서와 역사 기록보관소, 기념관과 박물관 등에서 진행되어 온 여러 형태의 포럼은 화해를 추구하는 과정에서 진실을 말하고 듣는 일의 중요성을 보여 주는 증거다.

진실은, 중요한 만큼, 행위가, 현재의 맥락에서는 정의의 행위가 뒤따라야 한다.82) 필요한 것은 사면과 용서를 받고 싶어 하는 욕망을 구현하는 속죄 행위다. 폭력 피해의 복구는 훼손된 윤리적 질서에 조화와 균형을 부여하는 행동의 이행을 동반한다. 사람들은 불의에 대해 보상할 필요가 있고, 한 사람이 다른 사람에 대해 갖고 있는 합당한 요구는 표현되어야 한다.

따라서 화해에서 중요한 것은 회복적 정의다. 가톨릭 사회교리는 역사적으로 경제적 정의에 집중했기 때문에, 분배적, 교환적, 사회적 정의라 불리는 차원의 정의에 기반을 두었다. 대부분의 가톨릭 사회교리 문헌은 다른 형태의 정의에는 거의 주목하지 못했다. 최근 들어 형사 정의와 법적 정의에 관심이 많은 사람들 사이에서 피해자의 권리와 가해자의 의무에 대해서만이 아니라 사회와 공동체의 상태에 대해서도 질문을 던지는 접근 방식에 관심이 높아지고 있다. 회복적 정의는 가해자가 자초한 피해뿐만 아니라 직접적인 피해자나 폭넓은 공동체에게 가한 피해를 복구하는 일도 추구한다. 이 3개체 사이의 관계도 다뤄져야 할 필요가 있다. 회복적 정의는 가장 적절한 형태의 회복 활동이 무엇인지 연구한다. 정의에 대해 사고하는 이런 접근 방식은 잘못된 행위를 다루는 어떤 특정 방법에 대해서가 아니라, 관심의 핵심 특질인 관계에 초점을 둔다.

회복적 정의는 응보적 정의와 다르다. 응보적 정의는 "범죄자에 초점을 두고 과거를 돌아보며 엄격하게 처벌적인" 반면, 회복적 정의는 "가해자와 피해자가 맺는 관계의 미래에 초점을 맞춘다. 회복적 정의는 피해자에 집중하며 미래 지향적이고, 그 정의의 목적은 보상이나 배상과 같은 수단을 통해 적대감과 소외의 원인을 줄이려는 것이다."[83]

보상 또는 배상에 대한 언급은, 가해자가 보상해야 할 의무를 진다는 점에서, 회복적 정의에도 응보의 요소가 일부 들어있음을 보여준다. 하지만 초점이 미래에 있기 때문에, 문제는 가해자가 사회 안에서 다른 사람들과의 관계를 회복하기 위해 무엇을 해야 하는가이다. 취해야 할 행동에는 피해자를 포함하지만, 응보를 넘어 화해를 진전시키기 위해, 또 관계를 만들거나 복원하기 위해 대상이나 관심 범위는 더 넓어진다. 예컨대, 갈등 상황 동안 부당하게 압수한 토지나 기타 재산에 대한 반환, 또는 살던 곳을 떠나야 했던 사람들을 위한 만족스러운 생활환경의 마련 등은 지역 사회의 안녕을 회복하기 위해 요구되는 행동들이다.[84]

그러나 초점을 응보로 너무 좁히면 잘못에 대한 개인의 윤리적 책임성을 결정하는 데 높은 비용과 광범위한 노력이 들고, 유죄와 처벌을 선고하는 형사 절차가 길어질 수 있다. 윤리적 책임성을 확립하려는 모든 노력에 반대하는 것은 아니지만, 형사-정의 체제, 특히 전쟁으로 황폐화된 땅에서의 형사-정의 체제가, 그런 과정에 가장 적합한 논의 장소가 될지는 불분명하다. 한 나라의 형사-정의 체계는 전쟁 후 엉망이 되거나 권위주의 체제하에서 변질되어 왔다. 요구는 엄청나게 많고 이용할 수 있는 자원은 한정되어 있는 전후 상황에서, 어디에 어떻게 자원을 투입할지를 결정해야 하므로, 소수의 사람을 대상으로 장기간 형사 수사를 벌이고 재판하는 게 화해를 촉구하는 최선의 방법은 아니라는 사실을 알 수 있다. 대신 진실위원회가 채택한 덜 공식적인 절차와 회복적 정의 조치인 창의적 전략을 함께 수행한다면, 화해를 촉진하는 동시에 어떤 책임성을 확보할 수 있는 보다 나은 전략이 될 수 있다.

가톨릭 사회교리는 회복적 정의 문제를 언급해야 하고, 회복적 정의의 유리한 지점에 따라 규범과 원리를 제시해야 한다. 폭력으로 황폐화된 사회 또는 공동체를 복구하는 프로젝트에서 발생하는 권리와 의무를 분석할 수 있는 윤리적 틀을 구축하는 것은 가톨릭 사회교리가 제공할 수 있는 중요한 책무다. 그런 작업을 할 때, *전쟁 종식의 정당성* 규범을 논하는 이론가들의 글은 중요하게 고려될 것이고, 더욱이 갈등 이후 공동체 구축에 참여한 사람들의 경험은 회복적 정의에 대한 가톨릭의 이해로 반드시 통합되어야 한다.

가톨릭 사회교리에서 거의 관심을 받지 못한 피스빌딩의 또 다른 중요한 차원은 용서 문제다. 가톨리시즘이 물질적 발전을 포함하되 그것에 국한되지 않고 발전에 대한 풍부한 이해를 제공하듯이, 피스빌딩도 다양한 수준에서 다뤄져야 한다. 피스빌딩에서는, 갈등 이후 상황에서 공공 정책 논의를 할 때 초점이 되는 정치와 경제 인프라 보다, 더 많은 것이 고려되어야 한다. 가톨릭 사회교리는 용서를 제안하는 목소리에 주의를 기울여야 하는데, 사회적 화해를 이루려면 이런 목소리에 더 많은 관심을 쏟아야 한다.85)

2002년, 교황 요한 바오로 2세는, "이토록 가공할 폭력에 휘둘린 윤리적 질서와 사회적 질서를 어떻게 회복할 것인가?"라는 질문을 던졌다. 교황의 답변은 정의와 용서를 겸비한 대책이 필요하다는 것이었다.86) 교황 요한 바오로 2세는 사람들이 정의와 용서는 양립할 수 없다고 보는 경우가 너무나 많다고 지적했다.87) 그러나 교황 요한 바오로 2세의 생각에 "용서는 원한과 보복에 대립되는 것이지 정의에 대립되는 것이 아니다." 정의는 "우리가 잘못된 일을 바로잡아야 할 필요성까지 눈감아주지 않기를" 정당하게 요구한다. 용서는 그런 목적을 포함하지만, 더 깊이 들어가 '뒤틀린 인간관계를 근본부터'88) 치유하고 다시 세워준다. 정의만으로는 인간이나 사회의 마음에 있는 상처를 매만질 수 없다. 용서는 이런 임무를 위해 반드시 필요하다.

교황 요한 바오로 2세의 관점에서 용서는 인간의 마음에서 시작되고, 그것은 널리 퍼져나가 문화 윤리의 일부가 되어야 한다. 그래야만 비로소 "우리는 법률과 정부 정책에 나타나는 용서의 '정치'를 희망할 수 있다."89) 이것은 인간이 사회적 존재이기 때문에 가능하다. 인간의 마음속에 있는 것은 단순히 개인적인 것이 아니다. 인간은 "본질적으로 관계의 구조 안에 있는 사회적 존재이고, 좋든 나쁘든 그런 관계를 통해 자신을 표현하기 때문이다." 개인이 실수와 죄에서 자유로워져 다시 시작할 수 있어야 하는 것처럼, 가정, 공동체, 전체 사회와 국가도 그래야 한다. 모든 공동체가 "끊어진 유대를 새롭게 하고, 서로를 비난하는 각박한 현실을 타개하기 위해서는"90) 용서가 필요하다.

고귀한 용서가 개인 차원에서 이루어질 수 있지만, 용서의 실행은 공직자들의 책임과는 어울리지 않는 것처럼 보일 수 있다.91) 교황 요한 바오로 2세의 입장은, 용서가 겉보기에는 단기간의 손실이지만, 실제로 장기간으로는 이익이 된다는 것이다. 이런 식으로 볼 때, 폭력은 정반대다. 참 평화와 적극적인 평화에 대한 희망을 현실로 만듦으로써, '더욱 충만하고 풍요로운' 삶의 길로 인류를 인도하는 것은 용서다.92)

교황의 전망이 고무적이기는 하지만, 그것은 여전히 전망 차원, 목표와 그 목표를 충족시키는 데 필요한 자원에 대한 중요한 진술 차원에 머물러 있다. 아직 정식화되지 못한 것은 가치 선호를 다루는 용서의 윤리와, 가톨릭 사회교리가 지지하는 정의, 신체적 안전, 발전, 그 밖의 요소들과 용서가 상호작용하는 방식인 규범이다.93) 교황 요한 바오로 2세는 "이 주제에 대해 진지하고 깊이 있는 성찰을 하게 하려는 바람에서"94) 용서에 대한 담화문을 선포했다.

물론 용서에 대한 우리의 사고는 명확해야 한다. '용서하고 잊어버리라'는 문구와 용서를 동일시한다면 오해에 빠질 수 있다. 윤리적으로 말해서, 잊어버린다는 건 위험한 일이다. 대량 학살, 전쟁 범죄, 대규모 폭력 행위를 잊어버리기는 거의 불가능하며, 특히 그런 악으로부터 직접 영향을 받은 경우에는 더욱 잊지 못할 것이다. 정확하게 말해서, 문제는 어떻게 잊어버릴 것인가가 아니라 어떻게 기억할 것인가이다. 윤리적 도전은 악에 대한 기억이 괴로움과 증오를 낳지 않게 하면서 악에 대한 기억을 유지하는 것이다. 이것은 용서의 또 다른 측면으로 이끈다. 용서는 범죄자가 회복적 정의라는 의무에 직면하는 일을 배제하지 않는다. 그러나 이 의무는 복수하려는 욕망에서 찾아낸 처벌이 아니라, 오히려 올바른 용서와 침해된 윤리적 질서를 재건하는 데 필요한 행위이다. 화해의 사회적 과정에서, 복수와 보복을 넘어서려는 의지는 넘어서야 할 중요한 문턱이며 그 길을 따라 걷는 것이 용서의 길을 따르는 것이다.

가톨릭 사회교리는 화해와 피스빌딩을 위한 용서의 핵심적 위치를 되찾기 위해 가톨릭 사회교리가 지닌 신학적 유산을 더욱 깊이 탐구해야 한다. 가톨릭 사회교리는 또한 가톨릭 신학을 넘어 갈등 해결, 사회적 화해, 정치적 용서에 대한 풍부한 유산을 갖고 있는 메노나이트의 견해 등 다른 그리스도교 전통의 해석에도 접근해야 한다. 이것이 가톨릭 공동체의 사회적 가르침에 들어 있는 몇 가지 격차들로, 일관되고 포괄적인 가톨릭 피스빌딩 이론을 발전시키려 할 때 반드시 논의되어야 하는 내용이다.

결 론

가톨릭 사회교리 전통은 가톨릭 신자에게는 물론, 오랜 세월에 걸쳐 여러 경제, 사회, 정치 문제를 해결하고자 하는 선의를 지닌 다른 이들에게도 귀중한 자원이 되어 왔다. 다양한 교회의 지도자들이 더 나은 세상을 만들기 위한 인류의 희망을 이야기하기 위해 여러 주제와 통찰을 만들어 내고 정식화 해왔다. 오늘날, 현대 전쟁이 얼마나 고통스러운 결과를 초래했는지는 너무 분명한 것이기에, 갈등을 다루는 수단으로서 전쟁을 종식시키려는 새로운 희망이 생겨났다. 사람들은 갈등을 해결하는 더 나은 방법으로 피스빌딩에 도전할 용기를 갖게 된 것이다.

가톨릭 사회교리가 당면한 도전 과제 가운데 하나는 지역 교회와 풀뿌리 활동이 가져다준 경험과 지혜를 통합하는 능력이다. 『팔십주년』에서 개진된 가톨릭 사회교리의 보다 탈중심적인 전략에 대한 약속은 기껏해야 부분적으로만 성취되어 왔다.95) 교회의 교리 담당 부서가 진화하고 있으므로, 가톨릭 사회교리는 세계 도처에서 피스빌딩에 참여한 교회 활동가들의 경험에 근거하여 잠정적인 가르침을 제공하는 접근 방식을 취할 필요가 있다. 피스빌딩 작업도 끊임없이 변화하는 상황에 맞춰 이루어지는 것이므로, 이런 가르침 역시 지속적인 개선과 발전에 열려 있어야 한다.

현재 가톨릭 사회교리는 피스빌딩 옹호자들에게 피스빌딩을 지원할 수 있는 수많은 통찰을 제공한다. 가톨릭 피스빌딩의 적절한 이론을 형성하기 위해, 앞으로 가톨릭 사회교리 전통은 기존의 주제를 개선하고 발전시키는 일뿐만 아니라, 새로운 개념들도 통합해 가야 할 것이다.

(번역 박민아)

1) 코피 아난(Kofi Annan), "Prevention of Armed Conflict: Report of the Secretary-General," General Assembly, UN Doc. S/2001/574 (June 7, 2001). 웹사이트 the www.un.org dptj 에서 열람 가능.

2) 타피오 카니넨(Tapio Kanninen), "Prevention and Reconciliation in a World of Conflicts: The United Nations Perspective," in *Reconciliation in a World of Conflicts*, Consilium no. 5, ed. Luis Carlos Susin and Maria Pilar Aquino (London: SCM Press, 2003), 93.

3) 위 글, 96.

4) 가장 손쉽게 접할 수 있는 가톨릭 사회교리의 주요 문서가 담긴 선집으로는, 데이비드 오브라이언과 토마스 섀넌(David J. O'Brien and Thomas A. Shannon), eds., *Catholic Social Thought: The Documentary Heritage* (Maryknoll, NY: Orbis Books, 1992) 참조.

5) 'growing end(더 발전해 나가야 할 점)'라는 표현은 존 코트니 머리의 책에 나오는 개념이다. 존 코트니 머리(John Courtney Murray), *We Hold These Truths* (New York: Sheed and Ward, 1960).

6) 이 글은 가톨릭교회의 공식적인 *가르침*을 검토한다. 교회 리더십의 여러 실천 행위, 사목자의 행위, 또는 평화 사업에 개입해 온 여러 가톨릭 집단 또는 개인의 노력에 초점을 두지 않을 것이다. 그것은 연구에 중요한 분야이며, 평화를 향한 미래의 책무에 대한 칭찬과 성찰 모두 받을 가치가 있는 활동이 많이 이루어졌다. 그러나 이 글의 목적은 훨씬 좁은 범위의 내용을 다룬다.

7) 마이클 셔크(Michael Schuck), *That They Be One* (Washington DC: Georgetown University Press, 1991), 180.

8) 위 책, 180-88.

9) 마릴린 맥모로우(Marilyn McMorrow)는 소극적 평화를 '잔여 개념(residual concept)'으로 지칭한다. 소극적 평화란 '고통스러운 사건이 사라진 뒤 남는 것'이라는 의미이다. 마릴린 맥모로우의 "Creating Conditions of Peace: A Theological Framework," in *Peacemaking: Moral and Policy Challenges for a New World*, ed. Gerard F. Powers, Drew Christiansen, SJ, and Robert T. Hennemeyer (Washington DC: United States Catholic Conference, 1994), 44.

10) 무력 분쟁의 종식을 성취하는 일의 중요성을 과소평가하려는 것이 아니라, 소극적인 평화가 평화의 완전한 상태가 아니기 때문이다. 한편 토드 휘트모어(Todd Whitmore)는 북우간다 같은 극한의 상황에서는 정의를 촉진하는 어떤 현실적인 프로그램이나 가톨릭 사회교리가 그리는 적극적인 평화의 상태에 앞서 소극적 평화의 확립이 지극히 중대하고 필수적이라고 주장한다(이 책 6장 참조).

11) 드류 크리스천슨(Drew Christiansen), "Catholic Peacemaking, 1991-2005: The Legacy of Pope John Paul II," *Review of Faith and International Affairs* 4, no. 2 (2006), 22.

12) 마릴린 맥모로우는 적극적인 평화를 '플레이스 홀더(place holder)'라고 표현하는데, "적극적 평화는 평화의 등가물로 지정된 특정 가치, 선 또는 상황을 상징한다."는 의미이다. 대부분의 경우, 그 등가물은 다양하며 사회적 화합, 개인 또는 공동체의 안녕, 안전, 그리고 화해를 포함할 수

있다. ("Creating Conditions of Peace," 45).

13) 아우구스티누스, *The City of God*, ed. David Knowles and trans. Henry Bettenson (New York: Penguin Books, 1972), XIX. 13.

14) Tacitus, *Agricola*, trans. Maurice Hutton and William Peterson and Rev. Robert Maxwell Ogilvie, Eric Herbert Warmington, and Michael Winterbottom, Loeb Classical Library series (Cambridge: Harvard University Press, 1980), Section 30.

15) 『사목 헌장』, 81항.

16) 교황 요한 23세, 『지상의 평화』(1963), 113항.

17) 교황 요한 바오로 2세, "악에게 굴복하지 말고 선으로써 악을 이겨 내십시오."「세계 평화의 날 담화」(2005년 1월 1일), 1항.

18) 가톨릭 사회교리 안에서 정의의 중요성은 교황 베네딕토 16세가 정의의 관계를 가장 높은 그리스도인의 사랑(caritas)의 덕으로 성찰한 데서 분명해졌다. "사랑은 정의를 넘어서는 것입니다. 사랑은 주는 것, 곧 '나의 것'을 남에게 내어주는 것이기 때문입니다. 그럼에도 사랑에는 결코 정의가 부족하지 않습니다. 정의는 남에게 '그의 것', 곧 그의 존재와 행위를 근거로 그가 받아 마땅한 것을 그에게 주는 것입니다. 정의에 따라, 남에게 속한 것을 먼저 그에게 주지 않는다면 '나의 것'을 남에게 '줄' 수 없습니다. 우리가 자선을 통해 다른 사람을 사랑하면 무엇보다도 우리는 그에게 정의를 실천하는 것입니다. 정의는 사랑의 첫걸음입니다. 사랑은 정의를 요구합니다. 곧 개인과 민족의 합법적 권리를 인정하고 존중할 것을 요구합니다. 사랑은 법과 정의에 따라 지상의 도시를 건설하려고 노력합니다."(『진리 안의 사랑 *Caritas in Veritate*)』 [2009], 6항).

19) 『사목 헌장』, 78항.

20) 르네 코스트(René Coste), in Willem Schuijt, "History of *Gaudium et Spes*," in *Commentary on the Documents of Vatican II*, vol. 5, ed. Herbert Vorgrimler (New York: Herder and Herder, 1969), 330.

21) 위 글, 331. 이 아이디어는 완전히 환영받지 못했다. 슈이트(Schuijit)는 평화에 대한 이런 접근 방식이 "평화의 보다 일반적인 특성을 오인한다."고 지적한다. 그의 관점에서, 발전으로서의 평화는 "평화로운 국제 사회 건설을 경제, 사회적 문제의 해결로 축소시킨다. 보편적으로 번영하는 세계조차 번영하는 국가를 규제할 적절한 구조를 필요로 할 것이다." (위 글, 346n21).

22) 교황 바오로 6세, 『민족들의 발전(*Populorum Progressio*)』 (1967), 76항. 『사목 헌장』, 78항과 공명한다.

23) 교황 바오로 6세, 『민족들의 발전(*Populorum Progressio*)』 (1967), 76항.

24) 위 회칙, 14항. '통합적'이라는 수식어의 사용은 교황 바오로 6세가 자크 마리탱(Jacques Maritain)의 저서인 *Humanisme Intégral* 에 매우 친숙해 있었음 나타내는 증거다. 자크 마리탱 책의 초기 영어판은 *True Humanism* 이라는 제목을 사용했다. Maritain, *True Humanism* (London: Charles Scribner's Sons, 1938) 참조.

25) 교황 바오로 6세, 『민족들의 발전(*Populorum Progressio*)』(1967), 21항. 알란 피구에로아 덱(Allan Figueroa Deck, SJ), "Commentary on *Populorum Progressio*," in *Modern Catholic Social Teaching: Commentaries and Interpretations*, ed. Kenneth

Himes et al. (Washington DC: Georgetown University Press, 2005), 292-314, esp. 298-300 참조.

26) 세계주교대의원회의(World Synod of Catholic Bishops), 『세계 정의(*Justitia in Mundo*)』(1971), 천주교 서울대교구 정의평화위원회 번역본 14항.

27) 위 회칙, 15항.

28) 이 견해는 정의의 덕을 개인 또는 인간관계의 영역으로 제한하지 않는 가톨릭 사회교리의 오랜 접근 방식을 반영한다. 가톨릭 사회교리에서 사회 정의는 사회의 제도적 배열을 통치한다. 가톨릭 사회교리의 기대는 사회 개혁에서의 과정이 유토피아에 기반하면서도 세심하고 끊임없는 노력의 방법을 통해 달성 가능해서, 부정의를 근절하고 인간 존엄성을 보호하고 촉진시킬 수 있는 사회 구조를 구축하는 것이다. 여기에는 진행 중인 개혁의 가능성에 대한 가톨릭 사회교리의 희망적 요소가 명백히 있다. 이 책 3장, 매리앤 쿠시마노 러브(Maryann Cusimano Love)의 글에서 피스빌딩에서 사회 구조와 기관이 갖는 중요성에 대해 살펴보기 바란다.

29) 인간 발전의 차원이 평화와 연결되는 방법에 대한 통찰력을 교황 요한 바오로 2세의 회칙, 『백주년(*Centesimus Annus*)』, 23, 25, 52항에서 찾을 수 있다. 평화적 투쟁은 확고부동하게 토론, 대화 그리고 진리의 증거의 모든 방법을 끈질기게 시도하며, 반대자들의 양심에 호소하여 소련이 붕괴되는 동안 중부 유럽에서 비폭력 혁명이 일어나는 데 영향을 미쳤다(23항). 그리스도인의 믿음은 진리와 자유를 대신해 고통을 겪는다는 의미를 줄 수 있으며, 인간의 죄와 실패를 현실적으로 이해하도록 돕는다. 신앙은 인간의 성취가 역사에서 무엇을 만들어 낼 수 있는지에 대한 건강한 전망을 제공한다(25항). 마지막으로, 회칙 『백주년』은 발전을 촉진시키는 일이 모든 이의 책임이라고 서술하며, 국제적으로도 그렇게 하는 것이 필요하다고 주장한다(52항).

30) 로저 찰스(Rodger Charles), *Christian Social Witness and Teaching: The Catholic Tradition from Genesis to Centesimus Annus*, vol. 1 (Herefordshire, England: Gracewing, 1998), 210.

31) 리사 소울 케이힐(Lisa Sowle Cahill), "Goods for Whom? Defining Goods and Expanding Solidarity in Catholic Approaches to Violence," *Journal of Religious Ethics* 25, no. 3 (1997), 198.

32) 교황 요한 바오로 2세, 『백주년(*Centesimus Annus*)』, 10항.

33) 교황 요한 바오로 2세, 『사회적 관심(*Sollicitudo Rei Socialis*)』, 39항. 고전적 자유주의와 구분되는 가톨릭 사회교리의 특징 중 하나가 공동체주의적 관점이다. 이런 관점의 중요한 원천은 가톨릭 사회교리의 핵심인 유기적 은유로, 사회의 이미지를 하나의 신체로 보고, 서로 다른 구성원이 전체의 안녕에 기여해야 한다는 호소이다. 연대성의 언어는 이런 전통적인 유기적 이미지의 발전으로 볼 수 있다.

34) 호주 주교회의(Australian Bishops Conference), "A New Beginning: Eradicating Poverty in Our World," *Catholic International* 8 (1997), 70.

35) 교황 베네딕토 16세는 『진리 안의 사랑(*Caritas in Veritate*)』 19항에서 사회가 더욱 세계화되면서 우리는 서로 이웃이 되지만 형제가 되지는 못한다고 진술했다.

36) 『사목 헌장』, 42항.

37) 희망이 싹트게 하는 연대 공동체로서의 교회라는 표현은 리사 케이힐(Lisa Cahill)의

11장 참조.

38) 교황 요한 23세, 『지상의 평화』, 100항.

39) 위 회칙, 80항.

40) 교황 바오로 6세, 『팔십주년(*Octogesima Adveniens*)』, 22항.

41) 가톨릭 사회교리에서 평등을 어떻게 다루며 평등이 공동체적 전망과 어떻게 연결되는지에 대한 보다 통찰력 있는 내용은 드루 크리스천슨(Drew Christiansen), "On Relative Equality: Catholic Egalitarianism after Vatican II," *Theological Studies* 45 (1984), 651-75 참조.

42) 『사목 헌장』, 12항.

43) 예를 들어, 교황 베네딕토 16세는 『진리 안의 사랑(*Caritas in Veritate*)』, 58항에서 원조 계획은 점점 더 민중들이 참여해서 완성하는 것을 특징으로 하여야 한다고 언급했다.

44) 『사목 헌장』, 31항.

45) 미국주교회의, *Economic Justice for All: Pastoral Letter on Catholic Social Teaching and the U.S. Economy* (1986), 15항.

46) 가톨릭 사회교리에서 가난한 이를 위한 선택이라는 주제의 역사를 알 수 있는 기본 참고자료는 도날 도어(Donal Dorr), *Option for the Poor*, rev. ed. (Maryknoll, NY: Orbis Books, 1992). 이 책의 한국어 번역본은 『가난한 이를 위한 선택』, (오경환 역, 분도출판사, 1987).

47) 교황 비오 11세, 『사십주년(*Quadragesimo Anno*)』(1931), 한국천주교주교회의 번역문 36항.

48) 위 회칙, 한국천주교주교회의 번역문 35항.

49) 교황 요한 23세, 『어머니요 스승(*Mater et Magistra*)』(1961), 59항.

50) "평화조차도 기술의 산물로 여길 위험이 있습니다. 단순히 정부들 간의 합의의 결과이거나 효율적인 경제 원조를 보장하기 위한 시도의 결과로 여겨질 수 있습니다. 사실상 평화 건설에는 외교적 접촉, 경제, 기술, 문화의 교류, 공동 사업 협정, 군사적 분쟁 위협을 억제하고 테러의 근본 원인을 제거하기 위한 공동 전략이 끊임없이 서로 작용하여야 합니다. 그러나 그런 노력들이 지속적인 효과를 내려면 인간 삶의 진리에 뿌리박고 있는 가치들에 바탕을 두어야 합니다. 말하자면, 민족들을 화합시키고 사랑과 상호 이해를 바탕으로 한 발전을 촉진하는 일에 깊이 투신하고 있는 수많은 사람들의 숨은 노력들을 지지하여야 합니다." (교황 베네딕토 16세, 『진리 안의 사랑』, 72항).

51). 피스빌딩에서 충분히 포괄적이고 통합적인 다차원적 접근 방식의 중요성은 니콜 볼(Nicole Ball), "The Challenge of Rebuilding War-Torn Societies"와 존 폴 레더락(John Paul Lederach), "Civil Society and Reconciliation"에서 논의된다. 두 글은 모두 체스터 크로커, 펜 오슬러 햄슨과 파멜라 알(Chester Crocker, Fen Osler Hampson, and Pamela Aall), *Turbulent Peace: The Challenges of Managing International Conflict* (Washington DC: United States Institute of Peace, 2001)에 실려 있다.

52) 물론 가톨릭 사회교리에서 피스빌딩 사업에 기여하는 다른 개념들이 발견되기도 한다. 그 가르침은 군축, 무기 거래 축소, 유엔의 평화 구축 과제 수행 능력 향상에 대한 거듭된

탄원이 포함된다. 이 주제에 관한 더 상세한 논평은 매리앤 쿠시마노 러브(Maryann Cusimano Love)의 글(3장) 참조.

53) 근대 전쟁의 질문에 대한 교황 비오 12세에 대한 간결한 논의는 존 커트니 머리(John Courtney Murray), *We Hold These Truth: Catholic Reflections on the American Proposition* (Garden City, NY: Doubleday Image, 1964), 243-53 참조.

54) 교황 요한 23세, 『지상의 평화』, 126항.

55) 위 회칙, 127항.

56) 교황 바오로 6세, "Address to the General Assembly of the United Nations Organization," (October 4, 1965), 5항.

57) 위 글.

58) 교황 바오로 6세, "Homily on the World Day of Peace,"「세계 평화의 날 담화」 (January 1, 1970).

59) 교황 바오로 6세, "Peace Depends on You Too,"「세계 평화의 날 담화」 (January 1, 1974).

60) 교황 요한 바오로 2세, "Appeal for Peace at the Peace Memorial in Hiroshima" (February 25, 1981), 4항.

61) 교황 요한 바오로 2세, "Message on the Occasion of the Second Special Session of the United Nations General Assembly Devoted to Disarmament" (June 11, 1982), 5항.

62) 교황 요한 바오로 2세, "Respect for Human Rights: The Secret of True Peace, ; Message for the World Day of Peace" (January 1, 1999), 11항.

63) 교황 요한 바오로 2세, "Address to the Diplomatic Corps Accredited to the Holy See" (January 1, 2003), 4항.

64) 『사목 헌장』, 80항.

65) 위 회칙, 79항.

66) 미국 가톨릭 주교회의, *The Challenge of Peace: A Pastoral Letter on War and Peace* (Washington DC: United States Conference of Catholic Bishops, 1983), 83항. 이 책의 한국어 번역본은 『평화의 도전 - 하느님의 약속과 우리의 응답 전쟁과 평화에 관한 미국 주교회의 사목 서한』, (가톨릭동북아평화연구소 번역팀 역, 가톨릭동북아평화연구소, 2020).

67) 로버트 맥클로이(Robert McElroy), "Why We Must Withdraw from Iraq, America" (April 30, 2007), 11.

68) 가장 강력한 군대를 보유한 국가의 시민으로서, 미국 주교들이 전쟁과 평화 문제에 규칙적으로 참여해 온 것은 바람직하다. 미국 주교들의 성명을 여러 편 보면, 분쟁 해결과 부정의를 바로잡는 수단으로서 전쟁을 지지하는 것을 점차 더욱 강하게 반대하는 것을 발견할 수 있다. 가톨릭 사회교리가 두 가지 전통, 비폭력과 정당한 전쟁을 받아들임을 부정하지 않고, 주교들은 무력 사용 반대라는 강력한 전제를 직접적으로 주장했으며, 이 강력한 전제가 근대 전쟁의 파괴적인 영향과 갈등 해결을 향한 비폭력 접근 방식의 입증된 효과성 모두에 의해

강화되었다고 주장했다. 미국 가톨릭 주교회의(National Conference of Catholic Bishops), "The Harvest of Justice Is Sown in Peace," 미국 가톨릭 주교회의, *The Challenge of Peace: A Pastoral Letter on War and Peace* (Washington DC: United States Conference of Catholic Bishops, 1983), 83항. 이 책의 한국어 번역본은 『평화의 도전 - 하느님의 약속과 우리의 응답 전쟁과 평화에 관한 미국 주교회의 사목 서한』, (가톨릭동북아평화연구소 번역팀 역, 가톨릭동북아평화연구소, 2020).

69) 위 글, 451-54.

70) 이론의 차이에도 불구하고, 교회는, 실제로, 갈등 상황 해결의 비폭력 방법을 촉진시키기 위한 노력으로서 대화를 위한 포럼의 중심 역할, 중재를 위한 수단, 외교적 개입에 높은 우선순위를 부여했다. 이런 활동들은 여러 계층의 부처에서, 심지어 핵시대 이전에도, 종종 큰 역할을 수행했다. 자세한 내용은 다음 문헌에서 확인할 수 있다. 존 폴라드(John Pollard), *Benedict XV: The Unknown Pope and the Pursuit of Peace* (New York: Continuum, 1999).

71) 데이비드 라스트(David Last), "From Peacekeeping to Peacebuilding," *The Online Journal of Peace and Conflict Resolution 5*, no.1 (2003), 8.

72) 위 글.

73) 마이클 도일과 니콜라스 샘바니스(Michael Doyle and Nicholas Sambanis), "International Peacebuilding: A Theoretical and Quantitative Analysts," *American Political Science Review* 94, 4항 (2000), 779-801.

74) 알렉스 벨라미(Alex Bellamy)의 대조적인 견해인 "The Responsibilities of Victory: Jus Post Bellum and the Just War," *Review of International Studies* 34 (2008), 601-25 와 마크 에반스(Mark Evans), "Moral Responsibilities and the Conflicting Demands of Jus Post Bellum," *Ethics and International Affairs* 23, no. 2 (2009), 147-64. 참조.

75) *전쟁 종식의 정당성* 규범에 대해 논의할 때, *전쟁 선포의 정당성*과 *전쟁 행위의 정당성*에 대해 논의할 때와 마찬가지로, 전통의 규범에 적용할 때 사용되는 도덕적 권위 수준이 서로 다름을 기억하는 것이 중요하다. 일반 규범을 형성하는 것에서 규범을 구체적으로 적용하는 단계로 넘어감에 따라 다른 수준의 확실성이 연루된다. 구체적으로는, 특히 현실에서는, 실증적인 데이터와 확신을 떨어뜨리는 우발적 조건에 근거한 판단에 대한 의존도가 더 크다. *전쟁 종식의 정당성* 규범은 도덕적 추리를 불필요하게 만드는 것이 아니라 더 많은 윤리적 성찰을 필요로 하는 문제들을 비추고 형상화한다.

76) 마이클 셔크, "When the Shooting Stops: Missing Elements in Just War Theory," *Christian Century* 101 (1994), 982-84; 브라이언 오렌드(Brian Orend), "*Jus Post Bellum,*" *Journal of Social Philosophy* 31 (2000), 117-37와 "Justice after War," *Ethics and International Affairs* 16, no. 1 (2002), 43-56; 다비다 켈로그(Davida Kellogg), "*Jus Post Bellum:* The Importance of War Crimes Trials," *Parameters* 32, no. 3 (2002), 87-99; 루이스 이아지엘로(Louis Iasiello), "*Jus Post Bellum:* The Moral Responsibilities of Victors in War," *Naval War College Review* (September 22, 2004); 개리 배스(Gary Bass), "*Jus Post Bellum,*" *Philosophy and Public Affairs* 32 (2004), 384-412; 리차드 디메글리오(Richard DiMeglio), "The Evolution of the Just War Tradition: Defining *Jus Post Bellum,*" *Military Law Review* 186 (2005), 116-63; 토비아스 윈라이트(Tobias Winright), "*Jus Post Bellum:*

Extending the Just War Theory," *in Faith in Public Life: The Annual Publication of the College Theology Society*, ed. William Collinge (Maryknoll, NY: Orbis Books, 2008).

77) 이것은 가톨릭 사회교리가 지지하는 피스빌딩의 다른 영역, 즉 평화의 목표를 증진하는 기관 설립과 유지의 중요성을 무시하지 않는다. 매리앤 쿠시마노 러브(Maryann Cusimano Love)가 저술한 제3장은 피스빌딩 기관을 주제로 한다.

78) 윌리엄 자르트만(William Zartman), "The Process of Social Reconciliation," in Susin and Aquino, *Reconciliation in a World of Conflicts*, 101-8. 다음 내용에서 5단계 과정에 대한 자르트만의 아이디어를 요약한다.

79) 위 글, 102.

80) 로버트 슈라이터(Robert Schreiter), "Religion as Source and Resource for Reconciliation," in Susin and Aquino, eds., *Reconciliation in a World of Conflicts*, 114.

81) 얀 소브리노(Jon Sobrino), "Christianity and Reconciliation: The Way to Utopia," in Susin and Aquino, eds., *Reconciliation in a World of Conflicts*, 82.

82) 스티븐 포프는 진실 말하기가 정의, 즉 피해자와 가해자 사이의 소통적 정의와 가해자와 더 넓은 사회 사이의 법적 정의의 표현이 될 수 있음을 예리하게 보여 준다. 스티븐 포프(Stephen Pope), "The Convergence of Forgiveness and Justice: Lessons from El Salvador," *Theological Studies* 64 (2003), 812-35, esp. 830-33.

83) 데이비드 리틀(David Little), "Evaluating Justice and Reconciliation Efforts" (edited transcript of a panel discussion held at the Carnegie Council, New York City, May 20, 1999), 3. 웹사이트 www.carnegiecouncil.org 에서 열람 가능.

84) 데이비드 홀렌바흐(David Hollenbach), "Lessons from the Wounded Edge," *The Tablet* (August 11, 2007), 콜롬비아 내전 속에서 이루어진 피스빌딩 조치를 설명하는 내용이다.

85) 이와 관련해 위에서 언급한 스티븐 포프의 논문 외에도 참고할 만한 훌륭한 문서는, 윌리엄 볼, 드루 크리스천슨과 로버트 헤네마이어(William Bole, Drew Christiansen, and Robert Hennemeyer), *Forgiveness in International Politics: An Alternative Road to Peace* (Washington DC: United States Conference of Catholic Bishops, 2004) 참조.

86) 교황 요한 바오로 2세, "정의가 없으면 평화도 없고 용서가 없으면 정의도 없다,"「세계 평화의 날 담화」(January 1, 2002), 2항.

87) 스티븐 포프가 저술한 정의와 용서의 관계에 대한 여러 가지 윤리적 질문은 다음 문헌에서 확인할 수 있다. "The Convergence of Forgiveness and Justice," 817-27. 윌리엄 오닐(William O'Neill), "Imagining Evil," *Journal of the Society of Christian Ethics* 22 (2002), 183-99도 참조.

88) 교황 요한 바오로 2세, "정의가 없으면 평화도 없다(No Peace without Justice),"「세계 평화의 날 담화」(January 1, 2002), 3항.

89) 위 담화, 8항.

90) 위 담화, 9항.

91) 저자의 보스턴칼리지 동료 스티븐 포프가 갈등 이후 사회 재건을 위한 전략의 일환으로서 진실위원회의 실행에 대한 연구에 참여했다. 사회적 화해를 위해 진실 말하기, 회복적 정의, 용서의 상호 작용은 공직자들이 용서를 정치적 미덕으로 성찰해야 할 필요성을 시사한다.

92) 교황 요한 바오로 2세, "정의가 없으면 평화도 없다(No Peace without Justice)," 「세계 평화의 날 담화」 (January 1, 2002), 10항.

93) 스티븐 포프가 저술한 정의와 용서의 관계에 대한 여러 가지 윤리적 질문은 다음 문헌에서 확인할 수 있다. "The Convergence of Forgiveness and Justice," 817-27. 윌리엄 오닐(William O'Neill), "Imagining Evil," Journal of the Society of Christian Ethics 22 (2002), 183-99도 참조.

94) 교황 요한 바오로 2세, "정의가 없으면 평화도 없다" 10항.

95) 교황청 교리 담당부서에 대한 교황 바오로 6세의 진술을 참조한다. "이같은 복잡한 상황 앞에서 각 지역에 알맞은 보편적이고 획일적인 해결책을 제시한다는 것은 매우 어려운 일이다. 본인은 그렇게 하고 싶지도 않을 뿐더러 그것은 본인의 사명도 아니다. 각 지역의 상황을 객관적으로 분석하고, 영원불변한 복음의 말씀으로 비추어주고, 사회 문제에 관한 교회의 가르침에서 반성 원리와 판단 기준과 행동 지침을 발견하는 일은 각 지역의 그리스도교 공동체의 책임인 것이다." (『팔십주년』, 4항).

11장 피스빌딩을 위한 신학

리사 소울 케이힐(Lisa Sowle Cahill)

> 보스턴 칼리지 신학과의 J. 도널드 모난 교수(1976년-)이자 사회윤리학자. 미국 가톨릭 신학연구회 회장(1992-93년)과 그리스도교 윤리학회장(1997-98년)을 역임했으며, 미국 예술과학 아카데미 연구원이다.

피스빌딩에 '신학'은 필요하지 않다, 그저 활동가를 하느님 그리고 지역 사회 공동체와 이어 줄 영성만 있으면 된다는 말도 있다. 그래서 필자는 모든 신학은 구체적인 그리스도교 체험으로부터 나오며, 사실 하느님의 실재를 중개하는 그리스도교 영성, 실천 그리고 공동체에 관한 성찰이라는 사실을 강조하면서 이 글을 시작한다. 이 글의 목표는 평화를 향한 공동 탐구에 참여하는 다양한 문화 상황과 목소리와 대화하면서, 신학과 피스빌딩 실천 서로의 뉘앙스를 살리는 데 있다.

이 장은 다음 5가지 척도, 곧 악, 창조, 그리스도의 구원 사업, 삼위일체, 교회에 관한 신학을 중심으로 피스빌딩 신학을 살펴본다. 이

장을 관통하는 중요 내용은 죄, 구원, 그리스도적 정체성에 관한 공동적(corporate*)이고도 역동적인 이해이다. 피스빌딩이란 사회에서 교회가 벌이는 공동 활동이며, 그리스도의 속죄와 화해 사업에 동참하고 창조의 선함을 회복하기를 희망하는 활동이다.

> * 케이힐은 이 글 전반에 걸쳐 'corporate'이라는 단어를 자주 쓴다. 맥락에 따라 '공동의', '공통적인'으로부터 '협력적', '공동체적'에 이르기까지, 다양한 의미로 사용된 어휘다. 저자가 corporate을 고수한 점을 반영하여, 이 번역에서는 '공동/공통의'로 통일할 수 있는 경우는 그렇게 하고, 원문이 corporate 임을 유추하기 어려운 맥락에서는 번역어와 corporate을 병기했다.

    평화의 신학에 관한 몇 가지 성찰을 제공하기에 앞서, 가톨릭 피스빌딩 네트워크(Catholic Peacebuilding Network)에 참여한 필자의 경험과 배경을 나누고자 한다. 필자는 북아메리카의 대학 교수이고 신학자로, 2005년 이 책 저술에 참여함으로써 가톨릭 피스빌딩 네트워크 사업에 함께하도록 초대받았다. 사회 정의, 정당한 전쟁론, 해방신학, 그리고 신학적, 윤리학적 개념으로서의 평화와 화해에 관하여 글을 쓰고 가르쳐 왔다. 그러나 한두 해 전까지만 해도, 필자는 폭력적 갈등 극복에 따르는 도전에 실제로 노출된 적이 한 번도 없었다. 그래서 부룬디(2006년)와 콜롬비아(2007년)에서 열린 가톨릭 피스빌딩 네트워크 컨퍼런스에 참석할 기회가 몹시 반가웠고, 거기서 만난 피스빌딩 실천가, 활동가, 사목자들로부터 많이 배웠다.
    두 차례의 컨퍼런스는 필자의 인식과 사고에 매우 중요한 방식으로 영향을 미쳤다. 내가 얻은 첫 통찰이자 교훈은, *분열과 폭력의 조건이 여전히 어느 정도나 존재하는지*, 그리고 그것이 대부분의 피스빌더가 활동하는 지역의 교회에 지속적인 도전 과제로 남아 있는지였다. 부룬디에서 컨퍼런스가 열렸을 때(2006년 7월)는 상황이 비교적 평화로웠다. 수도 부줌부라는 특히 그랬다. 하지만 그곳에 있는 동안 우리는 컨퍼런스가 열리기 몇 달 전 정적에게 살해당한 교황대사, 마이클 코트니 대주교를 추모했다. 2007년에 다시 부줌부라 가까이에서 정당들 사이에 그리고 소수 민족인 바트와를 향한 폭력 사태가 발생했다. 상대적 안정기였던 컨퍼런스 기간에도, 동부와 중앙아프리카 많은 지역에서 피해자화, 트라우마, 가해자와 공모해 온 역사를 두고 지역사회와 교회 안에서 분열이 계속되고 있었다. 교회 구성원과 지도자들이 이런 현실에 대해 더 정직해야 하며, 사회적 신뢰에 대한 탐구가 가톨릭 공동체 자체에서 시작되어야 한다는 인식은 널리 퍼져 있다. 그런 신뢰를 어떻게 재건할지 그리고 진실을 속속들이 말해야 한다고 주장하는 게 가능한지, 또 권장할 만한지는 여전히 이견이 분분하다. 아프리카의 교회들은 공동의 목표를 중심으로 신자들을 일치시킬 창의적 전략을 찾아내려 애쓰고 있다.

 콜롬비아 가톨릭 공동체와 그 지도자들은 마약 거래와 불법 무장 세력에 대항하고, 터전을 잃거나 강제로 이주당한(현재 도시 빈민 지역에서 생활하는) 촌락민의 역경을 해소하는 활동을 벌이자는 데 의견 일치를 보인 듯하다. 가톨릭 지도자들은 무장 대원들과의 협상과 공정하고 정당한 법에 따른 배상을 요구했다. 콜롬비아 주교들은 적극적으로 목소리를 내는 존경받는 사회 활동가였다. 변화를 위한 풀뿌리 운동에 헌신하는 가톨릭 활동가와 사회 복지사로 이루어진 강력한 시민 사회 조직도 있다.

그러나 다른 많은 문화에서 그렇듯이 중상위 계층 사람들은 피해자들의 고통에 무감각하거나 무관심했다. 게다가 피스빌딩 활동가들과 그들과 만나는 사람들은 계속 일어나는 폭력 상황의 지속적 위험에 남겨져 있었다. 주교와 사제는 목숨을 걸고 무장 게릴라에게 대항했다. 지역 사회 활동가들은 곳곳에서 마을과 도시의 통제권을 차지하려 경쟁하는 서로 다른 파벌로 말미암아 위험에 놓여 있었다. 콜롬비아에서는 폭력을 종식시키고 가장 취약한 인구에 대한 안전을 보장하는 일이, 과거의 폭력으로부터 화해를 이루는 일보다 긴급했다. 우리가 참석한 한 지역 주민 센터에서 이루어진 의식은 이런 상태를 가슴 아프도록 절실히 표현했다. 검은 옷을 입은 젊은이들은 살해된 친구들을 추모하며 최근 몇 년 사이 죽임을 당한 숱한 지역민을 상징하는 흰 나무 십자가 행렬로 우리를 이끌었다.

가톨릭 피스빌딩 네트워크의 컨퍼런스에서 얻은 두 번째 교훈은 폭력으로 찢긴 사회에서 *여성의 활동*이 더 큰 인정을 받게 되었다는 점이다. 여성의 기여가 정당한 인정을 받는 일이 얼마나 적고 드문가! 여성은 지역 사회 단체의 대들보이며 무척 다양한 가톨릭 조직과 사목 활동에서 중요한 역할을 수행한다. 하지만 부룬디와 보고타의 많은 여성들에게서, 그들의 목소리와 권위가 인정되지 않거나 성직자의 의사 결정에 지나치게 종속된다는 이야기도 들었다. 물론 예외도 있다. 그러나 미국을 포함한 많은 국가에서 가부장주의는 실제(a fact)이다. 북아메리카인인 필자가 타문화에서 여성의 역할이 어떠해야 하는지를 논할 자격은 없다. 그렇지만 교황 요한 바오로 2세의 말씀은 모든 교회에 적용될 수 있다.

"여성의 존엄은 종종 인정받지 못해 왔고 그들에게 합당한 특권은 잘못 표현되어 왔습니다. 여성들은 자주 사회의 주변부로 밀쳐지며 노예 상태로 환원되기 일쑤였습니다 … . 그리고 객관적인 비난을 받아야 한다면, 특히 특정 역사적 맥락에서는, 교회의 일부 구성원 탓만으로 돌릴 수 없겠지만, 이에 대해 저는 진심으로 사죄합니다."1)

교황은 이렇게 이어간다. "예수님께서는 당신 자신이 속한 문화권에 확립된 규범을 초월하여 여성을 개방, 존중, 수용과 다정함으로 대하셨습니다."2)

세 번째 교훈은 세계 곳곳의 가톨릭 피스빌딩에 ***성경 문헌이 얼마나 중요한가***하는 점이다. 북아메리카와 서유럽에서 (근현대 교황들의 사회적 회칙에 기반한) 가톨릭 사회교리는 정의를 위한 가톨릭 활동에 가장 널리 이용되는 기초이다. 가톨릭 사회교리는 인간 존엄성과 공동선이라는 개념에 초점을 맞추고, 모든 사회 구성원의 인권과 상호 책임성을 옹호한다. 사회교리의 언어는 문화적 구체성을 띠거나 명백히 종교적이기보다 보편적이다. 또한 공공 관료, 입법자, 국가 정부와 유엔이 떠맡아야 할 책임에 상당한 관심을 기울인다. 가톨릭 사회교리는 이웃 사랑, 가난한 이를 위한 우선적 선택, 연대성 같은 복음적 가치를 가르치는 것으로도 알려져 있지만, 무엇보다 정의를 사회적 관계를 측정하는 핵심 기준으로 간주한다. 다른 문화권에서 생활하는 사람들 역시 그들의 주된 강조점을 이 성경적 언어에 둔다. 그들은 예수님의 모범과 성경 특히 신약 성경을 언급한다. 예수님의 가르침과 사목을 사랑과 용서, 화해의 모범 사례로 든다.

교회와 국가가 서로 다른 세계관에 의해 지배되는 별개의 실체로 간주되는 문화 환경에서, 필자는 1891년 『새로운 사태(Rerum Novarum)』와 더불어 시작된 가톨릭 사회교리가, 일반적으로는 사회 전체에, 더 구체적으로는 정부에 대해 교회가 말을 거는 방식으로 발전되어 왔다는 사실을 깨달았다. 현대 북대서양 국가들에서 발달한 교회와 국가의 분리, 그리고 종교 다원주의는 가톨릭 사회교리에 담긴 중립적이고 정의에 기반을 둔 언어를 매력적이고 효율적인 것으로 보이게 만든다. 부룬디나 콜롬비아 같은 가톨릭 또는 그리스도교 국가의 상황은 다르다. 이것은 교회 내에서는 공동체를 건설하고 사회적으로는 화해 과정을 북돋우는 데 명백하게 종교적 원천을 활용하는 일이 피스빌딩 신학에 적합하다는 사실을 강조한다. 반면 종교적 차이가 여전히 갈등의 원인이 되고 있는 필리핀 같은 사회에서는, 그리스도인과 다른 사람들이 평화와 상호 존중을 위해 각자의 고유한 문화적 원천을 계발하는 일이 중요하다.

현재진행형인 폭력, 여성의 참여, 그리고 성경적 원천이라는 3가지 교훈을 염두에 두고, 평화 신학에 관한 성찰을 5부문으로 발전시킨다. 곧 악에 관한 신학, 창조에 관한 신학, 그리스도에 관한 신학, 삼위일체에 관한 신학, 그리고 희망의 공동체로서의 교회에 관한 신학이다.

먼저 *악의 문제*를 다룬다. 이것은 지금도 그렇고 언제나 해결하기 매우 어려웠던 문제다. 어쩌면 악이 정말로 어디로부터 오는지 그리고 인간이 왜 악행을 선택하는지를 설명하기란 궁극적으로 불가능한지도 모르겠다. 인간이 초래한 악의 본질은 동료 인간을 향한 무관심과 폭력이다. 이것이 그리스도께서 치유하고자 오신 악이다.

*창조에 관한 신학*은 악의 문제에 대한 하나의 응답이다. '창조'라는 상징은 우리에게 악과 고통이 하느님 섭리에 따른 계획의 일부가 아니며, 이에 저항해야 한다는 사실을 가르쳐준다. 창조는 하느님 모습에 따라 만들어진 인간의 본질적 선함을 긍정하고 그 모습을 사회적 관계로 연결짓는다.

*그리스도 안에서 이루어지는 구원*은 하느님 나라에서 살아가는 일을 가능하게 한다. 우리는 강생을 통해 그리스도께 일치되었고, 십자가로써 하느님과 화해를 이루며, 그리스도의 부활에 동참함으로써 힘을 얻기 때문이다. 그리스도 안에서 이루어지는 구원이란 존엄과 평화, 정의로 새로워진 삶을 의미한다.

*삼위일체의 교리*는 그리스도교 공동체에서 우리가 어떤 그리스도 체험을 하느냐에 그 시발점이 있다. 우리는 그리스도가 진실로 하느님이기에 구원하며, 하느님께서 예수 그리스도 안에 진실로 현존하신다고 고백한다. 하느님 신비에 관해 우리가 알고 있는 것은 창조주이자 그리스도 그리고 성령으로서 우리에게 다가오시는 하느님을 체험하는 가운데 그리고 그 체험으로써 알게 된 것이다. 삼위일체 하느님 안의 세 위격이 이루는 사랑의 친교가 평화를 건설하는 관계의 본보기로 자리매김한다.

끝으로, *교회*는 하느님 그리고 이웃과의 의로운 관계의 회복으로서 구원을 체험하는 공동체다. 교회를 통해 우리는 우리를 둘러싼 관계와 구조를 변화시킬 힘을 얻는다. 교회는 희망의 공동체다. 성령께서 우리에게 신학적 덕목인 믿음, 희망, 사랑을 선물하시기 때문이다.

악에 관한 신학

> "너희는 내가 굶주렸을 때에 먹을 것을 주지 않았고, 내가 목말랐을 때에 마실 것을 주지 않았으며, 내가 나그네였을 때에 따뜻이 맞아들이지 않았다 … . 그때에 임금이 대답할 것이다. 내가 진실로 너희에게 말한다. 너희가 이 가장 작은 이들 가운데 한 사람에게 해 주지 않은 것이 바로 나에게 해 주지 않은 것이다." 이렇게 하여 그들은 영원한 벌을 받는 곳으로 가고 의인들은 영원한 생명을 누리는 곳으로 갈 것이다."(마태 25,42-43ㄱ, 45-46)[3]

가장 광범위한 의미에서 악이란 선의 반대항(안티테제)이다. 인간 세계와 자연 세계에서 악은 개별적이거나 집단적인 존재의 안녕과 번영을 파괴하는 어떤 것이다. 인간적 악은 윤리적 성격을 지니고 있다. 인간 지성과 의지가 결부되어 있기 때문이다. 죄스러운 인간관계란 다른 사람의 기본 인간성이 무시되거나 침해된 관계를 말한다.

마태오 복음서에 나오는 최후의 심판 비유(25,31-46)는 타인의 고통으로부터 고개를 돌린 자에게는 그 고통을 직접 야기한 자와 동일한 정도의 과실이 있다는 사실을 우리에게 일깨운다. 지금도 그렇고 이전에도 언제나 악은 설명하기 매우 어려웠다. 때로 우리는 악을 단순히 자유 의지의 문제, 우리에게 선택의 여지가 있는 문제로 바라보기도 한다. 분명히 우리가 악에 관해 선택지를 갖고 있기는 했다. 또 선택의 문제로 바라보면 책임 소재를 부여하고 변화를 요구하기도 쉬워진다. 그러나 또 다른 층위에서, 악을 행하는 우리의 선택은 완전히 자유롭지 않다. 이것이 원죄에 관한 교리가 의미하는 것이다. 우리 각자에게는 악으로 기우는 경향이 있다. 그런 경향이 우리를 사로잡고 있다. 창세기 3장이 보여 주는 타락 이야기는 최초의 여자와 남자를 의도적으로 하느님께 불순종하는 모습으로 묘사한다. 하지만 하느님께 '뱀이 저를 꾀어서'(13절*) 열매를 따 먹었다고 했을 때, 여자의 말은 틀리지 않았다. 일리 있는 지적이다! 우리가 나쁜 선택을 하기 전에 늘 무엇인가가 우리를 잘못된 방향으로 밀어붙이거나 끌어당기곤 한다.

> * 영어 원문에는 '당신께서 만드신(whom thou hast made)'이라는 표현이 쓰였으나, 한국어 성경에는 '저를 꾀어서'로 되어 있고, 자신의 책임을 무마하고자 한 의도를 전한 13절을 대신 택했다.

예일 대학의 전 교목 윌리엄 슬로운 커핀(William Sloane Coffin)은 악의 뿌리를 '타인에 대한 상상적 공감의 부재'[4]라고 정의했다. 타인에 대한 공감의 결여는 그들의 욕구와 고통에 냉담한 모습을 낳는다. 마태오 복음서가 들려주듯이, 이것은 그리스도 자체에 대한 거부다(마태 25,45). 이 거부는 실제로 개인이 악에 공조하거나 개인적 책임을 회피하기 쉽게 만드는 사회적 또는 구조적 형태를 취한다. 자신과 자신이 속한 집단의 이익만을 좇는 자기중심성은 다른 사람의 안녕과 번영을 주변화하고 지배하고 파괴하는 결과를 낳는다. 우상 숭배적으로 거창한 기획에 투신하든(히틀러) 더 큰 폭력의 구조를 작동시키는 지극히 평범한 과업에 무비판적으로 몰두하든(히틀러의 하수인들), 악을 행하는 사람은 초래된 고통에 길들여지고 사실상 언제나 더 큰 공동적 아이덴티티와 연대하여 악을 행한다. 해방 신학자들이 구조적 죄에 대해 말할 때와 비슷한 내용이다. 죄에 물든 구조란 억압받는 사람들에 대한 제도적 폭력의 일종이다. 그러나 이처럼 죄에 물든 구조와 제도는 또 그 구조에 사로잡혀 있는 사람들에게 악의 패턴에 훨씬 쉽게 순응하게 하고, 죄에 저항하기 어렵게 만든다.

'피스빌딩의 신학'은 구원이라는 종교 체험의 지평에 거스르는 악에 대한 실제적 응답으로 피스빌딩을 제공한다. 필자는 인간의 생명, 사랑, 연대와 기쁨 체험이 죽음, 증오, 지배와 고통의 체험보다 더 근본적이고 급진적이라고 굳게 믿는다. 하지만 우리가 전자의 선함을 후자의 악함 속에서만 알 수 있다는 것 역시 사실이다.5) 바로 이 **피스빌딩**이라는 주제는 평화가 자리 잡지 못한 조건을 상정한다. 피스빌딩은 계속되는 폭력, 분열, 공격이 벌어지는 상황에서 일어난다. 피스빌딩의 신학은 우리가 사는 세상에서 악이 지닌 지배력을 정직하게 직면해야 하고, 폭력적 갈등과 살인으로 특정되는 악에 대한 실제 대안을 제공해야 한다.

창세기의 타락 서사는 하느님께 대한 불순종에서 드러나는 개별 인간의 왜곡된 의지와 죄성에 대한 인간 주체의 책임을, 설명까지는 아니라 하더라도 묘사하는 하나의 방식이라고 자주 해석된다. 이때 죄에 대한 해법은 개별적 회심이 된다.6) 인간에게 담겨 있는 하느님 이미지는 반드시 사회적 관계라는 형태 안에서 찾아져야 한다는 사실은 타락을 이해하는 핵심 맥락이다. 하느님 이미지가 집단적이거나 사회적 형태로 실현되고 시험받는 거라면, 마찬가지로 죄도 공동 의미를 갖고 있고 구원 역시 그래야 한다.

최초의 두 사람이 함께 죄를 짓고, 두 사람이 함께 서로의 관계,

그리고 하느님과의 관계를 단절시킨다는 점은 중요하다(창세 3,6). 그 결과 자연환경과의 관계도 단절되고(19절) 인간의 협력 과업이어야 했던 생산과 재생산도 고통스럽고 수고스러운 일로 뒤틀리고 만다(3,9.16). 호혜와 협력 대신 인간은 서로를 '지배하는' 상황, 가부장주의적 성별 관계뿐 아니라 모든 부당한 지배 관계가 죄를 반영하는 상황에 들어선다. 이런 상황은 카인과 아벨이 벌이는 경쟁으로 인해 불가피한 폭력과 형제 살해라는 결말에 다다르게 한다. 두 형제는 그들에게 주어진 땅에 쏟은 작업의 가치와 권리 그리고 그 땅의 사회적, 종교적 중요성을 두고 갈라선다. 형제적 일치를 이루도록 창조된 두 사람의 관계는 죽음 그리고 친족과 공동체로부터의 추방이라는 결과로 끝이 난다(4,1-14).

타인에게 행한 불의하고 정당화될 수 없는 의도적인 악을 '죄'라 명명하고 죄와 죄로 물든 구조를 선한 창조라는 사실과 대비시킴으로써, 그리스도인은 인간이 초래한 악을 벌 받아 마땅하고 용납할 수 없는 것으로 판단하고, 동시에 악을 인간 실존의 신적 원천으로 귀속시키는 태도를 거부한다. 타락 서사는 악의 근원이 신비에 싸여 있다는 점, 세간의 이해와는 반대로 최초의 남자와 여자의 의지가 죄의 유일한 원천은 아니었다는 점, 뱀은 '어디선가 홀연히' 나타나서 설명할 수 없는 유혹을 제시한다는 점, 악은 '선의 양상을 띠고 있기에' 선택된다는 점, 자기기만이 거짓된 선을 선택할 가능성의 핵심이라는 점, 그 최종 결과는 온 인류 공동의 재앙이라는 점 등을 드러낸다.

결국 악에 관해서는 어떤 신학과 철학적 설명도 만족스럽지 않다.[7] 전통적 신학은 우리가 모두 아담 안에서 죄를 짓는다고 주장하는 것으로 악의 보편성을 설명해 왔다. 이어서 어떤 개인이 의도적으로 선택한 것이든 그의 의지에 의한 것이든, 죄짓는 행위에의 참여가 실제로 어떻게 이루어지는지를 설명한다.8) 원죄를 설명하려는 근대적 시도는 종종 개인에 대한 사회적 영향에 초점을 맞춰 왔는데, 우리가 태어난 구조가 유사한 행동 양식을 모방하려는 피할 수 없는 성향을 만들기 때문이다. 그런 설명이 죄의 불가피성을 정당화하지는 않고, 심지어 사실 개개 인간이 죄짓지 않을 자유라는 가능성을 열어 놓기도 한다. 결과적으로 그리스도 안에서 구원받고 싶어 한다는 보편성 역시 문제시된다. 적어도 비평가들은 그렇게 본다.9)

많은 사람이 원죄에 관한 사회적, 구조적 설명을 거부하는 까닭은 부분적으로, 전통적 그리스도교가 죄를 주로 개인의 죄책으로 정의했기 때문이며, 또한 "[원죄] 교리에 관한 전통적 시각이 인류에 대한 고정적이고 본질주의적 시각에 꼼짝없이 묶여 있기" 때문이기도 하다. 이와 대조적으로 현대의 사고는 "남성과 여성을 지속적으로 발달하는 존재, 유익하게든 유해하게든, 개인적으로나 사회적으로 다른 사람들, 그리고 자연환경과 상호 작용하는 방식에 따라 자신의 운명을 형성해 나가는 존재로 본다."10) 인간 실존의 역동적 성격을 인식하는 것과 더불어, 본성과 죄에 관한 현대의 관점은 개인의 정체성과 사회적 정체성의 상호 의존성을 강조함으로써 개별 행위자에 맞추어진 초점을 수정해야 한다. 개인은 그들의 환경과 '상호 작용할' 뿐만 아니라, 중요한 방식으로 그들이 참여하는 사회적 관계에 의해 개인이자 윤리적 행위자로 *구성된다*. 그러므로 개인을 마치 그들의 정체성, 그리고 그들의 선택과 주체성을 행사할 방식을 규정하는 사회적 관계라는 직물에 속해 있되 통합되지는 않는 자율적 '개체'인 듯이 보는 것은 잘못이다. 인간의 사회적 본성은 각 개인 안에서 죄가 행사하는 지배력을 잘 설명하며, 우리를 죄 그 자체에 대한 보다 사회적인 관점으로 향하게 한다. 죄의 근원을 공동 용어로 설명하는 일이 죄의 불가피성이나 은총을 필요로 하는 보편성을 깎아내리는 것은 아니다. 사회관계는 개인의 자유와 부자유(unfreedom)를 구성하는 내재적이고 근본적인 요소이기 때문이다. 오히려 이런 설명 방식은 우리에게 죄의 공동적 본성, 그리고 공동뿐만 아니라 개인의 회심, 참회, 쇄신의 필요성을 강조하게 한다.

피스빌딩의 신학은 피스빌딩을 죄에 대한 실천적이고 공동적인 대응으로 제시한다. 피스빌딩의 신학은 하느님의 화해 활동을 따르는, 악에 대한 적극적 대응이다.11) 그리스도의 몸인 교회는 저항하는 형태의 공동체와 관계를 통해 죄를 이기는 해독제가 된다. 이런 공동체와 관계에서는 소속(감)과 정체성이 이웃과 원수, 이방인과 가난한 이에 대한 사랑으로 재정의된다. 이것은 역사 속에 드러난 하느님의 구원 행위를 통해 가능해진다. 이 부분에 대해 완전히 논의하려면 히브리 성경(구약 성경)에 나타난 하느님과 이스라엘 사이의 구원의 약속(계약), 그리고 이스라엘의 역할과 운명에 드러난 하느님의 의로움 또는 정의의 의미에 대한 탐구를 포괄해야 할 것이다. 이 글에서는 주로 그리스도적인 원천에 집중하려 한다.

피스빌딩에 대한 그리스도론적이고 교회일치적인 논의로 넘어가기 전에, 불의와 폭력의 구조에 맞서 연합 공동체 행동의 힘을 잘 보여준 콜롬비아 사례를 소개한다. 보고타 인근 알토스 데 라 플로리다 빈민가의 한 여성 모임은, 주로 폭력에 의해 이주당한 30만 지역민들과 함께 활동한다. 그들은 자신들을 '평화의 작은 개미들'(Hormiguitas de la Paz)이라 부르는데, 고통이라는 낱알 하나를 날마다 옮겨 치움으로써 산처럼 쌓인 억압을 해체하겠다는 희망을 품고 있었기 때문이다. 이들 여성과 가족의 생활 조건은 열악하다. 일례로, 그들을 애초에 살던 마을로부터 몰아낸 폭력적 무장 집단은 보고타 지역으로도 침투하여, 특히 어린이들과 젊은이들에게 폭력을 휘두르며 위협을 지속했다. 실업이 만연해 있었다. 사람들은 주워 온 기물들로 거처를 지어 토지에 대한 법적 권한도 없었으나, 지역의 전기 공급 업체에 전력 사용료를 내고 지방자치 정부에 세금을 내야 했다.

이 여성들은 서로를 보호하고 지지하기 위해 소규모 기업을 통해 자금을 마련하고, 출산 전 돌봄을 제공하고, 자녀들을 학교에 보내고, 감당할 수 있는 요금의 깨끗한 물 공급을 요구하고, 그들의 오두막이 지어진 거의 사용 불가한 가파르고 돌투성이인 언덕을 오가는 데 필요한 도로 상태를 정비하기 위해 공동체 조직을 형성했다. 그들은 또한 공동 아이덴티티의 가시적 표지와 이웃 프로그램의 기지로 산비탈에 단칸방의 지역 센터를 만들었다. '작은 개미들'은 교구에서 기금을 대는 '팔꿈치에서 팔꿈치로(Codo a Codo)'라는 사회 서비스 조직으로부터 지원을 받는다. 이 조직의 열정적인 지도자, 노르마 이네스 베르날(Norma Ines Bernal) 수녀는 자신의 임무가 국내 강제 이주민들이 '자신의 존엄과 권리를 되찾도록' 돕는 일이라 여긴다. 이 일은 공동 주방처럼 필요한 서비스를 제공함으로써, 또 식자재와 채소의 판매, 의류 제작과 분리수거, 재활용 등의 생산적 활동에 지원함으로써 달성된다. 하지만 아마 더 중요한 점은, 자신들의 삶을 변화시키고 아이들에게 지금까지와는 다른 미래를 제공하는 실천을 공유함으로써 자신들의 힘과 새로운 가능성에 대한 희망을 실감한 데 있을 것이다.

창조에 관한 신학

"하느님께서는 이렇게 당신의 모습으로 사람을 창조하셨다.
하느님의 모습으로 사람을 창조하시되
남자와 여자로 그들을 창조하셨다."(창세 1,27)

"하느님께서 보시니 손수 만드신 모든 것이 참 좋았다."
　(창세 1,31)

　창조에 관한 성경의 이야기는 사실 '한 처음에'로 시작하지 않는다. 비록 이 이야기가 하느님의 창조하시는 말씀으로써 생겨난 모든 피조물의 근원을 다루고, 그래서 히브리 성경의 첫머리에 놓이기는 했지만, 창조 이야기는 이미 악과 죄의 현실로 몸부림치는 인류의 모습을 반영한다. 창세기 1-2장에 담긴 서로 다른 두 개의 창조 이야기는 이스라엘 역사의 수 세기에 걸쳐 구성되었으며, 이스라엘의 역사적 상황에 대한 메시지를 전달한다. 하느님의 근본적이고 모든 것을 망라하는 선하심과 섭리를 일깨움으로써, 창조 신앙은 고통과 불안, 악에 대한 역사적 경험에 대항하고 하느님의 백성에게 그분께서 그들을 새로이 창조하실 수 있음을 재확인시킨다.

　창세기 2장에 나오는 더 오래된 창조 설화는 온 인류의 일치와 우리 서로가 맺는 관계의 중요성에 관한 메시지를 담고 있다. 창세기 2장은 다윗과 솔로몬 통치 시기(기원전 10세기) 이스라엘 민족의 주요 관심사를 반영한다. 성경학자들에 따르면, 창세기 1-11장('원 역사')은 하나의 통일된 서사를 형성한다. 인류가 창조되고, 죄를 지으며, 사회를 형성하고, 끝내 홍수로 파멸을 맞는데, 노아는 이 홍수로부터 대피하여 하느님의 인류 재-창조의 도구가 된다. 최종 편집자인 '사제계 저자'는 기원전 500년 무렵, 이스라엘이 바빌론 사람들에게 정복당하여 약속의 땅으로부터 '유배 중'이었던 시기에 이 서사를 집필했다. 창세기와 사실 오경 전체가 정복되고 억압받는 민족에게 희망의 말씀을 전한다.

우리 모두는 최초의 남자와 여자의 창조에 관한 창세기 2장의 서술 방식에 친숙하다. 남자는 흙의 먼지로 빚어졌다. 하느님께서 이미 태양, 달, 하천과 바다, 그리고 온갖 식물과 동물을 다 만드신 뒤였다. 여자는 남자 다음에, 그의 갈비뼈에서 창조되었다(하느님께서 작업하신 물질의 순서 곧 땅의 흙, 바다와 하늘, 식물, 동물, 남자, 여자에 주의를 기울여 보면, 하와가 아담의 옆구리에서 나왔다는 사실 때문에 그에게 종속된다거나 그보다 열등하다고 여기는 그 어떤 관념도 떨쳐 버려야 한다!) 여자를 본 남자는 외친다. "이야말로 내 뼈에서 나온 뼈요, 내 살에서 나온 살이로구나!"(창세 2,23)

첫 부부가 "한 몸이 된다."는 일치의 표현은 대개 두 성(性)의 성적이고 재생산을 염두에 두는 결합으로 해석된다. 이상적으로는 마음과 삶의 일치를 동반한다. 그러나 피스빌딩과 관련하여, 이야기의 이 지점에서 여자와 남자 *단 둘만이* 존재한다는 점은 성찰해 볼 만하다. 가장 의미심장한 것은 여자가 성(gender)이 아니라 *인간(humanity)* 이라는 사실이다. 남자가 "이야말로 내 살에서 나온 살"이라 말할 때, 그는 자신의 새로운 동반자를 다른 인간 남성이 아니라 동물로부터 변별한 것이다. 따라서 이 '한 몸'의 일치를 단지 성적인 관계만의 모델로 제한하지 않고 *인간적* 관계의 근본적 형식이라 보기를 제안한다. 다시 말해 인간 정체성과 관계에서 공동-인간성이, 가족, 부족, 인종, 민족 또는 국가적 소속에 따른 유대나 차이보다 더 중요한 요소여야 한다는 것이다. 토착민처럼 일부 주변화된 집단에서는 그들 고유의 정체성에 기초한 자부심을 기르고 집단 내 연대감을 키우는 일이 매우 중요할 수 있다. 동시에, 하느님의 눈에 보시기 '좋은' 피조물의 본성을 성취하려면, 인간은 모두가 또한 '하나의 살에서 나온 살'이라는 사실을 깨달아야 한다. 우리는 모두가 함께, 피조물을 보살피는 관리자요 다음 세대의 교육자로서의 책임을 맡는다.

인간을 하느님 이미지에 연결시키는 창세기 1장의 창조 설화는, 비록 성경에서는 먼저 등장하지만 기원전 6세기경 사제계 저자에 의해 나중에 쓰였다. 이 이야기는 이스라엘의 바빌론 유배 시기와 매우 가까운 시기에 집필되었다. 그렇기에 찢기고 분열되어 더 이상 자신들의 영토에서 평화롭거나 유복하게 살아가지 못하는 사람들의 비탄과 희망을 반영한다. 이야기의 메시지는 하느님께서는 언제나 그들에게 "번성하여 땅을 가득 채우고 지배하여라. 그리고 바다의 물고기와 하늘의 새와 땅을 기어 다니는 온갖 생물을 다스려라."(창세 1,28)라고 하셨듯이, 전능하고 선하신 하느님의 기획은 틀림없이 성취되리라는 것이다. 인간에게 담겨 있는 하느님 이미지는 남성과 여성 모두에게 평등하게 존재하며, 이 땅에서 하느님을 대신하여 지배력을 행사하면서 하느님의 대리자가 되는 인간적 능력 속에 들어 있다.12) 세상에서 하느님의 이미지를 행사하거나 성취한다는 말은 어떤 의미일까? 하느님 이미지는 지성이나 자유 같이 특별하게 내재된 자질이 아니다. 그 이미지는 관계 속에서, 사람들이 하느님의 창조적인 사랑에서 나타나는 식의 지혜를 드러내면서, 창조적이고 돌봄을 행할 때에 실현된다.

하느님께서 첫 인류에게 맡기신 역할은 사회적인 것으로 함께 떠맡아야 하고, 다가올 세대에게 생명을 주고, 땅 위에서 서로 협력하여 생산하며 생활하고, 자연과 그 안에 사는 모든 존재를 보살피는 일이다.

창세기의 창조는 앞으로 움직여 나간다. 이것은 '땅을 지배하고' '자식을 많이 낳고 번성'하라는 명령과 인간은 그분의 정원을 '가꿀' 운명을 지녔다는 관념에서 찾아볼 수 있다. 창세기 전체에 걸쳐, 땅을 개간하고 풍성한 소출을 거두는 땅에서의 활동은 하느님 약속의 일부이다. 인간은 또 아브라함, 이사악, 야곱의 가족을 통해 하느님 약속을 이행해 가면서, 미래 세대를 창조하고 양육하라는 부르심을 받는다. 하느님 이미지로 창조되었을 때에 주어진 하느님의 축복의 '약속'은 궁극적으로 아브라함을 통해 '세상의 모든 종족'에게로 확장된다.13) 이 약속은 자식과 땅 그리고 국가를 포함하지만, 이 모든 것에 더하여 하느님과의 그리고 하느님 안에서의 관계가 있다. 창조 때에 하느님께서 인류에게 정하신 운명은 공동체로의 호혜적 참여다. 이것은 히브리 성경 안에서 하느님께서 노아, 아브라함, 모세와 다윗에게 세우시는 계약으로써 실현된다.

창조에 관한 신학은 폭력이 하느님의 계획이 아니며, 폭력이 결코 최후의 결론이 되지 않으리라 약속한다. 창조는 실존적 불행, 고통과 죄로부터 고개를 돌려 구원을 내다보는 믿음을 표현한다. 예컨대 이사야서는 유배의 관점도 드러내지만, "이제 기억되지도 않고 마음에 떠오르지도 않는"(이사 65,17) 이스라엘에게 "그들 민족이 다시금 존재하도록 하는 부르심, 새로운 탈출 여정, 새 창조"를 예언한다.14) "보라, 나 이제 새 하늘과 새 땅을 창조하리라. … 그 안에서 다시는 우는 소리가, 울부짖는 소리가 들리지 않으리라."(17.19절)는 것이다.

지혜 문학에서 창조주 하느님은 창조를 명령하시고 창조가 완성되는 내내 현존하시며, 창조의 아름다움에 기뻐하시고 당신을 사랑하는 이들을 이끄는 분으로 찬미받으신다. 하느님은 '여성 지혜(Lady Wisdom)' 또는 소피아(Sophia)로 의인화된다.15) 창조에 관한 지혜의 가장 긴 서술은 잠언 8장에서 찾을 수 있다. "너희는 은이 아니라 내 교훈을 받고 순수한 금이 아니라 지식을 받아라."(10절) "그리하여 나는 나를 사랑하는 이들에게 재산을 물려주고 그들의 보물 곳간을 채워준다."(21절) "주님께서는 그 옛날 모든 일을 하시기 전에 당신의 첫 작품으로 나를 지으셨다."(22절) "나는 날마다 그분께 즐거움이었고 언제나 그분 앞에서 뛰놀았다. 나는 그분께서 지으신 땅 위에서 뛰놀며 사람들을 내 기쁨으로 삼았다"(30-31절). "나를 얻는 이는 생명을 얻고 주님에게서 총애를 받는다. 그러나 나를 놓치는 자는 제 목숨을 해치고 나를 미워하는 자는 모두 죽음을 사랑한다."(35-36절) 이런 지혜의 이미지는 '말씀'이 '지혜'를 대체한 요한 복음서의 머리글을 포함하여, 신약 성경 속의 예수님의 묘사에도 영향을 미친다.

신약 성경에서 예수님과 지혜를 연결시킨 가장 초기의 저술은 사도 바오로의 콜로새 신자들에게 보낸 서간에 담긴 그리스도 찬가이다. 여기서 그리스도는 보이지 않는 하느님의 대리자로 제시된다(콜로 1,15-16). 코린토 신자들에게 보낸 첫째 서간에서 바오로는 명시적으로 그리스도를 가리켜, 십자가로써 구원하시는 그분께서는 "하느님의 힘이시며 하느님의 지혜"라고 적는다(1코린 1,24; 30절도 참조). 지혜가 창조의 모든 명령 가운데 있었듯이, 그리스도께서도 마찬가지로 계셨다. 모든 피조물이 하느님의 원 창조의 선하심 안에 포함되어 있지만, 그렇게 모든 자연은 부서짐과 죄에 눌려 고통스러워한다. 모든 피조물은 하느님께서 되살리실 것이다. 바오로가 말하듯, 구원을 기다리는 동안 "모든 피조물이 지금까지 다 함께 탄식하며 진통을 겪고 있음을"(로마 8,22), 그들이 "하느님의 자녀들이 나타나기를 간절히 기다리고 있음"을(19절) 말한다. 그렇게 되면 "피조물도 멸망의 종살이에서 해방되어, 하느님의 자녀들이 누리는 영광의 자유를 얻을 것"이기 때문이다(21절).

신적 창조, 창조의 명령, 새 창조로서의 구원이라는 주제는 예언서와 지혜 문학, 바오로 서간과 복음서에 거듭 나타난다.16) 창조와 구원은 서로를 보완하는데, 단지 그리스도 안에서만이 아니라 창세기로부터 시작되어 이어지는 구원의 드라마를 통틀어 그렇다. 노아에게 하신 하느님의 약속은 이 땅 위 모든 민족들을 위한 그분의 섭리를 나타낸다. 이집트 탈출 사건과 시나이산에서 주신 율법은 하느님께서 선택하신 백성 이스라엘과 맺으신 구원의 상징이다. 그리고 예수 그리스도 안에서 드러난 하느님의 활동은 그분의 성실하심과 변모를 그리스도교 교회 역사의 전면으로 가져온다. 그리스도교 성경의 마지막 책인 요한 묵시록은 하느님을 창조주로 찬미하는 노래를 담고 있다. "주님, 저희의 하느님 주님은 영광과 영예와 권능을 받기에 합당한 분이십니다. 주님께서는 만물을 창조하셨고 주님의 뜻에 따라 만물이 생겨나고 창조되었습니다."(묵시 4,11) 요한 묵시록 저자는 역사적 곤경의 상황에서 집필했는데, 아마도 기원후 1세기 말로 추정되는 시기에 그리스도인들은 도미티아누스 황제 통치 아래 고통 받았다. 묵시록 저자는 하느님의 권능으로 이루어질 해방에 대한 믿음을 지키도록 촉구한다. 구원은 성경 역사의 모든 궤적을 통해 성취되고, 예수 그리스도에게서 정점에 달하는 창조의 약속과 이어지는 재-창조의 약속을 이행하게 될 것이다.

　창조, 그리고 죄와 고통으로부터 구원이라는 주제는 분열되고 갈등하는 공동체들 사이에서의 피스빌딩을 위해 중요하다. 이 주제는 우리에게 온 인류가 하느님 이미지에 따라 창조되었을 뿐 아니라, 그리스도 안에서 '한 몸'으로의 일치가 회복된다는 사실을 일깨운다. 성경 속 창조와 구원의 연결 고리는 그리스도인에게 모든 사람, 문화, 종교와 더불어 평화를 모색할 근거를 제공한다.

　오늘날 피스빌더들은 죄악이 초래하는 영향과 확실한 평화를 확립하는 일의 어려움에 눈감지 않는다. 피스빌더들은 인간이 하느님 이미지로 창조되었다는 사실이 현존하는 분열의 경계를 가로질러 평화를 향해 나아가게 하는 기초를 모든 사람의 내면에 제공한다는 점에서 희망을 품는다. 예를 들어, '동료 인류'와 '인간적 연대'를 의미하는 아프리카의 *우분투(ubuntu)* 개념은 '하느님 이미지'와 '새 창조'라는 성경적 개념을 더 넓은 사회적 맥락으로 가져 와, 의미와 도덕적 의무에 대한 다양하고 풍요로운 전통과 연결시킨 한 가지 방법이다.17) 피스빌딩의 기초가 되는 동료 인류라는 의식은 하느님께서 이루신 인류 공통의 창조를 돌이켜보게 하고, 모든 이가 그리스도 안에서 악으로부터의 구원을 얻게 되리라는 사실을 기대하게 한다. 역사 안에서 시작되는 하나의 현실로서 구원은, 가톨릭 사회교리가 구상하듯이, 평화를 향한 실질적 전진을 가능하게 한다.

　부룬디 컨퍼런스 발표자였던 엠마뉘엘 은타카루티마나(Emmanuel Ntakarutimana) 도미니코 수도회 신부는 *우분투*가 집단 학살 생존자와의 유대와 국제 평화운동을 이뤄나가는 중요한 기반이라 간주한다. 엠마뉘엘 신부는 부줌부라 우분투 센터장이고 제네바의 우분투

센터 창립에 주된 역할을 했다. 부룬디에서 이 개념은 인권과 보편 교육 옹호를 포함하여, 화해와 국가 건설을 확장시키는 작업에 활용되었다. 가톨릭 사회교리는, 창조된 존재로서 모든 인간이 특정한 가치와 권리, 의무를 공유한다는 확신을 전제하고, 또 죄로부터 구원된 존재로서 더 큰 연대, 정의와 평화가 존재하는 세계를 만들 인간적 능력이 보증되었다고 믿는다. 보고타 지역 슬럼가인 시우다드 볼리바르의 용감한 청년 그룹인 메사 로깔 데 로스 호베네스('청년 지역 테이블'이라는 의미 - 역자 주)는 인권과 진정한 인간성이라는 측면에서의 생명 존중을 요청한다. 테러와 살인에 저항하기 위해 지역 사회 내 관계를 재건하는 일은 하느님 모습을 드러내며, 창조를 회복하는 구원의 과정이 시작되는 순간을 반영한다. 필리핀에서 무슬림과 그리스도인과 함께 활동한 마일라 레구로(Myla Leguro)는 "누구나 인간적 선함의 씨앗을 지녔습니다."[18]라고 말한다.

가톨릭 신학은 죄의 파괴성을 능가하는 창조의 선함, 하느님 섭리의 보편적 보살핌, 그리스도 안에서 일치하는 하느님과 인간, 본질적으로 공통된 인간 본성과 자연 환경의 공유에 따른 모든 인류와 문화의 하나됨, 하느님을 발견할 수 있는 장으로서 모든 종교와 문화가 지니는 가치를 강조한다. 따라서 가톨리시즘의 사회적 목표는 평화, 정의, 그리고 공동선이라는 용어로 정의되며, 인간의 공동성과 연대성에 기초하여 추구된다. 가톨릭 사회교리와 창조의 신학은 사회적 불의의 완전한 근절이 종말론적 희망으로 남는다 할지라도, 폭력적인 사회 상황을 변화시킬 가능성에 대한 낙관주의와 확신을 드러낸다.

그리스도에 관한 신학

"죽음도, 삶도, 천사도, 권세도, 현재의 것도, 미래의 것도, 권능도, 저 높은 곳도, 저 깊은 곳도, 그 밖의 어떠한 피조물도 우리 주 그리스도 예수님에게서 드러난 하느님의 사랑에서 우리를 떼어 놓을 수 없습니다."(로마 8,38-39)

사도 바오로의 로마인들에게 보낸 서간에 나오는 이 글귀는 폭력에 맞닥뜨렸을 때조차 구원의 희망을 드러낸다. 구원은 악이 실존에도 불구하고 지금 당장이라도 하느님과의 일치, 창조의 선함, 그리고 예수님께서 가르치신 하느님 나라 안에서 살아갈 수 있다는 의미이다. 이것은 우리가 육화를 통해 그리스도와 일치를 이루고, 그리스도의 십자가를 통해 치유되었으며, 그리스도의 부활에 동참함으로써 힘을 얻기에 가능하다. 육화, 십자가, 부활은 모두 그리스도 안에서 이루어지는 구원의 한 부분이다. 먼저 우리는, 바오로 사도가 적었듯이, '어리석음'이나 '걸림돌'로 보일 수 있는, 십자가라는 어려운 문제에 관하여 성찰해 보기로 한다. 그런 뒤 그리스도의 신성을 이해하는 두 가지 방식인, 말씀 그리스도론(Word Christology)과 영 그리스도론(Spirit Christology)을 다룬다. 두 가지 모두 피스빌딩 신학에 중요하게 기여한다.

그리스도의 구원 역할

폭력에 시달리는 그리스도인은 심지어 폭력을 영속시키는 구조나 행위에 연루된 이들조차도 십자가에 못 박히신 예수님의 이미지로부터 위로와 희망을 발견한다. 고통과 죄는 십자가와 마주하여 십자가 안에서 치유된다. 수난 받으시고 돌아가신 예수님의 어떤 면이 인간을 고통으로부터 구해 내고 구원을 선사하는 걸까? 답하기 쉽지 않은 질문이다. 신약 성경은 사실 몇 가지 답을 제공한다. 그보다 더 나은 것은 '답'이 아니라 상징들의 연계망을 제공하는데, 그 속에서 우리는 예수의 죽음과 그것이 우리에게 주는 의미를 파악할 수 있다. 이 모든 것은 첫 그리스도인들의 부활 체험, 그리스도께서 살아 계시며 그들 가운데 나타나셨을 때의 그들의 믿음과 체험, 그리고 그들의 신앙 공동체 안에서 이루어진, 그리스도의 영과의 불가분한 체험에 바탕을 두고 발달했다.

성경과 그리스도교 신학은 수 세기에 걸쳐 그리스도께서 우리를 어떻게 구원하시는지에 관한 다양한 모델을 제공했다. 희생 제물, 몸값, 대리로 받은 벌, 대속, 죄에 대한 보상, 속죄, 희생양, 속죄의 재현 등으로 표현되어 온 모델은, 때로는 여러 개가 뒤얽혀 제시된다.19) 그리스도의 수난과 죽음이 어떤 식으로든 인간의 죄를 보상하시려는 하느님의 의지에 순응하여 의도적으로 취해진 일이라는 관념을 기본 축으로 하여, 그로부터 몇 가지 모델이 생겨난다. ***희생***은 많은 모델에 어떤 식으로든 들어 있는 하나의 요소이다. 희생은 초창기에 나온 상대적으로 포괄적인 모델이다. 많은 여러 모델이 그리스도께서 돌아가심으로써 치르신 희생 ***유형***이나(몸값, 대리 처벌, 희생양), 또는 그분의 희생적 죽음이 인간에게 미친 ***영향***(대리로 받은 벌, 죄에 대한 보상, 속죄, 속죄의 재현)을 구체화한 것으로 볼 수 있기 때문이다. 이론의 여지는 있지만 오늘날 신자들이 그리스도의 죽음을 바라보는 가장 공통적인 방식은 인류의 죄를 **속죄**하는 *희생*이라는 시각이다.

십자가에 관한 논의에서 필자가 강조하려는 핵심은, 그리스도의 죽음을 속죄라 보는 해석은 옳지만 그것이 어떤 식으로든 하느님의 진노를 달래거나 인간의 죄에 대해 하느님께서 요구하신 처벌이라 해석해서는 **결코 안 된다는** 점이다. 신약 성경의 어디에도 하느님께서 인간에게 노하셨다거나 값을 치르지 않는 한 용서를 거부하신다는 말은 나오지 않는다. 죄인들의 죽음을 요구하시지도 않는데 무고한 사람의 죽음이야 오죽하겠는가! 그 대신 우리는 **속죄**를 '하나로 만들기' 또는 '하느님과 인류 사이의 일치된 관계의 회복'이라는 의미로 해석해야 한다. 우리 앞에 놓인 성경적, 신학적 질문은 이 화해가 어떻게 성취되는가이며, 이 지점에서 성경과 전승 둘 다 복수의 답을 제공한다.

우선 유대교 전통 속에서의 희생과 그 뿌리를 생각해 보자. 가장 먼저 그리스도를 따른 이들은 성전에서의 희생 제사 관행 속에서 예기치 못한 재앙과도 같은 그 분의 죽음을 해석하는 모델을 발견했을 것이다. 고대 세계 전반에 가장 널리 퍼져있던 종교적 관행 가운데 하나가 희생 제사(신들의 분노를 잠재우거나 어떤 일이 자신에게 도움이 되도록 탄원하기 위한)였기에, 이 모델은 이미 준비되어 있었다. 후세의 그리스도인들도 그랬듯이, 유대인들은 희생 제사를 하느님의 분노를 달래는 것으로 보지 않았다. 오히려 희생 제사는 제물로 바쳐진 동물의 피로 행한 의례적 씻김이나 정화 과정을 통해 인간의 죄를 없애려는 것이었다. "성전 희생 제사의 모든 리듬은 의식적으로든 무의식적으로든 죄를 지어 하느님과의 올바른 관계를 위태롭게 한 신자들에게 용서의 균형을 되찾게 하기 위해 마련되었다. … 성전의 희생 제사 전체는 사람들을 죄의 결과로부터 해방하기 위해 설계된 것이다."20)

　이런 성전의 희생 제사 모델은 히브리인들에게 보낸 서간에서 웅변적으로 재해석되었고, 로마서 전반에 공명한다.21) 사도 바오로 역시 예수님의 죽음을, 대사제가 모든 유다인을 대신하여 용서를 청하기 위해 지성소에 들어가는 속죄일의 참회 희생 제사와 연결한다. 문자 그대로의 희생 제물인 어린 양을 대신하여, 십자가 위 예수님의 몸은 죄 많은 사람들과 하느님 사이를 소통하는 성스러운 매개체요, 하느님의 정화하시는 용서의 수단이 된다.22) 바오로의 서간들은 자주 예수님의 죽음을 인간의 죄스러움과 연결하여23) 그리스도가 인간을 죄로부터 구원하기 위해 희생적 죽음을 맞으셨음을 시사한다.

　그러나 그리스도의 구원 역할에 대해 논의한 여러 신학적 설명에서, 희생 제사의 중심성은 몇 가지 문제를 제기한다. "희생적 이미지가 직면하는 딜레마는, 그것이 응보적 정의의 표현으로 전용되어 그에 대해 정당한 저항을 불러일으키지 않으면서 사용될 수 있는가 하는 점이다."24) 만약 그리스도의 죽음을 인간의 죄에 대한 응징이라 본다면, 이때 하느님은 그저 분노하셨을 뿐 아니라 인간이 고통 받기를 욕망하며 그 고통을 즐기시는 분으로 보여지게 된다. 그런 하느님은 자비롭거나 용서하시는 분이 아니라 복수심에 불타는 폭력적인 존재다. 십자가에 관한 이런 모델은 하느님 안에 긴장이나 심지어 대립, 곧 죄에 대한 징벌을 요구하시는 아버지와, 아버지의 의지에 굴복하여 피해자로서 요구된 값을 치르는 아들이라는 구도를 제기한다.

　현대 신학자들은 공통적으로, 성 안셀모의 이론으로 알려진, 대단히 영향력이 강한 구원론(『왜 하느님이 인간이 되었는가』(*Cur Deus Homo*)에 반대하며 바로 그런 이의를 제기한다.25) 안셀모의 해석에 따르면 인간은 하느님의 무한하신 영광에 반하는 범죄를 저질렀고, 그 죄는 오로지 하느님과 대등한 존재에 의해서만 바로잡을 수 있다. 인간은 그들이 저지른 범죄를 보상할 능력이 없다. 따라서 하느님께서는 당신의 사랑 안에서 당신의 아들, 곧 신인(神人)으로, 그의 신성에 따라 하느님의 영광을 되찾기에 충분한 희생을 치를 수 있으며, 그의 인성에 따라 인류를 대신할 수 있는 분을 보내신다. 그리스도께서는 무죄하나, 죄지은 인간을 대체함으로써 하느님을 만족시킨다. 그리스도의 속죄적 희생으로써, 하느님의 영광이 회복되고 그분의 분노가 누그러지며 인류는 영원한 형벌을 피한다. 이런 안셀모의 해석에 대해, 안셀모의 동시대인이었던 아벨라르를 시작으로 많은 비평가들은 어째서 하느님의 무한하신 사랑과 자비가 피의 희생이라는 형태의 징벌을 요구하지 않고서는 인간과 하느님 사이의 깨어진 관계를 회복시킬 수 없는지 물었다. 몇몇 페미니스트 신학자는 안셀모의 이론이 무고한 사람의 죽음을 용인할 뿐 아니라, 신적 자녀의 학대를 지지한다며 거부하기까지 했다.[26]

성 안셀모의 속죄 이론은 최근 들어 분명히 지지를 잃었다. 새로 부상한 이론은 해방 신학에 따른 십자가 모델이다.(예컨대 혼 소브리노[Jon Sobrino] 참조[27]) '피해자들과의 연대'라는 이 모델은 십자가 안에서 인간의 고통 속의 하느님 현존과 그분의 개입을 발견한다. 십자가는 억압받는 이들과 하느님의 연대이고, 예수님의 죽음을 포함한 무고한 이들의 죽음이 신적 요구에 의해 요구되었다는 식으로 정당화하는 것이 아니라, 무고한 이를 못 박은 자들에 대한 심판을 의미한다. 십자가와 예수님의 부활은 그리스도인들에게 죽음에서 일어나심으로써 신적 존재를 입증하신 예수님을 따르고, "십자가에 못 박히신 예수님에게 그러했듯이, 이 세상의 피해자들에게 정의가 실현되는 것을 확인하고, 십자가형을 당한 사람들을 십자가로부터 내리는 행동을 취할 것"28)을 촉구한다.

십자가를 역사적 불의의 피해자들과의 연대라고 보는 훨씬 최근의 해방 신학적 모델은 강력하고 계시적이다. 이 모델은 피해자를 억압하는 데 적극적이었거나 공모했던 모든 사람에게 회개를 요청한다. 하지만 그리스도의 죽음을 인간의 희생 제물이나 인간의 죄에 대한 속죄로 여기는 모델 역시 그리스도교의 상상력과 경건한 신앙에 눈에 띄게 지속적인 힘을 발휘해 왔다. 하지만 십자가가 여전히 어떤 방식으로든 우리 죄에 대한 용서와 진심 어린 회심을 가져온다고 볼 수 있을까? 필리핀에 살든 부룬디나 콜롬비아 또는 미국에 살든, 우리는 죄악과 폭력의 죄책감으로부터 치유되어야 한다. 이런 죄악에는 폭력적 행위에의 직접적 참여, 폭력에의 공모, 폭력에 직면하여 드러낸 비겁하고 정직하지 못한 태도, 폭력의 조건에 대한 냉담, 그리고 폭력을 조장하는 경제, 군사적 정책의 채택 등이 포함된다.

일부 현대 신학자들은 안셀모로 되돌아가, 그리스도의 십자가가 인류의 죄로 인한 결과를 극복할 수 있다는 관념에 들어 있는 지속적인 가치를 찾아내려 한다. 예를 들어 안셀모는 오로지 정의, 그리고 하느님에 의해 한결같이 유지되고 회복되는 정의로운 창조 질서에 관심을 쏟았다. 11세기 유럽 사회와 폭력으로 찢긴 현대 사회는 불안정과 취약성이라는 감각을 공유하는데, 이것은 정치권력이나 법정 또는 가족이 구성원의 안전을 보장하는 데 실패한 것에서 나온 결과다. 그런 상황에서 하느님께서 견지하고 옹호해 주시는 초월적 정의와 법질서가 있다는 생각은 우리를 안심시킬 정도로 매력적이다.29) 안셀모의 사고방식은 하느님과 모든 피조물 사이의 올바른 질서와 조화를 파악할 수 있도록 '명예(honor)'라는 용어를 제공한다.30) 오늘날 이 사고체계는 더 이상 긍정적인 의미를 갖지 못하는데, 적어도 명예-수치 구도의 사회에서 살아가지 않는 서구 그리스도인들에게는 그렇다. 하지만 안셀모의 이론은 하느님과의 일치로서 정의와 올바른 질서를 가져오기 위해 고통받는 사랑의 방식으로 하느님과 함께 우리의 상황 안으로 들어가는 공동 맥락 안에 인간의 죄와 구원을 위치시키는 방식으로 파헤칠 수 있다.

그리스도의 죽음이 죄를 없애는 희생(제물)이라는 안셀모적 생각에도 가치가 있다. 이 모델은 가해자가 느끼는 죄책에 대한 강력한 해독제이다. 위르겐 몰트만(Jürgen Moltmann)은 젊은 독일군 전쟁 포로로서 처음으로 자신의 국가가 유대인에게 저지른 잔혹 행위를 깨달은 경험을 회고하며 이런 관점을 드러낸다.

> 독일 문명은 아우슈비츠로써 파괴되었다. 나의 고향 함부르크는 폐허가 되어버렸고, 나 자신의 자아도 크게 다를 바 없어 보였다. 나는 하느님과 사람들에게서 버림받았다고 느꼈고 내 소년 시절의 희망은 죽어 버렸다. 나는 내 앞에 어떠한 미래도 볼 수 없었다.31)

젊은 군인이던 몰트만이 성경에서 죄인들과도 형제가 되신 예수님을 발견하기까지, 그가 느낀 죄책감과 절망은 압도적이었다. 무고한 피해자들뿐만 아니라 절망에 빠진 죄인들과도 함께 고통받으심으로써, 예수 그리스도는 완전히 인간으로 존재하시며 죄를 제외하고는 인간적인 모든 것을 신적인 것과 일치시키신다. "그분은 바로 우리를 무겁게 짓누르고 모든 종류의 미래를 앗아 가는 죄책감으로부터 해방시키시는 분이시다."32) 피스빌딩을 위한 십자가의 신학은 무고한 피해자들이 타인의 폭력을 견뎌 낼 수 있게도 하지만, 또 자신의 사악함과 자신들이 초래한 고통에 공감의 결여라는 함정에 빠진 인간에게도 다가간다. 육화를 통해 하느님께서는 억압, 그리고 우리의 죄를 아는 데서 생겨나는 '버려졌다는' 느낌 모두를 포함하여 인간 고통의 모든 측면 속으로 들어오신다.

거듭 말하건대 하느님과 미래로부터의 소외는 자초한 것임을 깨닫는 게 중요하다. 하느님께서는 우리의 죄가 아무리 깊더라도 결코 우리를 외면하지 않으신다. 하느님이 우리로부터 소외되는 게 아니라, 바로 우리가 하느님으로부터 소외되는 것이다. 그리스도가 우리를 위해 개입하시지만(히브 9,24; 마르 1,15), 우리가 청했는데도 거절당해서가 아니라, 우리가 희망을 지니지 않아 청하지도 않기 때문에 소외된다. "우리가 아직 죄인이었을 때에 그리스도께서 우리를 위해 돌아가심으로써, 하느님께서는 우리에 대한 당신의 사랑을 증명해 주셨습니다."(로마 5,8) 그분은 당신을 우리 처지에 놓으신다. 피의 희생 제물을 요구하는 의로운 심판자를 만족시키기 위해서가 아니라, 죄가 '치워지고' 양심의 가책에서 벗어날 때까지 화해하기를 거부하는 소외된 죄인들을 위해 그렇게 하신다. 하느님과 화해를 이룰 필요가 있는 것은 우리이지, 하느님이 아니다.33) 그리스도의 십자가는 처벌하지 않는다. 십자가는 정화시키고 회복시키며, 죄인들을 하느님과 공동체로 다시 일치시킨다. 십자가가 우리를 하느님과 다시 하나로 만든다. 십자가 위에 계신 하느님을 기쁘게 하는 것은 수난과 죽음 그 자체가 아니라, 그리스도께서 인간 그리고 아버지 둘 다와 완전하게 이루신 연대이다. 그리스도의 수난과 죽음은 이 연대의 결과다. 육화의 목적은 고통이 아니라 연대이다.

피스빌딩을 위한 신학은 십자가를 인간의 죄로 말미암아 왜곡되어 온 관계와 공동체를 회복시키기 위해, 무고한 고통뿐만 아니라 죄를 지닌 인간의 조건으로 들어오시려는 하느님의 의지로 간주할 수 있다. 이 책 2장에서 폴 레더락(Paul Lederach)은 우간다인 메리 타르키시아 로콧(Mary Tarcisia Lokot) 수녀와의 인터뷰를 소개하는데, 그 인터뷰에는 무고한 피해자들과 함께 유죄인 가해자들에 대해서도 그리스도교적 사랑을 베푸는 구원적 접근법이 잘 나타나 있다. 메리 수녀는 신의 저항군에 납치되어 반란군의 '신부'가 되어야 했던 '청소년 엄마들'을 위해 수녀원을 기숙학교로 바꾸었다. 메리 수녀 자신도 신의 저항군에게 가족을 잃었다. 하지만 그녀는 아촐리 종교 지도자 평화이니셔티브의 일원으로서, 덤불로 들어가 게릴라군 지도자들, 어린 병사들과 협상했다. 잔혹 행위를 저지른 병사들과 평화를 이루는 데 헌신하는 이유를 그녀는 이렇게 설명한다. "반란군이나 피해자 모두 내 민족의 일부이니, 나는 이 일에서 벗어날 수 없습니다." 분명히 우간다인이면서 그리스도인이라는 정체성 둘 다가 메리 수녀에게 폭력 행위와 폭력적인 구조에 갇혀 꼼짝 못 하거나 짓눌려버린 모든 이들의 화해와 변모를 위해 활동하도록 영감을 주었을 것이다.

십자가에 관한 신학은 하느님 아래서 인간 상황에서 생겨나는 갖가지 상처에 응답하고, 그런 상처에 대한 치유로서 그리스도의 죽음에 동참하는 교회의 삶을 살도록 권고하는 실천 신학이다. 십자가의 신학은 부활 체험을 암시하는데, 십자가의 의미는 죽음에서 되살아나 들어 올려지셨으며 성령의 권능으로 공동체에 현존하시는 예수 그리스도의 경험에서 드러난다. 우리의 고통, 모든 종류의 고통을 함께 겪으시면서, 하느님은 우리의 인간적 실존도 탈바꿈시키신다. 그리스도인의 삶은 언제나 십자가의 길이며 쇄신의 길이다. 우리가 공유하고 싶어 하는 새로운 삶이 부서진 역사의 조건들 속에서 태어나려 여전히 분투하기 때문에 그런 것이다. 교회는 고통 자체를 위해서가 아니라 모든 것을 포섭하는 내러티브와 실천 행위를 구체화하기 위해, 그저 피해자만을 위해서가 아니라 범죄를 저지른 가해자들을 위해서도 고통을 겪는다. 우리는 교회의 실천 안에서 서로를 치유하고 구원을 경험함으로써 되살아나신 예수님의 현존을 체험한다.

가톨릭 관점에 바탕을 둔 평화에 관한 그리스도인의 실천이 더 넓은 사회에 파급력을 발휘하기를 기대한다. 창조와 인간 본성의 변함없는 선함과 그리스도 안에서 이루어지는 구원과 부활의 약속 덕분에, 가톨릭 사회 전통은 자신감 있게 사회 변화를 이루는 일에 투신한다. 역사 속에서 불의가 완전히 뿌리 뽑히는 일은 일어나지 않을 것이다. 하지만 변화는 가능하다. 완벽하지 않더라도 더 큰 평화는 우리 손이 닿는 곳에 있기 때문이다.34)

그리스도, 말씀, 그리고 성령

십자가 위에서 돌아가신 예수님을 관상할 때 가장 강렬하게 다가오는 그분의 정체성은 충만하고 진정한 인간다움이다. 그분은 우리와 같으시다. 우리의 허약함, 우리의 고통, 언젠가는 죽고 마는 유한성에 이르기까지 같다. 사실 우리 역시 참여하게 될 부활이란, 우리의 유한한 인간 실존에 대한 하느님의 판결에 말을 거는 사건이다. 다시 살아나신 그리스도 안에서 우리도 옹호되고 들어 올려지며 영원한 삶을 선물로 받는다. 그러나 그리스도인의 전통 가운데 똑같이 중요한, 그리스도 실존의 또 다른 측면이 있는데, 바로 그분의 신성이다. 우리가 그리스도를 통해 하느님께 일치되는 것은 그리스도께서 신적인 존재이기 때문이다. 그리스도의 신성은 그리스도인의 구체적 구원 체험의 일부이다. 그분의 인성이 진실된 것인 만큼이나 신성 또한 구체적이다. 그리스도가 신성을 지니셨기에, 우리와 공유하는 인성에 의해 그리스도께서는 우리와 일치하고, 우리 역시 신적인 생명에 참여하기 시작한다.

그런데 우리가 어떻게 십자가에 의해 구원받는가 하는 질문에 대답하기보다, 그리스도께서 신적이라는 말이 정확히 어떤 의미인지 분명하고 단순한 방식으로 서술하기가 훨씬 더 어렵다. 다시 말하지만 이 문제에 관한 성경적 원천과 신학적, 교리적 전통은 풍부하지만 다원적이고 신비하다. 성경과 전승에는 두 가지 패러다임, 모델 또는 상징적 기반이 지배적인데, 말씀 그리스도론과 영 그리스도론이다.35) 하나씩 차례로 살펴보도록 하자.

말씀 그리스도론은 요한 복음서 도입부로부터 파생되어 삼위일체의 두 번째 위격과 예수 그리스도의 신성에 대한 강한 긍정의 기반을 제공한다. 동시에 그리스도를 통해 말씀하시는 하느님이라는 체계를 정립시켜 그리스도와 성령 사이의 명확한 구분을 유지한다. 특히 동방 교회에서 카파도키아 교부들에 의해 발전된 말씀 그리스도론은 신적 생명(신화神化, divinization)에 인간이 참여하는 일에 관한 신학과 영성을 근거가 된다.36) 카파도키아 교부들에게 구원과 성화(聖化)는 그리스도의 위격과의 일치로 이해된다. 그 결과 개별 인간은 말씀을 통해 성부 하느님께 일치된다.37) 말씀 그리스도론은 그리스도교적 상상력에 지속적 영향력을 지녀 왔는데, 예수 그리스도의 모습으로 우리에게 오시는 분이 진정 *하느님*이시며, 인간이 *신적인* 충만을 공유할 운명을 지닌 존재라는 사실을 말씀 그리스도론이 강하게 긍정하기 때문이다. "말씀이 하느님 아버지와 가깝다는 것은 그리스도와 우리의 일치가 한 분이신 하느님의 생명과의 진정한 일치임을 의미한다."38) 말씀과 하느님의 친밀한 일치, 그리고 믿는 이들 가운데 있는 말씀의 현존은 그리스도의 몸 안에서 합일되어 그리스도교 영성, 공동체와 실천에 극적인 변혁의 효과를 자아낸다.

이 그리스도론 모델의 강점은 육화의 구원적 본성을 강하게 묘사한다는 점, 기도, 관상, 소외와 고통으로부터의 초월, 공동체 안에서 화해하는 사랑을 키워나가는 방향으로 그리스도인의 회심을 강조한다는 점이다. 이 모델의 기초는 예수 그리스도의 위격 안에서 인격적이고 구원하는 방식으로 내재하는 역사 속의 신성이다. 그런 그리스도의 존재 자체가 하느님과의 일치를 통해 인간적 가능성을 고양시킨다. 하지만 말씀 그리스도론은 늘 그러듯이 예수님의 생애와 사목과 관련지어 그리스도인 생활의 구체적인 의미를 발전시키지도 않고, 구원을 '신화'로서 설명할 때도 십자가에 핵심적 위치를 부여하지 않는다. 말씀 그리스도론은 또 공동 변모보다 개인적 영성을 강조하는 경향이 있다. (반면, 요한 복음서는 그리스도와의 일치를 '사랑받는 제자' 공동체 안에 위치 짓는다.)

영 그리스도론은 그리스도를 설명하고 상상하는 대안적 방법이다. 루카 복음서와 사도행전에 뿌리를 둔 영 그리스도론은, 부활 이후 그리스도에 대한 선포의 한 부분이자 그리스도인 정체성과 태도의 모델로서, 나자렛 예수에 대한 역사적 기억, 그분의 말씀과 행적을 강조한다. 그리스도가 세례를 받으실 때는 성령께서 내려오시고, 그분은 '사랑받는 아들'이 되어, 하느님의 권능과 더불어 사목할 수 있도록 기름부음 받으신다(루카 3,22, 사도 10,38 참조). 예수님은 '성령으로 가득 차'(루카 4,1) '성령의 힘을 지니고' 사목을 행하신다(14절). 루카 복음서에서 예수님은 성령을 통해 경제적으로 가난한 이들, 질병과 육체적 장애로 고통 받는 이들, 악령에 사로잡혔다고 여겨지는 이들, 경멸받는 일을 하는 이들, 심지어 용서를 필요로 하는 이들에게까지 다가간다.39) 이런 사람들을 배제하는 명예-수치의 사회 체계를 극복하고, 예수님은 하느님의 다스림 아래 공동으로 존재하는 새로운 현실을 수립한다. 예수님의 생애 동안 하느님의 영이 내려와 그분께 용기를 북돋운다. 당신의 죽음과 승천 이후, 예수님이 당신의 영을 교회에 보내신다. 사도행전은 그리스도의 영이 어떻게 교회에 예언과 전교를 위한 힘을 주시는지 드러낸다. 베드로는 되살아나신 예수 그리스도께서 교회에 성령을 보내신 역할을 확증한다. "하느님의 오른쪽으로 들어 올려지신 그분께서는 약속된 성령을 아버지에게서 받으신 다음, 여러분이 지금 보고 듣는 것처럼 그 성령을 부어 주셨습니다."(사도 2,33) 성령의 선물은 믿는 이들을 하느님께로 일치시키고, 교회의 복음이 지리적으로나 시간적으로도 확장될 수 있게 한다.

바오로 서간에서도 그 뿌리를 찾을 수 있는 영 그리스도론은 초기 그리스도 공동체의 구체적 경험을 일깨우고, 이들 공동체에 바오로가 한 설교와 권고가 오늘의 교회에도 잘 적용된다는 사실을 보여 준다. 바오로는 예수 그리스도 안에 계신 하느님의 실재 또는 현존과, 그리스도의 몸으로서의 교회 안에 계신 예수 그리스도의 실재 또는 현존을 전한다. 바오로에게 성령은 하느님으로부터의 구원이 그리스도 안에서 이루어졌음을 선언한다는 점에서 중요하다. 성령은 교회 안에 있는 믿는 이들에게 구원의 종말론적 체험을 형성한다. 그런 체험을 통해 믿는 이들은 그리스도의 모상에 따라, 예배, 공동체 안에서의 관계, 그리고 세상에서의 삶 속에서 그리스도를 체화한다.40)

이 두 접근법은 피스빌딩에 대한 요청을 포함하여 실천적 그리스도인의 삶의 본질적 요소가 될 수 있다. 성령이라는 하느님의 언어는 공관 복음서와 바오로계 서간에 기초하여 발달했고, 예수 그리스도의 생애와 죽음 그리고 부활이라는 구체적 사건과 초기 그리스도 교회의 체험과 밀접한 관련성을 유지한다. 영 그리스도론은 사랑, 연민, 희생, 용서와 상호 관용에 바탕을 둔 새롭고 통합적인 공동체를 만들어야 한다고 강조함으로써, 말씀 그리스도론에 비해 사회적 고통과 사회적 변화에 더 관심을 갖도록 촉구한다. 영 그리스도론은 그리스도인 정체성과 구원에 대한 공동 모델을 제공하며, 그리스도인 공동체가 이 세상에서 실천적이고 변혁적 피스빌딩의 역할을 수행하도록 준비시킨다.41)

하지만 말씀 그리스도론 역시 그리스도교 신앙과 실천에서 없어서는 안 될 요소를 제공한다. 말씀 그리스도론은 상상적이고 영적인 우주를 상정하는데, 그 속에서 그리스도교 신학은 구원이 진정한 역사적 변화를 가져오리라는 희망을 키울 수 있다. 인간은 예수 그리스도 안에서 육화하신 하느님을 통해 신적 생명에 참여하는 은총을 누릴 수 있기에, 인간관계 그리고 집단 정체성과 행동에서 변화는 가능하다.

삼위일체에 관한 신학

> 온 백성이 세례를 받은 뒤에 예수님께서도 세례를 받으시고 기도를 하시는데, 하늘이 열리며 성령께서 비둘기 같은 형체로 그분 위에 내리시고, 하늘에서 소리가 들려왔다. "너는 내가 사랑하는 아들, 내 마음에 드는 아들이다."(루카 3,21-22)

그리스도의 신성과 마찬가지로, 삼위일체 교리 역시 그리스도교 공동체 안에서 우리가 만나는 그리스도 체험에 그 출발점을 지닌다. 삼위일체란 그저 하느님의 초월성 안에 계신 하느님, 또는 하느님의 내적 생명에 관한 것만은 아니다. 그것은 성자와 성령으로서, 하느님께서 우리와 맺으시는 관계에 관한 것이기도 하다. 삼위일체를 다룬 캐서린 라쿠냐(Catherine LaCugna)의 저서가 널리 알려 있는데, 제목이 『우리를 위한 하느님』(*God for Us*)이다.42) 삼위일체를 신학의 '시작'으로 생각하는 것은 일반적이지만, 삼위일체에 관한 신학적 교리(doctrine)는 하느님에 대한 그리스도교의 의식에서 상대적으로 최근에야 연구되기 시작했다. 신약 성경에는, 몇 군데 단서가 있기는 하지만 삼위일체에 관한 교리 자체는 없다. 삼위일체는 보편 교회를 위한 교리로서 325년 니케아 공의회에서 정식으로 제안되었다. 그러나 니케아 공의회에서 정식화된 내용도 이 교리의 많은 측면에 대해서는 손도 대지 않은 채 또는 모호한 채로 두었다.43)

놀랍지 않게도, 삼위일체 교리의 역사는 길고 다양하며 어떤 면에서는 애매모호하다. 이런 점은 일찍이 아우구스티누스의 『삼위일체론』(*De Trinitate*, 420년 저술)에서 대표적으로 나타난다.44) 칼케돈 공의회(450년)가 소집되고 그 공의회에서 그때까지 계속되어 온 예수 그리스도의 본성에 관한 논쟁, 특히 예수와 성부 하느님과의 관계의 문제를 해결하려 했다. 삼위일체에 관한 토론은 지적 사변, 교회의 정치, 그리고 심지어 영성을 넘어서는 영역과 관계된다. 이런 영향 이외에도 삼위일체에 관한 그리스도교의 관점은 서로 다른 시간과 장소에서 그리스도인들이 직면하는 철학적, 사회적, 정치적 도전에 대한 응답이기도 하다.

예컨대 20세기에는 '내재적(immanent)' 삼위일체와 '구원경륜적(economic)' 삼위일체를 구분하는, 즉 하느님 자신과 하느님과 피조물 사이의 관계를 구분하는 논의가 발전되고 있다.45) 물론, 하느님의 이 두 가지 측면은 언제나 성경, 그리스도인의 경험, 그리고 전통 안에서 관련되어 왔다. 그러나 삼위일체 신학의 언어는 역사 속에서의 인간 경험이 계시의 중심이며, 이것은 계시의 역사적 중재와 분리될 수 없다는 사실에 새로운 초점을 부여했다. 이 신학은 또 계시의 하느님께서는 언제나 신비로 남아 계시고, 그런 신학적 언어와 개념은 오로지 상상적이고 유비적으로만 접근할 수 있다는 새로운 주장을 내놓는다. 마침내 이 언어가 신학자들에게 피조물과 하느님의 관계가 하느님 당신의 정체성에서 중요하며, (그 둘의 관계가 깨질 수도 없지만) 그 관계에 따라 인간의 삶과 역사에 새로운 종교적, 신학적 의미를 선사한다는 주장을 하게 했다.

20세기에는 또 하느님이 관계적이라는 점에 대한 관심이 쇄도했다. 이것은 서구 문화와 철학에서 일어난 철학적 전환, 곧 실체와 본질에 관한 추상적 형이상학이 역동적인 현실, 사회적 관계에 의해 구성되는 인간이라는 관점으로 전환되어 가고 있음을 반영한다. 그 결과 '사회적 삼위일체론', 즉 하느님의 본성을 위격들의 공동체로 강조하는 논의가 지배적으로 되었다. "한 처음에 있었던 것은 하나뿐인 존재, 영원한 존재, 혼자이고 무한한 존재의 고독이 아니다. 오히려 한 처음에는 고유한 세 존재의 친교가 존재했다."46)는 것이다. 확실히 그리스도교와 그 배경인 유대교의 강력한 유일신적 특징은 한 분이신 하느님이라는 신학이 퇴색되는 일을 허용하지 않는다. 그러나 사회적 삼위일체론의 창조적 논의는 개별 인격체의 평등하고 관계적인 본성에 대한 새로운 인식을 지지한다. 인권과 민주주의를 옹호하는 새로운 움직임은 사랑으로 하나된 위격들의 호혜적 일치가 삼위일체를 의미한다고 보는 삼위일체 신학과 나란히 작동한다. 해방 신학과 여성주의 신학은 그런 사고를 환영한다. 캐서린 라쿠냐는 이렇게 말한다.

> 삼위일체 신학의 요점은 하느님의 본질 또는 핵심이 다른 위격과의 관계 안에 있음을 전달하는 데 있다. 하느님 안에는 분리나 불평등 또는 위계가 들어설 자리가 없고, 하느님의 인격적인 실재는 사랑과 자유를 최고의 형태로 표현한 것이다. 신적 생명의 신비란 자기-증여(self-giving)와 자기-수용(self-receiving)의 특징을 지니고, 그런 신적 생명은 정적이거나 척박하지 않고 역동적이고 풍요롭다.47)

더욱이 그리스도인의 목표는 그리스도를 닮아 성령의 힘 안에서 신적 생명에 참여하는 일이다. 라쿠냐는 정통교리(orthodoxy)에는 정통실천(orthopraxis)이 뒤따라야 한다는 내용을 삼위일체 교리가 요구한다고 강조한다. 사랑이신 삼위일체 하느님에 대한 믿음은 포용적이고 참여적인 공동체 안에서 생활하는 삶의 방식을 동반한다. 신학,

전례, 그리고 기도는 공동체적 삶을 창조하도록 결합되어야 하는데, 공동체적 삶이 '삼위일체의 아이콘'이며 '하느님의 구원경륜'을 교회적으로나 정치적으로도 확장시키는 것이기 때문이다.48)

브라질의 신학자 레오나르도 보프(Leonardo Boff)는 다양한 은사와 기능이 발휘되는 공동체를 통해 실현될 수 있는 무한한 해방의 프로그램을 삼위일체 안에서 발견한다. 보프는 이 프로그램을 교회의 내적 질서에 적용한다. 그러나 그것은 또 더 나은 세상에 힘을 보태려는 우리의 노력에도 적용된다. "친교는, 삼위일체의 본성으로, 사회에 여전히 잔존하는 모든 종류의 배제와 불참에 대한 비판을 의미한다 … . 복된 삼위일체야말로 완전한 해방을 위한 최선의 프로그램이다."49) 성자의 육화는 신적 친교로, 그 안에서 우리는 죄로부터 풀려나고 하느님의 아들과 딸로 다시 태어난다. 성령의 힘은 인류를 일치시키고 인간의 행동을 성화한다.50) 하느님 안의 세 위격은 영원히 그리고 역동적으로 관계를 맺고 있다. 그리스도와 성령을 통해 인간은 개인으로나 공동으로 하느님과의 긴밀한 관계로 이끌려 들어간다.51)

> 삼위일체의 신비는 개인과 기관들 사이의 모든 관계가 평등하게 가치 있고, 동류의식과 차이를 존중하는 사회 형식을 향해 나아가도록 우리를 초대한다. 오직 그렇게 할 때에야 억압을 극복하고 생명과 자유가 승리할 것이다.52)

피스빌딩 활동의 거의 모든 각각의 사례는 치열한 현실과 인간관계의 가치, 아울러 평화를 향한 사회 변화가 언제나 관계적이며 호혜적이고 공동적이란 사실을 보여 준다. 콜롬비아 가톨릭 구제회의 마르타 이네스 로메로(Martha Ines Romero)는 평화를 위한 활동은 수많은 사람들의 참여를 필요로 한다는 사실을 분명히 한다. "이것은 투쟁 중인 당사자들만이 아니라 콜롬비아 사회 전체의 문제이며," 서로 다른 문화와 신앙 전통을 지닌 국제 협력자들의 문제이기도 하다. "콜롬비아 참가자들과 국제 대표단이 방문한 공동체들은 그들이 이제 아주 아주 많은 사람들로부터 지지받고 있다고 느낍니다. 필리핀, 카메룬, 미얀마, 남아프리카공화국, 미국, 멕시코, 페루, 볼리비아, 에콰도르, 아이티와 그 밖의 여러 곳에서 온 많은 사람들이 우리와 함께 평화의 길을 걷고 있으니까요."53)

우리가 하느님과 구원에 관해서 아는 것은 하느님은 창조주로서, 그리스도 안에서, 그리고 성령으로 오신 체험 안에서, 그 체험을 통해 알게 된다는 것이다. 성자와 성령이 우리를 하느님의 생명에 참여하도록 인도한다. 하느님께서 우리와 맺으시는 관계의 삼중성은 하느님 안의 삼위일체적 사랑을 계시한다. 하느님 안의 위격들이 이루는 사랑의 친교는 지금 시작되고 있는 하느님 나라에서 우리의 삶을 구성하는 사회적 관계가 어떤 종류여야 하는가에 관한 모델을 제시한다.

교회에 관한 신학

희망은 우리를 부끄럽게 하지 않습니다. 우리가 받은 성령을 통해 하느님의 사랑이 우리 마음에 부어졌기 때문입니다(로마 5,5).

교회는 그리스도 안에 성령을 통해 계신 하느님에 의해 구원이 이루어지는 '장소'다. 교회는 예수님의 사목을 따르는 하느님 나라 또는 그분의 다스림이 시작되는 곳이다. 우리는 그리스도의 몸인 교회 안에서 그리스도에게 '합체'된다. 하느님 그리고 이웃과 올바른 관계를 되찾는 구원을 체험하는 곳이 바로 교회다. 교회는 희망의 공동체이다. 성령께서 우리에게 신학적 미덕(믿음, 희망, 사랑)의 은사를 선물로 주시기 때문이다. 성령의 은사는 행동하는 능력과 용기도 포함한다. 폭력을 종식시키고 이해와 협력을 증가시키는 작은 발걸음으로써, 우리는 또 다른 미래, 평화를 만들어 갈 미래로 문을 연다.

바오로 서간은 지속적으로 예수님의 죽음을 그리스도 안에서 믿는 이들이 누릴 새로운, 공동의 생명과 연결시킨다. 바오로는 죄를 속량하고자 바치는 희생(제사)의 전통과 인간을 노예화하는 우주적 힘으로부터 해방시키는 전통의 요소들을 결합시켜, 인간의 죄와 고통으로의 신적 참여가 새로운 삶을 위한 인간 변모의 동인이라는 자신만의 독특한 관점을 만들어 낸다.54) 바오로에 따르면 우리는 그리스도의 죽음과 그분의 부활 모두에 공동체가 보이는 실천 행위, 즉 세례 성사, 성체성사, 종교적 은사, 상호 존중을 지니고 수행하는 역할, 윤리적 규율, 부자와 빈자 사이의 나눔, 믿음, 희망과 무엇보다도 사랑을 통해 참여한다.55)

다른 사람을 그리스도의 몸으로 통합하는 일, 모든 형태의 소외와 분리를 화해시키는 일이 교회의 사명이다. 가난한 이들을 향한 예수님의 사목, 죄인에 대한 예수님의 용서, 사회적으로 존경받는 사람들이 모이는 자리에 받아들여질 수 없었던 사람들과 마련한 식탁 친교가 화해의 사명이 취해야 할 형태를 잘 묘사한다. 바오로의 렌즈를 통해서 보면, 하느님 나라에서 이루어지는 실천은 화해의 실천으로, 화해는 피해자와 잘못을 저지른 자 둘 다를 '새로운 피조물'로 만든다. 교회이자 그리스도의 몸인 인간의 화해 실천 행위는, 그리스도 안에서 이루어지는 하느님의 행위에 참여하는 일이다.

> 그래서 누구든지 그리스도 안에 있으면 그는 새로운 피조물입니다. 옛것은 지나갔습니다. 보십시오, 새것이 되었습니다. 이 모든 것은 그리스도를 통해 우리를 당신과 화해하게 하시고 또 우리에게 화해의 직분을 맡기신 하느님에게서 옵니다. 곧 하느님께서는 그리스도 안에서 세상을 당신과 화해하게 하시면서, 사람들에게 그들의 잘못을 따지지 않으시고 우리에게 화해의 말씀을 맡기셨습니다(2코린 5,17-19).

로버트 슈라이터(Robert Schreiter)는 인간의 화해가 언제나 하느님이 이루시는 일이며, 세계의 완성으로써만 완결되리라고 강조한다. 화해의 작업에서 인간이 하는 역할이나 헌신은, 대개는 행위나 관행이라는 실용적인 형태를 취하지만, 전략이라기보다는 영성이라는 말로 표현하는 게 더 적절하다. 화해는 '기억과 희망'의 공동체 안에서 일어나는 공동 사안이다. 회복되고 화해를 이룬 공동체의 모든 구성원은 고통스러운 과거를 진실되게 기억하겠다는 데에 동의해야 하고, 또 모든 이를 참여시키는 공동의 미래를 향해 기획된 새로운 정체성의 내러티브를 공유해야 한다.56) 화해와 공유된 정체성은 갈등을 못 본 체하거나 은폐해서는 성취될 수 없다. 소외시킨 모든 원인이 "인정되고 보상되어야 하며 … 드러나고 치유되어야 한다." 십자가는 폭력, 분열, 불의로 가득했던 현실과 망가진 관계에 대해 진정한 우주적

치유를 필요로 했던 현실, 둘 다를 우리에게 상기시킨다.57)

그리스도인은 화해라는 특별한 사목을 부여받지만, 화해 사목은 교회 내의 삶에만 국한되지 않는다. 가톨릭 사회교리를 따르는 그리스도인은 연민과 정의를 추구하고, 그것을 시민 사회, 정치와 정부 차원으로까지 확대시키도록 요청받는다. 국제적이고 초국가적 기관인 로마 가톨릭교회는 전 지구적 피스빌딩 활동을 위한 고유한 기회를 제공한다. 바로 그런 기회를 통해 교회 역시 평화 의제를 식별하고, 우선순위를 정하고, 어떻게 시행할지를 배우게 된다. 교회는 정치적 행위자로서 (요한 23세 교황이 『지상의 평화』(*Pacem in Terris*)에서 언급했듯이) '선의를 지닌 모든 이들'과 협력한다. 교회의 사명은 특히 거짓에 근거하여 이분화된 집단 정체성을 둘러싸고 자행된 사회 분열과 폭력을 극복하는 데로 확장된다. 거짓된 정체성은 구성원에게 그들 각자의 가치와 목적은 초월적인 가치를 지니고 있다고 부추기는 한편, 적대자들의 가치와 목적은 불법적이고 위협적이라 생각하게 만든다.

평화를 이루라는 사명의 근원적 토대는 창조의 선함 속에서 이루는 모든 인간의 연대, 그리고 '한 몸'으로서 '하느님 모상'에 따라 공동으로 협력하면서 살아가도록 정해진 모든 인간의 운명이다. 이미 새로워졌고 계속해서 새로워지는 이 사명의 토대는, '탄식하며' 속량되기를 기다리는(로마 8,19-23) 부서진 피조물에게 보편적 희망을 제공한다고 이해되는, 그리스도의 죽음과 부활이다. 이 희망의 실제적 이점은 가난한 이들 가운데서도 가장 가난한 이들, 세상이 일으키는 죄로 가장 고통 받는 이들에게서 선을 발견하려는 투신이다. 가장 힘없는 이들을 최우선에 둠으로써, 그리스도적 화해 활동에 참여하는 실천가들은, 죄인들의 절망이 피해자의 비탄과 같을 수도 있다는 사실도 기억하게 될 것이다. 두 가지 모두 때로는 우리를 눈멀게 하고 마비시킬 수 있다.

슈라이터는 평화를 추구하는 활동에서 다양한 문화와 종교를 결합시키게 된 것이 인간 공통의 본성 덕분인 것만은 아니라고 지적한다. 세계화 과정과 그것이 만들어 내는 시스템에 휩쓸리게 된 사람들을 옹호하려는 경향이 새로 부상하여 보편화된 덕분에, 서로 다른 민족의 종교 전통이 결합되고 있다. 슈라이터는 이런 경향을 '전 지구적 신학의 흐름'이라는 용어로 구체화하는데, 만연해 있는 여러 형태의 억압에 도전하기 위해 붙인 이름이다. 슈라이터는 종교계에서 해방, 인권, 여성의 권리, 그리고 생태주의라는 담론으로 틀을 잡아 가는 4가지 '흐름'을 포착한다.58) 화해를 위한 그리스도교 사목은 이런 흐름과 협력한다. 특히 가톨릭 사회 전통은 종교적으로 다원적인 맥락, 어떤 때는 한 집단이 다른 집단에게 가하는 폭력과 전쟁까지 연루되는 상황에서, 정의를 이루기 위해 투신할 방도를 모색한다. 이 책 12장에서 피터 판(Peter Phan)은 필리핀 민다나오 지역에서 가톨릭 신자들이 무슬림, 토착민과 함께 어떻게 평화 프로세스를 옹호하는 대화 활동을 이루어냈는지 기술한다. 판은 그런 종교간 협력을 지지하기 위해 교황 요한 바오로 2세의 회칙 『교회의 선교 사명』(*Redemptoris Missio*) 54항을 인용한다. 이 회칙에서 교황은 성령이 다른 종교 안에서도 활동하신다는 사실을 시사한다.

평화에 관한 공통의 이상을 뛰어넘어, 그리스도교 교회와 교회가 수행하는 화해의 사명은 다른 여러 인간 집단, 운동, 종교와 또 다른 방식으로 연결되어 있다. 그들 역시 그들이 비판하고 저항하던 동일한 폭력의 과정과 행위에 연루되어 있기 때문이다.59) 뉘우침, 용서,

그리고 화해의 필요성은 교회에까지 확장된다. 그리스도교를 포함하여 종교는 너무 자주 그리고 너무 쉽게 배타적이고 폭력적인 집단 정체성과 이데올로기를 옹호하는 일에 빠진다. 종교는 전쟁, 민족 분쟁과 인종 말살의 주동자가 되어 왔다. 화해 프로세스를 옹호하고 참여할 때조차, 그리스도교 교회와 그 구성원은(가톨릭을 포함하여) 자신을 정당화하는 합리화, 피해자 탓하기, 책임 회피, 현상과 권력 유지, 이득을 취하기 위해 완강히 저항하는 부정 행위자들과 동맹을 맺거나 타협하는 일에 가담하기도 한다.

교회에 그리고 사회에 끈질기게 죄가 자리 잡고 있다는 사실은, 그리스도교의 십자가 내러티브가 왜 힘을 지니고 있는지, 또 그리스도의 죽음과 성체성사를 '희생 제사'로 이해하는 관점이 왜 여전히 상징적으로나 영성적으로 중요한지를 알려주는 이유이기도 하다. "피라는 상징은 치유되어야 할 폭력의 기억을 전달하며, 피 흘린 이들에게 새로운 삶의 전조를 말해 준다. 십자가는 억압자의 이야기에 담긴 거짓을 폭로한다. 십자가는 이 세상에서 권력을 구성하는 게 무엇인지에 대한 이해에 도전한다."60) 십자가는 또 직·간접적으로 폭력을 가한 사람에게 그들의 역할이 무엇이었는지 인정하게 하고, 화해와 희망의 공동체에 참여할 새로운 기회인 자비와 은총을 받아들이게 할 수 있다. 교회와 그 구성원인 우리는 우리 자신의 죄를 뉘우칠 용기를 가져야 한다. 그렇게 함으로써 우리는 화해와 치유로 가는 첫걸음이자 가장 어려운 걸음을 내딛는 모범을 보일 수 있다.

용서를 실행하는 화해 공동체의 행위나 주도권이 발휘되어 가해자가 사과하기 전에라도 참회가 이루어질 가능성은, 피스빌딩의 사회적 과정에서 교회가 떠맡을 수 있는 특별한 역할을 정의하는 하나의 방법이다. 교회 구성원에게 그리스도의 몸이라는 공동체는 교회의 성체성사 관행과 예수님의 죽음과 부활에 초점을 맞춘 성체성사적 자기이해를 통해 인간의 죄와 구원에 관한 진실된 내러티브를 구성한다. 예컨대, 존 폴 레더락은 다리오 신부(Father Dario)의 경험담을 전한다(2장). 다리오 신부는 무장 행위자와 전쟁 때문에 가족을 잃은 사람들과 성체성사를 드린다. 교회 안에서 성체성사는 무고한 이들이나 죄지은 이들 모두에게 새로운 생명을 가져다줄 수 있다. 작은 지역에서부터 전 지구적 차원에 이르기까지 그리스도인이 다양한 정체성을 통해 만나는 여러 교회 전통을 지닌 사람들에게, 가톨릭교회는 좀 더 교회일치적인 리더십을 발휘할 수 있다. 교회는 자신의 죄와 계속되는 실패를 뉘우치고, 그리스도인들이 다른 집단에게 저질러 온 잘못을 인정하는 용기를 낼 수 있다. 교회는 또 이미 분열된 파당들 속에서도 상호 경청과 협력적인 사회적 실천을 도모하는 일에서 주도성을 발휘할 수도 있다.

남아프리카공화국 신학자 존 드 그루쉬(John de Gruchy)는 안셀모의 속죄 이론과 연관된 모델로 교회의 피스빌딩 역할을 이해할 가능성을 제공한다.[61] 안셀모에게, 하느님은 (연민하는 사랑을 통해) 우리의 상황으로 들어오시어 우리가 잘못을 뉘우치기도 전에라도 관계를 (정의로) 치유하고 회복시키시고, 정말 자비롭게도 우리의 뉘우침과 회심을 *불러일으키는* 분이다. 드 그루쉬는 그리스도교 공동체가 죄인들이 죄를 짊으로써, 어떤 불의가 저질러졌는지 인정하고, 모두를 대신하여 책임을 떠맡고, 공동의 정체성과 목적에 대한 새로운 감각에 따라 부서지고 억압적이며 신뢰할 수 없었던 사회적 관계를 재구성할 수 있도록 통합적인 실천과 내러티브를 만들어냄으로써, 사회적 치유와 공동체의 재구성을 이뤄낼 수 있다고 생각한다. 공동체의 이런 역할은 창조된 질서로부터 죄의 파괴적 영향들을 씻어낸다는 의미에서 죄를 '속죄하는', 그렇게 하여 인간과 인간 그리고 인간과 하느님 사이의 일치와 조화가 회복될 수 있도록, 그리스도의 대리적 수난에 바탕을 둔다.

'죄의 대리적 고백'의 한 사례로, 드 그루쉬는 1945년 독일 고백교회*의 슈투트가르트 참회 고백을 제시한다. 이 선언에서 독일 그리스도인 지도자들은 나치즘에 충분히 강력하게 저항하지 않았던 스스로를 고발하며 '새로운 시작'을 촉구했다. 사실 서명자 가운데 많은 이가 제3제국(the Third Reich, 나치 독일을 의미 - 역자 주)에 가장 소리 높여 반대해 왔고, 그 때문에 고초를 겪기도 했다. 이 참회 고백의 핵심은, 여전히 고백하지 못하는 그리스도인들에게 뉘우침만이 새로운 미래로 향하는 유일한 방법이며, 그런 뉘우침이 받아들여질 수 있음을 깨닫게 하는 방법으로, 공동의 죄책을 받아들이고 그것에 목소리를 부여하는 데 있었다.62) 드 그루쉬는 아파르트헤이트 아래 남아프리카공화국에서 그리스도교 교회가 '매우 모호한 역할'을 수행했다는 사실을 언급하면서도, 주류 교회들이 진실화해위원회에서 '신앙 공동체'를 위해 마련한 공청회에서 이루어진 진술을 통해 공적으로 참회를 표명하는 책임을 떠맡았다는 점도 강조한다.63)

---

* 고백교회(Confessing Church) : 나치스 집권 당시 교회에 대한 간섭과 종교의 정치적 악용이 심해지자 이에 저항하여 독일 개신교회에서 일어난 반-나치 운동이다. 친-나치 성향의 독일 제국주의 교회에 반대하여, 교회는 국가가 아니라 하느님과 예수 그리스도께만 복종한다는 내용을 골자로 하는 '바르멘 선언'을 발표했다(1934년). 그리스도 신앙을 고백하는 데서 실천(행동)을 중시한

운동으로, 현대 신학자 가운데 칼 바르트와 디트리히 본회퍼도 주요 참여자다.

사랑과 화해를 '질그릇'에 담아 중개하는 '성사 공동체'로서의 교회는, 피스빌딩을 성공시키는 데 꼭 필요한, 새롭게 구원된 인류의 모습이 될 수 있다. 어떤 의미에서 진실화해위원회는, 유명한 사람이든 보통 사람이든, 탁월한 그리스도인들의 리더십을 통해 남아프리카공화국 피스빌딩 과정의 '시민적 성사'로 자리매김하여 왔다.64) 하지만 피스빌딩과 화해는 언제나 '하나의 사건, 한 번의 행위, 하나의 실천, 하나의 과정이자 기념'이지, 결정적인 교리, 이론 또는 일반화할 수 있는 전략이 아니다. 13장에서 슈라이터는 사회적 화해의 복잡성에 대해 논의하는데, 그 과정에서 교회가 담당해야 할 역할은 '사회적 용서'를 논의하는 일이라고 말한다. 실제 사회·정치적 삶과 화해의 종말론적 관점 사이의 간극은 적절한 시간과 사건 속에서 '살(flesh)과 구체성을 취한 말씀'에 의해서만 채워질 수 있다.65) 교회는 아직 하느님 나라에는 이르지 못했지만, '행동으로써 희망을 고백하는' 사명을 지닌 '희망의 공동체'이다'.66)

그리스도교 신학 전통에서 희망은 실천적 덕목이다. 희망은 불가능한 것은 아니지만 도달하기 어려운 미래의 선을 위해 행동하도록 우리를 이끄는 의지의 덕목이다.67) 희망은 모든 증거가 반대를 가리키는데도 '모든 일이 잘 풀리리라고' 생각하는 맹목적 믿음이 아니다. 희망은 영원한 삶에서 받게 될 보상, 현실 삶의 멍에를 견딜 수 있게 하는 보상에 대한 기대를 넘어서는 것이다. 희망은 또 인간의 삶과 역사가 반드시 더 나아진다거나 이 세계가 진보의 길에 안착했다는 절대적 장담을 요구하지도 않는다. 토마스 아퀴나스는 희망을 '불어넣어진' 덕목이라 부르는데, 희망이 하느님께로부터 온다는 의미이다. 하지만 이 덕목은 인간적 노력으로부터 분리되지 않으며, 우리의 공동체 체험과 동떨어진 채 찾아오는 것도 아니다. 희망은 실천적 행동, 즉 어려움이나 절망적 상황을 바꾸기 위해 내딛는 발걸음, 힘을 갖지 못 한 사람들을 일으켜 세우고, 모두가 공유할 수 있는 미래의 비전을 중심으로 공동 아이덴티티를 형성하기 위해 함께 내딛는 발걸음에 의존한다. 희망은 상상력과 행동 둘 다 성장해 나가기를 요구한다. 이에 대해 인도의 신학자 펠릭스 윌프레드(Felix Wilfred)는 이렇게 말한다.

> 피해자의 희망과 꿈의 실현은 더 큰 상상과 대안을 향한 지치지 않는 탐구를 요청한다. 피해자들과 여정을 함께하는 사람들은 새롭고 변모된 세계로 들어설 것이고, 그렇지 못 한 사람들은 낡고 부패해가는 세상 속에 남겨지게 될 것이다.68)

극단적 빈곤과 폭력 상황에 놓인 사람들과 함께 활동하면서 희망을 잃지 않기 위해 어떤 노력을 하느냐는 질문에, 해방 신학자 구스타보 구띠에레스(Gustavo Gutiérrez, 도미니코회) 신부는 이렇게 답했다. "희망이란 변화 가능성에 대해 어떤 보장을 해 주는 일입니다." "그렇기에 사람들 스스로가 고통스러운 상황을 변화시키고 새로운 희망을 만들 역량을 지녔음을 깨달을 수 있도록 대화 과정에 참여시키는 일이 중요합니다."69) 도미니코 수도회의 티모시 래드클리프(Timothy

Radcliffe)는 빈곤과 억압 그리고 높은 에이즈 발병률로 고통 받는 나라인 짐바브웨에서 발견한 희망에 대해 말한다. 래드클리프 신부는 에이즈로 형제 여섯 가운데 셋을 잃은 도미니코 수녀회의 한 수녀 이야기도 들려준다. 그녀와 여러 사람들은 작은 진료소에서 함께 일하고 에이즈로 부모를 잃은 아이들을 돌봄으로써 많은 사람들에게 희망을 불러일으킨다. 이 사람들 속에는 기쁨이 있다. 래드클리프의 말대로, "우리에게는 희망을 드러내는 표지가 필요하다." 그는 우리에게 "그리스도교는 위기 위에서 세워졌으며, 위기 속에서 생명과 활기를 되찾을 수 있는 원천을 발견한다."70)는 사실을 상기시킨다. 희망이 위기 자체로부터 솟아나는 건 아니겠지만, 위기에 대응함으로써 희망을 만들어 낼 수 있는 용기를 얻게 한다.

보고타 컨퍼런스의 기조 강연71)에서 몬시뇰 헥토르 파비오 헤나오 가비리아(Hector Fabio Henao Gaviria)는 일반 대중의 평화 이니셔티브가 콜롬비아를 '평화의 학교'로 만드는 데 결정적이었다고 말했다. 패배했다고 해서 패배주의가 뒤따르는 것은 아니다. 피스빌딩의 구체적 실천이 사회 재건의 단기적 목표와 장기적 목표 사이를 매개하기 때문이다. 이 실천에는 '윤리적 책임감과 더불어 경청의 태도'를 갖춘 주교들, 사제들, 그 밖의 교회 활동가들의 '사목적 동반'이 담겨 있다. 이런 형태의 적극적 연대는 '새로운 정치적, 경제적, 또는 사회적 긴장'을 파악하고 긴장을 창조적으로 해결하도록 도우며, '진실, 정의와 보상을 향한 열망'을 키우는 데도 기여한다. 연대는 '새로운 종류의 갈등을 초래할 수도 있는 기아와 극단적 빈곤의 문제'72)를 인식하고 감소시키는 활동을 하게 함으로써 희망을 준다.

폭력으로 고통 받는 이들과 '동반하는' 콜롬비아의 주교들과 사목 활동가들이 증언했듯이, 교회는 종종 악이 선과 뒤얽혀 있는 혼합 공동체이다. 그럼에도 불구하고 교회는 자신의 죄를 고백하고, '완벽한 사회'가 아니라 '순례하는 교회'임을 내세우는 변혁적인 방식으로 죄인들에게 다가설 수 있다. 콜롬비아 가톨릭교회는 "많은 과정에서 중재 역할을 떠맡았고" 또 "교회의 국가적 존재감을 유리하게 활용하여, 살던 곳에서 쫓겨난 사람들의 필요에 응답하는 데 핵심적 역할을 수행했다." 콜롬비아 교회는 심지어 "어떤 평화협정이든 서명이 이루어진 뒤에는 그 나라에 필요한 변화와 화해를 성취하는 데 도움이 되는 중대한 역할을 수행할"[73] 수 있었다.

콜롬비아와 부룬디 사례에서 확인했듯이 폭력과 박탈이라는 절망적인 상황 속에서, 희망을 키우는 연대의 실천에 참여하는 일은 용기와 상상력을 요구한다. 레더락이 지적한 것처럼, 피스빌딩은 위험이 따르는 사업이다. 상황을 일으킨 원인이나 사람들을 이분법적으로 구분하지 않으면서 복잡한 상황을 인정하는 일 자체가 이미 일종의 위험이 따른다. 더 창조적이고 긍정적인 대안을 찾을 수 있으리라 믿고 그에 따라 행동하는 것도 위험 요소다. 군벌 지도자와 협상을 하거나 무장 집단을 만나는 일은 그야말로 거대한 위험 요소다. 위험은 "상처 입을 수 있다는 취약성을 인정하고, 어떤 프로세스나 인간이 하는 일의 결과에 대해 선험적으로 통제하려는 욕구를 내려놓는 일이다." 피스빌딩에 따르는 위험을 감수하기로 하는 용기는 희망을 요구하고, 또 미래를 상상할 능력을 요구한다. 설령 우리에게 그런 미래를 지성적으로 정당화하거나 인지적으로 이해할 근거가 부족하다 하더라도, 그런 미래의 아름다움이 우리를 정서적으로 매혹시킬 것이기 때문이다. 우리는 "폭력이 인간 공동체를 에워싸기 위해 둘러치는 얇은 벽을 뛰어넘어, 하느님께서 인간의 영 안에 심어 주신 창조성이 언제나 우리 손닿는 곳에 있다는 믿음을 갖고 살아가야 한다."74) 창조성은 창조주로부터 인류의 정신 안에 부여되었고, 성령에 의해 쇄신된다. 동료 인간 존재와의 창조적 연대는 우리의 구원이 의미하는 한 부분을 차지한다. 구원은 상상으로나마 죄의 사슬을 끊어버리고, 희망을 키우는 연민, 용서, 평화를 실천함으로써 구체적인 역사적 형태를 취한다.

에드바르트 스켈레벡스(Edward Schillebeeckx)는, 희망을 품어야 할 근거는 '구원을 바라는 살아 있는 남자와 여자들의 비판적이고 생산적인 실천'을 '경험할 수 있는 세상'에서, 구원 현실과의 실제적인 접촉에 있다는 통찰을 강조한다. 피스빌딩 실천은, 설령 지역적이고 일시적이라 할지라도, 분열을 가로질러 일치를 이루고 난폭한 적대자들을 화해시킨다. 그 실천은 인간의 파괴에 맞서 '차고 넘치는 희망'(surplus of hope)을 증언한다. 이 희망은 "생명으로 초대하신 하느님의 절대적이고 구원하는 현존"75)에 바탕을 둔다. 말씀과 영으로서 피조물 속에 계신 구원하는 하느님 현존, 예수 그리스도의 화해시키는 죽음, 하느님에 의해 들어 올려지심, 성령을 통한 그리스도와 교회의 소통, 그리스도의 몸이자 세상에 뉘우침과 화해를 전하는 중개자로서의 교회의 실천, 이 모두가 그리스도교 피스빌딩을 위한 신학의 원천이다. 거꾸로 그리스도교 피스빌딩은 그리스도교 신앙의 진리와 구원에 대한 희망의 신뢰성을 증거 하는 일이기도 하다.

(번역 정승아)

1) 교황 요한 바오로 2세, "Letter to Women," *Origins* 25, 9항(1995), 3항.

2) 위 서한.

3) 케이힐은 새로운 개정 표준판(New Revised Standard Version)을 따랐다고 밝혔다.

4) 윌리엄 슬로운 커핀(William Sloane Coffin)이 톰 애쉬브룩(Tom Ashbrook)과 나눈 라디오 인터뷰, "On Point," WBUR, NPR Boston, September 11, 2002, re-broadcast April, 2006, Good Friday and the week of Coffin's death.

5) 에드바르트 스켈레벡스(Edward Schillebeeckx)는 '부정적인 대조 경험'이라는 범주를 동원하여, "선과 아름다움 그리고 의미의 파편들은 악과 증오에 의해, 고통에 의해, 노골적으로든 미약하게든 권력과 공포의 오용에 의해 끊임없이 부정되고 뭉개진다. 우리 세계의 특징이 기도 한 이런 모순은 악과 선의 균형 맞추기처럼 보일 정도다."라고 설명한다. 에드바르트 스켈레벡스, *Church: The Human Story of God* (New York: Crossroad, 1993), 5.

6) 윌리엄 메이(William E. May), "Sin," in *The New Dictionary of Theology*, 조셉 커먼책, 매리 콜린스와 덜모트 레인(Joseph A. Komonchak, Mary Collins, and Dermot A Lane) 편, (Wilmington, DE: Michael Glazier, 1987), 954, 967. 참조.

7) 악과 '악의 문제'에 관한 그리스도교의 해석에 대해서는, 테렌스 틸리(Terrence W. Tilley), "Evil, Problem of," in *The New Dictionary of Theology*, 360-63; 졸리벳과 휘트니(R. Jolivet and B. Whitney), "Evil," in *The New Catholic Encyclopedia*, vol. 5 2nd ed.(Detroit: Gale, 2003), 497-91, 참조. 또 메릴린 멕코드 애담스(Marilyn McCord Adams), "Evil, problem of," in *Routledge Encyclopedia of Philosophy*, 에드워드 크레이그(Edward Craig) 편 (London: Routledge, 1998) 참조. '문제'의 요지는, 성경의 상징이 다원적이어서 어떤 하나의 적절한 설명은 없다는 것이다.

8) 몇 가지 예를 들면, 펠라기우스(Pelagius)에 맞서서 '원죄' 신학을 처음으로 정립한 아우구스티누스(Augustine)는 원죄가 성적 재생산에서 비롯된다고 믿었다. 라인홀드 니버(Reinhold Neibuhr)는 원죄가 인간의 자유와 인간의 유한성 사이의 긴장 때문에 생긴 것이라는 정신-심리적인 설명을 내놓는다. 타싸 와일리(Tatha Wiley), *Original Sin: Origins, Development, and Contemporary Meanings* (New York: Paulist Press, 2002); 가브리엘 댈리(Gabriel Daly), "Original Sin," in *The New Dictionary of Theology*, 727-31, 참조.

9) 가브리엘 댈리, "Original Sin," 729-30.

10) 가브리엘 댈리, "Original Sin," 729.

11) 라이트(N.T. Wright), *Evil and the Justice of God* (Downers Grove, IL: Inter Varsity Press, 2006) 참조. 라이트는 성경 속의 하느님은 악에 대해 철학적인 해결책을 주시는 게 아니라, 악의 상황을 바로잡을 대응 조치를 마련해 주신다고 주장한다. 이 책의 한국어 번역본은 『악의 문제와 하나님의 정의』, 톰 라이트, 노종문 옮김, (IVP, 2008).

12) 클라우스 웨스터만(Claus Westermann), *Creation*, trans. John J. Scullion, SJ (Philadelphia: Fortress Press, 1974); Genesis, trans. Davis E. Green (Edinburgh: T&T Clark, 1995, originally published in the United States by Eerdmans, 1987); 에드워드 커티스(Edward M. Curtis, "Image of God (OT)," *Anchor Bible Dictionary III*, ed. David Noel Freedman (New York: Doubleday, 1992), 390.

13) 클라우스 웨스터만(Claus Westermann), *Creation*, trans. John J. Scullion, SJ

(Philadelphia: Fortress Press, 1974); *Genesis*, trans. Davis E. Green (Edinburgh: T&T Clark, 1995, originally published in the United States by Eerdmans, 1987); 에드워드 커티스(Edward M. Curtis, "Image of God (OT)," *Anchor Bible Dictionary III*, ed. David Noel Freedman (New York: Doubleday, 1992), 390.

14) 리처드 클리포드(Richard Clifford, SJ), "Hebrew Scriptures and the Theology of Creation," *Theological Studies* 46 (1985), 519.

15) 엘리자베스 존슨(Elizabeth Johnson), *She Who Is: The Mystery of God in Feminist Theological Discourse* (New York: Crossroad, 1992); 엘리자베스 쉬슬러 피오렌자(Elizabeth Schuessler Fiorenza), *Jesus: Miriam's Child, Sophia's prophet* (New York: Continuum, 1995) 참조. 이 책의 한국어 번역본은 『성경 소피아의 힘 - 여성해방적 성경 해석학』, 엘리자베스 쉬슬러 피오렌자, 김호경 옮김, (다산글방, 2002).

16) 전반적인 논의를 위해서는, 앤 클리포드(Anne M. Clifford), "Creation," in *Systematic Theology: Roman Catholic Perspective*, *Volume I*, 프란시스 쉬슬러 피오렌자와 존 갤빈(Francis Schuessler Fiorenza and John P. Galvin) 편 (Minneapolis: Fortress Press, 1991), 195-248 참조.

17) 마이클 배틀(Michael J. Battle), *Reconciliation: The Ubuntu Theology of Desmond Tutu* (Philadelphia: Pilgrim Press, 1997) 참조.

18) 마일라 레구로(Myla Leguro), "The Many Dimentions of Catholic Peacebuilding," 가톨릭 피스빌딩의 미래와 관한 컨퍼런스의 패널 발표문(Notre Dame, Indiana, April 13-15, 2008)으로, 웹사이트 the cpn.nd.edu 에서 열람 가능.

19) 이 모델들은 성경 안에서 끊임없이 의미 있는 상호작용을 하며 공존하지만, 온전히 일관되고 논리적인 방식으로 체계적으로 조화될 수 없으며 그렇다고 어느 것 하나도 버릴 수 없다. 이 지면에서는 개별적으로 길게 다루지 않는다. 이런 모델이나 메타포에 대한 성경의 출처에 관해서는, 모어나 후커(Morna D. Hooker), *Not Ashamed of the Gospel: New Testament Interpretations of the Death of Christ* (Grand Rapids, MI: Eerdmans, 1995); 마이클 윈터(Michael Winter), *The Atonement* (Collegeville, MN: Liturgical Press, 1995); 윌리엄 플레이쳐(William C. Placher), *Jesus the Savior: The Meaning of Jesus Christ for Christian Faith* (Louisville, KY: Westminster John Knox Press, 2001); 스티븐 핀런(Stephen Finlan), *Problems with Atonement* (Collegeville, MN: Liturgical Press, 1995); 피터 슈미첸(Peter Schmiechen), *Saving Power: Theories of Atonement and Forms of the Church* (Grand Rapids, MI: Eerdmans, 2005) 등 참조.

20) 제라드 슬로얀(Gerard S. Sloyan), *Why Jesus Died* (Minneapolis: Fortress Press, 2004), 95.

21) 슬로얀, *Why Jesus Died*, 63-100; 핀런, *Problems with Atonement*, 11-29.

22) 로버트 슈라이터(Robert J. Schreiter), *In Water and in Blood: A Spirituality of Solidarity and Hope*, rev. ed. (Maryknoll, NY: Orbis Books, 2006), 64-68.

23) 이에 관한 예시는 로마 5장; 갈라 8,4; 1테살 2,10; 2코린 5,14; 갈라 2,20, 3,13 참조.

24) 슈미첸, *Saving Power*, 55.

25) 데니 위버(J. Denny Weaver), *The Nonviolent Atonement* (Grand Rapids, MI: Eerdmans, 2001), 1619; 핀런, *Problems with Atonement*, 71-74 참조.

26) 조앤 칼슨 브라운과 캐롤 본(Joanne Carlson Brown and Carole R. Bohn) 편, *Christianity, Patriarchy, and Abuse: A Feminist Critique* (Cleveland: Pilgrim Press, 1989); 위버, *The Nonviolent Atonement* 도 참조.

27) 혼 소브리노(Jon Sobrino), *Christ the Liberator*, trans. Paul Burns (Maryknoll, NY: Orbis Books, 2001). 이 책의 한국어 번역본은 혼 소브리노(김근수 역), 『해방자 예수 : 해방신학으로 본 역사의 예수』, 서울: 메디치, 2015.

28) 위 책, 48.

29) 이 부분은 로버트 슈라이터의 통찰에 힘입었다. 또한 한스 케슬러(Hans Kessler), *Die theologische Bedeutung des Todes Jesu. Eine traditionsgeschichtliche Untersuchung* (Dsseldorf: Patmos, 1970)를 인용한 지젤라 그룬드게스-안드라오스(Gisela Grundges-Andraos), "Anselm of Canterbury's Satisfaction Theory in Its Cultural Context" (논문), *Catholic Theological Union* (May 2007)도 참조.

30) 슈미첸, *Saving Power*, 197-99, 209-12.

31) 위르겐 몰트만(Jürgen Moltmann), *Jesus Christ for Today's World*, trans. Margaret Kohl (Minneapolis: Fortress Press, 1994), 2. 이 책의 한역본은 위르겐 몰트만(이신건 역), 『(오늘 우리에게)그리스도는 누구신가?』, 서울, 대한기독교서회, 2017.

32) 위 책, 23.

33) 후커(Hooker), *Not Ashamed of the Gospel*, 27.

34) 그리스도교 사상 가운데 한 '급진'파는 평화가 모든 그리스도인에게 실천적인 차원에서 구속력을 갖지만, 죄로 물든 사회 전체에 대단한 정치적 영향을 미치지는 못한다고 주장한다. 이 줄기는 16세기의 급진적 종교개혁파로 대표되는데, 특히 메노 시몬스(Menno Simons)와 재세례파(Anabaptists)를 들 수 있다(둘 다 오늘날 메노나이트의 전신). 이처럼 '증언하는' 평화주의 전통의 현대적 계승자로 존 하워드 요더(John Howard Yoder)와 스탠리 하우어워스(Stanley Hauerwas)가 있다. 피스빌딩을 건설적 정치 활동으로 보는 가톨릭 평화주의자로는 존 디어(John Dear)와 마이클 더피(Michael Duffey)가 있다. 침례교 복음주의 신학자 글렌 스타센(Glen Stassen)은 피스빌딩을 향한 중요하고 실천적인 조치를 취하고 또 피스빌딩이 효과를 발휘한 조건과 상황들을 제시하겠다는 일념으로 다양한 신학적, 정치적 목소리들을 종합했다. 이에 관해서는 글렌 스타센, 편, *Just Peacemaking: Ten Practices for Abolishing War*, 2nd ed. (Cleveland: Pilgrim Press, 1998) 이 책의 한국어 번역본은 글렌 H. 스타센(신상길, 김동선 공역), 『평화의 일꾼』 (서울, 한국장로교출판사, 2003) 참조. 그 밖의 교회 일치 관련 저작집에는 말린 밀러와 바바라 넬슨 깅어리치(Marlin Millerand Barbara Nelson Gingerich), *The Church's Peace Witness* (Grand Rapids, MI: Eerdmans, 1994); 제라드 파워즈, 드류 크리스천슨과 로버트 헤네마이어(Gerard F. Powers, Drew Christiansen and Robert T. Hennemeyer) 편, *Peacemaking: Moral and Policy Challenges for a New World* (Washington DC: United States Catholic Conference, 1994); 레이먼드 헬믹과 로드니 피터슨(Raymond G. Helmick and Rodney L. Petersen) 편, *Forgiveness and Reconciliation: Religion, Public Policy and Conflict Transformation* (Philadelphia: Templeton Foundation Press, 2002); 윌리엄 볼, 드류 크리스천슨과 로버트 헤네마이어(William Bole, Drew Christiansen and Robert

T. Hennemeyer) 편, *Forgiveness in International Politics: An Alternative Road to Peace* (Washington DC: USCCB, 2004) 등이 있다.

35) 피에트 슈넨베르크(Piet J.A.M. Schoonenberg), "Spirit Christology and Logos Christology," *Bijdragen* 38 (1977), 350-75; 제임스 던(James D. G. Dunn), *Christology in the Making: A New Testament Inquiry into the Origins of the Doctrine of the Incarnation*, 2nd ed. (Grand Rapids, MI: Eerdmans, 1996) 참조.

36) 앤소니 메러디스(Anthony Meredith), *The Cappadocians* (Crestwood, NY: St. Vladimir's Seminary Press, 2000), 47-49 참조.

37) 루이스 아이레스(Lewis Ayres), *Nicaea and Its Legacy: An Approach to Fourth Century Trinitarian Theology* (Oxford: Oxford University Press, 2004), 304-12.

38) 아이레스(Ayres), Nicaea, 305. 이 주제들은 나지안주스의 그레고리오의 '신화(divinization)' 또는 신성시(theosis)에 관한 기술에서 찾아 볼 수 있다. 메러디스, Cappadocians, 48 참조.

39) 브루스 롱게네커(Bruce W. Longenecker), "Rome's Victory and God's Honour: The Jerusalem Temple and the Spirit of God in Lukan Theodicy," *The Holy Spirit and Christian Origins: Essays in Honor of James D. G. Dunn*, 그레이엄 스탠슨, 브루스 롱게네커와 스티븐 바턴(Graham N. Stanton, Bruce W. Longenecker and Stephen C. Barton) 편 (Grand Rapids, MI: Eerdmans, 2004), 100-101.

40) 고든 피(Gordon D. Fee), *Paul, The Spirit, and the People of God* (Peabody, MA: Hendrickson, 1996), 7. 이와 같이 그리스도께 동참하고 하나 되는 다양한 방법에 관해서는, 에페 2,16; 1코린 10,16-17; 11,29; 12,12-26 참조.

41) 브래드포드 힌즈(Bradford E. Hinze), "Releasing the Power of the Spirit in a Trinitarian Ecclesiology," in *Advents of the Spirit: An Introduction to the Current Study of Pneumatology*, 브래드포드 힌즈와 라일 댑니(Bradford E. Hinze and D. Lyle Dabney) 편, (Milwaukee, WI: Marquette University Press, 2001), 347-81; 매리 엘스번드(Mary Elsbernd), "Toward a Theology of Spirit That Builds Up the Just Community", in *The Spirit in the Church and the World*, College Theology Society Annual Volume 49, 2003, 브래드포드 힌즈 편 (Maryknoll, NY: Orbis Books, 2004), 152-56 참조.

42) 캐서린 모우리 라쿠냐(Catherine Mowry LaCugna), *God for Us: The Trinity and Christian Life* (San Francisco: HarperCollins, 1991). 이 책의 한국어 번역본은 『우리를 위한 하나님 - 삼위일체와 그리스도인의 삶』, 캐서린 모리 라쿠나, 이세형 옮김 (대한기독교서회, 2008. 2021년 현재 절판)

43) 이것이 Nicaea에서 이루어진 루이스 아이레스 논의의 핵심이다.

44) 이에 도움이 되는 동시대 가톨릭과 개신교의 역사적 관점에 관한 논의는 스탠리 그렌츠(Stanley Grenz), *Rediscovering the Triune God: The Trinity in Contemporary Theology* (Minneapolis: Fortress Press, 2004)에 잘 드러나 있다.

45) 칼 라너(Karl Rahner), *The Trinity, trans. Joseph Donceel* (New York: Herder and Herder, 1970), 21-23, 99-103 참조.

46) 레오나르도 보프(Leonardo Boff), *Holy Trinity, Perfect Community*, trans. Philip

Berryman (Maryknoll, NY: Orbis Books, 2000), 3. 이 책의 한국어 번역본은 레오나르도 보프(김영선, 김옥주 역), 『성삼위일체 공동체』, 크리스천헤럴드, 2011.

47) 캐서린 모우리 라쿠냐, "God in Communion with Us," in *Freeing Theology: The Essentials of Theology in Feminist Perspective*, 캐서린 모우리 라쿠냐 편 (New York: HarperCollins, 1993), 106.

48) 위 책, 108.

49) 보프, *Holy Trinity*, 115. 또한 Leonardo Boff, *Trinity and Society*, trans. Paul Burns (Maryknoll, NY: Orbis Books, 1988), 이 책의 한국어 번역본, 레오나르도 보프(이세형 역), 『삼위일체와 사회』(서울, 대한기독교서회, 2011)도 참조.

50) 위 책, 114.

51) 위 책, 64, 110-11.

52) 위 책, 64.

53) 제라드 파워즈(Gerard Powers), "Colombia Is 'School of Peacebuilding', Catholic Church Leaders and Specialists Told at International Gathering in Bogota," CPN press release, Kroc Institute, University of Notre Dame, July 12, 2007에서 인용함.

54) 슈미첸, *Saving Power*, 82. 로마서 6장도 참조.

55) 1코린 5-7장; 10,14-23; 11,17-33; 12-13장; 16,1-4; 콜로 3,8-16.

56) 로버트 슈라이터, The Ministry of Reconciliation: Spirituality and Strategies (Maryknoll, NY: Orbis Books, 1998), 13-19. 이 책의 한국어 번역본은 로버트 J. 슈라이터(임상필 역), 『화해의 사역』, 한국장로교출판사, 2004.

57) 슈라이터, *In Water and in Blood*, 78.

58) 로버트 슈라이터, *The New Catholicity: Theology between the Global and the Local* (Maryknoll, NY: Orbis Books, 2004), 14-21.

59) 스콧 애플비(Scott Appleby), *The Ambivalence of the Sacred: Religion, Violence, and Reconciliation* (Lanham, MD: Rowman and Littlefield, 2000).

60) 로버트 슈라이터, *Reconciliation: Mission and Ministry in a Changing Social Order* (Maryknoll, NY: Orbis Books, 1997), 61.

61) 존 드 그루쉬(John W. de Gruchy), *Reconciliation: Restoring Justice* (Minneapolis: Fortress Press, 2002). 드 그루쉬는 자신의 견해를 안셀모의 견해와 동일시하지 않는다. 그는 안셀모가 구원을 "하느님 아버지의 분노를 달랠 수 있는가 여부에 달린 문제"(60)로 만든다고 해석한다. 하지만 필자는 드 그루쉬의 구조적 이론이 '새롭게 수정된(rehabilitated)' 안셀모 신학과 일관된다고 본다.

62) 위 책, 108-9.

63) 위 책, 111.

64) 위 책, 95.

65) 위 책, 75.

66) 더글러스 존 홀(Douglas John Hall), *The Cross in Our Context: Jesus and the Suffering World* (Minneapolis: Fortress Press, 2003), 195, 196.

67) 희망이라는 신학적 덕목에 관해서는 토마스 아퀴나스(Thomas Aquinas), *Summa Theologiae*, II-II. Q 17-22. 이 책의 한국어 번역본은 토마스 아퀴나스(이상섭 17권, 이재룡 18권, 김정국, 정념 19권 역), 『신학대전』, 17-19권 (서울, 바오로딸, 2019, 19권은 근간); 로마누스 체사리오(Romanus Cessario, OP), "The Theological Virtue of Hope", *The Ethics of Aquinas*, ed. Stephen J. Pope (Washington DC: Georgetown University Press, 2002), 232-43 참조.

68) 펠릭스 윌프레드(Felix Wilfred), *Asian Dreams and Christian Hope*, 2nd ed. (Delhi: ISPCK, 2003), 44.

69) 엘리아스 오몬디 오퐁고(Elias Omondi Opongo, SJ), "Cultivating a Spirituality of Peace-building in Hopeless Situations: Interview with Gustavo Gutirrez." in *Making Choices for Peace: Aid Agencies in Field Diplomacy* (Nairobi, Kenya: Paulines Publications Africa, 2006), 176-77.

70) 티모시 래드클리프(Timothy Radcliffe, OP), "Rejuvenate!," in *Take Heart: Catholic Writers on Hope in Our Time*, 벤 번바움(Ben Birnbaum) 편, (New York: Crossroad, 2007), 162, 159.

71) 이 강연은 몬시뇰 헥토르 파비오 헤나오 가비리아(Msgr. Hctor Fabio Henao Gaviria), "Lecciones aprendidas en la construccion de la paz en Colombia," in *Paz: Creando un clima de reconciliacion: escenarios para la verdad, la justicia y la paz*, 사라 꼰수엘로 모라(Sara Consuelo Mora) 편 (Bogota: Secretario Nacional de Pastoral Social/Caritas Colombia, Catholic Relief Services, and Catholic Peacebuilding Network, University of Notre Dame, 2007), 33-51로 출판되었다.

72) 위 책, 48.

73) 마우리시오 가르시아 듀런(Mauricio Garcia Duràn, SJ), "Colombia: Challenges and Dilemmas in the Search for Peace" (London: Conciliation Resources, 2004), 5.

74) 존 폴 레더락(John Paul Lederach), *The Moral Imagination: The Art and Soul of Building Peace* (Oxford: Oxford University Press, 2005), 16263, 173. 이 책의 한국어 번역본은 존 폴 레더락(김가연 역), 『도덕적 상상력』 (파주, 글항아리, 2016).

75) 스켈레벡스, Church, 99.

12장 피스빌딩과 화해

- 종교간 대화와 가톨릭 영성

피터 판(Peter C. Phan)

조지타운대학 가톨릭 사회사상 엘라쿠리아 회장. 베트남 출신으로 1975년에 미국에 난민으로 이주한 그는 미국 가톨릭신학회 회장을 역임한 최초의 비백인(non-Anglo)이다. 주요 연구 주제는 애국 신학, 아시아 선교사, 해방, 교화, 그리고 종교간 대화 등이다.

조직과 국가 사이에 벌어진 폭력 갈등의 뿌리는 언제나 여러 가지였고, 이런 갈등은 늘 정치, 경제, 군사적 이익과 종교적 정당성으로부터 동력을 얻었다. 전적으로 세속성을 띤 배경에서 특정 전쟁이 일어났다 하더라도, 양측 지도자가 신의 이름을 들먹이며 전쟁을 정당화하고 심지어는 축복까지 하는 데는 그리 오랜 시간이 걸리지 않을 것이다. 전쟁과 폭력에 내포된 악의 복합성은 비단 특정 종교에 국한되지 않는다. 이런 관점에서 그 어떤 종교도 완전무결하지 않으며, 종교가 폭력을 최소한 용납하거나 촉진하는 역할을 한다는 사실을 진실되고 겸손하게 인정해야만 한다. 피스빌딩에 관여하고 있는 사람들이라면 특히 그래야 한다. 더욱이, 지금까지 명백히 종교적 동기를 지니고 일어난 전쟁과 공동체의 폭력 행위가 있었고, 특히 대립하는 양측이 오랜 종교 갈등의 역사가 있으며, 한쪽이 다른 한쪽에게 박해와 차별을 받은 피해자라고 여기고 있다면 더욱 그렇다.

현재와 같은 정치 상황에서 종교 폭력이라는 주제로 대화가 흐를 때마다, 아메리카 대륙 사람들은 본능적으로 오사마 빈 라덴(Osama bin Laden), 무슬림 근본주의자('이슬람계 파시스트Islamofascists'라고 비난받는 사람들)와 그들의 지하드(jihad – '성전聖戰')와 자살폭탄 테러, 또는 그들이 스스로를 칭하는 용어인 '자발적 순교자'를 떠올린다.1) 하지만 폭력과 전쟁이 무슬림만의 것이 아니라는 사실을 기억해야 한다. 근현대 국제 정치를 보면 폭력과 전쟁 행위는 모든 종교 신자들이 범했으며, 각자의 종교 세계관으로 정당화해 왔다. 나이지리아와 필리핀의 무슬림과 그리스도인, 세르비아 정교회, 크로아티아의 가톨릭 신자, 과거 유고슬라비아 내 보스니안 이슬람 신자, 힌두교 신자와 이슬람 신자, 인도의 시아파와 힌두교 신자, 스리랑카의 불교 신자와 힌두교 신자, 태국의 불교 신자와 이슬람 신자, 북아일랜드의 개신교 신자와 가톨릭 신자 사이의 관계를 떠올려 볼 수 있다.2) 미국에서는 낙태 클리닉과 낙태를 시술한 의사에게 가해진 폭력 행위가 미카엘 브레이 목사와 폴 힐 목사가 주창한 '그리스도인 원칙'으로 정당화되었고, 에릭 로버트 루돌프가 범한 폭력 행위는 동성애에 반대했다는 이유로 정당화되었으며, 티모시 맥베이와 여러 민병대의 폭력 행위는 연방 정부에 맞서 미국을 '그리스도교' 국가로 만들고자 했다는 이유로 정당화되었다.3)

그리스도인이 관련된 폭력과 전쟁으로 악명 높은 대표적인 사례로는 반유대주의, 십자군 전쟁, 종교재판, 30년 전쟁, 홀로코스트 등이 있다. 십자군 전쟁과 관련해서는 특히 교황과 그리스도인 영주들이 이를 공식적으로 '성전'이라 부르고 재정 지원을 했다는 사실을 떠올려 볼 수 있다. 십자군 전쟁에 앞서 군인들은 정당한 이유 때문이었다고 하더라도 살인에 대해 참회해야 했지만, 십자군 전쟁에서의 무슬림 학살은 (교황 우르바노 2세가 1095년 프랑스 끌레르몽에서 펼친 열띤 강론에서 무슬림은 '하느님으로부터 완전히 버려진, 저주받은 민족'4)이라고 비난한) 면죄부가 주어진 참회 행위로 간주되었다.

종교의 이름으로 행해진 오랜 폭력의 역사를 고려한다면, 종교간 대화가 화해와 피스빌딩의 방법이라고 제시되는 것은 역설로 보일 수도 있다. 하지만 전쟁과 폭력을 촉진시키는 데 사용된 부정할 수 없는 잘못이 있다 해도, 종교는 의심의 여지 없이, 실제로 그래왔듯이, 정의와 평화를 위한 엄청난 영향력을 지닐 수 있다. 피스빌딩과 화해를 말할 때, 다양한 종류의 신앙과 종교 기관은 정의롭고 평화로운 사회를 세우기 위해 결집해 왔으며, 무력 분쟁이 발생한 곳에서 전쟁 중인 당사자 사이의 화해를 중재하고 조화와 평화를 복원하는 중요한 역할을 맡아 왔다.5) 한스 큉(Hans Küng)이 종종 인용하던 문장에 어느 정도의 진리가 있다. "종교 사이의 평화 없이 세계 평화는 있을 수 없다. 종교간 대화 없이 종교 사이의 평화는 있을 수 없다. 종교의 바탕에 대한 탐구 없이 종교간 대화는 있을 수 없다(No peace among nations without peace among the religions. No peace among the religions without dialogue between the religions. No dialogue between the religions without investigation of the foundation of the religions)."6) 결론적으로, 평화 활동가는 피스빌딩과 화해를 위한 자신의 전략과 전술에 신앙과 종교적 이상을 융합시키는 일을 망설여서는 안 된다.

최근 수십 년간, 특히 교황 요한 바오로 2세 시대에, 피스빌딩과 화해는 가톨릭교회에서 그리스도인 사명의 필수 구성 요소로 이해되어 왔고, 따라서 피스빌딩과 화해에 종교적 근거가 부여되었다.7) 더 나아가 교황과 주교단, 풀뿌리 평화만들기(peacemaking) 조직 모두 다른 그리스도교인과의 협력(교회 일치를 위한 대화)뿐만 아니라, 다른 종교 신자들과 함께 협력하여(종교간 대화) 신앙에 바탕을 둔 이런 임무를 수행해야 한다는 요구가 이어지고 있다.

하지만 피스빌딩과 화해를 위한 종교간 대화의 타당성을 이해하기 위해서는 종교간 대화가 이루어지는 모든 형태를 고려할 필요가 있다. 서양에서 특히 학계에서, *대화(dialogue)*라는 어휘를 접하면 대체로 여유로운 대화나 학자들이 친근하게 생각을 주고받는 장면이 연상된다. 특히 새로운 아이디어와 연구 결과를 자세히 설명하고 질문이 오가는 대학이나 학회, 심포지엄처럼, 상호 존중과 진리를 향한 진실된 탐구가 이루어지는 분위기가 떠오른다. 학자 사이에 주고받는 이런 대화 이미지를 종교간 또는 종파간 대화로 옮겨놓을 수 있다. 학자의 자리에 종교 문제를 다루는 신학자, 전문가 또는 랍비, 주교, 사제, 수도승, 수녀, 이맘, 물라 같은 종교인을 대입하면 된다. 말할 필요도 없이, 이런 지적 교류는 평화만들기와 화해에 필요하고 유용하다. 왜냐하면, 종교 차원의 갈등은 다른 종교의 가르침과 관례에 대한 무지와 오해로부터 나오는 경우가 더 많기 때문이다.

이런 대화의 필요성을 가장 분명하게 주장하며 인정한 곳이 바로 지역 주교회의인 아시아 주교회의 연합회(Federation of Asian

Bishop's Conferences, 약칭 FABC)다. FABC는 1970년 교황 바오로 6세의 필리핀 마닐라 방문을 계기로 만들어졌다. FABC에게 종교간 대화는 지적 교류를 넘어 더 멀리 나아간다. 교황청 인류복음화성과 종교간대화평의회가 내놓은 공동 문헌에서 힌트를 얻어, FABC는 종교간 대화가 아래와 같은 사중 활동으로 이루어진다고 주장한다.

1) *삶의 대화(dialogue of life)* 를 통해 사람들은 개방적이고 이웃을 생각하는 정신으로 살고자 애쓰며 자신의 기쁨과 슬픔, 인간적 문제와 고민을 공유한다.
2) *활동의 대화(dialogue of action)* 를 통해 그리스도인과 다른 사람들은 인간의 통합적 발전과 자유를 위해 협력한다.
3) *신학적 교류의 대화(dialogue of theological exchange)* 를 통해 전문가는 자신의 종교 유산에 대한 이해를 심화하고, 서로의 종교 유산이 지닌 영적 가치를 높이 평가한다.
4) *종교 체험의 대화(dialogue of religious experience)* 를 통해 자기 종교 전통에 뿌리를 내린 사람이 자신의 영적 풍요로움을 나눈다. 기도와 명상을 예로 들자면, 신앙과 하느님이나 절대자를 찾는 방법을 공유한다.8)

FABC에 따르면, 평화만들기와 화해에 '신학적 교류의 대화'의 필요성과 유용성을 부정할 수 없지만, 신학 교류 대화보다 다른 세 유형의 대화가 평화만들기와 화해를 위해 훨씬 더 효과적이었다고 말한다. "자신의 기쁨과 슬픔, 인간적 문제와 고민을 공유하며, 개방적이고 이웃을 생각하는 정신을 지니고" 생활하기('삶의 대화'), "인간의 통합적 인간 발전과 자유를 위해" 그리스도인과 다른 사람들이 협력하기('활동의 대화'), 무엇보다 가장 도전적이지만 가장 큰 변화를 이룩하는, "기도와 명상, 신앙과 하느님이나 절대자를 찾는 방법으로" 자신의 영적 풍요로움을 공유하기('종교 체험의 대화')라는 이 3가지 활동은 평화만들기와 화해를 향한 준비 단계에 해당할 뿐만 아니라, 평화만들기의 화해 과정 그 자체의 **필수 구성 요소**이다. 화해는 함께 살고, 함께 일하고, 함께 기도하는 활동 안에서 이루어지기 때문이다.

 이런 형태의 대화는 교육 수준, 사회적 위치, 종교 내 지위와 무관하게 모든 사람에게 열려 있으며, 신학적 교류 대화의 일부분인 엘리트주의와 지성주의를 타파한다는 장점을 지닌다. 더 나아가 이런 대화만으로도 편견과 선입견을 바로잡고 뿌리 깊은 혐오를 지우며, 고대로부터 이어온 상처를 치유하고 새로운 삶의 방식을 구축할 수 있다. 일상의 소통과 나눔, 정의를 위한 풀뿌리 활동, 무엇보다도 공동체의 절대자나 신에 대한 공통적 경험을 촉진하기 때문이다. 오로지 그렇게 함으로써 피해자와 가해자 양측이 화해로 나아가는 모든 필요한 단계인 협상과 갈등 해결, 배상을 뛰어넘어, 가해자는 자신이 저지른 악행에 대해 진정한 슬픔을 느끼는 은총을 발견하고 책임감을 인정하며 용서를 구하고, 피해자는 자신의 권리를 되찾고 인간 존엄성을 회복하는 차원을 넘어 진심으로 용서할 수 있도록 힘을 받을 수 있는, 새로운 차원의 삶으로 나아갈 방법을 배울 수 있다.

 이 장은 가톨릭과 다른 종교 사이의 대화가 어떻게 피스빌딩과 화해에 기여할 수 있는지에 주목한다. 특히 교황 요한 바오로 2세의 문헌에 관심을 기울이며, 종교간 대화 그리고 평화만들기와 화해를 위한 종교간 대화의 역할에 관한 공식 가톨릭 가르침에 대해 성찰하는 것으로 시작한다.[9] 다음으로 특히 필리핀, 스리랑카, 인도네시아에서 아시아 가톨릭 신자들의 종교간 활동을 참고하여, 종교간 대화 맥락에서 피스빌딩과 화해를 위한 다양한 활동과 전략에 대해 논의한다. 마지막으로 평화와 화해를 위한 풀뿌리 차원에서의 종교간 활동에 비추어, 피스빌딩에 관한 가톨릭 신학, 그리고 평화, 정의, 화해를 이루기 위한 종교간 대화에서의 가톨릭 실천에 대한 몇 가지 통찰을 제시해 보겠다.

종교간 대화에 관한 가톨릭 신학

교황 요한 바오로 2세가 다른 여러 종교와 나눈 대화

제2차 바티칸 공의회에서 종교간 대화가 공식적으로 인정되고 강력하게 격려받았다는 것은 이제 널리 알려진 사실이다. 다음은 제2차 바티칸 공의회의 많은 문헌 가운데 아마도 가장 많이 인용된 구절이다.

> 가톨릭교회는 이들 종교에서 발견되는 옳고 거룩한 것은 아무것도 배척하지 않는다. 그들의 생활양식과 행동 방식뿐 아니라 그 계율과 교리도 진심으로 존중한다. 그것이 비록 가톨릭교회에서 주장하고 가르치는 것과는 여러 가지로 다르더라도, 모든 사람을 비추는 참진리의 빛을 반영하는 일도 드물지는 않다. 그러나 교회는 그리스도를 선포하며 또 끊임없이 선포하여야 한다. 그리스도께서는 "길이요 진리요 생명이시며"(요한 14,6) 그분 안에서 모든 사람은 풍요로운 종교 생활을 한다. 하느님께서는 그리스도 안에서 모든 사람을 당신과 화해시키셨다.(2코린 5,18-19)

그러므로 교회는 지혜와 사랑으로 다른 종교의 신봉자들과 대화하고 협력하면서 그리스도교 신앙과 생활을 증언하는 한편, 다른 종교인들의 정신적 도덕적 자산과 사회 문화적 가치를 인정하고 보호하며 증진하도록 모든 자녀에게 권고한다.10)

교황 중에서도 교황 요한 바오로 2세야말로 종교간 대화의 옹호자, 주창자, 실천가였다.11) 교황 요한 바오로 2세는 대화에 관한 신학적으로 중요한 진술을 통해서만이 아니라 다른 종교에 대한 이해와 존중이 담긴 풍부한 상징적 제스처를 통해 종교간 대화를 촉진했다. 특히 희곡과 연극을 포함한 문학에 열정적이었던 교황은 상징적 제스처의 힘에 대한 정확한 감각을 지니고 있었다. 교황이 27년의 재위 기간 동안 종교간 일치를 위해 헌신해 온 크고 작은 활동 모두를 되짚는 건 불가능할 뿐만 아니라 바람직하지도 않다. 몇 가지만 언급한다.

종교간 대화와 관련하여, 가장 대표적인 모임은 1986년 10월 27일 이탈리아 아씨시에서 열린 '세계 평화를 위한 기도의 날(the World Day of Prayer for Peace)'과 2002년 1월 24일에 열린 후속 모임이다. 교황 요한 23세가 교회일치위원회를 소집하겠다는 결정을 내렸을 때 강력한 반발이 있었던 것처럼, 교황 요한 바오로 2세가 1986년 1월 25일 가톨릭이 아닌 다른 그리스도인과 비그리스도인 종교지도자까지 아씨시로 초대해 평화를 위한 기도를 하겠다는 뜻을 밝혔을 때, 교황청의 고위 성직자들은 깜짝 놀랐다. 위험한 종교혼합주의의 경계에 있다는 비난이 뒤따랐다. 아씨시 모임의 목적은 종교 지도자들이 '함께 기도하는 것(pray together)'이 아니라 (그렇다면 종교혼합주의가 되므로), '기도하기 위해 함께하는 것(be together to pray)'이라고 설명하는 일은 당시 교황청 정의평화위원회 서기였던 호르헤 메히아(Jorge Mejia) 주교에게 맡겨졌다. 아씨시에 모인 종교 지도자에게 교황은 모임의 목적을 다음과 같이 천명했다.

> 우리가 여기 모여 있다는 사실은 우리 사이에 종교적 일치를 추구하거나 각 신앙이 지닌 신념을 타협하려는 의도를 담고 있지 않습니다. 각 신앙의 신념을 초월하여 어떤 세속적 과업에 공통으로 참여한다고 해서 모든 종교가 화해할 수 있다는 의미도 아닙니다. 또 모든 인간은 진리를 추구하고 따를 의도를 가지고 자신의 올곧은 양심에 성실하게 따라야 하기 때문에, 종교적인 믿음에서 상대주의에 굴복하자는 의미도 아닙니다.
>
>   우리의 만남은, 이것이야말로 우리 시대 모든 사람에게 진정한 의미를 갖는데, 평화를 위한 위대한 싸움에서, 엄청나게 다양한 인류가 각자의 양심이 형성되는 가장 심오하고도 가장 생생한 원천으로부터 인도되어야 하고, 그 원천에 모든 사람의 도덕적 행위가 기초해야 한다는 사실을 증명할 뿐입니다.12)

이런 포괄적인 설명에도 불구하고, 고위 추기경들은 10월 아씨시 모임을 계속 문제 삼았다. 그들의 우려를 불식시키기 위해 교황은 같은 해 12월 22일 교황청 연설에서 장문의 변론을 했다.13) 하지만 교황의 사과도 그들의 반대를 진정시키지 못했다. 교황은 이런 후속 변론에 대한 추기경들의 저항에 맞서 싸워야 했다. 교황은 산테지디오 공동체14)의 사제인 빈센초 파글리아 몬시뇰(Vincenzo Paglia)에게 향후 평화 기도회 모임을 맡기며, "빈센초 신부님, 오늘 저는 당신을 위해 싸웠습니다 … 그리고 우리가 이겼습니다."15)라고 말했다는 이야기가 전해질 정도였다.

비그리스도 종교 가운데 유대교가 교황 요한 바오로 2세의 마음에 가장 가깝게 느껴졌다는 데에는 의심의 여지가 없다.16) 유대교를 향한 교황의 상징적 제스처 가운데 몇 가지는 언급할만하다. 첫 번째는 1985년 4월 13일 로마의 유대교 회당 방문이다. 교황 가운데 처음으로 유대교 회당을 방문한 것이다. 교황은 회당 방문이 단지 사회적이거나 정치적인 행보가 아니라, 분명히 종교적인 행위라고 밝혔다. 방문 목적은 유대인들과 함께 기도하는 것이었다. 1993년 12월 30일, 이스라엘 내 가톨릭교회의 권리 인정과 두 국가 사이의 완전한 외교권을 타결하는 내용의 '로마 교황청-이스라엘 근본 합의'에 대한 서명이 이루어졌다. 2000년 3월, 교황의 예루살렘 성지 방문 역시 또 하나의 위대한 제스처였다. 교황은 예루살렘 성전 서쪽 벽(통곡의 벽)에서 기도하고 야드바셈(홀로코스트 박물관)을 방문했다. 교황 재위 기간 동안 미국 유대인위원회 같은 여러 유대인 조직, 시몬 페레스(Simon Peres) 같은 이스라엘 정치인과 다양한 현지 유대인 단체와도 만났다. 또 다른 강력한 상징적인 제스처는 프랑스로 이주한 폴란드계 유대인의 아들 장 마리 뤼스튀제(Jean-Marie Lustiger)를 파리 추기경으로 임명해 프랑스 교회를 깜짝 놀라게 했다.17)

유대교에 이어 교황의 종교간 대화 영역에 대한 관심은 그리스도교 다음으로 많은 신자 수를 지닌 이슬람교로 향했다. 이슬람교 신자는 13억 명이 넘어(2010년 기준) 가톨릭교회 신자 수를 뛰어넘었다. (당시 추정한 가톨릭 신자 수는 12억 명) 전반적으로 그리스도인이 우세한 그리스도교와 유대교 사이의 관계와는 달리, 그리스도인과 무슬림 사이의 관계는 정치, 군사적 세력이 비슷한 경쟁자 사이의 싸움에 견주어지기도 했다.

교황 요한 바오로 2세와 무슬림과의 관계는 교황의 긴 재위 동안 대개 정치적 사건에 대한 대응으로 그 빈도나 중요성이 커져 갔다. 최초의 의미 깊은 접촉은 모로코 하산 2세 왕의 초대를 받아 1985년 8월 19일 모로코 카사블랑카 경기장에서 8만 명의 무슬림 청년과의 만남이었다. 역사상 처음으로 교황이 무슬림 관중 앞에서 연설을 했다. 이란과 이라크 전쟁 (1980-1988) 기간 동안 교황은 로저 에체가레이 (Roger Etchegaray) 추기경을 테헤란과 바그다드로 파견해 분쟁을 완화하는 데 힘을 보태게 했다. 또 교황은 쿠웨이트를 점령한 사담 후세인에게 1990-1991년 걸프 전쟁에 앞두고, 중동 문제에 비폭력적 해결책을 찾을 것을 반복해서 촉구했다. 마지막으로, 이라크 전쟁에 앞서 전쟁 발발을 예방하기 위해 할 수 있는 모든 수단을 동원했다. 평화를 지향하는 이 모든 활동에서, 교황의 관심은 전쟁의 도덕성과 전쟁이 정치적 사안을 해결하지 못한다는 데 있었을 뿐만 아니라, 전쟁으로 인한 무슬림 공동체의 어마어마한 고통과 파괴에도 있었다.

교회 내에서 교황은 종교간대화평의회 내에 있던 무슬림과의 종교관계위원회(교황청 그리스도인일치촉진평의회 내 유대교와의 종교관계위원회와 매우 유사)를 통해 무슬림과의 우호 관계를 계속해서 발전시켰다. 1995년 레바논 주교 시노드 특별 총회에 수니파 대표 1명, 시아파 대표 1명, 드루즈파 대표 1명으로 구성된 레바논 이슬람 공동체 대표단이 초대되어 총회에서 연설을 했다. 대표단은 교황과 함께하는 식사에도 초대되었다.

무슬림을 향한 모든 연설에서 교황은 그리스도인과 무슬림이 하나이신 하느님에 대한 공통된 믿음을 지니고 있음을 강조했고, 특히 기도와 단식, 자선에 관하여 추종자들에게 수준 높은 윤리적 종교적 행위를 요구하는 이슬람교에 존경을 표했다. 동시에 이슬람 국가 내 그리스도인의 종교와 시민권의 제한, 그리고 아프리카, 중동, 서남·동남아시아 지역 내 폭력적 박해에 대한 우려도 표명했다. 교황은 그리스도인과 무슬림 사이에 신앙이 다르다 하더라도, 평화와 정의를 위해 함께 협동할 것을 반복적으로 촉구했다.

마지막으로 교황이 개인적으로 의미 깊은 경험을 했던 또 하나의 종교는 불교였다. 교황이 불교계와 공식적으로 처음 만난 것은 1986년 아씨시 세계 평화를 위한 기도의 날 모임에서였다. 불교 참가자 중에는 달라이 라마가 있었는데, 교황은 이후에도 달라이 라마와 여러 차례 만났다. 여러 불교 종단과도 만났는데, 특히 일본(선종, 정토불교, 진언종, 일련종 등), 한국, 스리랑카, 태국의 불교 신자도 만났다.[18]

교황 요한 바오로 2세의 종교간 대화의 신학

종교간 대화에서 교황 요한 바오로 2세의 다양하고 수많은 활동의 토대는 그리스도교와 다른 종교 사이의 관계에 대한 제2차 바티칸 공의회의 가르침에 깊이 뿌리를 둔 구원과 종교 신학이다. 제2차 바티칸 공의회가 비그리스도인과 비그리스도교를 대하는 가톨릭교회의 태도에서 분수령이 된 사건이었다는 것은 상식이다. 공의회는 특정 조건을 붙인다면 비그리스도인도 영원한 구원을 받을 수 있다고 확인했다.[19] 비그리스도 종교에 대해 제2차 바티칸 공의회는 가톨릭교회의 선교 활동을 통해 "사람들의 마음과 정신이나 예식이나 관례에 어떤 선한 것이 씨 뿌려지게 된다면, 그들은 파괴로부터 구원될 뿐만 아니라 하느님의 영광, 악마의 혼란, 그리고 인류의 행복을 위해 정화되고 드높여지고 완성될 것"20)이라고 했다.

제2차 바티칸 공의회의 비그리스도교에 대한 완성적인 가르침은 『비(非) 그리스도교와 교회의 관계에 대한 선언(*Nostra Aetate*)』에서 찾아볼 수 있다. 공의회는 공동의 기원이자 목적이신 하느님의 덕에 따라 모든 인류가 일치한다는 내용으로 시작한다. 공의회는 종교를 인간 존재의 의미에 관한 근본적인 질문에 답하려는 다양한 시도로 바라본다. 그런 다음, 원시 종교라고 불리는 것부터 세계 종교인 힌두교, 불교, 이슬람교, 유대교까지 비그리스도교의 다양한 면을 간단하게 설명한다. 이런 맥락에서 공의회는 "가톨릭교회는 이들 종교에서 발견되는 옳고 거룩한 것은 아무것도 배척하지 않는다. 그들의 생활 양식과 행동 방식뿐만 아니라 그 계율과 교리도 진심으로 존중한다. 그것이 비록 가톨릭교회에서 주장하고 가르치는 것과는 여러 가지로 다르더라도, 모든 사람을 비추는 참진리의 빛을 반영하는 일도 드물지는 않다."21)고 선언한다.

비그리스도교와 종교간 대화에 대한 제2차 바티칸 공의회 가르침의 간략한 요약은 동일한 현실에 대한 교황의 신학에 없어서는 안 될 배경이 된다. 사실 교황의 종교와 종교간 대화 신학은 여러 개의 공의회 문헌을 반복적으로 풍요롭게 인용한 것을 보아도 분명히 알 수 있듯이, 제2차 바티칸 공의회에 큰 덕을 보았다. 그 결과 교황의 신학은 제2차 바티칸 공의회의 신학적 개방성을 눈에 띄게 담아낸다. 같은 이유로 그의 신학은 공의회의 가르침에 담겨 있던 몇 가지 애매함도 물려받는다.

교황은 비그리스도인의 구원 가능성과 비그리스도 종교에 진리와 은총 요소가 현존하는지 여부에 대한 제2차 바티칸 공의회 가르침의 재확인하는 것으로 자신의 견해를 제한했으며, 비그리스도 종교가 비그리스도인의 구원에 적극적인 역할을 하는지에 대한 논쟁적인 문제도 해결하지 않았다. 하지만 교황의 담화, 특히 상징적인 제스처는 제2차 바티칸 공의회가 수면 위로 올려놓은 논점의 일부를 더 깊게 생각해 볼 수 있도록 새로운 지평을 열어 주었다. 교황의 종교 신학의 근본에는, 예수님은 특별하고 보편적인 구원자라는 탄탄하면서 자주 되풀이되는 신념이 자리 잡고 있다. 이것이 바로 상대가 그리스도인이든 다른 종교 신자든, 교황이 선교와 종교간 대화에 관한 수많은 회칙과 연설에서 밝힌 *정선율*(cantus firmus, 영어로는 fixed melody 로 바탕이 되는 선율을 말한다. - 역자 주)이다. 교황은 이런 그리스도론적 신앙의 진리를 위험에 빠뜨릴 만한 그 어떤 종교의 신학이나 종교간 대화도 거부했을 것이다.22)

마찬가지의 단호한 태도로, 교황은 예수 그리스도가 온 인류를 위한 유일하고 보편적인 구원자임을 선포하는 것이 가톨릭교회의 사명이라는 신념을 거듭 밝혔다. 복음화와 종교간 대화 사이에 그 어떤 갈등도 없다고 보았고, 반대로 종교간 대화가 복음화의 본질적인 부분이라는 태도를 유지했다. "종교간 대화는 교회의 복음화 사명의 일부분입니다. 서로 더 잘 알고 더 풍요로워지기 위한 방법이자 수단으로 이해한다면 대화는 *만민에게(ad gentes)* 복음을 선포하는 사명의 반대에 위치하지 않습니다. 실제로 대화는 복음화 사명과 특별한 연관성을 지니고 복음화를 표현하는 방법 가운데 하나입니다. … *구원은 그리스도로부터 오며 … 대화는 복음화로부터 제외되지 않습니다.*"23)

비그리스도인의 구원 가능성과 *교회 밖에는 구원이 없다(extra*

ecclesiam nulla salus)는 유명한 문구에 관해 교황은 넓은 의미의 해설을 내놓는다. 구원은 눈에 보이는 교회의 테두리 밖에서도 가능하다는 제2차 바티칸 공의회의 가르침을 재차 확인한다. 하지만 교황은 그 가능성에 다음과 같은 특징이 있다는 걸 강조한다.

> (교회 밖에도 구원이 있을 수 있다는 가능성은) 아무 종교에서나, 심지어 구세주 그리스도와는 별개로 구원을 찾을 수 있다는 태도를 유지하는 사람의 상대론적인 입장을 정당화하지 않습니다. … 오히려 언제나 그리스도를 통해서만 구원이 가능하다는 입장을 유지하며, 그렇기 때문에 가톨릭교회와 교회의 선교사가 모든 시대와 장소, 문화 속에서 그리스도를 알리고 그리스도를 사랑하도록 하는 임무를 수행해야 하는 것입니다. 그리스도 없이는 '구원이 없습니다.'[24]

교황은 진실된 대화, 특히 종교간 대화는 필수 덕목을 갖춘 영신수련으로, 그렇지 못하다면 상대방을 지배하려는 독백으로 떨어질 수 있다는 점을 깊이 확신했다. 대화는 "모든 사람, 모든 단체, 모든 사회를 위해 **무엇이 진리이며 선하고 정의로운지 찾는** 작업을 전제로 하기" 때문에, 제일 먼저 '**열린 마음과 환대하는 마음**'을 필요로 한다. 또 대화에 참여하는 "모든 당사자는 다른 당사자의 **다름**과 **고유의 본성**을 인정"하고, "긴장과 대립과 갈등 상태일지라도 **사람들 간의 공통점이 무엇인지 찾아야**" 하며 "**평화로운 방법에 따라** 무엇이 좋은 것인지" 찾아야 한다.[25]

교황이 다른 종교 신자들과 종교 체험을 나누는 것이 종교간 화합과 세계 평화를 도모하는 최선의 방법이라고 생각했을까? 이 질문에 대한 답변은 제2차 바티칸 공의회를 한 단계 넘어서는 교황의 종교 신학의 측면을 꺼내보게 한다. 바로 이 신학이 교황이 다양한 종교인을 아씨시로 초대해 평화를 위해 기도하기로 한 애초의 의도를 뒷받침한다. 이 기도회 프로젝트는 앞에서도 언급했듯이, 로마 교황청 내에서도 많은 반대 의견을 불러일으켰었다.

1986년 12월 22일 교황이 로마 교황청 구성원 앞에서 한 긴 연설에서, 제2차 바티칸 공의회의 가르침 중 특히 앞서 나온 『인류의 빛』과 『비(非) 그리스도교와 교회의 관계에 대한 선언』의 내용을 호소하며, 가톨릭 신자와 가톨릭이 아닌 그리스도인뿐만 아니라 모든 사람이 평화를 위해 기도하는 일의 중요성을 호소했다. 계속해서 교황은, 모든 사람의 기도를 받아들일 수 있는 이유는, "모든 진정한 기도는 '우리가 올바른 방식으로 기도할 줄 모르므로 … 끊임없이 우리를 위해 간구하시는' 성령의 영향을 받기 때문입니다. 하지만 그 성령께서는 '몸소 말로 다 할 수 없이 탄식하시며', '마음속까지 살펴보시는 분께서는 이런 성령의 생각이 무엇인지 알고'(로마 8, 26-27), 우리를 위해 기도하십니다. 우리는 실제로 모든 진정한 기도가 모든 사람의 마음속에 신비롭게 존재하시는 성령께로부터 우러나온다고 할 수 있습니다."26)라고 말한다.

모든 기도하는 인간의 마음속에 성령이 존재한다는 교황의 확신은 지금까지 비그리스도인의 구원 가능성에 대한 제2차 바티칸 공의회 가르침의 연장선상에서 논란 없이 이어져 오고 있다. 이후 선교에 대한 회칙, 『교회의 선교 사명(Redemptoris Missio)』(1990년 12월 7일) 같은 권위 있는 글에서, 교황은 성령의 존재가 개인에게만 머무는 것이 아니라 다른 종교에도 있다는 그의 믿음으로 확장시킨다.

그러므로 성령께서는 인간의 실존과 종교적 탐구의 근원이시며, 이러한 질문은 우발적인 것이 아니고 인간 존재의 본질적 구조에서 연유하는 것이다.

성령의 현존과 활동은 개인뿐 아니라 사회와 역사와 문화와 종교에도 도달한다. 참으로 성령은 인류의 역사적 순례 중의 모든 고상한 사상과 기획의 원천이시다. … 또 같은 성령께서는 여러 가지 풍속과 문화에 내재하는 '말씀의 씨앗'을 뿌려서 그리스도 안에서 성숙하게 하신다.

이렇게 "불고 싶은 대로 부시고"(요한 3, 8) "그리스도께서 영광을 받으시기 전에 벌써 세상에 작용하셨고"(교회의 선교 활동에 관한 교령, 『만민에게』, 4항), "온 세상에 충만하시며 모든 것을 포괄하시고 사람의 말을 다 아시는"(지혜 1, 7) 성령께서는 우리가 시야를 넓혀 항상 어디서나 현존하시는 그분의 작용을 고려하도록 우리를 재촉하신다.(『생명을 주시는 주님(*Dominum et Vivificantem*)』, 53항 참조) 나는 이 사실을 거듭 상기시켰고 또 이것이 내가 여러 백성들을 만날 때마다 나를 지배하는 생각이었다.27)

모든 사람의 문화와 종교 안에 성령의 존재를 확신하며, 교황 요한 바오로 2세는 예수님의 삶과 죽음과 부활과 강생에 함께 계셨던 성령이 바로 동일한 성령이라는 점을 다음과 같이 반복해서 강하게 주장했다.

그러므로 성령은 그리스도와 양자택일을 해야 할 존재가 아니고 또 그리스도와 말씀 사이에 있으리라고 상상되는 어떤 허공을 메우는 존재도 아니다. 성령께서 사람들의 마음 안에, 문화 안에, 종교 안에 이룩하신 모든 것은 다 복음을 준비하는 것이며(『인류의 빛』 16항), "완전한 인간으로서 만민을 구원하시고 만물을 완성하시기 위하여" 성령의 힘으로 혈육을 취하신 말씀이신 그리스도와 관련되는 것이다.28)

그리스도와 성령의 관계, 그리고 그리스도와 성령이 역사 속에서 수행한 활동 사이의 관계를 어떤 식으로 생각하든, 교황 요한 바오로 2세의 성령론(pneumatology)은 제2차 바티칸 공의회의 가르침과 모순되지 않으면서도 공의회를 뛰어넘어 작지만 의미심장한 단계로 나아갔음을 나타내고, 비그리스도교 종교의 긍정적인 역할을 확신하는 신학적 기초를 제공한다는 사실은 부인할 수 없다. 제2차 바티칸 공의회가 "구세주의 유일한 중개도 피조물들 가운데에서 그 유일한 원천에 참여하는 다양한 협력을 가로막지 않고 오히려 불러일으킨다."29)고 말한 내용을 재확인하는 반면, 언급된 '다양한 협력'은 구원의 역사에서 마리아의 역할을 참고할 수 있다. 제2차 바티칸 공의회를 넘어 한 단계 더 나아가기 위해, 교황 요한 바오로 2세는 *비그리스도종교*의 참여나 나눔이라는 개념을 확장시키고 "이런 중재들은 그리스도의 중재에서 힘을 얻게 될 뿐, 결코 그와 병행하거나 그것을 보완할 수는 없는 것이다"30)고 말하면서도, 그 종교들 속에 '여러 가지 종류와 정도의 차이를 가진 중재적 참여 형식'이 있음을 인정한다.

이 지점에서 우리는 교황의 종교간 대화 신학이 피스빌딩과 화해의 구체적인 활동에 기여한 바가 있는지 질문할 필요가 있다. 우선 교황이 지닌 성령론 신학이 다른 종교 지도자를 '함께 기도하기 위해서'가 아니라 '평화를 위해 기도하러 함께 모이게' 했을 수 있다. 교황의 기도와 영성 전반에 대한 강조는 종교간 대화가 자라날 수 있었던 토양으로서 종교간 대화에 교황이 남긴 가장 뚜렷하고 오래 지속된 기여 가운데 하나일 것이다. 그에게 기도는 모든 믿는 이들을 하나로 이어주는 가장 강력한 연결 고리로, "함께 모이고 일치하게 하는 일은, 특정 방식으로, 그리스도인과 다른 종교 신자들이 *기도의 필요성*을 절대자를 향한 인간 영성의 표현으로서 인식하게 있음을 나타낸다."31) 1995년 교황청 종교간대화평의회 총회 연설에서 교황은 총회 주제인 '영성의 대화와 대화의 영성'을 언급하며, "영성이라는 주제는 다른 종교 전통을 가진 신자들과 자연스러운 만남을 갖게 하는 지점이자 종교간 대화를 위한 유익한 주제"32)라고 말한다. 실제로, 교황은 "*이것[종교 간 활동]을 그저 행동주의에 빠질 위험으로부터 막아 줄 정도의* 깊이와 특질을"33) 부여하는 것은 바로 종교간 대화에서의 영적인 만남이라고 생각했다.

   교황 요한 바오로 2세의 후계자인 교황 베네딕토 16세는 종교간 대화와 관련하여 뚜렷한 가르침을 발전시키지 않았다는 점에 주목할 필요가 있다. 하지만 교황 베네딕토 16세의 글에 그의 입장에 관한 암시가 보인다. 교황 베네딕토 16세가 추기경일 당시, 이탈리아 상원의장을 역임하고 피사 대학의 철학 교수로 교황과 공동으로 책을34) 저술했던 마르첼로 페라(Marcello Pera)에게 보낸 서한은, 2008년 페라가 출판한 책인 『왜 우리는 스스로를 그리스도인이라고 불러야 하는가(Perché dobbiamo dirci cristiani)』를 높이 평가한다. 교황 베네딕토 16세는 페라가 "종교간 대화라는 용어 자체가 엄밀한 의미에서 왜 가능하지 않은지 매우 명확하게 설명한" 것과 "그 대신 종교 결정의 문화적 결과에 대한 이해를 깊게 하는 문화간 대화를 촉구한"

것에 대해 칭찬한다.35) 교황 베네딕토 16세는 더 나아가 "기본적인 종교 결정에서 실제 대화는 한 사람의 신앙을 괄호 속에 넣지 않고서는(without bracketing one's faith, 괄호 안에 넣기, 현상학에서 판단을 유예한다는 의미로 사용되는 말 - 역자 주) 가능하지 않지만, 대중 담론에서 그런 기본적인 종교 결정에 대한 문화적 결과에 대해 탐색하는 일은 필요하다. 여기서는 대화 그리고 서로의 견해를 수정하고 풍요롭게 하는 일 두 가지가 다 가능하고 필요하다."36)고 말한다.

교황 베네딕토 16세가 과거 요제프 라칭거 추기경일 때, 종교간 대화를 적극적으로 지지하지 않았다는 사실은 널리 알려져 있다.37) 분명히 그에게 종교간 대화를 하려면 한 사람의 신앙을 괄호 속에 넣어야 했기에 받아들일 수 없었을 것이다. 그의 관점에서는 문화적 관행에 대한 신앙 결정의 결과에 대한 논의만 가능했고 (그리고 그러는 것이 필요했다), 즉 종교간 대화가 아니라 문화간 대화의 가능성과 필요성을 강조했다.

이런 교황 베네딕토 16세의 주장에 대한 응답으로, 우선 교황이 *엄밀한 의미에서* (일부러 한 번 더 강조) 종교간 대화라는 말로 의미하는 게 무엇인지 정확하지 않다는 걸 짚고 넘어가야 한다. 교황이 종교간 대화라는 용어를 어떻게 이해했든, 적어도 종교간 대화가 어떤 사람의 신앙을 괄호에 넣는 일이 꼭 필요한 건 아니라는 점을 지적해야 한다. 앞에서 설명한 것처럼 사중 양식으로 이루어진 종교간 대화는 누군가의 신앙을 괄호에 넣지 않고도 세계 각지에서 많은 신앙을 가진 사람들에 의해 실천되어 온 것이 사실이다. 실제로, 이런 대화는 신앙으로 활력을 얻고 한 사람의 종교 신념이 뚜렷하게 드러나고 유지될 때 가장 좋은 결실을 맺는다. 더 나아가 문화와 신앙의 분리나, 함축적으로 말해서, 문화간 대화와 종교간 대화의 분리는, 서구에서 특히 계몽주의 이후 서구에서는 가능할지 몰라도, 세계 여러 지역, 특히 ***종교가 곧 문화***이거나 ***문화가 곧 종교***인 아시아에서는 통하지 않는다. 따라서 문화간 대화, 또는 종교간 대화를 반대하며 종교적 결정의 문화적 결과에 관한 대화, 즉 종교 문제에 대한 대화를 옹호하는 일은, 교황 베네딕토 16세가 증진하려고 했던 바로 그 문화간 대화에 오히려 역효과를 가져오며, 특히 대화의 목표가 피스빌딩과 화해인 곳에서는 더 그렇다.

종교간 대화와 평화와 정의를 빚는 장인

제2차 바티칸 공의회 이후 시대에 가톨릭교회가 종교간 대화의 신학을 발전시켰다는 데는 의심의 여지가 없다. 이 신학이 갈등 상황, 특히 종교가 원인이 된 곳에서의 피스빌딩과 화해에 효과적인 틀을 제공했는지 질문해야 한다. 이 질문에 답하기 위해, 아시아 가톨릭교회가 어떻게 다른 종교와 평화를 위해 협력했는지 살펴보자. 아시아에 주목하는 건 매우 합당한데, 아시아야말로 그리스도교를 포함해서 모든 세계 종교의 탄생지이며, 종교간 대화가 가장 활발하고 종교와 국가간 평화와 화해를 위해 가장 필요한 대륙이기 때문이다.

아시아가 오랫동안 지정학적으로 분쟁 지역이었다는 사실은 새롭지 않다.38) 이라크 전쟁, 이란 핵위협, 팔레스타인과 이스라엘의 분쟁 외에도 아시아태평양 지역은 국가 간, 한 국가 안 같은 민족 간, 같은 국가 내 다른 민족 간, 다양한 종교 종파 간 적대감으로 부글부글 끓고 있는 곳이다. 일본과 중국, 중국과 대만, 중국과 티베트, 남한과 북한, 베트남과 캄보디아, 인도네시아와 동티모르, 인도와 파키스탄, 스리랑카의 싱할라족과 타밀족, 아프가니스탄의 민족 집단 등에서 알 수 있듯이, 긴장 관계는 종종 위험천만한 충돌로 분출되기도 했고, 많은 나라가 핵 능력을 지니고 있기에 잠재적으로는 대재앙으로 번질 위험마저 있다.

다행히도 비폭력과 화해를 위해 애쓴 종교 지도자 덕분에 (동일한 종교 공동체 내에서든 아니면 종교 간 협력을 통해서든) 이런 갈등의 일부는 최소화될 수 있었다. 이런 평화만들기 프로젝트는 인도, 스리랑카, 동티모르, 필리핀, 태국, 캄보디아 같은 지역에서 수행되었다.[39]

그 결과로 종교가 폭력을 정당화하는 데 어떻게 이용되었는지, 동시에 종교가 평화만들기와 화해에 어떻게 기여할 수 있는지에 대한 진지한 연구는 평화만들기와 화해 과정에서 필수적인 부분이 되었다. 아주 간단하게나마 이 글에서는 필리핀, 스리랑카, 인도네시아 등 여러 종교 신자들과의 다양한 대화 형식을 통해, 분쟁을 일으키고 있는 파벌들과의 화해를 도모하고 평화와 정의를 수립한 가톨릭의 시도에 대해 이야기할 것이다.[40] 존 폴 레더락(John Paul Lederach)이 이름 붙인 '최상위', '중간', '풀뿌리'라는 세 수준의 행위자가 종교간 화해와 피스빌딩 활동을 어떤 방식으로 수행했는지 주목해야 한다. 다른 종교 신자와 다양한 가톨릭 신자가 어떻게 이런 평화를 달성했는지 단순히 역사적 이야기를 제공하는 데 그치지 않고, 이런 종교간 활동으로부터 통찰력을 이끌어 내어 종교간 대화가 피스빌딩과 화해의 과정에 무엇에 그리고 어떻게 기여할 수 있는지 알아볼 것이다.

매리 앤 세즈카(Mary Ann Cejka)와 토마스 바맷(Thomas Bamat)이 엮은 아주 유용한 책에서, 두 저자는 그리스도인, 주로 전 세계에 널리 퍼져 있는 가톨릭 공동체에서 이루어진 풀뿌리 평화만들기 활동에 대한 보고와 신학적 통찰을 제공한다.41) 이 보고서는 과테말라, 북아일랜드, 필리핀, 르완다, 스리랑카, 수단, 미국 등 여러 국가의 사례를 포함한다. 모든 사례는 종교간 대화가 어떻게 평화와 화해를 가져올 수 있었는지에 관한 굉장한 통찰력을 제공한다. 하지만 그 중 두 가지 사례가 우리 주제와 특별한 연관성을 가지는데, 바로 필리핀과 스리랑카이다. 필리핀의 경우 가톨릭과 무슬림 간의 대화이고, 스리랑카의 경우는 가톨릭과 불교의 대화이다.

필리핀

필리핀의 무슬림과 그리스도교인의 관계는 스페인 식민통치 시절부터 오랜 기간 적대감으로 얼룩져 있었다.42) 이슬람은 13세기에 말레이 군도에서 필리핀에 유입되었다. 이슬람 술탄은 술루를 1450년에, 필리핀에서 두 번째로 큰 섬인 민다나오를 1511년에 세웠다. 이 군도의 광범위한 이슬람화는 16세기 후반 스페인군이 도착하면서부터 저지된다. 300년 동안 스페인의 식민 통치에 반대하는 세력은 꾸준히 있었지만, 술탄의 영향력은 점점 작아져 갔다. 1898년 미국에 의해 스페인 식민통치가 끝났을 때, (스페인군이 모로스라고 불렀던) 무슬림은 훨씬 더 소외되고 통제되었다. 1946년 필리핀 독립 이후, 무슬림의 소외화는 더욱 극심해졌다. 필리핀 정부는 토지를 소유하지 못한 (가톨릭) 소작농을 무슬림이 대다수이던 남부에 정착하게 했고, 민다나오섬과 팔라완섬에서 그리스도교 인구는 1918년 22%에서 1960년 69%로 크게 늘어났다. 동시에 무슬림 인구는 50%에서 23.56%로 줄어들었고 (토착 원주민인) 루마드족은 28%에서 8.22%로 줄어들며 폭력 갈등이 일어나기 쉬운 상황을 만들었다.

페르디난드 마르코스(Ferdinand Marcos)가 정권을 잡고 있는 동안, 무슬림은 1970년대에 토지 침범에 맞서 테러 행위로 보복했는데, 특히 모로민족해방전선(MNLF)이 전면에 나섰다. 필리핀 군대가 무슬림 수천 명을 사살하며 질서를 회복하려 시도하면서 전면전이 터졌다. 1975년 트리폴리 협정(필리핀 남부의 23개 지역 중 13개 지역에 자치권을 허가하면서 필리핀 공화국의 국가 주권과 영토를 지키고자 한 협정)이 깨졌고, 여러 무슬림 단체와 필리핀 정부 사이의 싸움은 더욱 심해졌다. 코라손 아키노(Cory Aquino) 대통령 집권 당시, 1987년 헌법(민다나오 무슬림 자치지역정부 설립 허가)이 제정되었다. 그러나 모로민족해방전선은 헌법 수용을 거부했고 트리폴리 협정을 시행할 것을 요구했다. 무력 분쟁은 계속되었다. 1996년, 피델 라모스(Fidel Ramos) 대통령은 모로민족해방전선과 또 다른 무슬림 단체인 모로이슬람해방전선과 평화협정을 맺었다. 위태로운 평화는 1998년 조지프 에스트라다(Joseph Estrada) 대통령이 모로이슬람해방전선의 캠프 세 곳을 폭파하고 무장 모로 반군과 전면전을 펼치는 정책을 결정한 탓에 깨지고 만다. 그의 후임자 글로리아 마카파갈 아로요(Gloria Macapagal Arroyo) 대통령은 모로 반군과 무력 분쟁을 끝내려 했다. 그러나 조지 부시(George W. Bush) 미국 대통령이 '테러리즘과의 전쟁' 정책을 내세우면서 아로요 대통령의 평화만들기 프로젝트는 무산되고 마는데, 부시 대통령의 정책은 필리핀 무슬림 테러리스트 단체의 지도자인 아부 사야프(Abu Sayyaf)를 상대로 한 전쟁을 포함하고 있었기 때문이다.

여기까지가 필리핀, 특히 민다나오섬에서, 피스빌딩과 화해에서 종교간 대화가 어떤 유익한 역할을 할지 파악하기 위한 정치적, 종교적 맥락이다. 민다나오섬에서 그리고 필리핀 전체적으로도 가톨릭 신자가 드러내는 압도적인 존재감을 감안하면, 가톨릭교회가 그리스도교(주로 비사야족)와 무슬림(대부분 마구인다나오 주민), 수바논족(민다나오섬의 토착 원주민) 사이의 평화만들기와 화해를 향한 활동에서 매우 중요한 역할을 했다는 점은 놀랍지 않다.

1996년 드디어 평화협정에 합의한 필리핀 정부와 모로민족해방전선의 평화회담에서, 디나스 종교간운동(the Dinas Interfaith Movement)은 수바논족, 무슬림, 비사야족 지도자에 의해 조직되었다. 이들은 나중에 수바논-무슬림-비사야(SUMBIS)로 불리게 된다. 다양한 민족과 종교 단체 사이의 갈등을 해소하기 위한 이 디나스 종교 간 협력은 1970년대 초반 민다나오-술루 사목회의의 활동과 특히 비엔베니도 투투드(Bienvenido Tudtud) 말라위 주교가 지지한 '삶과 신앙의 대화'라는 아이디어 덕분에 가능했다. 주교는 고위 성직자면서도 사목적 동료와 함께 그리스도인과 무슬림 사이의 풀뿌리 차원에서 삶과 신앙의 대화를 시작했다. 이 종교간 대화 프로젝트는 점진적으로 다른 현지 교회로 퍼져나갔고, 민다나오-술루 사목회의의 두요그 라마단(Duyog Ramadhan - 라마단과 동반하기라는 의미) 프로그램과 '문화적 연대를 위한 필리핀 행동' 프로그램을 통해 필리핀국가교회협의회의 협조를 얻을 수 있었다.

이런 가톨릭과 무슬림 사이의 상호 이해와 협력을 위한 노력은 마르코스 정권 아래의 인권 침해와 필리핀 정규군과 모로민족해방전선 사이의 무장 충돌로 반복적으로 위협을 받았다. 하지만 필리핀에서 우세한 다수파를 구성하는 가톨릭교회를 위해 낮은 자세를 유지하고, 모로 공동체와 가까운 관계를 유지하는 투투드 주교의 사목 전략은 특히 납치, 살인, 교회 폭파, 마을과 도시 방화가 잦았던 1986년에 두 종교 공동체의 갈등을 평화적으로 해소하는 데 크게 기여했다. 주교의 뜻이 점차 공감을 얻게 되자, 많은 가톨릭 남녀 수도회와 비공식 단체, 비정부기구 등이 이 종교간 대화 프로젝트에 참여하게 되었다.

1990년대 라모스 정부와 모로민족해방전선 사이의 평화회담이 돌파구를 마련하게 되자, 필리핀 다바오 대교구의 페르난도 카팔라(Fernando Cappalla) 대주교가 이끄는 몇몇 가톨릭과 개신교 주교들은 그리스도인-무슬림 사이의 새로운 대화의 장을 찾게 되었다. 필리핀주교회의 종교간대화주교위원회가 종교간 대화에 참여하는 다양한 단체 간 소통과 조정의 통로를 제공했다. 그러나 최상위, 중간, 풀뿌리라는 세 개의 대화 수준 가운데 풀뿌리 수준이 그리스도인과 무슬림 사이에 피스빌딩과 화해를 이루는 데 가장 효과적이라는 사실이 입증되었다.

칼 가스파르(Karl M. Gaspar)는 민다나오섬의 가톨릭과 무슬림 사이에 진행된 피스빌딩과 화해를 위한 다양한 풀뿌리 종교 간 활동 보고서에서 아홉 개 지역을 강조한다. 그중 두 곳을 제외하고는 모두 두 종교 집단 사이에 해묵은 적대감이 쌓여 있었다.43) 술탄 구만데르(Gumander)의 *바랑가이*(*barangay* - 마을이라는 의미)인 말라데그에서, 무슬림 토착민인 마라나오족(90%)과 가톨릭 정착민(10%) 사이의 민족간, 종교간 갈등은 *리도*(*rido*, 유혈 보복이라는 의미 - 역자

주)라는 마라나오족의 관행으로 악화되었다.

라나오 델 수르의 도시인 말라방에서는 마찬가지로 리도 관행이 무슬림 마라나오족(인구의 75%)과 가톨릭 비사야족 사이의 적대감을 심화시켰다. 1970년대에 바라쿠다(baracuda)라 불리는 무슬림 민병대와 일라가(ilaga)라 불리는 가톨릭/비사야 불법 무장 단체 사이의 적대감이 살인을 불사할 정도에 치달으며, 상대에 대해 말로 다 할 수 없는 잔혹 행위를 벌였다. 주로 그리스도인으로 이루어진 필리핀 군대가 말라방을 점거하면서 유혈사태는 더 악화되었다. 모로이슬람해방전선이 꽉 쥐고 있던 근방 발라바간 지역에서 마나라오족 청년이 가톨릭 사제인 마르틴 뎀시(Martin Dempsey)를 살해한 사건 이후, 바라쿠다와 일라가 사이에는 공격과 보복의 순환이 지속되었다.

라나오 델 노르데 지역인 사파드에서는 마라나오족 토착민이 재정착민 정책으로 자신의 땅에서 쫓겨나게 되었는데, 그로 인해 가톨릭이 전체 인구의 1/2를 차지하게 되었다. 1960년대에 마라나오족은 무장하여 비사야 정착민을 죽이기 시작했고, 비사야족은 보복하여 폭력의 순환이 시작되었다. 1970년부터 1972년까지 바라쿠다와 일라가 사이의 싸움은 민다나오섬의 가장 중요한 도시 디나스로 퍼져나갔다. 디나스는 원래 무슬림인 수바논족이 거주하던 지역이었다. 18세기 후반 민다나오섬 중부에 살던 무슬림인 마구인다나오족도 디나스에 정착한다. 제2차 세계 대전 이후 가톨릭 공동체와 필리핀 중부 비사야 지역에 살던 비사야족의 조상도 디나스에 정착했다. 따라서 수바논족, 마구인다나오족, 비사야족 등 모든 사람이 무력 충돌로 벌어진 엄청난 잔혹 행위로 고통당하게 된 것이다.

다행히, 코타바토시에 있는 캄포 무슬림과 술탄 쿠다라트(Sultan

Kudarat)의 미르얌빌 두 도시는 무슬림과 그리스도인 사이의 평화로운 관계를 누렸다. 코타바토 대교구는 가톨릭과 무슬림을 위한 재정착지를 건설하는 데 도움을 주었다. 하지만 두 도시는 결국 종교 간 민족 간 폭력의 피해를 입게 된다. 술탄 쿠다라트의 바랑가이인 부알은 원래 무슬림 마구인다나오족의 고향이었지만 1950년대에 가톨릭이 정착한 지역이다. 1996년에 두 종교의 산하 단체 사이에 토지 분쟁이 일어났고, 가톨릭 단체는 200개가 넘는 무슬림 저택을 불태우면서 문제를 해결하려 했다. 잠보앙가 반도의 잠보앙가시에서 모두 무슬림인 루타오족, 수바논족, 타우속족, 사말 디라우트족은 최초의 정착민이었다. 이 도시에 가장 먼저 정착하게 된 그리스도인은 비사야에서 온 스페인 군대의 보병 정규병이었다. 1970년대에 전쟁이 발발하며 많은 가톨릭 난민이 이 도시에 와서 정착했고, 인구 변동이 일어난 것이다.

피스빌딩의 최상위 수준에서는 민다나오에서 1996년에 설립된 주교-울라마 회의라고 알려진 주교-울라마 포럼이 꼭 언급되어야 한다. 처음에 주교-울라마 회의는 가톨릭 주교(현재는 필리핀 NCC 개신교 지도자를 포함)와 필리핀 울라마 리그(the Ulama League)의 영향력 있는 무슬림 지도자로 구성되었다. 주교-울라마 회의의 사명은 피스빌딩과 화해의 관점에서 각 종교 공동체 내에서의 협력과 대화를 위해 위로부터의 지원을 제공하는 것이었다.

현재 진행 중인 프로젝트 가운데 그리스도인과 무슬림 사이의 치유와 화해를 촉진하기 위한 두 가지 시도에 대해 간략하게 언급하는 게 좋겠다. 두 가지 시도 모두 가톨릭 사제와 평신도가 함께 이끌었고, 민다나오섬 잠보앙가시에서 일어났다. 하나는 이탈리아 사제인 세바스티아노 담브라(Sebastiano D'Ambra)와 교황청전교기구의 지도 아래 하모니 빌리지에서 있었던 '실시라 대화 운동(the Silsilah Dialogue Movement)'이다. 이 운동의 목표는 행동과 침묵(기도), 조화를 통해 평화와 화해를 건설하는 것이었다.44) 다른 하나는 이탈리아 클라렛선 교수도회 사제이자 선교사인 안젤로 칼보(Angelo Calvo)의 지도 아래 이루어졌다. 이 운동이 현재 주력하는 부분은 칼보 신부의 조직으로부터 재정 지원을 받아 필리핀 정부가 쫓아낸 무슬림 가족에게 집을 지어주고 그들이 모여 살 마을을 형성하는 것이다. 이런 마을에서 그리스도인과 무슬림은 평화와 조화를 이루며 함께 생활하고 있다.

민다나오섬의 무슬림과 그리스도인의 긴장이 해결되기까지는 갈 길이 멀어 보인다. 하지만 여기에 제시한 역사적 사례들은 필리핀의 일부 지역에서 이뤄졌으며, 여전히 진행되고 있는 활동의 일부이다.

스리랑카

과거에 실론(Ceylon)이라 알려졌던 스리랑카의 공식명은 스리랑카 민주사회주의공화국이다. 스리랑카는 인도양의 섬나라로, 1948년 독립을 맞이할 때까지 16세기에는 포르투갈로부터, 17세기에는 네덜란드, 마지막으로 1802년에 영국 식민지가 되기까지 아주 긴 식민의 역사를 지닌 국가다.45) 종교적으로는 2천만 명의 스리랑카 국민 중 70%가 (대부분 소승) 불교 신자이며, 힌두교인 15%, 무슬림 7.5%, 그리스도교인이 7.5%(이 중 88%가 가톨릭)이다. 민족적으로는 전체 인구 중 74%가 신할리족이고, 12%가 스리랑카 타밀족, 18.1%가 (인도) 타밀족, 7.1%가 무슬림(이슬람은 민족 정체성으로 여겨지기도 함)

이다. 스리랑카 인구의 두 거대 집단인 민족(신할리족과 타밀족)과 종교(전자는 불교, 후자는 힌두교)로 나뉘어 있다.

1983년부터 2009년까지 일어난 다수파 신할리족과 소수파 타밀족 사이의 폭력적인 갈등은 적십자사 국제위원회에 의해 '무자비한 전쟁'이라 불렸다. 신할리족과 타밀족 공동체 사이의 갈등을 해소하기 위해 종교가 기여했음에도, 대부분의 스리랑카 국민은 갈등의 뿌리가 민족과 종교의 차이에 있다고 생각했다. 타밀족에게 우호적이었던 영국 식민 정책도 한몫했다. 독립 이후, 뒤를 이은 신할리 정부는 자신들이 보기에 불공평한 대우를 바로잡는 정책을 도입하려 했다. 이런 정책은 불교를 우대했고 타밀 언어와 교육을 소외시켰다. 정부로부터 공정한 해결책을 얻어낼 수 없겠다고 판단한 일부 타밀족 사람들은 타밀엘람해방호랑이(the Liberation Tigers of Tamil Ealam, 약칭 LTTE)라는 단체를 조직하여 섬 북쪽과 동쪽에 걸쳐 별개의 타밀 정부를 세우기 위해 정부와 싸움을 벌었다. 수십 년의 유혈 분쟁 끝에 2002년 스리랑카 정부와 LTTE는 휴전협정을 맺었지만, 2006년에 다시 전쟁이 터졌다. 스리랑카 정부는 2007년에 동부 지역의 통제권을 탈환했고, 2008년에는 공식적으로 휴전을 철회하고 북부 지역에서 LTTE와 군사적으로 충돌하여, 2009년 5월, LTTE로부터 항복을 이끌어 냈다.

스리랑카 사람들은 공통적으로 스리랑카 정부와 LTTE의 전쟁은 전쟁터에서 싸워 이길 수 있는 게 아니라고 생각했다. 다양한 민간 사회 조직이 정치적 해결 방법을 찾기 위한 공간을 만들려고 애를 썼다. 그사이 전쟁 피해자 대부분은 여성(과부가 되거나 강간, 매춘에 노출되는 등)이나 어린이(광범위한 소년병 징집)였다. 이 전쟁은 종교적으로 불교와 힌두교 사이에 벌어진 것이었지만, 특히 무슬림 같은 다른 종교 집단도 십자포화 사이에 끼어 자기 마을에서, 특히 그 나라 북쪽 지역의 마을에서 대피해야만 했다.

그리스도인들은 스리랑카섬 서부 해변을 따라 집중적으로 모여 살고 있었는데, 그곳이 즉각적인 교전 지역이 되면서 쫓겨나게 되어 그들 역시 피해자가 되었다. 그리스도인에 대한 폭력 행위도 보도되었는데, 특히 2008년 2월에 암파라에서 개신교 목사가 살해되었고, 마투가나에서는 2008년 2월 교회 예배가 중단되었고, 루니월라에서는 2008년 3월 그리스도교 학생 10명이 린치를 당했다. 말라이티부 지역에서는 2008년 3월 누군가가 교회에 불을 질렀다. 그리스도인은 신할리 불교 민족주의자의 타격 대상이었다. 그리스도인은 LTTE의 지지자이고, 자신들이 패권을 쥐는 데 위협이 된다고 여겼기 때문이다.46)

모든 형태의 평화운동이 신할리족과 타밀족 극단주의자로부터 공격받았지만, 그리스도인은 신할리족과 타밀족 분열 사이를 잇는 다리가 되려고 노력했다. 셜리 비제싱허(Shirley L. Wijesinghe)는 풀뿌리 수준에서 이루어진 이런 몇 가지 활동을 보고했다.47) 타밀족, 신할리족, 그리스도인, 무슬림이 뒤섞여 살고 있는 북부 지역의 도시 바부니야에서, 이곳은 반니라고 불리는 LTTE가 장악한 지역의 출입구와 같은 곳이었는데, 불교 신자, 가톨릭 신자, 하나님의 성회, 바부니야 보이스카우트에 의한 평화 활동이 진행되었다. 바부니야 한 사찰의 주지 스님은 반니 평화재단을 설립해 LTTE와의 대화에 나섰다. 2000년 사순시기에 한 성당의 주임 사제는 매일 단식과 평화를 위한 기도를 실천했고, 이 실천은 마나 교구 전체 본당으로 퍼졌다. 하나님의 성회에 속한 교회는 타밀족과 신할리족을 교회 구성원으로 두고 있었는데, 이것은 어떻게 두 집단이 평화롭게 공생할 수 있는지를 보여준 살아있는 예시였다. 바부니야 보이스카우트 조직도 역시 타밀족, 신할리족, 무슬림 회원으로 구성되어 있었다.

바부니야 동남부 해안가 도시 바티칼로아에서 캐나다 예술가 폴 호간(Paul Hogan)과 예수회 사제 폴 사트쿠나야감(Paul Satkunanayagam)이 전쟁 피해를 입은 타밀족과 무슬림 어린이를 위한 '나비정원(the Butterfly Garden)' 프로그램을 공동으로 진행했다. 콜롬보에서는 1971년 원죄 없이 잉태되신 마리아의 오블라띠 선교수도회, 티사 발라수리야(Tissa Balasuriya) 신부가 스리랑카의 경제, 사회, 정치 문제를 정의롭게 해결할 방법을 연구하기 위해 사회와 종교를 위한 센터를 설립했다. 이 센터는 같은 수도회 소속 사제 오스왈드 퍼스(Oswald Firth)의 지도 아래, 신할리족과 타밀족 어린이에게 평화만들기를 가르치기 위해 마을과 학교 차원의 프로그램을 조직했다.

불행하게도 극렬 불교 신자들에 의한 반그리스도교 폭력은 2003년 후반과 2004년 초반에 벌어졌다. 이들은 그리스도인(대부분 전도사)이 주로 뇌물과 사회 지원금으로 '사기적인 개종'을 일삼고 있다는 걸 폭력의 핑계로 들었다. 콜롬보 시내나 그 근방에 위치한 가톨릭 성당 최소 세 곳이 불에 탔다. 콜롬보 대주교인 오스왈드 고미스(Oswald Gomis)는 더 많은 폭력을 예방하기 위해, 2004년 2월 1일을 가톨릭 신자의 평화를 위한 기도와 단식의 날로 지정했다. 또한 스리랑카 주교들은 무리한 개종 권유를 비판하는 동시에 누구나 종교를 바꿀 개인적 양심과 권리를 지니고 있음을 존중해 줄 것을 요구하는 문서를 발표했다.

가톨릭 신자뿐만 아니라 그리스도교 분파들도, 신할리족, 타밀족도 피스빌딩과 화해 활동에 참여했다. 셜리 비제싱허는 동부 해안가 도시인 바티칼로아 주민 40명이 보여 준 활동에 대해 이야기했다. 1990년 신할리족 경찰 900명을 살해한 LTTE의 행위에 대한 보복으로 도시가 파괴되는 걸 막기 위해, 이들은 바티칼로아 평화위원회를 설립했다. 이 평화위원회는 도시가 파괴되는 걸 막는 일 이외에도 1990년에 현지 타밀족과 무슬림의 치명적인 갈등도 해결할 수 있었다. 남동부 해안에 위치한 도시 누겔란다에서도 타밀족과 신할리족 농부들이 영국 성공회 사제 니르말 멘디스(Nirmal Mendis)의 도움을 받아 화해 활동에 나섰다.

가톨릭 측에서는 1980년대 안타까운 일들이 발생한 뒤, 청년들이 모여 키투사라(Kitusara - 그리스도의 빛이라는 의미)라 불리는 뛰어난 조직을 형성하여, 성찰, 기도, 평화를 회복하기 위한 행동을 이어갔다. 이 조직은 타밀족의 권리를 옹호하기 위해 『키투사라(*Kitusara*)』라는 이름의 신할리족 월간지를 발간했다. 타밀족을 위해 정의를 회복하고 전쟁을 끝내려는 목적을 가지고 타밀어로 된 잡지, 『올리에이 노키』(*Oliei Nokki* - 빛을 향해서라는 의미)도 발간했다. 이 조직은 남부의 가톨릭 청년이 북부로 가서 타밀 동포가 겪고 있는 빈곤과 억압 상황에 대해 배우게 했다. 또 『키투사라』는 평화를 위해 목숨을 내놓은 가톨릭 사제 4명의 활동을 기념했다. 마나 지역의 매리 바스티안(Mary Bastian), 바티칼로아 지역의 찬드라 페르난도(Chandra Fernando), 부탈라 지역의 미카엘 로드리고(Michael Rodrigo), 네곰보 지역의 스리랄 아메라퉁가(Srilal Ameratunga)였다.[48] 이 순교자 명단에는 마나 교구 사제로 국내 실향민을 위해 봉사하다가 2007년 9월 26일에 살해당한 니콜라스 필라이 파키아란지스(Nicholas

Pillai Pakiaranjith)도 추가되어야 마땅하다.

인도네시아

인도네시아는 예전에 네덜란드령 동인도라고 알려져 있었다. 인도네시아는 아마 인도와 함께 피스빌딩과 화해를 이루는 데 도움이 되는 종교간 대화가 가장 필요하면서도 가장 잘 이루어진 지역이었다. 인도네시아 헌법은 종교의 자유를 보장하지만, 공식 종교는 유교, 불교, 힌두교, 이슬람, 개신교, 가톨릭 여섯 개뿐이다. 이슬람 국가는 아니지만 인도네시아는 세계에서 가장 많은 무슬림 인구가 있는 나라이다. 2010년 당시 2억 4천만 인도네시아 인구 중 86%가 스스로 무슬림이라고 답했다. 인도네시아 인구 중 9%가 그리스도인이며, 이 중 2/3가 개신교 신자이다. 가톨릭 신자는 인구의 약 3%를 차지한다. 소수지만, 힌두교(2%)와 불교(1%)도 인도네시아 문화권에서 영향력을 발휘하는 종교다.

가톨릭 신앙은 1534년, 포르투갈 식민통치를 통해 인도네시아에 처음으로 도입되었다. 첫 선교사 무리 가운데 성 프란치스코 하비에르가 있었다. 오늘날에는 플로레스섬에서 가톨릭 신자 대다수가 공동체를 이루어 생활하고 있다.

위에서 지적했듯이, 인도네시아에는 세계 최대 무슬림 *움마*(*umma* - 공동체라는 의미)가 있다. 그리고 세계 무슬림 국가 중에서 가장 큰 그리스도인 공동체가 있다. *비네카 퉁갈 이카*(*Bhinneka tunggal ika* - 다양성 안의 일치라는 의미)라는 인도네시아의 모토대로 국가 정체성과 일치의 감각을 발달시켰으며, 인도네시아 건국 5대 원리인 *판차*

실라(Pancasila)와 국가 언어(Bahasa, 인도네시아어)를 강화했다.

이런 일치의 요소 덕분에, 민족과 종교 단체 사이의 관계, 특히 이슬람과 그리스도교의 관계는 1949년 인도네시아가 독립할 때까지는 대체로 평화롭게 유지되고 있었다. 불행하게도, 최근 몇십 년 사이, 아시아 시장의 붕괴와 인구 대부분이 가톨릭인 동티모르의 분리 등 경제적, 정치적 어려움이 중첩되면서 종교의 정치화가 일어나는 중이다.

무슬림 극단주의자는 그리스도인을 대상으로 '알라는 위대하시다', '모든 그리스도인에게 죽음을', '교회를 불태우자', '십자군에게 죽음을' 같은 말을 외치며 폭력 행위를 일삼았다. 자카르타와 몰루카 제도에서 그리스도인을 죽이거나 가톨릭교회의 재산을 불태우곤 했다.49) 암본 교구에서 7천 명 가까운 그리스도인이 대피를 신청했다. 수 세기 동안 인도네시아 그리스도인들은 공동체 내 복지에 집중하면서 무슬림과 교류하지 않았었다. 그런데 무슬림 극단주의자와 그들이 벌이는 지하드가 늘어나게 되자, 개신교 신자와 가톨릭 신자인 그리스도인은 종교간 대화의 필요성을 더 이상 무시할 수 없게 되었다.

이런 맥락에서 가톨릭 사제, 건축설계사, 사회복지사, 소설가, 에세이 작가인 만군위자야(Yusuf Bilyarta Mangunwijaya, 1929-99)는 굉장히 중요한 인물이다.50) 그는 1959년 사제 서품을 받았다. 1966년에 아헨의 베스트팔렌 공과대학에서 건축설계 전공으로 졸업한 뒤, 문틸란에서 사목활동을 시작했다. 1981년 그는 본당 사목을 그만 두고 칼리 코드의 빈곤한 사람들과 함께 살게 해 달라고 요청했다. 해방신학 옹호자인 그는 로모 만군(Romo Mangun‐Father Mangun)이라는 별칭으로 불렸고, 케둥 옴보 댐 건설로 토지를 상실한 사람들 편에 서서 싸웠다. 또 동티모르 독립과 헌법 개혁, 연방 인도네시아 설립을 위해 딜리 교구의 칼로스 필리페 시메네스 벨로(Carlos Filipe Ximenes Belo) 주교를 옹호했다.

다른 종교와의 관계에 대해 만군위자야 신부는 종교 소수자로 사는 삶의 방식을 의미하는 '디아스포라 복음'을 제안했다. 그리스도인 사명의 목적은 다른 종교인을 개종시켜 교세를 확장하는 것이 아니다. 그가 생각하는 이상적인 선교사는 아시아를 복음화하기 위해 군대와 상인을 데리고 온 프란치스코 하비에르가 아니라, 기도로 선교 사명을 수행한 가르멜수녀회의 리지외의 소화 데레사 수녀였다. 만군위자야 신부는 인도네시아 가톨릭교회의 전략이 잘못 설정되어 있다고 생각했다. 교회가 자체 학교, 병원, 출판사, 사회복지 체계를 지닌 분리된 공동체를 만드는 일을 우선시하고 있었기 때문이다. 사람들은 직장이나 여가 등으로 끊임없이 이동하고 이주가 점점 더 많아지고 있으니, 교회도 사제와 수도자가 중심이 되는 기관에 초점을 둘 것이 아니라, 그리스도인 가정에 초점을 두어야 한다고 생각했다. 먼저 가정이 1차적인 공동체가 되어야 하고 그래야 교회의 사명이 사람들에게 펼쳐질 수 있다는 것이다.

만군위자야 신부의 생각이 모두에게서 환영받은 것은 아니었다. 많은 사람들은 신부가 폭력 가해자를 동반하는 일에 지나치게 몰두한다고 우려했다. 그럼에도 불구하고 그는 예수회 이그나즈 마그니스 수세노(Ignaz Magnis Suseno) 신부와 함께, 1997년 부활절에 가톨릭 주교 명의의 사목 서한 초안을 작성하도록 요청받았다. 이 서한은 유스티누스 다르마아트마자(Justinus Darmaatmadja) 추기경이 승인했다. 이 사목 서한은 이전 시기에 발생한 폭력 사태가 종교 간 갈등 때문이 아니라 사회정치적, 경제적 억압의 결과라고 해석했다. 이어

『히둡 카톨릭』(*Hidup Katholik*, 1997년 3월과 4월)이라는 가톨릭 주간지에 7편의 글이 연재되었다. 만군위자야 신부는 이 글에서 16세기 포르투갈 가톨릭 신자들이 당시 불교 신자와 힌두교 신자는 물론이거니와, 개신교 신자와 무슬림보다 훨씬 더 광신적이고 잔혹했다고 주장했다. 오늘날 여러 종교 가운데 존재하는 가톨릭교회는 디아스포라적 상황, 즉 종교 소수자로 사는 삶을 선택해야 하며, 교회의 제도적인 자기 확대를 위해서가 아니라 하느님 나라의 수립을 위해 활동해야 한다고 주장한 것이다.

종교간 대화가 피스빌딩에 어떻게 기여할 수 있을까?

후반부에서는 앞서 언급한 세 나라에서 서로 다른 신앙을 가진 사람들(주로 무슬림, 불교 신자, 힌두교 신자)과 가톨릭이 대화를 통해 어떻게 피스빌딩과 화해를 위한 활동을 수행했는지 검토하려 한다. 피스빌딩과 화해, 그리고 그 활동을 위해 마련한 종교간 대화의 역할에 관한 가톨릭의 사회사상을 평가하기 위해서이다. 이어지는 내용을 읽으면서, 다음과 같은 몇 가지 질문을 마음속에 떠올리기를 바란다. 종교간 대화에서 어떤 유용한 교훈을 찾아낼 수 있을까? 평화와 화해를 더 폭넓게 추구하는 데 종교간 대화가 어떻게 기여할 수 있을까? 종교간 대화의 어떤 요소가 더 우선되어야 할까? 평화를 위한 종교간 대화가 정의, 평화만들기, 화해에 대한 가톨릭의 가르침을 어떤 면에서 더 풍요롭게 하는가? 마지막으로 그리스도교의, 더 구체적으로는 가톨릭의 종교 간 영성 가운데 무엇이 피스빌딩에 가장 적합할까?

폭력의 다층적인 뿌리와 피스빌딩에서 종교의 역할

종교간 대화를 통해 피스빌딩에 처음 참여하는 사람들이 가장 먼저 기억해야 할 것은 당면한 맥락과 초점이 종교이긴 하지만, 없애거나 줄이려는 폭력의 현실이 전적으로 종교에 뿌리를 두고 있는 건 아니라는 점이다. 물론, 모든 주요 종교 지지자들이, 그 가운데 그리스도교와 이슬람이 두드러지지만, 폭력을 일으켰거나 폭력을 묵인해 왔다는 사실은 반박할 여지가 없다. 풀뿌리 평화만들기에 대해 쓴 책의 서문에서, 세즈카와 바맷은 전쟁의 뿌리를 탐색할 때 '사회적, 역사적 맥락을 고려하는 일의 중요성'을 주장한 데이비드 마틴(David Martin)이 말에는 동의하지만, "갈등의 원인으로 종교 같은 포괄적인 요인만을 짚어내는 것은 말이 되지 않는다."[51]고 반박한다.

전쟁과 폭력에 기여하는 요소가 여러 가지라는 사실을 염두에 두면서도, 특히 일반(세속) 기관에 소속되어 분쟁 해결을 위해 활동하는 피스메이커는 분쟁의 종교적 뿌리를 알아차리고, 피스빌딩에서 없어서는 안 될 종교와 종교간 대화의 역할을 깨닫는 것이 매우 중요하다. 종교가 결부된 적대감이 수 세기에 걸쳐 갈등의 깊은 뿌리가 된 필리핀(그리스도교와 이슬람 사이)과 스리랑카(불교와 힌두교 사이)에서는, 이런 내용이 종교간 대화로부터 가장 먼저 얻을 수 있는 교훈일 것이다. 갈등을 그들의 종교적 맥락에 놓아야만 갈등을 완벽하게 이해할 수 있고, 양 진영이 드러내는 합당한 불만 역시 적절하게 다룰 수 있다. 평화만들기, 피스빌딩, 화해에 대한 종교의 기여가 솔직하게 인정되어야만 하며, 종교적 신념에 바탕을 두고 피스빌딩을 위해 활동하는 종교인의 참여는 정치인, 경제학자, 전문 협상가, 비종교 비정부기구의 참여만큼 중요하다. 지금처럼 문명 간 충돌뿐만이 아니라 더 근본적으로는 종교의 충돌이 빚어지는 상황에서, 피스빌딩에서 신앙에 기반을 둔 종교인의 참여를 무시하는 일은 피스빌딩 기획의 실패로 이어질 수밖에 없다.

풀뿌리 이니셔티브와 활동

존 폴 레더락이 말한 평화만들기에서 최상위와 중간 수준이라는 중요하고 불가결한 역할을 충분히 인정하지만, 평화와 화해를 이루기 위해서는 풀뿌리 민중의 참여가 절대적으로 요구된다. 가톨릭 쪽에서는 세계적인 도덕 지도자로서의 교황(특히 요한 바오로 2세)과 교황청, 주교회의(특히 필리핀과 인도네시아), 개별 주교들(특히 필리핀의 투투드 주교), 성직자, 그리고 남녀 수도자(특히 필리핀에서 살해당한 다섯 성직자와 인도네시아의 만군위자야 신부)는 의심할 여지 없이 피스빌딩을 위한 종교간 대화에서 두드러지는 역할을 해 왔다. 필리핀에는 주교-울라마 회의 같은 최상위 종교 모임도 있다.

게다가, 피스빌딩에 중요한 기여를 하고 있는 중간 수준의 조직으로, 필리핀에는 평화를 위한 사파드 무슬림-그리스도인 협회, 발라바간 청년 무슬림-그리스도인단체, 디나스 수바넨-모로-비사야 종교간 대화 운동, 평화와 개발의 약속, 그리고 말라텍 평화 지역, 잠보앙가 평화 활동가 단체 등이, 스리랑카에는 바티칼로아 종교평화위원회 사회센터 등이 있다.

하지만 평화와 화해가 이루어지게 하는 건 모든 종교 전통에 속해 있는 남녀노소의 평범한 사람이다. 이것은 칼 가스파르가 보고한 필리핀의 9개 지역에서, 셜리 비제싱허가 묘사한 스리랑카의 세 지역에서, 인도네시아 자카르타와 플로레스의 가톨릭 공동체에서도 분명히 확인할 수 있다. 세즈카와 바맷의 말을 빌면, "종종 눈에 드러나지는 않지만, 풀뿌리 수준에서 평화를 만드는 사람들은 일상에서 평화로운 공생을 이룬 경험이 풍부하고, 폭력 시기와 그 결과를 처리해 온 경험이 상당히 많다. … 그들의 탄탄한 지혜와 종종 주도적으로 사람들에게 영감을 부여하는 태도는 *모든 사람이* 평화에 기여할 수 있다는 사실을 잘 드러내 준다."52)

신앙과 삶의 대화

투투드 주교는 종교간 대화가 두 영역에서 수행되어야 한다는 점을 보여주기 위해 '신앙과 삶의 대화'라는 말을 고안해 냈다. 아시아 주교회의가 이것을 4가지 대화로 확장한 것이, 삶의 대화, 활동의 대화, 신학적 교류의 대화, 종교 체험의 대화이다. 4가지 중에서 교회 지도자나 신학자는 신학적 교류의 대화에 자부심을 가질 만한 지위를 부여하고 싶어 하는 경향이 있다. 앞에서 설명한 종교간 대화에 관한 가톨릭 신학으로부터 분명해졌듯이, 이 대화에서는 특정 주제, 즉 모든 인류의 구원자인 예수의 고유성과 보편성, 구원의 고유한 징표이자 방법인 교회의 필요성 등이 굉장히 큰 중요성을 차지한다.

하지만 피스빌딩 과정에서 다양한 종교적 전통을 지닌 풀뿌리 참여자의 경험에서 보면, 신학적 진리는 피스빌딩 프로젝트에 참여할 결정을 내리는 데나 이 과업을 수행하기 위해 선택하는 방법상에서 무시할만한 정도는 아니더라도 아주 미미한 역할을 한다는 게 분명하다.53)

물론 종교적 신념과 가치가 피스메이커에게 중요한 동기의 원천이긴 하지만, 바맷과 세즈카가 지적한 대로, "종교적 동기는 실천적, 관계적, 이념적인 동기보다 훨씬 적게 언급되었고, 방금 말한 3가지는 종종 함께 나타나는데, 실천적 동기야말로 가장 자주 언급되었다."54) 이것은 매우 중요한 발견으로 정통 교리가 종교간 대화와 협력에 꼭 필요한 조건이라고 생각하는 종교 지도자에게 특히 딱 들어맞는 말이다. 성공적인 피스빌딩과 화해를 위해 대화에 참여하는 사람들 사이에서, 하느님, 그리스도, 교회(또는 꾸란이 무엇인지, 무함마드는 누구인지, 부처는 무엇인지, *진리dharma*, 불교의 3가지 보물인 *삼보the sangha*가 무엇인지)가 무엇인지 공동 합의가 이루어져야만 활동 기반을 만들고 활동을 시작할 수 있는 건 아니라는 말이다.

결과적으로 아시아 주교회의가 말한 4가지 대화 방식 가운데, 피스빌딩을 위해 가장 흔하게 활용되는 3가지 대화는 일상을 공유하고, 정의와 평화를 위해 협력하고, 종교 체험을 나누는 대화이다. 마지막 대화법은 아마도 평화만들기와 화해에서 가장 중요하고 효율적인 방법일 것이다. 말하지만, 불교 신자, 그리스도교 신자, 이슬람 신자, 힌두교 신자가 성스러운 공동 공간에 모여 용서와 화해를 위해 함께 기도하고, 함께 노래하고 춤추며, 음식과 음료를 다른 이들과 나누는 일은 평화만들기 효율성 면에서 어떤 외교 협상이나 분쟁 해결 기술, 신학 토론이 해낼 수 없는, 삶을 뒤바꿀 정도의 영성 행위이다.

가톨릭 사회교리와 종교간 대화

종교간 대화가 가톨릭 사회교리에 미친 또 다른 기여는 그것이 사회교리의 기본 개념에 대한 이해를 풍요롭게 했다는 점이다. 다른 글에서 필자는 정당한 전쟁에 대한 가톨릭의 가르침이 힌두교나 자이나교의 아힘사(*ahimsa* - 비폭력 또는 상해를 입히지 않음을 의미)와 사티아그라하(*satyrgraha* - 진실 보존이라는 의미) 관행으로부터 얼마나 근본적으로 도전을 받고 변모될 수 있는지, 그리고 가톨릭의 연대 개념이 불교의 카루나(*karuna* - 연민이라는 의미)로 인해 어떻게 풍요로워졌는지, 유교의 보편적 조화 개념 덕분에 가톨릭의 평화 이해가 얼마나 폭넓어졌는지에 대해 길게 설명한 적이 있다.[55] 드류 크리스천슨(Drew Christiansen)이 보여주었듯이, 평화와 평화만들기에 관한 가톨릭의 가르침은 인권의 옹호와 증진, 진정성 있고 통합적인 인간 발전을 위한 협력, 사람들 사이에 연대감을 강화하고, 세계 평화 기관을 세우는 일에 집중한다.[56] 4가지 대화 영역 모두에서, 가톨릭 가르침이 다른 종교의 가르침과 관행을 보완하고 풍요롭게 할 수 있듯이, 아시아 종교들과의 대화를 통해 새로운 통찰력과 더 개선해 가야 할 점을 배울 수 있다.

피스빌딩과 화해를 위한 종교간 영성

종교간 대화가 가톨릭교회의 평화만들기와 화해에 이룬 가장 중요한 기여는 바로 평화만들기와 화해의 영성을 정교하게 다듬었다는 점이다. '용서하고 망각하는' 화해가 아니라 하느님께, 자신의 적에게, 스스로에게 향하는 여정을 만드는 화해를 성취하기 위해서는, 갈등 해소의 전략이나 방법론을 초월한 특별한 영성이 필요하다. 이것은 개인 사이의 화해와 국가 사이의 화해 둘 다에 해당된다. 개인 사이의 화해는 가해자와 피해자 두 사람이 새로운 장소로 불려와, 가해자는 자신의 죄를 인정하고 피해자는 자신의 존엄성을 회복하며 가해자를 용서한다. 대조적으로 사회적 화해는 인구 전체를 참여시키는 과정으로, 대안 사회의 재구축을 포함하여 새로운 도덕 질서를 수립한다.57)

화해의 영성은 서로 연결된 연속적 행동을 포함한다. 개신교 신학자인 미로슬라브 볼프(Miroslav Volf)는 3가지 기억에 대해 설명한다. '진실되게 기억하기', '치유될 수 있도록 기억하기', '배우기 위해 기억하기'이다.58) 남아프리카공화국의 신학자 데니스 애커만(Denise Ackermann)은 화해를 '변화하기 위해 구체화된 실천(praxis)'이라 지칭하며, 5가지 행위로 구성된다고 말한다. 소외된 상황 인식하기, 그 현실을 공적으로 인정하기, 애도하며 인정을 표현하기, 잘못을 저지른 사람을 용서하기, 정의 회복하기다.59) 애커만의 제안에서 힌트를 얻어, 필자는 다음 4가지 연결된 행동, 즉, 진실 알기, 정의 행하기, 용서하기 그리고 사회 재건하기라는 화해의 영성을 제안한다.

진실 알기

화해 과정에서 진실을 알아가는 작업에는 3가지 측면이 있다. 첫째로, 개인에게 행해진 학대 사실을 파악하는 일이다. (피해자는 누구인가? 가해자는 누구인가? 피해자에게 어떤 일이 일어났는가?) 둘째로, 억압 정권의 폭력 유형과 기저 구조를 드러내는 일이다. 셋째로, 피해자의 기억을 존중하고 보고서를 통해 학대 역사를 공개하는 일이다.60) 이와 같은 진실 알기는 볼프의 첫 번째 개념인 '진실되게 기억하기'와 애커만의 소외시킨 현실에 대해 공식적으로 인정하기에서 영감을 얻은 것으로, 진실된 화해를 달성하기 위해 절대적으로 필요하다. 슈라이터(Schreiter)가 설득력 있게 제시했듯이, 체계적 폭력은 피해자에게 자기 정체성과 안전 감각을 제공하는 진실을 파괴하고, 대신 그 자리에 '거짓 내러티브'를 구축하기 때문이다.61) 이런 진실 알기는 생존자와 피해자의 가족들에게 피해 사실이 종결되었음을 알리는 데 필요할 뿐만 아니라, 새로운 도덕적 질서가 정립될 수 있도록 진실성이라는 양식을 만드는 일이기도 하다. (사회 재건하기라는 네 번째 행동과 연결된다.)

정의 행하기

진실 알기가 반드시 화해로 이어지는 건 아니다. 실제로, 진실 알기가 복수, 증오, 보복으로 이어질 수도 있다. 화해를 달성하기 위해서는 진실을 파악하고 나서 정의를 행하는 일이 뒤따라야 한다. 볼프의 두 번째 개념인 '치유될 수 있도록 기억하기'와 애커만의 '정의 회복하기'가 이것을 암시한다. 정의 없는 화해는 부도덕하다. 하지만 어떤 종류의 정의를 말하는 것인가? 물론, 그저 가해자가 체포되고, 재판받고, 선고받고, 처벌받는 식의 징벌적 정의는 아닐 것이다. 징벌적 정의는 가해자에게 도덕적 회심의 기회를 제공하여 행동 수정이 이루어질 수 있어야 한다. 그렇지 않다면 징벌적 정의는 복수와 다를 바 없다.

슈라이터가 지적했듯이 정의에는 주의 깊게 살펴야 할 3가지 단계가 있다. 첫 번째는 복권의 또는 회복적 정의로, 피해자에게 배상이나 복권을 제공함으로써 과오를 바로잡으려는 정의다. 배상은 피해자가 겪은 피해와 상처를 완전히 없앨 수는 없고 완화할 뿐이지만 (죽은 사람이 다시 살아 돌아올 수 없고, 건강은 회복될 수 없으며, 잃은 세월은 되돌릴 수 없듯이), 그럼에도 불구하고 피해자의 존엄성을 회복하는 데 아주 중요하고 필요한 상징이 된다. 두 번째는, 사회 내의 불평등을 제거하는 구조적 정의이고, 세 번째는 정의롭고 동등한 법체계를 구축하고 법률을 유지하는 법적 정의다.62)

용서하기

세 번째이자 화해 과정에서 가장 어려운 부분이라는 데 의견 일치를 보이는 단계가 용서하기다. 용서하기가 어려운 이유 중 하나는 '용서하고 잊으라'는 말이 시사하듯이, 언뜻 보기에 용서가 고통을 일으킨 폭력을 잊으라는 것처럼 보이기 때문이다. 하지만 당연하게도, 신체적 고문과 정치적 억압을 받은 피해자 대다수는 상처를 잊어버리기란 불가능하다고 말한다. 상처가 육체와 영혼에 영원히 새겨졌기에, 용서는 자신의 능력 밖의 일이라고 느낀다. 그들에게 용서한다는 것은 과거를, 특히 죽은 사람을 배신하는 것처럼 느껴진다. '용서하고 잊으라'는 말 대신 훨씬 더 유용한 말이 있다. 우리는 '기억하고 용서해야' 한다."63) 또는 슈라이터의 표현대로 '*용서함으로써 우리는 잊지 않습니다. 오히려 우리는 다른 방식으로 기억합니다.*"64) 용서함으로써 힘의 균형이 가해자로부터 피해자에게 넘어오기 때문에 *다른 방식*으로 기억하는 것이 가능해진다. 용서할 수 있는 힘을 가진 사람은 피해자뿐이다. 용서하면 피해자는 가해자의 손아귀를 벗어나 과거의 힘으로부터 자유로워지며, 두려움과 고통이 아닌 다른 이야기가 담긴 삶을 살 수 있게 된다.

　용서가 어려운 데는 또 다른 이유가 있다. 일반적으로 용서의 조건은 가해자의 잘못에 대한 인정, 참회, 피해자에게 용서 청하기이다. 하지만 자기가 저지른 악한 행동을 마주하고서도, 가해자가 진심을 담아 용서를 구하는 경우는 아주 희박하다. 대개의 경우 피해자는 정의롭지 못한 상황 속에 남겨지고, 가해자는 뻔뻔스럽게도 자신의 책임을 부인하고 다른 나라로 도망가거나 잘못된 방법으로 취득한 부로 편안한 삶을 살기도 한다. 바로 이때 인간의 용서가 하느님의 용서의 성격을 띠게 된다. 그리스도교 신앙에 따르면, 하느님은 인간이 *이전에* 한 참회 때문에 용서하시는 것이 아니라 하느님의 감사한 사랑과 자비로 인간을 용서하신다. 하느님의 용서가 죄인을 참회하게 하는 것이지 그 반대가 아니다. 참회는 조건이 아니며 하느님 용서의 *결실*이다. 하느님의 감사한 자비와 사랑을 모방할 때, 하느님의 은총과 힘에 의해, 피해자는 자신의 용서가 죄인을 참회와 변화로 이끌 수 있기를 바라며, 자신을 고문한 가해자를 그들이 참회하고 용서를 구하기 *이전에* 용서한다. 하느님의 용서가 그러하듯, 피해자의 용서는 선물과 같으며 기적과 같은 가치를 지닌다. 궁극적으로, 진실과 정의를 초월한 감사한 용서가 가해자와 피해자 사이의 실질적인 화해를 이룬다. 그때서야 사면에 대한 법적, 사회적 절차가 이행될 수 있다.65)

　　사회 재건하기

진실을 찾고 정의를 회복하고 용서하는 일의 궁극적인 목표는 모든 시민이 자유와 평등, 조화 안에서 사는 사회를 만드는 것이며, 적어도 인권 유린이 다시는 일어나지 않는 사회를 만드는 것이다. 이런 사회 재건 작업은 볼프의 개념 중에서 '배우기 위해 기억하기', 그리고 애커만의 화해에 대한 전반적인 개념인 변화하기 위해 구체화된 실천에 해당한다.

그런 변화를 위한 실천은 다양한 사회 개혁을 통해 구조적 정의를 세우고, 법체계와 법의 개혁을 통해 법적 정의를 바로 세우는 일을 필요로 한다. 더 나아가 모든 시민이 자신의 권리와 의무를 행사할 수 있는 민주주의 정부도 필요하다. 또 가난하고 약한 사람들에게 생활 임금을 벌고 기본적인 욕구를 충족시킬 수 있는 동등한 기회가 주어지는 경제 체계를 수립해야 한다. 마지막으로 중요한 것은 교육, 언론, 그 밖의 여러 수단을 바탕으로 문화적, 종교적 차원의 인간적인 삶이 육성되고 발전되어야 하는데, 그래야 특정 차원에서만이 아니라 온전한 인간으로서 충만한 번영을 누릴 수 있을 것이다.

평화로 가는 길에서 다른 종교로부터 배우기

평화로 가는 여정에서 우리가 다른 종교로부터 무엇을 배울 수 있는지 성찰하려 할 때, 제이 맥다니엘(Jay McDaniel)은 오늘날 종교가 마주한 5가지 도전 과제를 제시한다.[66] 첫 번째는 **연민**이다. 이것은 각 종교 전통 내에서 생명 공동체를 존중하고 보살피는데 도움을 주는 원천을 식별하고, 그 원천에 바탕으로 두고 살아가는 일이며, 그래야 정의롭고 지속가능하며 참여율이 높고 비폭력적인 다종교 공동체를 만들어갈 수 있다. 두 번째는 *참회*다. 이것은 각 종교 전통에 오만, 선입견, 폭력, 무지의 성향을 내재되어 있다는 사실을 인정하고, 그것에 대해 참회하는 일이며, 각 종교 역사에 새로운 장을 추가하는 일이다. 세 번째는 *단순함*이다. 이것은 과소비를 피하고 단순하게 절약하며 생활하는 일로, 그래야 빈곤의 비극과 풍족의 오만함을 줄일 수 있다. 네 번째는 *생태*다. 우리 인간도 지구 피조물의 일부일 뿐이며, 다른 피조물과 생명 전체에 대해 책임감을 지녀야 한다는 사실을 깨닫는 일이다. 다섯 번째는 *다양성*이다. 다른 신앙을 가진 사람들과 친구가 되어 평화를 옹호하는 일이다.

위 5가지 도전 과제를 풀어나가기 위해 우리가 해야 하는 일은 맥다니엘이 말했듯이 '깊이 있게 듣기'다. 다른 이들의 안녕을 긍정하고 존중하기 위해 다른 이들과 공감하는 행위다. 다른 사람들의 말을 '들을 때' (다른 이들을 단순하게 '바라볼 때'와 반대로), 마치 성베네딕토가 말씀하셨듯이, '마음의 귀로 들을 때', 우리는 감정을 느끼려 노력하며 그 감정이 전달하는 진정한 의미를 (말하는 내용 자체만이 아니라), 그리고 단어 사이의 침묵까지도 이해할 수 있다. 그들이 표현하는 소망과 목표를 마치 우리의 것인 양 받아들이고, 그것이 성취될 수 있도록 돕는 일이다.

그런 깊이 있게 듣기를, 특히 다른 종교를 가진 사람들 사이에서 행할 때, 우리는 그것을 종교간 대화라고 부른다. 이런 듣기는 상호 존중, 상호 작용, 그리고 관계상의 변화를 촉진한다. 이런 듣기는 우리가 어느 특정 종교만이 모든 진리를 가지고 있지 않다는 사실을 (물론 어느 정도의 진리를 모든 종교가 가지고 있다는 사실을) 분명하게 인정할 때만 가능하다. 맥다니엘은 이런 자세를 '보완적 다원주의'라고 칭하고, "각각의 종교를 하나만 볼 때보다 모든 종교를 다 함께 고려했을 때 더 많은 지혜가 있으며, 다른 종교를 가진 사람들은 서로에게 배울 점이 많다. 한 종교에서 나온 통찰이 다른 종교의 통찰을 완성하고 올바르게 해 줄 수 있기 때문이다."라고 말했다.[67]

다른 종교 전통을 '깊이 있게 듣기'라는 맥락에서 이해하면, 평화만들기와 화해에 대한 가톨릭교회의 가르침이 다른 종교의 통찰에 의해 약점을 보완할 수 있게 되고, 훨씬 더 풍요로워질 것이라는 점에는 의심할 여지가 없다. 이런 방식으로, 가톨릭교회의 가르침은 진리를 찾고, 정의를 세우며, 용서를 촉진하고, 조화로운 세계 질서를 건설하려는 임무에, 그리고 연민, 참회, 단순함, 생태, 다양성이라는 도전 과제에 부응할 수 있도록 더 충실히 준비할 수 있을 것이다.

(번역 김예슬)

1) 무슬림의 최근 폭력 활동 연구는 마크 주어겐스마이어(Mark Juergensmeyer), *Terror in the Mind of God: The Global Rise of Religious Violence* (Berkeley and Los Angeles: University of California Press, 2000), 60-83쪽 참조. 에스포지토(J. L. Esposito)의 연구도 참조.

2) 이런 갈등에 대한 유용한 자료는 스콧 애플비(R. Scott Appleby), *The Ambivalence of the Sacred: Religion, Violence, and Reconciliation* (Lanham, MD: Rowman and Littlefield, 2000) 참조.

3) 이와 같은 '그리스도의 군대'에 대한 설명은 마크 주어겐스마이어, *Terror in the Mind of God: The Global Rise of Religious Violence*, 19-43쪽 참조.

4) 교황 우르바노 2세, 롤란드 H. 베인턴(Roland H. Bainton)의 인용, *Christian Attitudes toward War and Peace* (Nashville: Abingdon, 1969), 111.

5) 가장 유명한 두 사례만 인용하면, 마하트마 간디와 마틴 루터 킹 주니어가 주창한 평화와 정의는 활동가들의 종교적 믿음에 가장 큰 영감을 주었다.

6) 한스 큉(Hans Küng), *Global Responsibility: In Search of a New World Ethic*, trans, John Bowden (New York: Crossroad, 1991), xv. 참조.

7) 제3차 주교시노드(1971)는 *De Iustitia in Mundo*(On justice in the world 라는 의미 - 역자 주)에서 다음과 같이 서술한다. "정의를 위해 행한 행위와 세계의 변혁을 위한 참여는 우리에게 복음 선포의 구성적 차원, 즉 인류를 구원하고 모든 억압적 상황으로부터 해방시키기 위한 교회 사명의 구성적 차원이 되기에 충분한 것으로 보입니다." 조셉 노이너와 자크 드퓌(Joseph Neuner and Jacques Dupuis), eds., *The Christian Faith in the Doctrinal Documents of the Catholic Church* (New York: Alba House, 2001), 937 참조.

8) 교황청 종교간대화평의회와 인류복음화성, 「대화와 선포(*Dialogue and Proclamation*)」 (May 19, 1991), 42항. 이 문서의 영문 전문은 윌리엄 버로우(William Burrows), ed., *Redemption and Dialogue: Reading Redemptoris Missio and Dialogue and Proclamation* (Maryknoll, NY: Orbis Books, 1993), 93~118 참조. FABC가 파악한 이 사중 대화에 대해서는 프란츠-조세프 에일러스(Franz-Josef Eilers), ed., *For All the Peoples of Asia: Documents from 1992-1996* (Quezon City, Manila: Claretian Publications, 1997), 21~26, 169; *For All the Peoples of Asia: Documents from 1996-2002* (Quezon City, Manila: Claretian Publications, 2002), 44~45, 120~125, 139~145 참조.

9) 제2차 바티칸 공의회부터 교황 요한 바오로 2세까지 가톨릭교회의 종교간 대화 관련 공식 문서를 유용하게 정리해 둔 자료는 프란체스코 지오이아(Francesco Gioia), ed., 『종교간 대화』(*Interreligious Dialogue: The Official Teaching of the Catholic Church from the Second Vatican Council to John Paul II* 1963-2005, Boston: Pauline Books and Media, 2006)이다. 편의상 교황 요한 바오로 2세의 인용구는 모두 이 자료에서 발췌했으며, (쪽수 대신) 항 번호를 사용했다. 이 자료의 영어와 중판본(2006)에는 별표(*)가 있는 숫자와 없는 숫자, 두 가지 숫자가 있음을 유의하라. 별표(*)가 붙은 숫자는 이탈리아어 원본 1994년도 에디션에 추가된 항목을 의미한다.

10) 제2차 바티칸 공의회, 『비(非) 그리스도교와 교회의 관계에 대한 선언(*Nostra Aetate*)』 2항, 노이너와 드퓌, *The Christian Faith*, 431-32.

11) 피터 판(Peter C. Phan), "Pope John Paul II and Interreligious Dialogue: Reality and Promise," in *The Vision of John Paul II: Assessing His Thought and Influence*, ed. 제랄드 매니온(Gerald Mannion) (Collegeville, MN: Liturgical Press, 2008), 235~257항 참조.

12) 지오이아, 『종교간 대화(*Interreligious Dialogue*)』, 535항.

13) 이 연설문을 확인하려면 지오이아, 『종교간 대화』, 562~573항 참조.

14) 산테지디오 공동체(the Sant'Egidio Community)는 안드레아 리카르디가 1968년 로마에서 시작했다. '공적인 교회 평신도 단체'로 로마 산테지디오 성당에 본부를 두었다. 기도, 복음 선포, 교회 일치 운동, 종교간 대화, 가난한 이들과의 친교를 주로 하고 있다. 현재 70개국에서 5만 명의 회원이 활동하고 있다.

15) 조지 베이글(George Weigel), *Witness to Hope: The Biography of John Paul II* (New York: HarperCollins, 2005), 522. 안타깝게도 반대하던 추기경들이 누구인지는 알려지지 않았지만, 당시 교황청 신앙교리성 장관이었던 요제프 라칭거 추기경(베네딕토 16세 교황)이었을 거라는 건 억지스러운 추측이 아니다.

16) 교황 요한 바오로 2세는 평생 많은 유대인을 만난 경험이 있다. 교황은 막스 셸러(Max Scheler, 교황의 교수 자격논문 주제였음), 프란츠 로젠츠베이그(Franz Rosenzweig), 마틴 부버(Martin Buber) 그리고 엠마누엘 레비나스(Emmanuel Levinas)에게 지적인 차원에서 큰 도움을 받았다고 밝혔다. 신학적으로나 영성적인 차원에서, 교황 요한 바오로 2세는 다른 비그리스도교보다 유대교에 대해 더 많이 알고 있었고 더 가까웠다.

17) 교황 요한 바오로 2세 편에서는 유대인에게 풍부한 우정과 존경의 상징적인 제스처를 보였지만, 교황의 또 다른 제스처는 심각한 논란을 불러일으켰다는 사실도 주목해야 한다. 그런 제스처 중 하나로, 1987년에 제3제국(나치 독일을 의미한다. - 역자 주)의 군 장교 출신으로 전시 인권 침해에 대한 역할에 대해 반성하지 않았던 커트 발드하임(Kurt Waldheim) 전 유엔 사무총장 겸 오스트리아 대통령과 만났던 적이 있었다. 외교적으로는 불가피했을지 모르지만, 이 만남은 특히 유대인 지도자 사이에서 엄청난 충격과 우려를 자아냈다. 또 다른 논란을 부른 행위는 1998년 교황 요한 바오로 2세가 유대교에서 가톨릭으로 개종한 에디트 슈타인(Edith Stein)을 시성하고 가르멜회 수녀(십자가의 성녀 데레사 베네딕타 수녀)와 아우슈비츠-비르케나우의 나치 가스실 피해자를 시성한 일이다. 교황이 에디트 슈타인을 '이스라엘의 유능하고 교회의 충실한 딸'이라고 언급했음에도 불구하고, 일부 유대인은 그녀의 시성을 홀로코스트를 '그리스도교화'하려는 은밀한 시도라고 비판했다.

18) 교황 요한 바오로 2세는 불교도들과 대체로 우호적인 관계를 이어왔는데, 다소 안타까운 사건은 이탈리아 언론인 비토리오 메쏘리(Vittorio Messori)와의 인터뷰 기사가 공개된 것이었다. 교황이 불교를 '무신론적인' 종교로 특징지은 기사 내용이 여러 불교 종단으로부터, 특히 스리랑카에서 거센 항의를 불러일으켰다. (교황 요한 바오로 2세의 *Crossing the Threshold of Hope* [New York: Alfred A. Knopf, 1994] 참조.) 1995년 스리랑카를 방문했을 때, 교황은 일부러 자신이 부처의 가르침을 존경한다는 사실과 가톨릭교회의 종교간 대화를 향한 집념을 재확인했다. 교황 요한 바오로 2세가 특별한 관계를 맺었던 또 다른 종교는 힌두교다. 1987년 9월 16일, 미국 로스앤젤레스에서 다양한 종교 신자 앞에서 연설할 때, 교황 요한 바오로 2세는 이렇게 말했다. "힌두교 공동체에게 말합니다. 여러분, 저는 순수하게 기계주의적이거나 유물론적이고 정치적인 고려가 아니라, 모든 사람에 대한 자기 정화, 비이기주의, 사랑과 동정심에 바탕을 둔, 내면의 평화와 세계의 평화에 대한 여러분의 관

심을 존중합니다. 모든 사람의 마음에 그런 사랑과 이해가 스며들어 있기를 바랍니다." (지오이아, 『종교간 대화』, 596항, 828항도* 참조).

19) 제2차 바티칸 공의회, 『인류의 빛(Lumen Gentium)』, 16항, "또한 하느님의 섭리는 자기 탓 없이 아직 하느님을 분명하게 알지 못하지만 하느님의 은총으로 바른 생활을 하려고 노력하는 사람들에게는 구원에 필요한 도움을 거절하지 않으신다. 사실 그들이 지닌 좋은 것, 참된 것은 무엇이든지 다 교회는 복음의 준비로 여기며, 모든 사람이 마침내 생명을 얻도록 빛을 비추시는 분께서 주신 것이라고 생각한다."

20) 제2차 바티칸 공의회, 『인류의 빛』, 17항. 이와 같은 내용이 선교에 대한 제2차 공의회의 『만민에게(Ad Gentes)』 9항에서도 드러난다. "마치 감추어진 하느님의 현존과도 같이 이미 민족들에게 있는 진리와 은총은 그 무엇이든 악의 오염에서 건져 내어 그 주관자이신 그리스도께 돌려 드린다. 그리스도께서는 악마의 지배를 무너뜨리시고 죄의 온갖 악에서 보호하여 주신다. 따라서 사람들의 마음과 정신에 또는 민족들의 고유 의례와 문화에 심겨 있는 좋은 것은 무엇이든 없어지지 않도록 할 뿐만 아니라 오히려 하느님의 영광과 악마의 패배와 인간의 행복을 위해 치유되고 승화되고 완성되게 한다."

21) 『비(非) 그리스도교와 교회의 관계에 대한 선언』, 2항. 제2차 바티칸 공의회가 비그리스도교에 대해 설명한 더욱 분명한 가르침에 대해서는 자크 드퓌(Jacques Dupuis), *Toward a Christian Theology of Religious Pluralism* (Maryknoll, NY: Orbis Books, 1997), 161-70; 필립 베리맨(Phillip Berryman) 역, *Christianity and the Religions: From Confrontation to Dialogue* (Maryknoll, NY: Orbis Books, 2002), 59-66 참조. 여기서 살펴볼 점은 비그리스도교가 그리스도의 구원 활동에 궁극적으로 의존하는 한편, 자체적으로 '구원의 길'임을 확인하고자 제2차 바티칸 공의회가 한 걸음 더 나아갔는가 하는 부분이다. 다시 말해, 비그리스도교에 존재하는 '진리와 은총의 요소'가 가톨릭교회 내에서, 가톨릭교회의 사명으로 충족될 수 있는가? 혹은 구원의 '길' 또는 구원의 '수단'을 받아들이고 그에 따라 사는 비그리스도교 신자는 그들만의 자율적이고 고유한 진리와 선함의 덕을 따라 행동하는가? 동일한 질문을 종교간 대화에서는 다음과 같이 다르게 표현할 수 있다. 종교간 대화는, 가톨릭교회가 이미 진리와 은총의 요소를 충만하게 갖추고 있으며 원칙적으로는 다른 종교를 필요로 하지 않기 때문에, 다른 종교에 존재하는 진리와 은총의 요소를 가톨릭교회만이 '정화하고, 드높이고, 완벽하게 한다'는 일방통행식의 양상을 띠는가? 아니면 종교간 대화는 가톨릭교회가 진리와 은총의 요소를 전혀 갖추고 있지 않거나 비그리스도교 종교와 동일한 수준으로 갖추고 있지 않기 때문에 진정으로 풍요로워지고 보완될 수 있기 때문에 쌍방 활동인가? 제2차 바티칸 공의회의 여러 흥미로운 문헌을 선별하여 이 두 가지 대안을 옹호할 수는 있겠지만, (장 다닐루Jean Danilou-헨리 드 루박Henri de Lubac의 충족 이론에 따르는) 미니멀리스트의 입장이나 (그리스도교와 비그리스도교의 구원의 길은 평행을 이룬다는 존 힉 John Hick-폴 니터Paul Knitter의 '다원론자 논지'를 따르는) 맥시멀리스트의 입장 둘 다 제2차 바티칸 공의회의 입장을 정확하게 대변하고 있지는 않다. 반대로 칼 라너와 자크 드퓌는 제2차 바티칸 공의회가 가톨릭교회와 비그리스도교 사이에 (비그리스도교 개별 신자뿐만 아니라) 긍정적인 관계가 존재한다고 가르치면서도 구원에서 비그리스도교의 긍정적인 역할에 대해서는 향후의 신학 토론을 위해 정의하지 않은 채 열어 두었다고 지적한 것은 정당하다. 제2차 바티칸 공의회는 비그리스도교에서 진리와 은총의 요소는 '말하자면, 하느님의 은밀한 현존' 그리고 '말씀의 씨앗'을 구성하며, 그리스도께서 몸소 그들에게 주신 '복음에 대한 준비'로 간주되어야 한다고 주장할 뿐이다.

22) 이런 근본 가르침을 재확인하기 위해 교황 요한 바오로 2세의 방대한 저술을 여기에 인용할 필요는 없을 듯하다. 인용문이 뒤죽박죽되는 걸 방지하기 위해 다시 인용하기보다는 앞에서 이미 인용한 프란체스코 지오이아가 교황 요한 바오로 2세의 중요 저술을 편집한 자료

를 참고할 것을 권고한다. 그중에서도 다음 문건이 종교간 대화와 관련해 주목할 만하다. (1) 회칙: 『인간의 구원자(Redemptor Hominis)』 (1979), 『자비로우신 하느님(Dives in Misericordia)』 (1980), 『생명을 주시는 하느님(Dominum et Vivificantem)』 (1986), 『교회의 선교 사명(Redemptoris Missio)』 (1990), 『신앙과 이성(Fides et Ratio)』 (1998); (2) 교황 권고: 『아프리카 교회(Ecclesia in Africa)』 (1995), 『아시아 교회(Ecclesia in Asia)』 (1999), 『새 천년기(Novo Millennio Ineunte)』 (2001), 『유럽 교회(Ecclesia in Europa)』 (2003); (3) 교황 교서: 『예루살렘 도시에 관하여(Redemptionis Anno)』 (1984) 와 『제삼천년기(Tertio Millennio Adveniente)』 (1994).

23) 지오이아, 『종교간 대화』 I, 178항. 또 685항 참조. "가톨릭교회는 불교, 힌두교, 이슬람교의 종교 전통으로부터 이어지는 옳고 거룩한 것이 모든 사람에게 깨달음을 주는 진리의 반영이므로 기꺼이 존중하지만, 그렇다고 해서 가톨릭교회가 예수 그리스도를 선포하는 임무와 결심을 적게 만들지는 않는다." 713항도 참조. "어디에서나 발견되는 하느님의 진리에 열려 있는 일과 그리스도의 은총을 인정하는 일 사이에 모순은 없으며, 이것은 다른 전통의 영적 보물 안에 존재하며 *그분께로 다시 돌아가도록* 되어 있다." 복음화와 종교간 대화의 관계는 공동문헌에서 자세하게 설명한다. 교황청 종교간대화평의회와 인류복음화성, 「대화와 선포(Dialogue and Proclamation)」(1991) (926-1013항 참조).

24) 『종교간 대화』, 931항*. 교황 요한 바오로 2세는 "교회 밖에는 구원이 없다(extra ecclesiam nulla salus)"는 공식을 올바르게 이해한다면, 이 원리는 가톨릭교회 밖에서의 구원 가능성을 배제하지 않는다고 주장했다. 오히려 이 공식은 "예수 그리스도를 통해 하느님의 의도대로 가톨릭교회가 세워졌다는 사실에 무지한 사람이 아니라면, 가톨릭교회 안에 들어와 구원을 얻고자 머물러야 하는 마땅한 의무를 가진다."는 의미라고 설명했다. 나아가 이 공식은 가톨릭교회 밖에서 구원을 얻는 일이 가능하다 할지라도, 그 구원은 가톨릭교회와 관련된 '신비한 방법'으로 이루어지는 일이다. "은총을 받는 효과가 나타나려면 받아들임, 협조, 거룩한 은총에 '네'라고 말하는 것이 필수다. 그리고 이런 받아들임은 적어도 내재적으로 그리스도와 가톨릭교회 중심적이다. 그러므로 "교회 밖에는 구원이 없다(sine Ecclesia nulla salus)"고 말할 수 있다. 그리스도의 신비한 몸인 가톨릭교회에 속하는 일은 얼마나 내재적이고 신비스럽다 할지라도 구원의 필수 조건인 것이다." 따라서 대화는 "*가톨릭교회가 구원의 일반적인 방법* 이며 *가톨릭교회만이* 충만한 구원의 수단을 갖추고 있다는 확신을 가지고 이루어지고 실행되어야 한다."

25) 지오이아, 『종교간 대화』 I, 412항.

26) 위 책, 572항. 또 169-70항 참조. 성령론에 대한 교황 요한 바오로 2세 교황의 회칙 『생명을 주시는 주님(Dominum et Vivificantem)』 (May 18, 1986)에서 교황은 강생 이전의 성령의 존재에 주목한다. "우리가 그리스도 탄생 후부터 지금까지 이천년의 세월만을 두고 생각하는데 그쳐서는 안 되겠습니다. *우리는 더 거슬러 올라가 그리스도 이전 - 맨 처음 시작부터* - 에 전 세계 특히 구약의 역사 안에서 성령의 활동이 어떠했는지를 아울러 살펴보아야 하겠습니다. 실상, 이 모든 곳, 모든 시대를 망라하고, 모든 사람 안에서까지 구원의 영원한 계획에 따라 이 활동은 진행되었으며, 이 영원한 구원 계획안에서 긴밀하게 연결되었습니다 … .이처럼 은총은 동시에 그리스도론적 특성과 성령론적 특성을 지니고 있습니다.(53항)"

27) 『교회의 선교 사명』(1990), 주교회의 번역문 28-29항, 『인류의 빛』, 17항, 『만민에게』, 3, 15항, 『종교간 대화』, 176-77항 참조.

28) 『교회의 선교 사명』(1990), 주교회의 번역문 29항.

29) 제2차 바티칸 공의회, 『인류의 빛』, 62항.

30) 교황 요한 바오로 2세, 『교회의 선교 사명』 (1990), 5항. 성령께서는 모든 종교 안에 존재하시므로, 교황 요한 바오로 2세의 관점에서는 모든 종교 안에 '*말씀의 씨앗(semina verbi)*'이라고 볼 수 있는 것이 있었다. 교황 요한 바오로 2세는 『인류의 빛』 13항을 인용하며, 제2차 바티칸 공의회에 따르면 "성령께서는 가톨릭교회의 가시적인 구조 밖에서도 *모든 종교에 공통으로 존재하는 일종의 구원론적(soteriological) 뿌리를* 구성하는 '말씀의 씨앗'을 활용하시며 효과적으로 활동한다."고 말했다. 다시 말해서, 제2차 바티칸 공의회가 비그리스도교에 *'말씀의 씨앗'*이 존재한다는 점을 확인한 건 사실이지만, 교황 요한 바오로 2세가 그랬듯이, 공의회도 '모든 종교'가 – 본질적으로 그리스도교와 연결된 유대교뿐만 아니라 힌두교, 불교, 이슬람교, 원시종교라고 불리는 종교까지 – '공통으로 존재하는 구원론적 뿌리'를 가진다고 하지는 않았다. 따라서 의문이 자연스레 들게 된다. 이 '공통의 구원론적 뿌리' 덕에 비그리스도교도 '구원의 방법'이라고 말할 수 있는 것인가? 다르게 표현하자면, 비그리스도교 신자가 구원받는다면, 제2차 바티칸 공의회가 확인한 그 구원의 가능성으로 구원받는 것인가? 아니면 그들의 종교를 통해 구원받는 것인가?

31) 지오이아, 『종교간 대화』 I, 371항.

32) 위 책, 844*항.

33) 위 책.

34) 요제프 라칭거와 마르첼로 페라(Joseph Ratzinger and Marcello Pera), *Without Roots: The West, Relativism, Christianity, Islam*, Michael F. Moore 번역 (New York: Basic Books, 2007).

35) 이탈리아어 원문은 "Ella spiega con grande chiarezza che un dialogo inter-religiosonel senso stretto della parola non possibile, mentre urge tanto pi il dialogo interculturale che approfondisce le consequenze culturali della decisione religiosa di fondo" 이다. (이탈리아어 원문은 Corriere della Sera (2008년 11월 25일)에서 확인할 수 있으며, 인용을 위해 필자가 직접 영어로 옮겼다.

36) 이탈리아어 원문은 "Mentre su quest'ultima un vero dialogo non possibile senza mettere fra parentesi la propria fede, occorre affrontare nel confronto publico le consequenze culturali delle decisioni religiose di fondo. Qui il dialogo e una mutua correzione e un arrichimento vicendevole sono possibili e necessari." 이다.

37) 교황 요한 바오로 2세와 요제프 라칭거 추기경(교황 베네딕토 16세)이 종교간 대화에 관해 드러낸 견해에 대해서는 그레고리 바움의 비교 분석이 도움이 된다. 그레고리 바움(Gregory Baum), *Signs of the Times: Religious Pluralism and Economic Injustice* (Toronto: Novalis, 2007), 121-43.

38) 잡지 『애틀랜틱(*Atlantic*)』은 2006년 4월호에서 38명의 미국인 외교정책 전문가에게 미국에게 가장 위협이 되는 국가 7개 국가를 꼽아보라고 요청했다. 응답자가 꼽은 국가들은 끝에서부터 이란, 북한, 파키스탄, 중국, 사우디아라비아, 이라크, 러시아였다. 러시아를 제외하고 모든 국가가 전부 아시아에 속한다. "States of Insecurity," *Atlantic*, 297, no. 3 (April 2006), 38.

39) 이런 평화만들기 프로젝트 일부를 살펴보려면, 스콧 애플비, "Catholic Peacebuilding," *America* 189, no. 6 (September 2003) 12-15 참조.

40) 이런 내러티브에 대해서는 여러 사람들의 연구에 크게 의존했다. 그중 가장 유용했던 자

료는 매리 앤 세즈카와 토마스 바맷(Mary Ann Cejka and Thomas Bamat), eds., *Artisans of Peace: Grassroots Peacemaking among Christian Communities* (Maryknoll, NY: Orbis Books, 2003); 요이치 후나바시(Yoichi Funabashi), ed., *Reconciliation in the Asia-Pacific* (Washington DC: United States Institute of Peace, 2003); 데이비드 스목(David R. Smock), ed., *Interfaith Dialogue and Peacebuilding* (Washington DC: United States Institute of Peace, 2002)이다. 더 자세히 살펴보려면, 이 책에서 토마스 미셸(Thomas Michel)이 저술한 내용(9장) 참조.

41) 세즈카와 바맷, *Artisans of Peace* 참조. 존 폴 레더락(John Paul Lederach)의 용어를 차용해 표현하자면, 최상위와 중간 범주라 할 수 있는 두 주체 외에, 풀뿌리 운동의 기여에 초점을 맞춘 연구가 이 책에 실려 있다.

42) 필리핀의 평화를 위한 종교간 대화 운동에 대한 정보는, 칼 가스파르(Karl M. Gaspar), "The Philippines: Bringing Muslims and Christians Together in Peace," 세즈카와 바맷, *Artisans of Peace*, 96-131, 참조.

43) 가스파르, "The Philippines," 107-112 참조.

44) 실시라 대화 운동에 관해서는, 세바스티안 담브라(Sebastian D'Ambra), *Call to a Dream: Silsilah Dialogue Movement* (Zamboanga City: Silsilah Publications, 2008) 참조.

45) 스리랑카에 대한 정보는 셜리 랄 비제싱허(Shirley Lal Wijesinghe), "Sri Lanka: Prophetic Initiatives amidst Deadly Conflicts," 세즈카와 바맷, *Artisans of Peace*, 166-95; 세네비라트네(H. L. Seneviratne), "Religion and Conflict: The Case of Buddhism in Sri Lanka," *Trumping Realpolitik: Faith-Based Diplomacy*, ed. 더글라스 존스턴(Douglas Johnston) (Oxford: Oxford University Press, 2003), 7690; 이바 노이마이어(Eva K. Neumaier), "Missed Opportunities: Buddhism and the Ethnic Strife in Sri Lanka and Tibet," in *Religion and Peacebuilding*, ed. 해롤드 코워드와 고든 스미스(Harold Coward and Gordon S. Smith) (Albany: State University of New York Press, 2004), 69-92 참조.

46) 엘리자베스 켄달(Elizabeth Kendal), "Sri Lanka: Anti-Christian Violence Suddenly Escalates," *Assist News Service*, March 12, 2008. 웹사이트 www.assistnews.net 에서 열람 가능.

47) 비제싱허, "Sri Lanka," 174-76 참조.

48) 위 글, 177-182.

49) 크리스 윌슨(Chris Wilson), *Ethno-Religious Violence in Indonesia: From Soil to God* (London: Routledge, 2008); 존 태버 시델(John Thaver Sidel), *Riots, Pogroms, Jihad: Religious Violence in Indonesia* (Ithaca, NY: Cornell University Press, 2006); 카렐 스틴브링크(Karel Steenbrink), "Interpretations of Christian - Muslim Violence in the Moluccas," *Studies in Interreligious Dialogue* 11 (2001), 64-91 참조.

50) 제니퍼 린지(Jennifer Lindsay), "Y. B. Mangunwijaya, 1929-1999," *Indonesia* 67 (April 1999), 2013; 무지버라만(Y. B. Mujiburrahman), "The Diaspora Church in Indonesia: Mangunwijaya on Nationalism, Humanism, and Catholic Praxis," *Journal of Ecumenical Studies* 38 (2001); 카렐 스틴브링크(Karel Steenbrink), "Y. B.

Mangunwijaya's Blueprint for a Diaspora Church in Indonesia," *Exchange* 27 (1998), 17-36 참조.

51) 세즈카와 바맷, *Artisans of Peace*, 5에서 저자들은 데이비드 마틴(David Martin)의 *Does Christianity Cause War?* (New York: Oxford University Press, 1997)를 언급한다.

52) 세즈카와 바맷, *Artisans of Peace*, 4.

53) 위 책, 24-28 참조.

54) 위 책, 4. 세즈카는 또한 "종교적 동기는 통계적으로 유의미할 만큼 자주 인용되었지만 평화만들기를 위한 4가지 동기 유형 중 가장 적게 인용되었다."(위 책, 15)라고 강조한다.

55) 피터 판(Peter C. Phan), "Peacemaking and Reconciliation: Roman Catholic Teachings in the Context of Interreligious Dialogue," *Journal for Peace and Justice Studies* 16, no. 2 (2008), 241 참조.

56) 데이비드 스목(David Smock), "Catholic Contributions to International Peace," *Special Report* no. 69 (Washington DC: United States Institute of Peace, April 9, 2001).

57) 개인적 화해와 사회적 화해의 차이점에 대해서는 로버트 슈라이터(Robert Schreiter), *The Ministry of Reconciliation: Spirituality and Strategies* (Maryknoll, NY: Orbis Books), 111-16 참조. 이 책의 한국어 번역본은 『화해의 사역』(임상필 역, 한국장로교출판사, 2004).

58) 미로슬라브 볼프(Miroslav Volf), "Memory of Reconciliation-Reconciliation of Memory," *Proceedings of the Fifty-ninth Annual Convention, The Catholic Theological Society of America* 59 (2004), 1. 또 *Exclusion and Embrace: Theological Reflections of Identity, Otherness, and Reconciliation* (Nashville, TN: Abingdon, 1996) 참조. 이 책의 한국어 번역본은 『배제와 포용』(박세혁 역, 서울, 한국기독학생회출판부, 2012).

59) 데니스 애커만(Denise Ackermann), "Reconciliation as Embodied Change: A South African Perspective," *Proceedings of the Fifty-ninth Annual Convention, The Catholic Theological Society of America* 59 (2004), 60-65 참조.

60) 남아프리카공화국의 진실화해위원회가 착수하게 된 3가지 과제 중 하나가 인권침해에 대한 진실 규명이었으며, 다른 두 가지는 총체적 인권침해 피해자에 대한 배상을 결정하는 일과 자신의 잘못을 솔직하게 전면 공개한 인권침해 가해자에게 사면을 내리는 일이었다.

61) 슈라이터, *Ministry of Reconciliation*, 34-36 참조.

62) 위 책, 122~123.

63) 도널드 W. 슈라이버(Donald W. Shriver), *An Ethic for Enemies: Forgiveness in Politics* (New York: Oxford University Press, 1995), 6-9. 이 책의 한국어 번역본은 『적을 위한 윤리: 사죄와 용서의 정치 윤리』(서광선, 장윤재 공역, 서울, 이화여자대학교 출판부, 2001).

64) 슈라이터, *Ministry of Reconciliation*, 66.

65) 화해 과정에서 이뤄진 사면과 용서에 대해서는 슈라이터의 *Ministry of Reconciliation*, 124-26; 애플비, *Ambivalence of the Sacred*, 167-204; 윌리엄 볼, 드류 크리스천슨과 로버트 헨네마이어(William Bole, Drew Christiansen and Robert Hennemeyer), *Forgiveness in International Politics: An Alternative Road to Peace* (Washington DC: United States Conference of Catholic Bishops, 2004) 참조.

66) 제이 맥다니엘(Jay McDaniel), *Gandhi's Hope: Learning from Other Religions as a Path to Peace* (Maryknoll, NY: Orbis Books, 2005), 21-22.

67) 위 책, 9.

13장   치유, 용서, 화해의 실천 신학

로버트 슈라이터(Robert J. Schreiter)

이 장에서는 가톨릭 피스빌딩의 3가지 중요 요소인 치유, 용서, 화해에 대한 실천 신학을 간략하게 설명한다. 이를 위해 우선 4가지 사항을 전제할 필요가 있다.

첫째로, *실천 신학*이라는 개념은 지난 2세기 동안 교의적 원리를 실생활에 적용하는 것, 사목적 적용 측면에서 이 원리를 재정의하려는 시도 등, 다양한 의미로 사용되었다. 이 글에서 말하는 실천 신학은 1980년대 중반 이후 발전되어 온 것이다. 실천 신학은 이론과 이를 숙고한 실천(informed practice)이 서로 지속적으로 대화하게 하는 성찰과 지속적인 실천 행위이다. 따라서 이론과 실천은 서로를 계속 만들어 가는데, 이론은 항상 실천에 영향을 미치며, 모든 실천은 적어도 암묵적으로 이론에 근거한다.

이런 관점에서 실천 신학은 사목 활동(예컨대 교리학, 강론학, 사목적 돌봄)을 다루는 신학의 한 분야가 아니라 신학을 수행하는 방법이다. 이런 사유로부터 『국제 실천 신학 저널(*International Journal of*

Practical Theology)』과 국제실천신학회(the International Academy of Practical Theology)가 만들어졌으며, 지금도 두 영역에 영향을 주고 있다.

화해에 대한 실천 신학을 제안하면서, 여기서는 치유, 용서, 화해라는 세 주제를 다음 3가지 접근법을 염두에 두고 논의한다.

(1) 치유, 용서, 화해 과정에 대한 그리스도교 이해를 형성하는 그리스도교 전통 속에 담긴 원천
(2) 치유, 용서, 화해 과정에 대한 그리스도교 이해를 구현하는 실천
(3) 이런 이해, 실천과 피스빌딩에 관한 더 폭넓은 비그리스도교 대중 담론 사이의 유사성.

첫 번째 관점은 이 책의 다른 장에서 리사 케이힐(Lisa Cahill), 피터 판(Peter Phan), 케네스 하임즈(Kenneth Himes)가 제시한 '심층' 신학과는 다소 다르다. 여기서 논의된 주제는 그리스도교 전통 원천과 피스빌딩 경험의 상호 작용에서 나타나는 '중간 공리'[1]를 나타내는데, 중간 공리는 이론과의 연결 고리를 만든다.

두 번째 관점은 숙고에 따른 실천을 나타낸다. 실천은 단순히 이론에서 나오지 않는다. 특히 현대적 형태의 피스빌딩의 많은 부분이 최근에 이루어졌기 때문에(예를 들어, 기억의 국가적 치유를 위한 노력), 실천에 집중하는 것은 중요하다. 실천에 초점을 맞추면 새로운 시각으로 전통을 바라보고 지금까지 인식하지 못한 자원을 발견할 수 있다.

세 번째 관점은 다른 신앙 전통과 세속 담론에서 논의된 피스빌딩에 관한 더 큰 이론 (그리고 실천)과 연결되어 있다. 이것은 피스빌딩

활동에 그리스도인만 참여하지 않기 때문에 중요하다. 그리스도인은 다른 신앙인, 신앙이 없는 사람들과도 협력해야 한다. 효과적이고 지속 가능한 평화에 필요한 동반자적 유대를 구축하기 위해, 그리스도교와 가톨릭의 관점을 다른 사람들이 이해할 수 있는 언어로 바꾸어 전달하는 일이 중요하다.

따라서 화해에 대한 실천 신학은 이중 나선형으로 작동한다. 하나는 숙고한 실천에서 그리스도교 전통으로, 다른 하나는 숙고한 실천에서 피스빌딩에 관한 더 큰 비 그리스도교적 세속 담론으로 연결된다.

둘째로, 치유, 용서, 화해 각 주제를 연속적으로 다루지만, 화해가 가장 중요한 개념이라는 점을 이해해야 한다. 화해는 **목표**이자 **과정**으로 보아야 한다. 대부분의 사람은 화해를 목표로 두고 이야기를 시작한다. (그러나 그 목표가 어떤 것인가에 대해서는 대개 당사자들 사이에 적의가 사라지는 것 외에 명확한 개념이 없다.) 완전하고 절대적인 의미의 화해는 거의 이루어지지 않기 때문에, 사람들은 화해에 대한 어떤 희망도 품지 못하고 절망하곤 한다. 화해는 다른 세계로 향하는 목표나 지평으로 보아야 하지만, 화해에 대해 독특한 임무와 취해야 할 단계가 있는 과정으로 집중하는 것도 마찬가지로 중요하다. 이런 단계에 집중해야 피스빌딩 활동에서 낙담할 가능성이 줄어든다.

하나의 개념으로서 화해의 의미는 폭넓은 스펙트럼의 해석을 인정하면서도 그 자체에 대한 논의도 분분하다. 뒤에서 살펴보겠지만, 사회적 의미에서는 특히 그렇다. 어떤 종류의 화해를 상정하느냐가 어떤 피스빌딩 전략을 마련하여 실행할지에 영향을 미칠 것이다. 어떤 사람들은 화해의 언어 사용을 반대하기도 하는데, 과거에 이 언어가 잘못을 덮기 위해 자주 오용되었거나, 화해가 너무 불분명하고 추상적인 목표여서 손대기조차 어려웠기 때문이다.2)

그리스도교 전통은, 적어도 실천 신학 차원에서 피스빌딩 실천 행위에 지속적으로 정보를 제공하는, 화해에 관한 몇 가지 분명한 개념을 발전시켜 왔다. 그런 실천 행위에 관여하지 않고서는, 화해의 목표는 이해되기 어렵다. 그렇게 이해된 화해는 그 자체에 진실 말하기, 정의, 기억, 치유, 용서를 담고 있다. 따라서 화해의 그리스도교적 언어는 화해를 세속적으로 활용할 때처럼 절대적 융통성을 지니고 있지 않는다. 어떤 면에서 그리스도인에게 화해의 목표는 특정 과정들이 도입되어야만 다다를 수 있다. 따라서 이 장에서 치유와 용서라는 주제는 그것 없이는 목표로서의 화해가 성취될 수 없는 그런 큰 그림의 일부다.

셋째로, 치유, 용서, 화해에 대한 생각은, 특히 그리스도교 신학에서는, 개인이나 작은 집단을 염두에 두고 발전되었다. 개인이나 작은 집단을 무시하는 것은 아니지만, 피스빌딩의 초점은 필연적으로 사회나 국제 관계 같은 거대한 현상에 맞춘다. 이 글에서는 개인이나 작은 집단 차원과 더 큰 차원 모두를 포함하려 한다. 어떤 경우 두 차원 사이에서 의미가 바뀌기도 하지만 연속성 역시 분명히 드러날 것이다. 지도자들이 서명한 평화협정이 사회 평화를 위한 틀은 제공하지만 그 이행은 장담할 수 없는 것이 현실이다. 실제로 국가 차원의 합의는 풀뿌리 차원에서의 적의를 해결하기는커녕 다루지 못하거나, 갈등을 악화시킬 수도 있다. 피스빌더는 풀뿌리, 중간 지도층, 국가라는 3개의 사회 차원에서 기능해야 한다.

넷째이자 마지막으로, 이 글에서는 피스빌딩의 한 시점, 즉 분쟁 이후 상황이나 평화협정 이후 단계에 주로 초점을 맞춘다. 치유, 용서, 화해라는 주제는 갈등 이전 상황이나 갈등 자체의 중재에 같은 무게를 두지 않는다. (손상되지 않은 것을 치유할 수 없으며 손상 행위가 여전히 진행되는 것은 용서할 수 없다.) 치유, 용서, 화해는 (이 문제만 다루는 것은 아니지만) 교황 요한 바오로 2세의 용어로 말하자면, 주로 과거와의 관계를 다루고 '평화의 문화'를 창출하는 것에 관한 것이다. 갈등 이후의 효율적인 재건은 당연히 미래 갈등 예방에 도움이 된다. 또 치유, 용서, 화해의 실천은 궁극적으로 하느님, 동료 인간, 모든 피조물과 올바른 관계에 사는 성경적 **샬롬** 상태를 목표로 한다.

이 장 전반부에서는 화해에 관한 실천 신학의 5가지 원리를 설명한다. 후반부에서는 치유, 용서, 화해를 차례로 탐구한다.

화해에 관한 실천 신학의 다섯 가지 원리

그리스도교 신학은 수직적 화해와 수평적 화해를 구별한다. 수직적 화해는 인류가 하느님과 화해하는 것이다. 케이힐은 이 책 11장에서 인간의 죄에 대한 성경적 전망과 그리스도 안에서, 특히 그의 수난과 죽음에서 어떻게 죄가 극복되는지를 보여준다. 그리스도의 활동을 통해 인간은 다시 하느님과 소통하게 된다. 『사목 헌장(*Gaudium et Spes*)』이 명시하듯이, 하느님과의 소통은 모든 인간의 운명이다. 이것에 대한 성경적 기준은 로마서 5장 1절부터 11절에 나온다. 거기서 바오로는 우리가 하느님 앞에서 의롭게 되었으며, 이것이 화해를 가능하게 했다고 주장한다.

지금까지 발전되어 온 화해에 관한 가톨릭 가르침 대부분은 죄인이 하느님과 화해하는 수직적 차원에 초점을 둔다. 개인적으로나 사회적으로 인간들 사이의 화해인 수평적 화해는 하느님의 화해 활동인 수직적 화해에 뿌리를 두고 있다. 하느님의 활동이 없다면, 보다 큰 차원의 화해를 이끌어 내는 우리의 능력은 갈등, 배신, 범죄 행위가 불러일으킨 피해를 되돌리는 정도까지 미치지 못할 것이다. 어떤 의미에서든 수평적 화해는 인간의 주체성을 배제하지 않으며, 오히려 그 주체성이 화해에 연관되어 있는 엄청난 규모의 활동을 깨닫게 한다.

그리스도인의 수평적 화해의 초석이 되는 성경 구절은 다음 두 가지이다.

> 그래서 누구든지 그리스도 안에 있으면 그는 새로운 피조물입니다. 옛것은 지나갔습니다. 보십시오, 새것이 되었습니다. 이 모든 것은 그리스도를 통해 우리를 당신과 화해하게 하시고 또 우리에게 화해의 직분을 맡기신 하느님에게서 옵니다. 곧 하느님께서는 그리스도 안에서 세상을 당신과 화해하게 하시면서, 사람들에게 그들의 잘못을 따지지 않으시고 우리에게 화해의 말씀을 맡기셨습니다. 그러므로 우리는 그리스도의 사절입니다. 하느님께서 우리를 통해 권고하십니다. 우리는 그리스도를 대신하여 여러분에게 빕니다. 하느님과 화해하십시오. (2코린 5,17-20)[3]

> 그때에는 여러분이 그리스도와 관계가 없었고, 이스라엘 공동체에서 멀리 떨어져 있었으며, 약속의 계약과도 무관하였고, 이 세상에

서 아무 희망도 가지지 못한 채 하느님 없이 살았다는 사실을 기억하십시오. 그러나 이제, 한때 멀리 있던 여러분이 그리스도 예수님 안에서 그리스도의 피로 하느님과 가까워졌습니다. 그리스도는 우리의 평화이십니다. 그분께서는 당신의 몸으로 유다인과 이민족을 하나로 만드시고 이 둘을 가르는 장벽인 적개심을 허무셨습니다. 또 그 모든 계명과 조문과 함께 율법을 폐지하셨습니다. 그렇게 하여 당신 안에서 두 인간을 하나의 새 인간으로 창조하시어 평화를 이룩하시고, 십자가를 통해 양쪽을 한 몸 안에서 하느님과 화해시키시어, 그 적개심을 당신 안에서 없애셨습니다. 이렇게 그리스도께서는 세상에 오시어, 멀리 있던 여러분에게도 평화를 선포하시고 가까이 있던 이들에게도 평화를 선포하셨습니다. 그래서 그분을 통해 우리 양쪽이 한 성령 안에서 아버지께 나아가게 되었습니다. 그러므로 여러분은 이제 더 이상 외국인도 아니고 이방인도 아닙니다. 성도들과 함께 한 시민이며 하느님의 한 가족입니다. 여러분은 사도들과 예언자들의 기초 위에 세워진 건물이고, 그리스도 예수님께서는 바로 모퉁잇돌이십니다. (에페 2,12-20)

코린토서 구절은 화해가 그리스도를 통해 하느님께서 만드신 '새로운 피조물'이라 보고 이 화해의 사목이 우리에게 맡겨졌다고 선언한다. 이방인과 유대계 그리스도인 사이의 소외를 다루는 에페소서 구절은 이제 함께 사는 하나의 새로운 인류를 창조한 그리스도 안에서 이 분열이 극복되었으며, 이들은 하느님의 집에서 동료 시민이 되었다고 선언했다. 화해에 대한 이런 이해를 불러오는 이미지는 관계의 이미지, 즉 하느님과 동료 인간과의 관계다. 여기서 말하는 신학은 화해를 이루려는 우리의 능력이 하느님의 활동, 특히 우주적 중요성을 지닌 역사적 사건인 그리스도의 죽음과 부활에 바탕을 둔 것으로 간주한다. 모든 사물과 모든 사람이 궁극적으로 서로 올바른 관계를 이루도록 창조되었기에, 모든 것은 연결되어 있다. 화해를 따로따로 떨어진 행위와 사건으로 간주할 수도 있지만, 세상이 의미 있는 장소가 되려면 행위와 사건들은 궁극적으로 모두 연결되어야 한다.

구체적으로 화해의 실천 신학을 이끄는 5가지 원리는 이런 성경적 이해에서 나온다.4) 이 글에서는 각 원리를 성경적 전통과의 연관성과 공명, 성경적 전통에 대한 이해에서 흘러나온 (그리고 다시 이를 수정하는) 화해의 실천, 그리고 비그리스도교적이고 세속적인 피스빌딩 접근법과의 유사성에 주목할 것이다.

첫 번째 원리 : 화해는 하느님께서 주관하시고, 우리는 하느님 사업에 참여할 뿐이다.

이 원리는 "화해를 가져오는 것은 하느님이며, 우리는 그 과정에 참여한다."는 화해에 대한 중심 통찰과 분명히 연결되어 있다. 이 신념은 갈등, 억압, 인권 침해 이후의 사회 재건에 참여한 우리의 많은 경험으로 입증되었다. 무슨 일이 일어났는지, 감내해야 할 고통을 극복하기 위해 무엇이 필요할지와 같은 내용을 함축하는 피해 규모는 인간의 이해 범위를 넘어서는 정도였다.

그리스도인의 화해 실천에서 이것이 어떤 의미를 갖는가? 소극적 체념을 의미하는 것은 확실히 아니다. 코린토서 구절은 그리스도인에게 분명히 화해를 위해 일하도록 요구한다. 이 구절은 실제로 화해를 위해 일하는 우리의 자세와 태도에 영향을 미친다. 우리는 화해가 궁극적으로 우리가 아니라, 하느님이 우리를 통해 이루시는 것임을 알고 있다. 따라서 우리는 우리 자신이 지닌 관점보다 가능한 한 훨씬 더 큰 관점으로 상황을 보기 위해 분투한다. 이것은 특히 부유한 강대국 출신으로 빈곤에 찌든 지역에 와서 활동하며 무엇이든 바꾸기 위해 자원을 동원할 수 있다고 생각하는 피스빌더에게 특히 중요하다.

이 원리는 화해를 위해 일하는 사람들을 더 타인 중심적이고 덜 자기중심적으로 만든다. 화해를 위해 일하는 것은 종종 '상자 밖에서 생각'할 수 있어야 함을 의미한다는 점에서 매우 중요한데, 아래 세 번째 원리에서 더 논의될 것이다.5)

여기서 그리스도인에게는 영적 기도 훈련이 중요한데, 하느님과의 친교 안에 있을 때 우리 주변의 깨어진 친교를 회복할 수 있는 능력이 높아지기 때문이다. 가장 중요한 기도는 침묵이나 관상 기도인데, 이때 우리는 하느님께 말을 쏟아내는 대신 그분의 말씀을 기다린다. 침묵하며 하느님을 기다리는 법을 배우면 치유 과정에서 작고 거의 눈에 띄지 않는 움직임을 듣고 알아볼 수 있는 능력이 향상된다.

화해는 궁극적으로 하느님의 사업이며 우리는 하느님의 '사절'이라는 사실을 깨달으면 우리 어깨에서 평화 건설의 책임을 어느 정도 덜어내는 데 도움이 된다. 피스빌딩에서 심리적 소진과 번아웃은 피스빌딩에서 드문 일이 아니며, 특히 리더십 위치에 있는 사람에게는 특히 그렇다. 영적 기도 훈련이 번아웃을 완전히 예방하지는 않지만, 압박감의 일부를 완화할 수 있다. 많은 종교 지도자들이 최선의 노력을 기울이면서 그런 소진 상태를 경험해 왔다. 동티모르의 카를로스 벨로(Carlos Belo) 주교, 보스니아의 이보 마르코비치(Ivo Markovic) 수사, 코소보의 사바 야니치(Sava Janjic) 신부가 그 예이다. 번아웃

예방 레퍼토리에 관상 기도를 포함하면 스트레스 해소뿐만 아니라 우리의 관점을 유지하는 데도 도움이 된다.

하느님 사업으로서의 화해에 대한 이런 생각과 다른 종교와 비종교인의 화해 담론과는 어떤 관련이 있을까? 하나의 공통분모는 성공적인 피스빌딩의 기초가 되는 '타인 중심' 개념이다. 장기화된 갈등은 반대 입장을 강화하고 상황을 '고착'시키는 경향이 있기에, 피스빌더들은 더 넓은 평화를 구상하기 위해 자신의 틀과 자신의 역량을 뛰어넘어야 한다. 자신이 처해 있는 상황 외부에서 새로운 관점을 찾는 것은 고착을 해결하는 하나의 방법이다. 유일신 전통에서 하느님은 평화의 원천으로 여겨질 수 있다. 불교에서는 깨달음을 얻지 못하고 고통 받는 인류를 위한 *카루나*(*karuna*, 자비)라는 개념이 하나의 버팀목이 될 수 있다. 세속적인 사람들에게는 인류 공동체(지구촌) 또는 이타주의 개념이 유사한 통찰을 제공할 수 있다. 명상과 센터링(중심잡기) 같은 훈련은 태도의 초점을 바꾸고 스트레스를 완화할 수 있다. 타인 중심성은 존 폴 레더락(John Paul Lederach)이 말했듯이 다른 미래를 상상하는 데 필수적이다.6)

두 번째 원리 : 하느님은 화해 과정을 피해자와 함께 시작하신다.

개인과 사회에 그렇게 엄청난 피해를 끼친 가해자가 아니라 피해자에게 우선 초점을 맞추는 것이 일반 상식과는 맞지 않는 것으로 보일 수 있지만, 그리스도교적 화해는 먼저 피해자에게 초점을 맞춘다. 이 원리는 "먼저 고아, 과부, 죄수, 낯선 이들에게 가라"고 한 이스라엘 예언자들의 메시지와 예수의 사목 활동에 기반을 둔다. 케네스 하임즈가 10장에서 논의했듯이, 가난한 이를 위한 우선적 선택은 가톨릭 사회교리에서 가장 명확하게 표현된 부분이다.

'피해자 우선' 접근법은 갈등과 억압이나 인권 침해가 일어난 후, 가해자가 자신의 행위에 대해 사과하거나 책임지는 일이 좀처럼 또는 전혀 없다는 사실에서 경험적으로 입증된다. 칠레의 독재자 아우구스토 피노체트(Augusto Pinochet) 장군은 2006년에 사망할 때까지 30년 전에 저지른 범죄에 대해 사과하지 않았을 뿐만 아니라, 민간인 고문과 최소 3천 명의 사망 기록에도 불구하고 자신을 나라의 구세주라고 선전했다. 피해자가 치유를 시작하기 전에 사과나 정의가 이루어지기를 기다려야 한다면, 그들은 무한하게 때로는 영원히 과거에 붙들려 살아가야 한다.

물론 치유가 피해자로부터 시작된다는 말이 정의 추구의 포기를 의미하지는 않는다. 정의는 대개 시간이 오래 걸린다는 사실을 인식한 것뿐이다. 그리스도교인은 하느님께서 피해자를 위하시는 것에 머무르지 않고 치유가 시작될 방법을 찾으신다고 믿는다. (이 과정에 대해서는 다음 절에서 자세히 다룬다.) 치유 없이 결국 피해자를 위한 어느 정도의 정의만 구현되면 사람들이 원한을 품고 치유되지 않은 상처를 안고 살아가게 되어 평화의 문화에 닿을 수 없을 것이다.

이런 통찰에서 유래한 실천은 인권 침해, 명백한 폭력과 다른 형태의 억압으로 거부당했던 피해자의 인간성 회복을 목표로 한다. 하느님의 존재가 치유의 힘으로 체험되는 하느님과의 친교 회복은 피해자의 미래에 중추적 역할을 한다. 이 관점에서 가해자가 누락되지 않는다. 가해자는 인간성 말살에 관여하면서 그 역시 인간성의 일부를 잃고 인류 공동체와 분리된다. 가해자의 인간성과 인류 공동체의 구성원 자격을 회복하려면 공동체로부터의 처벌이나 의례적 분리를 통한 회심, 후회, 속죄 행위 실천이 수행되어야 한다.

대중 담론 중 이 원리와 유사성을 띤 내용은 이 책에서 역사적으로 현대의 피스빌딩 개념이 어떻게 등장했는지 논의한 스콧 애플비(Scott Appleby)와 윌리엄 헤들리(William Headly)의 글에 나온다. 오늘날 피스빌딩은 피해자를 위한 구호와 자선으로부터 개발로, 인도주의적 시도뿐만 아니라 피해자화의 원인을 밝히는 일까지 관여하는 방향으로 나아가고 있다. 이 영역에서도, 더 구체적으로는 그리스도교적이고 종교적인 영역에서와 마찬가지로, 피해자가 관심의 초점이다. 피해자가 유일한 관심사여서가 아니라, 피해자에게 초점을 맞추지 않는다면 상황은 기껏해야 조금 나아질 수 있을 뿐 변혁될 수 없기 때문이다.

세 번째 원리 : 하느님은 화해를 통해 피해자와 가해자를 '새로운 피조물'로 만드신다.

이 원리에서 '새로운 피조물'은 코린토2서 5장 17절에서 따온 것이다. 하느님의 화해 사업은 우리를 *이전에 있던 상태로* 회복시키는 것이 아니라 새로운 장소로 데려간다. 이 새로운 장소는 피해자, 가해자, 화해를 위해 일하는 사람들 자신이 예상할 수 있었던 그런 게 아니다. 이것은 경이로운 일로 나타난다.

이것은 실제 경험에서 다시 한번 입증된다. 심한 상처를 입은 사람들은 모든 폭력이 일어나기 전 자신이 있던 곳으로 돌아가고 싶어 한다. 실향민, 난민, 망명자들은 집으로 돌아가고 싶어 한다. 하지만 결국 돌아가게 되더라도, 그들은 때로 그곳이 더 이상 자기 '집'이 아니라는 사실을 깨닫게 된다. 자신의 거주지가 파괴되었거나, 이전 주민들을 그곳에서 몰아낸 사람들이 있다는 것도 알게 된다. 실향민과 난민을 정착시키기가 매우 어려운 것은 이 때문이다. (르완다는 이에 대한 명확한 사례다.) 긴 기간 떨어져 지내다 보면 망명자들은 고국이 여러 사건 때문에 더 이상 편안하게 느끼지 못할 만큼 바뀌었음을 알게 된다. 제2차 세계 대전 당시 소련군을 피해 중유럽, 동유럽으로 갔던 사람들과 베트남 망명자들에게 같은 일이 일어났다. 그들은 사실 이제 다시는 집에 갈 수 없다는 걸 알게 된다.

고문이나 신체 훼손, 사랑하는 이의 사망이나 실종에 따르는 일을 다룰 때는, 간단히 과거로 돌아갈 수 없다. 유일한 방법은 앞으로 나아가는 것뿐이다.

이 통찰에서 나오는 화해의 실천은 치유의 길에서 피해자와 동반하는 일에 중점을 둔다. 다음 절에서 더 논의하겠지만, 이것은 트라우마의 영향을 물리적으로 치유하거나 극복하는 일을 수반한다. 기억의 치유도 포함될 수 있다. 끊어진 신뢰의 끈을 다시 잇는 일은 언제나 필요하다. 치유에 관한 절에서 볼 수 있듯이, 화해의 실천은 피해자의 인간으로서의 존재와 존엄성을 인정하는 일에서 시작하고, 잘못과 그 결과에 대한 인정을 통해 나아가며, 이 모든 과정을 통해 하나의 세상을 재건해야 한다.

'새로운 창조'의 순간은 놀랍다. 수십 년간 인권 침해적 정책을 유지하던 남아프리카공화국이 추가적 폭력과 죽음 없이 '무지개' 사회로 이동할 수 있었다는 것이 그 놀라운 순간 중 하나다. 그리스도인에게 이 사건은 하느님의 은총이 비로소 이 세상에 드러났다는 증거다. 다른 신앙을 가진 사람이나 신앙이 없는 사람에게 이 사실은 하느님의 불가사의한 행동이나 인류의 깊은 신비라고 여겨질 수 있다. 사람이 계속 과거에 매여 있을 수 없으며 언젠가는 미래로 나아가야만 한다는 사실은 이 모든 관점을 공유할 수 있게 하는 중요한 일이다.

네 번째 원리 : 그리스도인은 자신의 고통을 그리스도의 수난과 죽음 이야기에 위치 지운다.

갈등, 억압, 침해 이후의 재건은 필연적으로 고통의 결과를 다루는 일을 수반하는데, 이것은 피터-존 피어슨(Peter-John Pearson)이 이 책 7장에서 명확하게 설명한 내용이다. 고통 자체는 인간의 정신을 파괴하고, 인간 개인의 붕괴까지 초래할 수 있다. 고통은 고통받는 개인보다 더 큰 어떤 명분이나 현실에 놓이거나 연결될 때 극복되거나, 나아가 긍정적으로 변형될 수 있는 것 같다. 다만 더 큰 어떤 것에 귀속되려는 태도 일부는 고통은 '내가 감당해야 할 몫'이라거나, 하느님께서 이 고통을 주었다고 믿는 것과 같은 수동성을 초래할 수도 있다.

그리스도인에게 그리스도의 수난과 죽음의 이야기에 자신의 고통을 위치 지우는 것은 고통을 전보다 더 훌륭하고 강한 어떤 것으로 벼리는 수단으로 만드는 한 가지 방법이다. 이것은 필리피서 3장 10절에서 11절에서 확인되는 것으로, 바오로는 자신의 삶에서 그리스도의 고통을 본받아 부활의 힘을 알게 되기를 소망한다고 말한다. 그리스도인은 그리스도의 수난과 죽음이 그분께 합당하지 않으며, 하느님께서 예수를 죽은 이들 가운데서 일으키심으로써 그 사실을 보여주셨다고 생각한다. 부활은 그리스도께 충실한 사람들 앞에 놓여 있으며, 부활을 경험하기를 희망하면서 자신의 고통을 그리스도의 수난에 일치시키라는 약속이다.

11장에서 케이힐이 지적한 것처럼, 그리스도의 죽음의 의미에 대해서는 분명히 많은 해석이 있다. 하지만 어떤 해석이든 그리스도의 수난과 죽음은 그에게 죽음에 임하고 극복할 수 있게 한 우주적 중요성을 갖는 것으로 여겨진다.

그리스도인은 그리스도의 수난, 죽음, 부활 이야기를 파스카 신비, 즉 고통과 죽음으로부터 완전히 변형된 새로운 삶의 상태로 이끄는 변혁의 경로라고 일컫는다. 그런 변혁은 그리스도인에게 화해 과정의 패러다임이 된다. 이 변혁은 우리가 부분적으로만 이해할 수 있는 방식으로, 우리를 새롭고 예상치 못한 장소로 데려간다.

이런 믿음에서 나온 화해의 실천에서, 고통을 통해 나아갈 길을 찾는 것에는 트라우마에 의해 갈가리 찢긴 네트워크와 의미망을 다시 구축하려는 시도가 포함된다. 그런 의미망은 자아, 공동체 속 개인의 자리, 세상, 나아가 하느님까지 다시 연결해야 한다. 그리스도의 배신, 굴욕, 거절, 고문, 죽음에 대한 이야기는 피해자의 경험이 자리 잡을 수 있는 장소가 된다. 희망은 고통의 이야기로부터 새로운 이야기가 나오고, 파괴적 기억이 구원의 기억이 될 것이라는 점이다.

세계의 여러 종교 전통은 고통에 대해 다른 방식으로 설명한다. 어떤 전통에서는 인내와 변화를 요구하는 것으로, 또 어떤 전통에서는 모든 물상의 일시성에 대한 깨달음으로 초대할 수 있다. 현대의 세속적 관점에서 고통은 저항과 인간 선택 의지를 재확인하라는 요청이다. 그러나 어떤 접근법에서든 고통을 극복하는 일은 모든 피스빌딩 활동을 관통하는 주제다. 때로 고통 극복의 시작이 저항과 인간의 선택 의지로 확장되는 경우도 있고, 어떤 때는 대처와 생존이 가장 중요한 관심사가 되기도 한다. 많은 가난한 그리스도인에게, (11장에서 케이힐이 논의했듯이) 대중 신심의 전통은 비인간적 조건에서도 인간성을 유지하는 회복탄력성을 제공하도록 돕는다.

다섯 번째 원리 : 하느님이 '모든 것 안에서 모든 것'이 될 때까지 화해는 완성되지 않는다.

종말론적 요소를 지닌 그리스도교 성경에는 화해에 대한 언급이 여러 곳에 나온다. 완전한 화해는 종말에(에페 1,10; 콜로 1,20) 모든 사람과 모든 것들이 그리스도 안에서 화목할 때, 즉 하느님이 '모든 것 안에서 모든 것'이 될 때에만(1코린 15,28) 일어난다는 것이다.

실제로 모든 것과 모든 사람이 서로 연결되어 있다면 궁극적인 화해는 우주적 사건이 된다. 이 말은 결국 우리 평생, 어떤 상황에서도 완전한 화해를 목격할 가능성이 작음을 의미한다. 이것은 화해를 위해 활동한 경험에서 다시 확인된다. 화해는 항상 불완전하고 미완의 상태다. 우리는 과도기적 정의와 사회 재건에서의 의사 결정에서 이 사실을 확인한다. 우리는 과거를 바꿀 수 없을 뿐만 아니라 제한적으로만 미래를 준비할 수 있다. 장기간에 걸친 전쟁으로 극심한 손상을 당한 국가에서는 치유되어야 할 고통과 충족되어야 할 물리적 욕구가 너무 많기 때문이다.

더욱이 화해의 과정과 '단계'를 선형으로 기술하려 들 수 있지만, 그 과정은 직선적인 것과는 거리가 멀다. 사회적 화해에 관한 모든 경험은 '뒤죽박죽된' 특성, 즉 뒤틀림과 전환, 반전과 혼란, 통찰력과 에너지가 급작스럽게 폭주하기도 하면서, 공들여 구성한 계획이 무기력하게 와해되는 일도 생긴다. 이 모든 일들은 실제로 화해 과정을 얼마나 통제하기 힘든지를 다시 한번 상기시킨다.

물론 이에 대해 수동적으로 반응하거나 평화 구축을 포기할 수도 있다. 하지만 그리스도인에게 화해를 위한 활동은 희망을 불러일으킨다. 그 활동은 낙관주의와 희망의 차이를 알려준다. 낙관주의는 우리의 행동 능력에 대한 추정에서 비롯된 미래에 대한 긍정적인 느낌이다. 풍부하고 에너지 넘치는 환경에서 많은 자원을 보유하고 있다면, 우리가 어떻게 상황을 변화시킬지에 대해 낙관적일 수 있다. 한편 희망은 하느님에게서 오는 어떤 것이다. 우리를 화해가 이루어진 미래로 인도하는 것은 하느님을 경험하는 일이다. 희망은 종종 우리 앞에 놓인 직접적 증거를 거스른다. 희망은 은총의 순간을 분별할 수 있게 하고, 몇 년 전 아마존 분지에서 동료 한 사람이 살해당하는 일을 겪은 수녀의 말처럼, "큰 승리는 없을 것이기 때문에 작은 승리를 축하할" 수 있게 한다. 희망은 하느님의 손길로 상황이 조금씩 변화하는 것을 알아차릴 때 생겨난다. 몇 년에 걸친 크로아티아 부코바르의 봉쇄가 해제된 뒤 여전히 폐허 상태였던 그곳의 한 청년은 이렇게 말했다. "이제는 상황이 훨씬 나아졌습니다. 봉쇄 후 첫 2년 사이에는 부코바르에서 새들이 사라졌었습니다. 그러나 작년에 새들이 돌아왔고, 올해에는 노래하기 시작했습니다."

우리는 하느님이나 인간성이라는 개념, 또 어떤 다른 것 등, 우리 바깥에 있는 근원에서 희망을 찾는다. 신앙인과 특별한 믿음이 없는 사람들을 이끌어내는 것은 그런 외적 근원이다. 우리는 이 다섯 번째 원리가 우리를 첫 번째 원리로 돌아가게 하여 '완전한 원'을 이룬다는 사실을 알 수 있다. 즉 화해의 근원은 우리 바깥에 있지만 우리는 화해 활동에 깊이 이끌리게 되는 것이다.

화해의 실천 신학 개요를 설명했으니, 이제 화해의 구체적인 분야인 치유, 용서, 그리고 매우 중요한 과정이자 궁극적 목표인 화해에 대해 살펴보자.

치 유

폭력, 상실, 고의적 상해로 인한 상처의 치유는 피스빌딩의 핵심이다. 그런 치유는 우선 과거로 향한다. 폭력으로 인한 상실(사랑하는 사람, 가정이나 고향의 상실 같은)이 해결되지 않으면 개인과 사회가 앞으로 나아가기 어렵다. 관계와 물질적 상실은 개인의 삶과 사회를 재건하는 데 필요한 에너지를 마비시킬 수 있다. 피해자에게 가해진 상처로부터 생겨나는 분노와 원한은 피해자들에게 그들의 에너지를 복수로 향하게 만들 수 있는데, 복수는 그들의 상처를 더 깊게 만들 뿐이다.

치유는 또 미래를 향한다. 치유는 상실을 인정하고, 더 이상 삶을 나눌 수 없는 사람들을 애도하고 슬퍼하며, 다시 찾을 수 없는 과거에 영원히 머무르기보다 앞으로 나아갈 방법을 찾는 일을 포함한다. 사랑하는 사람이 사망한 뒤 개인이 겪는 슬픔의 역학에 대해 우리가 아는 사실은 슬픔도 (약간의 수정을 거치면) 폭력적인 갈등 후 치유 과정에 도움이 될 수 있는 점이다.

치유를 다루는 이 절은 개인적, 사회적 치유에 대한 간단한 정의로 시작한다. 그런 뒤 트라우마 극복, 기억 치유, 피해자와 가해자의 치유, 진실 말하기, 정의 추구와 같은 치유 과정에 관한 많은 주제와 실천에 대해 다룬다. 모든 주제와 실천을 상세하게 다루거나 피스빌딩의 모든 요소를 수행하기 위한 지침을 제공하려는 것은 아니다. 중요한 주제와 실천에 주목하고 이를 다루는 그리스도교 전통 자원을 제시하려 한다. 앞에서 설명한 실천 신학의 내용을 따르면서, 모범적인 실천 사례에 대해 배우는 것은 이 점과 관련하여 그리스도교 전통에 대해서도 문제를 제기하는 일이 될 것이다.

치유의 정의

폭력적 갈등 후 개인과 사회를 치유하는 데는 종종 육체적, 정서적, 영적 치유가 필요하다. 라이베리아와 시에라리온에서 분쟁이 발생한 뒤, 수천 명의 피해자가 반란군에 의해 난도질 되어 사지를 잃었다. 무력 분쟁 이후 가정과 생계의 재건은 흔히 다루어져야 하는 과제다. 재활, 재건에는 심리적·정서적·영적 치유가 밀접하게 관련되어 있다. 이 차원은 (서구에 기반을 둔 구호 기관에 의해 구분되는 것처럼) 서양의 치료 체계에서 종종 별개의 영역으로 분류되지만, 갈등이 극심한 세계의 많은 지역에서는 이런 것이 전체를 구성한다. 이 장은 바로 이 심리적, 정서적, 영적 치유의 복합성에 초점을 둔다.

개인적 치유는 폭력 피해자의 존엄성과 인간성을 회복시키는 것이라 정의할 수 있다. 상실이나 상해의 본질이 무엇이든 (사랑하는 사람의 상실, 강간 같은 신체적 폭력, 가까스로 죽음을 면한 체험에서 오는 트라우마, 국가의 적으로서 배척된 경험 등), 폭력은 기본적 인간 존엄성을 부인하고 그렇게 함으로써 우리 인간성의 일부를 왜곡해 버린다. 세속적 담론에서 그런 행위는 인권 침해라 불린다. 그리스도인에게 사람이 하느님의 모상과 모습으로 만들어졌다는 사실(창세 1,26-27)은 그런 폭력이 피해자뿐만 아니라 하느님에 대한 것이기도 하다는 사실을 의미한다. 그런 폭력 속에서 우리는 인간보다 못한 존재, 다른 사람들이 무시해도 되는 대상으로 취급된다.

존엄성을 회복하는 일은 피해자들에게 빼앗겼던 것(위엄, 존중, 명예)을 되찾았다고 느끼게 할 뿐만 아니라 그들에게 가해진 불의에 대항할 선택 의지나 능력을 만들어 낸다. (앞에서 화해의 두 번째 원리에 신학적으로 표현된) 이런 인간성 회복은 치유 과정에 필수적이다.

예수의 치유 행위에 관한 복음은 모든 치유 행위에서 존엄성과 인간성을 회복시키는 일이 얼마나 중요한지를 보여준다. 열 명의 나병환자, 하혈하는 여자, 눈먼 이는 모두 자신의 질병을 치유할 뿐 아니라 가정으로도 돌아간다. 예수가 치유한 사람들에게 "당신의 믿음이 당신을 온전하게 만들었다"고 말한 것은 치유 받은 사람들이 동정이나 자선의 수동적 대상이 아니라, 인간으로서 가장 깊은 능력인 믿음의 능력에 관여한 것으로 만든다. 동정, 경멸, 혐오의 대상이었던 사람들은 이제 다시 촘촘한 사회관계망으로 연결된 인간 존재가 된 것이다.

모든 인간의 존엄성은 첫 번째 회칙 『인간의 구원자(*Redemptor Hominis*)』에서 새천년 담화 「새 천년기(*Novo Milennio Ineunte*)」에 이르기까지 교황 요한 바오로 2세의 핵심적 신학 메시지였다. 회복적 정의 실천가도 피해자의 존엄성을 회복하는 일이 잘못을 저지른 사람이 처벌받는 것을 보는 것만큼 치유에 중요하다는 점을 인식하고 있다.

*사회적 치유*는 작은 집단이든 전체 사회든 단순히 개인의 인간성을 회복시키는 것이 아니라 사회의 근본적인 구성 요소로서 사회적 관계의 질에 관여한다. 하지만 적어도 그 사회 내 상당수의 사람들의 치유 없이는 사회적 치유가 이루어졌다고 말할 수 없다. 치유를 경험한 사람은 과거의 잘못과 그로부터 흘러나오는 원한을 치유한 사회에 대한 전망을 지닐 가능성이 높을 뿐 아니라, 개인적 치유에 어려움을 겪는 사람에게 희망의 상징이 된다. 넬슨 만델라는 치유된 개인이 어떻게 사회를 평화로운 변화로 이끌 수 있는지를 보여준 훌륭한 예 중 하나다. 대부분의 사람들은 남아프리카공화국에 아파르트헤이트가 없어졌을 때 피의 내전이 일어날 것이라고 예상했지만, 로벤섬 교도소에서 나온 넬슨 만델라는 20여 년 전에 그곳에 들어간 선동가와는 달랐다. 그는 더 이상 생명을 잃지 않고도 변화를 통해 남아프리카공화국을 이끌 수 있었다.

사회적 치유는 과거의 낡고 유독한 것이 무엇인지 고려하고, 현재의 에너지를 진단, 동원하며, 미래에 대한 전망을 제시해야 한다.

과거를 다루는 일은 종종 사회 치유의 가장 큰 부분이다. 이 절에서는 기억의 치유, 진실 말하기, 정의 추구라는 전형적인 세 영역을 다룬다. 분쟁 후 상황을 이끄는 사람들은 과거를 진지하게 받아들이고 그에 따라 과거에 개입함으로써, 사회를 '새로운 창조'(화해의 세 번째 원리)를 향해 나아가고, 이제는 돌아갈 수 없는 과거로 돌아갈 수 있다는 환상을 극복하는 데 필요한 도덕적 힘을 얻는다. 과거는 간단히 지워질 수 없고, 과거를 지우려는 시도는 피해자를 다시 한번 피해자로 만든다. 과거는 다른 방식으로 기억되어야 한다. 그런 일이 왜 그리고 어떻게 일어났는지를 통해 얻은 도덕적 진실은 이전과는 다른 새로운 종류의 사회를 만드는 구성 요소가 된다. 정의로운 조치의 이행은 앞으로는 그런 불의가 용납되지 않으리라는 점을 분명히 한다. (구체적인 사례는 7장의 아파르트헤이트 이후의 남아프리카공화국 사회에 대한 피터 존 피어슨의 성찰 참조)

현재 이용 가능한 에너지를 평가하고 사회 변화를 위해 그 에너지를 동원하는 일이 사회 치유의 두 번째 부분이다. 전형적으로 여기에는 한 사회를 움켜쥐고 그 사회의 상처와 과거의 굴레에서 벗어나지 못하게 하는 트라우마의 영향을 다루는 일이 포함된다. 이 절 다음 부분에는 트라우마 다루기에 대한 질문이 담겨 있다. 트라우마는 종종 개인에게 발생하는 것이라 여겨지지만, 사회적 치유의 일부로 다루어져야 하는 특정한 사회적 트라우마 패턴도 있다.

미래를 위해 현재 이용 가능한 에너지를 동원하는 방법은 두 가지이다. 하나는 패배와 침해의 내러티브를 구원과 희망의 내러티브로 바꾸는 것이다. 한 사회가 지닌 내러티브의 힘(한 사회가 자기 자신에 대해 그 사회 구성원과 사회 바깥에 있는 사람들에게 전하는 이야기)은 새로운 가능성을 창출하고 과거의 한 시점에 묶이지 않도록 하는 엔진이다. 내러티브를 바꾸려면 희망의 근원을 발견하고 유지해야 한다. (화해의 다섯 번째 원리).

다른 종류의 미래를 상상할 수 있게 해 주는 것은 희망의 원천에서 나온 바로 이 동원된 에너지다. 존 폴 레더락이 잘 묘사한 것처럼, 그런 미래에는 피해자와 가해자 모두를 위한 자리가 있어야 한다.

새로운 미래는 삶의 복잡성이 새로운 갈등을 조장하는 양극화에 빠지도록 해서는 안 된다. 창조적인 행위에 대한 신뢰를 가져야 한다. 그리고 창조적 행위에 참여하려는 사람들은 기꺼이 미지의 상황에 들어서야 한다.7)

하느님께서 참으로 그리스도 안에 있는 모든 것을 화해시키고 언젠가 하느님이 '모든 것 안에서 모든 것'이(1코린 15,28) 되리라는 그리스도인의 믿음은 하느님의 모든 피조물(에페 1,10; 콜로 1,19-20)에게, '모든 눈물이 닦이고 더 이상 죽음이 없는'(묵시 21,4) 장소를 찾을 것이라는 종말론적 지평을 보여준다.

그런 다음 사회적 치유는 관계와 관계를 존중하고 유지하는 의사소통 패턴을 다룬다. 콜롬비아 주교들이 그 나라 전쟁 당사자들 사이의 대화에 부여한 중요성은 사회적 치유에 대한 이런 관심과 인간의 존엄성과 존중의 필요성에 대한 신학적 헌신을 통해 배우게 된 실천이다. 콜롬비아 '평화 학교'의 실천과 증언, 진실, 화해를 위한 프로젝트(Project for Testimony, Truth, and Reconciliation, TEVERE)는 좋은 사례이다.

트라우마 다루기

트라우마는 생명을 위협하는 상황, 즉 자신이 죽을 뻔하거나 다른 사람이 살해당하는 것을 본 뒤에 뒤따를 수 있는 상태를 말한다. 이런 경험에 대한 반응에는 그 경험을 통제하거나 자신의 삶에 통합할 수 없는 상태가 포함된다. 어떤 사람은 자기도 모르게 특정 감정이 동반되는 당시 상황으로의 플래시백을 경험하고, 또 어떤 사람은 그런 상황에 직면하면 무력감을 느끼고 정상적으로 기능하기 어려워진다. 대부분의 사람들은 (평균적으로 트라우마를 겪은 사람의 2/3 정도) 6개월 이내에 그런 경험을 극복할 수 있다. 하지만 어떤 사람들에게 그런 경험은 1년 이상 지속될 수 있으며, 유사 경험으로 (미국의 9·11 테러가 많은 이들에게 과거 트라우마 경험을 일깨웠듯이) 트라우마가 재발될 수도 있다.

이 글의 목적은 각 트라우마의 역학이나 치료법을 탐구하려는 것이 아니다.[8] 우리의 관심은 *사회적 트라우마*라 불리는, 축적된 개인적 트라우마의 영향이 사회에 미치는 영향이다. 예를 들어 구호 활동가들은 동티모르에서의 분쟁 이후, 그 작은 나라 전체 인구의 3분의 2가 트라우마로 고통 받고 있으리라 추정했다. 사회적 치유에서와 마찬가지로, 개인의 치유도 트라우마와 함께 다뤄져야 한다. 트라우마로 인한 증상과 증상에 동반되는 고통을 완화시키지 않으면, 사회는 과거를 다루는 일이나 다른 미래를 상상하는 일에 나설 수 없다.

사회적 트라우마는 트라우마를 입은 사람들이 현재와 미래에 과거가 미치는 영향에 어떻게 반응하느냐에서 드러난다. 시간에 따라 확인할 수 있는 일정 궤도가 있다. 트라우마를 유발한 사건이나 갈등이 종식된 직후, 사람들은 종종 트라우마 경험에 대해 침묵한다. 이 침묵은 일어난 일에 직면하면서 나타나는 일정한 무력감에서 비롯된다. 트라우마를 겪은 많은 사람이 드러내는 집단적 반응이다. 침묵은 의도적인 행위이기도 하다. 일반적으로 집단적 침묵은 자녀들이 과거의 공포에 얽매이지 않기를 바라는 피해자의 우려 때문에 유지된다. 과거의 끔찍한 사건에 대해 이야기하지 않으면 사라질 거라고 생각하는 것이다. 제2차 세계 대전이 끝나고 10년 동안 생존자에게서도 가해자에게서도 홀로코스트에 관한 공개적 담론은 거의 확인되지 않았다. 폴 포트 정권의 테러와 캄보디아의 크메르 루즈가 범한 대량 학살에 대해서도 유사한 침묵이 최근까지 이어졌다. 이런 침묵은 때때로 과거 범죄의 가해자와 그 범죄를 막기 위해 아무것도 하지 않은 방관자들의 침묵에 의해 강화된다. 이들은 과거를 불분명함으로 덮기 위해 피해자들의 침묵에 공모한다.

그러나 과거는 점차 표면으로 드러난다. 이것은 종종 사건을 기억하기에는 너무 어렸던 세대가 성인이 되어 질문하기 시작하면서 일어난다. 1968년 봉기 당시 독일 대학생들의 주요 경험 중 하나는 부모가 나치 시대에 무엇을 했는지에 대한 질문이었다. 이런 질문 이후 몇 년, 심지어 수십 년에 걸쳐 무슨 일이 일어났는지에 대한 다양한 버전의 이야기와 논쟁이 이어졌다. 성인으로서 그 시기를 직접 경험한 사람들이 지닌 사회적 트라우마가 이 기간에 다뤄졌다.

사회적 트라우마가 다뤄지면서 생긴 결과 가운데 하나는 바믹 볼칸(Vamik Volkan)이 '선택된 트라우마'라고 일컬은 것이다. 선택된 트라우마는 무슨 일이 일어났는지에 대해 젊은 세대가 기성세대로부터 받아들인 내러티브다. 선택된 트라우마는 젊은 세대에게 그 트라우마를 직접 견뎌낸 사람들과 매우 유사한 감정을 경험하게 할 수 있다. 선택된 트라우마는 고통을 겪은 사람들과의 신의와 연대의 약속에서 비롯된다. 이것은 또 사회에서 트라우마가 해결되지 못한 채 그대로 남아 있게 해서 피해자성을 영속시킬 수 있다. 영국 정부의 손아귀에 놓여 있던 3세기 동안 개신교인으로부터 일련의 공격과 박해를 받은 것에 대한 북아일랜드 가톨릭 신자의 내러티브는 선택된 트라우마의 한 사례인데, 1969년부터 시작된 '트러블'*을 통해 재점화되었다.

1914~1915년 오스만투르크인에 의해 살해당한 아르메니아인의 손자들은 그것이 집단 학살이라고 계속 주장했다. 또 선택된 트라우마에 대한 반응은 피해자를 폭력 가해자가 되게 만드는 조치로 귀결될 수도 있다. 19세기 말에서 20세기 초까지 발생한 보어 전쟁 중에 영국군의 손아귀에서 고통당했던 보어인(약 2만6천 보어 여성과 어린이들이 영국 강제 수용소에서 사망)의 자녀들은 1948년에 권력을 잡은 아파르트헤이트 정권의 설계자가 되었다.

* 트러블(the Troubles) : 1969년 8월 12-16일 사이 북아일랜드에서 가톨릭 신자와 아일랜드 민족주의자에 대한 차별을 종식시킬 것을 요구하는 시민 캠페인으로 시작된 정치적, 종파적 폭력 사건이다. 민권 행진은 개신교 충성파들로부터 반복적으로 공격 받았고, 압도적으로 수가 많은 개신교 경찰력인 왕립 북아일랜드 경찰대와 빈번하게 충돌했다. 분쟁은 30년이나 이어졌다.

사회적 트라우마 궤적의 핵심적 순간은 트라우마 생존자가 수명을 다하면서 발생한다. 그들은 당연하게도 자신의 고통이 기억될지, 또 어떻게 기억될지에 대해 염려한다. 이 염려에 대한 답은 트라우마가 미래 세대에게 알려지고 잊히지 않도록 기념물이나 기념관을 세우는 것이다. 1980년대 후반부터 유럽과 북아메리카에 세워지기 시작한 홀로코스트 기념관의 증가가 이를 증명한다. 1945년 이후 폴란드와 체코슬로바키아에 양도된 영토에 있던 집에서 독일인이 강제로 쫓겨난 것이 또 다른 사례이다.

이런 궤적은 정권을 계승한 사람들이 한때 적이었던 사람들과 새로운 관계를 맺을 가능성에 영향을 미친다. 그런 궤적은 사회적 용서의 가능성에서 매우 중요한데, 이 주제는 이 장의 뒷부분에서 다루게 될 것이다.

사회적 트라우마는 어떻게 극복될 수 있을까? 지금까지 제안된 대부분의 모델은 후임 정부의 배상과 정신 분석적 치료의 활용에 (서양의 관점에서) 크게 의존해 왔다.9) 최근에는 피해자가 속한 문화 자체의 상징적, 내러티브적 원천을 살펴보는 방향으로 진전되고 있다. 여기서 한 민족의 종교적 상상력이 활용될 수 있다. 그리스도인에게는 틀림없이 예수의 수난과 죽음과 부활에 관한 이야기가 그런 가능성을 제시한다. (화해의 네 번째 원리)

그런 종교적 상상력의 활용은 상처의 신학에서 발견될 수 있다. 여기서 핵심은 부활 이후 제자들에게 나타나신 십자가에 못 박힌 예수의 상처다. 요한복음서 20장에서 예수께서는 다락방에 스스로를 가둔 제자들 앞에 나타나신다. 변모된 예수의 몸은 잠긴 문도 통과할 수 있었다. 그분의 몸을 둘러싼 영광은 제자들을 놀라게 하고, 심지어 그들에게서 예수의 정체성을 감춘다. 그러나 예수는 십자가형 상처를 보여준다. 부활로 몸이 변형된 후에도 상처가 남아 있는 것은 트라우마적 상해 경험을 나타낸다. 많은 것이 변화되고 치유될 수 있지만, 경험의 흔적은 늘 남기 마련이다. 고문의 상처는 예수와 그의 제자들, 특히 내러티브 후반에는 토마스와의 관계를 치유하기 위한 기초가 된다.

한 사람의 상처가 다른 사람의 상처를 치유한다는 역설적 능력은 그리스도교 신앙의 중심 교리이다. 가톨릭교회는 성금요일 전례에서 그런 상처의 의미를 확장하기 위해, 이사야서 52~53장에 나오는 고난 받는 종의 넷째 노래를 취한다. 상처는 어떤 자학적 목적으로 숙고되어서는 안 된다. 오히려 상처는 다른 사람들을 치유하는 원천, 그리스도 자신의 고통이라는 구원의 힘으로 다른 사람에게 개입하는 원천이 될 수 있다. 이 책 11장에서 케이힐이 더 많은 신학적 통찰을 제공한다.

기억의 치유

화해 과정의 일부로서 치유의 또 다른 핵심적 측면은 기억의 치유이다. 기억에 대한 이런 관점은 기억이 개인과 사회적 정체성에 얼마나 중요한지를 강조한다. 기억이 없으면 우리의 정체성은 파편화되고 산발적인 개체일 뿐이다. 잊는 일과 잊히는 일은 과거의 해결되지 않은 관계 때문에 현재와 미래에서 안정적인 관계를 형성할 능력을 제한할 수 있다.

트라우마적 고통의 기억은 현재에 끼어들어 치유와 재통합 과정을 방해할 수 있다. 르완다 지역 주민들은 매년 4월, 특히 1994년 대량학살이 시작된 4월 3일과 4일에 마을에 폭력이 발생하는 것에 주목했다. 트라우마 사건에 대한 기억이 어떻게 안정을 찾고 치유될 수 있을까?

치유 과정에는 일어난 일을 보고, 이야기하는 두 순간이 있다. 증언하기나 증언은 대중과 공유하는 방식으로 기억을 불러냄을 의미한다. 여기에는 기억 과정의 여러 차원이 관련된다.

- 증언하기는 죽은 이들에게 신의를 지키는 행위다. 그것은 잊혀지고 있다는 '두 번째 죽음'으로부터 죽은 이들을 구한다. 그렇게 함으로써 죽은

이들의 기억이 살아 있는 공동체로 소환된다.
- 증언하기는 상실과 부재를 입증한다. 애도 과정에는 상실의 인정이 필요하다. 부재는 본 것과 보이지 않는 것이 만나는 지점이라고 설명된다. 여기서 증언은 애도의 형태를 취한다.
- 증언하기는 처음에는 법의학 또는 객관적인 진실에 대해, 이어 다른 형태의 개인과 사회적 진실에 대한 탐구를 시작한다. 진실 말하기 부분에서 이에 대해 더 설명할 것이다.
- 증언하기는 기억을 대중과 나누고 공유할 수 있게 만든다. 핵심은 상실에서 구원으로 옮겨갈 수 있도록 공동체에 새로운 공유된 이야기를 만드는 것이다.

다시 이야기하기는 새로운 내러티브를 구성하는 과정이다. 그것은 과거 사건에 담긴 해로운 특징에 고착되지 않고, 미래를 위한 지평, 즉 과거의 모습을 고려하면서도 그런 모습에 머무르지 않으려는 지평을 제공하는 내러티브를 만들어내기 위해, 공동체 안의 다른 사람들에게서 증언을 수집하고, 진실 찾기와 진실 말하기에 참여하는 일을 포함한다. 다시 이야기하기는 일어난 사건에 대한 내러티브를 상실, 굴욕, 패배 내러티브로부터 회복, 구원, 새로운 결의 내러티브로 변형시키는 일을 포함한다.

이 기억의 치유를 위한 패러다임은 루카 복음서 24장 13절부터 33절에서 엠마오로 가는 길에 있는 제자들의 이야기에 나타난다. 여기서 예수의 두 제자는 예루살렘에서 예수에게 일어난 일과 이 일이 그들에게 갖는 의미에 대한 고통스러운 기억 때문에 고심한다. 낯선 사람이 다가와서 그들의 이야기를 들으려 한다. 그러자 그들이 예루살렘에서 최근에 있었던 사건에 대해 증언한다. 낯선 사람은 그들의 증언을 이스라엘과 함께하신 하느님의 역사 전체의 맥락에서 다시 이야기한다. 고통스러운 상실에 대한 이야기를 다시 들었을 때 그들의 마음에는 불이 붙었다. 낯선 사람이 자신을 예수라고 밝혔을 때, 그들의 구원 이야기와 기억은 자신의 삶에 대한 내러티브로 재구성했다. 그들은 더 이상 상실과 패배의 증인이 아니라 희망과 새로운 삶의 증인으로서 예루살렘으로 돌아간다.

치유된 기억이 고요한 기억이어야 할 필요는 없다. 독일 신학자 메츠(J. B. Metz)는 그리스도의 고난과 죽음에 대한 '위험한 기억'에 대해 이야기했다. 우리 자신의 고통에 대한 이야기를 그리스도의 수난과 죽음에 대한 이야기(네 번째 화해의 원리)에 담을 때 '위험한 기억'은 우리 자신의 상실과 패배에 대한 기억을 변형시켜, 하느님께서 그리스도의 수난을 잊어버리지 않으신 것처럼 자신이 아끼는 사람들의 고통을 잊지 않으신다는 점을(시편 72,14 참조) 되새기게 한다. 부활의 지평은 고통 이야기가 상실, 패배, 망각으로 끝나는 것을 멈추게 한다.

피해자와 가해자의 치유

위에서 설명한 기억의 치유에 관한 신학은 피해자와 가해자가 어떻게 치유되는지에 대한 그리스도교적 이해에 일반적인 형태를 제공한다. 하느님께서 피해자의 인간성을 회복시켜 치유 과정을 시작하신다는 점은 이미 언급했다(두 번째 원리). 이런 인식은 가난하고 부서진 존재가 세상 어디에 나타나든지 하느님께서 가난한 이들을 우선적으로 선택하신다는 점에서 비롯된다. 이것은 가톨릭 사회교리의 기본 원리다. 이에 따라 가톨릭 피스빌딩은 갈등 중, 특히 갈등 종식 이후 우선적으로 가장 취약한 이들에게 관심을 갖는다.

만약 피해자의 인간성을 회복시키는 일이 피해자 치유 과정의 핵심이라면, 피스빌딩 실천에서 반드시 그것을 분명히 해야 한다. 그리스도인은 인간의 존엄과 존중의 기초가 인간이 하느님의 모상과 모습으로 창조되었다는 사실에 있다고 본다(창세 1,26-27). 결과적으로 인간성의 회복은 우리 자신에 대한 진실, 즉 피해자가 비인간적 대우로 인해 부정된 자신에 대한 진실을 회복하는 일이다. 2세기경, 이레네우스 주교는 이렇게 말했다. "하느님의 영광은 온전히 살아있는 인간입니다. 하느님의 자비, 진리, 사랑을 가장 분명하게 반영할 때 우리는 가장 온전한 사람입니다."

스웨덴 신학자 마리아 에릭슨(Maria Ericson)은 피해자들의 치유 단계를 간결하게 세 단계로 요약한다. 안전과 존중 확립하기, 고통과 상실에 대한 이야기가 구원과 희망에 관한 이야기로 움직일 수 있도록 기억하고 다시 말하기, 자기 자신, 공동체, 하느님과 재연결하기가 그 세 단계다.[10]

안전은 피해자가 고통스러운 기억을 돌아보는 동안 고통스러운 기억에 압도당하거나, 다른 사람들에 의해 무시되거나 (고통이 중요하지 않다고 하는 등), 다른 종류의 어려움에 직면하여 다시 피해자가 되는 것을 두려워하지 않게 하기 위해 중요하다. 안전하다는 느낌은 모든 인간관계의 바탕인 신뢰의 감각을 회복하기 위한 기반이다. 신뢰는 트라우마로 피해자의 삶에서 찢겨나간 가장 중요한 것 중 하나다. 믿을 수 없으면 우리는 인간의 삶과 공동체에 기본적인 관계를 구축할 수 없다. 신뢰는 신학적으로 믿음의 미덕으로 해석된다. 신약 성경의 병든 사람을 치유한 이야기로 돌아가면, 예수가 어떻게 때를 맞추었는지 알 수 있고, 다시 온전하게 되는 데 피해자의 믿음이 필수적임을 다시 확인할 수 있다.

그런 신뢰의 감각은 어떻게 회복될까? 그것은 피해자와 기꺼이 함께하는 소수의 사람들로부터 시작한다. 그런 소집단은 '치유의 원'[11]이라 불린다. 이것은 피해자들이 신뢰와 존중을 받을 수 있고, 자신의 트라우마를 다시 돌아보고, 이야기를 다시 말할 수 있고, 상호 의존적인 존재로서 우리 인류의 바탕인 의미망에 다시 연결시키는 특권적인 사회 공간이다. 다시 한번 이 원에서 일어나는 일의 모델은 예수님의 활동에서, 다른 사람들이 인식하지 못할 때조차도 고통 받은 사람들의 인간성을 어떻게 인식했는지에서 나타난다. 치유의 원은 개인의 치유가 일어나는 시련의 장이다. 해방 신학에 *기본 교회 공동체*가 있었던 것처럼, 치유의 원은 개인적 화해를 실천하기 위한 장이다.

안전과 신뢰의 경험이 쌓이게 하는 것은 인식의 실천이다. 사르킨과 달리(Sarkin and Daly)는 치유 과정에서 발생하는 피해자와 피해자의 고통을 인식하는 데 3가지 통찰이 있다고 지적했다.[12] 첫 번째 통찰에서, 인식은 피해자와 그들의 고통이 더 이상 침묵의 문화에 의해 무시되거나 간과되지 않음을 의미한다. 피해자의 존재와 가치는 공동체에 의해 인정되고 확인된다. 둘째, 인식은 친밀한 것을 알아보는 일을 의미한다. 피해자와 함께하는 사람들은 피해자들을 그들의 공통된 인간성에 비추어 본다. 이것은 피해자의 이야기에 대한 '재인식'을 시작하는 인식의 세 번째 통찰, 즉 다른 방식으로 생각하는 것으로 이어진다. 다시 말하지만, 이런 인식의 실천을 이끄는 신학은 예수 자신의 사역을 통해 확인된다. 구체적으로는 예수가 자신의 고통이나 다른 사람의 고통을 덜어주려 활동하는 사이에 주변 사람들은 미처 알아채지 못한 것을 어떻게 알아보게 되었는지, 그런 예수의 인식이 사람에게서 어떻게 신앙을 끌어냈는지, 어떻게 그들이 (그리고 치유되기를 바라던 그들 주변의 다른 사람들이) 그동안 무시하고 멸시해 왔던 사람들에 대해 다르게 생각하게 되었는지가 드러나는 것이다.

고통의 이야기를 기억하고 다시 이야기하기는 기억의 치유에 관해 이야기한 부분에서 이미 살펴보았다. 이와 관련하여 그리스도인에게 지침을 되는 핵심 내러티브는 역시 예수의 고통과 죽음에 관한 이야기이다.(화해의 네 번째 원리) 배신, 거절, 실패, 만남과 동반의 순간, 마지막으로 죽음에 넘겨지는 경험은 특히 십자가의 길과 성 주간에 지키는 수난 이야기 재현에서 강력하게 포착된다.[13]

다시 이야기하기의 요점은 이야기를 침묵과 망각에 빠지지 않도록 하는 것이다. 예수님의 위험한 기억이 무덤에 봉인될 수 없었듯이, 패배와 고통의 이야기는 구원과 희망의 이야기로 바뀌어야 한다. 그리스도인은 하느님께서 피해자에게 부여하고 화해 활동을 위해 피해자들과 함께 한 사람들에게 맡기신 은총의 순간에 전환을 가능하게 하신다고(첫 번째 화해의 원리) 믿는다. (2코린 5,18) 그 은총의 경험은 참으로 피해자들을 위한 '새로운 창조'(화해의 세 번째 원리)이다. 그때에는 인간의 삶을 가능하고 충만하게 만드는 관계망, 즉 의미의 타래를 재건하는 일이 남아 있다. 그런 관계망은 종종 피해자를 위한 새로운 실천으로 표현된다. 그 관계망은 치유된 관계의 본질을 드러내거나 다른 사람의 치유 과정을 돕는다. 여기서 예수께서 예수를 안다는 사실을 세 번이나 부인한 시몬을 용서하시고는, 그에게 양들을 보살피라는 임무를 부과하신 예를 들 수 있다(요한 21,15-19). 예수께서는 자신의 따르는 이들 중 가장 취약한 사람들을 시몬에게 맡겨 시몬에게 신뢰가 회복되었으며, 예수를 부인한 시몬이 예수를 따르러 오는 사람들 가운데서 예수님 안에서 신앙을 키우는 일을 맡게 되었음을 보여준다.

가해자의 치유는 어떻게 이루어지는가? 가해자도 하느님의 모상과 모습으로 만들어졌지만, 하느님의 영광을 깊이 드러내는 능력을 더럽혔다. 가톨릭 피스빌딩 신학에서는 가해자에 대한 관심이 적었지만, 가톨릭 전통은 회개자를 다시 교회의 성찬 전례에 참여하게 하는 고해성사에서 풍부한 치유의 역사를 지니고 있다. 현대 피스빌딩 실천에서 그 전통과 전통을 따르는 의식을 다시 돌아볼 수 있다.

- *죄의 고백(Confession of sin)*. 자신에 대한 진실 말하기의 순간이다. 가해자는 자신의 잘못을 인정하고 다른 사람의 삶과 사회를 얼마나 손상시켰는지를 인식한다. 내면의 죄책감을 밖으로 드러내는 것은 가해자를 다시 인간 사회로 데려오는 첫 번째 단계다. 기억의 치유에서 증언이 고통을 공동체 모두가 접근할 수 있도록 대중적이고 공유할 만한 것으로 만들 듯이, 잘못된 행위에 대한 공적인 인정은 가해자를 위한 치유 과정의 시작이다.
- *분리 의식과 보속(Ritual separation and expiation)*. 초대 교회에서는 참회자가 한동안 분리되어 있다가 자신이 지은 죄를 속죄하는 참회 의식이 있었다. 구금이나 숙청으로14) 처벌받는 가해자는 사실상 사회적 화해의 현대적 패턴에 따라 분리된다. 현대적 맥락에서 보속은 가해자가 자유의 상실(구금형)이나 지역 사회에 대한 자발적인 봉사를 통해 진정한 회개와 그들로 인한 지역 사회의 피해를 재건을 도우려는 의도를 보여주면서 이루어질 수 있다.

- ***통회 행위**(Act of contrition)*.   가톨릭 회개 전통에서 가해자들은 자신의 잘못을 공개적으로 인정할 뿐만 아니라 그들의 행동이 어떻게 하느님을 욕되게 했는지를 다루는 의식 행위에 참여한다. 이 전통과 가해자 치유의 공통점은 피해자에게 사과하고 용서를 구하는 것이다. 사과는 가해자들이 저지른 피해를 인정하며, 무엇보다도 피해자를 대상으로 한다. 이것은 가해자가 자신의 잘못으로 등을 돌린 인류 가족에 다시 합류하고자 하는 요청이기도 하다. 용서와 관련하여, 고해성사에서 하느님의 즉각적 용서는 죄인에 대한 하느님의 무한한 자비를 증명한다. 치유의 사회적 상황에서 피해자는 사과를 진실한 것으로 인정하고 용서 과정에 참여해야 한다. 용서에 대해서는 다음 절에서 더 다룬다.
- ***정개(定改)의 목적**(Purpose of amendment - 죄를 짓지 않겠다고 결심하기)*.   성사에서 회개한 사람들은 새로운 삶(reformed life)을 사는 데 동의해야 한다. 가해자를 치유하는 일에서, 가해자 역시 공동체 안에서 새로운 삶을 사는 것에 공개적으로 동의해야 한다. 피해자에게 새로운 삶이란 사랑하는 사람의 상실, 신체적 손상 또는 충만한 삶을 사는 데 필요한 수단의 상실로 인해 피해자가 지속적으로 겪는 곤경을 불완전하게나마 반영한, 어떤 제한 속에서 생활하는 것까지를 포함할 수 있다. 그들의 생활 방식에 공개적이고 영구적인 변화가 없다면, 가해자와 그들의 회개는 그들이 피해를 입한 사회에서 계속 불신의 대상이 될 것이다. 변화된 생활 방식은 공동체로의 재통합으로 가해자 치유를 보장하는 하나의 실천이다.

화해 과정에서 의식의 힘은 널리 알려져 있다. 로마 가톨릭교회는 (다른 유사한 전통들과 마찬가지로) 풍부한 전례와 의식 전통을 많이 제공한다. 점점 발전하는 피스빌딩 신학의 한 부분에서 그런 자원들을 재검토한다. 동시에 피스빌딩에 대한 현대 경험은 화해 성사의 신학을 풍요롭게 하고 세계의 특정 지역에서 눈에 띄게 사멸되어 가는 성사를 되살리는 데 도움이 될 수 있다.

진실 말하기

갈등 종식 이후 사회 재건에 관한 1980년대 논의 중 일부에서 뉘른베르크와 도쿄 재판의 일반적인 관행에 따라 공개위원회가 정의화해위원회로 설립되었다. 먼저 진실을 추구하지 않으면 정의가 '승리자의 정의'인 보복과 복수가 될 위험이 있다는 것이 비교적 빠르게 명백해졌다. 이에 따라 오늘날 이런 위원회는 대개 진실화해위원회라고 불린다.

진실을 추구하고 말하는 것은 정의의 집행을 시도하기 이전에 필요한 선행 조건이다. 전쟁의 첫 사상자는 진실이라는 오래된 격언이 있다. 분쟁에 휘말린 양측 사람들은 사건의 의미를 자신에게 이롭도록 왜곡하는 경향이 있다. 권위주의 정권은 일반적으로 진실을 왜곡하거나 거짓을 진실처럼 기념함으로써 자신의 행위를 정당화하는 방법을 개발하기도 한다.

진실을 추구하고 말하는 경험을 통해 이런 활동이 정의의 선행 조건 그 이상이라는 점이 분명해졌다. 특히 분쟁이나 권위주의적 통치 기간 동안, 특히 그 사회에서 피해자들이 (대량 학살 매장지의 위치 같은) 진실을 감추도록 강요당했을 때, 진실을 말하는 일 자체로 사회가 엄청나게 치유될 수 있다.

진실 말하기에 대해서는 침묵의 문화 깨뜨리기, 진실위원회의 역할, 사회적 치유 역할을 하는 4종류의 진실, 진실 말하기에 대한 실천 신학의 4가지 요소로 나누어 조금 더 설명한다.

진실 말하기는 대개 침묵의 문화를 깨뜨리는 일에서 시작된다. 침묵의 문화는 일반적으로 '거짓 내러티브'가 사회의 다른 내러티브를 대체하는 권위주의 사회에서 드러나는 특징이다. 거짓 내러티브는 학대를 감추고 불쾌한 일에 대해 언급하지 않는 집단 중심적 사회에서도 자주 나타난다. 이미 침묵의 문화가 만연해 있는 사회에서 권위주의적 통치가 일어나면 진실이 드러나도록 침묵을 깨뜨리는 일은 두 배로 어려운 일이 될 수 있다. 예를 들어 과테말라에서 전쟁이 끝난 뒤, 주교회의가 역사적 기억 회복(REMHI) 프로젝트를 출범시킬 준비를 하면서 무엇보다 우선 진행한 일은 침묵을 깨기 위해 피해자(주로 원주민)를 격려하고 지지하여 그들과 그들의 사랑하는 사람들에게 무슨 일이 있었는지 이야기하게 하는 캠페인이었다.

개인주의 문화권에서 생활해 온 사람들에게 침묵을 깨뜨리는 일은 말할 주체와 목소리로 곧바로 이동시키면 되는 것처럼 보이지만, 집단주의가 강한 문화권에서 침묵의 유대를 깨뜨리는 일은 사회에서 한 개인을 위치 지우는 모든 사회적 유대를 깨뜨리는 것을 의미할 수 있다. 그것은 사람을 사람답게 하고 사회에 소속감을 느끼게 하는 관계망을 완전히 끊어 놓는 것으로 보일 수 있다. 따라서 사람들이 침묵을 깨뜨리고 말하기 시작하는 용기 있는 발걸음을 내딛을 때는 각별한 보살핌과 명확한 지원 패턴이 마련되어야 한다.

갈등 중에 일어난 일의 진실을 밝히는 데 도움이 되는 다양한 양식이 만들어졌다.[15] 분명한 것은 과거의 진실이 얼마나 많이 드러나야 하는지에 대한 단일한 방법이나 합의가 없었다는 것이다. 사회는 갈등이 끝난 지 얼마 되지 않은 상태이고 평화협정이 실제로는 (권력

관계가 크게 변하지 않았기 때문에) 휴전에 불과하다면, 진실 말하기는 사회를 언제라도 다시 갈등으로 몰아넣을 수 있다. 모든 피해를 발견하고 추적할 수도 없다. 이를 통해 분명해진 것은 과거의 진실을 추구할 때 사회가 에너지를 할당할 방법을 결정해야 한다는 점이다. 과거에 얼마나 많은 시간과 자원을 투자해야 하고, 새로운 미래를 건설하는 데는 또 얼마나 많은 시간과 자원을 투자해야 할까? 그런 미래를 건설하기 위해 진실의 어떤 부분이 탐색되어야 한다. 가장 유명하며 가장 널리 연구된 남아프리카공화국의 진실화해위원회는 진실 말하기 과정의 일부로서 사면 추구 기회를 제공해 용서의 전망을 세우려 노력했다. 데스몬드 투투 대주교(Archbishop Desmond Tutu)는 위원회 회장을 역임하면서 용서를 구하는 일의 기틀을 세웠다.16)

이런 조사를 통해 어떤 종류의 진실이 드러났을까? 대부분의 사람들은 과거의 잘못에 대해 진실 중에서도 법정에서 확립되는 유형의 객관적인 진실을 추구한다. 그러나 남아프리카공화국 위원회 활동의 결론이 나온 뒤, 진실 말하기 과정에서 추구하는 진실의 4가지 종류 또는 차원에 대해 말하는 것이 일반적이 되었다. 몇몇 다른 방식으로 구분되기도 하는데, 대체로 다음과 같이 정리할 수 있다.

- *객관적 또는 법의학적 진실*.   무엇이 일어났는지, 누가 관여했는지에 대한 설명이다. 이것은 정의가 집행되기 전에 확립되어야 하는 종류의 진실이다. 객관적인 진실은 '누가', '무엇을', '어떻게'라는 질문과 관련이 있다.
- *개인적 또는 내러티브적 진실*.   실존주의적 진리의 형태로 일어난 일에서 의미를 이끌어 내고 과거의 트라우마적 사건을 더 크고 일관적인 그림에 맞춘다. 개인적 진실은 '왜'라는 질문과 관련이 있다.
- *대화적 진실*.   피해자와 가해자 모두의 이야기를 포함시키기 위해 애쓰

는 내러티브 형태의 진실이다. 예를 들어 남아프리카공화국의 보어족은 20세기 초 영국이 패망한 뒤 스스로를 피해자로 간주했다. 영국이 만든 강제수용소에서 2만 6천 명 이상의 여성과 아동이 사망했다. 아파르트헤이트 법 제정은 보어족에게 다시 그런 일들이 일어나지 않도록 자신을 보호하는 것이라 여겨졌지만, 이 법을 따르면서 그들은 가해자가 되었다. 앞으로 남아프리카공화국 역사는 분쟁의 모든 당사자들이 경험한 진실을 한 자리에 모으려는 시도를 이어가야 한다.

- ***회복적 또는 도덕적 진실***. 진실을 찾고 말하는 과정에서 최종적으로 드러나는 진실이다. 이것은 사회에서 과거의 갈등이 다시는 일어나지 않도록 경고하는 의도를 담은 진실이다. 독일연방공화국에서 나치즘이 다시 등장할 수 없는 사회를 건설하고 법제화하려는 노력은 그런 도덕적 진실을 파악하려는 시도의 한 예이다.

이처럼 한 사회를 치유하는 데 필요하고 탐색되어야 할 진실의 차원은 다양하고 복잡하다. 이 중 일부는 (특히 대화적 진실) 매우 달성하기 어렵다. 진실을 탐색하는 과정에서 진실 말하기에 대한 실천 신학은 어떻게 도움이 될 수 있을까?

히브리어 성경에는 객관적, 법의학적 의미의 '진실'에 해당하는 단어가 없다. *에메트(emet)* 라는 단어는 지속적이고, 신뢰할 수 있고, 의지할 수 있고, 믿을 수 있는(constant, trustworthy, dependable, reliable) 진실이라는 더 깊은 의미를 지니고 있다. 히브리어 성경에서 진실은 주로 도덕적이며 관계적인 것으로 여겨진다. 따라서 하느님의 진리(truth, 이 한 단어 안에 진실과 진리라는 두 의미가 모두 녹아들어 있다 - 역자 주)는 하느님의 본성에 대한 진술이 아니라 지속적이고 믿음직한 하느님의 존재 그 자체다.

여러 면에서, 바로 이것이 근본적으로 피스빌딩 과정에 들어 있는 치유에 필요한 진실이다. 이런 내용은, 화해 과정에서 추구하는 진실이란 '내가 믿을 수 있는 사람이 내가 이해할 수 있는 방식으로 제시한, 사실에 부합되는 것'이라고 말한 인권 변호사 단 브롱크호스트(Daan Bronkhorst)의 정의에 잘 반영되어 있다.17)

요한 복음서는 이런 히브리 이해 방식을 받아들인다. 그리스도는 진리이신 하느님을 우리에게 보여준다. 우리는 길이요 진리요 생명이신 예수(요한 14,6)에 의해 진리로 인도된다(요한 16,13). 우리는 그분의 제자로서 진리에 봉헌되고 그 진리를 지키도록 부름받는다. 이 진리를 깨달음으로써 우리는 진정으로 자유로워진다(요한 8,32).

이 진실의 신학이 우리가 숙고해야 할 신학이다. 진실의 신학은 하느님의 신뢰성과 불변성을 나타내며, 세속적인 용어로는 진리의 문화에 대한 탐구라고 불리기도 한다. 이런 도덕적 틀 안에서 우리는 지적이고 객관적인 형태의 진실을 (그리스도교 경전, 특히 신명기 본문에서 언급된 진리의 형태) 찾을 수 있다. 그러므로 진실 속에서 사는 것은 앞에서 언급한 화해 영성의 일부다. 치유된 사회를 구성하는 것은 신뢰성과 신뢰의 도덕적 관계의 구축이다.

정의 추구

갈등 이후 치유에서 가장 긴요한 요소는 정의 추구일 것이다. 정의 추구는 갈등 중에 학대받은 피해자뿐만 아니라 사회 재건에도 중요하다. 재건은 갈등 중에 발생한 잘못을 공개적으로 다루고, 초기 갈등의 밑바탕에 불의가 어떻게 자리 잡고 있었는지 탐색하는 일을 포함한다. 갈등의 근본 원인을 다루지 않고서는 미래에 갈등을 극복할 가능성이 거의 없기 때문이다.

이 책 4장에서 다니엘 필포트(Daniel Philpott)는 정의 추구의 다양한 차원에 대해 자세히 설명한다. 여기서는 (1) 치유와 화해 과정에서 작용하는 다양한 정의의 종류, (2) 정의 추구의 한계, (3) 자비와 정의에 관한 실천 신학의 개요 정도만 언급하겠다.

치유와 화해의 과정에서 중요하게 다뤄지는 3가지 정의는 응보적 정의, 회복적 정의, 구조적 정의이다.

응보적 정의. 응보적 정의는 범죄자에게 형벌로 할당되는 정의이다. 응보적 정의의 목적은 여러 개일 수 있다. 피해자, 나아가 사회에 가해진 잘못을 올바르게 고치는 것, 비슷한 잘못을 저지르려는 사람을 막는 것, 분쟁 이후 사회에서는 그런 행위를 용납하지 않을 것임을 모든 이에게 경고하는 것 등이다. 적절한 절차에 따라 구성된 당국에 의해 응보적 정의가 제정되고 적절한 처벌을 내리는 것 (즉, 잘못의 정도를 넘어서지 않는 것)이 중요하다. 종교적 관점에 기반을 두고 평화를 위해 활동하는 사람들에게 응보적 정의는 정의 자체가 부당하게 시행되지 않도록, 적절한 조건에서 시행되도록 확인하는 역할을 한다.

회복적 정의. 회복적 정의는 두 가지 방식으로 이해된다. 첫째, 분배적 정의로서 재화가 공평하게 분배되도록 보장하는 것이다. 이것은 특히 경제적 분쟁(토지, 교육, 고용 등)과 관련해서 갈등이 불평등한 분배를 야기하거나 악화시킨 경우에 중요하다. 오랜 기간에 걸쳐 보상을 받는 것이 여기에 포함될 수도 있다. 제2차 세계대전 후 독일연방공화국은 전임 정부가 자행한 홀로코스트에서의 역할 때문에 이스

라엘에 15년간 배상금을 지불했다. 둘째, 회복적 정의는 피해자의 존엄성을 회복하고 가해자의 재활을 위해 노력하는 과정을 의미하게 되었다. 이 과정은 많은 국가의 형사 시스템에서 시작되었는데, 이제는 피스빌딩 과정에도 적용된다.18) 회복적 정의는 과도기적 정의의 실천으로서, 모든 이들의 존엄성, 따라서 모든 이에게 마땅히 주어진 정의를 위해 헌신하는 가톨릭 피스빌딩이 특별한 관심을 쏟는 분야다.19)

구조적 정의. 구조적 정의는 갈등이 발생하는 장소인 사회의 사회적 구조에 특히 중점을 둔다. 경제적 불평등, 차별, 사회적 재화에 대한 동등한 접근성 부족 등이 갈등을 초래한다. 구조적 정의는 법률 제정, 예산 재분배, 사회에서 더 큰 평등을 이루기 위한 다른 여러 조치를 통해 이런 근본적인 문제를 다루는 것을 목표로 한다. 아파르트헤이트가 초래한 차별을 경험한 남아프리카공화국은 아파르트헤이트 이후, 세계에서 가장 포괄적인 인권 내용을 담아 찬사를 받은 새로운 헌법을 작성했다. 1952년 유럽에서 시작되어 유럽 연합 형성으로 정점에 이른 경제 협력에 관한 진보적인 조치는 부를 늘리고 이웃 국가를 연결하고 향후의 전쟁을 예방하기 일종의 구조적 정의라 볼 수 있다. 구조적 정의의 시행은 응보적, 회복적 유형의 과도기적 정의보다 훨씬 긴 시간이 필요하다. 구조적 정의가 안정화 효과를 나타내기까지는 한 세대 이상이 걸릴 수도 있다.

완전한 정의가 시행되기를 기대하기는 어렵다. 충분한 인적 자원과 경제적 자원이 존재하더라도, 갈등 이후의 사회는 과거와 미래에 투입할 자원의 양을 결정해야 한다. 1994년 대량 학살 이후의 르완다 상황은 이런 딜레마를 상징한다. 한편에서는 대량 학살을 일으킨 사람들에 대한 재판이 계속되었지만(개별 살인 사건을 저지른 사람들에 대한 재판은 전통적인 가카카 재판소에서 계속되었다), 당시 대통령은 긴장 완화 조치로서 특히 경제 성장을 촉진하기 위해 열심히 노력했다. (르완다 경제는 현재 아프리카에서 가장 빠르게 성장하고 있다.) 앞으로 이 작업은 르완다 내 주요 3개 민족 집단을 위한 포괄적인 투자가 될 것이다.

정의는 유대교, 그리스도교, 이슬람 신앙에서 핵심적인 신학 주제이다. 정의는 이 세 종교 모두에서 하느님을 정의하는 특성 중 하나다. 하느님께서는 특히 가난한 사람들과 피해자들에 대한 억압을 주시하신다. (화해의 두 번째 원리). 그러므로 하느님을 믿는다고 말하는 사람들은 정의를, 특히 사회 변두리로 밀려난 사람들을 위한 정의를 추구해야 한다.

모든 인간이 서로, 그리고 하느님과 올바른 관계를 맺을 때 정의가 이루어진다. 하느님의 정의는 하느님의 확고한 사랑(*hesed*, 히브리어로 loving kindness를 의미 - 역자 주) 또는 자비와 밀접한 관련이 있다. 자비에 대한 그리스도교의 이해를 처벌 감소를 뜻하는 서구의 법적 개념과 동일시해서는 안 된다. 그리스도교의 자비의 개념은 오히려 모든 피조물과 창조 자체에 대한 하느님의 사랑을 반영한 것이다. (다음 절에서 볼 수 있듯이) 유한한 피조물에 대한 사랑은 용서를 가능하게 한다. 공동체의 보존과 구축은 정의로운 관계를 유지하는 데 필수적이다.

가톨릭은 전통적으로 전쟁 개시 결정과 전쟁 수행 방법에 적용하는 정의의 특질, 즉 정당한 전쟁론에 관해 중점을 두어 왔다. 1891년 교황 레오 13세의 회칙 『새로운 사태(*Rerum Novarum*)』에서 시작된 가톨릭 사회교리의 전통은 정의를 중심 주제로 삼았다. 이것은 정의를 주제로 한 1971년 주교 시노드에서 강조되었다. 케네스 하임즈(Kenneth Himes)는 10장에서 이 주제와 그 발전 과정의 핵심 역할을 강조한다.

용 서

*용서*는 갈등 이후 상황에서 사용되는 단어로, 특히 집단 간 용서와 관련이 있다. 용서는 종교적 전통에서 비롯된 것이라 인정되고 있다. 하지만 갈등 이후 상황에 용서가 어느 정도까지 적용될 수 있는지는 여전히 논쟁적인 주제다.[20]

그리스 로마 철학에서는 용서가 미덕으로 여겨지지 않았다. 관대한 사람은 자신보다 못한 인간에게 상처를 입을 이유가 없었으므로 용서할 필요가 없었다.[21] 용서는 충분히 성숙되지 않은 사람들이 해야 할 일로 여겨졌다.

반면에 그리스도인에게 용서는 핵심적 신학 주제다. 용서는 자비와 사랑의 하느님과 유한하고 잘못을 범하는 인간에 대한 그리스도인의 이해 모두에서 나온다. 인간의 범죄를 씻어 없애거나 덮으시는(히브리어 성경에서 발견되는 용서의 두 가지 의미) 하느님의 능력은 새로운 창조를 가능하게 한다(화해의 세 번째 원리). 용서에 대한 가르침은 하느님께서 인간의 죄를 용서하시고 인간이 서로를 용서해야 한다는 점 모두에서, 예수가 보여주신 활동의 주요 주제였다. 그런 용서의 의미는 그리스도교 신앙에서 가톨릭과 동방 교회의 고해성사 전통에 특별한 방식으로 내재되어 있다.

용서에 대한 그리스도교의 이해는 하느님께서 인간의 죄를 용서하시는 것과 두 당사자 사이에서 개인적으로 용서하는 것에 가장 많이 반영되었다. 사회적 용서에 대한 관심은 적었다. 이 절에서는 용서의 정의와 몇 가지 기본적인 문제를 제시하고, 개인적 용서에 대해 (이것은 좋든 나쁘든 사회적 용서 이면에 있는 패러다임을 위해 남아 있으므로) 간략하게 설명한다. 그런 다음 사회적 용서의 의미와 전례를 다루고, 결론적으로 용서에 대한 실천 신학의 몇 가지 측면을 언급하겠다.

개인 사이의 용서는 일반적으로 피해자가 가해자에 대한 분노를 포기하고 둘 사이의 사회적 유대가 어느 정도 회복되는 것을 말한다. 피해자는 분노를 포기함으로써 계속해서 범죄에 사로잡혀 있거나 이에 따른 유해한 결과 때문에 나쁜 영향을 받고 싶지 않다는 바람을 표현한다. 다시 말해 피해자는 치유를 통해 피해자로서만 정의되기를 멈추려 한다. 피해자의 개인적 내러티브는 더 이상 범죄 행위로 인한 피해나 굴욕에 지배되지 않고, 과거보다는 현재와 미래에 관한 내용으로 더 많이 채워진다.

이런 의미에서 용서가 반드시 가해자의 처벌을 배제하는 것은 아니다. (앞으로 유사한 행동을 저지르는 것으로 간주될 경우) 처벌은 사회적으로 요구될 수 있다. 교황 요한 바오로 2세는 그를 암살하려 했던 아그카 칸(Agca Khan)을 용서했지만, 칸은 여전히 이탈리아 감옥에 수용되어 있었다. 용서가 멀어진 두 사람의 관계를 완전하게 회복시키는 데 필요한 것처럼 보일 수 있지만, 용서는 우선 피해자가 가해자에게 존엄성과 존중을 부여하고, 그런 행위를 가해자를 지배하는 힘의 형태로 사용하지 않는 것을 말한다. 분노를 포기하는 일이 무엇인지에 담겨 있는 내용이 바로 이것이다.

위스콘신 대학 국제 용서 연구소의 로버트 엔라이트(Robert Enright)와 그의 동료들은 대인 관계에서 용서에 관해 연구한 문헌을 정리하면서, 용서가 4단계에 걸쳐 일어나는 것으로 보았다.22)

- *폭로 단계.* 첫 번째 단계에서 피해자는 잘못으로 유발된 원한, 분노, 굴욕, 그 밖의 감정을 탐구하기 시작한다. 이 단계에서 피해자는 상처받았다는 사실을 인정한다.
- *결심 단계.* 피해자는 용서하기로 결심하고 용서에 필요한 일을 수행하기로 결심한다.
- *수행 단계.* 피해자는 용서로 나아가기 위해 노력한다. 여기에는 용서에 도달하기 위해 변화해야 할 사항, 가해자에게 기대하는 것, 가해자와 중간 지점에서 만나기 위해 피해자가 얼마나 기꺼이 바뀌려 하는지를 고려해야 한다.
- *용서 행위.* 수행 단계가 실질적으로 완료되면 피해자는 상당한 진정성을 지니고 범죄자를 용서할 수 있다.

그렇다면 사회적 용서란 무엇인가? 분쟁 두 당사자가 손을 뻗고 용서를 받아들일 때인가, 아니면 한 나라가 다른 나라를 용서할 때인가? *용서*라는 용어는 범죄 용서, 경제적 부채 탕감(부채 용서) 또는 사과를 주고받는 것 등 다양한 의미를 지닐 수 있다. 용서는 이 모든 의미를 각기 다른 상황에서 전달한다. 그 정도로 이 용어는 화해와 탄력성을 공유한다. 어떤 경우든 사회적 용서는 그 바탕에 분노를 포기하고 어느 정도 관계를 회복하는 개인적인 용서와 유사한 구조를 가지고 있다. 바꾸어 말하면 과거가 미래를 결정하지 못하게 하는 일이다. 용서는 관계의 전환에 관한 것이다.

한 집단이 다른 집단을 용서하려면 어떤 일이 이루어져야 하는가? 달리와 사르킨은 가해자는 용서받기 위해 인정, 사과, 속죄, 3단계를 밟아야 한다고 제안한다.23) 달리와 사르킨은 인정이 '진실 그 이상(truth-plus)'임을 암시한다. 일어난 일에 대한 객관적인 진실을 말하면서 그 행위에 대한 국가의 책임 (또는 이전 국가의 책임)을 인정하는 일이다. 고통을 가한 행위에 책임을 지는 것은 소외 극복과 새로운 관계 구축을 시작하기 위한 핵심이다.

둘째, 일정한 사과 의식이 있어야 한다. 사과는 그 표현을 피해자와 함께 만들었을 때 가장 효과적이다. 이것은 피해자가 경험한 고통을 앞서 기억의 치유에서 언급한 '증언' 차원으로 표현하고, 가해자가 표현하는 후회의 진정성을 확인할 수 있는 기회를 제공한다. 캐나다 연합교회와 오블라띠 선교수도회는 캐나다 서부 원주민(First Nation Peoples in Western Canada : 메티스나 이누이트 같은 인디언 원주민을 지칭한다. - 역자 주)에게 과거에 자행한 학대와 문화적 논쟁에 대한 사과를 표현했다. 2008년 호주의 케빈 러드(Kevin Rudd) 총리가 호주 원주민에 대해 '죄송하다'고 표현한 것이 또 다른 예이다. 사과는 의례적 행위다. 사과가 과거를 되돌릴 수는 없지만, 새로운 관계를 가능하게 하는 방식으로 과거를 재구성할 수는 있다. 때로 그런 의식 행위는 계획되지 않은 방식으로 나타난다. 독일 총리 빌리 브란트(Willy Brandt)가 아우슈비츠에서 무릎을 꿇은 것은 독일・폴란드 관계를 치유하는 데 수많은 문서보다 훨씬 도움이 되었다. 교황 요한 바오로 2세가 예루살렘 통곡의 벽에서 기도한 것은 유대인·가톨릭 관계를 위한 마찬가지 행위였다. 사과는 종종 기념비나 다른 기념관의 설립으로 영구적인 것이 되기도 한다.

사과는 적어도 현 정부가 과거 정부의 행동을 받아들일 수 없다고 발표하는 일이다. 속죄는 사과를 매듭짓는다. 여기서 속죄는 반드시 과거의 행위에 대해 법적 책임을 질 것을 요구하지는 않는다. 그러나 과거의 도덕적 실패를 증명한다는 점에서 속죄는 도덕적 책임을 인정한다. 속죄에는 사과를 확정 짓기 위한 배상, 새로운 특수 관계 또는 다른 법적 조치가 포함될 수 있다.

그리스도인은 죄의 용서가 유일하게 죄를 용서하실 수 있는 하느님으로부터 온다고 믿는다. 용서는 예수님의 활동, 특히 그분의 수난과 죽음을 통해 우리에게 매개된다. 결과적으로 우리는 예수님에 의해 죄를 용서할 능력을 부여받고(요한 20,22-23), 서로를 용서하는 일에 참여하게 된다(마태 18,21-33; 루카 17,3). 그러므로 용서는 그리스도교의 핵심적 실천으로 중요하게 여겨진다.

용서는 그리스도교인의 활동에 매우 핵심적이다. 용서하라는 명령의 힘 때문에(주님의 기도에서 그리스도인은 서로를 용서하는 것과 같은 방법으로 자신을 용서해 달라고 하느님께 청한다(마태 6,12,14-15). 그리스도인은 때로 성경 어디에도 없는 '용서하고 잊으라'는 말을 입에 올리기도 한다. 분노 포기의 강력한 형태로 볼 수도 있지만, 과거의 고통에 대한 기억을 망각에 위탁하는 것은 개인과 사회 모두에 위험하다. 한 사회가 완전히 과거에 매이지 않고 미래에 초점을 맞추려면 특정한 '망각'이 필요하다.24) 그러나 용서한다고 해서 잊는 것은 아니며, 우리는 과거를 다른 방식으로 기억한다. 거듭 강조하지만, 이것은 과거의 재구조화, 내러티브의 재구성을 나타내는 사례로, 그것이 화해 과정을 특징짓는다.

화 해

치유, 진실, 정의, 용서 차원을 살펴보았으니 이제 화해의 주제로 돌아가자. 갈등 이후의 상황에서 *화해*라는 용어는 다양한 방식으로 사용(때로는 오용)된다. 오용은 가해자가 화해를 요청할 때, 즉 화해가 피해자가 겪은 고통을 잊고 정의 요구를 포기해야 한다는 의미로 사용될 때, 가장 자주 일어난다. 피해자가 잊음으로써 가해자는 자신의 행동에 대한 책임에서 자유로워지고, 사회는 마치 아무 일도 일어나지 않았던 것처럼 지속된다. 하지만 그런 행위는 전혀 화해가 아니다. 마찬가지로 화해라는 용어는 갈등이 여전히 격렬하게 벌어지고 있는데 화해를 요청할 때도 오용된다. 이 경우 화해는 적대감의 원인이나 결과를 고려하지 않은 채 적대 행위를 중단하는 것을 의미한다.

오늘날 화해의 담론에는 적어도 6개의 상이한 의미가 담긴 스펙트럼을 확인할 수 있다.

- 두 당사자가 싸움을 중단하고 다름이 있음에 동의한다. 이 합의는 명확한 경계를 설정함으로써 보장된다. 보스니아 헤르체고비나에 3개 민족 거주지를 만든 데이튼 협정(Dayton Accords)이 그 예다.
- 두 당사자가 사회 공간을 확장하고 더 많이 협력할 수 있도록 환경을

변화시킨다. 성금요일 협정 이후 북아일랜드, 특히 2007년 새 정부 출범 이후가 이에 해당하는 사례다.
- 당사자들이 이전 상태로의 회귀를 특징짓는 역사적 재편성을 경험한다. 베를린 장벽이 무너진 뒤, 서독과 동독의 통일이 그 예다.
- 당사자들이 과거의 분열을 극복하고 새로운 공동의 내러티브를 만들려고 노력한다. 미국과 호주가 각각 아프리카계 미국인, 오스트레일리아 원주민과 시도하고 있는 '인종적 화해'가 그 예다. 동남 유럽의 민주주의와 화해 센터(The Center for Democracy and Reconciliation)는 전 유고슬라비아 지역 국가에서 덜 논쟁적이고 더 공동체적인 내러티브를 만들기 위해 역사 교과서를 다시 쓰는 프로젝트를 진행하고 있다.
- 당사자들이 과거의 폭력을 반복할 수 없도록 사회적 조건을 만든다. 이것은 칠레의 진실화해위원회에서 만든 화해의 정의였다. 1949년에 시작된 독일 연방 공화국에서 제정된 반-나치법의 배경이기도 하다.
- 당사자들이 과거가 현재에 더 이상 문제가 되지 않는 지점에 도달한다. 이것은 아마도 프랑스와 독일이 60년 동안 의식적으로 협력하기 위해 노력하여 달성한 지점일 것이다. 2003년 베르사유에서 게르하르트 슈뢰더(Gerhard Schroeder)와 자끄 쉬라크(Jacques Chirac)가 서로 손을 잡고 있는 모습을 담은 사진은 이런 관계를 상징적으로 보여준다. 베르사유는 19세기와 20세기에 양국이 자국의 승리를 축하한 곳이었다.25) 21세기에 그곳은 완전한 화해의 장소가 되었다.

화해라는 이름으로 이루어진 이 6가지 다른 상황 모두 화해가 목표인 동시에 과정이라는 점을 상기시킨다. 피스빌딩에 관한 가톨릭 신학이 그 자체로 **샬롬**이나 평화의 최종 상태만 반영하는 것으로 볼 수 없듯이, 화해의 신학은 화해 과정의 모든 지점을 다룰 수 있어야 한다. 화해에 관한 가톨릭 신학은 이 장 첫 부분에서 요약한 5가지 신학 원리에 의해 계속 활성화되겠지만, 우리는 이렇게 다양한 화해의 단계를 지원하는 '중간 공리' 또는 원리를 매개하는 실천 신학도 만나볼 수 있다.

- 성령의 은총으로 여겨지는 관용 신학은 사람들이 서로를 받아들이고(콜로 3,8-10. 12-16) 적절한 차이와 함께 살도록 도울 수 있다. 조나단 색스(Jonathan Sacks)는 유대교 관점에서 창세기 11장의 바벨 이야기를 출발점으로 삼아 성경에 근거한 차이에 대한 접근 방식을 개발했다.26)
- 안전하고 따뜻한 공간을 만드는 신학은 화해의 두 번째 의미에서 추구하는 확장된 사회 공간과 변화된 환경을 지지한다.
- 찰스 빌라-비첸시오가 남아프리카공화국을 위해 윤곽을 짠 재건 신학은 사회의 재편성을 지지했다. 빌라-비첸시오는 바빌론 유배로부터의 귀환과 예루살렘의 재건을 이 신학의 중심적인 성경 내러티브로 사용했다.27)
- 에페소서 2장 12절부터 20절에서 묘사한 것처럼, 새로운 공통의 내러티브를 만들 수 있다. 여기서 바오로는 이전에 분열되어 있던 이방인과 유대인을 그리스도의 피를 통해 공통된 하느님의 가정으로 모아들였다. 적대감의 벽은 무너졌고, 새로운 내러티브는 사도들과 예언자 이야기에 바탕을 두고 그리스도 이야기를 초석으로 삼아 화해된 공동체의 의미를 알려준다.
- 화해 과정의 완성은 앞에서 언급한 수평적 화해에 관한 성경 구절이었던 코린토 2서 5장 17절부터 20절에서 확인된다. 요한 묵시록 20장에서 하늘에서 내려오는 새 예루살렘이라는 전망에서도 포착된다.

결 론

  이 장에서는 피스빌딩 실천에 수반되는 실천 신학의 개요를 제시하고자 했다. 피스빌딩에 대한 가톨릭의 이해에 방향을 제시하는 5가지 신학 원리에 근거하여 먼저 그 실천 행위를 설명했다. 그리고 실천 행위에 정보를 제공할 뿐만 아니라, 그리스도교 신앙 이전에 설정된 실천 행위가 주는 도전을 수용할 수 있는 신학의 원천까지 찾았다. 치유, 용서, 화해에 대해 살펴보면서 가톨릭 전통의 요소가 현대의 피스빌딩 실천이 직면한 난제에 기여할 수 있다는 점이 드러났다. 예를 들어, 가톨릭 참회 전통이 가해자를 위한 치유의 궤적을 어떻게 도식화할 수 있는지는 주목할 만하다. 그러나 동시에 피스빌딩 실천은 가톨릭 신학에 피스빌딩 활동을 위한 자원을 더 개발해야 한다는 상당한 도전을 제기한다. 예를 들어, 신학자들은 갈등 이후 재건에 필요한 4가지 다른 형태의 진실을 충족시키기 위해 진리의 신학을 심화시키는 데 기여하고, 회복적 정의의 신학을 발달시키고, 화해의 많은 의미에 대한 신학적 통찰의 개발에 기여할 수 있다. 피스빌딩에 관한 많은 문헌과 실천은 여전히 새롭다. 그런 피스빌딩에 대한 신학적 성찰은 더 최근에서야 이루어졌다. 앞으로의 과제는 매우 분명하다.

(번역 고민정)

1) 중간 공리(middle axioms) 개념은 1930년대 영국의 철학자이자 신학자인 J. B. 뉴햄(Newnham)에 의해 처음으로 등장했다. 중간 공리는 경험에서 파생되어 자신의 신념 체계와 공명하는 작동 원리의 하나다. 이것은 이후에 이어질 행위의 틀을 제공한다. 중간 공리는 생각은 다를지라도 행위에서 공통점을 갖고 있는 다양한 집단을 한데 모으는 데 가장 유용하다. 따라서 중간 공리는 다양한 공동체를 아우르는 일종의 이론적인 (그러나 임시로 작동하는) 다리다. 중간 공리는 각 공동체 내에서 자신의 신념에 충실하지만, 공통의 행위를 허용한다는 확신을 준다. 뉴햄은 제2차 세계대전 이후 세계교회협의회(World Council of Churches, WCC) 창설로 이어진 '믿음과 질서(the Faith and Order)' 운동, 그리고 그 밖의 에큐메니칼 운동에서 이 개념을 발전시켰다.

2) 화해 의미의 논쟁적인 성격에 관한 폭넓은 논의는 에린 달리와 제레미 사르킨(Erin Daly and Jeremy Sarkin), *Reconciliation in Divided Societies: Finding Common Ground* (Philadelphia: University of Pennsylvania Press, 2007) 참조.

3) 저자는 모든 성경 구절의 인용은 새로운 개정 표준판(New Revised Standard Version)을 따랐다고 밝혔다. 이 번역본에서는 한국천주교주교회의가 인가한 가톨릭 성경(2005)을 따른다.

4) 나는 이런 내용의 다른 버전을 *The Ministry of Reconciliation: Spirituality and Strategies* (Maryknoll, NY: Orbis Books, 1998)에서 분명히 논의했다.

5) 노벨평화상 수상자 벨로 주교(Bishop Belo)의 이야기는 잘 알려져 있다. 마르코비치와 잔직(Markovic and Janjic)의 이야기는 데이비드 리틀(David Little), ed., *Peacemakers in Action : Profiles of Religion in Conflict Resolution* (New York: Cambridge University Press, 2007)에서 볼 수 있다.

6) 존 폴 레더락(John Paul Lederach), *The Moral Imagination: The Art and Soul of Building Peace* (New York: Oxford University Press, 2005), 이 책의 한국어 번역본은 『도덕적 상상력』 (김가연 역, 글항아리, 2016) 참조.

7) 레더락, 위 책.

8) 주디스 허먼(Judith Herman), *Trauma and Recovery* (New York: Basic Books, 1992)은 최고의 자료 중 하나다. 이 책의 한국어 번역본은 『*트라우마 - 가정폭력에서 정치적 테러까지*』 (주디스 루이스 허먼, 최현정 옮김, 열린책들, 2012). 트라우마 영향의 치유는 심리 치료에서 부분적으로만 민감하게 여겨진다. 중뇌에서 차이를 만드는 과정이 지속되는 트라우마 반응 경험을 일으킨다는 징후가 있다. 특히 베셀 반 데어 콜크(Bessel van der Kolk)의 연구 참조. 대부분의 연구가 서양에서 이루어져 왔듯이, 트라우마의 영향과 극복 방법에 대한 설명 역시 대개 서양 문화적 관점에 의해 구성되어 왔다. 의식과 성사에 관한 이 책 8장의 내용은 치유의 종교 의식에 관한 문제를 다룬다.

9) 트라우마 치료에 정신분석학을 활용하는 것은 줄곧 논쟁적 주제였다. 트라우마 연구에 헌신해 온 많은 학자들이 정신분석학으로 훈련받았다. 고전 정신분석학에서 요구하는 치료 기간은 수많은 빈곤국의 대규모 사회적 트라우마 치료에는 적합하지 않다. 그러나 의식적 사고패턴과 무의식적 사고 패턴을 연결하는 것, 의미를 창조하는 데서의 상징적 차원의 중요성, 치유를 위한 카타르시스의 중요성과 같은 정신분석학적 고려 모두가 트라우마 극복에 대한 우리의 이해에 도움을 준다.

10) 마리아 에릭슨(Maria Ericson), *Reconciliation and the Search for a Shared Moral Landscape: An Exploration Based upon a Study of Northern Ireland and*

South Africa (Frankfurt: Peter Lang, 2001).

11) 치유의 원은 실천과 신학에 관한 다음 책에 자세히 설명되어 있다. 스티븐 베반스, 엘레노어 도이지와 로버트 슈라이터(Stephen Bevans, Eleanor Doidge and Robert Schreiter), eds., *The Healing Circle : Essays in Cross-Cultural Mission* (Chicago: Chicago Center of Global Ministries, 2000).

12) 달리와 사르킨, *Reconciliation in Divided Societies*, 156-57.

13) 십자가의 길 봉헌은 복음서에서 이야기되고 대중 신심으로 확장되었듯이, 수난 이야기의 순간들에 주목하는 14개의 '처'(멈춰 서는 장소)를 따라 기도하는 것이다. 14처에 대해서는 많은 논평과 관상이 계속 나타나고 있다. 필자는 특히 화해 주제와 관련하여 글을 썼다. *Peacebuilding: A Caritas Training Manual* (Vatican City: Caritas Internationalis, 2002), 47-52.

14) 공산주의 통치가 끝난 뒤 폴란드와 구 체코슬로바키아에서 숙청 사업이 수행되었다. 국가 안보 관련 정보원으로 일한 사람들은 공무원 신분을 유지할 권리를 박탈당했다.

15) 진실을 추구하는 것에 대해서는 특히 다음을 참조. 마사 미노우(Martha Minow) *Between Vengeance and Forgiveness: Facing History after Genocide and Mass Violence* (Boston: Beacon Press, 1998); 프리실라 헤이너(Priscilla Hayner), *Unspeakable Truths: Confronting State Terror and Atrocities* (New York: Routledge, 2001); 달리와 사르킨, *Reconciliation in Divided Societies*, 140-52.

16) 데스몬드 투투(Desmond Tutu), *No Future without Forgiveness* (New York: Doubleday, 1999).

17) 단 브롱크호스트(Daan Bronkhorst), *Truth and Reconciliation: Obstacles and Opportunities for Human Rights* (Amsterdam: Amnesty International, 1995), 145-46.

18) 오늘날 이 개념에 대한 관심 범위 논의를 위해서는 데니스 앤더슨(Dennis Anderson), ed., *The Restorative Justice : A Global Perspective* (New York: Routledge, 2006) 참조.

19) 회복적 정의에 대한 관심은 물론 그리스도교에 대해서보다 훨씬 넓다. 마이클 L. 해들리(Michael L. Hadley), "Spiritual Foundations of Restorative Justice," in Anderson, *The Handbook of Restorative Justice*, 174-87 참조.

20) 예를 들어, 도널드 슈라이버(Donald W. Shriver), *An Ethic for Enemies: Forgiveness in Politics* (New York: Oxford University Press, 1995); 윌리엄 볼, 드루 크리스천슨과 로버트 헨마이어(William Bole, Drew Christiansen and Robert T. Hennemeyer), *Forgiveness in International Politics: An Alternative Road to Peace* (Washington DC: USCCB, 2004) 참조.

21) 플라톤의 스토아를 통한 용서에 대한 논의는 찰스 그리스올드(Charles L. Griswold), *Forgiveness: A Philosophical Exploration* (New York: Cambridge University Press, 2007) 참조.

22) 로버트 엔라이트, 수잔 프리드만과 훌리오 리케(Robert Enright, Suzanne Freedman and Julio Rique), "The Psychology of Interpersonal Forgiveness," in 로버트 엔라이트와 조안나 노스(Robert Enright and Joanna North) 편, *Exploring Forgiveness*

(Madison: University of Wisconsin Press, 1998), 174-87.

23) 달리와 사르킨, *Reconciliation in Divided Societies*, 162-67.

24) 이 점에 대해서는 미로슬라브 볼프(Miroslav Volf), *The End of Memory: Remembering Rightly in a Violent World* (Grand Rapids, MI: Eerdmans, 2006) 참조.

25) 프랑스-프러시아 전쟁에서 프랑스가 패배한 뒤, 1871년에 독일 제국이 선포되었다. 1918년 제1차 세계대전이 끝나고, 1871년 사건과는 정반대로 독일의 항복이 이루어졌다.

26) 조나단 색스(Jonathan Sacks), The Dignity of Difference: How to Avoid the Clash of Civilizations (London: Continuum, 2003).

27) 찰스 빌라-빈첸시오(Charles Villa-Vicencio), A Theology of Reconstruction: Nation-building and Human Rights (Cambridge: Cambridge University Press, 1992).

14장 연대의 이야기들

- 가톨릭 피스빌딩의 도전

데이비드 오브라이언(David J. O'Brien)

성 십자가 대학의 로마 가톨릭학 원로 교수이자, 현재 데이턴 대학에서 신앙과 문화 분야 교수. 미국 가톨릭교회 역사·사회·정치 담론, 가톨릭 고등교육 관하여 광범위한 저술 활동을 해왔다. 미국 가톨릭 역사협회 의장을 역임했다.

> 기쁨과 희망, 슬픔과 고뇌, 현대인들 특히 가난하고 고통받는 모든 사람의 그것은
> 바로 그리스도 제자들의 기쁨과 희망이며 슬픔과 고뇌이다.
> - 『사목 헌장(Gaudium et Spes)』, 1항.

교황 요한 23세와 평화에 관한 교회의 사명

1962년 10월, 13일 동안 전 세계는 핵전쟁 발발 위기로 두려움에 휩싸였다. 쿠바 미사일 위기*를 모면한 뒤, 교황 요한 23세는 세계 평화에 관한 회칙, 『지상의 평화(*Pacem in Terris*)』를 작성했다. 이 회칙을 통해 교황은 핵전쟁과 군비 경쟁을 비난하고, 인권에 관한 포괄적인 목록을 확인하고, 현대 세계와의 관계에서 교회의 자리를 재정립했다. 전쟁의 피바람이 불었던 한 세기가 지난 뒤, 세계적 재앙의 위협 앞에서 교황 요한 23세는 세계 평화를 위해 일하는 것이 가톨릭교회 정체성의 중심에 놓인 사명임을 명백히 했다. 교회가 취한 연대의 자세, 곧 교회가 인류 공동체로부터 동떨어져 있는 것이 아니라, 그 안에 서 있다는 태도를 취한 결과는 거의 반세기가 지난 후에도 여전히 작동하고 있다.

> 나는 미국 역사학자이지, 신학자가 아니다. CPN에 소속된 분들에 대한 존경심을 지니고, 이 책에서 교회론에 관한 내용을 쓰게 되었다. 위험한 상황 속에서도 '평화의 문화'를 만들기 위해 일하는 모든 사람의 믿음과 용기가 내 안에서 존경심을 불러일으켰다. 여러 위험한 상황에 대해 미국이 짊어져야 할 책임에 통감하기 때문이기도 하다. 지난 세월 미국의 정책은 피스빌딩을 더 어렵게 만들었다. 나의 존경심은 피스빌딩 활동에 하느님께서 현존하신다는 믿음과 우리 교회가 평화를 이루는 사람들과 연대하면서 자리를 지키고 있음에 대한 감사로부터 생겨난다. 교회사를 포함한 역사는 지금도 현재진행형이고, 연대의 이야기는 계속된다. 인류 공동체를 위해 쓰여진 『지상의 평화』에 드러난 교황 요한 23세의 전망이 우리 앞에 놓여있다. 피스빌더들은 우리에게 그 길을 보여준다.

* 1962년 10월 14일, 쿠바에서 건설 중이던 소련의 SS-4 준중거리 탄도 미사일 기지의 사진과, 건설 현장으로 부품을 운반하던 선박의 사진이 미국 측 첩보기 록히드 U-2에 의해 촬영되면서 시작된 미국과 소련과의 대립을 말한다. 이 미사일은 미국이 터키와 중동에 설치한 핵미사일에 대응한 것이었다. 미국 케네디 정부는 미사일의 즉각적인 제거를 요구했다. 소련은 이 요구를 받아들여, 수개월 내에 쿠바의 모든 미사일을 철수한다는 조건을 내걸었고, 미국은 터키, 그 밖의 중동국가에 설치된 대륙간탄도미사일(ICBM) 기지를 은밀히 제거한다는 내용의 조약을 체결했다.

    교황 요한 23세는 모든 가톨릭 신자들과 '선한 의지를 지닌 모든 사람'에게 『지상의 평화』를 발표했다. 이 형제애적 환대가 만든 놀라움은 교황이 시작한 변화의 신호 중 하나였다. 가톨릭교회는 지난 몇 세기 동안 현대 자유주의를 반대하는 입장이었다. 실제로 가톨릭교회의 정체성과 신학적 정통성의 원천은 이런 반대에 뿌리를 두고 있었다. 교회의 이런 자세는 현대의 정치, 경제적 가치와 제도가 지닌 한계에 대한 날카로운 통찰과 급격한 사회 변화로 피해를 입은 사람들에 대한 공감적인 사목적 보살핌을 동반했다. 그런데 현대적인 것에 거스르는 교회의 선택지는 정치적 민주주의와 사회 이동, 자유 시장 자본주의 등으로 큰 피해를 입은 사람들에게는 힘이 되었겠지만, 전쟁을 포함하여 현대의 모든 문제들에 대해 책임을 회피하는 것처럼 보이는 신학의 발전을 조장하게 되었다. 따라서 교황 레오 13세의 노동에 관한 회칙(1891년 공표된 사회 회칙 『새로운 사태(*Rerum Novarum*)』)와 교황 베네딕토 15세의 국제 협력을 통한 평화의 호소처럼 교황들이 내놓은 가장 건설적인 주제들이나, 교황 비오 12세가 뒤늦게나마 민주주의 제도들을 지지한 내용은 당시 가톨릭교회의 특정한 관심과 가르침의 틀 안에 갇혀있을 수밖에 없었다.

교황 요한 23세는 그 모든 것을 변화시켰다. 유럽에서 일어난 전쟁과 대량 학살, 핵무기의 출현, 피식민지 국가에서의 반란 등의 비극을 경험한 뒤, 교황은 가톨릭 공동체의 신앙이 시대의 투쟁에서 동떨어져 있지 않고 그 투쟁에 함께 하고 있음을 드러내는 언어와 상징을 사용했다. 교황은 모든 사람과 친구가 되려는 자세, '보편적 공동선'에 대해 책임을 공유하겠다는 윤리적 입장을 취했다. 제2차 바티칸 공의회(1962-65)는 그런 변화의 결과를 두고 씨름했다. 공의회의 주요 문헌들은 가톨릭교회의 정치적 발언을 바로잡기 위해 성경과 역사적 경험을 인용하고, 인간 존엄과 인권, 역사적 책임에 대한 교황 요한 23세의 강력한 주장을 되풀이했다. 역사적인 재정립은 모든 인류의 경험, 특히 고통과 함께하는 교회의 정체성에 대한 위대한 선언인 『사목 헌장(*Gaudium et Spes*)』에서 그 정점을 이뤘다. 『사목 헌장』은 사목적 대화의 틀과 '시대의 징표' 안에서 하느님께서 교회에 바라시는 뜻을 찾는 방법을 수립했다. 인류 공동체와 함께하는 정체성을 정립하면서, 공의회는 전쟁과 평화에 관한 교회 가르침을 뚜렷하게 진술하게 되었고, 그런 진술을 가톨릭교회 관심사의 중심에 두었다. 전반적으로 공의회는 지역교회들이 다양한 문화 경험에 노출될 수 있게 했고, 아직 알려지지 않은 연대의 이야기들에 대한 토대를 마련했다.[1]

드류 크리스천슨(Drew Christiansen)은 연대와 평화에 관한 공의회의 놀라운 가르침 사이의 깊은 연관성을 강조했다.[2] 제2차 바티칸 공의회는 교회를 일치의 성사로 간주했는데, 일치의 성사에서 연대의 윤리가 발전한다. 세상 안에서 교회의 사명은 인류 공동체의 일치를 이루는 일을 포함한다. 교회에 관해 이어지는 가르침은 교황 요한 바오로 2세가 '공동선에 투신하겠다는 강력하고 항속적인 결의'3)라고 정의했듯이, 교회가 연대의 성사이자 도구라는 것이다. 연대는 평화로 가는 길이고, 평화는 연대의 열매다. 1986년, 아씨시에서 개최된 세계 평화를 위한 종교 지도자 모임에서 교황 요한 바오로 2세는 이사야 예언자의 환시에서 영감을 받았다고 말했다. "모든 사람은 이 지구상의 각기 다른 곳에서부터 출발해 하느님 앞에 모여들어 하나의 위대한 다양성을 갖춘 가족이 됩니다. 이것이 교황 요한 23세께서 바라보신 전망이었으며, 이 전망으로부터 영감을 얻어 회칙 『지상의 평화』를 쓰신 것입니다."4) 신학자 니콜라스 라쉬(Nicholas Lash)는 그 중요성을 이렇게 암시했다. "모든 인간은 하느님으로부터 부르심을 받아 … 이렇게 교회로서 모였으니, 우리가 흔히 교회라 부르는 ec-clesia 는 이미 상징적으로 '성사'를 구체화한 표현이다."5) 라쉬의 이 말은 가톨릭 피스빌딩 경험으로부터 가톨릭 공동체에 생겨나는 도전 과제를 어떻게 고려해야 하는지를 보여주는 적절한 근거가 된다.

미국 교회사 연구자로서 필자는 이 장에서 교회의 자기 이해에 관한 문제에 특히 더 주목한다. 그런 문제가 독특한 역사를 지닌 미국이라는 맥락에서 생겨나 세상 전체에 영향을 미치기 때문이다. 하지만 미국 가톨릭교회의 경험과 다른 나라 교회의 경험 사이의 관계에 대해서 뿐만 아니라, 가톨릭 피스빌딩 경험이 모든 지역 교회들에 제기한 도전에 대해서도 몇 가지를 개념을 제기하고 싶다.

가톨릭 피스빌딩의 경험

　폭력적인 갈등과 그 후유증에 대처해 온 가톨릭 신자들과 가톨릭 공동체의 경험은 그리스도교가 역사적으로 밝혀 온 평화의 명령을 증언한다.6) 신학자들은 이 명령이 성경과 전승, 바티칸 공의회의 가르침, 그리고 교황 요한 바오로 2세와 교황 베네딕토 16세의 강력한 권고에 담겨 있다고 말한다. 필리핀과 콜롬비아, 그리고 몇몇 아프리카 국가의 가톨릭 진실화해위원회 모임에서 밝힌 사례들은 인종, 계급, 민족 그리고 심지어 종교의 벽을 뛰어넘는 놀라운 연대의 실천을 드러낸다. 오랜 세월에 걸쳐, 영구적이다 싶을 정도로 폭력적인 갈등이 빚어지는 상황에서, 평화를 구축하는 일은 언제나 그리스도교의 도덕적 명령이었으며, 가톨릭교회의 자기 이해에서 사목적 우선순위의 토대였다. 피스빌딩과 그에 동반되는 연대 체험은 교회의 본질과 목적에 관한 중요한 질문들을 제기하면서, 가톨릭 신앙생활의 핵심을 이룬다. 이 장에서는 피스빌딩 경험에 함축된 몇 가지 내용을 탐색해 보려 한다.

　가톨릭 학자와 교사들, 그리고 사회 사목 담당자들이 가톨릭 신앙에 바탕을 둔 풀뿌리 민중이 이룬 피스빌딩 이야기에 귀 기울여야 할 이유는 아주 많다. 피스빌딩은 그동안의 가톨릭 담론을 특징짓고 가톨릭의 평화 활동을 제한해 왔던, 크리스천슨이 "평화주의자와 정의로운 군인들 사이에, 덜 엄격하거나 더 엄격한 정당한 전쟁 유형을 두고 벌이는 케케묵은 논쟁"7)이라 지칭한 것을 뛰어넘을 기회를 제공한다. 실제로, 피스빌딩은 만성적으로 진행되어 온 반전 행동주의, 그에 이어진 면제와 비참여 윤리, 그리고 반-문화적 제자도를 강조하는 교회론*을 뛰어넘어, 평화운동이 정치적 책임에 대해 더 적극적이고 건설적인 태도를 보여주어야 할 중요한 순간에 놓여 있다는 사실을 보여 준다.8) 게다가 가톨릭 피스빌딩의 증인들은 '교회 전체가, 본당은 더 깊이(church wide and parish deep)' 평화에 대해 신학적이고 교회적인 이해에 나설 것을 요청한다.

> * 반-문화적 제자도 교회론(counter-cultural discipleship ecclesiology) : 영적 훈련과 책임의 실천을 강조하는 교회론으로 아래의 특징을 지닌다. ① 참된 능력은 하느님께 의지할 때 온다. 믿음은 방법이나 사람 안에 있지 않다. 우리의 믿음은 하느님께 있다. ② 계층 구조는 교회 일부가 아니다. 그리스도 안에는 안팎의 그룹이 없다. 그리스도께 속하고 그분의 이름을 선포하는 모든 사람은 그룹의 일부다. 교단 또는 신학적 속물에 주의하라. 위대함은 봉사에서 비롯된다. ③ 영원한 생명을 얻는 것이 이 세상 그 무엇보다 가치 있다. 이런 제자도는 반-문화적 일뿐만 아니라 반-자연적인 내용을 강조한다.

가장 근래에 발발한 두 차례의 큰 전쟁과 지난 30여 년 동안 빈번하게 일어난 미국의 무력 개입에도 불구하고, 넓게는 교회 전체가 좁게는 본당에서 피스빌딩을 인식하고 참여하려는 시도를 보이는 것은 미국의 상황과는 거리가 멀다. 미국에서 평화에 관한 성찰은 교회 전체 구조에서도 점차 줄고 있고, 거의 모든 본당에서는 사실상 찾아볼 수 없는 아픈 현실을 마주하고 있기 때문이다. 하지만 평화 명령에 대해 더 적극적으로 이해할수록 신자들에게 가톨릭의 사회적 책임이라는 도전 과제를 사목적, 공동체적 삶과 통합하도록 도울 수 있다. 가톨릭 구제회(Catholic Relief Services)가 제공하는 수많은 연대 프로그램들이 증명하듯이, 지리적, 경제적, 문화적 차이를 넘어 가톨릭 신자들 사이에 관계를 쌓을 기회는 엄청나게 많다.9) 결론적으로, 피스빌딩은 갈등을 해결하고, '평화의 문화'를 촉진하고, 전쟁 피해자를 동반하고, 공동의 안전을 추구하는 기관들을 발전시키는 일을 포함하여, 교회가 세상 안에서의 수행해야 할 사명에 대해 폭넓게 이해할 기회를 제공한다. 하지만 가톨릭 신자 대다수는 가톨릭 피스빌딩 네트워크(Catholic Peacebuilding Network) 회원들이나 그밖에 수없이 많은 여러 가톨릭 기관들, 교회들, 개인들이 실행해 온 분쟁 이후 활동이나 화해 활동에 대해 심각할 정도로 무지하다.10)

전쟁과 평화에 관한 두 가지 접근법

미국과 유럽에서 교회론과 평화에 관한 논의는 오랫동안 비폭력과 정당한 전쟁을 알리는 서로 다른 신학에 중점을 두어 왔다.11) 비폭력주의자들은 제자 공동체로서의 교회 이해를 지지하는 경향을 보인다. 이런 이미지에 따르면 교회는 예수 그리스도에 대한 믿음과 그분의 가르침에 대한 투신이라는 정신에 따라 모인 반-문화 공동체로서, 세상 어디서나 개인적으로나 사회적으로 죄와 죽음에 맞서 싸우는 이방인들의 공동체이다. 이 급진적인 반-문화적 교회론은 1983년에 널리 알려진 핵무기에 관한 미국 주교들의 서한(『평화의 도전(*The Challenge of Peace*)』) 가운데 사목 관련 내용 서두에 나와 있다.12) 이 교회론은 핵무기와 낙태에 대한 저항으로 더욱 강화된 비폭력이라는 복음적 명령에 근간을 두면서, 가톨릭 평화운동의 영향력이 점점 커지고 있음을 반영했다. 팍스 크리스티, 가톨릭 일꾼, 가톨릭 평화 펠로십* 같은 단체에서 가톨릭 평화운동에 참여하는 많은 활동가들에게 알려진 이론이 바로 이 교회론이다.

> * 가톨릭 평화 펠로십(the Catholic Peace Fellowship) : 반베트남전 운동가인 예수회의 다니엘 베리건 신부에 의해 1964년에 시작된 운동으로, 전쟁 이전, 전쟁 중, 전쟁 후에 교육과 상담, 동반 등을 통해 평화 활동을 벌인다. 특히 참전 기억과 양심 사이의 괴리에 시달리는 군인에게 실질적이고 사목적인 지원을 제공한다.

하지만 1983년 서한의 입장은 전체적으로 꽤 달랐다. 제2차 바티칸 공의회 이후, 그리고 시민 인권 운동, 베트남 전쟁, 핵무기 논쟁 등의 경험으로부터 영향을 받은 주교들은 시민이자 제자인 가톨릭 신자들이 세상 안에서 복음을 살아내려고 애써야 하고, 시민 사회의 구성원으로서 충분한 책임을 공유하게 하는 대중 정책으로 나아가는 접근법을 개발했다. 예수회 존 코트니 머레이(John Courtney Murray, SJ) 신부가 초안을 작성하고, 브라이언 헤이어(J. Bryan Hehir) 신부가 발전시킨 이런 입장은 미국 교회가 1965년부터 발표했던 주요 공식 문서와 1980년대의 대표적인 사목 서한들 속에 담겨 있다. 이 문서들을 읽어보면, 교회는 더 넓은 공동체 안에 있는 '양심 공동체'로, 신앙 안에서 양심을 형성하고, 공통의 또는 공적인 삶을 위한 공동의 가치, 민주주의에 의해 매우 중요해졌고, 또 핵전쟁의 위협 앞에서 더

욱 시급하게 요청되는 소명을 추구하는 더 넓은 공동체를 지원하는 공동체라는 것이다.13)

이런 미국의 선례는 현대 피스빌딩에 담겨 있는 어떤 분명한 긴장을 설명하는 데 도움이 된다. 이 문서를 본 많은 사람들은 교회의 사제직으로서의 책임과 예언직으로서의 책임 사이에서 간혹 드러나는 갈등, 그리고 신앙에 기초한 폭력에 대한 저항과 갈등을 다룰 때 군사적 수단이 아닌 정치적 수단을 취하도록 타협안을 도출하려는 어려운 협상 사이의 상호작용에 주목한다. 미국 주교들은 교회에 대한 이 두 가지 뚜렷하고 합당한 이해를 보완하기 위해, 평화만들기의 언어를 채택했다. 이런 내용은 1993년에 작성된 문서, 「정의의 열매는 평화에 뿌린 씨앗(The Harvest of Justice Is Sown in Peace)」에서 더 충만하게 발전되는데, 이 문서에서 주교들은 비폭력을 강력히 선언하고 미국의 안보 전략에 대한 섬세한 평가를 이어갔으며, 미국 안보 정책을 대체할 비폭력적인 대안을 탐구하려는 추가 조치를 취했다.14) 냉전 종식과 함께 세부적인 정책 선택에 대한 관심은 줄어들었지만, 가톨릭교회는 낙태와 복지 개혁, 그리고 사형제도 같은 보다 광범위한 공공의 문제에 대해 지속적인 관심을 보였다. 그 시기 동안 제자도 모델은 가톨릭 평화운동에, 대량 살상무기와 미국의 정치적 목표를 지키기 위한 군사력 사용에 대한 반대와 더불어, 반전 입장 등 많은 내용을 주장했는데, 반전 입장은 특히 낙태 반대와 연관되면서 가톨릭 지도자들과 공동체에 엄청난 도전이 되었다.

하지만 대화, 타협, 정치적 협상의 여지를 지닌 양심 공동체 모델은 교회 지도자들이 정부 정책에 대해 언급하고 사목적이고 교육적인 프로그램들을 고안해 내면서 그 근거를 유지한다. 헤이어 신부는 "공공정책에 대해 이야기할 때, 종교 공동체는 공동체가 고수하려는 것을 합리적인 논쟁의 언어로 표현되도록 바꾸어 말할 방법을 찾아야 합니다. 그래야 다른 사람들도 신앙적으로 투신하지는 않더라도, 도덕적 지혜를 공유할 수 있을 것이기 때문입니다."15)라고 말한다. 그런 요청은 중요한 교회론적 도전 과제를 포함하는데, 이런 도전은 한때 가톨릭 국가로 알려졌던 나라들에서 오랫동안 문화적 헤게모니를 경험했지만, 공공정책에 관한 대화를 통해 이제 교회가 종교 다원주의를 수용하게 된 상황에서는 더 극적으로 드러난다.

사실, 제2차 세계대전 이후 국내외 포럼에서 나온 다원주의에 대한 요구는 교황청, 그리고 전부는 아니더라도 대부분의 신학자들이 이 양심 공동체라는 접근 방식 편에 서게 했다. 전쟁 문제에 대해, 양심 공동체 접근법은 정당한 전쟁이라는 범주에 대한 더욱 엄격한 적용과 미국의 군사 행동에 대한 회의주의의 확산과 연관된다. 정당한 전쟁 비판자들은 비폭력을 더욱 지지해가는 가톨릭교회로부터 용기를 얻었다. 리사 소울 케이힐(Lisa Sowle Cahill)은 광범위한 연구를 통해 성경과 교회 가르침이 정당한 전쟁 정책보다 평화의 제자도에 더 기울어져 있다고 말했다. 케이힐이 이 책 11장에서 암시했듯이, 가톨릭 피스빌딩 경험은 종파주의를 피하지만 정당한 전쟁론 입장과 오랜 시간 연관되어 있던 정치적 책임을 공유하는 입장 역시 긍정하면서, 그런 입장을 강화하는 것처럼 보인다. 사실상 케이힐은 정당한 전쟁론과 평화주의에 관해 벌이는 최근의 논쟁에 대한 대안은 '사람들 사이의 연대, 그리고 공동선을 위해 없어서는 안 될 보완 단체들 사이의 연대'로부터 시작되며, 이 연대가 평화를 건설하는 교회의 형태로서, '문화를 초월하여 종교 사이의 연대와 연민의 가능성'을 열어줄 거라고 주장했다.16) 이것이 바로 가톨릭 피스빌딩의 교회론적 도전이다.

피터 판(Peter Phan)은 이 책에 실린 글(12장)과 다른 저서에서 새로운 입장을 주장한다. 그는 아시아 종교들 사이의 대화가 평화에 관한 그리스도교의 이해와 그 필수 요건들을 더 깊이 이해할 수 있게 해 준다고 주장한다. 교회가 아주 소수인 환경에서는 협력이 필수적이고, 평화와 화해에 관한 다른 종교 전승의 가르침은 가톨릭교회의 가르침을 '교정하고 더 풍요롭게' 해 준다. 일치와 화해에 관한 아시아 종교 관련 자료를 살펴본 판은, "비폭력을 (단순히 윤리적 관점이 아니라) 신학적 선택지로 만들기 위해, 평화와 화해에 관한 가톨릭교회의 가르침은 삼위일체적 친교와 그리스도의 몸 안에서 이루어지는 모든 이의 일치라는 교리에 근간을 두어야 한다."고 말한다.17) 평화와 연대 사이의 연관성이 비폭력을 강화하고, 그리스도인과 비그리스도인 사이의 경계를 허물고, 그렇게 오랫동안 정당한 전쟁 전통을 지속시켜 온 책임감을 더 깊이 공유하게 한다는 것이다.

평화 교회론을 향한 유사한 발전은 "함께 피스메이커가 되라는 소명(Called Together to Be Peacemakers)"이라는 가톨릭과 메노나이트 사이의 대화에 대한 놀라운 보고서를 교황청이 인준하면서 더 앞당겨졌다. 이 보고서에서 정당한 전쟁에 관한 가톨릭교회의 이해는 '예외적인 경우에만 적용할 수 있는' 것으로 아주 엄격하게 제한된 반면, 비폭력은 평화에 관한 더 폭넓은 그리스도교 신학의 기준으로 설정되어 있다.18) 이 보고서 초안 작성자 중의 한 사람인 크리스천슨은 "이 가르침의 다양한 부분을 평화와 전쟁에 관한 통일성 있는 가르침으로 한데 모을 때가 왔다."며, 그중에서도 적극적인 요소는 인권에 대한 옹호와 "악에 저항하고 정의와 용서를 추구하는 비폭력에 대한

'비교적 새로운' 가르침", 그리고 국제법과 국제기관에 대한 지지 등이라 믿었다.19) 따라서 정치적인 분야는 아니더라도 신학적인 분야는 예전보다 내용의 수정에 더 개방적으로 되었고, 가톨릭 신학자들과 사목 지도자들이 피스빌딩에 관한 민중들의 살아있는 경험에 귀 기울이는 청중이 되었다.

끝으로 역사 속에서 진실하게 신앙을 표현하려 할 때, 교회가 늘 직면해야 했던 제약에 대해 말해 보자. 신학자들은 크게 주목하지 않았지만, 역사가들은 피스빌딩의 이야기를 성찰할 때 중요한, 제3의 교회론 입장이 있다는 점에 주목했다. 죄와 죽음에 대항하는 예언자적 증거자로서의 교회 이해, 공동의 책임을 지는 양심 공동체라는 이해와는 반대로, 역사의 중심에 교회를 위치 지웠던, 그리고 아직 남아 있는 제3의 입장이 있다는 것이다. 자유와 다원주의 그에 뒤따르는 세속화 경향 속에서, 교회의 지도자들은 자연스럽게 일치, 정체성, 진실성, 그리고 원천에 집중하는 경향을 보인다. 살아남으려면, 또 더 번영하려면 교회를 둘러싼 문화로부터 거리를 두고, 비그리스도인들과 다르다는 감각을 지니고 있어야 했지만, 동시에 소외와 박해 위험을 감수해야 할 정도로 너무 거리가 멀거나 차이가 있어서는 안 되었다. 이런 관점에서, 고유한 그리스도인의 투신이라는 강력한 언어를 지닌 제자 공동체로서의 교회 모델은 자유, 일치, 제도 교회의 원천을 위태롭게 할 수 있다. 양심 공동체 모델은 교회가 소수자 위치에 있을 때는 적용하기 적합한 것으로 간주되지만, 공동선을 진정한 선으로 간주하여 특정한 교회 이해와 충돌할 수 있기에 제도 교회를 위험에 빠뜨린다. 결과적으로 신자들은 종종 세 번째인 교회중심적 접근법을 따르게 된다. 이런 접근법은 교회가 구원사업을 지속해 나가야 한다는 명분으로 교회 지도자들이 불의한 전쟁을 포함하여 죄가 되는 사회 상황을 수용하는 그런 시기에 두드러진다. 세 번째 접근법은 다른 접근법을 거부하지는 않지만, 교회 전체의 생명과 활동을 책임지고 있는 교회당국의 책임성이라는 틀 안에서 다른 접근법들이 지닌 한계를 요구한다. 연대, 진정한 연대는 그런 입장에서 엄중한 도전을 제기하며, 다른 접근법들이 때로는 가톨릭의 이해에 지나치게 집착함으로써 타락까지는 아니더라도 여러 차례 타협해 왔다는 지점까지 드러낸다. 이런 도전은 신학적 문제들을 감소시키기는커녕, 대중의 생활 속에서 뿐만 아니라 교회 내에서도 비판적인 자기 인식이 필요하다는 사실을 암시한다.

가톨릭 피스빌딩의 주제들

사목적 동반

가톨릭 피스빌딩 이야기의 중심 주제는 사목적 동반이다.[20] 평화에 관한 이전의 신학 논의는 교회와 국가 관계를 핵심 문제로 삼으며 국가에 중점을 두었다. 반면 가톨릭 피스빌딩 이야기는 사목 분야, 특히 풀뿌리 민중에서 시작된다는 점에서부터 다르다. 많은 성직자와 수도자, 그리고 평신도 사목 협력자에게 피스빌딩 체험은 그들이 속해 있는 구체적인 상황과 사람들에 대한 투신으로부터 생겨난다. 한 예로 필리핀 민다나오 중부에 있는 작은 마을 피킷은 가톨릭과 무슬림 공동체가 몇십 년간 갈등을 겪으며 분열되어 있던 지역인데, 그리스도교와 무슬림 지도자들이 재난 대응팀을 구성한 덕분에 폭력 갈등이 발발할 때마다 난민이 된 수천, 수만 명의 사람들을 도울 수 있었다. 길고도 험난한 대화를 통해 이루어낸 이런 종교 간 협력은 전쟁 피해자들의 인도주의적 요청을 충족시켰고, 피킷과 인근의 여러 공동체들이 평화를 위한 공간으로 거듭나게 했다. 평화를 위한 공간은 기본적으로 분쟁이 일어나는 동안 파괴되었던 집이나 일터를 재건하도록 돕고, 특히 그리스도교와 무슬림 공동체 간의 망가진 관계를 회복하는 지역의 휴전 공간이 되었다. 국가적 차원의 공식적인 평화 프로세스의 진전은 부족했지만, 피킷 같은 공동체에서 활동하는 그리스도교와 무슬림 공동체 지도자들은 그들 지역의 정치·군사 지도자들과 반란군 지도자들이 그들 공동체에 오랫동안 부재했던 평화를 되찾아 줄 거라고 성공적으로 주장해 왔다.21)

여러 해에 걸쳐 망명과 가난, 이주 등의 경험에 대해 유사한 질문들이 제기되었다. 세계 교회를 위한 교회론을 연구해 온 리처드 게일 라르데츠(Richard Gaillardetz)는 지역 교회 안에서 사목적 권위를 지닌 주교들이 주교와 신자들과의 관계를 묘사할 때 **동반**이라는 단어를 자주 쓴다는 점에 주목했다.22) 오랫동안 피스빌딩에 관여해 온 존 폴 레더락은 피스빌딩 참가자들이 "'동반'이라는 역할에 최고의 가치를 둔다."는 점에 주목하면서, 동반은 모든 세력을 한데 모으고 공동체의 지평을 넓히는 '적극적 현존'이라고 묘사했다. 갈등 (종종 반복되는 폭력 갈등) 속에서, 사목자들은 자기 신자들, 이웃들 특히 피해자 편에 서려고 노력한다. 이 책의 2장에서 존 폴 레더락이 지적했듯이, 사목자들은 각 세력과 직접 대화하는데, 심지어 어떤 경우에는

'무장한 사람들'과의 대화에도 나선다. 어떤 가톨릭 피스빌딩 컨퍼런스에서 한 콜롬비아 참석자는 교회의 '적극적 투신'을 '갈등의 중심에 있는 의식적인 현존'이라고 말했다.23) '투신'과 '의식적인 현존'이라는 표현은 강조할 필요가 있다. 기도와 성찰을 통해 하느님의 영으로부터 부르심을 받은 공동체는 갈등 속에 똑바로 서고, 구성원들을 한데 모이게 하는 신중한 결정을 내린다. 콜롬비아에서 "사목적 대화는 현재의 순간이 지역 교회에 무엇을 요구하는지를 성찰하고 식별한 데서 나온 교회의 행동"이라 일컬어진다.24) 이 '교회의 행동'이 요구하는 것은, 공동체가 함께하는 기도와 논의의 공간, 물리적인 공간일 뿐만 아니라 안전과 신뢰의 공간으로, 더 넓은 사회에서 뿐만 아니라 교회 내에 자리 잡고 있는 깊은 분열을 가로지르는 공간이어야 한다는 걸 알 수 있다. 몇몇 이야기에서 이런 공간은 '평화의 공간' 또는 '평화 지대'라고 불린다.

피스빌딩에 관한 최고의 사례에서, 식별과 결정 과정은 전체 교회를 포용하는데, 전체 교회가 사랑의 실천 속에서 충만한 생명을 나눌 수 있게 하기 위해서이다. ***초대, 촉진, 협력, 사랑의 봉사*** 같은 단어들은 사목과 직분을 진실하게 기술하는 용어가 되었다. 그 과정은 사제와 일반 신자에게 똑같이 관점의 문제, 신자들의 안전에 관한 사목자의 적절한 관심에서부터 공동체의 증인의 통합성에 대한 사목자의 관심에 이르기까지, 투신과 경험이 대응에 영향을 미치는 방식에 맞닥뜨리게 한다. 교회의 많은 사람들은 자기 자신의 관점에서 벗어나는 한 가지 방법으로, 가난한 이를 위한 우선적 선택에 대해 이야기해 왔다. 이 이야기가 평신도에게 우선적인 선택이지 독점적인 선택인 것은 아니다. 사목 지도자와 신학자 역시 평범한 사람들, 특히 힘

없는 사람들의 관점에서 폭력의 경험과 평화를 건설하라는 부르심을 이해하려 하고, 나아가 평범한 사람들이 역사적, 정치적 주체가 될 수 있도록 힘을 불어넣는 역할을 하라는 부르심을 받기 때문이다. 유사하게도, 콜롬비아 주교들이 국가 전체적인 쇄신을 언급했을 때, 주교들은 또 다시 평신도에게 특권을 부여했다. 교회에서나 가톨릭 하위문화 내에서가 아니라, 일상생활을 구성하는 관계와 책임의 네트워크 내에 있는 전문성을 지니지 않은 일반인에게 권위를 부여한 것이다.

동반은 극심한 압박을 받는 상황에 놓인 사람들에게 '침묵의 공모'를 극복하고, 처음에는 자기 자신에게, 더 나아가 대중 앞에서 진실을 말할 수 있도록 힘을 북돋우는, 새로운 사목적 보살핌이라는 자질을 요구한다. 동반에 참여하는 사람은 자신의 목소리를 갖지 못했던 사람들에게 적절하고 용기를 북돋우는 담론을 찾아낼 수 있도록 돕는 교회의 능력을 입증한다. 그런 식별은 피스빌딩을 위한 엄청나게 다양한 제안, 그리고 가장 제한된 지역 차원으로부터 가장 광범위한 국가적 차원에 이르기까지 행동하게 하는 조치를 만들어 내며, 협력과 신뢰를 요청한다. 협력과 신뢰는 사목자들이 현존, 확신, 동반, 책임의 공유라는 힘을 북돋우는 자세를 취할 때 성취된다.

놀랍게도 이 현존은 그리스도인, 무슬림, 그리고 필리핀 본토인, 아프리카의 서로 다른 민족과 부족민들, 콜롬비아의 서로 다른 계급과 정치 집단들을 모두 아우름으로써, 정체성에 대한 통상의 경계를 허문다. 이것이 목표이자 경험으로서 연대를 보여주는 표징이다. 페르난도 카팔라(Fernando Capalla) 대주교가 무슬림과 원주민 협력자들에게 '하나된 인류 공동체'[25]임을 보여주었다며 찬사를 보내고 가톨릭 피스빌딩 네트워크를 환대했을 때 나타난 표징이기도 하다. 대주교와 그와 함께하는 사람들은 진실성, 정의, 배상과 화해를 향한 열망을 기르는 일 뿐만 아니라, 긴장을 완화하고 경계를 넘어 관계를 형성하는 일을 도우면서, 동반에서 흘러나오는 행동을 강조한다.

따라서 피스빌딩은 사목 활동의 최우선 순위를 제안한다. 말하자면 사람을 돌보고 관계를 형성하며 지지적인 네트워크를 건설하고, 자유로운 인간으로서 책임을 다하도록 격려하는 공동체의 능력, 이것이 살아있는 교회의 중요한 사목 활동이다. 반복되는 말이지만, 피스빌딩 이야기에서 사목 지도자들은 신자들의 주도권에 책임 있게 대응하고, 기도와 전례, 친교에 동반함으로써 그들이 피스빌딩 활동을 할 수 있도록 돕는다. 공공 정책에 영향을 주기 위해 교회 자원을 활용하는 것은 부차적인 활동일 뿐이다. 게일라르데츠는, 최근 아프리카와 아시아 교회 발전의 주축이 된 지역 교회에 대한 재강조가 주교 더 넓게는 모든 성직자와 신자들 사이의 성체성사를 통한 친교라는 가르침에 대한, 한때는 당연하게 받아들여졌던 기억을 이끌어 낸다고 주장한다. 이 가르침은 너무 중요해서 때로 한 교구에서 다른 교구로의 이동이 금지되기도 했었다. 틀림없이 공동체와 사목자 사이의 그런 상호 투신은 놀라울 정도인데, 그런 경험에서 생겨나는 교회론적 결과 역시 뚜렷하다.26)

정치적 동반

전통적인 평화 교회들의 무저항과는 대조적으로, 현대 그리스도교의 피스빌딩은 사목적 동반이 정치적 중요성을 지니고 있다고 주장한다. 레더락은 사목 지도자들이 걸어온 훌륭한 노선이 사실 풀뿌리층 무장 활동가와 폭력 피해자 둘 다와, 그리고 거대한 정치적 구조를 책임지는 엘리트층과도 연결되었다고 묘사한다. 모든 경우는 아니지만, 종종 이런 상황 속에서, 교회는 대립하는 양쪽, 즉 풀뿌리 활동가와 엘리트활동가 모두를 연결하고, 지역적, 국가적, 국제적 네트워크를 지닌 '어디에나 있는 존재(Ubiquitous presence)'다. 이 책 2장에서 존 폴 레더락은 그런 상황 속에서 직면하는 도전 과제를 지적한다. "법의 테두리 안에서든 밖에서든, 같은 목표에 대한 경쟁적인 전망을 성취하기 위해 폭력 사용을 정당화하는 지도자나 단체들과 **불가피한** 관계를 맺으면서도, 가장 취약한 사람들을 보호하고 그들의 곤경을 개선해야 하는 철저한 사회, 경제, 정치적인 변화의 필요성을 어떻게 다뤄야 할지 모르겠다."는 과제이다. 게다가 5장에서 헤들리와 노이펠트(Headley and Neufeldt)가 지적했듯이, 가톨릭교회는 때로는 공동체 내에 중요한 자원을 지닌 내부자이면서, 지역에서 일어나는 사건에 영향을 미칠 수 있는 초국가적인 능력을 지닌 외부자이기도 하다. 최선을 다한다면 교회는, 레더락이 수직적이면서 수평적 통합이라고 부른 특징을 지닌 피스메이킹 전략을 발전시킬 수 있는데, 이 전략을 통해 사목적 경험은 교회의 정책을 알리고, 이어 그 정책이 민중의 주도권을 뒷받침할 수 있다. 피스빌딩에서 정치적 경험과 사목적 경험은 연관되어 있다. 정치적 동반의 현존과 특질은 종종 피스빌딩이라는 소명에서 결정적인 요소들이다.

    메노나이트 협력자들에게 가톨릭교회가 피스빌딩 잠재력을 지니고 있다는 증거는 확실하다. 조직으로서의 가톨릭교회는 본당, 학교, 인적 서비스, 사목 인력, 소통 기관들, 접촉 방법과 연락처 같은 일련의 제도적 자원을 피스빌딩을 위한 구조에 동원한다. 정치적 동반은 이런 구조를 활용하여 피해자들과 목소리를 내지 못하는 사람들을 지원하고, 정치적, 제도적인 장벽을 가로질러 다리를 세우고, 연대의 정신에 바탕을 둔 평화 활동에 제도적인 무게를 부여하는 일에 관여한다.

이런 상황에서 공동체 내에 국가적 활동가에게 말을 걸 수 있는 일부 사람의 능력은 식별의 장을 제공하고, 협상을 촉진하고, 평화의 문화를 확장시키고, 교회 안에서 또 교회를 뛰어넘어 민중과 엘리트 공동체 사이에 소통과 때로는 협력을 강화할 수 있는 중요 자원이다. 이런 자원을 활용한 사례에 대한 증언은 그런 자원을 활용하는 데 실패한 다른 많은 사례를 강조한다. 힘이 중요한데, 교회는 때로 힘을 지니고 있다. 교회가 그런 힘을 어떻게 사용하느냐는 교회가 자신을 성사로, 종으로, 예언자로, 진리의 증거자로서 어떻게 이해하느냐에 대한 의미를 함축한다.

동시에, 이 책에서 가톨릭 구제회의 숙련된 지도자들이 지적하듯이, 이런 정치적 역량은 문제를 야기하기도 한다. 사목적 동반과 정치적 책임 사이의 경계가 언제나 명확한 것이 아니기 때문에, 사목 관계자들은 당연히 정치가 그들의 사목에 개입하거나 심지어 그들의 사목을 틀 지우게 될까봐 우려한다. 그런 일이 공동체를 분열시키거나 사목 활동을 지속할 능력을 약화시킬 위험이 있기 때문이다. 교회 지도자들은 또 교회가 정치적이지 않도록 고심하는데, 즉 교회 구성원들이 명백한 정책적 입장을 취하거나 특정 정당의 노선을 따르는 행동을 자제시킨다. 하지만 피스빌딩의 긴급성과 오랜 역사적 경험으로 보건대, 휴전, 인권 조사 또는 외부 인도적 지원의 도착이, 의도한 것은 아니더라도, 갈등 속에 있는 양자 중 한쪽에 어쩔 수 없이 힘을 실어 주게 되는 상황이 생기듯이, 구체적인 역사적 상황에서는 교회가 그런(정치적) 선택을 피하기는 어렵다. 헤들리와 노이펠트의 말처럼, 가톨릭 피스빌더들은 "길을 잃거나 엄청난 난류에 갇히지 않으면서 정치 영역에서 적절한 역할을 정의하여, 험난한 바다를 항해해 갈 수 있는 효과적인 방법을 찾아야만" 한다. 분명히 그런 경험들은 교회의 본질과 목적에 관해 중요한 실천적, 신학적 문제들을 제기한다.

이런 문제에 관해 쉬운 대답은 없다. 폴란드 또는 칠레의 경우처럼 억압당하는 상황에서는, 공동체의 연대가 인권을 옹호하고 대안적인 사고와 상상력을 북돋우는 공간을 창조하는 사목 지도자들 뒤에 형성된다. 사목적 현존이라는 이 접근법은 동반의 한 형태로 드러난다. 제2차 세계대전 이후 서유럽 같은 상황에서는, 그리스도교적 영감을 지닌 평신도 주도의 정당들이, 종종 공감적인 성직자가 이 정당과 함께 했는데, 우파와 좌파 권위주의에 대해 정치적 대안을 제안했다. 또 다른 상황에서, 교회 지도자들은 평신도의 다양한 정당 활동에 대한 사목적 긍정이나 공적인 문제에 대한 윤리적 논평 정도로 자신의 정치적 자유를 제한했던 때도 있었다. 제2차 바티칸 공의회 이후 미국의 상황을 특징지운 접근법이다. 그리고 이미 살펴보았듯이, 내전이나 대규모 이주, 민족 내 또는 종교간 폭력 상황은 폭력을 끝내고 갈등을 겪는 두 파 사이에 대화의 장을 여는 것을 목표로 한 여러 동반의 형태를 이끌어 낼 수 있다. 어떤 경우, 동반은 사목적 참여와 정치적 참여 사이의 경계를 불분명하게 만드는 방식으로, 이미 설립된 기관이나 엘리트 집단에 접근할 것을 요청하기도 했다.

이런 개입을 타당한 것으로 만드는 핵심 요소는 그것을 사목 활동으로 틀 짓는 일이다. 사목적 대화라 지칭하며 무장 단체와의 공식적인 대화 금지를 극복했던 콜롬비아 주교단의 사례에서 명확히 알 수 있다. 사목의 중심에 교회 생활을 다시 위치시키는 일은 피스빌딩의 흔한 방법이지만, 그런 움직임도 아무 논쟁 없이 이루어지지 않는다.

대화의 핵심적 역할

피스빌딩의 한 가지 열쇠는 이 책 2장에서 레더락이 언급한 '대화의 우선적 선택'이다. 레더락은 그런 대화가 '이해에 바탕을 둔 협상이라는 세속적 기술의 변수'를 뛰어넘는, '폭력으로 점철된 상황 속에서 실천적이면서도 예술적인 방법론'이라 묘사한다. 교회 지도자들이 공식적인 평화 프로세스를 촉진하는 공적인 역할을 지니고 있던 북우간다와 콜롬비아에서부터 지역의 휴전이나 평화지대를 위해 협력한 민나다오의 사목자들과 이맘에 이르기까지, 대화는 핵심 명령이자 피스빌딩 방법으로 간주된다. 콜롬비아 카리타스 회장인 몬시뇰 헥토르 파비오 헤나오 가비리아(Héctor Fabio Henao Gaviria)는 대화 활동에는 '윤리적 책임감을 동반한 경청의 자세'가 요청된다고 말한다.27) 12장에서 피터 판은 아시아 주교들의 발표문을 인용하며, 가톨릭 신자가 소수인 상황에서 대화의 수준에 주목할 것을 요청하고, 신자들이 다른 사람들과 함께 생명에 관한 책임을 수행할 방법을 추구한다. 신학적 대화에 관한 통상적인 강조와는 대조적으로, 이것은 아시아 주교들이 삶의 대화, 활동의 대화, 종교 체험의 대화를 요청한 일의 중요성을 강조하는데, 공공의 문제를 해결하기 위해서는 사람들이 함께 활동하는 게 중요하다는 사실을 보여준다. 민다나오에서 무슬림과의 대화에 오랜 시간 투신해 온 비엔베니도 투투드(Bienvenido Tudtud) 주교는, "대화는 어느 한 쪽이 다른 쪽을 이기는 것을 의미하는 것이 아닙니다. 진실한 대화의 자리에 개종의 권유는 설 자리가 없습니다. 믿음의 대화를 나눌 준비는 다른 종교의 영적인 풍요로움에 열려 있다는 의미를 함축합니다."28)라고 말한다. 이런 대화는 허상이 아니며, 수단이면서 동시에 목표인 생명의 대화는 사람들이 서로 다름 속에서 함께 살아가도록 이끈다. 11장에서 리사 케이힐은 이런 사목적 동반의 경험과 경계를 넘어선 대화 속에서, "구원은 상상으로나마 죄의 사슬을 끊어버림으로써 희망을 키우는 연민, 용서, 평화의 실천 속에서 구체적인 역사적 형태를 취한다."는 제자도의 특질을 발견한다.

국가 건설

피스빌딩은 교회와 국가 사이에, 종교와 정치학 사이에 오래 동안 수용되어 온 여러 경계를 흐릿하게 만들고, 완전히 다른 사회, 문화적 상황 속에서 신앙 공동체의 역할을 다시 숙고하도록 요청한다. 이것은 미국 가톨릭 역사를 연구해 온 스콧 애플비(Scott Appleby)에게 자유로운 공간과 모든 사람을 포괄하는 것으로 사목적 동반을 위치지우는 일이 시민 문화를 건설하는데 기여한다는 생각을 하게 만들었다. 이것은 콜롬비아 상황을 관찰한 사람의 증언에 의해 확실해 졌는데, "새로운 콜롬비아 건설에 대한 성찰은 서로 다른 견해가 표현되고 논의될 수 있는 자리, 서로의 다름이 인정되는 자리, 서로에게 관용을 장려하고 새로운 사회 모델을 발전시키는 데 대화의 역할을 깨닫는 다원주의와 토론의 자리인 공론장을 형성하는 일이 필요하다는 논쟁으로 이어졌습니다."29) 마우리시오 가르시아 듀런(Mauricio Garcia Duran)은 전쟁 그 자체가 적으로 간주될 때, 교회 영역과 시민 사회 영역 사이의 구분이 여전히 존재하긴 했지만, 냉전 시대에 세계의 핵 무장에 관한 교황 요한 23세의 담화에서 울려 퍼졌듯이, 이제는 정말로 시민 사회가 중요하다고 주장한다. 시민 사회의 정치적 행동이 종교적인 고려보다 중요성 면에서 더 이상 부차적인 것으로 간주될 수 없으며, 둘 사이의 경계는 흐릿해졌다는 것이다.

 많은 사례에서, 피스빌딩은 국가가 가장 기본적인 책임을 다하는 일에서 실패한 상황에서 이루어진다. 연대는 교회 지도자들에게 새로운 공적 역할을 부여할 뿐만 아니라, 다양한 목소리에 귀 기울일 필요성에 눈 뜨게 한다. 콜롬비아에서 개방성과 대화의 증가는 가톨릭교회가 역사적으로 지녀 온 패권 대신 합법적인 다원주의를 인정한 덕분이었다. 실제로 어떤 관찰자는 콜롬비아의 주교단이 교회의 역할과 피스빌딩 과정에서의 구체적인 협력을 정의할 수 있도록 다른 사람들을 기꺼이 초대한 사실을 보고했다. 그들은 무력 분쟁을 종결시키기 위한 국민적 합의를 도출하는 데 도움이 되는 촉진과 도덕적 지침, 중재 방법을 활용할 준비를 갖춘 사람들이었다. 게다가 교회 지도자들은 시민 사회 조직을 강화하고, 복잡다단한 갈등에 직면해서 국가 전체적으로 대화 능력을 발전시킬 방법을 찾고 있었으며, 사회 정의와 평화로운 공존을 보장하는 사회, 정치적 구조의 발전을 도우려 했다. 피스빌딩은 때로 교회에 대중 동원의 역할을 부여하고, 어떤 때는 지도적인 역할에, 또 어떤 때는 종교 간 제휴 역할에, 또 어떤 때는 다른 시민 사회 집단과 함께하는 참가자 역할을 하도록 이끌었다.

 콜롬비아에서의 교회의 역할을 분석한 연구자들은 교회가 '중재자와 증인'으로서의 역할을 떠맡은 일에 대해 언급하기도 했다. 어떤 교구에서 교회는 거점 공동체로서 조직 역할을 했고, 국내 순례, 어린이 평화 명령이나 시민 평화 명령* 같은 대중 동원에서 지도자 역할을 하기도 했다.30) 이런 건설적인 역할에 나서기 위해, 가톨릭 성직자와 신자들은 피스빌딩 프로세스를 충분히 공유하기 위해 새로운 수준의 자율성, 즉 국가 권력으로부터, 계급이나 민족적 이해관계로부터, 그리고 심지어 교회의 자기 이해로부터의 자율성을 확보해야 했다. 연대에 대한 도전 과제가 특히 분명해지는 게 바로 이런 때이다.

* 어린이 평화 명령(the Children's Mandate for Peace) : 1996년 10월 25일, 내전으로 고통 받던 콜롬비아에서 유니세프와 지역 사회 어른들의 도움으로 어린이들이 학교와 공원에 '평화지대'를 만드는 활동을 벌인 어린이 평화운동이다. 270만 명의 어린이가 사랑과 가족, 깨끗한 환경에 대한 권리, 정의에 대한 권리, 평화에 대한 권리 등 12가지 기본권을 확보하기 위해 투표했다. 1년 후, 1,000만 명의 성인도 전국 선거에서 평화를 위해 투표했다(시민 평화 명령the Citizen Mandate for Peace). 어린이들이 평화를 이루는데 엄청난 변화를 일으킬 수 있음을 보여 준 사례다.

연대의 다양성

가톨릭 피스빌딩 이야기들은 확실히 희망적이며, 교회, 그리고 교회가 역사적으로 수행해 온 평화 건설 사명에 대한 그리스도인이자 가톨릭으로서의 자기 이해에 새로운 시대를 열어 줄 것이다. 실제로 가톨릭-메노나이트 대화에 참여한 사람들의 증언은 그런 희망을 뒷받침한다. 그들의 놀라운 증언은 희망을 이렇게 이야기한다. "가톨릭교회는 일치와 그에 이어지는 평화의 촉진을 '교회의 가장 내밀한 본질에 속하는 것'으로 받아들인다. 이런 이유로 희망은 사람들 사이의 연대를 강화하고, 모든 사람과 국가에 인류 공동체의 연대를 위해 권력과 부유함이라는 이익을 희생할 것을 촉구한다."[31] 이런 근본적인 교회주의적 자세는 최근 교황들의 많은 극적인 담화 속에서도 찾아볼 수 있다.

전 지구적 연대에 관한 이런 관심은 종교간 대화를 향한 교황 요한 바오로 2세의 주도권을 보여 주었다. 아씨시 모임(세계 평화를 위한 종교 지도자 모임)에서 교황은, "분열과 개별주의가 가열되고 있는 분열된 세상에서, 일치를 위한 노력이 시급합니다 … .서로에 대해 무지한 채로 평화를 이룰 수는 없고, 평화는 대화와 만남을 통해서만 가능합니다."라고 말했다. 나중에 교황은 일치를 위한 열망이 '받아들여지지 않은' 것에 대한 아쉬움을 표했다. 교황은 "우리는 평화를 지키고 전쟁 없는 세상을 꿈꾸는 것을 지지하는 데 너무 적은 투자를 하고 있습니다."[32]라고 적었다.

신학자 폴 레이크랜드(Paul Lakeland)는 교회론이 그 어떤 신학 분야보다도 지역 교회의 경험에 더 많은 관심을 쏟아야 한다고 주장한다. "교회란 무엇인가?"와 "교회의 사명은 무엇인가?"라는 질문은 교회가 특정 상황에서 무엇을 하는지에 대해 배우려는 열망에서 처음으로 제기되었다. 게일라르데츠는 이런 생각을 세계화 상황 속에 위치시키면서, 전 세계 교회를 위한 교회론은 지역 교회의 현장 경험에 온전히 주목해야 한다는 점을 강조했다. 이것은 교황과 국가, 지역 교회의 역할 사이에 지속되어온 긴장에 대해 재고할 것을 의미했다. 더 나아가 피스빌딩 사례에서 분명히 드러났듯이, 게일라르데츠는 이것이야말로 민중을 위한 사목적 동반을 요구하는 연대로의 초대라고 말했다. 그러나 연대는 또 현장 경험을 심화하는 자매 교회들과 교황청 사이의 연결을 요구하고, 전 세계적인 연대에 필요한 보편 진리를 증언한다. 게일라르데츠에게 레더락의 수직적이고도 수평적인 통합은 정확하게도 세계 교회를 위해 교회론이 지닌 도전 과제이다.33)

피스빌딩은 종종 '수직적 통합', 즉 교황청과 지역 교회 지도자들의 협력, 교회 지도자 서로간의 협력, 그리고 민중적 전략과 국가적 전략의 상호 보완을 필요로 한다. 이런 관계 속에는 분명히 힘이 있다. 교황청과 지역 교회 사이의 관계, 지역 교회들 사이의 관계, 주교회의와 교황대사들의 위치, 그리고 종교적 질서를 위한 정책 등 모든 것이 피스빌딩에 엄청난 중요성을 지닌다. 이 모든 요소들은 교회론으로부터, 즉 교회, 교회의 사목활동, 그리고 사목자들의 적합한 역할과 기능에 관한 개념으로부터 영향 받는다. 피터 판과 게일라르데츠가 주장하듯이, 실제로 지역 교회와 보편 교회 사이의 관계를 구축하는 일이 새로 부상하는 세계 교회 논의의 중심에 있다.

피스빌딩은 또 '수평적 통합'을 필요로 한다. 이것은 산테지디오 공동체와 포콜라레* 같은 몇몇 새로운 교회 운동 안에서 강한 영적, 사목적 표현으로 드러났다. 이 단체 지도자들은 평화를 향한 가톨릭의 목소리를 내도록 교황 요한 바오로 2세에 의해 정식으로 임명되었다. 연대로 이해되는 일치는 포콜라레 창시자인 키아라 루빅(Chiara Lubich)의 기본적인 영적 메시지이다. 키아라 루빅의 교회론적 전망은 연대의 피스빌딩 이야기들과 일치하는, 지금까지의 교회론과 사목적 접근법 가운데 가장 실천적인 표현이라 할 수 있다.34) 가톨릭 피스빌딩 네트워크, 그리고 이 기관의 초국가적 소통, 대화, 상호 지지 그리고 평화에 대한 적극적인 투신에 의해 영감을 받은 성찰 나눔 활동은 연대의 적극적인 상징이며 연대 잠재력을 보여주는 증거이다.

> * 포콜라레(Focolare) : 1943년 이탈리아 트렌트에서 시작된 평신도 사도직 단체로, 이탈리아어로 벽난로를 뜻하며 하느님의 따뜻한 사랑을 널리 전한다는 의미를 갖고 있다. 제2차 세계대전 당시 23세였던 키아라 루빅이 친구들과 함께 '전쟁의 참담함 속에서도 사라지지 않고, 모든 이에게 평화와 희망을 채워 주시는 사랑의 하느님'을 나눔과 섬김의 삶으로 보여주었고, 이를 따르는 사람들이 모여 만들어졌다. '마리아 사업회'(Work of Mary)라는 공식 명칭으로 교황청에 등록되어 있고, 전 세계 182개국에 전파되어 600만 명이 회원이 활동하는 대표적인 가톨릭 영성운동 가운데 하나이다.

연대에 대한 도전 과제 : 정치와 역사적 책임

교회의 최근 역사와 연대에 관한 이야기들을 보면 여전히 심오한 도전 과제가 명백하게 존재한다. 온 인류, 특히 고통 받는 이들의 '기쁨과 희망', 즉 '그리스도를 따르는 사람들의 기쁨과 희망'으로 시작하는 『사목 헌장』의 첫 구절은 교회의 정체성이 위기에 놓여 있음을 보여준다. 그 표현이 교회와 세계에 대한 지배적인 가정을 설정하여, 교회의 자기 이해와 그에 이어지는 평화에 대한 이해를 형성하는 데 강한 영향을 미치기 때문이다. 이런 문제 제기를 허용하는 것만으로도 가톨릭 교회론에는 엄청난 변화를 암시할 수 있다. 11장에서 케이힐은 피스빌딩이란 '사회에서 교회가 벌이는 공동 활동'이며 '죄에 대한 실천적이며 공동적인 대응'이라고 말한다. 콜롬비아의 제이미 프리에토(Jaime Prieto) 주교는 이것을 다르게 표현한다. "우리가 원하는 정부, 우리가 원하는 사회의 모습이 어떤 것인지 질문하는 것이 중요하다고 생각합니다. 우리가 어떤 종류의 교회를 원하는지, 어떤 종류의 사회를 원하는지 스스로 질문해야 합니다."35) 억압적인 체제에 놓여 있을 때 교회가 그런 논의를 회피한 사례가 많은데, 비교적 최근의 가톨릭 교회사를 연구한 사람들 역시 그런 태도가 교회의 가장 핵심적인 주장의 일부를 약화시키는 결과를 낳았다는 사실을 알고 있다. 물론 종교간 대화를 지지하는 사람들은 교회가 세상과의 대화 프로세스를 시작하기 전에, 또 그 프로세스 중에 그리스도의 몸으로서의 정체성을 형성하면서 교회 자신의 사명을 수행한다고 응수한다. 이것은 북아메리카에서 양심의 공동체라 불린다. 하지만 평화가 문제가 될 때 그런 대답으로는 충분치 않을 것이다. 2002년에 콜롬비아 주교회의는 평화로 가는 로드맵으로 10가지 원리를 내놓았다. 헤나오 가비리아 주교에 따르면, 핵심 주제는 장기적인 관점에서 이루어갈 평화가 아니라, "한 나라에서 시민 각자가 이웃을 위한 책임과 국가의 평화를 수용하는 … 책임의 윤리"36)를 가능하게 하는, 본질적 가치에 대한 합의를 이끌어 내야 할 필요성이었다.

이런 개념들은 남아프리카공화국의 피터-존 피어슨(Peter-John Pearson)이 이 책 출간을 앞두고 열린 콜로키움에서, "가톨릭 피스빌딩은 일차적으로 가톨릭이 아니라 평화에 대한 것이다."37)라고 말한 것과 같은 내용을 암시한다. 같은 콜로키움에서 스콧 애플비는, 가톨릭 피스빌딩은 "특정 종교(가톨릭) 공동체를 건설하는 일에서 교회 일치적인, 종교 간, 문화 간의 대화가 우선권을 취할 수 있는 사명에 관한 진보적 가톨릭의 접근"38)으로부터 생겨난다는 점에 주목했다. 가톨릭 구제회 소속 연구자들과 다른 사람들은 이런 접근이 그동안 받아들여졌던 많은 경계를 흐리게 하고 가톨릭 정체성을 쉽사리 불명확하게 만들 수 있다고 지적한다. 이것은 그저 새로 생겨난 문화 속에서 마주하는 도전이 아니라, 가톨릭 사목자와 신학자들이 마주한 도전이다. 한 손에는 평화를, 또 다른 손에는 말씀과 성사의 삶을 쥐고 있을 때 그 사이에 필연적인 갈등은 없지만, 후자를 지키려는 행동이 전자의 것을 희생시키는 명분이 되어서는 안 된다. 가난한 이를 위한 선택은 전쟁 피해자 또 전쟁 피해를 입을 가능성이 있는 사람들을 위한 선택과 함께 가야 한다. 평화만들기는 정의를 추구하는 일과 마찬가지로 가톨릭 생활의 핵심적인 차원이다. 믿음과 예배, 그리고 공동체 생활 모두는 이런 근본적인 이해에 비추어 이해되어야만 한다.

이런 연대 이야기가 제기하는 추가적인 도전 과제도 많은데, 이 도전들은 피스빌딩의 교회론을 발전시킬 때 반드시 고려되어야 한다. 아마도 가장 중요한 것은 평화가 정말로 중요한지에 대한 질문일 것이다. 교황 요한 23세에게 이 질문은 무엇보다 핵무기 경쟁에 의해 가장 극적으로 제기되었다. 가톨릭 피스빌딩 네트워크의 사례들은 엄청난 고통 속에서 그 질문에 초점을 맞추었다. 이 책 6장에서 토드 휘트모어(Todd Whitmore)는 북우간다에서 날마다 발생하여 이제는 한 세대의 경험이 된 폭력의 한복판에서 이 문제를 다뤘다. 이 모든 사람이 신학적으로는 온 인류 서로 간의 화해와 하느님과의 화해로 이해되고, 철학자들에게는 모든 사물의 올바른 질서로 이해되는 진정한 평화가 정말로 중요하다는 사실에 동의한다. 그런 신념은 평화만들기에 참여하는 수많은 그리스도인 제자들에게 영감을 준다. 그러나 휘트모어가 보여주듯이, 전쟁의 부재를 평화로 여기는 '일종의 평화(peace of a sort)'도 설득력 있는 신학적 명령이다. 희망과는 거리가 먼 정의의 모습인 혼란스러운 휴전조차도 계속되는 폭력보다는 훨씬 나을 뿐 아니라, 정의롭고 지속적인 평화를 건설할 기반이 되는 대화 작업의 필수 조건이다. 거의 영원할 것 같은 전쟁 속에 있던 우간다 교회에게나 핵전쟁 준비의 시기에 있던 교황 요한 23세에게, 평화는 모든 사람 그리고 교회를 포함한 모든 공동체가 마주한 도전으로서, 진정한 인류의 선이다.

결함이 있는 평화나 평화를 부분적으로만 성취한 문화가 그리스도교 제자도를 알리기에 충분히 중요할까? 어떤 사람은 그런 평화를 위해 투쟁한 영웅적 이야기로부터 용기를 얻을 수도 있을 것이다. 하지만 지금까지 그 질문에 대한 가톨릭의 대답은 강한 긍정으로 보이지는 않는다. 이런 이야기에서 잘 드러났듯이, 모호하고 잠정적인 평화의 문화를 건설하고 유지하는 활동은 여전히 대부분의 장소, 대부분의 시대, 교회의 사목 활동 또는 대중 활동의 중심에 있지 않기 때문이다.

피스빌딩이 교회론에 제기하는 또 다른 도전 과제는, 로버트 슈라이터(Robert Schreiter)가 암시한 대로, 활동가들이 '기억의 치유'라 부른 것에서부터 생겨난다. 갈등 이후의 사회에서 진실성은 용서와 화해를 향한 하나의 단계로서 필수적이다. 그러나 이것은 그 자체로 주요한 사목적 도전이다. 케이힐은 11장에서 부룬디에서 직접 겪은 경험을 소개한다.

> 피해자화, 트라우마, 가해자와 공모해 온 역사를 두고 지역 사회와 교회 안에서 분열이 계속되고 있었다. 교회 구성원과 지도자들이

이런 현실에 대해 더 정직해야 하며, 사회적 신뢰에 대한 탐구가 가톨릭 공동체 자체에서 시작되어야 한다는 인식은 널리 퍼져 있다. 그런 신뢰를 어떻게 재건할지 그리고 진실을 속속들이 말해야 한다고 주장하는 게 가능한지, 또 권장할 만한지에 관해서는 여전히 이견이 분분하다.

온전한 정직성은 교회 구성원과 지도자를 비롯한 많은 사람들이, 케이힐이 지적한 대로, "그들 역시 그들이 비판하고 저항하던 동일한 폭력의 과정과 행위에 연루되어 있다"는 사실을 인정하는 일까지 포함해야 한다.

역사에 관한 이런 투쟁은 많은 연대 이야기의 중심에 자리 잡고 있다. 이것은 가톨릭교회의 교회론에도 가장 중요한 도전을 제기한다. 연대의 정신에 따라 수행되는 진실과 화해의 과정은 민중 사목 상황에서 침묵이라는 규범을 부수는 작업이자, 한 논평가가 지적했듯이, 공적 역사에 대한 세밀한 조사를 요청한다. 새천년 대희년에 시작된 기억의 치유를 위한 노력에 친숙한 사람이라면 진실 말하기의 어려움을 과소평가하지는 않을 텐데, 이런 노력은 연대와 피스빌딩을 위해 절대적으로 필요한 조건이다. 교황 요한 23세는 인류 가족과의 형제애가 교회에 무엇을 요청하게 될지 상상하지 못했을 것이며, 틀림없이 가톨릭의 '기쁨과 희망, 슬픔과 고뇌'를 다시 위치지운 공의회 교부들도 어떤 진실들이 이야기되어야 할지 예상하지는 못했다.

현대 가톨릭교회의 논쟁에서는 너무도 분명해진 그런 문제에 관한 고려는 가톨릭 피스빌딩 활동에서 어떤 이야기가 말해지지 않았는지, 어떤 부분에 대해 유감을 표명하지 않았는지의 문제에 초점을 맞춘다.

해방신학자들은 오랜 기간에 걸쳐 빈곤에 시달려 온 사람들의 엄청난 고통이라는 맥락에서 교회론을 뒤흔드는 질문을 던진다. 그렇게 오랜 세월 동안 제국주의, 식민주의에서 비롯되는 갈등, 심지어 계속되는 전쟁과 폭력과 긴밀하게 연관되어 온 교회에 대해 마찬가지로 교회론적 질문을 던져야 할까? 하지만, 케이힐이 암시하듯이, 완전한 폭로는 평화와 신뢰를 구축하는 과정을 오히려 더 더욱 어렵게 만들 수도 있다.

세계 곳곳에서 만나는 분투하는 연대와 피스빌딩 체험에 관한 이야기는 신앙과 전쟁의 교차점에 초점을 맞춘 신학자들이 전체 교회에 현대 가톨릭 사회교리에서 매우 강력하게 확인된 사회, 정치적 책임에 대한 보다 건설적인 접근법을 제공할 수 있으리라는 사실을 암시한다. 그런 방향성을 지닌 몇몇 움직임이 이런 연대 이야기들로부터 생겨난다.

첫째로, 전쟁과 평화에 관한 가톨릭교회의 성찰은 국가에 대한 더 비판적인 접근을 통해 이점을 얻을 것이다.39) 평화주의자이자 사회과학자인 고든 잔(Gordon Zahn)은 매우 권위 있게 작성된 정당한 전쟁에 대한 진술, 예컨대 ***비폭력은 개인을 위한 선택이지만, 국가는 필요하다면 무력으로라도 시민들을 보호할 권리와 의무를 지닌다***는 내용으로 요약되는 가톨릭의 가르침에 경의를 표하며 귀 기울였다. 국가에게 권리와 의무를 부여하는 일은 제쳐두고라도, 잔(Zahn)은 전쟁의 역사, 특히 1914년 8월 이후의 상황에 대해 조금이나마 알고 있는 사람이라면 떨리는 목소리로 그런 성명을 냈을 것이라고 생각했다. 하지만 잔은 그런 성명에 대해 다음과 같은 질문으로 점잖게 응답했다. "여러분이 말하는, 전쟁과 무기 사용에 대한 결정을 내리는 국가가 우리가 알고 있는 정부, 즉 (당시) 미국의 경우로 말하자면 린든 존슨(Lyndon Johnson)이나 리처드 닉슨(Richard Nixon) 행정부였다는 걸 모릅니까? 다른 나라 사람들도, 정치 윤리학자들이 그렇게 좋아하는 용어를 사용하자면, '결정권자'라 불리는 자기 나라 책임자들의 이름을 댈 수 있을 것입니다. 물론 민주주의에서 결정권자는 시민들입니다."

잔 자신도 알고 싶어 했고, 가톨리시즘과 피스빌딩에 대해 생각하는 모든 사람이 그런 '결정권자'에게, 그게 당신이든 나든, 권력을 맡겨야 하는 건지 질문해야 한다. 많은 가톨릭 피스빌더들은 소위 '실패한 국가(failed states)'에서 생활하고 있다. 따라서 피스빌딩의 핵심인 정치적 쇄신과 재구조화 과정을 진행할 때, 많은 국가들이 겪고 있는 유사 사실주의를 피하고, 정부에 대해 현명하게 대처하고, 우리 자신에 대해 정말로 현실적이 되어야 한다. 권력자에게 조언하는 역할을 줄이고, 교회의 독립을 향한 움직임을 강화하고, 시민에 대한 사목자의 관심을 높이고, 실제적으로 '위에서 아래로'가 아니라 '밑바닥부터의' 방식으로, 공유된 정치적 책임의 윤리를 구축한다는 면에서, 교회론의 결과는 중요할 것이다.

두 번째 움직임도 마찬가지로 중요하며, 첫 번째 움직임으로부터 파생된다. 가톨릭 신자들은, 지도자든 평신도든, 종종 정치(학), 정치인, 은연중에는 일반 시민에 대해 약간 경멸하는 투로 대한다. 정당한 전쟁 학파인 그리스도인 평화 옹호자들은 자신들과 같은 현명한 학자들로부터 조언을 받은 사심이 없는 결정권자들에 대해 말하면서, 정치학이 정책 수립 과정에 개입하는 방식에 대해 개탄한다. 자기 나라가 아닌 다른 나라에 대해 말할 때, 그들은 평화를 이루는 방법에 대해 국민들을 교육시킬 수 있는 사심 없는 결정권자들이 생겨나기를 열망한다. 비폭력을 지지하는 그리스도교 옹호자와 많은 가톨릭 피스빌더는 다른 방향, 즉 다른 사람들을 위해 희생하는 사람들에게 찬사를 보내고, 용감하게 민중적인 평화 구축에 나서는 작업에 경의를 표하는 태도를 취하면서도, 최고 분석가 가운데 한 사람이 이 주제에 관해 '더러운 정치'*라 지칭한 것에 대해서는 불분명한 태도를 보인다. 비폭력에 대해 공감하면서, 그들은 당연히 하느님 나라에 대한 관심에 중점을 두고, 사람들에게 이미 하느님 나라가 여기에 도래한 것처럼 살아야 한다고 제안한다. 그러나 현실주의자들로부터 비판을 받으면, 그리스도인 비폭력 옹호자들은 현실주의자들이 오히려 너무 이상적이며, 죄악을 너무 경시한다고 우려한다. 그런데 과연 사람들이 정말로 공동생활에 대한 책임감을 가질 수 있을까? 과연 국가의 힘이 아니라 시민의 힘으로 공동선을 추구하고 무고한 이들을 보호할 수 있을까? 결국 모든 당파와 정당들은 자기 이해에만 가득 차서 자신의 가치만 내세우는 게 아닐까? 그런 호전적인 태도가 어떻게 공동선을 만들어내고 무고한 사람들을 보호할 수 있을까?

* 더러운 정치(dirty politics) : 선거 캠페인 분석가 캐슬린 홀 제이미슨(Kathleen Hall Jamieson)의 저서, 〈더러운 정치 - 사기, 혼란 그리고 민주주의(Dirty Politics - Deception, Distraction, and Democracy)〉를 지칭하는 듯하다. 이 책은 공정하고 정확하며 실질적인 캠페인을 위한 설득력 있는 주장일 뿐만 아니라, 선거 부정에 대해서도 매력적으로 소개하고 있다.

헤들리와 노이펠트가 '정치학의 함정들'이라 지칭한 것이 가장 기본적인 피스빌딩 프로젝트에도 요구된다. 대화를 통해 관계를 형성하는 일, 욕구와 이해관계를 설정하는 일, 공통점을 찾는 일, 차이에 대해 타협하는 일, 가장 핵심적인 종교적 질문들에 대해 심각한 이견을 생겼을 때조차도 공동선을 추구할 수 있는 구조를 마련하는 일 등, 이 모든 것이 정치 활동이다. 소문자 p로 표현되는 정치(politics)는 그리스도인의 삶에서 벗어난 것이거나 그런 삶을 방해하는 것이 아니라, 어쩌면 그 어느 때보다 폭력 갈등 상황에서 뚜렷이 드러나는 제자도의 핵심 방식이다. 자유에 대해 이야기할 때와 마찬가지로, 진정한 평화에 대해 이야기할 때, 우리는 개인의 안전, 공공질서의 정도, 자유 지대, 기본적인 경제적 기회, 종교적 자유 그리고 그에 뒤따르는 종교적 다원주의 등에 대해 이야기한다. 이 모든 것은 어느 사례에서든 시민 사회, 즉 '평화의 문화'를 건설하는 과정에서, 마을, 지역, 전국 차원의 모든 공공 정책 문제에 대해 첨예한 차이가 생기리라는 점, 세계관과 가치, 경제적, 문화적 이해관계, 말하자면 권력 욕구가 어느 정도냐에 따라 차이가 첨예해 지리라는 사실을 의미한다. 사실 피스빌딩은 모든 사람이 동의하거나 모든 이해관계가 일치한다면 아주 쉬운 일일 것이다. 하지만 심각한 윤리적 문제를 포함하여 폭력을 동원하지 않고 차이에 대해 타협할 방법을 찾는 일, 어느 한편도 완전히 만족시키지 못하더라도 타협안을 찾는 일, 동시에 공동의 삶을 위해 요청되는 것을 실천할 방법을 함께 찾는 일이 필요하다. 어느 정도의 지속적인 안정성, 경제적 정의, 적절한 거주지, 보건과 교육, 또 정의로운 치안을 보장하는 일, 그것이 정치가 수행해야 할 활동이다.

만일 평화에 관한 견고한 신학이 있을 수 있다면, 그리스도교 사목자들과 신학자들이 정치에 관한 논쟁을 벌일 때 *죄*라는 용어와 죄에 뒤따르는 불신과 패배주의를 끌어들이기를 멈추고, 무당파성이나 정치적 떠돌이가 마치 미덕인 양 찬양하는 일을 그만 둘 수 있을 것이다. 그런 거리두기는 때로 제도적 이익을 위한다며 자신의 이익을 취하려는 명분, 더 심하게는 책임 회피를 가리는 명분을 제공한다. 지금까지 연구된 내용으로 보건대, 평화는 더 이상 하나의 선택지가 아니다. 넓게 이해하여 설득, 조직, 협상, 거래 등을 포함하는 정치는 평화를 이뤄나가는 하나의 핵심적인 방식으로, 어쩌면 종교만큼이나 중요하다. 교회 내 모든 차원에서 동반, 양심의 양성, 대화의 기술, 책임의 공유를 강조하는 교회론의 결과들을 다시 살펴보자. 이것은 피스빌딩 경험이 함축하고 있는 또 다른 차원을 강조하는데, 일상의 삶과 교회의 활동 안에서 평신도의 핵심적인 역할에 관한 것이다. 사회 안에서, 그리고 교회 안에서, 책임의 공유는 선택지가 아니라 하나의 사실이며, 그리고 교회 구성원(신자)과 지도자들이 서로 도와 평화를 이루고 정의를 목말라 하라는 복음적 명령을 이웃과 함께하는 공동의 삶으로 바꾸어 표현할 수 있을 때 교회는 정치적 책임을 가장 잘 지지하는 것이 된다.

 세 번째이자 마지막은 무엇보다 가장 어려운 움직임으로, 교회 자체의 정치학이다. 레더락은 '탄탄한 수직적, 수평적 통합'을 이룰 수 있는 가톨릭의 특별한 잠재력, '대화의 기반'*이라는 가톨릭 사회교리의 조항, 그리고 일치, 용서, 화해의 상징과 의식에 주목한다. 그러나 모든 연대 이야기를 살펴보더라도, 이런 자원들을 어떻게 활용할지는 교회의 정치학에 달려 있음이 분명하다. 크리스천슨은 피스빌딩은 '교회를 정의하는' 문제이자 '교회를 분열시키는' 문제라고 말한다. 최근에 이루어진 피스빌딩 경험 이면에는, 과거든 현재든, 교회 정치학에 관한 알려지지 않은 이야기가 있는데, 지역 교회가 역사적 책임과 다른 방식을 취하면 결국 평화에 거스르게 된다는 것이다. 교회와 사회 안에서 오랫동안 식민주의와 반식민주의를 경험해 온 사람들은 굳이 교회 정치의 중요성에 대해 말하는 북미 신학자들에게서 교훈을 얻을 필요도 없다. 그들은 교황청의 정책에 따라, 교황대사의 성격에 따라, 주교들의 선택에 따라, 주교회의의 결정에 따라 종교 교단들의 지도력과 정책들에 따라 어떤 차이가 생겨나는지, 그리고 이 모든 것이 피스빌딩 과정에 어떻게 직접적인 영향을 미치는지를 이미 잘 알고 있다. 크리스천슨과 다른 여러 학자들은 평화에 관한 교회 가르침에서 이루어진 의미심장한 변화들, 피스빌딩 이론과 실천을 뒷받침하는 변화에 관심을 갖기를 요청해 왔다. 교황들의 담화문과 교황청 정책은 대개 평화에 관한 전 지구적 차원의 노력과 화해를 위한 지역 교회의 노력을 지지하지만, 그것이 피스빌딩의 전부를 보여주는 이야기는 아니다. 가톨릭 피스빌딩 네트워크를 통해 확인되었듯이, 신학자들과 사목 지도자들이 전도유망한 계획을 추진하려 한다면, 교회 자체의 결정 수립 과정에 가장 큰 관심을 기울여야 할 것이다.

* 대화의 기반(platforms for dialogue) : "교회는, 더욱 폭넓고 더욱 유동적이며 더욱 복잡한 사회 관계망 안에서 인간을 이해하는 데 기여하는 모든 것을 인정하고 받아들인다 … . 다른 학문 분야를 주의 깊게 꾸준히 받아들임으로써, 교회의 사회교리는 신뢰할 수 있고 구체적이며 타당한 것이 된다. 교회는 이들 학문 덕분에 사회 안에서 인간을 더욱 정확하게 이해할 수 있고, 사회교리의 원천인 하느님 말씀과 신앙을 동시대 사람들에게 더욱 설득력 있게 전달하고 이를 우리 시대의 양심과 사회적 책임으로 구현할 과업을 더욱 효과적으로 완수할 수 있다."「간추린 사회교리」78항 참조.

결 론

  스콧 애플비는 필리핀에서, 가톨릭 피스빌딩 활동이 현대 가톨릭교회의 자기 이해에서 특권적인 위치를 차지할 자격이 없는 건 아닌지 질문했다. 이 질문에 대한 긍정적인 응답은 교회는 변화해야만 한다는 사실이다. 1981년 2월 25일, 교황 요한 바오로 2세는 히로시마에서 많은 과학자와 UN대학교 대표들에 대해 연설했는데, 교황은 바로 그곳 히로시마에서 어떤 일이 있었는지를 상기시키며, 새로운 세계 질서의 창조는 더 이상 '꿈'이나 '헛된 이상'이 아니라, '도덕적 명령이자 성스러운 의무'라고 말했다.40) 그 말씀이 맞다면, 그리고 가톨릭 피스빌딩이 진지하게 받아들여진다면, 모든 것은 변화한다. 정통교리(orthodoxy)와 정통실천(orthopraxis)에 대해 새로운 시도가 이루어지고 있으며, 관계와 책임에 관한 새로운 이해가 교회주의적 자기 이해와 종교 이외의 것은 하위문화로 보는 선입견들을 산산이 부수고 있다. 피스빌딩이 가장 중요하고 그리스도교 제자도의 시험대라고, 그리고 피스빌딩은 보편적인 도덕적 책임의 문제라는 사실을 믿기 위해 자유주의적 낙천주의자가 될 필요는 없으며, 교황 요한 바오로 2세도 그렇지 않았다.

  궁극적으로 가톨릭의 차이는 공동체의 신앙에 놓여 있는데, 이것은 쿠시마노 러브(Cusimano Love)가 지칭한 '부활 정치학'41)에 영감을 준 것으로, 그저 사회적 분석에 근거한 정치와는 완전히 다른 것이다. 케이힐은 가톨릭 신앙을 지니지 않은 사람들과 역사적 책임을 공유하려는 적절한 노력을 하는 가운데서도 그리스도인의 비폭력이라는 근본적인 메시지를 잃어버려서는 안 된다고 설득력 있게 주장한다. 하느님 나라라는 전망, 즉 정의와 사랑, 화해의 전망은 그리스도인의 역사적 책임에 대한 진지한 이해의 중심에 남아 있다. 다만 도덕적인 그리스도인 현실주의자 중에서도 가장 현실적이라 자부하는 사람들조차 냉철한 분석만으로는 충분치 않다는 사실을 알고 있다. 그리스도교 신학적 현실주의의 고전적인 저서 가운데 하나로 알려진 1933년에 저술된 책에서, 라인홀드 니버(Reinhold Niebuhr)*는 아래와 같은 말로 피스메이커들과 정의를 추구하는 사람들의 환상을 박살내 버린다.

> 구원 사업에서 가장 효율적인 주체는 버림받은 사람들에게 새로운 환상을 심어 준 사람들일 것이다. 이런 환상 중에 가장 중요한 것은 인류의 집단적인 삶이 완벽한 정의를 성취할 수 있다는 믿음이다. 이것은 당장은 가치 있는 환상이다. 왜냐하면 정의를 완벽하게 실현할 수 있다는 희망이 영혼 속에서 숭고한 광기를 만들어내지 않으면, 정의에 가까워질 수 없기 때문이다. 그런 광기가 아니고서는 어떤 것도 악의에 찬 힘과 '높은 자리를 차지한 영적 사악함(spiritual wickedness in high places)'과 싸우지 않을 것이다. 환상은 끔찍한 광신주의(fanaticisms)를 만들어 내기 때문에 위험하다. 그래서 환상은 이성의 통제를 받아야 한다. 우리는 그저 이성이 나서기도 전에 환상이 활동을 끝내지 않기만을 바랄 뿐이다.42)

---

* 라인홀드 니버(1892-1971) : 개신교 신학자이며 윤리학자로, 그리스도교 신앙을 현실적인 현대 정치와 외교에 접목시킨 그리스도교 현실주의로 유명하다. 그리스도교 현실주의는 동시대 그리스도인들의 이상주의보다 훨씬 강경한 정치적 태도를 취한다. 제2차 세계대전에서 미국의 적극적인 활동과 반공산주의 그리고 핵무기개발을 지지했으며, 정당한 전쟁론 형성에 크게 기여한 인물이다.

(번역 양서희)

1) 내가 참고한 자료는 가톨릭 피스빌딩 네트워크(Catholic Peacebuilding Network) 국제 컨퍼런스에서 전해진 이야기들이다. 나는 네 번째 컨퍼런스에 참석했기에 이전 세 컨퍼런스의 보고서와 문서들을 검토할 수 있었다. 연대의 이야기들은 이 책의 몇몇 저자에 의해서도 논의된다. 이 글에서 저자의 이름과 함께 언급되는 인용문들은 이 책에 수록된 몇 편의 글과 세 번의 국제 컨퍼런스에서 발표된 논문에서 가져온 것이며, 대부분은 노틀담대학의 크록 국제평화학연구소 홈페이지에 게시되어 있다. 또 나는 존 폴 레더락이 피스빌딩에 대해 정리한 놀라운 책, 『도덕적 상상력』(김가연 역, 글항아리, 2016)으로부터 많은 도움을 받았음을 밝힌다. 이 논문을 작성하는 데 레더락의 책에 담긴 이야기와 분석이 많은 도움이 되었다. 그리고 내가 그 동안 왜 신학자들과 사목자들이 도로시 데이(Dorothy Day)나 토마스 머튼(Thomas Merton) 같은 미국의 인물들에 더 주목하면 좋겠다는 생각을 해 왔는지, 그들을 마치 체계적 사상가인 존 코트니 머레이(John Courtney Murray)나 브라이언 헤이어(J.Bryan Hehir)와 함께 떠올리기를 바랐는지 깨닫게 되었다.

2) 드류 크리스천슨(Drew Christiansen, SJ), *"What Is a Peace Church? A Roman Catholic Perspective,"* 가톨릭교회와 메노나이트 국제 컨퍼런스(1998-2003)에서 국제적 대화에 관해 발표한 내용 on November 2000; 저작권은 저자에게 있음.

3) 교황 요한 바오로 2세, 『사회적 관심(*Sollicitudo Rei Socialis*)』(1988), 38항.

4) 교황 요한 바오로 2세, 로저 에체가레이(Roger Etchegaray) 추기경에게 보낸 서한, (2003.9.5.). 제17차 국제 평화를 위한 기도 모임에서의 교황 연설, "우리는 전쟁이 이 세상의 생명을 지배하도록 하고 싶지 않습니다."에서 재인용(2003.9.8)

5) 니콜라스 라쉬(Nicholas Lash), "Churches, Proper and Otherwise," *The Tablet*, July 21, 2007. 라쉬는 교회에 관한 제2차 바티칸 공의회 가르침의 핵심을 언급한 크리스토퍼 버틀러(Christopher Butler) 주교의 말을 인용했다. "우리는 교회가 어디에 있는지 이야기할 수 있지만, 어디에 없는지는 말하지 못합니다."

6) 이 이야기들은 크록 국제평화학연구소(Kroc Institute for International Peace Studies) 홈페이지에서 열람 가능. 또한 제프리 오델 코르겐(Jeffry Odell Korgen), *Solidarity Will Transform the World: Stories of Hope from Catholic Relief Services* (Maryknoll, NY: Orbis Books, 2007) 참조.

7) 드류 크리스천슨, *Hawks, Doves, and Pope John Paul II*, America (August 12, 2002), 9-11.

8) 최신 가르침에 대한 요약본은 토마스 마사로와 토마스 섀넌(Thomas Massaro, SJ and Thomas A. Shannon), *Catholic Perspectives on Peace and War* (Lanham, MD: Rowman and Littlefield, 2003) 참조.

9) 미국 교회의 피스빌딩 체험의 가능성에 대한 예시는, 매리 라버(Mary Laver), *Stories of Transformation: Personal Narratives in Search of the Common Good* (Radnor, PA: Cabrini College, 2008). 참조.

10) 평화 연구에 관한 엄청난 규모의 참고자료가 CPN 자료에는 놀라울 정도로 적다. 엘리스 볼딩(Elise Boulding), 진 샤프(Gene Sharp), 허버트 켈만(Herbert Kellman), 로저 피셔(Roger Fisher), 그 외 많은 사람들이 연구하고 있다는 사실을 필자는 알고 있다. 심지어 '평화의 문화'라는 문구조차 평화의 문화에 관한 볼딩의 연구나 유엔의 10년을 참조하지 않은 채, 교황 요한 바오로 2세가 쓴 것으로 인정되고 있다. '평화의 문화'라는 주제에 대한 요한 바오로 2세의 주목할 만한 전개를 보려면, "The Culture of Peace," *Zenit* (July 30,

2005) 참조.

11) 최근의 주장을 보려면 마크 모사(Mark Mossa, SJ) 외, *Just War, Lasting Peace: What Christian Traditions Can Teach Us* (Maryknoll, NY: Orbis Books, 2006) 참조. 정당한 전쟁론에 대한 깊은 의구심을 표현한 윤리신학자들의 국제 컨퍼런스 보고서를 보려면, 케네스 하임즈(Kenneth Himes) "Hard Questions about Just War," *America* (October 30, 2006) 참조.

12) 에이버리 덜레스(Avery Dulles, SJ), *A Church to Believe In: Discipleship and the Dynamics of Freedom* (New York: Crossroad, 1982), 1장. 이 글의 언어는 미국 가톨릭 주교회의 전국 총회에서 사용되었다. *The Challenge of Peace* (1983), 274-77항. 웹사이트 www.usccb.org 에서 열람 가능.

13) 필자는 이 주제를 *Public Catholicism* (New York: Macmillan, 1989) 9장에서 다뤘다.

14) 가톨릭 주교단 전국 총회, "The Harvest of Justice Is Sown in Peace," *Origins* 23 (1993).

15) 브라이언 헤이어(J.Bryan Hehir), 보스턴 케네디 도서관에서 열린 포럼에서의 글, October 22, 2001.

16) 리사 소울 케이힐(Lisa Sowle Cahill), *Love Your Enemies: Discipleship, Pacifism and Just War Theory* (Minneapolis, MN: Fortress Press, 1994), 289.

17) 피터 판(Peter Phan), "Peace and Reconciliation: Roman Catholic Teaching in the Context of Inter-Religious Dialogue," *Journal of Peace and Justice Studies* 16 (2007), 40-41.

18) "함께 피스메이커가 되라는 소명(Called Together to Be Peacemakers)," 가톨릭 교회와 메노나이트 세계 컨퍼런스 국제 대화에 관한 보고서, 1998-2003, 157-58항. 웹사이트 www.mwc-cmm.org 에서 열람 가능

19) 드류 크리스천슨, "Whither the Just War," *America* (March 24, 2003), 11.

20) 2008년 4월, 노틀담 대학 CPN 컨퍼런스에서, 존 폴 레더락은 피스빌딩에서 가장 중요한 한 단어는 동반(accompaniment)이라고 말했다.

21) 로베르토 레이슨(Roberto C. Layson, OMI), "Christian-Muslim Dialogue in Mindanao amidst Uncertainties," 다종교간 대화 컨퍼런스에서의 연설(발리, 인도네시아, May 5, 2003). 웹사이트 cpn.nd.edu 에서 열람 가능.

22) 리처드 게일라르데츠(Richard R. Gailardetz), *Ecclesiology for a Global Church: A People Called and Sent* (Maryknoll, NY: Orbis Books, 2008), 278-81.

23) 헥토르 파비오 헤나오 가비리아(Héctor Fabio Henao Gaviria), "콜롬비아의 피스빌딩을 통해 얻은 교훈"(Lessons Learned in Peacebuilding in Colombia), 가톨릭 피스빌딩 네트워크 제4회 정기 국제 컨퍼런스, 보고타(콜롬비아, June 27, 2007), p.13.

24) 헥토르 파비오 헤나오 가비리아, "콜롬비아 교회와 피스빌딩"(The Colombian Church and Peacebuilding), *Colombia: Building Peace in a Time of War*, Virginia M. Bouvier (Washington DC: United States Institute of Peace Press, 2009). 웹사이트 cpn.nd.edu 에서 열람 가능. 식별의 공동체로서의 전체 교회에 관한 논의는 리처드 게일라르데츠의 *The Church in the Making* (Mahwah, NJ: Paulist Press, 2006) 참조.

25) 페르난도 카팔라(Fernando Capalla), 가톨릭 피스빌딩 네트워크 제2회 정기 국제 컨퍼런스 개회사(민다나오, 필리핀, July 11-15, 2005). 웹사이트 cpn.nd.edu 에서 열람 가능.

26) 게일라르데츠, *Ecclesiology for a Global Church*, 7장.

27) 헤나오 가비리아(Henao Gaviria), "콜롬비아의 피스빌딩을 통해 얻은 교훈들"(Lessons Learned in Peacebuilding in Colombia), 12.

28) 크리스토퍼 호이어(Christopher T. R. Hewer), *Dialogue of Life and Faith: Selected Writings of Bishop Bienvenido S. Tudtud* (Quezon City, Philippines: Claretian Publications, 1988), 80.

29) 헤나오 가비리아. "콜롬비아 교회와 피스빌딩"(The Colombian Church and Peacebuilding), 참조. 헤나오는 국가적 합의를 찾는 과정에서 가톨릭교회의 패권이 다원주의의 수용으로 대체되었다고 주장한다.

30) 마우리시오 가르시아 듀런(Mauricio Garcia Duran, SJ), "Peace Mobilization in Colombia and the Role of the Catholic Church, 1978-2006," 가톨릭 피스빌딩 네트워크 제4회 정기 국제 컨퍼런스를 위해 준비, June 2007. 웹사이트 cpn.nd.edu 에서 열람 가능.

31) "함께 피스빌더가 되라는 소명*(Called Together to Be Peacemakers)*," 147항.

32) 교황 요한 바오로 2세, 로저 에체가레이 추기경에게 보낸 서한.

33) 게일라르데츠, *Ecclesiology for a Global Church*, chap. 7.

34) 키아라 루빅(Chiara Lubich), *Essential Writings: Spirituality, Dialogue, Culture* (New York: New City Press, 2007).

35) 헤나오 가비리아, "콜롬비아 교회와 피스빌딩"(The Colombian Church and Peace Building), "우리가 원하는 콜롬비아를 향하여"(Toward the Colombia We want)에서 인용. Millennium Workshops, *Revista Documentación de Pastoral Social* (March 2002), 24. 이 글은 정치신학이라 불리는 것에 대한 기본적인 접근법이며, 그것은 필연적으로 그리스도인과 비그리스도인들의 경계를 모호하게 만든다. 뿐만 아니라 이 글은 공동선을 교회의 선과 긴장을 빚는 가치로 위치 지운다. 이것은 가톨릭 피스빌딩에 의해 제기되는 핵심적인 교회론적 질문으로, 지속적이고 복잡한 신학적 질문으로 제기될 뿐만 아니라 만성적인 폭력상황에 기반을 둔 질문이기도 하다. 신학자들에게 던져진 이 질문들에 대한 요약은, "Theological Roundtable: The Future of Political Theology," *Horizons* 34 (2007). 참조.

36) 알베르토 지랄도 야라밀로(Alberto Giraldo Jaramilo) 대주교, 의장, 콜롬비아 보고타 주교회의 72번째 임시 총회 폐회 연설, "평화로 향하는 길의 10가지 원리"(Ten Principles for the Road toward Peace), March 8, 2002; 헤나오 가비리아(Henao Gaviria), "콜롬비아의 피스빌딩을 통해 얻은 교훈"(Lessons Learned in Peacebuilding in Colombia).

37) 이 책 저자들이 참여한 콜로키움, Catholic Theological Union, Chicago, Illinois, November 30-December 1, 2007.

38) 위 자료.

39) 국가에 대한 몇 가지 가정에 도전하는 몇 가지 시도 가운데 하나를 확인하려면, 크리스천슨의 "What is a Peace Church?" 참조.

40) 교황 요한 바오로 2세의 연설은 교황청 홈페이지에서 확인할 수 있다.

41) 매리앤 쿠시마노 러브(Maryann Cusimano Love), *Beyond Sovereignty: Issues for a Global Agenda*, 3rded.(NewYork: Thomson/Wadsworth, 2006), 324-45.

42) 라인홀드 니버(Reinhold Niebuhr), *Moral Man and Immoral Society: A Study in Ethics and Politics* (New York: Charles Scribner's Sons, 1932), 277.

15장 가톨릭 피스빌딩의 미래 방향

로버트 슈라이터(Robert J. Schreiter)

　이 책 1장에서 스콧 애플비(Scott Appleby)는 가톨릭교회가 왜 피스빌딩에 관심을 두어야 하며, 어떤 방식으로 피스빌딩에 접근해야 하는가라는 질문을 제기했다. 이 책에 수록된 모든 내용은 그 질문과 관련된 대화의 연장선상에 있다. 결론에 해당하는 이 장에서는 먼저 그 대화를 풀어나가는 실마리들을 모아 보려 한다. 오늘날 가톨릭 피스빌딩에서 우리가 어디에 위치해 있는지, 즉 더 넓은 피스빌딩을 위한 가톨릭의 잠재력뿐만 아니라 한계를 살펴보기 위해서이다. 그런 다음 가톨릭 접근 방식의 발전과 오늘날 세계적인 규모의 피스빌딩 활동에서 가톨릭적 접근이 어떤 의미를 지니는지와 관련하여, 가톨릭 피스빌딩의 미래 방향에 대해 몇 가지 의견을 제기하려 한다.
　가톨릭 피스빌딩에서 가톨릭이라는 어휘는 무엇을 의미하는가, 오늘날 가톨릭교회의 가르침과 전통에서 피스빌딩을 어떻게 실천해 왔는가라는 질문으로 시작해 보자. 교회 밖 사람들에게 이런 질문은 대체로 교회 내부의 제도적인 논의로 보일 수 있다. 그러나 이 질문은 한편으로는 세계적으로 피스빌딩이라는 도전 과제에 대응하기 위해 가톨릭에서 주요 종교적 활동가가 어떻게 형성되었는지, 다른 한편으로는 다양한 활동가가 참여하는 무대에서 피스빌딩 활동과 방향에 가톨릭 피스빌딩이 어떤 영향을 미쳤는지를 보여줌으로써 피스빌딩에 관한 더 넓은 담론을 끌어낼 것이라 기대된다.

이 장의 두 번째 부분에서는 피스빌딩 활동가로서 가톨릭교회가 정치, 시민 사회 그리고 종교 문화라는 3가지 영역에서 상호 작용하는 방식을 살펴본다. 이런 상호 작용은 여러 면에서 가톨릭 피스빌딩의 핵심 초점이 무엇인지 드러내고, 오늘날 가톨릭 피스빌딩의 도전 과제에 대한 인식도 심화시킬 수 있을 것이다.

세 번째 부분에서는 교회 자체에서 이루어지고 있는 논의로, 어떻게 하면 가톨릭적 믿음과 실천이라는 자원을 더 깊이 성찰하고 단련시켜 피스빌딩 전체를 향상시킬 수 있는지에 대해 이야기할 것이다. 그리고 가톨릭 전통과 관련되어 있으며, 오늘날 피스빌딩의 더 큰 담론을 위해서도 몇 가지 교차하는 문제의 의미에 대해 고찰하는 것으로 마무리하겠다.

마지막 부분에서는 짧게나마 미래의 문제를 다룬다. 미래에 관해 이야기하기는 늘 위험 요소가 가득한 주제이지만, 미래에 대한 예견이 기대한 것과는 다르게 전개되더라도, 현재의 논의를 뒷받침하는 데 도움이 된다. 이런 논의는 우리가 여전히 피스빌딩의 가파른 학습 곡선상에 있음을 상기시킨다. 우리는 여전히 세계를 괴롭히는 무력 분쟁과 그 문제를 가장 잘 해결할 수 있는 방법 그리고 지속적인 평화가 어떻게 형성될 수 있는지에 대한 적절한 유형을 찾아내기 위해 고군분투하고 있다.

가톨릭 피스빌딩

　애플비가 1장에서 설명했듯이, 가톨릭 피스빌딩에 대해 말하는 것은 결코 이 명칭을 붙여 논의하는 통찰과 실천을 가톨릭교회가 독점한다는 주장이 아니다. 성경 내러티브와 전통에 근거한 많은 통찰은 다른 교파에 속하는 그리스도인들과 폭넓게 공유되며, 또 다른 종교 전통과도 공유된다. 그런 통찰과 그로부터 흘러나오는 실천이 종교적인 믿음에 국한된 것만도 아니다. 오히려 가톨릭 피스빌딩의 지속적인 과제 중 하나는 세속적 피스빌딩의 통찰까지 통합하고, 이 모든 통찰을 오늘날 피스빌딩이라는 도전에 투신하는 모든 사람이 이해할 수 있는 언어로 번역하는 것이다.

　동시에 가톨릭 피스빌딩은 피스빌딩에 대한 생각과 실천이 늘 '일반화할 수 있는' 것은 아니라는 인식에 의해서 형성된다. 그것은 명확한 도전 과제와 필요성에 대응하면서 드러난다. 이와 관련하여 토드 휘트모어(Todd Whitmore)는 가톨릭 사회교리의 많은 부분이 생겨난 맥락적 특성을 설명하면서, 가톨릭 사회교리의 기원이 유럽에서 전개된 산업화에 대응하며 나온 것이기에 아프리카 농촌 지역을 압박하고 있는 문제의 일부를 다루기에는 적절하지 않다고 주장한다. 가톨릭 피스빌딩에 대한 논의가 생산적으로 자리매김하려면 가톨릭 피스빌딩의 사회적 유래와 위치에 대해 가능한 한 명확히 할 필요가 있다.

　가톨릭 피스빌딩에서 가톨릭이 무엇인지 이해하기 위해서는 이 용법에서 *가톨릭*이라는 용어가 무엇을 의미하는지에서 시작할 필요가 있다. 신학적 이해뿐만 아니라 하나의 사회적 사실 차원에서 이 용어를 어떻게 설명할 수 있는지 알아보기로 하자.

*가톨릭*의 신학적 차원

*가톨릭*이라는 용어는 2세기 초에서부터 그리스도의 교회를 묘사하는 어휘였다. 가톨릭은 '보편'을 의미하는 그리스어 *kath'holou*에서 파생되었는데, '가톨릭'이 된다는 것은 항상 예수 그리스도를 충실히 따르려는 사람들이 지닌 정체성의 핵심 특징을 나타내 주었다. 수 세기에 걸쳐 이 가톨릭 정체성의 특징을 나열하기 위해 많은 노력이 이루어져 왔다. 종종 교회 내에서 대립적인 두 진영 사이의 논쟁이 있어 왔지만, 크게 변하지 않은 두 가지 주요 특징이 있다. 그것은 전 세계로 널리 확장된다는 의미에서의 '가톨릭성(catholicity)'과 예수 그리스도 안에 계시되어 있는 하느님의 충만함을 포용한다는 의미에서의 '가톨릭성'이다.

거의 모든 그리스도인은 교회가 보편적이라 공언할 것이고, 많은 그리스도교 교회 역시 자신에 대한 설명과 이름에 가톨릭이라는 용어를 포함시키지만, 이 장에서 *가톨릭*이라는 용어는 그리스도교에서 가장 큰 규모의 교회인 로마 가톨릭교회를 지칭하기 위해 사용된다. 전 세계 거의 모든 나라에 존재하는 12억 명의 신자들은 이 책에서 논의하는 가톨릭 피스빌딩의 대상에 해당한다. 2장에서 존 폴 레더락(John Paul Lederach)이 언급했듯이, 가톨릭은 '세상 어디에나 있는 존재(Ubiquitous presence)'다. 따라서 가톨릭의 통찰력과 실천의 많은 부분이 다른 그리스도교 교단과도 공유된다. 그러나 여기서 요점은 한 공동체가 어떻게 일관되게 평화를 구축하는 방법을 개발하고, 명료하게 만들며, 실행하는지를 살펴보는 것이다. 이 일관성을 이해하기 위해 우리는 로마 가톨릭교회 안에서 그 가톨릭성, 즉 어디에나 있는 존재와 일관된 가르침이 어떻게 표현되는지를 살펴볼 필요가 있다.

가톨릭교회의 사회적 차원

피스빌딩이라는 영역에서 사회적 활동가로서 로마 가톨릭교회의 역할을 제도적, 신학적, 영적이라는 3가지 차원으로 나누어 설명하는 게 도움이 될 듯하다. 가톨릭교회는 편재성과 더불어 독특한 내적 조직을 갖춘 제도적 존재다. 가톨릭교회는 평화의 전망을 알리는 데 도움이 되는 일련의 신학적 가르침을 표현한다. 가톨릭교회의 영적 전망은 세상을 바라보는 전망과 평화를 위한 일련의 실천 행위를 형성한다.

제도적 차원. 앞에서 이미 수적으로나 지리적으로 가톨릭교회의 규모에 대해 암시했다. 오늘날 세계에서 어느 조직보다 큰 유일한 종교는 예언자 무함마드의 가르침을 따르는 *이슬람 공동체*다. 이슬람의 존재는 세계적으로 막강한데, 지리적으로는 아프리카 서부 가장자리로부터 필리핀에 이르기까지 벨트 모양으로 뻗어 있다. 하지만 이슬람은 가톨릭교회 같은 수준의 중앙집권적 조직을 갖추고 있지는 않다.

레더락은 가톨릭 내부 조직으로 시선을 돌려, 그 수평적, 수직적 차원 모두에 주목한다. 수평적으로 보면, 모든 지역의 가톨릭 신자들은 주교가 이끄는 교구를 중심으로 또는 관할구(아직 교구가 되기 이전의 상태)로 모인다. 피터 존 피어슨(Peter-John Pearson), 피터 판(Peter Phan), 토마스 미셸(Thomas Michel), 윌리엄 헤들리와 레이나 노이펠트(William Headley and Reina Neufeldt)가 말한 것처럼, 수직적으로 보면 주교들은 사회 기관, 자선 단체와 함께 국가,

지역 단위로 주교회의를 조직하여, 다양한 피스빌딩 프로그램에 참여하고, 때로는 공식 포럼에서 강력한 방식으로 연설할 수 있다. 교구와 주교회의, 지역 주교회의의 수평적·수직적 조직은, 레더락이 기술한 것처럼, 교회가 피스빌딩의 3가지 수준, 즉 국가적 엘리트 수준(주교와 주교회의), 중간 수준(성직자와 기타 종교 지도자), 풀뿌리 수준(본당과 소규모 그리스도교 공동체, 수도회 조직과 교회의 다른 운동 등)에 모두 참여할 수 있음을 보여준다.

주교들은 또 주교들의 수장인 교황 아래 주교단으로 모인다. 교황은 전체 가톨릭교회를 대표하여 연설할 수 있고, 갖가지 행사에서 연설한다. 이는 교황직을 평화를 위한 중요한 플랫폼으로 만든다. 몇 가지 역사적인 사유에 따라, 교황은 바티칸 시국 또는 교황청이라는 정치체의 수장이기도 하다. 그 결과, 가톨릭교회는 전 세계 대부분의 국가에서 승인되는 공식 외교망(교황대사 또는 교황의 사절)을 갖고 있고, 유엔 내 다양한 기관에서 영구 참관인 자격을 유지한다. 이것은 가톨릭교회를 교회일치적인 네트워크일 뿐만 아니라 명시적으로 정치적인 네트워크가 되게 한다. 다른 어떤 종교체도 평화를 위해 기여하는데 이런 정도와 수준의 통합을 이룰 수는 없을 것이다.

신학적 차원. 교회는 생겨난 이래로 줄곧 평화와 사회 정의 문제를 다뤄 왔다. 19세기 말 이후 평화와 사회 정의에 대한 가르침이 정식화되어 가톨릭 사회교리라고 불리는 풍부한 문헌으로 발전했다. 이 가르침은 이 책 전체에 걸쳐 언급되어 있는데, 특히 케네스 하임즈(Kenneth Himes)에 의해 더 상세히 연구되었다. 사회교리 전통은 당시 유럽에서 진행되고 있던 사회 변화를 다루려는 시도에서 유래했다. 이후 교황들은 일반적인 사회 문제뿐만 아니라 특정 사회 문제까

지 모두 다루면서 계속해서 교리 문헌을 발전시켜 왔다. 가톨릭 사회교리는 가톨릭 피스빌딩의 핵심적인 전망을 형성해 온 원천이었다. 확실히 정당한 전쟁 전통처럼 특히 중시되어 온 오래된 전통도 있는데, 정당한 전쟁론은 5세기 아우구스티누스의 견해로까지 거슬러 올라가는 전통이다. 이 책에서 논의한 내용 대부분은 무력 분쟁과 그 해결에 대해 제기된 최근의 문제들을 검토한다. 논의의 초점은 전쟁에 관한 윤리학이 아니라, 분쟁 예방, 갈등 전환, 갈등 이후 재건과 화해를 아우르는 '평화의 문화'를 어떻게 구축할 것인가이다. 종교적 활동가 가운데 하나인 가톨릭교회는 방대한 사회교리 체계를 가지고 있고, 그 안에 피스빌딩의 신학이 자리 잡을 수 있을 것이다.

영적인 차원. 이 책에서 가톨릭의 사회적 상상이라 일컬어진 것은 교회의 제도적 체계와 신학 전통이 합쳐져 만들어진 것이다. 가톨릭의 사회적 상상은 예수 그리스도의 말씀에 따라 살고, 피스빌더를 지지하고, 그들에게 평화를 촉진하는 실천 행위를 마련해 줄 수 있는 하나의 구체적인 방식으로 표현된 피스빌딩 소명의 지평을 형성한다. 이 책에서 영성이라 불린 구체적인 생활 방식은 세상과 자신을 바라보는 방식을 제공한다. 영성의 핵심은 세상 안에 **은총**으로 현존하시는 하느님이 세상과 어떻게 상호 작용하는지 살펴보는 것이다. 가톨릭 신자들은 하느님의 은총, 즉 하느님 자신을 내어주는 무상의 선물이 세상과 동떨어져 있는 것이 아니라 세상에 가득 차 있는 것으로 이해한다. 비록 세상에 죄성이라는 양상과 악이 작동할지라도, 하느님의 은총 역시 분명하게 드러난다. 이런 관점은 몇 가지 결과를 도출한다. 하나는 아무리 희망이 없어 보이는 상황일지라도 가톨릭 피스빌딩을 결코 포기할 수 없다는 점이다. 하느님께서 세상을 포기하지 않으시기 때문이다. 은총은 일부 지역에만 보존하기 위해 그 밖의 다른 지역에서 거둬들여지는 것이 아니다. 하느님의 은총은 권력과 부의 불균형과 전 세계가 경험하는 불평등에 끊임없이 도전한다. 또 다른 결과는 평화는 전적으로 갈등의 바깥에서 오는 것이 아니라는 점이다. 평화의 씨앗은 하느님의 현존아래 이미 갈등 당사자들 사이에서, 갈등 그 자체에서 발견될 수 있다. 그러므로 피스빌딩은 그저 외부에서 만들어지는 것이 아니라, 내부로부터 도출되는 어떤 것이다. 물론 이것은 갈등 전환이라는 개념 뒤에 자리 잡고 있는 원리이기도 하다. 가톨릭 피스빌딩에서 이 원리가 구체적으로 의미하는 것은, 평화를 위해 일하는 사람들은 피해자뿐만 아니라 가해자에 이르기까지 갈등을 둘러싼 모든 측면과 협력해야 한다는 사실이다. 피해자에게 우선적인 보살핌을 베풀어야 하지만, 치유와 희망의 범위 밖에 놓여 있어야 할 사람은 아무도 없다.

가톨릭 상상에 대한 논의에서 언급되었듯이, 중재는 핵심 범주로서 갈등 상황을 전환시킬 수 있는 많은 행위를 강화한다. 중재를 지지하고 지원하는 중재 활동가와 중재 상황을 식별하고 수면 위로 드러내는 작업이 가톨릭 피스빌딩의 핵심 영역이다. 콜롬비아에서의 갈등 상황에서 무엇이 중재자를 효과적으로 만들었는지에 대한 레더락의 탐구는 중재를 경험적으로 검토한 작업이었다.

피스빌딩의 또 다른 핵심 자원은 의식과 성사다. 세상을 성사적으로 본다는 것은 세상이 하느님의 구원과 치유, 그리고 지속적인 현존으로 충만해 있다고 보는 것이다. 세상은 우리 앞에 처음으로 그 모습을 드러냈을 때만큼 결코 단순하지 않다. 의식이 피스빌딩의 핵심적인 행위로 인식되는 만큼 (시위 활동으로 저항을 구체화하고, 죽은 이를 애도하면서 말로 다 표현할 수 없는 것을 표현하고, 대안적인 사회 구성체를 통해 다른 세계를 상상하듯이), 전례를 통해 표현되는 가톨릭 신앙의 성사적 전통, 특히 성체성사는 보이는 세계와 보이지 않는 세계를 중재하는 역할을 한다. 보이는 세계는, 예컨대 휘트모어와 피어슨이 묘사한 것처럼, 갈등으로 인해 분열을 경험한 세계다. 보이지 않는 세계, 즉 폭력과 죽음으로 이제 돌이킬 수 없는 잃어버린 세계, 오로지 희미하게만 상상될 수 있는 평화로운 미래 세계는 추모와 기대를 통해 매개된다.

이런 모든 가톨릭적 측면이 피스빌딩의 전망과 실천 모두에 스며들어 있다. 가톨릭 피스빌딩 역시 어떤 면에서는 세속 피스빌딩 단체들 사이에서 발전하고 있는 사고, 즉 평화를 건설하는 일이 단순히 이성적인 자기 이해로 축소될 수 없다는 사고를 갖고 있다. 감성의 정치학, 한 집단의 정체성을 구현하는 더 큰 내러티브와 재연결하고 재구성하는 작업, 그리고 눈앞에 명백하게 보이는 것 너머에 숨겨진 자원까지 다다르려는 작업 모두 레더락이 말한 '도덕적 상상력'[1]에 포함되어야 할 내용이다.

여러 평화 활동가 가운데 한 활동가로서의 가톨릭교회

이 책의 집필을 둘러싼 논의는 여러 면에서 유익했다. 이 프로젝트를 끝낼 때쯤 떠오른 한 가지 아이디어는 평화를 위해 일하는 다른 활동가들과는 달리, 가톨릭교회를 어떻게 볼 것인가였다. 가톨릭교회는 세상 어디에나 있는 존재로서, 모든 단계의 피스빌딩(최상위, 중간, 풀뿌리 수준)에서 기능하고 있으며, 평화를 건설하기 위한 노력으로 정치, 시민, 종교, 문화적 역할을 동시에 담당하기 때문에, 보다 분석적인 방식으로 이런 역할을 분류할 필요가 있었다. 이 책 편집자들은 삼중의 패러다임에 대해 논의했는데, 이것은 이 책의 장 구성에 반영되어 있다. 교회는 세계적인 정치 기관으로서 국가 활동가들 사이에서 기능할 수 있고, 비정부기구, 구호 개발 단체, 그리고 시민 사회 내의 다른 기관들과 더불어 시민 사회 영역의 활동가로 간주된다. 또 교회는 믿음과 실천으로 형성된 사회적 상상력을 통해 종교적, 문화적 활동가로 활동한다. 정치, 시민, 종교 문화라는 3가지 영역이 피스빌딩 과제를 위해 필요한데, 그 어느 것도 한 가지 영역만으로는 충분하지 않다. 3영역은 사실 쉽게 분리될 수도 없다. 문화와 종교는 국가를 구성하는 한 부분이며, 문화는 구호와 개발 활동에서 주요 변수이기 때문이다. 그러나 3영역을 분석적으로 구분하면, 드러나는 많은 질문을 분류하고 그 질문과 답변이 어떻게 상호 연관될 수 있는지에 대한 대략적인 지도를 만드는 데 도움이 된다.

아래에서는 삼중의 구분을 사용하여, 가톨릭 피스빌딩이 현재 그리고 미래에 이 3영역을 통해 잠재적으로 기여할 수 있는 것은 무엇인지, 또 그 과정에서 드러나는 한계와 도전 과제는 어떤 것들이 있는지 성찰해 본다.

정치 영역

이 책에서 정치 영역은 국가와 국가 건설의 영역으로 이해된다. 국가적, 국제적 차원에서 이루어지는 피스빌딩 활동에 담겨 있는 목표와 가치가 무엇이냐가 주요 관심사다. 매리앤 쿠시마노 러브(Maryann Cusimano Love)는 피스빌딩(분쟁 후 재건과 화해로 이해되는)에 관한 미국의 정책 수립 목표와 가치를 명료하게 설명한다. 주권 회복, 국익 증진, 물리적 기반시설 재건, 국가 건설 촉진 등이다.

이런 가치들은 분명히 단기간 목표로서 국가 안보를 최우선 요인으로 한다. 하지만 피스빌딩에 관심이 있는 사람들은 평화의 장기적인 지속가능성을 모색하려 한다. '정당한 전쟁(just war)'이라는 오래 지속되어온 개념에 대한 대안으로 '정의로운 평화(just peace)'가 나왔고, 정의로운 평화라는 제목 아래 많은 저자들이 다양한 방식으로 평화의 장기적인 지속가능성에 대해 함께 논의 중이다. 쿠시마노 러브, 다니엘 필포트(Daniel Philpott), 케네스 하임즈는 모두 정의로운 평화의 문제를 다루는데, 그중에서도 쿠시마노 러브의 논의가 가장 광범위하다. 쿠시마노 러브는 정의로운 평화의 여섯 가지 차원을 제안한다.

1. *정당한 명분* : 공동선과 인간 존엄성의 보호
2. *올바른 의도* : 피스빌딩을 위한 분명하고 적절한 목표
3. *참여* : 정부 당국자뿐만 아니라 전 국민의 참여
4. *올바른 관계* : 수직적, 수평적으로 정의로운 사회적 관계와 인권 증진
5. *화해* : 올바른 관계를 정립하기 위한 다양한 수단
6. *회복과 보수* : 물리적·인적 기반시설을 복원하는 과정과 목표

필포트는 널리 알려진 '자유주의 패러다임(liberal paradigm)'에

맞서는 개념으로 '화해 패러다임(reconciliation paradigm)'을 말하고 상세히 설명한다. 필포트에게 화해는 많은 회복적 실천 행위를 구체화하는 총체적 접근 방식을 의미한다. 1차 가해자에 대한 처벌보다는 피해자의 욕구에 특히 초점을 맞추는 정의의 형태인 회복적 정의는 화해의 중심축을 담당한다. 국정 운영 과정에 회복적 정의를 도입하는 것은 어려운 과제지만, 필포트를 비롯한 여러 사람들이 주장하듯이, 국정 운영 과정에 회복적 정의가 없다면 장기적이고 지속 가능한 평화 역시 마련될 수 없을 것이다.

나중에 더 살펴보겠지만, 이 모든 제안의 중심에는 가톨릭 사회교리의 가치, 즉 인간의 존엄성, 공동선, 연대와 보조성에서 강조하는 참여, 그리고 회복이 있다. 물론 이런 가치가 가톨릭교회에만 해당하는 것은 아니지만, 이 가치들이 상호 작용하여 정책과 실천을 측정하고 평가할 수 있는 전망과 지평을 제공한다. 예를 들어, 어떻게 처벌을 (국가에 의한 합법적 폭력 행사가 아니라) 회복적 실천 행위가 되게 할 수 있을까 하는 고민은 처벌에 대해 국가 권위를 확립하는 수단이 아니라, 화해 또는 회복적 정의라는 패러다임 안에서 새로운 방안을 취하도록 만든다. 용서가 하나의 정치적 명령으로서 세속적이고 정치적인 영역으로 들어오게 되는 것이다. 용서는 정치적 개념이라기보다는 훨씬 종교적인 개념임에도 불구하고, 사회적, 정치적 용서는 지속 가능한 평화의 구성 요소로서 자주 논의되고 있다.

정의로운 평화의 목표와 가치에 대한 또 다른 견해는 콜롬비아, 민다나오, 우간다의 무력 분쟁에서 피스빌더들의 연대기를 조사한 레더락의 연구에서 찾을 수 있다. 레더락은 4가지 구체적인 가치로, 대화 상대에 대한 존중, 모든 사람이 지닌 인간 존엄성에 대한 확신, '타인'

과 인격적으로 대화하기, 그리고 친교의 추구를 식별했다. 인권 유린을 자행했을지도 모르는 무장 활동가들에게 이 4가지 가치를 보여주는 것은 용기와 인내심을 필요로 하는 일이지만, 그렇게 함으로써 경쟁과 승패의 지평은 앞으로의 삶을 함께 살 수 있는 가능성의 지평으로 바뀐다.

이 책에서는 정치 영역에서의 피스빌딩에 관해 서로 다른 많은 문제를 제기했다. 한 가지 쟁점은 가톨릭 신자가 소수인 나라(인도네시아)와 비교하여, 인구 대다수가 가톨릭 신자인 나라(필리핀, 부룬디, 콜롬비아)에서 발생하는 분쟁에서 주교와 교회의 다른 지도자들의 역할에 대한 것이다. 많은 저자가(레더락, 미셸, 헤들리, 노이펠트) 앞서 말한 상이한 나라의 국가 지도자, 무력 분쟁 우두머리들과 교류한 교회의 공적인 역할에 대해 성찰한다. 한 가지 문제는 국가 기관으로서 교회의 도덕적 신뢰성과 (특히 인구 대다수가 가톨릭 신자인 국가에서) 협상을 중재하고, 인권 침해를 감시하며, 회복적 정의 과정으로 안내하는 교회의 능력이다. 갈등이 계속되는 상황에서 교회가 도덕적 신뢰성을 유지할 수 있었던 것은 교회가 피스빌딩 과정에 기여하는 고유의 자원을 갖고 있기 때문일 것이다. 물론 교회가 갈등에 대해 침묵하거나 심지어 최악의 폭력 사태에 공모하여 도덕적 신뢰성을 유지하지 못했던 사례도 많다. 그럴 때 교회는 아무리 도덕적 메시지와 편재성을 지닌 특별한 사회적 조직이라 할지라도, 도덕적 신뢰성을 보장받지 못한다. 하지만 희망적인 것은 이 책에서 이런 차원을 검토함으로써 국가적, 정치적 평화를 구축하는 방향으로 교회의 자원을 더 의식적으로 활용할 수 있게 되었다는 점이다.

두 번째 문제는 어디에나 존재하는 교회가 갈등 상황에 개입되어 있는 모든 측에 말을 거는 잠재적인 역할에 관한 것이다. 콜롬비아와 부룬디 같이 인구 대다수가 가톨릭 신자인 나라에서, 레더락, 헤들리, 노이펠트는 그런 가능성을 제시하려 노력했다. 미셸은 비록 제한적이기는 했지만 존경받는 소수 집단으로서 교회가 어떻게 그 역할을 수행할 수 있는지를 탐구했다.

세 번째 문제는 많은 저자들이 지적해 온 것처럼, 교회가 어떻게 예언직과 사제직이라는 책임 사이에서 균형을 맞출 것인가라는 도전 과제이다. 이 두 직무를 수행하는 것은 공적, 국가적 역할을 해야 하는 교회 지도자들에게 종종 큰 딜레마를 야기한다. 헤들리와 노이펠트는 부룬디와 차드에서의 분쟁에 대한 성찰에서 이 문제를 다뤘다. 교회의 잠재적인 역할은 3가지 영역의 활동가 중 하나의 역할로 축소될 수 없는 것이기에, 이렇게 양자 사이에서 균형을 맞춰야 할 일에도 직면한다. 그러나 이런 양면성은, 레더락의 통찰에 따르면, 양극성이 아니라 역설로 보아야 한다. 보다 명확한 신학 용어를 사용하면, '예언직' 역할과 '사제직' 역할은 단독으로 성취될 수 없으며, 함께 수행될 때 성취 가능성이 높아진다. 두 역할을 함께 실행해야 '공동선'과 '보조성' 원리가 구체적인 맥락 안에서 어떤 의미인지 파악하는 데 도움이 되기 때문이다.

확실하게 세심한 주의를 기울여 재고해야 할 문제 가운데 하나는 공적 영역에서 평신도의 역할과는 달리 성직자가 할 수 있는 역할이다. 성직자의 역할 대 평신도의 역할에 관한 지금과 같은 사고방식의 상당 부분은 유럽에서 근대 민족 국가가 등장한 이후 지난 5세기에 걸쳐 역사적 투쟁과 발전을 거듭하며 형성되어 왔다. 그러나 전쟁으로 황폐해지거나 패전한 국가에서, 그리고 평신도가 건설적인 역할을 하는 데 필요한 교육과 영향력이 부족할 때, 유일하게 도덕적으로 신뢰할 수 있는 공적 기관이 교회일텐데, 그런 교회를 이끌어 줄 수 있는 것은 무엇일까? 평화 협상 과정을 촉진하고 진실조사위원회에 참여하는 일 같은 정치적인 책임이 부과된 환경에서, 성직자들은 어느 시점에서 대안적인 정치적 역할을 수행하는 게 적절한가?

레더락은 또 다른 섬세한 문제를 제기한다. 무장 활동가들, 특히 폭력 그 자체와 마주할 때, 어떤 신학이 교회로 하여금 그들과 상호작용하고 개입하도록 이끌어 줄 수 있는가? 하임즈가 지적했듯이, 교회는 점차 폭력에 반대하는 전제를 내세우고 있으며, 나아가 역사적으로 평화 교회라 알려진 비폭력 전통에 더욱 수렴되는 모습을 보여준다. 교회는 정치 영역에 기꺼이 관여하려는 의지를 지니고 있기에, 무장 활동가들을 직접 상대하라는 요청을 자주 받게 된다. 이때 요청되는 일 중 하나는 폭력의 본질 자체에 대한 더 나은 이론화, 즉 폭력이 늘 우리 곁에 있는 거라고 체념하거나 순수주의 이상과 원칙의 오염 가능성으로부터 거리를 두려는 본능적인 반응을 넘어서는 이론화이다. 단지 죽음의 문화를 부정한다고 해서 생명의 문화가 만들어지는 것은 아니기 때문이다.

시민 사회 영역

가톨릭교회가 피스빌딩에 관여하는 두 번째 활동가 영역은 넓게는 시민 사회라고 불릴 수 있는 것이다. 시민 사회 활동가들은 공공 논의의 장에서 활동하지만, 직접적으로 정치 권력이나 국가 권력을 갖고 있지는 않다. 분쟁 상황에서, 시민 사회 활동가로는 구호와 개발 활동을 하는 기관, 비정부기구, 자발적 연대체 등이 포함된다. 이들 대부분은 갈등을 빚고 있는 사회의 모든 계층 사람들의 안녕을 위해 (빈곤과 저개발 같은) 갈등의 원인과 결과를 완화하거나 개선하려는 목적으로 기금 지원을 받는 프로젝트 같은 별개의 틀 안에서 활동한다. 프로젝트는 각각 분리되어 있고 시간제한이 있기 때문에, 분쟁 지역과 분쟁 후 재건 기간에 이 활동가들은 일시적으로 머물 뿐이지만, 교회는 (그리고 지역의 자발적 연대체들은) 다른 활동가들이 떠난 후에도 남아 있다. 헤들리와 노이펠트는 가톨릭 구제회의 사업이 프로젝트에 초점을 맞추어 장기간에 걸쳐 투신하는 특성을 지니고 있다는 점을 설명한다. 휘트모어 역시 북우간다에서 그런 활동가의 존재 또는 부재에 대해 설명한다.

쿠시마노 러브가 기술했듯이, 때로 국가 활동가의 역할과 비교할 때 가톨릭교회의 역할은 국가의 피스빌딩 범위를 확장시킨다(국가 안보 이익, 기반시설 보수, 국가 건설 등). 시민 사회 영역에서 교회의 역할은 시민 사회 활동가로서 정의로운 평화라는 원칙을 통합시키는 일이다. 또 교회는 시민 사회를 강화하기 위해 교회 자체의 기관을 통해 활동할 수 있다. 가톨릭 구제회는 미국 가톨릭 주교회의 산하 기관으로서, 지난 15년 동안 그 기관의 정책과 프로젝트를 통해 가톨릭 사회교리를 직접적으로 알리는 조치를 취해 왔다. 헤들리와 노이펠트가 설명했듯이, 통합적 인간 발전, 인권, 화해가 가톨릭 구제회 프로그램의 기본 틀을 구성한다. 가톨릭 구제회는 피스빌딩 활동이 신뢰와 존중의 공간을 만들고, 올바른 관계를 구축하고, 사회 구조를 변화시키는 것이어야 한다고 본다. 이것이 가톨릭 구제회의 활동에 활기를 불어넣는 일련의 행동 원리를 마련하게 했는데, 사회 구조 변화, 국제적 연대 증진, 정의 추구, 가난한 이를 위한 우선적 선택, 공동선을 지향하며 활동하기 등이다.

피어슨은 분쟁 후 재건에서 시민 사회 활동가가 떠맡아야 할 또 다른 역할, 즉 자신이 속해 있는 남아프리카공화국 주교회의와 의회 사이의 소통과 옹호 역할에 대해 설명한다. 피어슨은 교회와 교회 기관이 공공 포럼에서 할 수 있는 중요한 중재 기능을 설명한다. 남아프리카공화국 진실화해위원회에 교회가 참여한 일은 종교적 관여도가 높은 국가에서 교회가 할 수 있는 일이었다. 아파르트헤이트 아래 매우 부도덕한 일들이 만연한 상황에서, 피어슨은 자신이 맡은 임무가 인권에 관한 도덕적인 시민 문화를 만들고 증진시키는 일이라 생각했다. 도덕적인 시민 문화를 정착시키기 위한 관심과 방법은 정의로운 평화에 대한 논의에서 진행되는 일과 밀접한 관련이 있다. 투명하고 효과적인 소통의 필요성, 모든 수준의 당사자의 참여, 그리고 신앙을 고취시키는 이야기를 통해 피해자의 주체성을 강화하기, 신앙심이 매우 깊은 사회에서 용서와 화해의 힘을 촉진하기, 치유와 회복을 위해 활동하기 등이 그것이다.

시민 사회와 접점에 있는 교회는 정치 영역 활동가들(국민 국가들과 교회들 모두)에 의해 때로 무시되거나 흐려지는 지점을 드러내는 비판적인 반영 능력을 만들어 내기도 한다. 휘트모어가 성찰한 내용은 빈곤한 국가에서 장기화된 전쟁으로 인한 다면적인 영향(물리적 기반시설의 취약성을 뛰어넘는), 그 영향을 다루기에 너무 비효율적인 기존 정치 모델, 개발 계획과 프로젝트의 비중립성, 식민주의가 민족 정체성에 미친 지속적인 유산, 부패 양상, 그리고 사회에서 기관을 만들고 유지할 능력의 부재 등에 대해 지적한다.

전 세계적인 현상으로서 가톨릭교회는 시민 사회와 다양한 관계를 경험해 왔다. 법적으로는 아니더라도 사실상 국가의 일부로서, 또 박해를 피해로 지하로 숨어든 신앙으로서, 교회는 그 어디서든 시민 사회 밖에서 실질적으로 존재해 왔다. 세속 사회에서 교회는 때로 시민 사회 활동가들 안에서 하나의 활동가로 기능한다. 이렇게 누적되어 온 교회의 폭넓은 경험은 시민 사회가 존재하지 않았던 지역이나 오랜 갈등으로 황폐화된 지역에서 시민 사회 건설에 도움이 될 수 있도록 축적된 지식과 경험의 자산을 제공할 수 있다.

시민 사회에서 교회의 역할을 결정하는 중요한 요소는 국가가 종교의 자유를 어느 정도로 존중하느냐이다. 가톨릭교회는 1965년 제2차 바티칸 공의회에서 마련한 『종교 자유에 관한 선언(*Dignitatis Humanae*)』은 이에 대한 명확한 신학적 근거를 발전시켰다. 그때 이후 종교의 자유는 교황들에 의해 강력하게 옹호되어 왔는데, 종교의 자유를 제한하는 정부에서 성인 시절과 양성기를 보낸 교황 요한 바오로 2세는 특히 더했다. 종교의 자유 결여는 일반적으로 시민 사회가 표현하는 중대한 징후를 억압하려는 국가의 시도와 관련이 있다. 세계적으로 종교의 자유에 대한 존중이 결여되어 있는 상황에서, 가톨릭 피스빌딩은 건강한 시민 사회의 핵심 구성 요소로서 종교적 자유를 촉진하는 일에 관여해야 한다.

종교-문화 영역

종교와 문화 역시 피스빌딩의 행위 요소이다. 종교와 문화는 수많은 환경에서 밀접하게 얽혀 있기에 이 장에서 함께 제시한다. 종교와 문화는 갈등과 갈등 이후의 상황에서 살아남기 위해 사람들이 사용하는 사회적 상상력의 상당 부분을 구성한다. 예컨대 어떤 사람은 남아프리카공화국 진실화해위원회에서 *우분투(ubuntu)* 개념에 대한 데스몬드 투투 대주교의 강력한 호소를 떠올릴 것이다. *우분투*는 거칠게는 '인간성'으로 번역되기도 하는데, 화해 과정에서 용서를 도입하기 위한 자원이다.

동시에 종교와 문화는 서로 매우 동떨어져 있다고도 볼 수 있기에, 종교가 갈등을 해결하는 데 거의 영향을 끼치지 않을 수도 있다. 교황청 정의평화위원회의 의장인 로저 에체가레이(Roger Etchegaray) 추기경이 교황 요한 바오로 2세의 명에 따라 르완다 대량 학살 직후 그곳에 방문했을 때, 그는 왜 르완다의 가톨릭 신자들이 신앙심으로 학살을 막지 못했는지 질문했다. 르완다에서는 세례수보다 민족의 피가 미치는 영향이 훨씬 강하다는 대답이 돌아왔다. 이 이야기는 그리스도교 신앙이 르완다 문화에 깊숙이 파고들지 않았기 때문에, 민족적 소속감을 불러일으키는 정치적 동기에 의한 대량 학살의 힘에 맞설 수 없었음을 의미한다.

우리의 당면 관심사는 종교와 문화가 피스빌딩을 위해 도움을 줄 수 있는 수단이라는 점이다. 종교와 문화에서의 피스빌딩 실천은 교리나 지적인 내용보다 더 중요하다. 이에 대해서는 앞의 여러 장에서 가톨릭 사회적 상상의 도구로서 의식, 성사, 영성에 관해 탐구했다. 피스빌딩을 위한 의식의 중요성에 대한 이해는 점차 확대되고 있다. 의식은 사회적 유대감을 형성하여 사람들을 한데 모으고, 심지어 사람들이 자신에게만 집중하는 것을 넘어서게 만드는 중요한 플랫폼이라 할 수 있다. 의식은 사회에서 '표현할 수 없는' 것을 표현하는 방법을 제공한다. 이를 통해 사람들은 대안적 사회 구조와 관계에서 미래를 예견할 수 있을 뿐만 아니라, 잃어버린 과거를 회복하고 되살리기 위해 시간을 거슬러 올라갈 수도 있다. 많은 소규모 원주민 사회의 화해 의식에서 볼 수 있듯이, 의식은 사람들을 한데 불러 모아 과거에 대해 일종의 매듭을 짓는 역할을 한다.

가톨릭교회가 의식에 대한 독점권을 갖고 있지 않은 건 틀림없지만, 매우 오래된 전례 전통으로서, 가톨릭교회는 개신교의 많은 형식들보다는 의식과 더 잘 어울린다. 세상에 대한 성사적 견해는(다시 말하지만, 이것은 가톨릭에만 국한되지 않는다) 산 이와 죽은 이들, 그리고 보이는 세계와 보이지 않는 세계 사이에서 다공성의 경계를 인정한다. 필포트가 회복적 정의에 대한 논의에서 언급했듯이, 이런 관점은 폭력적인 과거와 그 상처를 치유하는 데 도움이 되는 강력한 자원을 제공한다. 은총의 (어디에나 계시지만 신비스럽고, 때로는 거의 눈에 띄지 않는 존재이신 하느님의) 지평 안에 있는 다공성 경계 경험은 비극을 겪고 있는 사회를 지탱할 수 있는 희망의 샘이다. 과거의 상처를 치유하는 기억은 그 안에 기대의 씨앗, 새로운 무언가를 탄생시키는 희망과 신뢰를 담고 있다.

*영성*은 피스빌더들이 우여곡절로 가득한 활동을 하며 너무 고단하고 종종 좌절감을 느끼더라도 주도성을 유지할 수 있도록 이미 잘 통합되어 있고 또 통합시키는 세계관을 일컫는 방법이다. '도덕적 상상력'(레더락의 표현인)이라는 역량 개발은 긴 시간에 걸쳐 투신하는 평화활동가들에게 점점 더 중요한 활동으로 인식되고 있다. 다시 강조하지만 가톨릭교회가 영성에 대해 독점권이 있는 것은 아니지만, 가

톨릭교회는 피스빌딩 소명을 지속하는 데 필요한 오랜 영적 전통의 역사를 지니고 있다. 피스빌딩 소명에 기여한 다른 전통들도 있지만, 특별히 프란치스코 영성이 눈에 띄는 전통이다.

문화 활동가로서 교회는 또 다른 방식으로 피스빌딩에 개입한다. 제2차 바티칸 공의회의 『사목 헌장(*Gaudium et Spes*)』 이후, 특히 교황 요한 바오로 2세의 임기(1978-2005)에는 교회 내에서 문화를 창조하고 포용하는 것에 대해 언급하는 일이 보편화되었다. 1970년대 중반 교황 바오로 6세는 문화의 복음화에 대해 말했고, 교황 바오로 2세는 생명의 문화와 죽음의 문화에 대해 말했다. 피어슨은, 남아프리카공화국에서의 도전 과제는 도덕 문화 또는 인권 문화를 수립하는 일, 거짓의 문화를 진실의 문화로 바꾸는 일이라고 지적한다. 콜롬비아와 필리핀의 교회는 수십 년간의 갈등이 빚어낸 결과인 폭력의 문화를 극복하기 위해 평화의 문화를 만드는 것을 도전 과제로 식별해 냈다. 문화를 창조하거나 해체하는 담론은 전 세계를 향한 가톨릭교회의 또 다른 중요 관심사이며, 가톨릭교회의 원리를 실제 현실로 변환시킬지를 논의하는 구체적인 방법이기도 하다.

문화에 대한 다소 색다른 접근 방식으로, 토마스 미셸은 인도네시아, 특히 21세기로 접어들던 시기에 인도네시아가 겪은 '슬픈 시기'에 주교들이 벌인 활동에 주목했다. 인도네시아는 세계에서 가장 큰 무슬림 국가로 가톨릭 신자는 아주 소수이다. 미셸은 주교들이 제공할 수 있었던 종교적 차원과 문화적 차원에서의 기여, 특히 종교적 폭력에 대한 진상규명의 기여에 중점을 두었다. 그는 진상을 밝혀내고, 사실 그대로를 받아들일 수 있는 신뢰의 분위기를 확립하는 일의 중요성에 주목했다. 종교간 협력의 유대가 어떻게 최상의 종교적 자원을 이끌어 낼 수 있는 지도 분명하게 드러났다. 가톨릭교회는 인도네시아 군도에서 작은 존재에 불과했지만, 교육과 미디어 활동을 통해 사회에 엄청난 영향력을 지니고 있었던 것이다.

피스빌딩에 참여하는 3영역의 활동가들과 가톨릭교회와의 풍부한 상호 작용을 어떻게 요약할 수 있을까? 단기적 이익을 넘어 개인의 존엄성을 지키고 공동선의 확장을 독려하는 전체론적 접근에 대한 관심은 인권에 대한 교회의 헌신과 정의 추구의 기초이다. 서로 다른 여러 형태의 정의(응보적 정의, 분배 정의, 구조적 정의, 회복적 정의) 중에서 회복적 정의는 가장 특별한 형태의 정의라 할 수 있다. 수평적, 수직적으로 보편적인 교회는 피스빌딩 과정의 모든 단계에 기꺼이 참여해야 한다. 그것은 *전쟁 개시 정당성(jus ad bellum)*, *전쟁 수행 정당성(jus in bello)* 뿐만 아니라, *전쟁 종식 정당성(jus post bellum)* 까지 포함한다. 콜롬비아의 극적인 사례에서 확인했듯이, 교회는 갈등의 모든 측면에 관여해야 할지도 모른다. 평화를 말하는 사람들뿐만 아니라 무장 활동가들과 관계를 맺는 일도 필요할 수 있다.

동시에 피스빌딩과 갈등 대처는 결코 추상적으로 일어나지 않는다. 갈등에는 항상 역사가 (종종 충돌하는 역사적 내러티브) 있다. 결국 갈등은 물리적 환경과 고질적인 빈곤에서부터 외부 개입자에 이르기까지 여러 요인들이 한데 얽혀 일어난다. 일련의 추상적이면서도 일반적인 원리를 마련해 두는 것은 피스빌딩의 중요한 시작점이지만, 이것은 상황에 적합한 도구가 되도록 가공되어야 한다. 때로 협상에서뿐만 아니라 의견 일치를 이루고 희망을 지켜내는 일에서 앞으로 나아가기 위해서는, '중간 공리' 또는 원리에 대한 잠정적인 표현이 필요하다. 이를 위해 더 심층적인 논리로 탄탄해진 일군의 원리와 그런 원리를 당면한 현실과 연계시키는 실천 둘 다가 필요하다. 우리는 이제 가톨릭교회의 그런 자원에 눈을 돌려야 한다.

가톨릭의 원리와 실천 : 더 발전해야 할 점

이 절에서는 다양한 수준(최상위, 중간, 풀뿌리)에서, 그리고 정치, 시민 사회, 종교 문화 영역에서 가톨릭교회가 피스빌딩 활동가로서 참여한 경험을 살펴봄으로써, 피스빌딩의 가톨릭적 실천을 구성하는 원리와 실천 행위를 재검토한다. 가톨릭 피스빌딩의 원리와 실천 행위를 설명하는 것뿐만 아니라, 피스빌딩이라는 도전에 직면할 때 발생하는 심층적인 질문을 다루기 위해서이다. 마지막 부분에서는 아직 다뤄지지 않은 가톨릭 피스빌딩 신학과 윤리학이라는 구조에 담긴 취약성을 지적하려 한다.

가톨릭 피스빌딩은 가톨릭 활동가들이 수행하는 피스빌딩 그 이상의 것이다. 가톨릭 피스빌딩은 인간과 사회를 이해하는 더 큰 인류학적 틀에 평화를 위치시키는 윤리적, 신학적 원리에 의해 형성되는 실천이다. 복음의 관점과 특히 지난 세기 동안 정교하게 다듬어진 가톨릭 사회교리에 근거를 두면서, 피스빌딩 윤리학과 신학은 서로 긴밀하게 얽혀있지만 초점을 두는 영역이 뚜렷이 다른 분야로 부상했음을 알 수 있다.

피스빌딩의 윤리학

하임즈는 가톨릭 사회교리를 바탕으로 가톨릭 피스빌딩을 이해할 수 있는 윤리적 틀을 제공했다. 정의, 발전 그리고 구체적인 상황에 대한 대응 방식을 마련하는 참여와 보조성이라는 실천 행위를 동반하는 연대의 원리는 일반적으로는 가톨릭 사회교리의 핵심, 특별하게는 피스빌딩의 핵심에 자리 잡고 있다. 이들 원리는 하느님의 모상으로 창조된 모든 인간(창세 1,26-28)의 존엄성이라는 교리와 인간은 서로와 그리고 하느님과 교류하도록 부름 받은 존재라는 상호 의존적 사회성에 대한 교리에 바탕을 둔다. 이런 전망에 초점을 둔 독특한 렌즈는 가난한 이를 위한 우선적 선택이다. 이런 사고방식은 제2차 바티칸 공의회 이후, 특히 교황 요한 바오로 2세의 임기 동안 가톨릭의 가르침에서 가장 두드러지게 자리 잡았다.

하임즈는 가톨릭 사회교리에서 이해되는 평화의 개념이 복잡하다는 점을 상기시킨다. 이 개념에는 종말론적 차원, 내적 또는 개인적 차원, 그리고 정치적 차원이 담겨 있다. 종말론적 차원은 우리 시대에 성취되는 평화는 어떤 것이든 늘 부분적이고 불완전한 것이라는 현실에 반영되어 있다. 평화에 대한 가톨릭의 전망, 더 넓게는 그리스도교 전체의 전망에는 세상에서 하느님의 구원 능력, 즉 그리스도 안에서 모든 것이 화해한다는 이야기가 담겨 있다. 따라서 진정한 평화는 평화의 왕자이신 예수 그리스도를 통해 우리에게 계시된 공의와 자비의 신성한 실재를 반영하기에, 우리는 하느님이 모든 평화의 근원이라는 확신을 되찾을 수 있다.

평화의 개인적인 차원은 종말론적인 관점에서 흘러나온다. 인간의 마음에 있는 평화는, 우리 자신 그리고 하느님과 함께, 완전히 참되고 오래 지속되는 평화의 토대이다. 영적이고 사회적인 실천 행위를 통해 그런 평화를 육성하는 일은 평화 자체를 상상하게 하는 일뿐만 아니라, 우리 사회에서 평화를 실행하게 하는 틀과 실천 행위를 제공하는 데 필수적이다.

개별적 또는 개인적 평화는 지속적인 평화를 위한 하나의 필요조건이지, 충분조건은 아니다. 정치적 차원 역시 간과할 수 없다. 사회가 어떻게 스스로를 이해하고 그에 따라 사회를 구조화하느냐는 과거의 상처를 치유하는 일뿐만 아니라 안정적이고 항구적인 평화를 보장하는 새로운 미래를 창조하는 일에도 영향을 미친다.

하임즈는 가톨릭 피스빌딩 윤리에서 몇 가지 더 발전해 나가야 할 요소를 지적한다. 앞으로 가톨릭 피스빌딩 윤리가 관심을 두어야 할 영역이므로, 그런 요소에 대해 다시 한번 언급해 두는 게 좋겠다.

전쟁 반대라는 전제의 증가. 교회는 많은 나라에서 장기간에 걸쳐 정치 활동가이자 영적 활동가로서의 위치를 부여받으면서, 역사라는 조류에 휘말리기도 하면서 그 흐름에 스스로를 적응시켜 왔다. 전쟁을 벌이려는 사회에서 전쟁 개시나 전쟁 수행을 완화하는 근거를 제한하려는 많은 시도 중의 하나가 정당한 전쟁론이었다. 하지만 교황 요한 23세 이후의 교황 회칙들에서 또 로마 가톨릭-메노나이트의 대화 같은 양자 간 대화에서 입증되었듯이, 오늘날에는 전쟁 반대라는 전제가 명백하게 증가하고 있다. 전쟁의 파괴적이고 비인간적인 측면을 늘 인식하면서도, 20세기의 교회는 '전면전'과 핵 파괴 위협에서부터 사회를 파괴시키고 끝없이 장기화되는 게릴라전에 이르기까지 다양한 형태의 냉혹한 전쟁을 경험해 왔다. 이런 경험이 교회를 비폭력

주의 입장에 좀 더 가까워지게 만들었고, 비폭력이 다양한 수준에서 또 사회의 서로 다른 영역에서 구체적으로 무엇을 의미하는지 그 복잡성에 접근할 수 있는 기회를 열어 놓았다. 비폭력에 대한 현대적 접근 방식은 20세기 후반, 인도가 식민 통치로부터 독립하려는 투쟁을 통해(1857부터), 미국 같은 지역에서는 시민권 투쟁을 통해(1950-60년대), 그리고 핵무기와 패권주의 체제에 대한 투쟁을 벌이면서 발전해 왔다. 오늘날 전 세계 많은 지역에서 전쟁과 억압의 변모 상황을 볼 때, 비폭력 행동의 잠재력과 그 한계가 무엇인지에 대해 더 면밀히 조사할 때가 되었다.

갈등 해결과 종식. 갈등 자체는 그 진행과 종결이 한층 불분명해졌음에도 불구하고, 지난 40년에 걸쳐 갈등 해결과 종식에 대한 세속적 영역에서의 성찰은 더욱 정교하고 세련되어져 왔다. 가톨릭 사회교리는 갈등 해결과 갈등 전환 과정을 좌우하는 일련의 원리를 제시하지만, 그 원리를 적용하는 데는 더 세심한 고려가 필요하다. 무장 활동가들을 대하는 일에 필요한 신학은 무엇인지에 의문을 제기했던 레더락이 그 한 예이다. 갈등 해결과 종식에 대한 의견이 계속 개진되면서 몇 가지 질문이 제기된다. 가톨릭 관점에서 볼 때 협상 조건에는 어떤 한계가 있는가? 그런 한계의 특징을 협상가들에게 알려야 하는가? 갈등 종식을 향한 개입 단계의 윤리적 특징은 무엇인가? 다시 말하지만, 콜롬비아, 민다나오, 우간다 분쟁에서 중재자의 태도에 대한 레더락의 연구는 이런 질문에 대한 몇 가지 중요한 지침을 제공할 것이다.

진실 말하기. 진실 말하기는 과거의 문제를 다루고, 피해자의 상처를 인정하고 치유하며, 관련된 모든 활동가들이 어떻게든 자기 자

신을 되찾을 수 있는 내러티브를 재창조할 수 있는 방법으로서, 지난 30년 동안 피스빌딩의 중요한 부분이 되어 왔다. 교회는 다양한 방법으로, 또 다양한 수준에서 진실조사위원회에 참여해 왔다. 때로 정치계와 시민 사회가 교회의 이런 시도를 꺼려함에도 불구하고, 교회는 리더십을 발휘해 왔다. 과테말라의 레미(REMHI) 프로젝트가 대표적인 예(4장 필포트의 글에서 소개)이다. 동시에 과거의 진실을 찾아낸 경험은 진실을 말하는 일의 복잡성과 분쟁 이후 상황에서 과거에 대한 해석이 진실의 힘을 어떻게 증가시키거나 감소시키는지를 배울 수 있게 한다. 나는 이 책 13장 실천 신학에서 이 문제를 다뤘는데, 특히 히브리 성경에 나오는 진실(진리) 개념을 검토해 보는 것은 좋은 출발점이 될 수 있다. 히브리 성경에서 진실과 신뢰는 하느님의 본성 안에서 발견되는 가장 우선되며 가장 중요한 특징이다. 가톨릭에서 평화, 정의, 은총, 화해에 대한 이해는 모두 하느님 안에서 궁극적인 근원을 찾을 수 있듯이, 진실도 마찬가지다. 교황 베네딕토 16세가 2009년에 내놓은 회칙 『진리 안의 사랑(*Caritas in Veritate*)』에서, 진실은 사랑과 밀접하게 연결되어 있다. 예컨대 이 회칙이 남아프리카공화국 진실화해위원회에서 나온 4가지 차원의 진실 말하기(13장 슈라이터의 글 참조)에 대해 언급했듯이, 회칙이 의미하는 내용은 앞으로 더 세심하게 다듬을 필요가 있다.

회복적 정의. 하임즈와 필포트가 말한 회복적 정의는 정의에 대한 가톨릭 사상에서 더 오래 동안 논의되어 온 개념인 교환 정의와 분배 정의의 변형이라 할 수 있다. 20세기 후반에 회복적 정의에 대한 사고는 갈등 상황과 범법 행위를 다루면서 생겼기 때문에, 여기서 이에 대해 논의하는 것은 매우 중요하다. 최근 가톨릭 사유에서는 피해자

의 중요성이 새로 부상하고 있는데(가난한 이를 위한 우선적 선택과 화해 그 자체에서), 피해자의 치유가 피스빌딩과 특별한 관련성을 지니고 있기 때문이다. 가톨릭 윤리 전통에는 정의를 이런 식으로 이해하는 요소가 풍부한데, 충분한 효과를 거두기 위해 이 요소들은 통합될 필요가 있다. 회복적 정의라는 문제는 분쟁 후 상황, 즉 장기간에 걸친 사회 치유에 필요한 에너지와 자원의 분배, 그리고 평화 유지의 필요성 (무력 분쟁이 재발되지 않도록) 사이의 균형을 맞춰야 할 시기에 특히 도전적인 과제가 된다.

용서. 용서의 정치적 또는 사회적 의미는 심각한 갈등을 겪은 사회의 재건을 위해 더 발전되어야 할 영역 가운데 하나다. 용서는 대개는 종교적 주제로서, 그리스도교와 이슬람교에서 특히 중요하게 다뤄져 왔다. 그러나 이 책의 여러 저자가 지적했듯이, 과거가 전체 공동체의 현재와 미래를 좌우하지 않게 하는 게 중요하기에, 용서는 이제 공공 영역에서도 많은 관심을 기울이는 요소다. 용서는 1990년대 초 심리학에서 전성기를 누렸으나, 이제는 국제 관계와 피스빌딩 프로그램에서 특히 각광 받고 있다. 용서는 기억의 치유, 용서하는 과정과 용서를 받아들이는 일, 그리고 용서를 둘러싼 활동가들의 관계와 태도를 변화시키는 일을 포함하여, 일련의 복잡한 행위가 축약된 것이다. 특히 용서를 정치 영역에서 다룰 때는, 용서에 대한 의식과 내러티브의 역할이 중요하다. 용서는 과거를 망각하거나 지우는 것은 아니지만, 어떤 망각은 용서의 과정과 행위에서 중요하다. 예수의 사목에서 용서라는 주제는 핵심적인 위치를 차지하고, 가톨릭교회는 오랫동안 하느님의 용서를 매개하는 성사의 역할을 강조해 왔기 때문에, 우리 가톨릭에게는 정치적 용서에 대해 의미 있는 신학을 구성할

수 있는 중요한 자원이 많이 있다.

하임즈와 휘트모어가 언급한 마지막 주제는 이 책 전반에 걸쳐 반복된 것으로 *장기화된 전쟁으로 인한 혼돈*이다. 피스빌딩의 윤리는 무력 분쟁의 종잡을 수 없는 시작과 시작보다 더 종잡을 수 없는 종식을 다뤄야 하는데, 어떤 경우 전쟁은 수십 년 동안 지속되기도 한다. 전쟁은 그저 일상을 잠깐 멈추게 하는 것이 아니라, 그 자체로 하나의 문화가 된다. 교황 요한 바오로 2세는 이를 '죽음의 문화'라 일컬었다. 가장 일반적인 형태의 전쟁에 맞게 전쟁 원리를 어떻게 적용할 것인가는 갈등과 평화를 생각하는 모든 사람에게 하나의 도전 과제다. 이 과제야말로 내가 더 연구해야 할 분야다.

하임즈는 '평화 윤리'의 필요성을 요구하고, 가톨릭 사회교리에서 이미 활용될 수 있는 구성 요소들을 제시하며, 우리가 계속 수행해 나가야 할 과업에 대해 지적한다. 그가 다룬 많은 주제는 이 책 1부 저자들이 성찰한 내용, 즉 피스빌딩 분야에서 국가와 기관을 인도하는 구체적인 상황이나 정책을 숙고한 내용에서 찾을 수 있다. 어쩌면 우리는 올바르고 정의로운 행동에 대한 이해를 갈등과 피스빌딩을 이해하는 변화된 풍토에 더 가까워지게 만드는 중간 단계쯤에 있는 것 같다.

피스빌딩의 신학

앞에서 이미 지적했듯이, 가톨릭 피스빌딩은 윤리적이고 신학적인 전통으로부터 깊은 영향을 받았다. 여기서는 다양한 형태로 드러나는 신학 전통에 초점을 맞춘다. 우선 이 책에서 특히 리사 소울 케이힐

(Lisa Sowle Cahill)이 제기한, 가톨릭 피스빌딩의 '심층 신학'이라 불릴 수 있는 내용으로 시작해 보자. '심층 신학'이라는 표현으로, 나는 근본적인 지도 원리를 말하려 하는데, 언뜻 보기에 이것은 여기서 다뤄지는 많은 구체적인 상황과 문제와는 직접적으로 연결되지 않는 것처럼 보일 수 있다. 그러나 가톨릭 피스빌딩 실천 행위가 반복해서 돌아가게 되는 것이 바로 이 원리다. 가톨릭 피스빌딩 신학 논의를 위한 기준점으로 케이힐이 제기한 몇 가지 원리를 요약해 보자.

그리스도론(Christology). 그리스도론은 고전적으로 가톨릭 전통 안에서 그리스도의 위격과 활동에 대한 신학으로 정의된다. 그리스도는 인류와 모든 피조물, 그리고 하느님 사이에 화해를 가져온 중재자다. 우리가 그리스도의 이야기를 어떻게 읽느냐는 가톨릭 신자들이 세상에서 이루어지는 피스빌딩 실천 행위를 바라보는 방식의 중심이 된다. 케이힐은 피스빌딩의 신학을 관통하는 두 가지 방법으로, 말씀 그리스도론과 영 그리스도론의 궤적을 특히 부각시킨다. 예수가 그의 사목에서 행한 실천은 소외된 이들에게 다가가기, 권력자들과 기꺼이 만나기, 치유하고 예언하기, 투신과 연대를 위한 유대 형성하기로, 이것이 피스빌딩 실천 행위의 모범이 된다.

구원론(Soteriology). 구원론은 이 세상에서 그리스도의 활동을 의미한다. 케이힐은 피스빌딩 심층 신학에 분명히 담겨 있는 악, 희생 제물, 구원 같은 구원론적 범주를 통해, 그리고 어떻게 구원론적 관심사가 십자가 신학으로 수렴되는가로 우리를 인도한다. 인간과 신의 소통 양식인 희생 제물과 "유다인들에게는 걸림돌이고 다른 민족에게는 어리석음"(1코린 1,23)인 십자가는 모두 성스러움 그 자체에 담긴 양면성을 보여주는 역설, 조밀한 형태의 역설로만 접근될 수 있다. 피

스빌딩의 신학이 단일한 토대에 기초하지 않으며 언제나 역설과 모호함을 상대해야 함을 깨닫는 것은, 어지럽게 얽힌 21세기 분쟁을 다뤄야 하는 가톨릭 피스빌딩의 신학과 윤리학을 발전시키는 핵심 요소 중 하나가 될 것이다. 케이힐이 지적하듯이, 십자가와 희생 제물의 개념은 오늘날 서구 신학의 일부에서 다소 논란이 있다. 특히 십자가와 희생 제물이 폭력을 정당화하거나 억압과 고통에 대한 묵인을 부추길 때, 이런 논쟁은 더 힘을 받는다. 그러나 이 논쟁의 지평인 서구의 세계관은, 보이는 세계와 보이지 않는 세계 사이의 다공성 경계보다는 상당히 닫힌 세속의 영역을 상정한다. 희생 제물과 십자가 개념이 전파하는 역설은 우리 자신보다 더 큰 신비로 우리를 끌어들인다. 밑바탕에 깔려 있는 역설을 손쉽게 무시하는 대신, 그런 역설에 참여하는 일은 오늘날 장기화된 분쟁과 같은 그런 불확실한 지형에서 윤리적인 전망을 만들어 내는 방법을 증명하게 될 것이다.

우리가 피스빌딩 과정에서 그리스도의 현존과 활동에 대해 어떻게 얘기하느냐가 피스빌딩 심층 신학의 핵심이다. 도전을 진지하게 받아들이는 것은 이 모든 도전에 담겨 있는 위험을 부각시키지만, 또한 이 극적인 사건에 투영되어 있는 희망에 대한 지평도 제공한다. 케이힐은 희망을 강조하면서, 피스빌딩에 관한 그리스도교 신학 담론을 특징짓는 강력한 종말론으로 다시 우리를 데려간다. 그런 담론은 언제나 피스빌딩에서 우리가 우리 자신보다 더 큰 프로세스에 참여하고 있다는 감각으로 특징지어진다. 그러므로 우리는 확실히 우리만의 시야에 갇히지 않아야 한다. 우리 자신과 지금 당장의 상황에 관한 판단에만 너무 몰두하지 말고, 지금 벌어지고 있는 일보다 더 크고 더 장기적인 견해에 열려 있어야 하며, 우리 자신보다 더 큰 힘에 의해 인도되어야 한다.

가톨릭 피스빌딩과 관련하여 그리스도론과 구원론의 핵심 내용을 언급하는 것은 바로 피스빌딩 전체 기획에 도전하게 한다. 콜롬비아처럼 분쟁의 모든 당사자가 그리스도인이라고 주장할 수 있는 지역이 있다. 그러나 피스빌딩은 남부 필리핀이나 인도네시아에서처럼 두 개나 그 이상의 종교 전통이 현존하는 지역에서 진행되기도 한다. 다종교 상황에서 또는 종교 간 프로젝트의 하나로서 가톨릭 피스빌딩은 어떻게 이해될 수 있을까?

피터 판은 가톨릭이 가장 공식적이고 최상위 수준의 종교간 대화로 개입해 온 역사를 검토한다. 그는 종교간 대화가 실천과 원리의 결합으로 특징지어진다고 지적한다. 1986년 아씨시에서 그리고 더 이후에 예루살렘 서쪽 성벽에서 보여준 교황 요한 바오로 2세의 모습이 바티칸 수준에서의 선언과 항상 일치하는 것은 아니다. 판이 지적하려 애쓰듯이, 종교간 대화의 실천은 지금까지 그런 개입을 이끌어 온 원리를 끊임없이 압박한다. 그러므로 우리의 원리로는 성령이 그리스도교 영역 밖에 있는 개인과 문화에서도 활동한다는 사실을 인정할 수 있지만, 성령은 다른 종교 전통 자체에서는 활동할 수 없는 걸까? (특히 많은 경우 종교와 문화의 구분이 서구에서 생겨난 개념이므로) 개인 또는 그들의 문화 안에 있는 성령의 활동이 그들의 종교 전통으로부터 깔끔하게 구별될 수 있을까? 확실히, 오랜 기간에 걸쳐 형성된 다른 전통과의 대화에서는 불가피하게 이런 문제가 불거진다.

그런 원리가 결국 확실히 밝혀질지 어떨지는 모르겠지만, 종교간 대화라는 실천은 이미 대화가 피스빌딩의 수단이 되어 있는 공간으로 들어간다. 판은 이것을 피스빌딩을 형성하는 종교간 대화의 4가지 실천으로 구체화한다.

(1) 종교간 대화는 공동의 피스빌딩 주제를 탐구하는 하나의 토론장이다.
(2) 종교간 대화는 평화를 위한 공동의 사회적 활동을 위한 하나의 기초가 된다.
(3) 종교간 대화는 상대에 대한 존중을 보여주는 하나의 방식이다.
(4) 종교간 대화는 기존의 지배 패턴을 극복하는 하나의 방법이 될 수 있다.

지금 더 긴급하게 필요한 것은 종교간 대화를 동반할 수 있는 영성이다. 판은 영성을 진실을 파악하기, 정의 실행하기, 용서 추구하기, 사회 재건에 참여하기 가운데 하나로 간주한다. 여기서 우리는 신학과 정치학의 관점에서 도출된 필포트의 제안과 인도네시아 주교들의 활동에 대한 미셸의 평가가 (특히 진실 파악하기와 정의 실행하기와 관련하여) 융합되는 것을 볼 수 있다. 종교간 대화는 종교적 진리에 관한 진술들을 교환하는 것 이상이다. 레더락이 콜롬비아에 관해 주목했고, 판이 되풀이하여 강조했듯이, 대화는 타인에 대한 존중을 보이면서 타인을 '인간화'한다. 그것은 우리와 갈등을 빚고 있는 타인을 악마화하는 것에 대항하는 작업이다.

심층 신학이 가톨릭 피스빌딩의 기초에 놓여 있다면, 그것은 전수받은 전통과 구체적인 실천 각각을 더 발전시키기 위해 비판적인 방식으로 융합하는 신학인 실천 신학에서도 빛을 발해야 한다. 이 장에서 피스빌딩의 실천 신학에 관해 제기된 주제들은 이 책 전반에서 제기된 유사한 주제들과 연결되어 있다.

- 먼저 피스빌딩의 원리와 실천에 대한 지속적인 성찰을 계획하고 추진하는 데 도움이 되는 방법론이 필요하다. 나는 중간 공리를 발전시키는 방법론을 제안했는데, 이것은 앞서 제시된 원리와 일치하면서 동시에 어떤 이슈는 더 밀어붙이는 잠정적 표현을 말한다(13장 슈라이터 글에 소개된 용어 참조).

- 가톨릭 피스빌딩의 원리에 대한 더 정교한 표현이 필요하다. 그 원리들은 언제나 피스빌딩 활동가들, 특히 풀뿌리 차원의 활동가들이 그들 스스로를 위치시키고 집어넣을 수 있는 성경 내러티브 그리고 다른 내러티브와 어우러질 수 있어야 한다. 휘트모어는 북우간다에서의 피스빌딩에 대한 성찰에서 설득력 있는 주장을 전개한다. 세상 대부분의 문화는, 특히 구술 문화는 내러티브에 의해, 내러티브로부터 만들어진다. 이 이야기는 기억의 치유에 대해, 기억의 재구성에 대해, 갈라진 사람들이 함께하는 것에 대해 사유하며 계속 원천으로 돌아온다. 내가 이번 장에서 밝힌 화해에 대한 5가지 원리는 대체로 그런 내러티브를 위해 길을 여는 성경 인용과 어울린다. 가톨릭 사회교리에 바탕을 두고 발전하는 것은 분명하지만, 피스빌딩 활동가들이 자신의 삶과 사회를 변화시키는 내러티브에 그런 발전을 구체화 시킬 방법이 모색되어야 한다. 부가적인 과제는 그런 신학적 원리와 내러티브를 공유하지 않는 사람들도 알아들을 수 있도록 그 원리와 내러티브를 바꿔 표현하는 일이다.

- 더 주목을 받고 있는 또 다른 영역은 진실을 말하는 다양한 차원, 그에 수반되는 원리 그리고 실천과 관련되어 있다. 하임즈는 이미 그 윤리적 차원을 간략히 다뤘고, 필포트는 이에 대한 구체적인 규정을 제안했다. 그 차원들은 증인과 증언의 역학, 진실을 털어놓을 수 있는 안전하고 호의적인 공간 마련, 치유로 이끄는 진실과의 만남, 그리고 진실 말하기 결과로서의 기억의 재구성 등이다. 이것은 단순히 진실을 이야기하는 문제뿐만 아니라 진실을 행하는 문제, 즉 진실하고 신뢰할 수

있는 공동체 건설을 지지하는 실천 행위에 참여하는 문제가 된다. 이와 관련하여 그리스도인과 무슬림에 맞서는 사건과 관련된 사실을 규명하는 일에 개입한 인도네시아 주교들의 활동이 한 가지 사례다. 그 사례에서 중요한 것은 믿을 수 있는 정보를 제공하는 일뿐 아니라, 신뢰할 수 있고 종파를 초월하는 공동체를 만들어 내는 일이었다.

- 그러나 분쟁이 멈춘 공동체에서는 가해자를 재통합하고 치유하는 데서 또 다른 문제가 생긴다. 피스빌딩과 화해에서는 당연히 피해자 중심 접근법에 더 많은 관심을 쏟아 왔다. 범죄자의 갱생은 대체로 응보적 정의 기관에 맡겨졌다. 그러나 소규모의 정면충돌이 너무 흔히 나타나는 상황에서, 우리가 어떻게 이웃을 사회에 복귀시킬 수 있을까? 피해자였던 사람들이 가해자가 되기도 하는 장기화된 지역분쟁에서 우리가 그런 현실에 어떻게 대처할 수 있을까? 잔학 행위에 개입할 수밖에 없었던 소년 병사와 징집된 군인이 어떻게 지역 공동체에 재통합될 수 있을까? 나는 교회가 역사적으로 지켜온 참회의 전통이라는 측면이 의식과 연관된 하나의 실마리를 제공할 수 있다는 사실을 암시했다. 여러 공동체 안에서, 그리고 더 큰 사회적 수준에서 관용과 용서의 길을 만들어 내는 것은 자비 같은 용서의 신학과 신학적 실천들에 의지할 필요가 있다(이것은 정의와 관련된다).

- 회복적 정의는 이미 앞에서 다뤘다. 의식과 부족한 재화의 재분배 사이의 균형을 더 깊이 탐색하는 일과 존엄을 회복하는 방법으로서 명예 개념을 다시 논의하는 일, 두 가지 모두 회복적 정의의 일부가 될 것이다.

- 분명히 교회의 전통과 피스빌딩의 현실이 결실을 맺는 방식으로 만나는 한 가지 영역은 화해에 관한 통합적 이해를 건설하는 일이다. 필포트는 화해 패러다임으로 이를 구체화했다. 나는 이것을 하나의 실천 신학으로 더 발전시켰다. 화해의 언어가 국제적인 영역으로 널리 확산

되었을 때 (동시에 점점 모호해지고 풍부한 의미를 잃게 되었을 때), 가톨릭 피스빌딩은 이 개념에 다시 초점을 맞출 수 있는 기회를 가진다. 나는 실천 신학에 관해 논의한 장의 마지막 부분에서 화해의 용어가 정치적으로 사용되는 몇 가지 방법에 주목했다. 필포트는 화해의 언어가 정의에 대한 성경적 개념에 어떻게 뿌리내리고 있는지를 보여주기 위해 애를 썼고, 유대-그리스도교 전통을 따르지 않는 사람들까지도 이해하려고 노력했다. 그렇게 함으로써 그는 필요한 해석 과정을 진행했는데, 이것은 가톨릭 피스빌딩으로부터 종교적, 정치적, 시민 사회 등에 속해 있는 다른 활동가에게도 중요한 통찰을 이끌어 낼 것이다. 가톨릭 화해 전통의 원천에 얼마나 개념적으로 접근하느냐 따라, 다른 내러티브 전통에 기반을 둔 사람들도 그런 개념을 어떤 식으로든 자신의 평화 탐구에 통합시킬 수 있을 것이다.

이제 가톨릭 피스빌딩에 대한 실질적 관심은 피스빌딩을 가톨릭 정체성의 본질적인 부분으로서 구체화할 적절한 교회론으로 수렴된다. 재세례파 공동체는 오랫동안 '평화 교회'라고 불릴 권리를 정당하게 주장해왔고, 로마 가톨릭-메노나이트 대화가 최근에 내놓은 공동 성명은 가톨릭교회가 이 전통으로부터 배워야 할 것이 무엇인지 보여준다. 가톨릭교회가 '피스빌딩 교회'라고 불릴 권리를 주장할 수 있으려면 무엇이 필요할까? 데이비드 오브라이언(David O'Brien)은 특정 지역교회 즉, 20세기 미국에서 이런 측면 가운데 일부를 탐구했다. 1970년대 에이버리 덜레스(Avery Dulles)에 의해 시작되고 그로부터 더 확장된 신학적 담론에서 계속된 '교회 모델들'에 대한 담론은 이런 질문들을 추구하는 체계를 제공한다. 오브라이언은 양심 공동체로서 교회, 특히 예언자적 교회를 이해하는 측면에서 제자도 모델에 대한 탐구를 시작한다. 이 작은 희망은, 헤들리와 노이펠트가 기술한 부룬디와 차드 교회의 피스빌딩 시도처럼 이 책의 다른 부분에서도 드러난다. 풀뿌리 공동체, 그들의 중간 지도자, 그리고 전국 주교회의를 위해 '아래로부터의' 교회론을 만들기 시작하려면, 이런 미시 연구를 더 진행할 필요가 있을 것이다. 교회 일치론은 '위로부터' 구축될 수 있는데, 교회 일치론은 친교, 사랑의 문명화, 생명의 문명화, 그리고 가톨릭성이라는 개념을 말하는 교회 문헌 속에 이미 부분적으로 나타나 있다. 그러나 평화를 이해하고 모든 수준에서 피스빌딩을 실천하는 일의 복합성을 감안한다면, 그리고 가톨릭교회처럼 광범위한 교회를 위해, 우리는 지금처럼 (위와 아래) 양 끝에서 동시에 일을 진행할 필요가 있다. 그러면서도 이 활동에 관여하는 모든 당사자들은 다음과 같은 몇 가지 자명한 요점에 주의를 기울일 필요가 있다. 가톨릭교회가 평화 교회가 된다는 것은 무엇을 의미할까? 평화의 문화를 건설한다는 것은 무엇을 의미할까? 교회가 그 숨결을 끌어내는 위대한 내러티브, 즉 하느님이 그리스도 안에서 온 세계를 화해시킨다는 내러티브 안에서, 이런 질문은 어떻게 자리 잡고, 그 내러티브를 어떻게 조명할까?

몇 가지 교차하는 문제들

이 장 세 번째 절로 나아가기 전에, 가톨릭 피스빌딩의 신학과 윤리를 고찰할 때 되풀이하여 등장하는, 특히 더 큰 영역에서 피스빌딩 실천 행위와 관련된 몇 가지 주제를 한 번 더 언급하고 싶다. 이 주제들은 앞에서 이미 설명되었지만, 현장 경험에 바탕을 두면서 더 깊은 성찰을 하게 하는 연구에 초점을 맞추기 위해 정리 삼아 덧붙이고 싶다.

문화. 가톨릭 사회교리의 언어는 문화의 언어로 가득 차 있다. 제2차 바티칸 공의회의 『사목 헌장』부터, 1975년 교황 바오로 6세의 『현대의 복음선교(*Evangelii Nuntiandi*)』를 거쳐, '문화의 복음화'를 광범위하게 이야기한 교황 요한 바오로 2세의 생명의 문화와 죽음의 문화까지, 문화 개념은 가톨릭교회가 사회적 실체를 바라보는 방식의 중심이 되어 왔다. 이런 점은 곧바로 피스빌딩 단체에 갈등 예방과 갈등 이후 재건에 대한 총체적인 접근 방식의 필요성을 환기시킨다. 교회 문헌 안에서, '문화'는 '고전적'이라고 불린 것과 '현대' 개념 사이에서 요동쳤다. 고전적인 개념에서 문화는 한 민족이 그들의 가장 깊은 인간성을 드러내며, 인간에 대한 보편적인 감각에 참여하면서 이룩한 최고의 예술적 업적이다. 대조적으로 문화의 현대적 개념은 구체적이고 지역화된 존재인 인간이 집단에 참여하는 것으로 집단의 정체성을 구성한다는 특수성 개념에 초점을 맞춘다. 보편적인 인간의 권리라는 표현에서나 때로는 문화적 권리라고 불리는 것에 대한 보호에서도, 이 두 가지 개념은 모두 피스빌딩 담론에서 지속적으로 중요한 위치를 차지한다. 그러나 피스빌딩 상황에서, 우리는 이른바 문화의 포스트모던 개념에 더 가까운 어떤 것을 자주 접하게 된다. 이 개념은 일종의 '대충 꿰맞추기', 또는 해석을 위해 임시로 만든 틀에 파편들을 집어넣은 *브리콜라주(bricolage)* 처럼 보인다. 서구의 양식은, 대체로 좋게 보이긴 하지만, 그 안에 있는 개인이나 작은 집단은 자신의 정체성을 지키기 위해 타협해야 하는, 다양한 선택과 다원주의 집단의 문화에서 생활하는 것을 의미한다. 그러나 분쟁 상황에서 생

존을 위해, 그리고 파괴된 환경의 한 가운데서 인간 존엄성의 작은 조각이라도 붙잡기 위해 필요한 것은 무엇이든 꿰맞추려는 사람들에게, 문화의 포스트모던 개념에 담긴 좋지 않은 면이 드러난다. 이웃인 가해자를 갱생시키고, 소년 병사를 재통합시키고, 실향민과 난민을 송환하는 일에 대한 질문은 여기서 그 출발점을 발견한다. 엄청난 혼란과 분열, 심지어 절멸의 한 복판에서, 어떻게 진정으로 인간다운 생활 방식을 만들거나 다시 만들어야 할까? 어떤 면에서 꼭 필요한 것은 세속화 이후의 사회에 새로 부상하는 사상을 통합할 수 있는 문화 감각이다. 세속적 문화 모델과 종교적 문화 모델은 더불어 활동할 수 있는 방법을 찾아야 한다. 사람들은 그들 삶의 기반이 되는 '핵심 내러티브'를 필요로 하는데, 그런 내러티브는 죽음에 관한 것이 아니라 생명을 주는 것이어야 한다. 여기서 원리에 입각해서 논쟁하고, 치유하고 재건하는 내러티브에 탄탄하게 자리를 잡는 융합은 피스빌딩 신학을 위한 중요한 장소가 된다.

대화. 대화는 이 책 전반에 스며들어 있는 주제로, 대화의 실천(레더락, 미셸)과 필요성(판)에서 대화의 결핍(휘트모어)까지 다뤄졌다. 특히 플라톤과 그 이후 헬레니즘 전통에서는 대화를 자유로운 질문 놀이로 간주했듯이, 신학에서는 그리스 전통과 관련하여 대화의 담론을 구성하려는 경향이 있었다. 그리스도교가 로마 제국의 주요한 사회 세력이 되면서 신학적 형태로서 대화는 그리스도교에서 퇴색했지만, 20세기 초반 이후 대화는 그리스도교 전반에서, 그리고 가톨릭에서 다시 생기를 찾았다. 은밀한 개종 시도에서 상호 이해 그리고 절대 진리를 상대화하는 일까지, 대화는 다양한 집단에서 서로 다른 것을 의미하게 되었다. 교황 베네딕토 16세는 대체로 신학적인 대화에 대해서는 덜 지지적이었던 반면, 더 뛰어난 사회적 협력을 이끌어 낼 수 있는 실용적인 대화에는 더 힘을 실어 주었다.

갈등은 소통상의 실천 행위로서의 대화가 실패한 상황, 대화를 폭력의 교환으로 대체한 상황으로 간주될 수 있다. 대화 공간인 전제 조건을 마련하는 일에서나 비억압적인 방식으로 대화를 실행하는 일에서나, 대화를 수립하는 일은 피스빌딩의 모든 시도에 이런저런 방식으로 함축되어 있다. 여기서 '타자를 인간화하는' 것으로서의 대화의 개념은 (즉 '타자'를 악마적이거나 비인간으로 보는 태도를 해체하는) 피스빌딩의 중심 차원이며, 앞으로도 중심 차원으로 남을 것이다. 일반적으로는 가톨릭 신학 내에서, 특히 가톨릭 피스빌딩 내에서, 대화에 관한 문헌은 이미 풍부한데, 문헌은 대화의 목표로 다른 사람을 진심으로 인간화하기로 함으로써 가장 효과적으로 확장될 수 있다. 이미 증인의 대화 또는 삶의 대화라고 불리는 것 안에 어떤 식으로든 함축되어 있지만, 대화는 사회 심리학, 그리고 거룩한 삼위일체와 *missio Dei*(삼위일체 하느님이 세상에서 이루시는 활동)의 대화에서 위격들의 소통을 논의한 심층 신학에서 등장하는 문헌을 활용하여 더욱 명확하게 연구될 수 있을 것이다. 대화의 결론에 초점을 맞추기보다 대화를 소통적 실천 행위로서 면밀하게 검토하는 게 더 중요한 통찰을 줄 수도 있다. 그런 똑같은 실천 행위가 교회 안에서 의식으로나 성사를 통해 어떻게 실행되는지가 피스빌딩의 교회론에서 필수적인 부분이 될 것이다.

공통 기반. 갈등에서 여러 가지 소통 방법을 발전시키려 할 때 주로 관심을 두는 부분은 차이를 이해하는 일이다. 당연하게도, 차이는 이런저런 형태로 늘 갈등과 연관되어 있기 때문이다. 그러나 공통 기

반을 발견해야 한다는 인식도 있다. 그것은 확실히 유엔평화구축위원회의 설립 같은, 피스빌딩의 주제를 다루는 유엔과 다른 국제기구의 전망에도 자리하고 있다. 1990년대 전 지구적 윤리에 대한 토론은 특히 평화를 위한 공통의 국제적인 플랫폼을 만들어내기 위해 다양한 종교 전통의 원천을 활용하면서 촉발되었다.

이 책에서 이 주제를 세세하게 다루기에는 공간이 허락하지 않았지만, 가톨릭 전통 내에 이 주제를 다룬 하나의 자원이 자연법 전통이다. 지난 20년 사이 자연법에 대한 관심이 되살아나고 있다. 이런 관심은 피스빌딩을 위한 공동의 소통적 실천을 모색하는 또 다른 플랫폼을 만들어낼 목적으로 더 활용될 수 있다. 이때 가톨릭교회의 편재성은 지배적인 방식으로 적용되지만 않는다면 이런 사고를 발전시키는 방법을 제공할 것이다.

이 책 전반에 걸쳐 자주 반복된 공통 기반의 두 번째 측면은 가톨릭 전통에 특화된 피스빌딩의 통찰과 정식화된 내용을 다른 피스빌딩 활동가들도 접근할 수 있는 언어로 번역할 수 있어야 한다는 점이다. 평화에 담긴 모든 특색에 접근 가능한 어떤 에스페란토(Esperanto, 쉽게 배워 국제적으로 소통이 가능하게 하기 위해 1887년에 창안된 인공어 - 역자 주) 같은 게 있어야 한다는 말이 아니다. 다른 활동가들이 가톨릭 피스빌딩 실천의 결과를 접할 수 있도록 이미 존재하는 공통성을 인식하고, 또 가톨릭 피스빌딩에도 자신의 전망을 평가하고 재정비할 가능성을 열어 놓아야 한다는 것이다. 이런 일은 가톨릭 피스빌딩 뿐만 아니라, 피스빌딩의 여러 실천 행위에 대해 여전히 배워야 할 게 많은 상태에 있음을 깨달을 때 이루어진다.

과정으로서 피스빌딩. 실천가들이 점점 더 자주 지적하듯이, 피스

빌딩 모델들은 선형적 진행 모델에 의존한다. 합리성을 중시하는 유럽의 계몽적 사고 체계에서, 시작, 중간, 끝으로 이루어진 유한한 프로젝트를 배치해야 할 필요성에서, 가장 최근에는 변화, 혁신, 확장을 명확한 목적론이 없는 진보로 간주하는 세계화 이데올로기에서 이런 태도가 나온다. 가톨릭 피스빌딩의 기초에 자리 잡고 있는, 하느님이 그리스도 안에서 모든 피조물을 화해시키신다는 그리스도교 내러티브는, 일부 신학 비평가들이 정당하게 지적해 온 것처럼, 세속적 진행 모델로 치우쳐질 우려도 있다.

(무력 분쟁의 중단, 협상 결과에 대한 합의, 또는 평화협정의 준수 같은) 특정 단계들이 절대적으로 필요하지만, 실제 과정은 종종 선형적 진행과는 거리가 멀고, 사실상 엉망진창으로 진행되곤 한다. 이런 사실을 인정하는 것은 혼란에 대한 묵인이 아니라 인간 치유와 사회 재건이 훨씬 더 복잡한 과정이라는 사실에 대한 깨달음이다. 여기서 유대 속담을 인용하면, 하느님이 히브리인들을 이집트에서 나오게 하는 데는 하루가 걸렸지만, 히브리인에게서 이집트를 빼내는 데는 40년이 걸렸다.

이런 인식은 평화로의 경로를 그려나가는 일을 회피하지 않는다. 오히려 그것은 지속적인 노력을 필요로 하는 피스빌딩 발전 과정의 두 측면을 강조한다. 즉 역설의 활용과 의식의 역할이다.

역설은 가톨릭 피스빌딩의 심층 신학, 특히 그리스도교 내러티브 안에 있는 악의 개념, 하나의 소통 형태로서의 희생(제물), 그리고 십자가의 핵심적 위치를 둘러싸고 논의하면서 언급된다. 역설적으로 생각하기는 서구 그리스도교 사상 발전의 기저를 이루는 헬레니즘 전통과 거기서 비롯된 합리성에 거스르는 것이다. 여기서 동아시아와 남아시아 그리스도인들의 조력과 그들 지역의 문화를 형성해 온 철학적 전통은 주목할 만한 가치가 있다. 어떤 선형적 성취를 경험하든 거기서 역설을 발견하는 것이다. 모든 '성공'에 도사리고 있는 잠재적인 '실패'를 보는 것, 두 개의 명백하게 반대되는 대상이 어떻게 동시에 어우러지는지 보는 것, 역설적으로 보고 생각할 수 있는 것은 일련의 인지 기술을 뛰어넘는 일이다. 그것은 영적인 훈련이기도 하다. 상이한 영적 전통은, 여러 가지 방식으로, 우리가 인지하는 세계는 아무리 철저하게 묘사하더라도 결코 전부가 아니라는 원리에서 출발한다.

의식(ritual)은, 종교적으로 드러내든 세속적으로 드러내든, 역설이 인정되고 작용하는 자리이다. 의식에 대한 학문적인 연구를 통해 우리는 강박적인 행동의 한 형태로서 의식에 대한 프로이트적 의미에서 벗어나, 의식이 어떻게 공간과 시간을 변환시키는가에 대한 보다 복잡한 관념을 이해할 수 있게 되었다. 오늘날 피스빌딩 활동에서 의식 행위가 많이 인정되고 있지만, 의식 연구 분야가 확장됨에 따라 어떻게 의식이 어떻게 피스빌딩 시도를 형성하는지, 또 어떻게 의식이 종교적 내러티브와 실천 행위를 평화를 구축하는 복잡한 상호작용 과정에 전달할 수 있는지에 대해 더 깊이 이해할 기회도 커지고 있다.

가톨릭성과 편재성(Catholicity and ubiquity). 특히 가톨릭 윤리와 신학이 국제적인 분야의 피스빌딩 쪽으로 방향을 돌림에 따라, 지금까지의 성찰에서 나온 마지막 공통 이슈는 가톨릭교회가 자신의 가톨릭성, 즉 가톨릭의 편재성과 그리스도를 통해서 하느님으로부터 받은 것을 바라보는 전망을 어떻게 이해하느냐이다. 이 책에서 상당히 많은 관심을 쏟은 것은 가톨릭교회 같은 초국가적인 기구가 다양한

피스빌딩 수준에서 또 다른 영역에 속해 있는 활동가들과 어떻게 함께 활동할 것인가이다. 가톨릭교회 자신은, 피스빌딩 상황에서 어떻게 자신의 가톨릭 신앙을 발휘할 것인가에 더 초점을 맞추어야 한다. 피스빌딩과 관련하여, 가톨릭교회 안에는 다양한 지역적 자원을 구호, 개발, 사회 정의 옹호 등의 국제적 시도에 연결할 수 있는 보편적 가능성에 대한, 그리고 교회의 외교적 네트워크가 평화 시도에 어떻게 도움이 될 수 있는지에 대한 광범위한 이해가 이루어져 있다. 더 지역적인 수준에서, 하나의 활동가로서의 가톨릭교회가 만들어 낼 수 있는 신뢰 역시 평화 프로세스에서 필수적이다.

가톨릭교회 안에는 가톨릭성의 초점을 어디에 둘 것이냐를 두고 논쟁이 있다. 가톨릭교회를 평화와 인간 발전을 위해 지역 사회에 힘을 주고 서로를 연결하는 세계적인 네트워크로 보아야 할까? 그런 관점에서 보면, 교회는 세상 그리고 다른 활동가와 협력하는 존재로 간주된다. 신학적인 관점에서 본다면, 여기에는 하느님의 은총이 이미 이 세상 안에서 어떻게 작용하는지에 대한 강조점이 있다. 그게 아니라면 세상을 덜 낙관적으로, 그러니까 교회의 가톨릭성을 타락한 세상에 대항하는 하느님 메시지의 충만함에 대한 보증으로 보아야 할까? 세상과 동반하기보다는 세상에 대한 대안을 만드는 데 초점을 맞추어야 할까? 양쪽 견해의 지지자들은 그들의 관점에 대해 증거를 제시할 수 있는데, 둘 중 어느 쪽도 다른 쪽 주장 중 일부의 타당성을 묵살하지 않을 것이다. 하지만 어느 쪽이 우세할까? 어떤 사람들은 우리가 피스빌딩의 어느 과정에 들어가느냐가 문제라고 말한다. 먼저 구조를 바꾸어야 할까? 아니면 개인을 변화시키는 영적인 훈련을 시행해야 할까? 이것은 양자택일의 문제가 아니다. 가톨릭교회는 이 두 입장 모두를 해내려고 고전하는데, 각 입장은 서로 다른 출발점을 반영한다. 2009년 바티칸에서 열린 아프리카 특별 시노드에서, 참가자들이 아프리카 대륙에서 화해, 치유, 그리고 평화를 어떻게 성취할 수 있는지 토론했을 때 이 문제는 상당히 두드러졌다.

교회의 가톨릭성은 어디로 향하는가라는 후자의 요점은 신학적이면서도 정책과 관련된 문제다. 이것은 결국 앞으로 가톨릭 피스빌딩이 어떻게 이해될 것인지에 영향을 미칠 것이다. 이 문제를 철저하게 생각하는 일은 이 장에서 주목해 온 많은 여러 분야, 즉 이 장 두 번째 절 말미에서 제기한 주제들뿐만 아니라, 문화, 대화, 공통 기반, 과정이라는 이슈 등의 문제에도 영향을 미칠 것이다. 이제 그 이슈들을 한데 모아 마무리하면서, 미래에 관해 몇 가지 관심사를 말해 보겠다.

가톨릭 피스빌딩의 미래

미래에 대한 이야기는 언제나 현재에 대한 이야기이기도 하다. 여기서 미래에 대해 말한다는 것은 일어날 법한 것을 예측하는 방법이기도 하려니와, 가까운 장래에 이루어질 것 같은 일이 현재 어떻게 진행되고 있는지를 본다는 의미이다. 가톨릭 피스빌딩에 대해서도 이런 점이 언급되어야 한다. 이런 식으로 논의한다고 해서, 가톨릭 피스빌딩이 세상이 설정한 의제를 따르는 교회만의 문제일 뿐이라는 주장을 하려는 게 아니다. 이 책에서 보여주고 싶었던 것은, 만일 피스빌딩 활동에 대한 신학적이고 윤리적인 성찰이 경험과는 동떨어진 채

추상적으로만 이루어진다면, 가톨릭 피스빌딩은 아무 영향도 미치지 못하리라는 점이다. 또 만약 가톨릭 피스빌딩이 가톨릭 윤리와 신학적 전통에 기여하지 못한다면, 그것은 어떤 지속적인 연관성도 갖지 못할 것이다. 이제 피스빌딩 전반적으로, 특히 가톨릭 피스빌딩이 앞으로 다뤄야 할 4개의 영역을 제시하며 글을 마무리하고 싶다. 4개 영역은 (1) 세계화가 전쟁에 미친 영향 (2) 국제 피스빌딩에서 한 활동가로서의 종교 (3) 인구통계학의 영향 (4) 기후 변화의 영향이다. 이 모든 영역이 우리 앞에 닥친 분야로, 이런 문제를 다루려면 앞으로 많은 분야의 사람들과 협력적으로 대응해 나갈 필요가 있다.

세계화와 전쟁

세계화에 대해 문화 또 정치 분야에서 연구하는 많은 저자들은 정치, 경제, 그리고 문화적 세계화가 전쟁에 어떤 영향을 미칠지에 대한 이해가 시작되었다는 점에 주목한다. 세계화된 소형 무기의 흐름, 반란을 유지하는 재정적인 수단, 미디어의 역할, 이것들이 만들어 내는 변화된 전쟁 방식은 평화와 인권을 위한 캠페인이 감당할 수 있는 한계를 넘어선 것으로 보인다. 전쟁의 수행방식이 정당한 전쟁에서 정의로운 평화라는 의제로 사고를 변화시켰듯이, 현장의 갈등 양상과 그것을 유지시키는 국제적 네트워크를 면밀히 읽어내는 이중적인 접근법이 필요하다. 이 책은 가톨릭 피스빌딩에 대한 사유가 전쟁 윤리에 거의 독점적으로 초점을 맞추던 태도로부터 어떻게 전환되어 왔는지를 반영한다. 요구되는 작업은 휘트모어의 글에서처럼 지역의 상황을 더 세밀하게 파악하고, 레더락의 글에 나오듯이 중간 지도층의 통합, 그리고 필포트가 제안한 것처럼 이 모든 과제를 더 큰 전망으로 변환시키는 것이다. 하임즈와 케이힐이 제공한 심층 윤리, 심층 신학적 사고 역시 더 확장될 필요가 있다.

국제 피스빌딩의 한 활동가로서의 종교

지난 20년 동안 종교의 부흥과 부흥주의, 근본주의, 복권주의, 열광주의 형태(오순절주의 같은) 등으로의 통합이 관심을 끌어 왔다. 피스빌딩과 국제 관계의 상호작용은 이미 빠르게 발전하고 있다. 이 주제는 이 책을 펴낸 주요 동기 가운데 하나였다. 그러나 많은 사람들은 여러 국제 관계 모델에 담겨 있는 세속주의적 편견이 종교를 부정적인 힘으로 간주하면서 종교의 역할을 계속 배제하고 있다는 사실에 주목한다. 세속주의의 편견은 세계화 연구에서도 명백하게 드러난다. 하지만 종교가 세계무대에서 사라지지 않을 것이라는 사실은 분명하다. 사실, 세속화의 견고함에도 불구하고, 세계는 20년 전보다 지금이 실제로 훨씬 종교적이라는 게 분명해지고 있다. 이런 점에 주목하는 이유는 종교 대 세속주의의 대립을 조장하려는 것이 아니라, 종교와 세속주의, 양쪽 모두 타당한 강점과 공인된 약점을 지니고 있으니, 협력해서 활동할 수 있도록 우리가 세속화 이후의 장으로 움직여 나갈 수 있음을 말하기 위해서다. 이 책 1부에 실린 논문들은 여러 방법으로 이런 주제에 대해 성찰했다. '종교'를 하나의 사회적 활동가로 공식화하는 것이 무엇인지에 대해 재고되었고, 이것은 이어 종교 전통 자체로부터 대응을 요구할 텐데, 새로 공식화된 내용 속에 종교 전통이 어느 정도는 담기게 되기 때문이다.

피스빌딩에서 인구통계학이 주는 충격

인구의 통계학적 분포는 시간이 흐름에 따라 계속 변화한다. 많은 저자들이 국가의 안정과 사회의 상대적 번영(또는 그 반대)에 영향을 미치는 주요 인구 이동에 주목해 왔다. 부유한 국가의 고령화, 청년 빈곤층의 증가, 엄청난 성비 불균형을 초래한 인구 조절 정책, 이민으로 발생하는 변화, 그리고 일자리를 잃고 미래에 대한 야망을 포기한 15세에서 30세 사이 남성들의 역경, 이 모든 것들이 안정성과 관련하여 엄청난 혼란을 야기한다.

인구통계학은 이 책의 주제는 아니었다. 이 책의 관심은 가난, 인구, 자원 같은 장기적 원인보다 피스빌딩에서 더 즉각적으로 문제가 되는 요인을 탐구하자는 것이었다. 그러나 가톨릭 피스빌딩의 장기 전망으로 볼 때, 생명 수호와 생명의 문화에 대한 교회 담론은 인구통계학적 관점을 보다 신중하고 비판적인 방법으로 포함시켜야 할 것이다. 갈등에 관여하는 것은 바로 사람이므로, 사람들의 패턴은 향후 가톨릭 피스빌딩 사고에서도 핵심 요소이기 때문이다.

기후 변화의 영향

기후 변화가 세계적으로 갈등을 악화시킬 역량을 지니고 있다는 사실은 동아프리카에서 되풀이되는 가뭄, 세계적인 식량 안보의 문제,

섬나라와 저지대 해안지역으로부터의 인구 이동, 그리고 지구 온난화의 전체적인 영향 등에서 잘 드러난다. 기후 변화 영역에서 신학 문헌은 권고적인 성격에서 보다 분석적이고 실용적인 관심으로 변화해 왔기 때문에, 평화와 환경의 관계는 폭넓은 관심을 얻기 시작했다. 교황 베네딕토 16세가 내놓은 2010년 「세계 평화의 날 담화」는 가톨릭 피스빌딩을 위해 환경에 대한 관심이 더 커질 것이라는 고무적인 신호였다. 인구 통계학에 대한 언급과 마찬가지로, 환경 역시 이 책의 주요한 초점이 아니었지만, 현재의 갈등 상황에 대해 성찰하기 위해 선택했다. 그러나 가톨릭교회의 최고 수장이 피스빌딩과 환경을 연결하자는 요청을 했다는 사실은 (다시 말하지만, 이것은 편재성을 지닌 기구 안에서 수직적 통합이 갖는 장점 가운데 하나이기도 한데) 앞으로의 세상을 위해 좋은 징후이다.

가톨릭 피스빌딩의 미래에 대해서는 더 많은 내용이 언급될 수 있다. 하지만 미래에 대한 이야기는 언제나 일정한 제한을 지니고 이루어져야 한다. 가톨릭 피스빌딩은 미래보다도 현재에 대한 이야기이기 때문이다. 그럼에도 불구하고, 가톨릭 피스빌딩의 미래에 대해 간단하게나마 언급한 것은 (세계화와 종교의 역할 영역에서) 계속적인 연구가 필요하다는 사실과, (인구 통계학과 환경 같은) 새로운 영역에 대한 연구가 시작되어야 한다는 사실을 지적하고 싶었기 때문이다. 이 책에서 보여주려 했듯이, 가톨릭 피스빌딩 신학, 윤리 그리고 실천은 이미 여러 방면에서 국제적인 피스빌딩에 기여할 수 있는 풍부한 분야들이다. 또 피스빌딩의 미래와 새로운 발전의 영역까지 염두에 두고, 그것이 여전히 활발하게 진행 중인 작업이라는 사실을 보여주려

했다. 이 책을 통해, 더 넓은 의미에서 국제적인 종교 활동가가 세상을 인간의 고통이 회복되는 곳으로, 또 더 위대한 인간 번영의 현장으로 만드는 데 일정한 역할을 할 잠재력을 지니고 있음을 보여줄 수 있을 것이다.

(번역 장은희)

1) 존 폴 레더락(John Paul Lederach), *The Moral Imagination : The Art and Soul of Building Peace* (New York: Oxford University Press, 2005). p. 29. 이 책의 한국어 번역본은 『도덕적 상상력』, 김가연 역, 글항아리, 2016.